Dirigido por la doctora
Elena Arnedo

El gran libro de la Mujer

Dirigido por la doctora
Elena Arnedo

El gran libro de la Mujer

SALUD

PSICOLOGÍA

SEXUALIDAD

NUTRICIÓN

DERECHOS

temas 'de hoy.

Colección: Grandes Obras
© EDICIONES TEMAS DE HOY, S.A. (T.H.), 1997
Paseo de la Castellana, 28. 28046 Madrid
Dirección de la obra: Elena Arnedo Soriano
Diseño de cubierta: Luis Sanz
Fotografía de cubierta: Superstock
Primera edición: septiembre de 1997
ISBN: 84-7880-868-X
Depósito legal: M-28.240-1997
Compuesto en: J. A. Diseño Editorial, S. L.
Impreso en Brosmac, S. L.
Printed in Spain - Impreso en España

Í N D I C E

PARTE 5 ▼ *El gran reto: salud y belleza* 401

PARTE 6 ▼ *La mujer en un mundo de hombres* 461

17

AGRADECIMIENTOS

A los autores, por su generosidad al ceder sus textos, y a Irene Echevarría, por su paciencia y esfuerzo al colaborar conmigo en la composición de este libro.

INTRODUCCIÓN

Este es un libro complejo: actual y útil, ecológico y feminista, clásico y disparatado. Discretamente sádico y al mismo tiempo repleto de buenas intenciones. En realidad, posmoderno. Ya saben, nuevas tecnologías, materiales modernos con frontones neoclásicos y columnas dóricas. O viceversa, edificios futuristas con piedras de toda la vida. Es decir, un libro que hay que tener y leer en este confuso y ecléctico fin de milenio.

Es de máxima actualidad porque casualmente trata de *la mujer* y, en este siglo, la mujer ha pasado de la invisibilidad al protagonismo. Hace ya cincuenta años decía el gran profeta francés Louis Aragon: «La mujer es el porvenir del hombre», y no cabe duda de que su presencia es clave en la evolución de la sociedad en que vivimos. La última gran revolución es la feminista, la única revolución incruenta y no violenta de la historia de la humanidad. Entre luces y sombras y a veces tan callada o tan poco explícita que muchas mujeres que hoy están confortable e irreversiblemente instaladas en los logros conseguidos gracias a ella, ni siquiera reconocen su existencia ni aceptan su nombre. Existe una paradójica incomprensión, una extraña confusión sobre lo que significa el feminismo. Existen muchas mujeres de esta generación que hacen suyas de forma tajante e indudable las reivindicaciones tradicionales de las primeras feministas, que incluso ni siquiera conciben un tiempo en que les estuviera vedado votar, o recibir un salario igual por un trabajo igual, o ingresar en el cuerpo diplomático —o en la judicatura o en los cuerpos superiores de la Administración, o divorciarse, o utilizar métodos anticonceptivos o compartir la patria potestad, o abrir una cuenta corriente, o viajar al extranjero, o heredar sin permiso del marido— y que, sin embargo, proclaman tranquilamente que no son feministas y hasta que son antifeministas. Y es que esta sociedad de dominio masculino ha conseguido un cierto desprestigio del término feminista haciéndolo parecer la antítesis de femenino, y sugerente de un tipo de mujer insatisfecha, agresiva, amargada, fea o incapaz de seducción, enfrentada a los hombres por principio, viriloide o lesbiana. Este reduccionismo simplista e injusto, esta falsa contradicción entre femenino y feminista, propiciada por unos hombres desconcertados ante la imparable presencia femenina, está desgraciadamente muy arraigada. ¿A que no parece querer decir lo mismo, sino todo lo contrario, *revista femenina* que *revista feminista*? ¿A que la primera promete *glamour* y la segunda ser un ladrillo reivindicativo? Pues bien, éste es un libro femenino y feminista, porque la mujer de hoy es un ser completo. Le interesan los temas considerados tradicional y exclusivamente femeninos, que, por supuesto, no lo son. ¿Por qué es más femenino que masculino sentir interés por el amor, por los celos, por la sexualidad, por la salud, por la buena forma física, por mantenerse joven, por estar delgado, por las relaciones humanas, por conocerse mejor? Y le interesa también la economía y la política y el mercado laboral y las leyes y la física, porque está realmente integrada en la sociedad, consciente de sus derechos, de su libertad, capaz de autoestima y de participación, de autoafirmación y de competitividad, preparada para trabajar y para seducir, para hacer política y tener hijos, para el compañerismo y el amor. Opciones hoy evidentes e irrenunciables, inexistentes cuando se inició el movimiento feminista.

Y es actual también por cómo está hecho. Éste es un libro reciclado, el no va más de moderno y ecológico. En pocos años hemos pasado de la cultura de «usar y tirar» a la de «usar y reciclar», y es que verdaderamente la humanidad no puede permitirse seguir desperdiciando recursos ni biológicos ni intelectuales. No creo que haya salvado mucha selva brasileña, pero sí es cierto que está hecho con materiales procedentes de otros libros, libros que fueron el fruto del trabajo intelectual, de la reflexión y de los conocimientos de muchos autores. Todos ellos interesantes y valiosos, pero ¡ay!, libros de bolsillo. Libros que se leen y se tiran porque no caben en las estanterías de pisos cada vez más pequeños, o que, en el mejor de los casos, se sepultan en el fondo de la biblioteca, sumergidos entre la profusión de papel de imprenta que nos invade. Creo que ha sido una gran idea rescatarlos para confeccionar esta especie de enciclopedia-guía de la mujer. Este libro nuevo hecho con materiales usados –no por ello menos válidos– tiene voluntad de permanencia. Aunque sólo sea por el tamaño es difícil que se pierda. Al ser un compendio de casi todos aquellos temas que pueden interesar a las mujeres, pretende además ser útil, su vocación es ocupar un sitio a mano para consultarlo y utilizarlo en muchas ocasiones y para muchas dudas. Mientras trabajaba en él he comprendido que la práctica del reciclaje es todo un arte. Todos los libros, ya publicados por la editorial Temas de Hoy*, con los que se ha fabricado éste, encierran reflexiones, enseñanzas, ideas que había que reestructurar y reensamblar. Muchas veces ha sido muy difícil desechar algunas de ellas, otras las necesidades de información obligaban a introducir opiniones no totalmente coincidentes con las mías. Algunas veces, pocas, incluso me he sentido en total desacuerdo con determinados autores, pero se trataba de ofrecer una variedad de puntos de vista, a veces contradictorios, todos opinables, pero todos válidos. Son los/as lectores/as los que harán su selección personal, lo que unos/as harán suyo quizás será rechazado por otros/as. También esto es muy moderno: ofrecimiento de varios menús y elección personalizada. He intentando hacer un libro abierto, múltiple, con oferta variada: una gran superficie.

Es también un libro clásico porque aborda los temas eternos servidos con orden y lógica cartesianos. Y disparatado en su clasicismo, porque una vez más hemos dividido a la mujer en trozos, otra vez *la mujer cuarteada*. Toda división por temas y capítulos era forzada y aleatoria, porque ¿dónde encontrar la frontera entre el cuerpo y el alma, entre sentimientos y sensaciones, entre amor y sexo? ¿Cómo decidir qué es lo intrínseco de la mujer y qué lo que la vida en sociedad le impone o le hace ser? Cuando separo el capítulo dedicado a la alimentación, las dietas, la celulitis, la estética, del capítulo llamado «Cuerpo de mujer» que trata fundamentalmente de su especificidad reproductora, ¿lo hago porque son cosas distintas? Obviamente ambos capítulos se refieren al

---

* Las referencias bibliográficas de todos los textos que componen esta obra se encuentran en la página 561.

cuerpo, a la parte físico-biológica de cada ser y, sin embargo, decido que son cosas distintas. Mi criterio, totalmente subjetivo y cuestionable, ha sido que cuando una mujer quiere saber cómo funcionan sus ovarios no tiene compartimentado ese conocimiento en el mismo lugar que cuando desea saber cómo vencer la celulitis. El primer caso consiste en saber sobre su intrínseca e inmutable organización biológica de mujer, el segundo consiste en responder a una demanda externa, social, tal vez vivida como propia, pero mudable con los gustos, las modas, la mirada del otro.

Más disparatado todavía en su clasicismo ha sido separar el cuerpo del alma y, no digamos ya, separar a ambos del amor y del sexo y a éstos entre sí. Por muy consciente que yo sea de que la mujer (y el hombre, claro, pero no hablamos de él) es un continuo indivisible, mi trabajo consistía precisamente en dividir, subdividir, ordenar y compartimentar.

A primera vista la razón de este libro es enseñar a las mujeres a conocerse mejor y con ello ayudarlas a ser más felices. Lo que parece indicar que se ha realizado con respeto, interés y hasta cariño hacia ellas. Y sin embargo hay algo ambiguo en él. ¿No subyace en su propia concepción una cierta misoginia? ¿O al menos la asunción de que la mujer *is different*? ¿Cuáles son las ocultas y oscuras razones para obsequiarnos con tantas páginas de información sobre el funcionamiento de nuestro cuerpo y de nuestro espíritu? ¿Se le ocurriría a alguien lanzar al mercado una obra de este volumen para que los hombres supieran con todo detalle cómo les funcionan los testículos, cómo prevenir, diagnosticar, tratar y afrontar el cáncer de próstata? ¿Algún varón dedicaría su tiempo a estudiar en profundidad por qué su erección no es exactamente lo que cabía esperar? ¿O cómo y qué mecanismos biológicos, anímicos y sociales influyen sobre los órganos específicos de su virilidad? Que yo sepa, mientras proliferan libros sobre el ser, el sentir, el vivir y el devenir de las mujeres, se ha escrito muy poco sobre los hombres como género. A nadie se le ha ocurrido lanzar *El gran libro del hombre*, y es que las editoriales deben temerse que un libro así no tendría gran aceptación masculina. Sólo lo comprarían, tal vez, unas cuantas

mujeres, para leerlo ellas o por el Día del Padre, por variar de la corbata. Los hombres viven los problemas físicos y psíquicos de sus órganos genitales, sus crisis y sus trastornos sexuales con la misma naturalidad y lógico interés que cuando lo que no les funciona bien es el hígado o los pulmones. Para ellos, los temas de salud, física o psíquica, forman un todo, del que ya se ocupará el médico cuando haga falta. En cuanto a saber cómo se desarrolla y actúa un espermatozoo o su dotación cromosómica, le tiene absolutamente sin cuidado.

La mujer tiene que conquistar conocimiento, seguridad y autonomía para sentirse más libre.

Así pues, mientras troceaba libros ajenos y descuartizaba a las mujeres, a la vez que les proporcionaba más y más información sobre sí mismas, me sentía dudosa y culpable.

He osado no obstante componer este libro, saltándome mi propio respeto y el debido a los autores, que son sus verdaderos artífices y a quienes pido perdón, por una sola razón: me atrevo a hacer todo esto con las mujeres porque yo soy una mujer y estoy haciéndolo continuamente conmigo misma. Mi única coartada es que con mi labor de corte y confección estoy hablando de mí misma, y mi soporte mientras trabajaba ha sido una cita de Faulkner: «No hablaría tanto de mí mismo si conociera a alguien tanto como a mí.»

En este libro tan variopinto existen sin embargo unas cuantas ideas-fuerza que suscribo totalmente y que me han servido de hilo conductor: la mujer tiene que conquistar conocimiento, seguridad y autonomía para sentirse más libre, más integrada en la sociedad y ser más feliz.

Una de las grandes conquistas de este siglo ha sido la ya citada revolución silenciosa de las mujeres. Hemos asumido el papel que nos corresponde como personas. La sociedad sería muy distinta si no hubiéramos accedido masivamente a la educación y, más modestamente, al mercado de trabajo.

Actualmente en España el número de chicas que estudian es mayor que el de varones para las mismas edades, en todos los niveles educativos, incluidos los superiores: el 52 por ciento de las matrículas universitarias son de mujeres contra el 48 por ciento de hombres. La educación ha sido y será el principal factor para la igualdad de oportunidades, por lo que se atisba un brillante porvenir para estas nuevas generaciones de mujeres, preparadas como nunca lo habían estado antes.

Virginia Woolf decía ya en los años veinte que para poder sobrevivir –lo que para ella significaba disponer de libertad creativa– una mujer necesita una habitación propia y trescientas libras de renta, es decir, preservar un mínimo su intimidad y su independencia económica: disfrutar de un espacio propio. Actualmente la inmensa mayoría de las mujeres del mundo occidental sabe que la única manera de acceder a esa autonomía personal es poseer un empleo remunerado. La tasa de actividad femenina (mujeres que trabajan o buscan trabajo) es el 45 por ciento en América, el 40 por ciento en Europa y el 36 por ciento en España. Sin embargo la tasa de paro femenino en España es del 30 por ciento, casi el doble que la de los hombres y afecta más a las jóvenes que buscan su primer empleo y a las casadas. También sus condiciones de trabajo, si lo encuentran, son más precarias: más contratos temporales (40 por ciento de mujeres/30 por ciento de hombres), más empleos a tiempo parcial y más subempleo, con un salario medio femenino inferior en un 28 por ciento al masculino. Lo que demuestra que si bien es obvio el aumento del empleo femenino, las mujeres siguen desempeñando mayoritariamente los trabajos peor considerados y remunerados.

Las conquistas de las mujeres han sido y son un cambio lleno de dificultades porque se parte de una desigualdad primitiva basada en la fuerza física (la mujer sexo débil). Los hombres protegían al ser más vulnerable, o tal vez más preciado por ser capaz de llevar dentro y dar a luz a los hijos, y a cambio exigían obediencia, disponibilidad sexual, subordinación, reproducción y trabajo. La injusticia histórica basada en la desigualdad de las mujeres ha empezado a cambiar desde hace muy poco tiempo. Concretamente desde los años sesenta en que se descubrió la píldora anticonceptiva y las mujeres tuvieron un medio fácil y seguro de controlar su fecundidad.

En nuestro país, ese cambio se plasmó por primera vez en la Constitución de 1978, al reconocer como ley básica la no discriminación en razón del sexo y al instar a remover los obstáculos que impidan que esa igualdad sea real (art. 9).

Hasta el año 1975, las mujeres eran jurídicamente «incapaces», lo que no es de extrañar, pues toda la historia del derecho en lo referente a las mujeres es la historia de una discriminación. Las estructuras jurídicas, basadas en el derecho romano y que han persistido hasta finales del siglo XX, partían de la *imbecilitas sexum* y, por ende, de la discriminación sexual, que se fue consolidando, desde los ámbitos universitarios y eclesiásticos más doctos, con notorias presunciones misóginas que inferían de las características fisiológicas de las mujeres distintas capacidades para obrar. Eso sí, se les concedían determinados privilegios de amparo destinados a los seres más débiles: menores, discapacitados, seres inferiores en general.

En el siglo XX la igualdad se admite más, por lo menos a nivel teórico. Las normas jurídicas son el único instrumento para conseguir la transformación de los hábitos sociales y de la mentalidad masculina y han sido necesarias para sentar el principio de igualdad. Pero las leyes no bastan para modificar las actitudes de la sociedad, que siguen sin responder al gran cambio que se ha producido y que no debe tener marcha atrás.

El trabajo femenino remunerado y fuera de casa sigue produciendo reacciones complejas en ambos sexos. Las mujeres, que tanto han luchado por ello, lo viven conflictivamente debido a las enormes dificultades que encuentran para compaginarlo con las tareas domésticas y el cuidado de los hijos, ancianos, enfermos, etc.: la famosa doble jornada. El coste personal de tener que realizar todo el trabajo doméstico y de demostrar continuamente capacitación, puntualidad, asiduidad, simpatía y buena presencia en el trabajo resulta agotador para las mujeres, y a veces se hace tan imposible de compaginar que llega a disuadir a muchas de continuar luchando y acaban por abandonar su trabajo, con el desperdicio de capacidades y de experiencia que ello supone, para ellas y para la sociedad en general. Actualmente, se habla de la feminización del paro y de la pobreza.

Por su parte, la actitud de los hombres es recelosa, cuando no claramente hostil. En tiempos en que el paro ha aumentado, todo competidor por un puesto de trabajo supone una amenaza, y es muy fácil, cuando el nuevo competidor son las mujeres, chantajearlas con toda clase de razonamientos sobre sus infinitamente mayores cualidades para ocuparse de las tareas domésticas, sobre lo muy necesitados de sus cuidados que están los hijos, sobre la evidencia del instinto maternal, por poner los ejemplos más socorridos. Las presiones disuasorias son grandes y la sociedad hace poco para corregirlas. Desde la familia hasta las empresas, desde la publicidad hasta los políticos, existe una resistencia más o menos disimulada al cambio de actitudes. La sociedad debe dirigirse a impulsar la participación de los hombres en lo privado y de las mujeres en lo público hasta llegar a la desaparición del obsoleto reparto de funciones en razón del sexo.

Las resistencias son grandes y hemos avanzado muy poco en las actitudes, no tan alejadas todavía de lo que ese compendio del sentir popular más tradicional que es nuestro refranero decía de las mujeres. He aquí algunos refranes misóginos para ilustrar lo que muchos hombres piensan todavía.

- Adereza una escoba y aparecerá una señora.
- A la luz de una tea no hay mujer fea.
- A la mujer y al ladrón, quitarles la ocasión.
- A la que tenga más de treinta, no la pretendas.
- Al diablo y la mujer, nunca les falta qué hacer.
- A marido ausente, amigo presente.
- Amor de mujer y halago de can, no darán si no les dan.
- Andaos a reinas y moriréis virgen.
- Asno, mujer y nuez, a golpes dan su fruto.
- Cabello luengo, y corto el seso.
- Cabra que tira al monte no hay cabrero que la guarde.
- Casa donde la mujer manda, mal anda.
- Casarás y amansarás.

- Casarás y te arrepentirás.
- Coces de garañón, para la yegua cariños son.
- Conquista de mujer fea, poco trabajo cuesta.
- Contra el amor es remedio poner mucha tierra en medio.
- Cuando de las mujeres hables, acuérdate de tu madre.
- Cuando la mujer amenaza al marido con cuernos, ya se los ha puesto.
- Cuando nos aman, señoras nos llaman; cuando nos tienen, ya no nos quieren.
- Cuanto más vieja, más pelleja.
- Chata que no sea puta no se ha visto nunca.
- Dámela limpia y delgá; que sucia y gorda, ella se volverá.
- Debajo de la manta, ni la hermosa asombra ni la fea espanta.
- De celosa a puta, dos pulgadas justas.
- De mujer libre, Dios nos libre.
- De mujer que es madre, nadie mal hable.
- Deseo de mujer, todo llega a vencer.
- El arañar y el morder es costumbre de mujer.
- El asno y la mujer, a palos se han de vencer.
- El hombre guapo ha de oler a vino y a tabaco.
- El hombre se casa cuando quiere, y la mujer cuando puede.
- El mejor marido, el que más ha corrido.
- En cojera de perro y lágrimas de mujer, no hay que creer.
- Mujer con letras, dos veces necia.
- Mujer que no es laboriosa, o puta o golosa.
- Si una vez llega a querer, la más firme es la mujer.
- Secreto a mujer confiado, en la calle lo has echado.
- Sea moda y pase por donaire, e irán las mujeres con el culo al aire.
- Si es fea tu mujer, menos tienes que temer.
- Si la mujer no quiere, no hay quien la fuerce.
- Si te quieres arruinar, da a tu mujer qué gastar.
- Si tu mujer es bonita, recibe pocas visitas.
- Pican más los celos que las pulgas.
- Para el culo de una mujer y las manos de un barbero, siempre es enero.

– Heredad buena es, una hija para la vejez.
– Juramentos de mujer no se han de creer.
– La honra del marido está en mano de su mujer.
– La mujer, a cada rato muda de parecer.
– La mujer no ama a quien la ama, sino a quien le viene en gana.
– Las mujeres nunca son de quien las quiere, sino del último que viene.
– La mujer que a sus solas piensa, no puede pensar cosa buena.
– La mujer y el gato, por caricias vuelven arañazos.
– La víbora y la mujer tienen la ponzoña en la boca.
– Libros y mujeres, mal se avienen.
– Lo que el diablo no puede hacer, hácelo la mujer.
– Lo que la mujer más desea es lo que más niega.
– Llanto de viuda, presto se enjuga.
– Madre muerta, casa desecha.

Si estos refranes nos han hecho gracia y pensamos que están muy anticuados y que esas ideas sobre la mujer se han superado, voy a hacer ahora una selección de la actual proliferación de chistes machistas que, sin duda, se le han ocurrido a alguien y alguien ha repetido y puesto en circulación en los últimos tiempos, sin duda por casualidad.

– ¿Cuándo enviarán la primera mujer a la luna?
– Cuando haya que limpiarla.

– ¿Por qué la mujer tiene los pies pequeños?
– Para arrimarse mejor al fregadero.

– ¿Cómo se sabe que ha sido una mujer la última que utilizó un ordenador?
– Porque la pantalla está llena de Tipp-Ex.

– ¿Cuál es el nuevo modelo que va a sacar la Ford para la mujer?
– El Ford Scotch-Brite.

– ¿Cuál es el astro de las mujeres?
– El astropajo.

– ¿En qué se parece una mujer a un globo de gas?

– En que el globo tiende a subir y la mujer sube a tender.

– ¿En qué se parece una mujer a una baldosa?
– En que si la pegas bien, luego puedes pisarla toda la vida.

– ¿En qué se parece una mujer a una lavadora?
– En que le hechas unos polvos y te lava las camisas.

– ¿Cuál es la última botella que descorcha una mujer en una fiesta?
– La de Fairy.

Un chico a una chica:
– Oye, ¿quieres jugar a magos?
– Bueno, ¿cómo se juega?
– Muy fácil, te hecho un polvo y desaparezco.

Un travesti a otro:
– Cuando te hicieron el cambio de sexo ¿qué fue lo que más te dolió? ¿Cuando te cortaron el pene?
– No, qué va, lo peor fue cuando me achicaron el cerebro.

– ¿Qué es una mujer embarazada de una niña?
– Una fregona con recambio.

– ¿Qué es una mujer embarazada de un niño?
– Una fregona con instrucciones.

– ¿Por qué las mujeres tienen la regla?
– Porque por algún lado tienen que reventar, las desgraciadas.

– ¿Qué hace una mujer después de aparcar?
– Se da un paseíto hasta la acera.

– ¿Qué hace una mujer después de hacer el amor?
– Molestar.

– Era una mujer tan tonta, tan tonta, que hasta las demás se daban cuenta.

La sonrisa se nos hiela y queda un amargo sabor de boca. No son chistes brutos pero claros, como son los clásicos chistes verdes o hasta los racistas. No son sólo desmesuradamente crueles, sino que son ambiguos en su mensaje, implican desprecio pero también temor.

En mi pequeño sondeo he encontrado escasas réplicas femeninas del mismo tenor, he aquí sin embargo algunos ejemplos para que se nos quite un poco el malestar:

– ¿Qué hay detrás de un hombre inteligente?
– Una mujer muy, muy asombrada.

– ¿Por qué a las mujeres les cuesta tanto aparcar?
– Porque les han inculcado una versión muy optimista de lo que son cinco centímetros.

– ¿Por qué la mujer es más perfecta que el hombre?
– Porque todo artista primero hace un boceto.

– ¿De qué se ríe un hombre el sábado?
– De un chiste que le contaron el martes.

– ¿Qué piensa un hombre si le sale un grano en el pene?
– Que tiene un tumor cerebral.

– ¿Cómo se queda un hombre cuando pierde el 95 por ciento de su inteligencia?
– Viudo.

Son pocos y no muy buenos, lo reconozco. Pero es que las mujeres se están defendiendo de otra manera. Sin rencor pero con eficacia. Han decidido tener menos hijos. La natalidad en nuestro país es actualmente la más baja del mundo, con una tasa de 1,2 hijos por mujer. Y esto ha ocurrido con la misma rapidez con la que la mujer se ha incorporado al mundo del trabajo. Hace unas pocas décadas, España era de los países con más alta natalidad del conjunto europeo. Esto sí es una amenaza social, política, económica: el envejecimiento de la población sí preocupa a los estados a todos los niveles. No se trata de una venganza ni de una estrategia colectiva, se trata simplemente del único método de supervivencia que les queda a las mujeres en una sociedad como es aún la española. Sólo disminuyendo el número de hijos han podido las mujeres españolas salir de la esfera de lo privado y acceder a la esfera de lo público: trabajo remunerado, toma de decisiones, puestos de responsabilidad, cargos políticos.

Y es que mientras los hombres y la sociedad en su conjunto sigan respondiendo a la filosofía que subyace en los chistes que he contado, no habrá forma de que se compartan seriamente las tareas domésticas y el cuidado de los hijos y familiares ancianos, enfermos o discapacitados.

Mientras los hombres no asuman profundamente el respeto a las mujeres y no las consideren realmente iguales, mientras las propias mujeres no crean que son insustituibles en lo privado y se asusten ante lo público, no se asumirá que el reparto de funciones es extremadamente injusto y basado en principios ancestrales que no tienen hoy fundamento ni razón de ser.

Mientras la sociedad no acepte que es necesario facilitar a todos, mujeres y hombres (y no una limosna para mujeres), los mecanismos institucionales y los servicios sociales necesarios para permitir que trabajo y familia puedan ser compatibles –un uso más racional del tiempo que se traduzca en horarios comerciales y escolares mejor adaptados, guarderías asequibles, atención a enfermos crónicos, residencias de ancianos, actividades de ocio para niños y jóvenes, apoyo psicológico y social a adolescentes, lavanderías, comedores, abaratamiento e introducción de nuevas tecnologías que hagan cada vez más rápidas y fáciles las tareas domésticas y un sinfín de etcéteras–, a las mujeres españolas no les quedará más remedio que disminuir el número de sus hijos.

Mientras los gobiernos no comprendan que la única manera de vencer los prejuicios y las mentalidades adversas al trabajo femenino es la introducción de acciones positivas, mientras los estados no asuman que la escasísima representación femenina en los poderes públicos y privados supone un déficit democrático por infrarrepresentación de los intereses de la mitad de la población, nuestra sociedad no evolucionará hacia actitudes más favorables y respetuosas, y las mujeres seguirán sufriendo como una frustración la combinación matrimonio/maternidad/trabajo, aunque ésta sea su más profunda aspiración para una realización de todos sus potenciales.

No pensemos que estoy hablando de una utopía o que el problema es irreversible: en los países nórdicos con gobiernos sensibles a todos los temas citados y con las tasas de natalidad más bajas hace unas décadas, el proceso se ha invertido y actualmente se está recuperando la natalidad, por encima de los del sur, donde el «estado de bienestar» aún es muy imperfecto y, sobre todo, donde los prejuicios sobre el reparto de funciones en relación con el sexo están muy arraigados. Y es que el impulso de las mujeres por tener hijos es casi tan fuerte como el impulso de supervivencia.

Para finalizar esta introducción cargada de ideología a un libro muy respetuoso con cualquier tipo de pensamiento, pero repleto de enseñanzas dirigidas a las mujeres, ofrezco, para neutralizar, un papel que ha caído en mis manos por casualidad: el anuncio-programa de un cursillo para hombres que, si realmente existiera, quizás ayudara a comprender algunas cosas.

• •

ANUNCIO OFICIAL
UNIVERSIDAD DE RIOPINTO
Cursillos para hombres

Los cursos intensivos, de una semana de duración, se impartirán durante los meses de verano. Ésta es la lista de los cursos impartidos para este año:

Cursos de verano 1996
1. Combatir la idiocia.
2. Por qué no es malo regalar flores (con gráficos).
3. Tú también puedes ser copiloto.
4. Tú también puedes planchar.
5. Preserva la belleza de sus tobillos: córtate las uñas.
6. Ventajas de contratar a un técnico para arreglar aparatos; tú y la electrocución.
7. Cómo se llena la cubitera, paso a paso (con diapositivas).
8. Ser padres hoy: una tarea que no termina después del coito.
9. Supervivencia I: cómo freír un huevo.
10. Supervivencia II: cómo limpiar el cuarto de baño.
11. Formas de evitar el ridículo al persistir en el error: los riesgos de apostar con tu esposa.
12. Asunción de tu propia incompetencia.
13. Tú: el sexo débil.
14. Motivos para colocar un rollo de papel higiénico nuevo cuando se acaba (con fotografías).
15. Técnicas para mantenerse despierto después del coito.
16. Técnicas para relajarte y dormir aunque tengas ganas, es cuestión de intentarlo.
17. El dilema matinal: ¿Está levantada? Pues date una ducha fría.
18. Cómo bajar la tapa del retrete, paso a paso.
19. El mando a distancia de la tele: cómo superar tu dependencia.
20. Trucos y sugerencias para no intentar parecer más joven que tus hijos.
21. Una meta alcanzable: reducir la ingesta de cerveza.
22. Por qué no es necesario agitar las sábanas después de tirarse un pedo.
23. Los hombres de verdad también preguntan a los transeúntes si se pierden.
24. La ropa I y II: cómo doblarla y cómo meterla en el armario.
25. Tu ropa III: cómo meterla en la cesta de la ropa sucia.
26. La lavadora: esa gran desconocida.
27. La silla y su función como percha de calzoncillos usados: exposición e inconvenientes.

28. Cómo mear todo por dentro del retrete (con prácticas de grupo).
29. Precipitaciones accidentales: esos pelillos del bigote recortados en el lavabo.
30. Ejercita tus brazos: el vaciado de los ceniceros.
31. Rehabilitación locomotriz: girar un estropajo jabonoso por el exterior de una olla sucia.
32. La bañera peluda: qué hay que hacer después de ducharse.
33. Molestias nocturnas e insomnio: por qué es conveniente no comer galletas en la cama.

Haga su reserva ahora mismo, pues la demanda es grande. El aforo estará limitado a diez alumnos por clase dada la dificultad de las materias impartidas.

• •

He querido hacer una introducción ligera e incluso divertida porque el libro que van a empezar a leer es un libro realmente serio. En él se ofrece el conocimiento de nuestro cuerpo, de nuestra alma, de nuestros sentimientos y pasiones como vía para llegar a dos metas.

La primera es conocerse para quererse, con todo lo que llevamos dentro, sin miedo a que si todo sale a la luz nos castiguen con el desamor, como dice Erica Jong: «Tendremos acceso a todas las partes de nosotras mismas, a todos los animales de nuestro interior, del lobo al cordero. Cuando aprendamos a querer a todos los animales que llevamos dentro, sabremos cómo hacer que los hombres los quieran también.»

La segunda es conseguir lo más arduo que existe: la libertad, la dura capacidad de responsabilizarse y elegir, poder superar los obstáculos, olvidar los resentimientos por tantas dificultades y llegar a conseguir nuestro objetivo, sea éste el que sea. Como final, voy a citar una vez más a Virginia Woolf: «La mujer extraordinaria depende de la mujer corriente.»

DOCTORA ELENA ARNEDO

1

▼

Qué es ser mujer

Capítulo 1. **La mujer es diferente**

D. Llewellyn Jones

Distinguir a una mujer de un hombre sigue siendo relativamente fácil, incluso en estos días en los que se ha impuesto la moda unisex. Las diferencias no radican exclusivamente en que ambos tengan constituciones psicológicas distintas –si bien no se sabe con exactitud hasta qué punto son las actitudes culturales predominantes las que hacen que así sea–, sino también en que es obvio que la anatomía femenina es diferente. En las comunidades occidentales, el pecho está cargado de un enorme simbolismo sexual; aunque la moda disminuye su rotundidad, el ojo masculino se siente fuertemente atraído por las redondeces de las glándulas mamarias. Sin embargo, en las comunidades más primitivas, donde habitualmente no se cubren los pechos, éstos apenas tienen connotaciones sexuales, considerándoseles simplemente como lo que son: una fuente de alimento para los niños pequeños.

Las diferencias anatómicas más específicas se encuentran en los órganos genitales. La mujer no posee los genitales externos masculinos –el pene y los testículos–, lo que hizo pensar a Freud que muchos de los problemas sexuales de la mujer estaban relacionados con la envidia del pene y el complejo de castración de los testículos. De ese modo, la mujer no sería más que un macho mutilado y, por tanto, inferior al hombre. Freud no fue justo en su valoración de las mujeres, sobre las que sus ideas eran confusas, posiblemente a causa de la educación que había recibido en el seno de una familia judía tradicional de clase media. Según él, la mujer tenía una capacidad intelectual menor que la del hombre, en contraste con una vanidad mucho mayor, una pasividad constitucional, una sexualidad más débil y una mayor predisposición a la neurosis. Al mismo tiempo, consideraba a la mujer enigmática, a la femineidad como un proceso complicado y a la psicología femenina como algo complejo. Los estudios realizados en el último medio siglo han demostrado que la visión freudiana de la mujer como hombre mutilado e inferior es incorrecta, y que la inferioridad y la inestabilidad que le atribuía constituyen más un prejuicio del medio cultural en el que se educa a la mujer que unos rasgos constitucionales transmitidos por herencia. Dicho de otra forma, una mujer se comporta de una manera dada porque se la educa para que piense que la sociedad espera de ella que se comporte de esa manera. Lo que no implica que sea más débil o inferior al hombre, a pesar de que la sociedad los eduque a ambos en esa creencia. De hecho, los estudios acerca de la longevidad muestran que la mujer es más fuerte que el hombre, que los abortos de fetos masculinos son más frecuentes que los de fetos femeninos, que una niña tiene más probabilidades de nacer viva y menos de sucumbir a causa de una infección durante los primeros años de su vida que un niño, y que la probabilidad de superar los sesenta y cinco años es mayor entre las mujeres que entre los hombres.

La visión freudiana de la mujer como hombre mutilado e inferior es incorrecta.

Si se le concede la oportunidad, una mujer puede alcanzar tantos éxitos como un hombre en la mayoría de las actividades. Pero hay una actividad que es patrimonio exclusivo de la mujer. La hembra humana es un mamífero. Lleva a su hijo en la matriz hasta que está suficientemente desarrollado como para sobrevivir, o al menos para mamar; lo alimenta y lo cuida.

Capítulo 2.
▼

¿Dónde están las diferencias? La asunción del rol femenino

J. Mª Farré

A pesar de la enorme cantidad de seres humanos que pueblan el planeta, la naturaleza ha sido avara y «solamente» permite dos sexos.

También es cierto que biología y medio cultural son muy difíciles de separar. Cuanto mayor es la cultura más sofisticado es el sistema nervioso pero, a su vez, la cultura modifica la biología. Esta interdependencia va a marcar muchos de los caracteres que se han considerado tradicionalmente como masculinos o femeninos. Las mujeres han accedido al mercado de trabajo, hecho por el cual pueden conseguir la independencia económica, sin necesidad de someterse a ningún varón y asumiendo una notable libertad personal. Los anticonceptivos han permitido un control efectivo de la reproducción y ciertos grados de autonomía impensables antes de los logros científicos y sociales que han caracterizado el siglo XX. Las mujeres ya no mueren como antes a causa del parto y su salud ha mejorado gracias a la moderna farmacología y a la medicina preventiva. A la mujer del año 2000 –sobre todo a las occidenta-

les, ya que las féminas del Tercer Mundo tienen aún un largo camino que recorrer– le acechan los mismos peligros que a los hombres: el estrés, las enfermedades cardiovasculares, la fatiga crónica, las toxicomanías o el sida, hecho que no puede servir de excusa para devolverla –si así no lo desea– a los cuarteles de invierno del hogar, aunque esté repleto de computadoras sofisticadas.

Así pues, los roles del hombre y de la mujer cambian y cambiarán: de hecho, hoy en día se habla de individuos que poseen rasgos «caracteriales» intermedios (los llamados andróginos), pero existen mecanismos biológicos que –incardinados con los ambientales– condicionan la existencia de diferencias psicofisiológicas entre el hombre y la mujer. Es lo que se denomina *dimorfismo sexual*.

¿QUÉ SE ENTIENDE POR DIMORFISMO SEXUAL?

Se trata, simplemente, de la existencia de dos morfologías diferentes, de dos sexos, expresados desde el comienzo de la vida hasta la madurez y que son producto de la interacción entre factores genéticos y del entorno del sujeto. El dimorfismo sexual parte de una doble realidad: el «sexo» y el «género».

«Yo *soy* mujer» ——— «me *siento* mujer» ——— «me *comporto* como mujer»
(experiencia privada)   (expresión pública)

más X o veintidós más Y, siendo el azar quien decide –a través del espermatozoide– el sexo genético (XX=mujer, XY= hombre). Durante las primeras *seis* semanas de la vida fetal, el embrión humano es exactamente igual, tanto si es femenino

Entendemos por *sexo* un conjunto de procesos *biológicos* que comprenden diversos niveles (genético, hormonal y neurológico) que se desarrollan a lo largo de todo el ciclo vital y que, a su vez, darán lugar a los dos géneros: *masculino* y *femenino*. No obstante, el *género* es una realidad más compleja que se asienta en la propia variable sexo y se solapa con el concepto de *rol* (comportamiento «coherente» con el sexo que ostenta). La noción de *identidad de género* pretende expresar esta coherencia y se relaciona con los *papeles* masculino y femenino, que están más o menos estereotipados y connotados de una fuerte sobrecarga cultural y social. Así pues, la *identidad* es la *conciencia* del género que se posee, mientras que el *papel* o *rol* es todo aquello que una persona *dice* o *hace* para indicar a los demás, o a sí misma, el grado en que es varón o hembra. Es la *expresión pública* de la identidad de género que debería considerarse como la *experiencia privada* del papel de género.

UNA CARRERA DE RELEVOS

1. *Cromosomas: el azar decide.* La primera etapa corresponde a la fecundación, es decir, al instante en que el espermatozoide se encuentra con el óvulo en las trompas de Falopio de la futura madre. De los veintitrés cromosomas, el óvulo tiene veintidós y el cromosoma X, mientras que el espermatozoide puede tener veintidós

como si es masculino, desarrollándose un esbozo genital idéntico tanto para uno como para el otro sexo constituido por un par de glándulas (gónadas) indiferenciadas y un doble par de conductos: el conducto de Müller para la hembra y el conducto de Wolff para el varón. El programa genético está ahí, a punto de hacer estallar las diferencias. Se inicia así el segundo relevo, el *gonadal*.

2. *Gónadas: ovarios tranquilos.* A partir de la sexta y séptima semana de vida intrauterina, las gónadas se diferencian en testículos en el embrión masculino. Una sustancia química regulada por el cromosoma Y, llamado antígeno H-Y, provoca este cambio. A partir de la decimosegunda

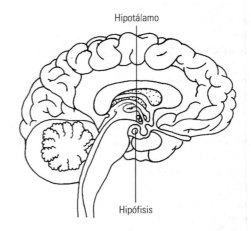

Fig. 1. El hipotálamo ejerce su control sobre la hipófisis, responsable de las secreciones hormonales.

▼

semana, la gónada del embrión femenino se convertirá en *ovario* con sus ovocitos, que serán alrededor de cuatrocientos mil por lo menos, de los cuales sólo unos quinientos llegarán a la maduración entre la pubertad y la menopausia. La naturaleza es extrañamente exuberante a veces.

Durante todo el período fetal, tanto los ovarios como los testículos permanecen en el abdomen. A finales del período perinatal, los testículos descienden a las bolsas escrotales; ello ya es índice de que convertirse en hombre es más tormentoso que la transformación en mujer; si no actuara el antígeno H-Y, la tendencia básica del cuerpo humano sería a transformarse en mujer.

A la aparente serenidad de la marcha del embrión femenino hacia la condición de mujer se le contrapone la febril actividad del masculino que se dispone a iniciar el tercer período.

3. *Hormonas: ahí están.* A partir del segundo mes, el testículo embrionario comenzará a segregar hormonas que, al ser transportadas por la sangre, van a actuar en todo el organismo.

Estas hormonas denominadas andrógenos (testosterona y dehidrotestosterona, DHT) evocan el desarrollo de los conductos de Wolff hacia los conductos deferentes, la vesícula seminal y los conductos eyaculatorios. En ausencia de andrógenos activos, los conductos de Müller se atrofian dando lugar a las trompas de Falopio, al útero y a la parte más interna de la vagina. Al tercer mes, los *genitales internos* ya están conformados.

Paralelamente, a partir del segundo mes, todo embrión tiene un esbozo indiferenciado de órganos *genitales externos* llamado *tubérculo genital* y accesorios. El embrión XY posee en este tubérculo genital unos receptores específicos para la testosterona y un equipo enzimático capaz de convertirla en DHT, andrógeno responsable de que el tubérculo se convierta en glande de pene y de que los accesorios se retransformen en los pliegues urogenitales en el cuerpo peneano alrededor de la uretra. La abertura externa se duplica en ano y meato uretral y las protuberancias labioescrotales se convertirán en el escroto que va a acoger en su momento a los testículos.

En el caso femenino, las ausencias hormonales provocan que el tubérculo genital se convierta en *clítoris*, los pliegues en *labios menores y parte externa de la vagina*, que la abertura se triplique en uretra, vulva y ano y que las protuberancias o rodetes labioescrotales se transformen en los *labios mayores* que se fusionarán por delante para formar el *monte de Venus* y que, al infiltrarse de grasa, sobresaldrán claramente. Al cuarto mes tenemos el *corpus genital* femenino perfectamente conformado, cumpliéndose además el *principio de Eva*, según el cual la primera preferencia de la naturaleza o su programa de base se realiza automáticamente por la vía femenina. Esto podría llevarnos a ironizar sobre el principio bíblico: no fue primero Adán, sino Eva.

4. *Cerebro: ¿hay que fiarse de las apariencias?* La siguiente etapa es crucial: el cerebro va a diferenciarse sexualmente, merced a una labor fundamentada en el eje hipotalámico-hipofisario. El hipotálamo, estructura situada en el centro del cerebro, dirige a la hipófisis, responsable de las diversas secreciones hormonales. El hipotálamo de la mujer presenta la particularidad de diferenciar sus controles sobre la hipófisis y el ovario en función de las cantidades de estrógeno presentes en la sangre: estamos ante los *ciclos* menstruales, opuestos radicalmente a la constante fabricación de espermatozoides y andrógenos en el hombre.

Pero las diferencias ya han ocurrido antes, pues la sexuación del cerebro existe ya durante la vida embrionaria sometida al «manejo» hormonal androgénico que, literalmente, «inunda» el cerebro del varón en el período prenatal, mientras que la diferenciación femenina se produce simplemente por la ausencia de andrógenos.

¿Hasta qué punto esta androgenización y no androgenización puede influir en los comportamientos futuros? A pesar de su carácter impreciso, los criterios sobre masculinidad y feminidad han podido cuantificarse actualmente con más claridad e incluso se han encontrado características intermedias. Pero ¿puede realmente establecerse una relación causa-efecto entre factores hormonales y comportamientos humanos como los que anunciamos? De hecho, ciertas evidencias fisiológicas han permitido observaciones más significativas.

Todo ello nos lleva a indagar en la aparición de estos cerebros e investigar hasta qué punto pueden existir diferencias entre hombres y mujeres, marcadas desde la diferenciación en etapas precoces de la vida. Empecemos entonces por la cuestión más arriesgada: ¿hay diversidad en la *función intelectual*? Nos basaremos en la investigación de tres expertas canadienses (Kimura, Lunn y Galea) sobre el estudio de las bases neurales y hormonales de la función intelectual humana. Estas tres damas son rotundas: *las principales diferencias que marca el sexo en la función intelectual parecen residir en los modelos de capacidad y no en el nivel global de inteligencia*, el archifamoso *coeficiente intelectual;* en palabras llanas: hombres y mujeres somos *globalmente* igual de tontos o igual de listos. Ahora bien, el tema de las capacidades parciales (manejo del lenguaje, habilidades manuales...) quizá sea otra cuestión.

El hombre realiza *mejor* que la mujer determinadas tareas *espaciales*. En particular, el hombre aventaja a la mujer en pruebas en las que el sujeto ha de imaginarse el giro o cualquier otra manipulación de un objeto. Consigue también mayor precisión cuando tiene que operar habilidades motoras dirigidas a blancos, esto es guiar o interceptar proyectiles, aunque esta última ya nos dirán qué maldita falta hace (al menos en tiempo de paz) como no sea para ganar algún muñeco en las casetas de feria. Lo cual no deja de ser un magro consuelo ante lo que se avecina: las mujeres *tienden a superar* a los hombres en *velocidad perceptiva*, poseen una mayor *fluidez verbal*, obtienen mejores resultados en *cálculo aritmético* y en recordar los *detalles singulares de una ruta*. Resultan también más rápidas en la ejecución de ciertas tareas *normales de precisión*. Algo realmente apabullante y que constituye una esperanza para el hombre en caso de perderse en pareja en una excursión por el campo.

Es posible que estas diferencias estén *automáticamente* determinadas por discrepancias entre los dos hemisferios del cerebro. Se admite que el hemisferio *izquierdo* se ocupa fundamentalmente de las funciones *verbales*, mientras que el *derecho* se especializa en las *espaciovisuales*, además de otras especificidades propias de las dos grandes mitades encefálicas. Parece que existe en los *hombres* una mayor *asimetría* que en las mujeres, con mayor potencia funcional en el lado derecho de los varones; las mujeres mostrarían una mayor *bilateralidad* en el factor *verbal*. Quizá las mujeres utilicen los dos hemisferios de forma más equitativa.

Si nos preguntamos quién es más inteligente o más capaz según los aspectos parciales, deberíamos tener el buen sentido de respondernos: ¿qué hombre?, ¿qué mujer?

Para estudiarlo mejor acudamos a un clarificador texto de la propia Doreen Kimura que no nos resistimos a reproducir literalmente:

«Para comprender la manera en que pueden diferir varones y mujeres en las funciones intelectuales, precisamos mirar más allá de las exigencias de la vida moderna. No hemos sufrido selección natural alguna para leer o para manejar ordenadores. [...] Téngase en cuenta que nuestro cerebro es esencialmente igual al de nuestros antepasados de cincuenta mil años atrás, por lo menos.

»A lo largo de los millones de años que dura la evolución de las características de este cerebro, el hombre vive en grupos limitados de cazadores-recolectores con una división tajante del trabajo: los varones se encargaban de la caza mayor, que con frecuencia exigía recorrer largas distancias. También eran responsables de la defensa del grupo contra depredadores enemigos, y de la elaboración y uso de armas. Las mujeres recolectaban alimentos cerca del campamento, atendían el hogar, preparaban la comida y la vestimenta y cuidaban de los niños.

»Los hombres necesitaban contar con una capacidad que les permitiera reconocer una estructura geofísica desde orientaciones diversas. También, habilidad para acertar en un blanco. Las mujeres precisarían orientación en cortos recorridos y una discriminación que les permitiera captar pequeños cambios en el ambiente, así como en el aspecto y comportamiento de los hijos.»

Es probable que estos cambios —esta «reclusión» de las hembras— se debieran al surgimiento de la *bipedestación*, fenómeno que provocó el nacimiento y la delicada crianza de niños prematuros. Tal reclusión era la única forma de que el niño pasara la cabecita por la pelvis que había debido estrecharse para contribuir a la andadura bípeda.

Hemos evolucionado y hace tiempo que las mujeres salieron de las cavernas físicas y mentales: ya no necesitan cazadores. ¿Quiere ello decir que los humanos empezamos a sufrir cambios determinados por los nuevos roles? ¿Hasta qué punto la presión social tendente a un imparable igualitarismo provocará estos cambios? ¿Y cuánto tardarán? El tiempo dirá qué sucederá con los hemisferios y sus diferenciaciones.

5. *Nacimiento: la primera ojeada al ambiente.* Cuando la niña nace, recibe el rótulo definitivo –aunque las ecografías ya no permiten el encanto de lo desconocido– que la arroja con todo el peso de la sociedad hacia el camino predeterminado. El bebé ha llegado por fin a la bifurcación que determina su identidad de género. El certificado de nacimiento, el nombre, incluso ciertos colores de ropa (aunque cada vez menos, puesto que de la imaginación en el vestir nos estamos volviendo todos italianos, lo cual es gratificante), todo el entorno circundante respaldará el peso inherente del género: es una mujer, y en su mente empezarán a construirse los esquemas apropiados para la constitución del modelo íntimo femenino.

La identidad de género tampoco podría diferenciarse sin un estímulo social, así como la gónada indiferenciada que fue nuestro origen no podría convertirse en testículo o en ovario sin el estímulo de los cromosomas X o Y. La identidad definitiva será social y esto empieza a ocurrir ya desde el mismo momento del nacimiento: dulzura y belleza para el bebé niña, dureza presupuesta para el tierno niño. Las asignaciones sexuales están servidas y, si el relevo prenatal ha sido impecablemente entregado, la niña empezará a correr hacia la meta de su identidad.

6. *Infancia: identificaciones y discriminaciones.* Padres, maestros, hermanos, compañeros y medios de comunicación social harán posible que la niña haga compatible el *principio de identidad* («mi cuerpo es de niña») con el de *complementariedad* («... y es diferente al de un niño»). A partir de los *dos años*, los niños ya empiezan a elegir lo que previamente la sociedad circundante les ha asignado: ropas, juguetes, adornos de la habitación, y comienzan a autoidentificarse como niño o niña. Hasta los seis años, sin embargo, aún hay limitaciones conceptuales. Tienen más presente las características superficiales del rol, como el vestido o el pelo, que sus orígenes genitales, clasificando como hombre o mujer antes y con mayor seguridad a las personas vestidas que a las desnudas.

Entre los cinco y los ocho años ya pueden reconocer la *permanencia* de su identidad sexual dando importancia nuclear a las diferencias biológicas. Curiosamente, los niños tienen un rol sexual más estereotipado y rígido que las niñas. Éstas aceptan mejor a los chicos en sus juegos y están más dispuestas a compartirlos con ellos. Por otra parte, conocen cada vez mejor *las conductas sexistas* vehiculadas a través de la poderosa televisión, a excepción de que los padres ejerzan como modelos compensadores a favor de la igualdad entre los sexos. Lo importante no es el rol «tradicional», sino que los niños se desarrollen aceptando con naturalidad su identidad sexual.

PUBERTAD: ¿LA REDEFINICIÓN DEL GÉNERO?

Es en la pubertad cuando las diferencias físicas entre los sexos florecen con mayor plenitud. Sin ser un viraje decisivo en el camino, se trata, sin embargo, de un momento de *revelación:* sin cambiar el curso ya establecido en la infancia, la adolescencia acelera los motores del crecimiento gracias a los niveles hormonales. Cambios fisiológicos profundos; tormentas emocionales; inicio de autonomía respecto de la influencia de los adultos; proyectos de futuro; sexualidad desbordante; el juego del enamoramiento y la apertura de abismos generacionales son algunas de las tempestades que van a tener lugar a partir de este momento. Todo va a readaptarse, todo entra en crisis. Las borrascas, que pueden llevar a ciertas modificaciones de los roles, no cambian, sin embargo, las identificaciones primigenias, aunque el grado de confianza que se haya edificado durante la niñez neutralizará gran parte de las disfunciones de la pubertad.

¿Cuáles son estas redefiniciones? La figura corporal cambia de forma tan importante que exige continuas regulaciones. Nuevas capacidades intelectuales le permiten al adolescente interpretar de forma diferente la realidad. Despierta en él un vivo interés por sus propios genitales y por los de sus amigos, sobre todo en los chicos. Las chicas son muy diferentes; con genitales menos evidentes, serán los pechos el foco de atención y, en ocasiones, de envidia. Aparece la práctica de la masturbación, aunque en proporción menor que en los varones, ignorándose si ello se debe a factores culturales, aunque su importancia es bastante considerable. Los adolescentes están cuestionándose constantemente su identidad. Y en permanente conflicto, a veces, con los adultos, sobre todo si éstos les niegan autonomía. Se puede observar cómo y cuándo actúa la subcultura del grupo, de la «panda», en los locales o zonas especialmente frecuentadas. Esta subcultura, reforzada por peinados, ropas, músicas y juegos, tiende a la búsqueda de la seguridad en un momento de cambio.

¿SON MÁS EMOTIVAS LAS MUJERES?

Cuando se afirma que las mujeres son más emotivas que los hombres generalmente se piensa en los aspectos negativos de la emoción: «las mujeres lloran más, son ansiosas y se deprimen con más facilidad».

Empecemos por esta última afirmación: la prevalencia de síntomas depresivos en la población general oscila entre el 9 y el 20 por ciento. Del 3 al 5 por ciento de la población padecería episodios de depresión mayor y un 7 por ciento depresión menos grave, también llamada *distina*. La depresión parece aumentar por diversas razones, que van desde las transformaciones de tipo psicosocial, generadoras de situaciones de tensión y estrés hasta factores de tipo somático, como puede ser el aumento de morbilidad por enfermedades cardiovasculares, gastrointestinales o cerebrovasculares, que aparecen asociadas a reacciones depresivas en una proporción de casos que suele llegar al 20 por ciento. No debemos obviar el incremento de la esperanza de vida, que eleva los porcentajes de personas expuestas a la depresión, y la mayor precisión del diagnóstico médico, que permite detectar sintomatología depresiva con más seguridad. En cualquier caso, el porcentaje de mujeres supera al de los varones que padecen depresión mayor (4,6 por ciento frente al 2,2 por ciento) y presenta una proporción más acentuada de episodios *distímicos* (3,7 por ciento frente al 2,6 por ciento). En cambio, cuando la depresión se presenta en forma *bipolar* (alternancia de fases *depresivas* con fases *maníacas* o de exaltación del estado de ánimo), las proporciones resultan parejas. En conjunto, el riesgo de *sufrir* tales trastornos a lo largo de la vida (riesgo de morbilidad) se estima entre el 6 por ciento y el 10 por ciento en el hombre y entre el 12 por ciento y el 20 por ciento en las mujeres.

Las posibles explicaciones sobre esta mayor prevalencia son varias. En primer lugar, se considera que existe una *mediación hormonal*, pero los datos son aún insuficientes. Otra posible causa estribaría en los factores sociales, que aumentarían la vulnerabilidad femenina. En este sentido Ayuso y Sáiz (1990) señalan los siguientes factores nocivos: exigencias de realizar actividades frustrantes y de escaso prestigio, ausencia de fuentes alternativas de gratificación, sobrecarga de trabajo de la mujer casada, que debe compartir, cada vez con más frecuencia, la atención del hogar con la responsabilidad de un empleo, y las ambiguas expectativas que confronta la mujer actual. No debiera descartarse la posibilidad de que cada sexo pueda tener un umbral diferente para *expresar* el trastorno depresivo; en este sentido, quizá los hombres manifiesten menos síntomas pero son de *igual forma* depresivos.

En cuanto a los *trastornos ansiosos*, pareciera que las mujeres resultan más afectadas, sobre todo, respecto a las fobias (1,3 por ciento de varones, frente al 3,1 por ciento de mujeres) y a la ansiedad generalizada (4,3 por ciento frente al 8 por ciento). El total de las diversas categorías diagnósticas que presenta un estudio realizado en Cantabria (Vázquez-Barquero, 1987)

Tabla 1. **Hombre y mujer. ¿Dónde están las diferencias? Mitos y realidades**

Mito	Realidad
La identidad femenina está amenazada de obstáculos ya antes de nacer.	No es cierto: desde el punto de vista estrictamente biológico, el embrión masculino está sometido a procesos constantes de activación (de origen hormonal), mientras que el femenino presenta una marcha aparentemente sin «sobresaltos».
El nivel global de inteligencia es distinto en los hombres y en las mujeres: los varones son siempre más «despiertos».	Falso. No hay diferencias entre el coeficiente intelectual de hombres y mujeres. Las diferencias, si las hay, estribarían en capacidades parciales.
Los hombres son mejores en tareas que impliquen la utilización del lenguaje.	Considerado desde el punto de vista estrictamente básico (y olvidando las influencias culturales posteriores), las mujeres son más hábiles en tareas que impliquen el lenguaje.
Las capacidades cerebrales están biológicamente predeterminadas en los dos sexos. Todo el destino intelectual está ya en los pasos previos al nacimiento del niño/a, debido a diferencias existentes entre los dos hemisferios cerebrales.	Parcialmente cierto. Si bien hay diferencias entre los dos sexos, marcadas por las asimetrías entre los dos hemisferios cerebrales (los hombres son más asimétricos que las mujeres), las diferencias individuales son las que importan. Éstas estarán marcadas por el coeficiente intelectual previo y el devenir ambiental de cada hombre y cada mujer.
Las niñas identifican peor su rol «tradicional» que los niños.	Los niños son más estereotipados y rígidos que las niñas en su papel. Las niñas muestran una mayor flexibilidad en compartir roles «tradicionales» ya desde la infancia.
Los padres deciden el rol de género: cuanto más conservadores, más «clásico» será el rol del niño o de la niña, y al revés.	Parcialmente cierto. El rol no depende de un solo factor: está determinado por elementos previos al crecimiento (algunos permanecen inciertos, como la irreversible inversión del rol en los transexuales) y posnatales (v.g., la influencia de los medios audiovisuales). Lo que sí es cierto es que los padres constituyen poderosos modelos que pueden compensar parcialmente otras influencias ambientales.
Las mujeres son más emotivas que los hombres.	En realidad tienen una experiencia emocional diferente pero no tienen por qué ser más emotivas. Además, existen diferencias individuales determinadas por la personalidad de cada uno, sea hombre o mujer.
Las mujeres andróginas (psicológicamente hablando) son más adaptativas que las «masculinas», «femeninas» o indiferenciadas.	Por el momento, esto no es cierto del todo. Las «masculinas» son las que mejor se adaptan pero es probable que el futuro sea «andrógino».

revela que el porcentaje de ansiedad patológica fue del 14,7 por ciento, con extremos que iban del 8,11 por ciento para los varones y 20,6 por ciento para las mujeres. No sabemos si estas cifras podrían extrapolarse a todo el conjunto español, pero los datos parciales son muy concluyentes.

Esto en lo que se refiere a la psicopatología, pero ¿qué ocurre con las mujeres sin afectación psiquiátrica? ¿Son más lloronas las mujeres? Si se escogiera al azar un grupo de hombres y mujeres y se les preguntara con qué frecuencia han llorado durante el último mes, podríamos comprobar que las mujeres han llorado más a menudo que los hombres. Parece que por la vigencia de ciertos factores culturales las mujeres proyectan al exterior los mecanismos de agresividad o de culpa, experimentando, con más frecuencia que el varón, sentimientos de tristeza. Sin ser del todo falsa, ésta sería una interpretación demasiado rígida. Es más, se podría expresar de otra manera lanzando la hipótesis de que precisamente las mujeres lloran más porque expresan mejor ciertos tipos de emociones que los hombres.

Sin embargo, si observamos a bebés o niños pequeños en un jardín de infancia, probablemente no hallaríamos ninguna diferencia entre los sexos, pero si uno de los dos llorase más, éste *sería el individuo de sexo masculino*. Así pues, los motivos cabría buscarlos en ciertos factores educativos que operarían en un punto situado entre la infancia y la madurez, y que podrían haber establecido la convicción de que las lágrimas son un componente más propio del acervo femenino que del masculino. Cierto es que la biología interviene (algunas mujeres son más propensas a las lágrimas según los niveles hormonales de su ciclo menstrual), pero debiéramos evitar el exceso de naturalismo explicativo respecto de las diferencias emocionales ya que podríamos caer en puntos de vista demasiado rígidos sobre el tema.

La verdad es que los dos sexos responden de forma distinta ante los estímulos emotivos: las mujeres son más *verbales* y los hombres más *corporales*. Así, ante situaciones de estrés la respuesta psicológica es más acentuada en los varones, lo cual puede perjudicarles con una mayor predisposición a enfermar ante situaciones intensas o prolongadas de tensión. Más expresiva emocionalmente la mujer, puede beneficiarse de su comportamiento desarrollando una de las formas más positivas de enfrentar el estrés. Así, la aparente serenidad del hombre tiene un precio quizá demasiado alto. De todas formas, hay que señalar que las mujeres, según compiten en el mundo del trabajo, están reaccionando al estrés de forma «masculina» y más potencialmente peligrosa, lo que no debe aprovecharse para confinarla, otra vez, a tareas «auxiliares», con el argumento de preservar su salud.

La verdad es que los dos sexos responden de forma distinta ante los estímulos emotivos: las mujeres son más verbales y los hombres más corporales.

ENTRE EL AYER Y EL MAÑANA: LA ANDROGINIA

Bien puede ser que la medida en que los individuos de ambos sexos muestran las pautas extremas de reacción emotiva masculina y femenina esté en función de la proporción en que aceptan los estereotipos tradicionales del papel de los dos sexos y traten de vivir de acuerdo con ellos. También puede darse el caso de que el atenerse demasiado rígidamente a estas funciones restrinja nuestra capacidad de hacer frente a ciertos aspectos relevantes de la vida, volviéndonos más vulnerables. Lo ideal sería poder asociar los continentes de cada una de las dos identidades, lo que nos permitiría reaccionar de forma más consoladora o más enérgica, según las circunstancias. Esta simultaneidad de rasgos daría lugar a la *androginia*. El concepto de androginia fue desarrollado por Sandra Bem en 1974. Según ella, el individuo andrógino poseería simultáneamente un número igual, y amplio, de rasgos que nuestra cultura identifica como masculinos y femeninos.

Toda una serie de investigaciones muestra que los sujetos clasificados como andróginos se comportan de forma más decidida en situaciones consideradas «difíciles». A partir de estos datos, la androginia fue el paradigma del *ajuste emocional, la adaptabilidad comportamental y la efectividad social.*

Si bien la androginia aparece como el modelo del futuro, pesa aún, y mucho, el rol masculino, en relación con variables de salud y ajuste psicológico («femeninos» sí, andróginos también, «masculinos», mejor). Lo cual no puede ser motivo de extrañeza si se tienen en cuenta que los comportamientos que pauta el rol sexual masculino son altamente valorados en la sociedad y conllevan la obtención de recompensas sociales tanto para hombres como para mujeres.

Sin embargo, la androginia aparece como un brillante planeta en el firmamento de las interacciones entre los sexos. El problema es que todavía sigue girando alrededor de un rol social que marca inexorablemente sus días y sus noches. Son los cambios sociales, como es habitual, los que tienen la palabra. Deben modificarse aún muchas cosas y no hay que bajar la guardia, porque las mujeres «femeninas» con motivaciones y ambición han sufrido ansiedades que no padecían las «masculinas» ni las andróginas. Una estudiosa del tema, Judith Bardwick, supo resumir perfectamente estas ansiedades en su momento (1980): temor de que los hombres pudieran rechazarlas por causa de su inteligencia, su competitividad o su éxito; disgusto por el dominio que los hombres ejercen en el trabajo y los conflictos reales entre las exigencias de la familia y del trabajo con respecto a su tiempo y su energía psíquica.

Resulta curiosa la trampa en que suelen caer algunas mujeres que obtienen éxito profesional y que se conoce con el nombre de «síndrome de la abeja reina»: habiendo triunfado en un mundo que sigue siendo, en gran parte, de los hombres, la mujer puede «hiperadaptarse» al sistema, identificándose más con los varones que con otras mujeres con menos éxito. Esta situación es cada vez menos frecuente pero históricamente aparece como ejemplo de un conflicto que de ningún modo ha terminado.

Capítulo 3. **Cómo somos las mujeres**

▼

E. Dio Bleichmar

EL SENTIMIENTO DE BIENESTAR

Para las mujeres el bienestar descansa, sobre cualquier otra condición, en la experiencia de estar incluidas, de ser parte activa de una relación afectiva y de cuidar de ella. A su vez, de esta relación se espera retribución y valoración. Estar en relación con otra persona consiste en experimentar, comprender y responder a las necesidades y sentimientos del otro, compartiendo con empatía sus estados de ánimo. Lo central de esta afirmación descansa en el hecho de que el deseo de *estar en relación* no significa dar cuenta de un deseo más de las mujeres —como el de pasar unas vacaciones en la playa o el de felicidad—, sino que se refiere al núcleo mismo de su identidad, de su ser femenino, a la organización de su yo.

El *yo-en-relación* —feliz concepto de Jean Baker Miller— define esta condición vertebral de la psicología femenina. La subjetividad de las mujeres adquiere su mayor organización alrededor de *poder crear y mantener filiaciones y relaciones*. Y es a través de la atención del cuerpo, del cuidado de la cotidianidad, de lo que se necesita para la supervivencia, como las mujeres encuentran el sentido de su existencia. Las niñas cuidan a sus muñecas, las mujeres a sus hombres, hogar e hijos; también son ellas las encargadas del cuidado de ancianos, enfermos, minusválidos. Por ello —como ya hemos señalado—, el problema de la soledad y la falta de cuidados no aqueja, por lo general, a los hombres: si se quedan viudos, se divorcian, se enferman o, simplemente, envejecen, siempre encuentran a alguna mujer que se encargará de brindarles algún grado de atención, pues ésta pareciera ser su misión.

Para las mujeres, el *bien-estar* consiste en una práctica participativa, en compartir, y es a través de este *estar junto a* como se tiene la sensación de *ser alguien*. Las fórmulas «la señora de...» o «la madre de...» —tan castigadas por la críti-

> **P**ara las mujeres, el bienestar consiste en una práctica participativa, en compartir.

ca feminista como expresión del anonimato y subordinación femenina– encierran un núcleo de experiencia que continúa siendo de una enorme validez para las mujeres: constituye una forma de ser, en el sentido más riguroso de la expresión; una forma de estar en el mundo como parte de una unidad mayor que la que constituye el individuo aislado; un profundo deseo, una meta permanente, una constante motivación. Impregna la vida entera, es un principio y un fin de todo asunto femenino.

EL PODER

Los sentimientos de eficacia, de saber hacer las cosas, de utilidad, surgen en las mujeres sobre todo a partir de su conexión emocional, de su capacidad para establecer y mantener relaciones afectivas, y se alimentan permanentemente de estas fuentes. En general, las mujeres se consideran altamente calificadas para responder a los estados afectivos de los otros, confían en su capacidad de comprensión y de respuesta. Quizá no haya nada que movilice tanto a una mujer como el tratar de poner sentido a su vida actuando de «samaritana» con otro más necesitado que ella.

Uno de los fundamentos constantes de la condición femenina es la permanente oposición entre feminidad y poder.

El territorio de poder de las mujeres es la intimidad, la vida privada; pero no existe una buena escuela para la enseñanza de la eficacia en esta área, un saber apropiado que garantice la buena salud y el buen humor en el hogar. Podemos obtener conocimientos sobre la cocina francesa, la decoración de ambientes o el cuidado del jardín, pero pocas se preocupan y otorgan importancia a «licenciarse» en relaciones humanas. No existen tratados sobre la intimidad, aquellos existentes no comprenden bien los deseos femeninos.

Que a las mujeres nos interese por encima de todo la vida privada, la intimidad, las relaciones humanas, no quiere decir que seamos sabias en esto, que

dominemos a la perfección los recursos emocionales y afectivos. Tenemos un enorme potencial, como lo tienen también los hombres; no obstante, en el proceso de socialización esta potencialidad se deforma, exagera, inhibe o desvía, y es una especie de milagro retenerla intacta. En cambio, los hombres comprueban su poder, su potencial como seres humanos, fundamentalmente en la acción personal, en la consecución de una obra –la construcción de un puente, la fabricación de un producto, la dirección de una orquesta. El logro personal –en cualquier sector que se trate– incrementa su valoración masculina, su poder personal, y como consecuencia, se sienten con atributos suficientes para ser queridos. La masculinidad y el poder han nacido amigos, entendiendo por poder el *poder poder*, como sostiene Celia Amorós, es decir, ser capaz y estar autorizado. Los hombres, por el solo hecho de pertenecer al género masculino, se sienten legitimados para poder hablar, votar, gobernar, pelear, saber de todo y hasta no saber si «ese» hijo es hijo propio.

Un recorrido por la historia del conocimiento –filosofía, matemáticas, física, etc.–, por la historia de las guerras y la paz de los pueblos, por las manifestaciones artísticas, nos pondrá en contacto con un infinito número de hombres. Por el contrario, la historia es muy otra para las mujeres. Cuando nos topamos con alguna figura que ha pasado a la posteridad, indefectiblemente será en su condición de *madre* –empezando por la madre del hijo de Dios–, de *virgen* o su consabida contrapartida, o por su radiante *belleza*. A partir del siglo XVIII, algunas mujeres serán recordadas por otros motivos, pero por lo general sus vidas han sido lo suficientemente desdichadas y sus destinos tan funestos que no han tenido muchas seguidoras.

Éste es uno de los fundamentos constantes de la condición femenina: la permanente oposición entre feminidad y poder. El poder no es nada «femenino», espanta a los hombres, y las mujeres frente al riesgo que eso supone han preferido renunciar a toda ambición personal, a ni siquiera proponérsela. Incluso para muchas mujeres de los años noventa, la maternidad significa una exclusión o una postergación de otras posibilidades; y para aquellas que han abrazado con pasión y dedicación exclusiva otras opciones, el sacrificio de su vida privada. «Toda mi vida está llena de exclusiones», afirma María Antonietta Macciochi, escritora feminista. De modo que las mujeres encuentran dificultades y no les es tan fácil sentirse potenciadas en su identidad femenina. Cuando acceden a posiciones de poder, en lugar de incrementar su autoestima resulta que se sienten perseguidas, atormentadas, rechazadas.

MADRES E HIJAS

La madre modelo y el modelo materno

Los estudios sobre la relación temprana madre-hijo/a, sobre bebés que se desarrollan física y psíquicamente en forma normal y armónica, ponen de relieve los rasgos que definen a una buena madre y que establecen el paradigma del modelo. Ésta debe ser:

1. *Disponible*: estar allí donde y cuando los hijos la necesiten.
2. *Comprensiva*: saber qué es lo que requieren sus hijos aunque éstos no lo expresen claramente; en realidad debe adivinar cuál es la demanda que se le exige, y para ello es preciso un hondo vínculo emocional.
3. *Cuidadora*: tener la capacidad de responder de manera adecuada a la petición de turno, al servicio solicitado.
4. *Cariñosa*: tener ganas y sentir placer en ser solicitada y en brindar los cuidados.

Las madres son, en realidad, empresas de servicios unipersonales o secundadas por otras, cuando los cuidados se hallan repartidos entre las diversas mujeres encargadas de «las tareas domésticas». Los servicios de cuidado son uno de los principios básicos que rigen las relaciones entre hombres y mujeres.

Los múltiples estudios sobre el desarrollo infantil han enfatizado el papel crucial de los cuidados maternos, de la presencia de una buena madre para el bienestar, crecimiento y salud mental del niño/a. La «madre suficientemente buena» –feliz expresión del psicoanalista Winnicott– es un concepto central en psicología evolutiva. Ahora bien, no todas las madres del mundo personifican la madre modelo, aunque esta figura sea la consagrada por la cultura. El altruismo, la abnegación, el sacrificio de la madre por su hijo se consideran «propios de su naturaleza», algo que se supone anclado en su biología, en el así llamado «instinto maternal».

El código moral vigente posee atenuantes para la madre capaz de matar por salvar a su hijo/a; se la considera una heredera natural de la hembra que lo hace sin escrúpulos ni titubeos en caso de amenazas a su cría. Como contrapartida, a la madre que abandona a sus hijos se la denomina «madre desnaturalizada», aludiendo con esta expresión a la subversión, desconocimiento o renegación de lo que se supone su obligación biológica para el cuidado y la crianza.

Todos/as buscamos una madre

Las mujeres se definirán femeninas, se reconocerán en el papel de cuidadoras y, por más inseguras y primarias que sean, se sentirán capaces de desarrollar una relación interpersonal. Los hombres, lanzados a la conquista del mundo, desearán una relación amorosa que pueda ser un remanso, un refugio que compense las asperezas de la lucha por la vida. Volver a casa y olvidarse de todo, el sueño del «reposo del guerrero». Las mujeres compran entusiasmadas ese sueño y lo comparten; familia e hijos, ¿qué más puede querer una mujer? Ser el sosiego y el bálsamo que todo individuo anhela. Lo que muchas veces no advierten es que ese sosiego y bálsamo que reciben de sus madres ellas también lo necesitan, y que sus hombres –en líneas generales, aunque haya honrosas excepciones– no cumplen el rol materno, sólo lo solicitan. ¡Gran desencuentro humano, todos necesitamos reencontrar los cuidados maternos y sólo algunos/as los consiguen!

La empatía

Trabajos recientes sobre trastornos psiquiátricos graves en niños pequeños, estudios de psicología evolutiva y un número creciente de escuelas de psicoterapia han puesto el énfasis en la importancia capital de la empatía en las relaciones humanas. El completo y feliz desarrollo de los niños parece descansar en la experiencia de una relación empática con sus padres. Asimismo, se considera que la habilidad para las relaciones humanas descansa en la posesión y perfeccionamiento de una adecuada empatía. Es necesario destacar que prácticamente existe una superposición entre las características a partir de las cuales se define la empatía y las cualidades de una buena madre, como si la empatía y el rol maternal fueran una misma cosa: disponibilidad, conexión, respuesta adecuada y deseos de establecer una relación con el otro.

Ahora bien, la empatía no es una virtud o don heredado por el solo hecho de ser mujer. Se suele confundir empatía con intuición —universalmente atribuida a la naturaleza femenina— y a ambas, con la supuesta sabiduría ancestral de la madre. Lo real es que la empatía —si bien muchos la tienen o la han recibido sin saber cómo— es un rasgo humano que, como todo rasgo humano, puede alcanzar muy diferentes grados de desarrollo y refinamiento. Ya hemos señalado con anterioridad que las mujeres parecemos ser poseedoras de un mayor grado de empatía, y para explicar las razones de ello no es necesario apelar a ninguna clase de instinto o fuerza misteriosa de la madre naturaleza, sino simplemente reconocer el poderoso efecto que ejerce sobre la subjetividad la división del trabajo entre los sexos, la milenaria especialización y reducción de la actividad humana de las mujeres a sus tareas domésticas y maternales.

Pero —hayamos tenido una madre suficientemente buena, una madre regular o una mala madre— todos anhelamos los cuidados maternos; sin éstos no hay desarrollo humano, incluso puede producirse la muerte, como en las experiencias de privación temprana que dieron lugar al cuadro que se conoce con el nombre de *depresión anaclítica*.

Lo que sucede en la vida de hombres y mujeres es que los hombres raramente se quedan sin alguna mujer que se haga cargo de sus cuidados, mientras que ésta es la queja reiterada de mujeres solas, divorciadas, viudas, casadas y solteras: *la falta de una relación de intimidad que dé sentido a sus vidas.*

LAS MUJERES ANTE SU ROL

Es a partir de las postrimerías de los años sesenta cuando el movimiento feminista cobra vigor en el mundo y las mujeres de todos los ámbitos —político, científico, literario y aun en lo personal— reflexionan, plantean, discuten, critican, denuncian, reclaman y trabajan seriamente para acabar con las diferencias y desigualdades que imperan en nuestras sociedades con respecto a la mujer. ¿Cuál es el corazón, el núcleo central de sus luchas? ¿Qué es lo que unifica a mujeres tan distintas, africanas y anglosajonas, amas de casa y periodistas, ricas y desfavorecidas?: la insatisfacción de su rol.

El rol es el papel social, lo que el conjunto de los otros supone, espera, ve bien, considera adecuado y aprueba en los comportamientos que una persona debe tener al ocupar un lugar, al desempeñar ese rol. Simultáneamente, para cada papel también existe una serie de conductas que no se esperan y, por el contrario, se condenan y prohíben. ¿Dónde están escritos los diez mandamientos —o el número que sea— sobre cómo debemos ser las mujeres y los hombres? Los psicólogos/as llaman a esta situación *tipificación*. ¿A qué oficina debemos dirigirnos para buscar el formulario que tipifica la feminidad y la masculinidad, la buena y la mala?

Los psicoanalistas hablamos de *inscripción en el inconsciente*. Cada una de nosotras tiene inscrito y fijado en su inconsciente, desde pequeña, lo bueno y lo malo de la feminidad. Cada una de nosotras ha sido debidamente equipada con su modelo a través de un complejo proceso; cada una de nosotras tenemos un ideal del yo femenino y también su contrapartida. Pero no todas sabemos de cuántas caras está compuesto este ideal o su negativo: «la otra», a la que rechazamos u odiamos a pesar de que también nos habita; ni tampoco todas las mujeres tenemos la misma relación con nuestros modelos o ideales de feminidad. Algunas se sienten en paz, en armonía, entre lo que han creído elegir ser y lo que son; otras, en cambio, sufren y se torturan por miles de contradicciones entre lo que «debieran» y lo que creen ser.

LA MUJER MODERNA

Por oposición a la mujer tradicional, llamaremos mujer moderna a la que ha incorporado a su identidad dos rasgos básicos: independencia económica y ambición personal. No es suficiente que trabaje fuera del hogar o que gane dinero por su cuenta: muchas mujeres lo hacen, o lo han hecho, y se pasan la vida deseando que llegue el día en que consigan quien las mantenga y concluya esa tortura. Día a día crece el número de mujeres que concurre a las universidades, que desarrolla actividades comerciales, profesionales y políticas por vocación personal, por genuinos deseos de emancipación y por la profunda convicción de que, para sentirse seres humanos plenos, la participación –por mínima que ésta sea– en la maquinaria productiva y en la vida comunitaria es indispensable.

Ahora bien, ¿han logrado las mujeres modernas librarse del fantasma de la depresión? ¿Frecuentan menos los despachos de médicos y psicólogos? ¿Qué nos dicen las estadísticas? Las mujeres modernas son las que en mayor proporción acuden a ver a psicoanalistas y psicólogos/as en búsqueda de alguna ayuda para sus dificultades en las relaciones de pareja. Éste es el motivo de consulta más frecuente en mujeres entre treinta y cuarenta y cinco años.

CUANDO LA MODERNIDAD NO POTENCIA

Lo que resulta más impactante e incomprensible es que la multiplicidad de logros, la envergadura de los mismos, el reconocimiento social y/o profesional del que gozan parece no tener ninguna repercusión en su valoración personal. No llegan a modificar un ápice el íntimo sentimiento de malestar, de soledad, de indefensión, aun desarrollando actividades arrolladoras, llegando a las máximas posiciones en sus áreas –catedráticas, fundadoras de empresas-. Obviamente, con su trabajo personal solventan de lejos sus presupuestos y el de sus hijos. A esto se añaden las cualidades que rodean el desempeño de sus tareas –seriedad, responsabilidad y profesionalidad, así como la generosidad y empatía para el trato personal.

No obstante, ninguno de estos atributos contribuye positivamente a una buena regulación de la autoestima, de la confianza en sí misma.

Muchas mujeres han aprendido y sellado a fuego esta honda convicción: *se vive para otros*. No se trata de un estado de exaltación amorosa, como en el enamoramiento, en el que todo enamorado/a siente una especie de ruptura de las fronteras de su intimidad y el cuerpo y los sentidos dejan de funcionar en los límites de la sensibilidad habitual para contener, permanentemente, la vivencia junto al cuerpo del otro, del ser amado. No, no se trata de esto o, mejor dicho, se trata de ese estado pero con un otro imaginario que puede cambiar de fisonomía o carecer de ella completamente; puede consistir sólo en un molde a rellenar, en un compañero invisible con el que se dialoga todo el tiempo, que nos mira, nos observa, al que se tiene en cuenta.

Los psicoanalistas han dado a estas características el nombre de *dimensión sacrificial de la feminidad,* expresión que lejos de explicar el fenómeno no hace sino redundar en su descripción. ¿En qué consiste el sacrificio, la entrega femenina? Todavía suele aparecer la expresión en algunas telenovelas, y algunos hombres y mujeres sienten de esta forma: cuando una mujer «acepta hacer el amor, se entrega». Entrega su cuerpo, que es su bien más preciado, al hombre, quien desde ese momento en adelante, pasa a ser su dueño. Se con-

*L*a mujer moderna es aquella que ha incorporado a su identidad dos rasgos básicos: independencia económica y ambición personal.

cibe a la mujer como cuerpo, objeto que puede ser poseído, ya sea por quien se adueñe de él o por quien sea el destinatario de la donación femenina, de su «entrega».

Pero junto a esta dimensión materialista de la entrega existe otra, quizá menos cantada y exaltada por poetas y escritores, que se refiere a esta conformación femenina de la identidad forjada en la prestación de servicios, en la milenaria costumbre de la conducta de seguimiento. ¿Cuál es en la Biblia la condición que definirá la máxima virtud de una esposa?, *seguir a su hombre*. Pero lo importante es que la conducta de seguimiento es el motor del movimiento. Cuando la gallina o la mona madre se levantan y se alejan de su nido o madriguera, las crías también lo hacen, se mueven en la misma dirección.

Cuando las mujeres, dotadas de toda la energía, capacidad de trabajo, iniciativa, creatividad que se pueda imaginar, sienten que no tienen nada exterior que las mueva o las motive, lo que están diciendo es que su depresión —la inmovilidad— es una consecuencia de no tener a nadie a quien cuidar, que si no se sienten comprometidas en una relación de intimidad que las solicite, que las obligue a sentirse solicitadas, obligadas y sin ese sentimiento surgiendo de su profunda convicción de cómo se es mujer, de su identidad femenina, no saben vivir.

LA MORAL COMO FUERZA DEL YO

El deber o ideal puede variar de acuerdo a los cambios que sobrevienen en la cultura —como de hecho ha ocurrido, principalmente a un ritmo histórico acelerado en la segunda mitad de nuestro siglo. La feminidad, es decir, lo que se considera que es ser una buena mujer, una buena esposa, una buena madre, es actualmente mucho más incierto y variable de lo que era para nuestras madres o abuelas. Y es en este concentrado de valores morales donde muchas mujeres encuentran la fortaleza del yo que necesitan para vivir.

En la sobrecarga de trabajo doméstico, en el agotamiento de la crianza, en la ejemplaridad de sus vidas muchas mujeres sostienen sus sentimientos de autoestima, de valor personal. La depresión sobreviene cuando comprueban que estos sacrificios pueden ser inútiles, o nadie se los reconoce o nadie las aprecia por ellos; al contrario, las hijas habitualmente, y muchos maridos, se apartan de ellas como de la peste. La depresión las invade cuando se instala la desesperanza y el pesimismo, cuando la mujer pierde credibilidad en el incentivo que significaba para ella esa defensa del deber y quedan fuera de su control los medios o recursos para proporcionarse otras metas en la vida.

Capítulo 4. ▼ Aprender a ser mujer

O. Bertomeu

¿Qué significa ser mujer? ¿Cómo se aprende? ¿Quién nos enseña? ¿Hacia dónde hay que mirar para saber el camino a seguir? ¿A dónde conduce ese camino?

Hoy por hoy, para ser mujer, es preciso ser *autodidacta*. No tenemos modelos que imitar, porque, sobre todo, los que nos rodean son modelos que hay que rechazar: hombres y mujeres, cada cual afincado en su papel, en continuo litigio, bien por seguir detentando la hegemonía los unos, bien por tratar de destronarlos las otras, cuando no se someten a la fatalidad de su destino.

Es preciso que las cosas cambien. Las mujeres hemos de dejar de escribir al dictado de lo que nos propone la sociedad. Ante todo no debemos ser más ingenuas y saber que a esta sociedad le conviene que el papel de la mujer convencional continúe y que, a lo sumo, como gesto de condescendencia masculina, para más *inri*, salga a la calle para añadir a sus responsabilidades domésticas la de aportar un segundo sueldo. Esta situación, muy lejos de suponer una liberación, conduce a una doble esclavitud, que aunque nos abra los ojos, en la mayoría de las ocasiones, para lo que nos sirve es para ser conscientes del esfuerzo diario y de la fatalidad de nuestro destino.

Para aprender a ser mujer, sólo nosotras las mujeres podemos decidir, sólo nosotras podemos decir en qué consiste nuestra esencia.

Lo cierto es que, aún inmersas en nuestra propia esencia femenina, nos han despistado tanto las propuestas del entorno social, sus exigencias y expectativas, que nos hemos pasado la vida tratando de ajustar nuestro ser a unos moldes supuestamente acertados, en un absurdo intento por merecer el aplauso del «respetable». Eso es lo que nos ha distraído de la difícil labor de adentrarnos en nuestro yo.

La mujer ha de dejar de escribir al dictado de lo que propone la sociedad.

Un día nos vendieron como privilegio unir nuestro destino al del hombre para hacerlo nuestro, y lo aceptamos sin saber que no hay cadenas más difíciles de quitar que aquellas que generan alguna consideración.

53

¡Qué difícil nos va a resultar llegar al encuentro de nosotras mismas si no somos capaces de despertar la conciencia para reconocernos en toda nuestra amplitud! El día que descubramos nuestra verdadera identidad femenina quizás nos sorprenda el hecho de participar de innumerables componentes de los considerados masculinos. No cesaremos de dar palos de ciego hasta que nos convenzamos de que para ser persona no se puede pensar en dos esencias diametralmente opuestas, excluyentes entre sí dentro de la misma especie.

Los humanos seríamos en tal caso el único animal del planeta, la única especie que se desdoblara a su vez en dos especies absolutamente diferentes por mor del sexo.

Vamos a convenir que ser mujer es el resultado de un proceso individual, cuyo primer hito consiste en alcanzar el momento solidario, pero relativo, del sentimiento consciente del «nosotras», pero cuya meta está más allá, en el hecho solidario absoluto del «nosotras/nosotros», como personas diferentes entre sí por la condición de irrepetibilidad que caracteriza a cada uno de los seres humanos.

El problema no estriba en que no nos permitan el aprender a ser mujer; el verdadero problema radica en que se ha pretendido, y se sigue pretendiendo, que ese papel femenino sea sinónimo de «persona con cierta discapacitación», la bella alternativa pero de segunda categoría.

La primera batalla a ganar por las mujeres consiste en derribar los mitos levantados a costa de la genética, para que, partiendo de la condición de hembra, nos sea reconocido nuestro rango de personas.

¿A quién puede interesar más que a nosotras el demostrar que la biología tan sólo determina la capacidad reproductora en sus dos modalidades complementarias masculina y femenina, y que nada tiene que ver con los designios socioculturales que nuestro grupo de pertenencia nos ha impuesto?

Ser mujer, ante todo, supone ser persona altamente especializada, el único ser que reúne en sí mismo todas las posibilidades. Podemos ser «hombre» si así lo deseamos, en tanto que el hombre jamás podrá ser «mujer». Y es que la mujer, además de la posibilidad de ser donante de su óvulo para una reproducción *in vitro*, pongamos por caso, como el hombre lo puede ser de semen, es capaz de asumir y desempeñar las mismas profesiones, responsabilidades y papeles que hasta el momento han sido identificados como «masculinos».

En cambio, el hombre, si bien puede desempeñar funciones de las consideradas «femeninas», jamás podrá concebir, gestar y parir. Hay quien dijo cínicamente que la naturaleza le había dado tanto poder a la mujer, que la ley, muy sabiamente, le había dado poco.

Éste es un mecanismo que ya se ha hecho crónico, cosa que no es de extrañar ya que viene ocurriendo desde la noche de los tiempos. La escisión hombre/mujer, además de injusta ha llegado a ser esperpéntica. Ninguna otra especie se ha empleado tan a fondo en marcar diferencias, diferencias excluyentes e incluso incompatibles. Más aún, indeseables. Se han forzado tanto las diferencias, y tan artificiosamente, que hemos llegado a ser unos perfectos desconocidos para nosotros mismos. ¿Cómo vamos a ser capaces de lograr el conocimiento de nuestro oponente si el moldeado que se ha realizado en la mujer, y también en el hombre, ha dado como resultado una verdadera caricatura que nos hace irreconocibles?

Sólo existe una vía para llegar a ser mujer: sentirse entusiasmada por ser persona y afanarse en lograrlo. Sólo entonces podremos destruir los rancios clichés, los estereotipos excluyentes, los tópicos y los prejuicios inútiles para aplicarse a una realidad tan cambiante y compleja como la nuestra. Ser mujer jamás tendrá que ver con masculinizarse, ni ser hombre con feminizarse. Ser mujer, como ser hombre, se logrará cuando seamos capaces de inventar una nueva identidad no discriminatoria. Un día llegará en que disfrutemos de la convicción íntima de nuestra identidad porque hayamos sido capaces de dibujar un nuevo diseño personal. Y es que está por hacerse el diseño de lo que signifique ser hombre y ser mujer. Para ser mujer tendremos que aprender a contemplarnos desde dentro, observando minuciosamente nuestro interior. Dejaremos de mirarnos desde fuera, romperemos los espejos que nos han obligado a aceptar una identidad que sólo complazca las expectativas de los demás.

SENTIR COMO MUJER

¿Habrá que dar crédito a las creencias populares sobre la feminidad y admitir que somos unas máquinas incansables de fabricar emociones?

Cuando vemos que el hombre no muestra sus emociones como nosotras, ¿qué debemos pensar, que siente menos o que le han enseñado a reprimir lo que socialmente se considera poco varonil?

En realidad, no se ha valorado suficientemente lo positivo que puede ser para nosotras esa capacidad de expresar las emociones de forma abierta y evidente. Las mujeres nos «desahogamos» cuando expresamos nuestros sentimientos, nuestro malestar, y eso es mucho más beneficioso que acumular interiormente las tensiones: al final, se acaba en una «explosión» incontrolada y desproporcionada.

Cierto que las mujeres tendemos a hundirnos más en la depresión que el hombre: la tristeza infinita y honda que nos anula el deseo de vivir se convierte en nuestra compañera de vida muchas más veces que en la del hombre. Es la sensación de impotencia y de injusticia que se mezclan para convertir nuestra existencia en un callejón sin salida muy negro.

Por el contrario, nuestros compañeros los hombres, ante situaciones conflictivas, se apuntan más al silencio angustioso, más a la violencia, a la agresividad, que, en general, descargan a domicilio sobre la mujer. De hecho, las mujeres estamos más convencidas que los hombres de que no es bueno comportarse con agresividad, y por ello, cuando reaccionamos así, nos invade una tal ansiedad que nos genera muchas más secuelas que a ellos.

Vivimos en una sociedad incoherente: primero nos enseñan, casi nos obligan, a ser y sentir de determinada manera, y luego nos lo echan en cara en un alarde de incomprensión. No se dan cuenta de que nuestra emotividad, y la forma de vivirla, es nuestra válvula de escape, una manera de librar una desigual batalla, un modo de gritar nuestra angustia antes de sentirte derrotada, quizás aniquilada. Qué sencillo e hiriente resulta el aplicarnos el «¡estás de los nervios!», o «¡estás neurótica!».

En general, tal parece que la vida nos dé más motivos para llorar a las mujeres que a los hombres. A nosotras corresponde que cambie en parte esta situación. Y digo que en parte porque, sinceramente, creo que no sería de desear perder del todo esa especial forma de sentir nuestra. Ser humano deber ser sinónimo de ser sensible más que otra cosa.

Yo estoy convencida de que el hombre ha logrado un mayor control de sus emociones por un proceso de adaptación al medio. Eso de salir de casa a diario para asumir responsabilidades laborales en la sociedad exige un control de las emociones, una ocultación de determinados sentimientos. El hombre se ha visto obligado a hacer un paréntesis con su vida privada, para su desempeño público. Por el contrario, la mujer que permanece en el hogar desarrolla sus tareas en el terreno privado, el lugar donde menos se guardan las apariencias. Se suman trabajos no creativos, poco gratificantes y poco aplaudidos, es decir, el malestar con la no necesidad social de controlar las emociones que de ello se deriva.

En realidad, el hogar es ese lugar donde se baja la guardia y se abre la válvula de escape de las emociones más desgarradas. No olvidemos que la inmensa mayoría de los malos tratos, tanto físicos como psicológicos, se dan en el hogar, y precisamente por parte del hombre contra la mujer. El «controlado emocional» público es con más frecuencia el «descontrolado emocional» privado.

Siempre me pareció muy acertada la percepción de quien dijo: «El hombre piensa en el Universo mientras se derrumba su casa, en tanto que la mujer piensa en su casa aunque se derrumbe el Universo.»

Sentir como mujer es saberse el sexo sólido, dispuesto a convivir en igualdad con el hombre, desde la peculiaridad de la diferencia, pero sin complejos. Sentir como mujer supone no conformarse con que el hombre, por el mero hecho de serlo, tenga un rango superior en la vida pública, con mejores puestos de trabajo, mejores salarios en igualdad de condiciones y prioridad a la hora de acceder al campo laboral; y tampoco en la vida privada, erigiéndose en el cabeza de familia, con derecho a tomar decisiones que afecten a todos.

De hecho, incluso eso de figurar como primer apellido en nuestros nombres el del padre no deja de ser un enorme error, porque entre nosotros si hay alguien siempre conocido es la madre. El sistema matrilineal es el coherente, y quizás ésa sea la razón de que nuestra sapiente sociedad no lo siga.

Sentiremos como mujeres cuando estemos convencidas de que no existen características «típicamente» femeninas que nos invaliden para ejercer el poder, que nos asusten del ejercicio de la autoridad, de modo que secularmente nos aparten hacia un lado, dejando un vacío que los hombres siempre han estado dispuestos a llenar.

La mujer no es más sumisa por naturaleza; ni por naturaleza está dispuesta a ceder.

No somos más sumisas por naturaleza; ni por naturaleza estamos siempre dispuestas a ceder. Quizás las mujeres hemos llegado a una conclusión: el deseo de tener «la fiesta en paz», porque vivir en guerra constante nos perturba mucho más que a los hombres.

Para sentir como mujer no podemos convertirnos en una especie de «amazona» de pecho atrofiado de tanto empuñar el arco contra el hombre. Para lograr la consideración que nosotras mismas nos merezcamos como mujeres, como personas, no podemos centrar nuestro esfuerzo en el odio al hombre, en su anulación. Nosotras les damos vida, y nosotras somos las llamadas a enseñarles a ocupar el puesto que les corresponde, lo mismo que también fuimos nosotras las que colaboramos a colocarlos en ese lugar privilegiado del que disfrutan y que no han sabido asumir con dignidad y solidaridad. El hombre ha sido proyectado a tan altas cotas que se ha ensoberbecido y su hegemonía hasta ahora tan sólo ha servido para «desorganizar» la sociedad y conducirla a la deplorable situación que vivimos: consumo exacerbado, discriminación, fuerza bruta y materialismo, un total deterioro de los valores que deben adornar la condición humana.

Nosotras, desde nuestra forma de sentirnos y de sentir a los demás, no debemos caer en el mismo error: desecharemos esa manía masculina de la jerarquización vertical para que en lugar de mirar hacia arriba o hacia abajo, aprendamos a mirar hacia los lados para consolidar la horizontalidad de la solidaridad.

2
▼

Cuerpo de mujer

I.
LA COMPLEJA ARMONÍA DEL CUERPO FEMENINO

Capítulo 1.

▼

Anatomía genital femenina

S. Dexeus

Resulta bastante sorprendente el lugar en que las mujeres localizan sus ovarios. Suelen hacerlo a ambos lados del abdomen, a la altura del intestino grueso. El error es comparable aproximadamente a señalar la frente en el lugar de la barbilla. Pero este desconocimiento no debe extrañar a nadie, pues frecuentemente son los propios médicos los culpables de la equivocación. Ante imprecisos dolores abdominales que puede manifestar una paciente, se tiende a atribuirles un origen ovárico, cuando la mayoría de las veces se deben a trastornos digestivos que, a su vez, ocasionan otros síntomas tales como hinchazón y espasmo intestinal doloroso. La gratuita calificación de «es cosa de ovarios», sin estudio analítico alguno que permita tal calificación, se conoce como *genitalización de la patología,* y es un hecho frecuente en la práctica médica. La mujer debe saber que los ovarios raramente «duelen» y que su situación en el abdomen es profunda, en la región más baja del tronco humano, llamada pelvis.

Si el desconocimiento de la anatomía interna de la mujer es evidente también lo es el desconocimiento de la anatomía externa, constituida por los denominados genitales externos. Éste suele ser un tema tabú en los estudios secundarios y la poca información que se recibe es fragmentaria e incompleta. En muchas ocasiones, el único conocimiento que se tiene se ha adquirido a través de los medios audiovisuales, conocimiento lastrado de contenido pornográfico y que solamente proporciona una información tendenciosa. No pretendemos aquí hacer de cada mujer una perfecta anatomista, pero sí consideramos necesario que tenga el conocimiento suficiente de su anatomía para que pueda tratar su cuerpo y su higiene con bases mínimamente científicas.

LOS GENITALES EXTERNOS FEMENINOS

El *pubis* es una región del cuerpo recubierta de vello, con un cierto contenido de grasa y de forma triangular. Es lo que se denomina monte de Venus y se halla por debajo de la cintura, a nivel de las ingles.

Por debajo del mismo se halla el hueso, fácilmente perceptible mediante la simple compresión del monte de Venus. La cantidad y calidad del vello dependen de fac-

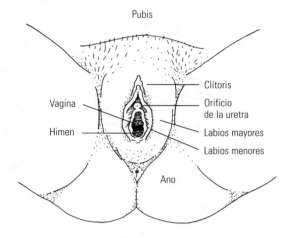

Fig. 2. Anatomía genital externa de la mujer.

▼

tores raciales y de edad. El vello no aparece hasta poco antes de que se inicien las menstruaciones y tras la menopausia puede ir perdiéndose, con mayor o menor rapidez, según cada mujer. El vello del pubis puede encanecerse, pero en proporción mucho menor y mucho más lentamente que el cabello.

La *vulva* es la región anatómica que comprende los genitales externos de la mujer. Desde el monte de Venus hacia el ano, se extiende una zona, cubierta también de vello, constituida por los llamados *labios mayores*. Éstos no sólo contienen folículos pilosos sino también glándulas sudoríparas. Estas formaciones pueden sufrir los mismos trastornos que se presentan en otras áreas similares (piel): infecciones, quistes, etc. En los labios menores también hay glándulas sudoríparas así como sebáceas. En las mujeres que no han parido, los labios mayores se juntan en la línea media, ocultando las estructuras subyacentes. Este hecho también se produce cuando existe un exceso de grasa y los labios mayores aplastan, literalmente, a los menores.

En los bordes interiores de ambos labios mayores se hallan dos elevaciones o crestas denominadas *labios menores,* cuyo tamaño es variable para cada mujer. Estas estructuras se encuentran desprovistas de vello, son de consistencia mucosa, con glándulas capaces de secreción lubricante y glándulas apocrinas que producen olor y se unen en su parte superior recubriendo el *clítoris*. Este último órgano, de un tamaño de 4 milímetros aproximadamente, sólo es visible en su parte externa, o glande.

Por debajo del clítoris se halla un orificio denominado meato uretral, escasamente prominente, difícil de localizar, donde termina la uretra, que es el conducto que lleva la orina desde la vejiga al exterior. Las zonas con mayor sensibilidad, desde el punto de vista sexual, son el clítoris y los labios menores. El primero se halla provisto de una rica irrigación sanguínea que produce tensión con la excitación sexual.

El *himen* es una membrana que ocluye parcialmente la entrada de la vagina en la parte inferior de ésta, en el límite interno de los labios menores. El himen puede verse con claridad o casi no apreciarse. Por lo tanto, su ausencia no equivale a la confirmación de relación sexual. Tras el parto pueden quedar restos aislados de himen, formando pequeños relieves o protuberancias denominadas *carúnculas.*

La *vagina* es una cavidad virtual, es decir, sus paredes contactan entre sí, si no se separan por algún medio. En la mujer adulta tiene entre 7 y 12 centímetros de longitud, pero es extensible, permitiendo no sólo la relación sexual sino el paso del feto en el parto. Este conducto está en relación de contigüidad por su parte externa con los labios menores e interiormente con el útero (matriz). Por encima de la vagina se hallan la vejiga de la orina y la uretra y por debajo de ella, el recto.

ANATOMÍA GENITAL INTERNA DE LA MUJER

En el fondo de la vagina se halla el *cuello uterino*, que forma como un espolón que avanza unos 2 cm en el interior de ella. La consistencia del cuello uterino es dura y presenta en su parte central un orificio que es el inicio de un canal que llega hasta la cavidad interior del útero.

La anatomía interna de la mujer está constituida por el útero, las trompas y los ovarios. El *útero* es un órgano formado primordialmente por músculo, con una cavidad en su interior que está tapizada por una mucosa denominada endometrio, donde «anclará» el embrión y se desarrollará hasta alcanzar la madurez al término de las cuarenta semanas de embarazo. Este órgano tiene 7 cm de longitud y pesa 60 gramos. Durante el embarazo aumenta veinte veces su peso y alcanza unos 36 cm de longitud. Su estructura muscular está concebida para hacer progresar al feto en su nacimiento mediante las conocidas *contracciones del parto*. El útero se halla fijo en la pelvis por una serie de ligamentos. Los más importantes son los que parten del cuello uterino y se dirigen a la pared pélvica, llamados parametrios.

El útero se halla algo flexionado hacia adelante, presionando levemente sobre la vejiga. Se dice entonces que se halla en anteflexión; pero, en otras ocasiones, puede flexionarse hacia atrás, presionando sobre la cara anterior del recto, es decir, en retroflexión. Esta situación no debe considerarse como patológica, a no ser que ocasione molestias o auténticos dolores. En no pocas ocasiones se atribuye a la retroflexión uterina, falsamente, la causa de las algias imprecisas que refieren las pacientes.

La edad, los embarazos y la predisposición constitucional hacen que los ligamentos que sostienen al útero pierdan su fuerza y elasticidad. Este fallo anatómico permitirá que el útero descienda, lo que se conoce con el nombre de *prolapso uterino*, pudiendo, en ocasiones extremas, aparecer por el orificio vulvar.

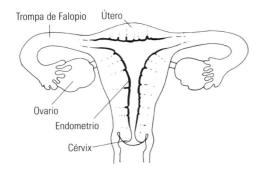

Fig. 3. Anatomía genital interna de la mujer.

▼

De los extremos superiores del útero salen dos conductos: *las trompas,* que son órganos flexibles, elásticos, de unos 12 cm de longitud y que cumplen importantes funciones. En primer lugar, son las encargadas de captar el óvulo, célula femenina que se une al espermatozoide para constituir el huevo. Pero las trompas no sólo favorecen el encuentro entre ovocito y espermatozoide, sino que alimentan al huevo durante los tres o cuatro días que éste tarda en llegar a la cavidad uterina para fijarse en el endometrio. El óvulo es fertilizado por el espermatozoide en el tercio externo de la trompa.

La ligadura tubárica, método anticonceptivo, consiste simplemente en impedir el encuentro entre el espermatozoide, que llega desde la vagina pasando por el útero, y el óvulo que, captado por la trompa, se dirige hacia la cavidad uterina.

Los *ovarios*, que son de color blanco y presentan una superficie rugosa que alcanza 4x3 cm^2, se hallan situados en el fondo de la pelvis, pero en íntima relación con el útero y las trompas, a través de sendos ligamentos. Estos órganos cumplen dos grandes funciones: constituyen la reserva de los gametos (células reproductoras femeninas) y elaboran las hormonas que, al actuar sobre todo el organismo femenino, confieren a éste las características que lo definen como tal.

En los ovarios se realiza el proceso de maduración de los gametos hasta que se constituyen en células maduras u óvulos. En comparación con el resto de las células del organismo, los óvulos presentan la importante característica de tener la mitad del número de cromosomas, es decir, veintitrés, que unidos a los otros veintitrés cromosomas del espermatozoide darán origen al nuevo ser con el número propio de la especie humana, que es el de cuarenta seis cromosomas. La razón por la que los gametos presentan la mitad de cromosomas estriba en que su reproducción no se efectúa mediante duplicación de los cromosomas (mitosis), sino por una auténtica división (meiosis) en la que cada una de las células resultantes posee la mitad de los cromosomas de la célula originaria.

Además de su función reproductora, los ovarios tiene una importante actividad hormonal que no es autónoma, sino que está regulada a su vez por la acción de otras glándulas endocrinas. La hipófisis, situada en la base del cráneo, segrega, entre otras, dos hormonas, denominadas gonadotropinas, cuya función es la estimulación de los ovarios. Pero la hipófisis tampoco trabaja aisladamente, sino que recibe el estímulo de factores neuroendocrinos procedentes del hipotálamo, zona del cerebro que regula y se activa por diversos mecanismos, entre ellos la propia secreción de las hormonas ováricas, con lo que existe un auténtico ciclo cerrado de influencia escalonada entre las diversas secreciones.

Capítulo 2.
▼
Los ritmos secretos
S. Dexeus y J. Mª Farré

EL CICLO

La primera menstruación es el signo de la maduración de alguno, o algunos, de los cuatrocientos mil ovocitos que contiene cada uno de los ovarios en unas estructuras quísticas que contienen líquido y células en su interior, denominadas *folículos.* Los ovocitos maduran por acción de las hormonas hipofisarias siguiendo un ciclo de veintiséis a treinta días, llamado ciclo menstrual. Durante el ciclo se forman dos capas de células que rodean el folículo, llamadas *tecas*, una de las cuales, la interna, segrega una de las hormonas femeninas, los *estrógenos.*

Cuando el ovocito completa sus divisiones y llega a su madurez, paralelamente, el folículo alcanza su máximo diámetro (de veintiséis a treinta milímetros), produciéndose la ovulación si el estímulo hipofisiario es el adecuado. En un ciclo menstrual de veintiocho días, la ovulación tiene lugar en el decimocuarto día. Tras la ruptura folicular se forma una nueva estructura denominada cuerpo amarillo, que a su vez segrega la otra hormona propiamente femenina, la progesterona.

El óvulo liberado con el estallido del folículo conserva su capacidad de ser fecundado de veinticuatro a treinta y seis horas. Si el embarazo no se produce, el cuerpo amarillo involuciona formando una cicatriz o cuerpo blanco y se presenta la menstruación.

Las hormonas actúan sobre una serie de órganos femeninos y especialmente sobre el útero y las mamas. En el útero provocan el desarrollo de la mucosa interna que tapiza la cavidad uterina, el endometrio, y que puede compararse a un campo abonado para recibir al huevo. Si el embarazo no se produce, la menstruación será la expresión física del desprendimiento del endometrio preparado para la gestación, hecho que tiene un trasfondo hormonal caracterizado por la caída del nivel sanguíneo de las hormonas ováricas. Por el contrario, si el embarazo se produce, el cuerpo lúteo sigue segregando progesterona, la cual permite el mantenimiento de aquél en las primeras semanas de gestación.

La estructura de las mamas también varía cíclicamente según la secreción hormonal, así como otras expresiones de su

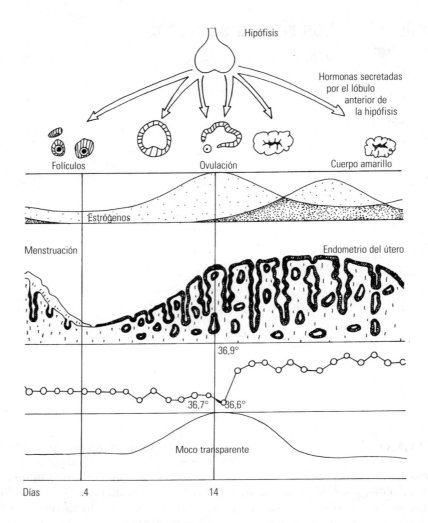

Hipófisis

Hormonas secretadas por el lóbulo anterior de la hipófisis

Folículos   Ovulación   Cuerpo amarillo

Estrógenos

Menstruación   Endometrio del útero

36,9°

36,7°   36,6°

Moco transparente

Días   4   14

influencia, no sólo sobre el cuerpo sino incluso, en ciertas mujeres, sobre la psique.

En la última parte del ciclo, las modificaciones que puede, aunque no siempre, presentar la mujer se hacen más acusadas. Retención de agua con aumento de peso, tensión mamaria, dolores de cabeza o cierta irritabilidad, son los síntomas característicos del llamado síndrome premenstrual, que suele iniciarse una semana antes de la menstruación.

Los ovarios son órganos naturalmente quísticos, puesto que los folículos, formaciones que hemos definido como constituyentes esenciales de su anatomía, son auténticos pequeños quistes. Por este motivo es fácil confundir un quiste patológico con lo que habitual y fisiológicamente ocurre en los ovarios en el momento de la ovulación, y que es la presencia de un folícu-

Fig. 4. El ciclo menstrual.

▼

lo grande, «como un quiste», a punto de estallar.

La biología femenina es compleja pues los ovarios también segregan pequeñas cantidades de otras hormonas. Quizá los hechos más relevantes de la fisiología femenina sean el inicio de la menstruación (menarquía), el embarazo y el cese de aquélla o menopausia.

CUARTO CRECIENTE: LA ADOLESCENCIA

El término adolescencia es vago, arbitrario y difícil de definir en términos cronológicos. Si nos atenemos a la biología, la adolescencia –en nuestro medio– empieza entre los diez y once años en las chicas y entre los once y doce años en los chicos, con una duración media de cambios puberales de tres a cuatro años. De ahí el tér-

Tabla 2. Anatomía y fisiología femenina. Mitos y realidades

Mito	Realidad
Muchos dolores abdominales en las mujeres están originados por problemas en los ovarios.	Falso. Los ovarios raramente «duelen»; estos dolores son generalmente de origen intestinal.
El clítoris es claramente visible, sobre todo en la excitación sexual.	Parcialmente falso. Lo que se ve es la parte externa –el glande–, que es más aparente (por erección) en el momento de la excitación.
La ausencia de himen es signo de relación sexual anterior: la mujer no es virgen.	No siempre es cierto. A veces, el himen es muy visible, otras inaparente..., y puede perderse por otras causas distintas a la relación sexual.
Las hormonas sexuales son producidas por los ovarios sin otra intervención.	No es cierto. Los ovarios elaboran estas hormonas (estrógenos, progesterona...), pero son a su vez regulados por la hipófisis y ésta por el hipotálamo (estructura cerebral).

mino popular anglosajón de *teenager* que engloba a todos aquellos jóvenes entre trece y diecinueve años.

Desde el punto de vista social, la Organización Mundial de la Salud propone los veinte años como final de la adolescencia. Desde el punto de vista jurídico es obvio que no tiene el mismo trato una persona de dieciocho años, a quien se le confiere la posibilidad de votar o cuya responsabilidad ante la ley es distinta a la que se tiene en edades inferiores. Sin embargo, estos límites tienen mucho de convencionales ya que la contradicción entre su paso como ciudadano autónomo y su dependencia económica del núcleo familiar planea sobre muchos jóvenes que se ven obligados a ser socialmente adolescentes hasta edades muy avanzadas, dado que no pueden acceder a verdaderas responsabilidades adultas tanto familiares como laborales. En realidad, el adolescente es una personalidad con capacidades físicas, mentales, afectivas y sociales similares a las del adulto. En ginecología –estamos tratando de la mujer– el término adolescente carece de una realidad biológica estricta y tan sólo debe tenerse en cuenta desde el punto de vista *sanitario*.

Llegada de la pubertad

La pubertad no es algo que se presente de hoy a mañana. El primer período menstrual es un momento culminante pero sólo es uno más de un lento y complejo proceso que se extiende a lo largo de cuatro años. Proceso que se inicia gracias a un reloj biológico probablemente situado en el hipotálamo que lo indica a la hipófisis, la cual aviva la producción de gonadotropinas que espolean los ovarios para que incrementen la producción hormonal desde un goteo hasta un verdadero efluvio. Es probable que la producción de gonadotropinas comience a aumentar entre los nueve y diez años hasta los doce-catorce años, en que se dispara la primera menstruación, la llamada *menarquía*. Lo que significa que la niña ha llegado a su madurez sexual, aunque ello no comporte la plenitud de ésta, que, tanto en el aspecto hormonal como en el ovulatorio (capacidad para tener hijos), puede retrasarse meses e incluso años.

A medida que el nivel de vida mejora, se adelanta la edad de la menarquía. Se prevé que, en el año 2000, la edad media será de once años para los países desarrollados. Quizá ello se deba a factores tales como la dieta, la iluminación que afecta a la glándula pineal (lo que, a su vez, influye en la producción de hormona) y los estímulos sociales. El caso es que en este momento se impulsa el crecimiento de los caracteres sexuales *primarios* (genitales) y *secundarios* (voz, distribución de grasa, crecimiento de los pechos) y debe tenerse en cuenta que la estructura hipotalámica es muy sensible a las influencias psíquicas por lo que en este período puede sufrir alteraciones por causas muy diferentes.

La menarquía significa que la niña ha llegado a su madurez sexual.

La irregularidad de los ciclos es máxima en los primeros meses, siendo relativamente frecuente la ausencia de regla tras unas pocas primeras menstruaciones irregulares. A veces, el período dura una semana o dos o puede aparecer cada dos o tres semanas y entonces no reaparecer hasta dentro de un mes o más. Este hecho puede corregirse espontáneamente a la vez que los ovarios adquieren su pleno funcionalismo. Por esta misma razón, las primeras menstruaciones suelen acontecer en ciclos carentes de ovulación. Durante el cuarto o quinto año de comienzo de las menstruaciones, es cuando los períodos adquieren el ritmo que tendrán en la vida adulta.

Muchos padres preparan mal a sus hijas para la menstruación, pero esta carencia es mucho más manifiesta si la niña destaca entre las de su edad por su madurez sexual y su primer período le aparece antes de los once años. Curiosamente, el desarrollo temprano de las jóvenes puberales, dentro de los límites normales, ofrece habitualmente ventajas en relación con el desarrollo tardío. Se trata de chicas que suelen ser más seguras de sí mismas y más populares que las tardías, poco aceptadas socialmente. Esto no es así en los chicos. Es pues importante hacerles entender que los ritmos cronológicos de crecimiento son distintos, y que deben aceptar el suyo sin preocupaciones, lo cual corresponde a la educación sexual en este instante de la vida.

En muchas ocasiones, la edad de la menarquía aparece antes de los diez años.

Este hecho, denominado *pubertad precoz* es debido a que las funciones del eje hipotálamico-hipofisiario y de los ovarios se activan precozmente por razones desconocidas. No obstante, toda pubertad precoz debe ser investigada ginecológicamente, pues puede ser el signo de un trastorno orgánico, que incluso puede ser de origen tumoral.

La menarquía también puede retrasarse más allá de los quince o dieciséis años, hecho que preocupa notablemente a las madres que transmiten su angustia a sus hijas. Esta presentación tardía suele obedecer a trastornos del funcionamiento endocrino de la joven mujer, sin mayores repercusiones. Aquí también se impone la visita ginecológica para clarificar las etiologías. A veces, simplemente tranquilizando a la paciente y a su madre con explicaciones científicas y apoyo terapéutico se resuelve espontáneamente. Los vientos cambiantes de la información ambiental deben ser neutralizados, a fin de disminuir la ansiedad expectante que una chica tenga ante el propio hecho menstrual.

Las *hemorragias* que se presentan antes de la primera menstruación, o entre menstruaciones, pueden deberse a causas muy variadas, que van desde tumores malignos, traumatismos, infecciones, hasta simples trastornos de la función ovárica incipiente.

El dolor de la menstruación *(dismenorrea)* tiene el mismo significado que en la mujer adulta. Cuando aparece secundariamente, es decir, tras varias menstruaciones normales, exige un correcto estudio para descartar cualquier tipo de etiología orgánica (tumores, endometriosis). La que se presenta con la primera menstruación suele ser de tipo funcional y, por lo tanto, subsidiaria de tratamientos paliativos.

Las denominadas *disfunciones gonadales* se presentan con diversas alteraciones anatómicas, ya sea del propio aparato genital femenino o de la morfología del cuerpo (talla corta, impúberes). En la mayoría de los casos, se debe a una alteración genética, es decir, a un defecto cromosómico. En otras circunstancias, el defecto diagnosticado (ausencia de vagina o falta de desarrollo de los ovarios), puede incidir en jóvenes perfectamente normales desde el punto de vista cromosómico.

LA CURIOSA HISTORIA PSICOSOCIAL DE LA MENSTRUACIÓN

La historia está llena de prejuicios y mitos sobre la menstruación. La mujer que estaba en el período de su regla ha sido marginada, aislada, ha devenido intocable, a la vez que se le han querido atribuir poderes metafísicos. Teorías como la de no practicar relaciones sexuales durante esta etapa persisten aún universalmente.

En una traducción de la *Historia natural* de Plinio, escrita a principios de la era cristiana, puede leerse el siguiente párrafo ciertamente «aleccionador»: «La mano de la mujer con la menstruación convierte el vino en vinagre, agosta las cosechas, mata las semillas, marchita los jardines, hace caer las frutas de los árboles, empaña los espejos, oxida el hierro y el latón (especialmente cuando hay luna menguante), mata las abejas, pierde su lustre el marfil y enloquecen los perros si lamen la sangre del menstruo...». Ni un huracán llegaría tan lejos.

La ruptura entre las comunidades judía y cristiana, en el siglo primero de nuestra era, marcó un hito en el proceso de abandono de la noción de contaminación ritual, para adoptar la de pecado personal. Como consecuencia de ello, los cristianos dejaron de frecuentar la *vi Kvah*, casa de baños, a donde las mujeres debían acudir durante la menstruación y después del parto con el fin de desprenderse del estado de «impureza» en que estaban sumidas.

Al-Gazali, un importante adivino musulmán de comienzos de la Edad Media, sostenía que las mujeres menstruantes debían cubrir su cuerpo entre el ombligo y la rodilla y masturbar a sus maridos, «con ambas manos». En realidad, no había ningún deseo de «liberación sexual» en la promoción de estos comportamientos (como no fuera para los hombres) sino una necesidad imperiosa de protección contra el adulterio. Actualmente, en algunas comunidades fundamentalistas se sigue considerando al período menstrual como una etapa de impureza durante la cual se desaconseja el coito.

Ideas de este tipo u otras de signo similar, aunque van desapareciendo, persisten todavía en diferentes regiones de Europa y América. Así, algunas comunidades judías de la Europa Oriental creen que si las mujeres se acercan a las conservas durante la menstruación, éstas se estropean. En Carolina del Norte, se mantiene la creencia tradicional de que si una mujer amasa un pastel durante el período, el resultado será incomestible. Y así sin parar casi hasta hoy. Sin embargo, la sangre menstrual no ha sido siempre objeto de aborrecimiento. En la Europa medieval era con frecuencia utilizada para combatir los males de la lepra, y en ocasiones llegó a considerarse como un potente afrodisíaco, como fue el caso de Luis XIV, convencido en este sentido por su amante, la marquesa de Montespan.

Son interesantes las conductas de otras civilizaciones en las que toda la familia celebra la menarquía y donde hasta participan pueblos enteros con fiestas especiales o danzas rituales. En algunos grupos, las jóvenes cambian su forma de vestir o de peinado, para que todos se enteren que ahora son adultas y aptas para el matrimonio. En nuestra sociedad, las adolescentes aún pueden experimentar problemas respecto a los períodos, entre los que se incluyen:

— La falta de información sobre los mecanismos de su propio cuerpo.
— La presencia de sangre (miedo a manchar la ropa, sensaciones de incomodidad ante compresas o tampones, ideas de «suciedad»).
— El vocabulario empleado («ponerse mala», «manchar», «eso»).
— Los mensajes internos negativos.
— El dolor y los cambios emocionales en algunas chicas.
— Las creencias infundadas («se corta la mayonesa»).
— La percepción de que se trata de una incomodidad que no sufren los varones.

Nunca como ahora tendrán los padres ocasión tan propicia para expresar su afecto de forma honesta, franca y tierna con sus hijas. Es el momento en que la adolescente puede decir llanamente «por fin sucedió» sin temores ni desesperanza. Para ello, aparte del respeto hacia la nueva situación, los padres habrán preparado a esta niña para que acepte con naturalidad el inicio de su fisiología menstrual y pueden mostrar su alegría en el momento de la eclosión del ciclo: «felicidades, estás creciendo.» Y estos padres, o en su defecto, su primer ginecólogo, su pediatra, los centros de planificación familiar o su consejero escolar, ¿por qué no?, podrían informarle que *si aún no ha llegado*, no debe impacientarse (si está entre los once y dieciséis años), y que la *masturbación* no afecta al ciclo menstrual, como no sea aliviando el dolor. O que el *himen* va debilitándose por sí solo (o si no ¿cómo saldría la sangre del período?) y que el uso del tampón vaginal no lo daña. Y si los progenitores no se atreven, o la adolescente es reservada y tímida, pueden proporcionarle un libro o folleto adecuado. El caso es evitarle angustias innecesarias.

> **Los cambios de la adolescencia suponen una amplia transformación en la imagen corporal. Es el momento en que todo crece y todo cambia.**

Los cambios de la adolescencia suponen una amplia transformación en la *imagen corporal*. Es un momento en que todo crece y todo cambia y esta nueva imagen es el resultado de unas alteraciones tan importantes y tan rápidas que se convierten en continuo objeto de atención por parte de todo el entorno social y de posible preocupación para la chica (y para el chico) que se siente a menudo sorprendida por ello. Intenta dejar atrás su infancia y empieza a demostrar interés por su nueva figura, lo que puede provocarle problemas de autoaceptación. Se calcula que aproximadamente un 25 por ciento de adolescentes tienen dificultades de autoaceptación importantes y un 75 por ciento de ellos, si se les diera la oportunidad de cambiar algo de sí mismas, optaría por variar alguna característica personal. No podemos olvidar el papel social de la figura corporal que, si bien va neutralizando las diferencias, ha afectado más a las chicas.

No debemos tener una visión superficial del asunto; al contrario, reconocer la importancia de los modelos de belleza dominantes, analizar su contenido y ayudar a las adolescentes a que acepten mejor su figura corporal, liberándolas en lo posible de la presión de los modelos comercialmente impuestos, es tarea fundamental. Y a no olvidar que las púberes precoces suelen ser más seguras de sí mismas y mejor aceptadas socialmente, por una cierta «popularidad» que les da esta precocidad. De ahí la necesidad de prevención de las posibles ansiedades de las «adolescentes tardías».

Durante esta época, las chicas se interesan por el tamaño y el aspecto de sus *pechos* (un asunto que continúa siendo motivo de preocupación en la edad adulta). Es conveniente que las adolescentes conozcan que las pautas de crecimiento puberal varían de una mujer a otra y que el desarrollo mamario puede continuar después de los veinte años, así como que los dos pechos muchas veces no son iguales en cuanto a tamaño.

No es raro tampoco que aparezcan nódulos o bultos en uno o ambos pechos cuando las hormonas de la joven mujer comienzan a cambiar sus concentraciones y adquieren las propias de la mujer adulta, aunque podrán tranquilizarse más si los viera el/la ginecólogo/a. Esto será necesario si estos bultos permanecieran durante dos o tres meses, aunque las enfermedades graves del pecho son muy extrañas en estas edades.

Algunas jóvenes pasan por esta época suavemente, mientras que otras experimentan distintos grados de alteración emocional. Toda información básica sobre estos procesos ayudará a la joven a tener una actividad más sana, más orgullosa y más responsable respecto de su propio cuerpo, que es de lo que se trata.

● ●

Tabla 3. **«Otros cambios» en la adolescencia**

Entre los diez y dieciséis años, primero la areola (la zona oscura alrededor del pezón) y luego los *pechos* aumentan de tamaño y adquieren una forma suspendida.

El *vello púbico* comienza a adquirir una forma triangular y crece para cubrir el centro del monte de Venus (el manto adiposo sobre el hueso pubiano).

Aparece el *vello axilar*.

Se va creciendo en *estatura*. Crecen el clítoris y los labios de la vulva.

La voz *cambia* entre los doce y los diecinueve años.

● ●

Tabla 4. **La adolescencia. Mitos y realidades**

Mito	*Realidad*
La pubertad precoz (antes de los diez años) es siempre anormal.	Es una activación demasiado rápida de los procesos que deben provocar la pubertad, lo cual no siempre es signo de anormalidad. Aun así, debe someterse a revisión a la «afectada», para descartar orígenes tumorales.
Durante la menstruación debe evitarse el coito.	Falso. Ningún dato científico avala esta afirmación.
Pero sería mejor no bañarse ni lavarse la cabeza.	La higiene personal es uno de los grandes avances de la humanidad. No hay menstruación que valga para proseguir con tan sana costumbre.
El tampón vaginal daña el himen.	Es totalmente falso; nada lo demuestra.
Los «nódulos» en el pecho de las adolescentes son muy preocupantes.	Son un hecho relativamente normal y no suelen significar complicaciones. Si persisten más de tres meses, deben revisarse.
La masturbación generará problemas psíquicos en el momento, y físicos en el futuro.	Los psíquicos serán producto de informaciones como éstas, en chicas especialmente emotivas. Los físicos no aparecerán nunca... porque la masturbación no es etiología de nada.
Las chicas actuales ya no valoran el afecto en la sexualidad.	Quizá ya no sea el principal motor de la actividad sexual, pero sigue siendo muy valorado el afecto, más que en los chicos.
Los chicos disfrutan más del sexo que las chicas.	Actualmente esto ya no es cierto; un 90 por ciento de las chicas encuentra «satisfactorias» sus relaciones sexuales.
El orgasmo en las chicas es independiente de si tienen pareja o no.	Puede serlo perfectamente, pero la mayor estabilidad de la pareja está relacionada con una mayor frecuencia de orgasmo en las chicas. El dato es éste, al menos de momento.
Con la información sobre los riesgos de la sexualidad es suficiente para evitarlos.	Es importante e imprescindible, pero a veces no suficiente. Conviene ampliar información: relaciones sexuales extra-coitales pueden ser placenteras, potenciar las habilidades de comunicación y sociales, etc.
Las chicas aceptan muy mal la homosexualidad.	Falso. La aceptan mejor que los chicos, tanto la propia como la ajena.
Se puede estar toda la vida enamorado y con pasión como el primer día de la adolescencia.	El enamoramiento-pasión (con la misma persona) tiene un final, pero puede ser sustituido por un amor más tranquilo que también está controlado por sustancias bioquímicas, el cual debe ser «renovado» de forma periódica con nuevas cinéticas e ilusiones.

Tabla 5. **Psicopatología en la adolescencia**

Cuadro clínico	Adolescentes	Población general
Trastornos generales de conducta (en grupo, agresivo solitario, negatividad desafiante).	9 por ciento en varones. 2 por ciento en mujeres.	–
Anorexia nerviosa	El 85 por ciento entre los trece y los veinte años.	0,35-4,06 por cada 100.000 mujeres. (90-95 por ciento mujeres, 5-10 por ciento varones).
Bulimia	10-19 por ciento estudiantes universitarias con síntomas. 1-3 por ciento verdaderas bulímicas.	Relación hombres/mujeres: 1/9.
Depresión	La mayor incidencia está entre 18 y 44 años.	Depresión mayor: 5-9 por ciento. Distimia: 4,5-10,5 por ciento. Predominio del sexo femenino.
Suicidio	Consumados: 4,7 por 100.000 habitantes entre quince-diecinueve años. 65 por ciento varones, 35 por ciento mujeres. Tentativas: 65,8 por ciento mujeres. 34,2 por ciento hombres (quince-diecinueve años).	5,2/100.000 habitantes en España. Países con más tasa de suicidios: Hungría, 31,9 por 100.000; Finlandia,22,9 por 100.000.
Esquizofrenia	Se inicia entre los quince y los treinta y cinco años; es más precoz en los varones.	0,2-1 por ciento. Incidencia igual en los dos sexos.
Trastorno obsesivo compulsivo	Se inicia en la adolescencia o pocos años después.	1-3 por ciento. Incidencia igual en los dos sexos.
Alcoholismo juvenil	Se está incrementando entre los dieciséis y diecinueve años.	4,4 por ciento a 13,4 por ciento en España.
Drogodependencia	Prevalece entre los dieciocho y los veinticinco años. Más consumo de cannabis en la adolescencia.	Porcentajes diversos.

CUARTO MENGUANTE: LA MENOPAUSIA

La menopausia no es un concepto nuevo. El primero en hablar del cese de la menstruación fue Aristóteles. Sin embargo, el término propiamente dicho (*men*, mes; *pausis*, cesación) es reciente. Data de 1823.

En numerosas ocasiones hemos intentado explicar no sólo que la menopausia es un fenómeno fisiológico sino también, a su vez, carencial, y que esta carencia debería ser tratada para evitar los trastornos que puede provocar. Si bien las cosas han mejorado, aún persiste una gran desinformación sobre el tema.

El propio colectivo médico no tiene una respuesta homogénea para las numerosas incógnitas que plantea esta etapa de la vida de la mujer. Así, se ha oscilado desde la actitud displicente, tanto por desinformación como por conservadurismo, hasta negar que el cambio hormonal sea responsable de estos cambios, sobre todo de los emocionales. La primera postura es la peor, ya que conlleva una actitud poco profesional: a la paciente que busca ayuda y comprensión le estallará en los oídos la lacónica e hiriente frase «es cosa de la edad», aldabonazo que concluirá la consulta. La segunda, es más razonable: se trata de intentar *diferenciar* lo que es específicamente objetivo de la disminución hormonal de lo que es psicosocial. El problema es que bajo el enunciado «psicosocial» se pretende cargar excesivamente en «lo social» *despreciando factores biológicos que, sin ser directamente hormonales, pueden tener interrelaciones directas.* Esta posición es una reacción ideológica en la que una serie de ginecólogos —en especial escandinavos y holandeses— han querido llamar la atención sobre la excesiva medicalización de la menopausia, enfatizando que existe una presión social sobre la edad en las que la mujer se enfrenta a este giro de su vida, presión que hay que considerar y no escudarse solamente en los tratamientos hormonales. Se trata de una posición avanzada pero que podría caer en el peligro de un exceso de banalización sociológica, olvidando otros factores provenientes de las diferencias individuales, además de las correlaciones neurohormonales. Actitud, sin embargo, que ha servido de «pepito grillo», siempre sanamente provocador de dudas sobre el papel del médico frente a la menopausia y que propugna el estudio global del estado de la mujer en un mundo marcado todavía por reduccionismos y por posiciones viriles poco científicas. Recordemos que cuando en la actualidad una mujer se queja de síntomas tales como cansancio, inestabilidad o palpitaciones, recibe a menudo por parte del medio social y médico respuestas del tipo «será la menopausia», sometiéndola así a su «destino biológico» con creciente discriminación. Acerca de un hombre de cincuenta años que sufra síntomas parecidos se oye a menudo decir «trabaja demasiado», en cambio de una mujer con las mismas quejas se dirá que «estará menopáusica». Comparar hombres y mujeres de la misma edad y condición socioeconómica podría ser interesante en el futuro para diferenciar el «freno» biológico (hormonal y neurotransmisor cerebral) de la «queja» social y cultural, y también para conocer de forma precisa cuáles son las interacciones entre ambos factores durante el climaterio. En resumen, se trata de saber qué es lo causado directamente por la depleción hormonal (sean síntomas corporales, sean síntomas psíquicos o ambos) o por los factores de interrelación situación biológica-situación social-factores individuales de personalidad.

Sea como sea, la menopausia existe y no hay médico en el mundo que no sepa que ella representa siempre un receso de la estabilidad hormonal. Basándonos en esto, tenemos un razonamiento indiscutible para un planteamiento asistencial del tema ¿No es cosa de la edad el aumento del colesterol, o la artrosis o bien padecer cualquiera de los múltiples achaques que el paso del tiempo nos inflige? Acostumbramos a consultar y somos tratados por ello.

Desde el punto de vista social, la menopausia es un tabú médico-cultural ante el que la mujer, atemorizada por las vivencias que ha recibido, adoptaba —y a veces sigue adoptando— la política del avestruz. El tránsito de tener un cutis suave y un cuerpo lozano a ser una mujer mayor que sufre y que ha padecido en su cuerpo los avatares de la edad, los partos y tantos otros traumatismos de la vida, puede hacerse de una forma agradable y correcta. Para ello, la primera premisa que debe cumplirse es la de que la mujer conozca su propia biología para poder exigir el tratamiento adecuado. Luchar contra el primitivismo y la desinformación es la mejor manera de enfrentarse a las diversas situaciones que el devenir biológico nos propone. Pero tampoco hay que caer en el lado contrario: la frecuencia de las consultas y quejas menopáusicas se está disparando en esta sociedad caracterizada por el culto a la belleza y a la eterna juventud, en contraste con otros entornos (como, por ejemplo, en Oriente) donde el respeto y la veneración por la madurez de la vida y la ancianidad es casi sagrado.

Tabla 6. **Menopausia. Mitos y realidades**

Mito	Realidad
Los «sofocos» se deben a alteraciones psicológicas.	Si bien aún no sabemos las causas exactas, lo más probable es que los sofocos se deban a alteraciones circulatorias leves, propias de los cambios hormonales.
El factor riesgo cardiovascular es exclusivo de la menopausia.	Si bien la menopausia puede contribuir a ello, intervienen también otros factores (edad, alimentación, tabaco, etc.).
Las mujeres que trabajan fuera del hogar están sometidas a más estrés y presentan más sintomatologías psíquicas en la menopausia.	Relativamente falso. El estrés laboral puede empeorar o provocar estados emocionales en cualquier edad y en cualquier sexo. Y no todas las mujeres que trabajan fuera del hogar lo padecen. De hecho, una posición profesional equilibrada siempre resulta «protectora».
La menopausia quirúrgica presenta más problemas físicos que emocionales.	Falso. Es la que más ansiedad y depresión presenta aunque no está claro si sólo se debe al déficit brusco hormonal, a la situación psicosocial o a la enfermedad que provocó la intervención.
Las menopáusicas tienen siempre problemas sexuales.	Si bien en muchas de ellas está presente el dolor durante el coito (que puede ser anulado por la terapia adecuada), no siempre presentan otros problemas de orden sexual.
Los hombres no están sujetos a declives emocionales ni sexuales en esta edad.	Falso. En un trabajo reciente se ha demostrado que a esta edad los hombres pueden presentar más problemas sexuales que las mujeres, además de un porcentaje de problemas emocionales no desdeñable. Sin embargo, las mujeres presentan sintomatologías psíquicas más intensas (Medicina y cols. Hospital «General Yagüe», Burgos, 1993).
La menopausia es un mito machista y sólo debe ser tratada en casos muy graves.	Falso. Si bien hay que evitar una medicalización excesiva, toda mujer menopáusica debe ser revisada ginecológicamente y deben reponerse los estrógenos, si así se considera. En casos más intensos, se impone la reposición hormonal y otras terapias para evitar complicaciones físicas y trastornos psicológicos.
La menopausia es un cambio puramente hormonal y solamente debe ser contemplada desde un punto de vista estrictamente médico y, sobre todo, ginecológico.	Parcialmente falso. Un(a) buen(a) ginecólogo(a) tendrá siempre en cuenta los aspectos psicosociales de ésta y de cualquier alteración que presente la mujer. Si no, sería solamente un médico «fragmentado» y con una visión parcial, lo que nunca es deseable en la praxis clínica.

Capítulo 3.
▼
La visita al ginecólogo

C. Martín Perpiñán

IMPORTANCIA DE LAS REVISIONES PERIÓDICAS

La visita al ginecólogo es un hecho que todas las mujeres tienen que afrontar en algún momento. La información, insuficiente o claramente deformada, que tienen muchas mujeres induce a concebir la visita al médico especialista en ginecología como un acontecimiento desafortunado, en el que se mezclan una variedad de emociones diversas: la incertidumbre sobre la propia salud, el pudor de mostrar las zonas más íntimas del cuerpo, el miedo a que las exploraciones sean dolorosas o desagradables...

Este abanico de razones hace que muchas mujeres nunca se sometan a exámenes periódicos de carácter preventivo y acudan a la consulta sólo cuando observan alguna alteración en su organismo que les produce mayor o menor indisposición; puede darse el caso de que, cuando finalmente deciden acudir al ginecólogo, su dolencia se encuentre ya demasiado avanzada.

Las revisiones ginecológicas periódicas constituyen un medio muy valioso de conservar la salud y detectar con prontitud enfermedades que serían curables si se diagnosticaran en las etapas iniciales, como por ejemplo el cáncer de cuello de útero, el cáncer de mama y otros muchos procesos patológicos.

¿POR QUÉ DEBEMOS ACUDIR CON REGULARIDAD AL GINECÓLOGO?

Nuestras abuelas sólo veían a los ginecólogos en el momento del parto y rara vez durante el embarazo, si todo iba bien. Hoy día, la ginecología no se ocupa sólo de los partos.

Los avances de la medicina moderna en el estudio y tratamiento de las enfermedades propias de las mujeres permiten la detección de procesos potencialmente graves, tales como el cáncer del cuello del útero, diez años antes de que se manifiesten. La mamografía puede evidenciar un tumor dos años antes de que éste sea palpable. El adecuado y oportuno tratamiento evita que estas enfermedades avancen y lleguen a causar problemas graves a quienes las padezcan.

Ciertos síntomas, considerados comunes, pueden ser la punta del iceberg de algunas enfermedades no muy conocidas por una gran mayoría. Por ejemplo, el dolor menstrual intenso puede ser causado por una enfermedad llamada *endometriosis*, en la que se forman quistes llenos de sangre en los ovarios y otras partes de la pelvis; por lo tanto, todas las mujeres que los padecen deben ser exploradas y vistas por ecografía para descartar este proceso. Como este ejemplo podría citar muchos otros.

Además del diagnóstico precoz de enfermedades, el/la profesional ginecólogo/a ha recibido una formación que le permite aconsejar y orientar sobre cuestiones con las que nos encontramos frecuentemente en nuestra vida adulta, tales como los métodos anticonceptivos, la elección del momento más adecuado para decidir un embarazo, cómo abordar la menopausia...

¿CUÁNDO ACUDIR AL GINECÓLOGO?

Cuando no se tiene ningún síntoma ni se percibe alteración alguna y nos encontramos sanas y en buena forma, es recomendable acudir a la consulta de ginecología una vez por año, desde el momento en que se comienzan las relaciones sexuales e independientemente de la edad que se tenga.

Como es obvio, cualquier alteración, como trastornos menstruales, bultos en los pechos, picores en la zona genital, o cualquier otro síntoma exige una visita lo antes posible para detectar si existe algún problema serio. Esta recomendación es válida para cualquier edad, aunque se trate de una niña o de una mujer de edad avanzada.

ALGUNAS MEDIDAS QUE HAY QUE TENER EN CUENTA ANTE LA VISITA AL GINECÓLOGO

1. Debes pedir la cita con antelación suficiente. Tanto en la sanidad pública como en la privada los especialistas organizan sus actividades con un sistema de cita previa.

2. Si tienes un problema que consideras urgente, trata de hablar con la persona que te va a atender para explicarle lo que te ocurre y para ver si se puede adelantar la cita lo más posible.
3. El día que vayas a la consulta no te hagas ningún lavado vaginal, porque alteraría el resultado de los estudios bacteriológicos y citológicos, si se hacen.
4. Procura ir un día que no tengas la regla, a no ser que sea algo urgente; se puede hacer una exploración ginecológica, pero la sangre dificulta el análisis del flujo para ver las infecciones (exudado) y el estudio de la citología.
5. Recuerda cuándo tuviste la última menstruación. Te lo preguntarán siempre en la consulta ginecológica y saberlo será una buena colaboración por tu parte, que impresionará favorablemente a tu ginecólogo/a.

La ropa

Se trata de acudir a una consulta médica en la que, previsiblemente, vas a tener que desvestirte por completo para poder ser explorada; por tanto, es más apropiado llevar una ropa cómoda que permita desnudarse de manera fácil y rápida, sobre todo si la consulta va a tener lugar en un centro público, donde el alto número de personas que hay que atender en el horario de consulta reduce el tiempo que se dedica a cada una de ellas.

Piensa que no eres tú la única persona a la que debe examinar tu ginecólogo/a y que hay otras pacientes en la sala de espera.

LA EXPLORACIÓN GINECOLÓGICA

Primero, inspeccionar

En primer lugar, se suele hacer una *exploración física* que consiste en observar el aspecto de los genitales externos; es decir, si hay irritaciones, bultos, alteraciones del vello púbico; asimismo, se inspeccionan las glándulas de la entrada de la vagina y la posición de la vejiga de la orina, si está descendida y si se pierde orina al hacer toser a la mujer. Se constatará el estado de los músculos que rodean la entrada vaginal que pueden sufrir lesiones o desgarros en los partos y dejar secuelas de dolor en el coito o *incontinencias*.

• •

Tabla 7. **Decálogo de los derechos de la paciente ante los servicios médicos**

1. *Acceso* asequible a los servicios médicos. En mi opinión es inadmisible una lista de espera de más de quince días para recibir atención médica.
2. *Información* comprensible sobre las dolencias que padecemos y sus consecuencias a medio y largo plazo; se debe pedir un diagnóstico, si es posible, por escrito.
3. *Confidencialidad*. Seguridad de que todo lo que se diga en la consulta será absolutamente confidencial.
4. *Dignidad*. Ser tratada con amabilidad, atención y consideración.
5. *Elección*, si es posible, de los procedimientos y tratamientos médicos indicados, sobre todo en lo que compete a los métodos anticonceptivos.
6. *Comodidad*. Sentirse cómoda mientras se es atendida.
7. *Opinión*. Posibilidad de expresar nuestras opiniones y puntos de vista y discutir con el/la médico sobre los problemas que nos conciernen y las posibles alternativas.
8. *Respeto* a nuestra ideología moral, religiosa o política.
9. *Advertencia*. Derecho a ser advertidas sobre los riesgos o problemas derivados de las pruebas o tratamientos indicados.
10. *Defensa* efectiva frente a abusos de autoridad o mala atención.

• •

A continuación se procede al *examen de los órganos internos:* para observar la vagina se introduce en ella un aparato llamado *espéculo* que sirve para separar sus paredes y permite observar también el cuello del útero; el espéculo puede ser metálico o desechable, este último es más moderno y fabricado en plástico. Se ve el aspecto del flujo vaginal y si existen abultamientos o alguna lesión en las paredes vaginales, y se estudia el cuello del útero, que es un lugar donde existe la posibilidad de que haya lesiones patológicas con relativa frecuencia. En este momento se puede hacer una toma de material para la *citología* y realizar una *colposcopia*.

Si quieres saber cómo son tu vagina y el cuello de tu útero puedes mirarlos con ayuda de un espejo en el momento en que tienes puesto el espéculo; algunos ginecólogos/as lo tienen en su consulta y puedes pedirle que te enseñe esa parte de tu anatomía que nunca verás sin el mencionado aparato, ya que las paredes de la vagina están juntas y no permiten observar lo que hay en su interior.

Después, palpar

El examen de los órganos internos concluye con la *palpación de los ovarios y el útero*, para lo cual la persona que hace esta exploración introduce uno o dos dedos en la vagina y palpa el tamaño y la consistencia del útero, su posición y movilidad, el tamaño de los ovarios y las trompas; se buscan bultos o engrosamientos, zonas dolorosas y otras alteraciones.

Exploración de las mamas

Para finalizar, todas las revisiones ginecológicas deben incluir una *exploración de las mamas*. Se palpan cuidadosamente con la paciente acostada sobre la camilla para ver si existen bultos o durezas y se exprime un poco el pezón en busca de secreciones anormales. A continuación se palpa el hueco de la axila para verificar que tampoco hay allí ningún bulto.

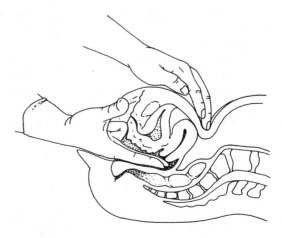

Fig. 5. Exploración manual de los órganos internos.

▼

LA CITOLOGÍA

La *citología* consiste en tomar una mínima porción de la secreción que rodea el cuello del útero y analizar al microscopio las células que contiene. El material obtenido se extiende en un cristal de pequeño tamaño y se tiñe con unos líquidos especiales para que sea posible estudiarlo con más facilidad. Esta prueba se empezó a realizar masivamente en los años cincuenta y fue un científico llamado Papanicolau quien la difundió por primera vez en 1942. En muchos países se conoce la citología como *test de Papanicolau*.

La observación de estas células permite diagnosticar el *cáncer* y las lesiones del cuello del útero potencialmente malignas diez años antes de que se desarrolle un tumor. Por esta razón, todas las mujeres que tienen relaciones sexuales deben hacerse esta prueba una vez al año, o con mayor frecuencia si es necesario un seguimiento más exhaustivo.

LA COLPOSCOPIA

La *colposcopia* consiste en mirar el cuello de la matriz o útero —ya he dicho con anterioridad que es lo mismo— y la vagina con una lente de aumento instalada en un aparato que tiene, además de una luz, un nombre que denomina la prueba a la que nos referimos: el *colposcopio*.

La colposcopia permite ver lesiones muy pequeñas que pudiera haber en el cuello del útero al ampliar la imagen observable a simple vista. Cuando la citología indica alguna anormalidad, la colposcopia es obligada para localizar con exactitud dónde existen alteraciones y así poder tomar una pequeña muestra del tejido para analizarlo y conseguir un diagnóstico más exacto. El procedimiento por el que se obtiene esta materia se denomina *biopsia*.

LA BIOPSIA
DE LOS TEJIDOS

Biopsiar es tomar una muestra de tejido de cualquier órgano y enviarla a un especialista en patología de tejidos para que lo estudie y remita un informe.

La biopsia se lleva a cabo para confirmar la naturaleza de un determinado proceso; se puede hacer en el cuello del útero, en el endometrio o en la vulva; generalmente se realiza en el consultorio y con anestesia local.

Muchas personas piensan que cuando se hace esta prueba se debe a que se sospecha que hay un cáncer. Esto es un error. En los trastornos de la regla se suele realizar una biopsia del endometrio para ver las alteraciones hormonales que los pueden ocasionar, también es una prueba de rutina en el estudio de la infertilidad.

LA ECOGRAFÍA,
LA MAGIA DE LOS
ULTRASONIDOS

La *ecografía* es una prueba en la que, mediante ultrasonidos reflejados (ecos), transformados en señales eléctricas que se recogen en una pantalla, se pueden ver órganos internos y sus movimientos. Asimismo, permite ver al feto dentro del útero desde las primeras cinco o seis semanas de gestación, detectar sus movimientos y posibles anomalías o problemas de crecimiento muy precozmente, y también saber si es niño o niña.

La ecografía es uno de los más valiosos descubrimientos del siglo XX; gracias a ella se pueden diagnosticar múltiples problemas ginecológicos, como quistes de ovario, miomas, etc., y hacer un seguimiento mediante sucesivas ecografías para determinar si es necesario operar y cuándo hacerlo.

No se ha demostrado hasta ahora que la ecografía suponga riesgo alguno para la persona que se somete a ella si está embarazada ni tampoco para el feto. No se debe confundir con las radiografías que se realizan con rayos X, potencialmente peligrosos y que deben evitarse en casos de embarazo.

La ecografía ha de hacerse sólo cuando el ginecólogo lo indique. No existe por ahora una recomendación especial de periodicidad, salvo en el embarazo, en cuyo caso lo aconsejable es realizar una en cada trimestre de la gestación.

LA MAMOGRAFÍA

La *mamografía* es una radiografía de las mamas. La glándula mamaria es un órgano de consistencia blanda y para que su imagen se pueda observar radiográficamente necesita ser comprimido. Por esta razón, cuando se hace esta prueba, es preciso comprimir un poco la mama entre dos estructuras planas y rígidas, por regla general unas láminas de un material parecido al plástico.

Con la mamografía se pueden ver lesiones malignas, o sospechosas de serlo, dos años antes de que se puedan palpar, es decir, lesiones muy precoces, que midan 1 cm o menos. Al ser detectadas con tanta antelación pueden ser tratadas sin tener que recurrir a métodos demasiado radicales y, aunque dichas lesiones sean cancerosas, se puede afirmar que, hoy en día, son curables.

La mamografía ha de realizarse anualmente a todas las mujeres de más de cuarenta y cinco años, pues ésta es la edad de mayor riesgo para padecer el cáncer de mama; entre los cuarenta y los cuarenta y cinco años se recomienda hacerlo cada dos años; y no es aconsejable hacerlo periódicamente a mujeres más jóvenes por el riesgo de radiación excesiva de la mama, que se acumula a lo largo de la vida.

A pesar de lo dicho con anterioridad, el peligro de una mamografía es mínimo con los modernos mamógrafos, que emiten una dosis muy baja de radiación. Se considera que tiene un riesgo para la salud similar al de fumarse tres cuartas partes de un cigarrillo o hacer un viaje en avión de veinte minutos de duración.

Por tanto, las ventajas de la mamografía superan ampliamente los posibles riesgos de los rayos X.

PRUEBAS SIN DOLOR, PRUEBAS SIN TEMOR

Lo que más preocupa a una paciente cuando se le prescribe una prueba es si ésta será o no dolorosa; por tanto, hablaremos de todas las que he descrito con anterioridad.

Ninguna de las pruebas citadas es dolorosa en absoluto, incluyendo la exploración manual y la colposcopia. Es muy importante tener esto en cuenta, porque el miedo al dolor hace que nos pongamos con el cuerpo tenso y la vagina se cierre, en cuyo caso, para hacer las exploraciones pertinentes es necesario forzar los músculos de entrada en la vagina, y entonces sí puede resultar molesto e incluso, a veces, producir dolor.

Por consiguiente, es *muy importante relajarse* lo mejor posible y no pensar en lo mal que le fue a una amiga en su experiencia en la visita ginecológica. Cada mujer es diferente y vive las cosas a su manera; por ello, confía sólo en ti misma y en tu ginecóloga/o y deja los nervios en casa cuando acudas a la consulta.

Ten presente que la vagina es muy elástica, tanto que permite el paso de la cabeza de un niño durante el parto, por lo que ni el espéculo ni los dedos del ginecólogo tienen por qué producir daño alguno.

II.
PLENILUNIO:
LA EDAD FÉRTIL

Capítulo 1. **La anticoncepción**

▼

CUANDO QUEREMOS QUE EL SEXO SEA REPRODUCTOR Y CUANDO NO LO DESEAMOS
O. Bertomeu

Hubo un tiempo en la evolución de los seres humanos en que los instintos determinaban nuestras conductas, siempre dirigidas a la supervivencia de la especie, como en los demás animales. Pero he aquí que nuestra evolución, si por algo se caracteriza, es por lo insospechado y sorprendente. Jamás nadie hubiese sido capaz de prever, partiendo de unos inicios de vida tan elementales, que un ser alcanzase los niveles de especialización, sofisticación y complejidad de los seres humanos. El ser pensante casi ha anulado al ser instintivo, y ha condicionado de forma irreversible nuestra vida y nuestras relaciones.

Los instintos que velaban por nuestra supervivencia han sufrido tal elaboración que se han transformado en verdaderas señas de identidad de la cultura de cada pueblo: comer y beber, por ejemplo, se han convertido en formas muy peculiares de alimentarse, sometidas en ocasiones a rituales, incluso en las civilizaciones más primitivas. Y eso desde hace muchos siglos.

En cambio, en cuanto respecta al sexo, actividad que regía el instinto perpetuador de la especie, no ha corrido la misma suerte. Aún hoy, lamentablemente, a punto de estrenar el siglo XXI, existen corrientes religiosas muy extendidas en el mundo más civilizado que se empeñan en seguir vinculando el sexo de tal modo a la reproducción, que se llega a penalizar cualquier práctica que la impida o la someta a la voluntad humana.

El sexo sigue siendo el instrumento que nos permite procrear, pero es necesario convencerse de una vez por todas que tras ese aparente mecanismo biológico se oculta todo un mundo de particularidades humanas que lo condicionan. Según nuestra cultura, nuestra biografía, nuestra personalidad y nuestra situación psicológica, social y económica, haremos del sexo un fenómeno muy distinto.

Somos nosotros quienes decidiremos qué sea el sexo en cada momento: un acto individual o compartido; un juego espontáneo y gratificante o una obligación tediosa; una relación amorosa o económica; una gloria o un infierno; y también, cómo no, podemos hacer de él un acto reproductor deseado, libre y responsable, o un acto reproductor no deseado, obligatorio e irresponsable. Y siempre con consecuencias individuales y sociales.

La mujer debe decidir qué ha de ser el sexo en cada momento.

Ser padres siempre ha tenido un gran atractivo para los seres humanos. No se trata ya de la necesidad de la perpetuación de la especie como de dejar un rastro personal de nuestro paso por el mundo, de no morir del todo a la hora de desaparecer de la vida.

El hijo puede y debe ser una especie de retrato del amor que se tiene una pareja. Si tenemos en cuenta que ser padres tiene más que ver con una vocación que con una necesidad, especialmente para la mujer, entenderemos muchas de las cosas que suceden cuando no se plantea así.

Para la mujer la cuestión reproductora está gravitando sobre su cabeza durante toda su vida fértil. Desde el deseo vehemente de embarazarse a la ausencia total de ese deseo; desde no preocuparse en absoluto al miedo cerval a embarazarse, la mujer recorre un amplio abanico de sentimientos y emociones de orden psicológico que influirán decisivamente en su sexualidad.

El deseo vehemente de quedar embarazada la puede llevar a establecer, bien una relación afectiva gozosa con su pareja a la hora del encuentro sexual, bien una relación obsesiva que convierte a su hombre en un verdadero semental. Por el contrario, la ausencia de deseo de embarazo puede funcionar, bien como una razón para buscar un método anticonceptivo que la proteja, sin tener que renunciar a la relación sexual con su pareja.

El hecho de buscar el embarazo no sólo responde a una gran ilusión y a un gozo presentido; supone, ante todo, habernos planteado un sinfín de preguntas y de inquietudes. El hecho más sencillo de la naturaleza es, a su vez, un fenómeno de lo más complejo.

Lo primero que debemos hacer las mujeres ante una decisión tan importante es tratar de informarnos para conocer debidamente en qué consiste el embarazo, el parto y todo lo que se deriva de ello, y así colaborar de forma activa a su mejor desarrollo.

CONTRACEPCIÓN
S. Dexeus

Historia moderna de la contracepción

La búsqueda del contraceptivo ideal no ha cesado desde que se tuvo conocimiento de que todo acto sexual podría tener, como consecuencia, un embarazo. Sin embargo, no existe todavía un método ideal para evitar la gestación, que sería el que pudiera aplicarse sólo cuando fuere necesario, inocuo, fácil de empleo, barato y, desde luego, ciento por ciento seguro.

Cuando un profesional de la medicina tiene que dar un consejo contraceptivo, debe hacerlo siempre basándose en hechos científicos, nunca expresando sus propias opiniones o convicciones ético-morales o, lo que sería peor, tergiversando la realidad científica por razones personales. A su vez, la elección definitiva recaerá siempre en el usuario o usuarios que, después de conocer el parecer médico, expuesto de forma inteligible y aséptica, podrán decidir el anticonceptivo que más le convenga. En este aspecto sí juegan diversos factores que el médico difícilmente puede analizar. No es lo mismo que la decisión sea individual que en pareja. También el ritmo y la mecánica sexual del individuo o pareja deben tenerse en cuenta en el momento de la elección. La promiscuidad sexual obligará al médico a aconsejar vivamente métodos de barrera que, a la vez que actúan como contraceptivos, eviten las enfermedades de transmisión sexual.

Pese a que no existe la contracepción ideal, no podemos silenciar aquí que la aparición de los modernos anticonceptivos ha representado un hito importante en la lucha por los derechos de la mujer, al permitirle no sólo una maternidad planificada, sino también evitar el papel cultural y biológico de madre, si ése es su deseo.

Diversos estudios han comprobado que cuanto mayor es la educación sexual de un individuo, mayor es la frecuencia en la utilización de medios contraceptivos, independientes del momento del coito. La mujer no activa sexualmente pero que acepta y se considera conocedora de su sexualidad, será mucho más capaz de controlar el riesgo de embarazo que la mujer que rechaza el sexo y se inhibe de todo conocimiento sobre aquél.

El punto de partida en la historia moderna de la contracepción hay que situarlo en la «Declaración universal de los derechos humanos» de 1948: «La planificación familiar consiste en la adopción voluntaria de aquellas prácticas que, mediante el espaciamiento de los embarazos y la finalización de la procreación a una edad relativamente temprana, consiga mejorar la salud materna e infantil, modelando el tamaño de la familia y la elección del momento óptimo para un embarazo.»

La declaración, expresada en términos ambiguos, constituiría, sin embargo, la primera puerta legalizadora a nivel internacional de prestaciones sanitarias y farmacológicas anticonceptivas. Dicha declaración se halla obsoleta ya que orienta la anticoncepción como medida para escoger el tamaño de familia que cada pareja desee olvidando al individuo, que debe tener toda la libertad para evitar la natalidad no deseada.

Actualmente puede observarse un incremento en el número de padres mayores, por encima de los treinta y tres-treinta y cinco años. Por lo tanto, es lógico que durante muchos años se deba recurrir a métodos contraceptivos hasta que el individuo o la pareja se hallen en disposición de formar una familia. Ya en 1974, con motivo de la Conferencia Mundial sobre Población, que tuvo lugar en Bucarest, se introdujo la matización entre «parejas y personas», especificándose que «tienen el derecho humano para decidir libre y responsablemente el número y espaciamiento de sus hijos».

Otro aspecto importante de la citada conferencia es la declaración pública de la igualdad social de la mujer. En el año 1974, la sujeción a la maternidad constituía una de las armas más reaccionarias y sutiles para relegar a la mujer a una condición de ciudadano de segundo orden.

Todavía hoy, el ginecólogo puede desempeñar un papel importante en favor de la igualdad social y laboral de la mujer posibilitando, mediante el consejo contraceptivo, la realización de las aspiraciones personales.

En España, la completa liberalización de las prácticas anticonceptivas no se obtuvo hasta 1983. El debate sobre la contracepción parece hoy un tema obsoleto, que tan sólo suscita algún momentáneo interés por razones oportunistas en los medios de comunicación. No obstante, algunos pocos organismos y corporaciones ponen en tela de juicio la ética médica de quienes proceden a realizar esterilizaciones. Si analizamos la natalidad española, comprobaremos que ésta ha seguido una curva progresivamente decreciente desde 1964, a pesar de los años de prohibición de la contracepción y, por tanto, de política francamente natalista.

Consideramos que tienen que pasar más años de lenguaje democrático para que todos aprendamos a respetar un marco legal en el que quepan todas las tendencias y en el que la prestación médica pueda ser máxima, sólo limitada por la ética o la moral personal del que prescribe y del que recibe.

Clasificación de los métodos anticonceptivos

Son varias las clasificaciones que pueden establecerse para los métodos anticonceptivos.

Si tenemos en cuenta la *eficacia*, que se mide calculando el porcentaje de mujeres que quedan embarazadas sobre un número de cien mujeres sexualmente activas que han utilizado determinado medio contraceptivo durante un año, y analizamos los diversos métodos, obtenemos la siguiente tabla:

Tabla 8. **Métodos anticonceptivos**

Método	Tasa de embarazo al año, por cada 100 mujeres
Anticonceptivos por vía oral (píldoras anticonceptivas)	Menos del 1%
Dispositivos intrauterinos (DIU)	3
Diafragma	12
Preservativo	15
Coito interrumpido	16
Temperatura basal (Ogino)	16
Cremas, supositorios, espermicidas	Variable
Duchas vaginales (después del coito)	Aproximadamente 40
Ningún método	80

• •

La elección del método no dependerá sólo de su efectividad. El usuario/a deberá tener en cuenta la frecuencia de las relaciones sexuales, si el embarazo en caso de fallo sería aceptado o no, si se puede confiar en la cooperación de la pareja, los riesgos posibles de enfermedades de transmisión sexual, las dificultades de aplicación que tienen algunos medios, la motivación que requieren y, como ya apuntamos, las limitaciones confesionales, si las hubiere.

Descripción de los diversos contraceptivos

Aunque sea de forma sucinta, consideramos que vale la pena describir una vez más el mecanismo de acción y las características principales de los métodos contraceptivos de los que, desgraciadamente,

no han aparecido muchos más desde que en 1954 se iniciaron las primeras experiencias con la «píldora».

ANTICONCEPCIÓN NATURAL

Se puede definir esta anticoncepción como aquélla que emplea métodos que tratan de evitar la gestación, pero sin alterar las condiciones naturales que la posibilitan. Este tipo de anticoncepción comprende los siguientes métodos:

1. Coito interrumpido.
2. La lactancia materna.
3. Lavados vaginales.
4. Continencia periódica (abstinencia de todo tipo de contacto sexual durante el período de fecundación femenina).
   a) Método del ritmo (Ogino-Knaus).
   b) Temperatura basal.
5. Métodos combinados.

1. Coito interrumpido

Es el método más antiguo que se conoce y lo pone en práctica el varón para el control de la natalidad. Consiste en retirar el pene de la vagina antes de que se produzca la eyaculación, lo que, en términos vulgares, se conoce como «marcha atrás». Esta técnica se ha venido utilizando durante siglos y todavía se sigue usando. En España, la cifra referente al porcentaje de utilización es del 11 por ciento. Puesto que su utilización como método anticonceptivo habitual es cada vez menos frecuente, parece obvio que el actual uso del coito interrumpido tiene carácter de recurso.

Técnica de uso. La eyaculación extravaginal en el momento del orgasmo obliga a un perfecto autodominio para conseguir la retirada del pene a tiempo.

Efectividad. La efectividad de este método de control de natalidad es baja y se debe principalmente a:

1. El control estricto que impone el método, obligando al varón a retirarse antes del comienzo de la eyaculación.
2. La rara posibilidad de fecundación si los espermatozoides son eyaculados junto a la vulva. La eyaculación debe

ser fuera de la vagina y lejos de la vulva.

3. La salida de espermios localizados en la uretra durante el período de excitación y antes de la eyaculación.

Tolerancia y efectos secundarios. Las escasas ventajas de este sistema son:

1. Es barato.
2. No precisa ningún tipo de adiestramiento por parte de personal especializado.
3. Es aplicable en cualquier momento y no es necesaria preparación previa.

En cuanto a sus *desventajas*, se ha descrito la impotencia en el hombre como consecuencia de la práctica continuada del coito interrumpido. De hecho, crea un sentimiento de frustración en el varón, ya que exige una toma de conciencia intensa en un momento en el que este tipo de «concentración» es poco o nada deseada.

También se ha hablado mucho de la frigidez que puede ocasionar la utilización habitual de este método en aquellos casos en los que la mujer no experimenta el orgasmo antes de la retirada del varón. Además, se han considerado otros síntomas de alteración física, y entre ellos, el llamado síndrome de congestión pelviana, sujeto a la falta de satisfacción sexual en la relación y que pueda dar lugar a molestias inespecíficas en el bajo vientre.

Resulta evidente, sin embargo, y a pesar de estos efectos secundarios, que muchas parejas se manifiestan satisfechas del uso de este método. Es posible que para una pareja con relaciones sexuales constantes, en las que el hombre bien disciplinado consigue el orgasmo con su mujer, realizando luego la eyaculación extravaginal, el coito interrumpido sea una técnica adecuada. Pero, debemos señalar que, en no pocas ocasiones, una pareja aparentemente satisfecha con el método puede esconder, de forma inconsciente, su incapacidad para gozar de una sexualidad espontánea y plena.

Resumiendo, cabe decir que es un método poco recomendable por su elevado porcentaje de fallos y por la facilidad con la que puede alterar la libre sexualidad. De todas formas, si la pareja consigue absoluto placer con él, no hay razón alguna para forzar un cambio de sistema.

2. La lactancia materna

Está muy extendida la creencia de que mientras dura la lactancia no tiene lugar la ovulación y la mujer no puede quedar embarazada. Pero, aunque esto puede ser cierto, resulta imposible predecir cuándo se va a establecer esta ovulación, por lo que, confiar en el período de lactancia como único método de control de la natalidad es arriesgado. En estos casos debe aconsejarse otro sistema complementario (coito interrumpido, preservativos, diafragma, DIU, ciertos preparados hormonales que contienen sólo progesterona, etc.).

3. Lavados vaginales

Este método se basa en el concepto de que la acidez vaginal es un medio hostil para la supervivencia de los espermatozoides y que, por tanto, la irrigación vaginal, inmediata al acto sexual, de sustancias que aumenten ese grado de acidez podría destruirlos. Sin embargo, esta irrigación no alcanza a los espermatozoides que en el momento de la eyaculación se hallan ya en el interior del cuello de la matriz. Su eficacia está condicionada, pues, al puro azar y no debe aceptarse como medio científico de control de natalidad.

4. Continencia periódica

a) Método del ritmo (Ogino-Knaus)
Este método se basa en la abstinencia sexual durante el período de fertilidad del ciclo menstrual, según las consideraciones de Ogino y de Knaus.

Para Ogino, el período de fecundidad está comprendido entre los diecinueve y doce días antes de la regla siguiente, o sea, en un ciclo de veintiocho días. La fertilidad es posible entre los diez y diecisiete del ciclo (el primer día del ciclo es el primer día de la menstruación). Este sistema se fundamenta en la idea de que un solo ovario, una sola vez en cada ciclo, libere un solo óvulo.

Para Knaus, el período de fertilidad se inicia tres días antes de la ovulación y termina uno después, o sea, comprende cinco días por ciclo menstrual. Este cálculo se basa en el hecho de que el óvulo tiene un tiempo de vida máximo de veinticuatro horas, por lo que, para ser fecundado, debe ser alcanzado dentro de ese término. El espermatozoide, en cambio, vive hasta cuarenta y ocho horas. Fácilmente se deduce que deben evitarse las relaciones sexuales como mínimo tres días por ciclo, es decir, cuarenta y ocho horas antes de la ovulación y hasta veinticuatro horas después de ocurrida ésta.

Efectividad. La tasa de fracasos es de un 14 por ciento o superior. Muchos de ellos se deben a ovulaciones inesperadas que obedecen a causas diversas, como, por ejemplo, un estímulo psíquico intenso. Por otro lado, las irregularidades menstruales disminuyen también la efectividad del método. Así, en el caso de que el ciclo más largo de los de un año haya sido superior a diez días con respecto al más corto, debe aconsejarse a la pareja el cambio de método.

Tolerancia y efectos secundarios. La inocuidad física es total, pero su aceptabilidad es bastante baja, pues no solamente impone considerables limitaciones a la vida sexual sino que, además, no confiere la seguridad que toda pareja necesita para la libre espontaneidad de su sexualidad. Otro aspecto importante es el de su relativa dificultad de aprendizaje y disciplina, no aplicables a todas las parejas.

b) Temperatura basal

Este método se basa en la oscilación que experimenta la *temperatura basal* (TB) del cuerpo a lo largo del ciclo menstrual y su relación para detectar la ovulación. La temperatura basal es aquella que tiene el cuerpo humano en condiciones de absoluto reposo y se mantiene, desde la regla hasta la ovulación, a un nivel inferior a los 37 °C. La ovulación se presenta inmediatamente antes o al mismo tiempo que se eleva el nivel de la temperatura. Después de la ovulación, la temperatura basal se mantiene por encima de los 37 °C y hasta que se inicia la siguiente menstruación.

Utilización y control. Con este método, el período de seguridad, teniendo en cuenta el tiempo de vida del óvulo y del espermatozoide, se inicia a partir del segundo o tercer día de ascenso de la temperatura basal y se prolonga hasta la regla, incluida ésta. Pero,

después de la menstruación y hasta que sube de nuevo la temperatura, no existe la seguridad de evitar la fecundación.

La confección de la gráfica de temperatura basal exige condiciones rigurosas:

1. Toma diaria de la temperatura basal por la mañana, nada más despertar, antes de levantarse y después de haber dormido al menos seis horas.
2. No hacer ningún movimiento previo, ni siquiera descender la columna de mercurio del termómetro (se habrá hecho la noche anterior).
3. Usar siempre el mismo termómetro.
4. Tomar la temperatura en recto o en vagina durante cinco minutos.

Si la curva es típica, la mujer podrá tomar la temperatura a partir del octavonoveno día del ciclo, y dejar de tomarla después del tercer día de ascenso térmico.

Efectividad. Tolerancia. Efectos secundarios. Aplicando correctamente el método, su eficacia es muy buena y no tiene efectos secundarios. De todas formas, la dificultad de interpretación de muchas de las gráficas, la esclavitud a que obliga la toma diaria de la temperatura, la variabilidad a que está sujeta esta temperatura en situaciones especiales (estrés, afección febril, viajes) y la mayor restricción sexual, hacen que su tolerancia sea baja.

5. *Métodos combinados*

La conjunción de dos de los métodos antes expuestos (por ejemplo, Ogino y temperatura basal), reducirá sin duda los fallos de cualquiera de ellos utilizados aisladamente.

Se ha propuesto sumar al registro de la temperatura basal la observación de los cambios que se producen en la secreción del moco del cuello de la matriz. Este método, llamado de Billings, toma el nombre de su inventor y consiste en detectar la ovulación precisamente a través de esos cambios. El moco cervical es abundante y transparente, como clara de huevo, sólo en el momento de la ovulación. De acuerdo con esto, la pareja debe abstenerse de mantener relaciones sexuales en cuanto la mujer empiece a notar mayor secreción de ese moco y no las reiniciarán hasta el tercer día consecutivo de temperatura basal alta (más de 37 °C).

Como puede comprenderse, se requiere una gran capacidad de observación para utilizar este método. También hay que tener en cuenta que cualquier infección local vaginal puede alterar ese moco y confundir a la mujer. Por tanto, y puesto que su interpretación puede ser difícil, no resulta un sistema muy recomendable por sí solo.

MÉTODOS DE BARRERA

Pasada ya la euforia de la píldora y los DIU, la tendencia actual es la de volver a estos métodos, dada su inocuidad, autoaplicación, no necesidad de controles médicos, reversibilidad y alto grado de seguridad.

1. Diafragma

El diafragma vaginal es un dispositivo semiesférico de goma fina, provisto de un aro de metal flexible y recubierto de la misma goma.

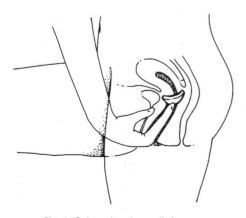

Fig. 6. Colocación de un diafragma.

▼

Mecanismo de acción. Su acción consiste en impedir que el semen alcance el cuello uterino. Para que el método resulte más efectivo se utiliza junto con una crema espermicida, que actuará destruyendo los espermatozoides y servirá a la vez de lubricante para que la colocación del diafragma resulte más sencilla.

Utilización y controles. El diafragma es un método que, en principio, puede utilizar cualquier mujer que no padezca ningu-

na alteración de los órganos genitales. Existen varias medidas de diafragma.

Aplicación. El diafragma se aplica antes del coito con un máximo de dos horas antes (es el tiempo que tarda la crema en perder su efectividad).

Advertencias. Después de la relación sexual, el diafragma debe permanecer siete horas o más en la vagina, y en caso de que en el transcurso de estas siete horas haya una segunda relación, conviene poner crema directamente en la vagina y contar las siete horas a partir de la última relación.

Efectividad. Es un método bastante seguro, pero su efectividad depende de su buena utilización, es decir:
– Medidas correctas.
– Utilizarlo sea cual fuere el día del ciclo.
– Usar crema espermicida.
– Correcta colocación.
Si se cumplen estas cuatro premisas, el índice de seguridad es mucho más alto que el citado.

Tolerancia y efectos secundarios. La principal ventaja de este método es la inexistencia de efectos secundarios, a no ser el rechazo psicológico de la pareja, por afectar sus relaciones sexuales.

2. Esponjas vaginales

Consiste en un disco cilíndrico de formol polivinílico, en estructura de espon-

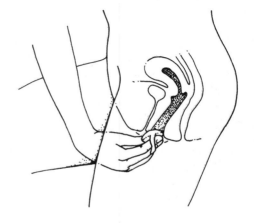

Fig. 7. Colocación de una esponja anticonceptiva.

▼

ja. Se coloca en el fondo de la vagina, quedando, una vez introducido, a modo de tampón del cuello del útero que evita el paso de los espermatozoides hacia el interior del útero. Pasadas cuarenta y ocho horas debe retirarse, teniendo en cuenta siempre que hayan transcurrido seis horas tras la última relación sexual. La esponja es de uso único; no se puede reutilizar.

Este método no ha resultado todo lo prometedor que parecía y tanto su uso como sus resultados no mejoran al diafragma.

3. Preservativos

El preservativo es una funda de goma fina que sirve para recubrir el pene y que recoge el semen en el momento de la eyaculación, impidiendo así que alcance el cuello uterino. Se trata de un método muy antiguo, que cayó en desprestigio en épocas pasadas. Actualmente, dada su inocuidad, sencillez y eficacia, se recomienda tanto como los otros métodos, muy especialmente para prevenir enfermedades de transmisión sexual.

Efectividad. Es un método con un alto grado de seguridad, si la técnica de utilización es correcta y si se usan preservativos de calidad, de lo contrario, en algunos casos puede romperse la goma.

Tolerancia. Es un método bien tolerado en parejas que lo aceptan sin que sus relaciones sexuales sufran alguna alteración. De ser así, es preferible recomendar otro método.

Preservativo vaginal. Dicho preservativo es de reciente aparición. Consiste en la introducción de una membrana que recubre toda la vagina y las paredes de la vulva. Es obvio que su interés principal estriba en evitar las infecciones de transmisión sexual, pero su interés como contraceptivo estricto parece muy limitado por engorroso e inhibitorio del placer sexual.

4. Espermicidas locales

Son sustancias químicas que se presentan en forma de óvulos, cremas o nebulizadores y que, colocadas en la vagina,

actúan mediante un doble mecanismo: por una parte, bloquean la entrada de los espermatozoides en el cuello de la matriz (acción que depende del excipiente) y, por otra, destruyen los espermatozoides. Se trata de un método que no requiere ningún tipo de control médico dada su sencillez.

Efectividad. Por el momento no se ha conseguido con ellos un alto grado de seguridad. Es, sin embargo, un método que se va mejorando continuamente, y cuando su eficacia sea alta será, sin duda, uno de los métodos más utilizados. Actualmente se recomienda sobre todo a mujeres que mantienen relaciones sexuales esporádicas, combinado con otros sistemas (DIU, diafragma, preservativos), para períodos de baja fertilidad, como la lactancia, o en la premenopausia, etc.

MÉTODOS INTRAUTERINOS

1. Dispositivos intrauterinos (DIU)

Dispositivos inertes. Son los que se utilizaron a partir de 1960, compuestos de polietileno y recubiertos por sulfato de bario. Cumplen su función por sí mismos,

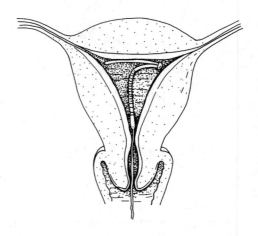

Fig. 8. El dispositivo intrauterino (DIU).

▼

por el espacio que ocupan, sin mediar sustancia alguna. El elevado índice de embarazos, expulsiones y extracciones por hemorragias llevó a reemplazarlos por otros DIU más perfeccionados.

Dispositivos liberadores de iones. Son dispositivos activos y su acción se basa en la liberación de iones de cobre.

Dispositivos liberadores de hormonas (Progestasert). Es un DIU en forma de T que contiene una sustancia hormonal que va liberándose poco a poco. Está pensado para disminuir el número de hemorragias que a veces se producen con los otros DIU y puede ser empleado en el tratamiento de las menstruaciones muy hemorrágicas.

Mecanismo de acción. El DIU actúa como anticonceptivo indirectamente, pues al entrar en contacto con la mucosa uterina (en el interior del útero) da lugar a una reacción local que se comporta como un medio hostil para el esperma. Es un auténtico cuerpo extraño que estimula la capacidad de destrucción que tienen ciertas células (macrófagos) aptas para «devorar» cualquier intruso, en este caso, los espermatozoides.

El DIU debe ser colocado por un médico conocedor de estas técnicas. La introducción suele ser sencilla y no requiere ningún tipo de anestesia. Una vez colocado, se corta su hilo fiador, de forma que tan sólo asomen unos dos centímetros de aquél por fuera del cuello del útero. Este hilo no produce ninguna molestia ni tampoco se nota durante las relaciones sexuales. Sirve para comprobar la correcta colocación del DIU y sus controles posteriores y se retira fácilmente tirando del hilo hacia fuera.

Cuidados inmediatos a la colocación. La usuaria debe conocer el DIU que le ha sido colocado, su duración y los controles que tiene que realizar. Debe informarse de que en el primer mes pueden aparecer pequeñas pérdidas fuera de la menstruación y molestias mínimas que suelen desaparecer en los meses siguientes. Las primeras menstruaciones tras la colocación pueden ser más abundantes y duraderas y a veces aparecen pequeñas señales a mitad del ciclo, coincidiendo con la ovulación y mayor cantidad de flujo.

La usuaria debe conocer las alteraciones que no son normales, ante las que debe consultar al ginecólogo, tales como pérdidas mayores que una regla, señales constantes, dolor agudo en la región del bajo vientre, fiebre o retraso menstrual.

En los cuatro días siguientes a la inserción no deben mantenerse relaciones sexuales ni bañarse y se desaconseja la utilización de tampones. Durante el primer mes y hasta el primer control, para mayor seguridad, es aconsejable utilizar un espermicida.

Controles. El primer control se realiza un mes después de la inserción, pasada la primera menstruación. Con la *ecografía vaginal,* disponemos de un excelente medio para comprobar el buen emplazamiento del DIU. Posteriormente, una vez al año hasta la fecha de caducidad del dispositivo.

Aparte del control ginecológico, es posible el control de los hilos por la propia usuaria, después de cada menstruación. Es una operación que, aun siendo sencilla, no es asequible a todas las mujeres.

Caducidad. Los *dispositivos inertes* (primer grupo) no tienen tiempo límite de caducidad.

Los *dispositivos liberadores de hormonas* (tercer grupo) tienen una duración de dieciocho meses.

Los *dispositivos liberadores de iones* (segundo grupo), duran entre dos y cuatro años, dependiendo de la cantidad de cobre y de si llevan plata o no en su composición.

Cabe señalar que, si el dispositivo ha sido bien tolerado y la mujer desea seguir con el mismo sistema anticonceptivo, puede colocarse otro dispositivo en el mismo momento en que se extraiga el caducado.

Complicaciones y efectos secundarios. Los efectos secundarios más frecuentes son: hemorragias, dolor y aumento de la secreción vaginal (flujo). Su persistencia puede obligar a la extracción del dispositivo. Ante la aparición de estas complicaciones, debe consultarse al ginecólogo, quien decidirá la conveniencia o no de seguir utilizando el mismo sistema anticonceptivo. En general, se administra medicación y si la sintomatología no cede, se aconseja la extracción del dispositivo. El hecho de no haber tolerado un determinado tipo de dispositivo no significa que no pueda intentarse la utilización de otro modelo que pueda ser aceptado. Si aparecen dolores o molestias constantes, el dispositivo debe retirarse.

La aparición de flujo suele deberse a la irritación local que produce la presencia constante del hilo guía sobre las glándulas del cuello uterino. En la mayoría de los casos, el flujo no es irritativo ni maloliente, pero, si así fuera, hay que consultar al médico de inmediato, ya que puede ser síntoma de infección vaginal.

En raras ocasiones, el hilo guía del dispositivo puede ascender hacia el interior del útero. Si en uno de los controles no se observan los hilos, puede ser que hayan desaparecido de la visión por un desplazamiento del dispositivo en la cavidad uterina o que fueran inadvertidamente expulsados al exterior. Ante la duda, se deberá realizar una ecografía, que aclarará si el dispositivo se encuentra o no en el interior del útero. Si se confirma su correcta situación, simplemente se esperará a que caduque el dispositivo y, entonces, se tomarán las medidas necesarias para su extracción, que puede ser algo más engorrosa que habitualmente.

La expulsión del dispositivo se produce en un 2,3 por ciento y puede ocurrir en cualquier momento, siendo más frecuente durante las primeras menstruaciones, tras la colocación. No es un problema serio si se descubre inmediatamente, pero si pasa inadvertido, puede producirse el embarazo que se intenta evitar.

La perforación del útero es poco frecuente. Parece ser que ocurre una vez cada dos mil quinientas inserciones. Puede ser un accidente grave si no se diagnostica ya que, una vez en el interior de la cavidad abdominal, puede adherirse y perforar órganos vecinos (intestinos, vejiga). Esta complicación suele ocurrir en el momento de la colocación. En caso de sospecha de perforación del útero, es necesario aplicar medidas de diagnóstico y las disposiciones terapéuticas oportunas para evitar complicaciones mayores.

El embarazo se produce aproximadamente en un 2,5-3 por ciento de las usuarias. Puede suceder, incluso, con el dispositivo correctamente colocado.

Ante un retraso menstrual no habitual hay que consultar al ginecólogo lo más pronto posible y, si existe embarazo debe procederse a retirar el dispositivo, sin que este hecho altere, en la mayoría de los casos, la evolución del embarazo.

En algunas ocasiones el hilo guía se introduce en la cavidad del útero y el DIU no puede ser retirado y el embarazo seguirá su curso normal. Sin embargo, en estos casos existe mayor riesgo de abortos espontáneos, infecciones y partos prematuros. No se ha registrado mayor incidencia de malformaciones en niños nacidos tras embarazos con dispositivos. En el momento del parto, el DIU suele acompañar a la placenta.

Si se sospecha un embarazo, hay que asegurarse de que no se trata de un embarazo extrauterino ya que esta complicación es algo más frecuente en mujeres portadoras de DIU.

La enfermedad inflamatoria pélvica, o infección localizada en los órganos genitales, tiene una incidencia tres o cuatro veces superior en mujeres portadoras de dispositivo, en comparación con mujeres que utilizan otros sistemas anticonceptivos. Esta enfermedad suele ser de carácter leve y se resuelve con un simple tratamiento con antibióticos. En algunas ocasiones, puede agravarse afectando a todos los órganos genitales, convirtiéndose así en una enfermedad generalizada. Es la complicación más temida, a la vez que la más grave, y además puede tener secuelas sobre la fertilidad posterior.

Es necesario que la usuaria del dispositivo esté atenta a los síntomas que alertan sobre posibles infecciones, tales como dolores persistentes en el bajo vientre, hemorragias, flujo maloliente, dolor durante el coito, fiebre. Ante cualquiera de estos síntomas debe consultar lo antes posible, con lo que se podrán evitar las complicaciones graves ya mencionadas.

CONTRACEPCIÓN HORMONAL

Consiste en la utilización de altas dosis de hormonas femeninas, estrógenos y progesterona, o sólo esta última. El principio básico de su acción estriba en la inhibición de la ovulación, actuando de forma temporal y reversible. Las vías de administración son varias, pero la oral es la más frecuente, mejor tolerada y de efectos secundarios de más fácil control.

Para su administración por vía oral se presenta en cajas de veintiuno o veintidós comprimidos. Los preparados combinados contienen siempre estrógenos y gestágenos (progesterona). En los *monofásicos,* cada tableta tiene la misma composición. En los de *dosis escalonada,* el estrógeno es constante y varía el gestágeno. Los *secuenciales* contienen, para la primera fase del ciclo, exclusivamente estrógenos y, para la segunda, ambas hormonas. La llamada *minipíldora* contiene sólo gestágenos que pueden ser administrados en forma continua o cíclica.

En los preparados para administrar por vía parenteral, destacan dos combinaciones: la inyección «para un mes», con estrógenos y gestágeno, o la de «tres meses», con sólo gestágeno en alta dosis.

Existen preparados anticonceptivos orales con estrógenos y antiandrógenos, especialmente indicados en pacientes con acné, seborrea, exceso de vello.

Mecanismos de acción. Para entender la forma de actuar de estos preparados, debemos recordar la fisiología del ciclo femenino, puesto que las acciones se realizan a diversos niveles.

Al administrar estrógenos y progestágenos a una mujer, interferimos en un ciclo normal. Esta dosis externa actúa sobre la hipófisis frenando la secreción de las hormonas que estimulan al ovario (o sea, LH y FSH).

– *Ovario.* Frenada la secreción de estas hormonas, el ovario, por tanto, no recibe el estímulo y permanece en reposo, de forma que, al no crecer los folículos, no se produce la ovulación.

– *Endometrio.* El endometrio (mucosa que reviste la matriz en su interior) no realiza los cambios que efectuaría si el ovario estuviera funcionando y se prepara mal para la implantación.

– *Moco.* El moco que segrega el cuello de la matriz se hace espeso y menos abundante y actúa a modo de barrera para el paso de los espermatozoides, no facilitando su ascenso, como haría en caso de producirse la ovulación.

Utilización. Antes de utilizar este sistema contraceptivo es conveniente una revisión ginecológica, que consistirá en:

1. Exploración de las mamas, para descartar la existencia de nódulos, secreciones, inflamaciones...

2. Visualización de los genitales externos y distribución del vello.
3. Análisis citológico del cuello de la matriz (análisis de las células del cuello del útero, para prevención del cáncer cervical).
4. Tacto bimanual para descartar enfermedades de la matriz y los ovarios.

Una vez realizada esta revisión, el ginecólogo puede recomendar en cada caso el preparado más adecuado. Ya que la píldora es ampliamente utilizada, nos referiremos a ella. Se empieza a tomar el quinto día del ciclo, es decir, a los cinco días de haber empezado la regla. Se toma una píldora al día hasta terminar la caja, que son veintiuna o veintidós, según los preparados. Al finalizar, aparece una regla a los tres o cuatro días que, en la mayoría de los casos, es de menor cantidad y duración que cuando no se toma la píldora. Al quinto día de esta regla se empieza una nueva caja o bien a los siete días de haber terminado la caja anterior.

Olvido de una píldora. Si la usuaria se da cuenta de ello antes de pasadas doce horas, debe tomarla y no tener ningún cuidado especial. Si han pasado ya las doce horas, debe tomar la píldora olvidada y tener precaución durante los cinco días siguientes.

Ingesta de otro medicamento. Si se está tomando algún otro fármaco (antibióticos, antidepresivos, tranquilizantes...) debe preguntarse al médico si puede confiarse en la seguridad de la píldora en aquel ciclo, puesto que muchos preparados pueden alterar su absorción y, por tanto, su efectividad.

Controles ginecológicos. Son convenientes una vez al año, así como efectuar análisis de sangre cada dos años, para comprobar que no hay afectación en el hígado ni en el aparato circulatorio. Si la tolerancia es buena, las revisiones ginecológicas son normales y los análisis no se alteran, no se recomienda interrumpir el tratamiento con anovulatorios, es decir, que los «descansos», a los que hasta hace poco se les daba mucha importancia, no son necesarios. De todas formas, si se desea un embarazo posterior, es aconsejable hacer un descanso cada dos-tres años, de dos-tres meses, para evitar la amenorrea (falta de la regla) pospíldora.

Efectos secundarios. Sobre este punto siempre ha habido mucha desinformación. Al iniciar un tratamiento con anovulatorios, pueden aparecer ciertos efectos indeseables. Habitualmente son poco importantes y desaparecen entre los dos y tres primeros meses. De no ser así, debe consultarse al médico y, dependiendo de los efectos, se podrá probar otro tipo de preparado o bien pasar a otro sistema anticonceptivo. Hay que señalar que con la utilización de preparados hormonales de dosis bajas, la aparición de estos efectos secundarios es mínima. A continuación se exponen algunos de los efectos indeseables más frecuentes:
– Dolor en las mamas.
– Aumento de volumen de las mamas.
– Aumento de peso.
– Aumento de vello.
– Náuseas, vómitos.
– Cefaleas (dolor de cabeza).
– Aumento de la tensión arterial.
– Calambres en las piernas.
– Cansancio, depresión.
– Disminución de la libido.
– Pérdidas entre regla y regla.
– Amenorrea (falta de regla al terminar la caja).
Como ya hemos señalado, ante la aparición de estos síntomas y su persistencia, debe consultarse con el médico.

Efectividad. La anticoncepción hormonal es, junto con los métodos quirúrgicos, el sistema más efectivo. El fallo en este sistema es casi imposible si se siguen las normas de administración. En el caso de la píldora es inferior al 1 por ciento, mientras que los inyectables son algo menos efectivo, siendo el fallo ligeramente superior al 1 por ciento.

Contraindicaciones:

– Embarazo.
– Edad superior a los treinta y cinco años y fumadora.
– Tumores malignos hormonodependientes (es decir, que puedan responder a la influencia de las hormonas femeninas), principalmente mamas y endometrio (mucosa del interior del útero).
– Tromboembolias o varices graves.
– Cefaleas y trastornos de la visión cuya etiología no sea clara.
– Hipertensión.
– Enfermedades hepáticas o renales graves.
– Cardiopatías graves.
– Diabetes insulino-dependientes.
– Antes o después de intervenciones quirúrgicas o inmovilización prolongada.
– Epilepsia.
– Esclerosis múltiple.

La anticoncepción hormonal requiere no sólo la indicación individualizada para cada paciente y que, por lo tanto, sólo el médico puede llevar a cabo, sino también controles ginecológicos y analíticos sanguíneos periódicos.

Los efectos secundarios de la «píldora» han sido magnificados por la prensa no médica y sensacionalista. Muchos de los problemas que se cita se produjeron con las primeras píldoras comercializadas en 1960 y con un contenido hormonal muy superior al de las actuales.

Los efectos secundarios que más tinta han hecho correr son el riesgo de tromboembolismo, el de cáncer y la fertilidad posterior.

Píldora y enfermedad tromboembólica. Existen muchos estudios en los que se demuestra que las mujeres que toman la píldora tienen más riesgo de padecer enfermedades tromboembólicas e infarto de miocardio. Sin embargo, hay que tener en cuenta que el riesgo se multiplica por cinco a partir de los treinta y cinco años. También aumenta el riesgo al aumentar la dosis de estrógenos. Otros factores que influyen son la hipertensión, el tabaquismo y la hiperlipoproteinemia. Así pues, se aconsejan los preparados que contienen dosis bajas de estrógenos y gestágenos, y, a partir de los treinta y cinco años, dejar la contracepción hormonal si existen los otros factores de riesgo mencionados. De no ser así, es decir, si la mujer mayor de treinta y cinco años no es fumadora y los controles analíticos, la tensión arterial y la exploración ginecológica son normales, puede continuar tomando la píldora.

Píldora y cáncer. Mucho se ha hablado y escrito acerca de la relación entre la píldora y diversos tipos de cáncer. Desde hace mucho tiempo es conocida la influencia que tienen los estrógenos en los cánceres de mama y de matriz. Por esta razón es muy importante realizar una revisión ginecológica antes de iniciar el tratamiento con anovulatorios, para descartar un cáncer incipiente que, con el tratamiento con estrógenos, podría agravarse. Sin embargo, y a pesar de que hay muchos trabajos sobre ello, no se ha podido demostrar que la contracepción hormonal aumente la incidencia de dichos cánceres. Por el contrario, al estar sometidas estas mujeres a controles ginecológicos más frecuentemente, la profilaxis de estos cánceres es mayor.

Lo que sí se ha demostrado es que hay una mayor incidencia de tumores benignos del hígado (adenomas hepáticos), por lo que es conveniente realizar controles analíticos hepáticos y de la morfología del órgano, por imagen.

Fertilidad y descendencia pospíldora. Generalmente, al abandonar la contracepción hormonal, la fertilidad se recupera enseguida. Algunas veces, tras la toma de anovulatorios, sigue un período de amenorrea (falta de regla) que suele recuperarse espontáneamente en pocos meses. De no ser así, debe consultarse al médico, que iniciará un tratamiento y la recuperación de los ciclos se producirá fácilmente. Estas alteraciones del ciclo se dan con más frecuencia en mujeres que antes de tomar anovulatorios ya tenían ciclos irregulares.

En cuanto a la descendencia de las mujeres que han tomado anovulatorios, no se ha demostrado ningún aumento de la incidencia de malformaciones o anomalías cromosómicas.

Como conclusión debemos decir que la anticoncepción hormonal es un método muy seguro y sus efectos secundarios, con las dosificaciones actuales, son prácticamente inexistentes.

Debe administrarse por prescripción médica, siguiendo los controles anuales clínicos y analíticos más convenientes.

ANTICONCEPCIÓN POSCOITAL

Se trata de una medida de emergencia tras una violación, el fallo de un método (rotura del preservativo, por ejemplo), o

---

La píldora del día siguiente

C. Martín Perpiñán

La *píldora del día siguiente* está indicada para cuando ocurren acontecimientos imprevistos, como la rotura de un preservativo o el «olvido» de que había que ponérselo; es decir, siempre que haya habido relaciones sexuales sin protección anticonceptiva y exista riesgo de embarazo no deseado.

Consiste en administrar a la mujer cierta cantidad de hormonas esteroides como las que contiene la píldora. Este tratamiento debe ser siempre prescrito por un médico y es preciso tomarlo antes de que pasen setenta y dos horas desde el coito posiblemente fecundante.

Tiene una eficacia aproximada del 80 por ciento, dependiendo de los siguientes factores:

1. Las horas transcurridas desde el coito hasta que se toma.
2. El momento del ciclo en el que ocurre el hecho imprevisto.
3. La dosis total del medicamento.

Otra posibilidad para casos de riesgo de embarazo no planificado es la inserción de un DIU antes de que transcurran siete días desde el momento de la relación sexual. Con esta medida lo que se pretende es evitar la implantación del óvulo fecundado dentro del útero.

relación sexual sin protección. Debe efectuarse antes de que transcurran las setenta y dos horas después del coito presumiblemente fecundante.

MÉTODOS QUIRÚRGICOS

La esterilización femenina mediante ligadura y sección de las trompas, *esterilización tubárica,* es conocida desde hace muchos años, pues se practicaba casi rutinariamente tras la tercera cesárea, por el temor de que un cuarto embarazo favoreciera la ruptura del útero, contingencia que representa un peligro para la madre y el feto.

Actualmente, la esterilización tubárica se realiza por vía laparoscópica, siendo la anestesia general preferible a la local. La estancia en clínica no sobrepasa las dieciocho-veinticuatro horas.

El método empleado más comúnmente por su seguridad es la electrocoagulación de un segmento de la trompa y su posterior sección.

También puede efectuarse después del parto, aprovechando la anestesia locorregional (si la hubo), tipo peridural; mediante una pequeña incisión alrededor del ombligo (que luego es casi invisible), se alcanzan las trompas, que se ligan y se seccionan.

También el hombre puede someterse a esterilización (vasectomía). De hecho, la técnica es más fácil, no requiere ingreso en clínica y se efectúa con anestesia local. Aunque sus ventajas son innegables, nos parece oportuno formular dos reservas.

Cuando un hombre decide vasectomizarse debe tener en cuenta que su fertilidad puede prolongarse hasta edad avanzada y, por lo tanto, las condiciones que motivan su esterilización pueden haber cambiado, dado el dilatado tiempo de posible fecundidad.

Las primeras y amplias estadísticas de vasectomías se efectuaron en países subdesarrollados y el seguimiento de los pacientes fue prácticamente nulo.

En la actualidad, se dispone ya de experiencia sobre poblaciones más controlables y han aparecido efectos secundarios, hasta ahora no comunicados que, aunque con baja incidencia, obligarán a investigaciones perfectamente controladas para poder descartar la influencia de la vasectomía en las alteraciones que se han descrito.

SITUACIONES ESPECIALES

Para concluir, quisiéramos hacer referencia a la contracepción en situaciones especiales de la mujer:
– La edad escolar.
– Premenopausia.
– Lactancia.
– Paciente afecta de cáncer.

En la mujer *muy joven* y dado el aumento de las enfermedades de transmisión sexual y el peligro del sida, serán recomendables los métodos de barrera, especialmente el preservativo o, en su defecto, el diafragma con pomadas espermicidas.

• •

Intercepción
O. Bertomeu

A la intercepción se la conoce vulgarmente como «la píldora del día siguiente» o «píldora poscoital».

En realidad se trata de ingerir seis píldoras, tomadas en tres veces (dos cada doce horas) antes de transcurridas setenta y dos horas del contacto sexual. Pasado este tiempo ya no es eficaz y sólo cabe esperar a ver si baja o no la regla.

Las píldoras más indicadas para realizar este tratamiento de emergencia son las comercializadas con el nombre de Neogynona.

Lo ideal sería que este tratamiento lo pusieran en una consulta, aunque no siempre se va a encontrar el personal suficientemente cualificado o interesado en prestar este servicio.

Tabla 9. **Contracepción. Mitos y realidades**

Mito	Realidad
El coitus interruptus (marcha atrás) es tan recomendable como los demás métodos anticonceptivos.	Si la pareja consigue placer con él y le funciona, es tan recomendable como cualquier método. Pero debe saberse que falla mucho y podría provocar alteraciones sexuales.
En el período de la lactancia materna, la sexualidad es posible sin métodos contraceptivos.	Es arriesgado confiar en la lactancia, ya que resulta imposible predecir el establecimiento de la ovulación.
Hay que proceder siempre a un lavado vaginal poscoital, pues disminuye mucho las posibilidades de embarazo.	Falso. La irrigación no alcanzaría a los espermatozoides que se hallan en el interior del cuello uterino, y, por tanto, sería un puro azar el conseguir una eficacia anticonceptiva.
El método Ogino es excelente, por ser el más natural.	No siempre lo «natural» es garantía de eficacia médica y de salud psicológica. El método de Ogino-Knaus impone limitaciones en la vida sexual y unas ciertas habilidades y disciplina de aprendizaje que no todo el mundo posee. Además, presenta un 17 por ciento de fracasos por ovulaciones inesperadas o irregularidades del ciclo menstrual.
Algo parecido diremos de la medida de la temperatura.	Este método es más eficaz que el anterior, pero también es engorroso y limita sexualmente.
Los métodos de barrera (condón, diafragma...) sólo son recomendables cuando se trata de prevenir una enfermedad de transmisión sexual. Como anticonceptivos son muy primitivos.	Todo lo primitivo que se quiera, pero la mayoría de ellos son efectivos como contraceptivos. Los menos eficaces son las esponjas vaginales.
Sin embargo, los espermicidas locales tampoco son seguros.	Esto es cierto parcialmente en estos momentos, pero su eficacia va mejorando y quizá sean un método de futuro. Actualmente, es mejor combinarlos con otros sistemas «de barrera».
Los DIUS son perecederos y ya no pueden volver a colocarse.	Excepto los DIUS inertes (que también son los más inseguros y hoy día casi no se utilizan) los demás sí son perecederos, pero siempre pueden volver a colocarse DIUS nuevos.
Las hemorragias, el dolor y el aumento del flujo vaginal, si bien son molestos, no obligan a la extracción del DIU.	Si son persistentes, es necesaria la extracción, si no ceden con medicación. Aun así puede intentarse otro modelo.
La expulsión del DIU es relativamente frecuente, así como hay cierto peligro de perforación del útero.	Falso relativo. La expulsión solamente se da en un 2 por ciento de los casos y la perforación en 1/2.500 inserciones.
Si me olvido la píldora, me embarazo seguro.	Puede tomarla antes de pasadas doce horas del error; pasadas éstas, tómela también y adopte precauciones los cinco días siguientes.

Tabla 9. *(Continuación)*

Mito	Realidad
Hay que descansar periódicamente de la píldora.	No es necesario, siempre que se efectúen revisiones de rutina anuales, o que se desee un embarazo posterior (en este caso, descanso cada 2-3 años, de 2-3 meses, para evitar la amenorrea pospíldora).
«Son tan seguras que puedo ir a comprarlas sin tan siquiera revisión previa.»	Craso error. Son muy seguras, pero hay contraindicaciones que vale la pena conocer. Por lo tanto, deben recetarlas los médicos, previo conocimiento de edad, hábitos y salud de la paciente.
Hay peligro de cáncer.	No se ha demostrado, pero sí podrían agravar cánceres preexistentes. De ahí, la necesidad de revisión previa.

En la paciente *premenopáusica* con irregularidades menstruales, una contracepción utilizando sólo progesterona puede resultar útil. No debe olvidarse que la fecundidad (ovulación) suele desaparecer antes que la menstruación y, por lo tanto, como los espermicidas o el diafragma, los métodos de barrera simples pueden servir.

No hay que olvidar que el DIU y especialmente el liberador de progesterona, puede ser muy útil en estas pacientes pues facilita la regulación de los períodos menstruales y disminuye la cantidad de la menstruación.

EL EMBARAZO NO DESEADO

¿Qué sucede si se produce un embarazo no deseado?
C. Martín Perpiñán

En la edad de la adolescencia el cuerpo de los chicos y chicas está preparado biológicamente para la sexualidad y para el embarazo; sin embargo, la naturaleza, en este caso como en otros muchos, está en desacuerdo con las formas de organización social del mundo occidental y los adolescentes no poseen todavía, en nuestro medio, la madurez psíquica y social que les permita atender a sus hijos de forma adecuada. El embarazo entre los adolescentes crea una grave situación: no se han completado los estudios, probablemente no se tiene trabajo y se depende económicamente de los padres; tener el niño supone seguir con esta dependencia y entrar con demasiada brusquedad en las responsabilidades de la maternidad sin la preparación suficiente. En muchos casos se decide interrumpir ese embarazo.

Dejando a un lado las consideraciones morales o éticas de cada uno, la interrupción del embarazo es un hecho que ha ocurrido desde el comienzo de la historia de la humanidad; se ha practicado en casi todas las culturas conocidas, desde las épocas más antiguas, y ha sido castigado o no en función de las políticas de crecimiento demográfico y la ideología moral y religiosa que los estados tuvieron en cada época.

Cuando el aborto inducido está castigado por las leyes, y las mujeres que no desean tener un niño quedan embarazadas, lo practican igualmente, aunque de forma ilegal, en lugares clandestinos y sin las más elementales normas de higiene, lo cual tiene como resultado graves complicaciones para la paciente. En estos países donde no está autorizada la interrupción voluntaria del embarazo (IVE), el aborto séptico (infección grave después de un aborto que se lleva a cabo sin medidas higiénicas) es una de las primeras causas de enfermedad y muerte entre las mujeres en edad fértil.

La legalización del aborto ha supuesto un enorme avance en los derechos de las mujeres sobre su voluntad de elegir el momento y el número de hijos deseado; el que se practique por médicos especializados y en clínicas con garantías sanitarias de asepsia y profesionalidad, ha evitado las mencionadas complicaciones y quizá la muerte de alguna mujer.

En España existe una ley sobre la interrupción voluntaria del embarazo aprobada por el parlamento que contempla diversas posibilidades en las que una mujer no desee que la gestación llegue a término. Éstas se resumen en tres supuestos en los que puede realizar legalmente un aborto hasta la vigésimo segunda semana de la gestación:

1. Malformaciones congénitas graves del feto.
2. Embarazo como consecuencia de una violación.
3. Situaciones en las que se vea gravemente afectada la salud física o psíquica de la mujer embarazada.

La causa de la salud psíquica de la mujer es la que con más frecuencia se alega para poder llevar acabo la interrupción del embarazo.

Cualquiera que sea la razón, es conveniente hacer la intervención en las doce primeras semanas de gestación; el momento más favorable es entre la séptima u octava semana.

La técnica que se suele utilizar es la de *aspiración:* previa dilatación del cuello del útero, se introduce en su interior una cánula que se conecta a un aspirador que extrae el embrión y las membranas. La intervención es sencilla y dura ocho minutos.

Para la intervención se puede utilizar la anestesia local o general; esta última supone mayor riesgo para la paciente que, a cambio, tienen la ventaja de no estar consciente cuando se está practicando la aspiración. Para anestesiar el cuello uterino se inyectan 3 cc de un anestésico local a los lados del mismo; a esta técnica se la denomina *bloqueo paracervical.*

A pesar de su sencillez, la intervención conlleva algunos riesgos que es preciso conocer:

1. Retención de restos y sangrado.
2. Infección del aparato genital que cursa con fiebre.
3. Adherencia de las paredes del útero si se hacen varias interrupciones del embarazo en poco tiempo.
4. Incompetencia posterior del cuello uterino por dilatación forzada del mismo cuando el embarazo supera las doce semanas, lo que puede ser causa de abortos espontáneos repetidos en el futuro.

En varias ciudades españolas existen clínicas especializadas en estas intervenciones, por un coste aproximado de 45.000 pesetas, si se practica la interrupción con anestesia local, y 60.000 pesetas, si es con anestesia general. Estas clínicas están legalmente autorizadas para poder efectuar esta intervención y reúnen las condiciones sanitarias adecuadas para que todo se lleve a cabo sin problemas.

La mujer que interrumpe su embarazo precisa asesoramientos sobre anticonceptivos y apoyo psicológico. Es una decisión difícil, que se debe tomar con rapidez y en la que no siempre las cosas están claras. Con mucha frecuencia hay sentimientos ambivalentes hacia tener o no ese niño; se desea y se rechaza a la vez. Las consideraciones sentimentales acerca de la maternidad en las que se educa a las mujeres aparecen con fuerza en estas situaciones límite: después de la intervención estas contradicciones se pueden manifestar como alteraciones de carácter psíquico, dando lugar a sentimientos de culpa, llantos o depresiones más o menos importantes.

Nuestra sexualidad cuando se produce un aborto
O. Bertomeu

Merece la pena hacer ciertas precisiones sobre nuestra sexualidad cuando un embarazo no llega a término, es decir, cuando se interrumpe. Dicha interrupción puede sobrevenir espontáneamente, o puede ser voluntaria y por tanto provocada.

Cuando se inicia en nosotras un embarazo y la naturaleza por mil posibles causas decide interrumpirlo, las repercusiones emocionales que nos pueden provocar dependerán de la cantidad de ilusiones y obsesiones que hubiésemos depositado en nuestra gestación.

Si bien cualquier conflicto que afecte a nuestra salud puede ser motivo de inquietud y afectar a nuestra vida emocional, si a eso se suma el que suponga la destrucción de una gran ilusión, de un proyecto esperanzado y nuevo para nosotras, las consecuencias serán más profundas. En ocasiones, incluso podemos atormentarnos con la duda de haber hecho algo mal o indebido, y sentirnos culpables de este desenlace indeseado.

Si el embarazo fue la primera experiencia deseada y buscada incluso obsesivamente, la mujer que lo pierde trata por todos los medios de embarazarse a la mayor brevedad posible, de modo que sus relaciones sexuales suelen estar impregnadas de una ansiedad que, paradójicamente, suele jugar en contra de la capacidad de engendrar. La relajación es imprescindible para crear el «ambiente» idóneo para la concepción.

En cuanto a la interrupción voluntaria del embarazo (IVE), si la mujer que ha tomado esta determinación por las razones que sólo a ella competen, la ha tomado serena y libremente y se encuentra absolutamente convencida de la conveniencia y legitimidad de lo que hace, no tiene por qué incidir negativamente en las relaciones posteriores.

Tan sólo las mujeres que han sido presionadas para llevarla a cabo, como aquellas que habiéndolo decidido con entera libertad, más tarde, son recriminadas e incluso insultadas y demonizadas, pueden tener algún problema en sus relaciones íntimas posteriores. El complejo de culpabilidad, la tristeza, la sensación de pérdida es algo que se puede filtrar con suma facilidad en el ánimo femenino, máxime cuando no existe una sola mujer para la que interrumpir su embarazo sea una vivencia gratificante.

En un caso como éste la mujer puede quedar muy sensibilizada, aunque debe quedar claro que, cuando una mujer toma una decisión tan seria está comprobado que los beneficios emocionales del aborto son mayores que los riesgos y secuelas psicológicas que comporta.

Se puede dar el caso de que la mujer en esta situación precise de un período de tiempo para reestructurarse anímicamente, durante el cual sienta cierta inapetencia sexual, de forma que agradecerá que se le respete el deseo de abstinencia. Para otras mujeres la inapetencia es más severa, de modo que durante el transcurso de cierto tiempo viven la sexualidad con tal «frigidez» que llegan a perder la capacidad orgásmica. En tal caso, recurrir a un profesional especializado está totalmente indicado para recuperar el deseo de disfrutar con su pareja.

Conviene quizás comentar algún aspecto técnico, dado que muchas mujeres decididas a interrumpir un embarazo se resisten a hacerlo en ocasiones por desconocimiento, por miedo a la intervención quirúrgica en sí, al dolor y a las consecuencias para futuras concepciones deseadas.

La interrupción voluntaria del embarazo, desde el punto de vista clínico, consiste en el vaciamiento de la cavidad uterina mediante una aspiración. Se realiza con anestesia local, practicada por personal especializado y la intervención se realiza en cinco minutos. Ni que decir tiene que esta intervención es tanto más fácil cuanto más precoz sea el embarazo. A los veintiocho o treinta días aparece de nuevo la menstruación. En un futuro próximo este tipo de intervención será innecesaria, dado que ya se dispone de un producto, con un porcentaje muy alto de eficacia y seguridad, para la interrupción de un embarazo antes de transcurridas diez semanas. Se puede utilizar cuando la mujer observa un retraso menstrual o incluso un día antes de la fecha probable de la regla, si con ello tranquiliza su conciencia. Se trata de un producto químico, comercializado en algunos países europeos con el nombre de Mefiprestone, también conocido por RU-486 durante el período de investigación, absolutamente inocuo, pero que, lamentablemente, las presiones de grupos muy poderosos impiden que el laboratorio que lo ha sintetizado lo comercialice en España.

Capítulo 2. ▼ El milagro de la maternidad

LA OPCIÓN DE LA MATERNIDAD
C. Martín Perpiñán

El momento de tener los hijos

Tener hijos y cuándo, o no tenerlos, es una decisión que hay que tomar en un momento u otro de la vida. Durante muchos siglos concebir hijos y criarlos era lo que daba sentido a la vida de las mujeres y constituía su principal ocupación. La evolución de la ciencia y la tecnología del siglo XX, así como los avances sociales de las mujeres, en la actualidad permiten considerar la maternidad como una opción más de las muchas que se pueden elegir.

Tener hijos es una decisión importante para los dos miembros de la pareja. Nuestros compañeros hombres se implican cada vez más en el cuidado de los niños y en muchas ocasiones durante el embarazo de su mujer. No es raro para mí oír a algunos hombres en la consulta decir «Nos tomamos las pastillas...» cuando se habla de la medicación que se ha prescrito a la gestante; este gesto indica un acercamiento a todo lo que tiene que ver con las nuevas actitudes paternales. Ellos quieren disfrutar también de la ternura de los bebés y del milagro de verlos crecer y cambiar día a día. Estas nuevas actitudes, deseadas e, incluso, reivindicadas por muchos hombres, en mi opinión, acortan las diferencias sexistas de la sociedad en la que vivimos.

Qué hacer durante el embarazo

Lo primero que sucede cuando se está embarazada es que falta la regla, aunque algunas mujeres pueden tener pequeñas pérdidas en la fecha esperada de la menstruación estando ya embarazadas. Cuando la regla se retrasa más de diez días, teniendo ciclos regulares y habiendo tenido relaciones sexuales, es probable que se trate de una gestación. Para confirmarlo conviene hacer una prueba de laboratorio; las que actualmente están disponibles en farmacias y laboratorios son bastante fiables si se hace con la primera orina, al levantarse por la mañana.

Cuando se ha confirmado, conviene acudir al médico lo antes posible para que ordene los análisis y las ecografías pertinentes.

El control de la evolución del embarazo es una forma de prevenir algunas de sus complicaciones que pudieran plantearse. Se precisarán análisis de sangre y orina, ecografías y otras intervenciones médicas, pero esto no quiere decir en absoluto que la embarazada sea una enferma. Por tanto, no debe sentirse como tal; el *embarazo es un hecho normal y fisiológico*, para el que cualquier mujer sana está suficientemente preparada. Es un período de tiempo en el que hay que tener más cuidado con ciertos hábitos, como los de la alimentación, la administración de los medicamentos y el tabaco; pero, en lo esencial, se pueden seguir haciendo las mismas cosas que antes de quedarse embarazada. En definitiva, llevar una vida normal, salvo que exista alguna indicación médica que diga lo contrario.

El control de la evolución del embarazo es una forma de prevenir algunas de las complicaciones que pudieran presentarse.

¿Qué se siente en las primeras semanas?

Se suele tener el pecho más hinchado, tenso y a veces más doloroso de lo habitual; los pezones y la zona que los rodea, la areola mamaria, se vuelven de color más oscuro y se hacen un poco más anchos. A partir del cuarto mes es posible que haya una secreción por el pezón de un líquido parecido a la leche.

Asimismo, es frecuente tener ganas de orinar a todas horas.

La náuseas y los vómitos no son una norma; hay muchas mujeres que no los sienten en todo el embarazo. Si se tienen, suele ser por la mañana al levantarse, en cuyo caso es mejor tomar sólidos ligeros que líquidos, porque los sólidos se retienen mejor en el estómago y, por tanto, se tiende menos al vómito; se puede comer un poco de pan tostado o unas galletas antes de levantarse.

Si los vómitos no ceden con estas medidas hay que consultar al médico para que prescriba algún fármaco que los elimine.

En las primeras semanas es normal sentir más sueño, probablemente debido a los cambios hormonales, ya que la progesterona, que se produce en altas cantidades durante la gestación, es un potente sedante; asimismo, el intestino se adormece y puede aparecer estreñimiento.

¿Cuándo será el parto?

Es preciso hacer planes para el momento en que el niño va a nacer, así es que todas las futuras madres quieren saber en qué fecha aproximada nacerá su hijo.

La duración del embarazo en la especie humana es de doscientos ochenta días, contando desde el primer día de la última menstruación; por tanto, para saber la fecha probable del parto se suman a la fecha de la última menstruación nueve meses, suponiéndolos de treinta días, más diez días. Esta regla se cumple en una de cada cuatro gestantes, lo que significa que el cálculo es muy aproximado.

Alimentación y hábitos durante el embarazo

No es preciso, salvo indicación médica, hacer una dieta especial durante el embarazo. No hay ningún alimento prohibido. Se puede tomar también café, té y sal en las comidas, y agua toda la que se desee.

En cuanto a la cantidad, se ha repetido hasta la saciedad que no hay que comer por dos, como decían nuestras abuelas. Se deben tomar tres vasos de leche al día, frutas y verduras frescas en una cantidad normal. En total, a lo largo del embarazo, no se debe aumentar de peso más de 9 kg.

Por lo que se refiere a los hábitos, no es necesario variarlos, aunque sí hay ciertos aspectos que requieren un cuidado especial: el alcohol, los medicamentos y el tabaco.

«¿QUÉ ME PASA, DOCTOR?» EMBARAZO Y PUERPERIO
S. Dexeus y J. Mª Farré

La fecundación

A diferencia del hombre, que puede fecundar en cualquier momento, siempre que su semen sea fértil, la mujer sólo puede quedar embarazada durante unos pocos días al mes. Si tiene ciclos menstruales regulares (entre veintiocho-treinta días), la ovulación se produce entre los días trece-quince del ciclo. Teniendo en cuenta que la supervivencia del óvulo no sobrepasa las cuarenta y ocho horas y que la del espermatozoide es todavía menor, es posible calcular el período fértil de la mujer entre los once-diecisiete días del ciclo, contando siempre a partir del primer día de la menstruación.

El principal síntoma de la mujer embarazada es la ausencia de menstruación. La gestación puede confirmarse con pruebas muy sensibles de laboratorio y también con la realización de ecografías que, a partir de las cuatro-cinco semanas de embarazo, permiten observar el huevo en sus estadios iniciales.

La gestante puede padecer otros síntomas. Los más frecuentes afectan al aparato digestivo. Inapetencia, náuseas y/o vómito, suelen ser bastantes habituales, junto con la salivación excesiva y el mareo y se presentan frecuentemente por la mañana. La mayoría de las embarazadas, sin embargo, no presentan molestia alguna y si las tienen resultan soportables, y no requieren tratamiento. El tránsito intestinal suele modificarse produciendo estreñimiento más o menos acusado. La tensión mamaria, habitual o al menos frecuente en fase premenstrual, se mantiene, y puede ser un síntoma precoz de embarazo. Otras manifestaciones propias de las primeras semanas pueden ser cansancio, somnolencia, percepción de malos olores...

No podemos dejar de citar aquí el fenómeno de los llamados «deseos» o «antojos». La creencia popular ha querido atribuir la presencia de alteraciones físicas del recién nacido, especialmente manchas cutáneas, a deseos insatisfechos de la madre. Los antojos suelen ser diversos, pero generalmente se refieren a alimentos. Necesidad imperiosa de tomar chocolates, helados o cualquier otra golosina. No hace falta explicar que la aparición de cualquier anomalía fetal nada tiene que ver con un antojo de la madre no satisfecho.

En líneas generales, al alcanzar el segundo trimestre, las molestias referidas desaparecen dando comienzo a un período de bienestar para la gestante. El aumento ostensible del abdomen va acompañado por un incremento del peso corporal, a razón de un kilogramo por mes o algo más. La embarazada acepta entonces cualquier tipo de alimentación, y desaparece el deseo selectivo por ciertos manjares, que suele presentarse en las anteriores semanas. También se siente más tranquila y descansa mejor. A partir del cuarto o quinto mes se perciben los primeros movimientos fetales.

Al comienzo del último trimestre la situación varía. La embarazada nota más fácilmente la fatiga, moviéndose con menos agilidad. Su abdomen se halla notablemente distendido por el crecimiento del feto, con la placenta, las aguas y el propio desarrollo de la matriz (útero) que, de los 60 g que pesa habitualmente, llega a alcanzar 1.200 g, es decir, veinte veces más que su peso habitual. Las digestiones pueden ser lentas y pesadas a causa de la compresión del útero sobre el estómago e intestinos. En muchas ocasiones, las embarazadas refieren padecer cierta dificultad para respirar profundamente, que está provocada por la compresión del útero sobre el diafragma, músculo que regula los movimientos respiratorios. La circulación de retorno también puede estar obstaculizada y los tobillos y las piernas hincharse con facilidad provocando la aparición de varices en las gestantes predispuestas a esta patología. Todo el organismo presenta una mayor concentración de agua, por lo que la gestante se siente «hinchada». La retención hídrica es frecuente en el tercer trimestre y obliga a observar una dieta pobre en sal, evitando picantes y salazones. De la presión sobre los huesos y músculos de la pelvis dan constancia los dolores en el bajo vientre, así como la frecuente necesidad de orinar.

Otras modificaciones del organismo propias del final del embarazo afectan a la piel y a su pigmentación. La distensión de la piel, no sólo en el abdomen a causa del crecimiento del útero sino en todo el cuerpo, da lugar a la aparición de estrías cutáneas en el abdomen, caderas y senos que adquieren un color rojizo.

La línea media abdominal, prácticamente invisible fuera del embarazo, se pigmenta presentando una tonalidad oscura. Las mamas se hallan ingurgitadas, crecidas en volumen, el pezón se hace más prominente y la areola más oscura. Las pequeñas glándulas que rodean el pezón también se vuelven más prominentes. A partir del sexto mes aparece en el pezón una pequeña secreción, que se hace más abundante durante las últimas semanas, anuncio de la función láctea de las mamas. El rostro y todas las partes expuestas al sol participan también de esta pigmentación específica del embarazo. En la frente y alrededor de la boca y de la nariz aparecen unas manchas muy características que se denominan *cloasma* o máscara de la embarazada. El andar adquiere un movimiento muy peculiar, que indica las dificultades mecánicas de los huesos de la cadera, que adquieren mayor movilidad al final del embarazo. Se compara, un tanto exageradamente, al andar de los patos.

El ajuste del feto así como sus movimientos, mucho más perceptibles al final del embarazo, son factores que se suman ocasionando a la gestante una mayor incomodidad, máxima en los días que preceden al parto, en la marcha.

El puerperio

Se conoce con el nombre de *puerperio* el período de la vida de la mujer que se inicia al finalizar el parto y termina a las seis semanas de producido éste, cuando los órganos genitales femeninos regresan a su primitivo estado antes del embarazo. No obstante, si la madre amamanta a su hijo, la recuperación total no suele producirse hasta que concluye el período de lactancia. Durante las primeras horas del parto, la mujer siente la necesidad de descansar, pues se calcula que el esfuerzo muscular desarrollado equivale a una marcha de veinticinco kilómetros.

El control de la pérdida sanguínea después del parto debe ser riguroso. La pérdida no puede superar a la que se produce en el término de una hora durante una menstruación normal. El útero contraído, fácil de apreciar por personal sanitario cualificado, es la mejor garantía de una hemorragia puerperal normal. Precisamente, las contracciones dolorosas o «entuertos» que padece la puérpera en los días siguientes al parto se deben a la contractura del útero para expulsar de su interior la sangre y el resto de tejidos que fueron necesarios para la fijación de la placenta.

Otras molestias frecuentes son las derivadas de las suturas perineales y a veces de las hemorroides, tan frecuentes en la embarazada.

En no pocas ocasiones la primera micción es dificultosa y si el parto ha requerido la extracción del feto, por vía vaginal, es frecuente que la puérpera necesite sondaje. Si el nacimiento tuvo lugar mediante cesárea, la colocación de una sonda urinaria es necesaria en las primeras doce-veinticuatro horas.

La deambulación y ejercicios de recuperación, tras un parto normal, comienzan en cuanto la madre se halla en disposición de hacerlos, es decir, pasadas las primeras doce-veinticuatro horas. Los ejercicios son sencillos y están dirigidos a restablecer la tonicidad muscular y a activar la circulación de las extremidades con la finalidad profiláctica de evitar posibles accidentes vasculares: flebitis, trombosis.

La secreción mamaria, o calostro, que ha aparecido en las últimas semanas de embarazo, será sustituida por la leche entre las treinta y seis y cuarenta y ocho horas posteriores al parto coincidiendo con una gran turgencia de las mamas, denominada «subida de la leche», hecho a veces molesto para la mujer por la gran tensión que experimentan sus mamas causándole dolor. La lactancia se mantendrá si el niño succiona, pues se crea un estímulo transmitido por vía nerviosa, que provoca la liberación de prolactina y occitocina. La primera favorece la producción de leche en los lóbulos mamarios, la segunda provoca la contracción de los músculos que rodean los conductos excretores de la leche favoreciendo la succión del niño. La occitocina origina también la contracción del útero, lo que explica la relación existente entre poner al niño al pecho y percibir «entuertos».

Los *loquios* son las pérdidas o secreciones que se expulsan por la vagina en las semanas siguientes al parto. Al comienzo son muy rojizos, pues domina la sangre; luego van cambiando de color haciéndose cada vez más líquidos y transparentes, según su contenido, producto de los restos de mucosa uterina y del proceso de cicatrización de la herida donde estaba fijada la placenta. Alrededor del día catorce-dieciséis después del parto, los loquios pueden aparecer nuevamente hemáticos durante unas horas. Antes de los cuarenta días han desaparecido completamente.

Aspectos psicológicos del embarazo

Como ya hemos señalado, muchas embarazadas se sienten perfectamente bien desde el punto de vista emocional, no presentando ningún trastorno evidente. Otras se estresan durante el primer trimestre, presentando una *labilidad emocional* expresada como irritabilidad, ansiedad y ciertos aspectos depresivos. Estos trastornos pueden exacerbarse temporalmente con diversas exploraciones como la amniocentesis. También se han observado cambios, como deseo de ciertos alimentos que normalmente la embarazada no suele comer, incluso con discreta hiperfagia. Es evidente que el *primer embarazo* puede conllevar una mayor ansiedad, tanto como el *embarazo inesperado* de mujeres adultas, casadas y con experiencia, aunque por razones totalmente diferentes.

Los *embarazos no deseados* comportan el riesgo de problemas específicos, especialmente en embarazadas jóvenes y, sobre todo, en jóvenes solteras. En teoría, esta situación debería ser poco frecuente, ya que cada día hay más conocimiento acerca de la contracepción. En la práctica no es así. He aquí las causas del fracaso de la planificación:

1. *Fallo* del método contraceptivo.
2. *Cambio de idea* por razones emocionales o por la presión pronatalista del medio social, o bien por situaciones de estrés.
3. *Sin explicación convincente,* atribuyendo el abandono de la contracepción a una mala tolerancia o aduciendo otras causas como «dejadez» o errores en el seguimiento del método contraceptivo.

El fallo en la planificación se da con más frecuencia en *jóvenes adolescentes,* de corta experiencia sexual y contraceptiva, aunque es independiente del grado de escolaridad. Curiosamente, las mejores «planificadoras» resultaron ser mujeres con educación media o profesional, y las peores tanto mujeres de educación más limitada como universitarias.

A menudo, la ansiedad está centrada en el *parto* y en la *salud del niño.* Ciertas mujeres temen los dolores del parto y dudan acerca de su posibilidad de soportarlos. Otra cuestión a tener en cuenta es la de enfrentarse con la decisión de «si es mejor quedarse en casa», al cuidado del hijo, o seguir con la tarea profesional, si la mujer la tenía previamente. La presión familiar, o de la pareja (aunque sea en sentido positivo), puede provocar disociaciones entre *factores cognitivos* (que impulsarían a seguir en el trabajo) y *factores emocionales* (que son los que provocan el deseo de dejarlo), lo que puede dar lugar a sentimientos de ansiedad y culpa.

Los cambios en la adaptación física, psíquica o social que produce el embarazo serán diferentes según la información que se tenga del proceso.

Existen casos más específicos en los que hay una *patología psicológico-psiquiátrica previa,* como, por ejemplo, trastornos de personalidad, ansiedad generalizada, fobias (especialmente desagradable puede ser el caso de mujeres con fobia a las inyecciones o a la sangre en general) depresiones, drogodependencias... Trastornos que cualquier ginecólogo avezado puede descubrir en la experiencia clínica y que deben ser *particularmente controlados* por constituir el embarazo, en especial el primero, una situación de «peligro», aunque, en *algunos casos,* incluso pueden remitir parcialmente los síntomas por el refuerzo positivo emocional que significa la situación de gestación. En general, se considera que el *segundo trimestre* es el menos estresante, excepto, precisamente, en los casos donde existen trastornos psiquiátricos previos, en los que no hay diferencias significativas entre trimestres en cuanto a las posibilidades de empeoramiento o mejora de la sintomatología.

En resumen, los cambios en la adaptación física, psíquica o social que produce el embarazo, serán diferentes según la *infor-*

mación que se tenga acerca del proceso. Cuantas más ideas erróneas, dudas o miedos, más reacciones emocionales subjetivas. Las *experiencias previas, la personalidad, el estado psicopatológico y el nivel de estrés* (marcado por la insatisfacción en las relaciones conyugales, la economía, la salud física...) son elementos primordiales para la estabilidad psicológica durante el embarazo. Creemos necesaria e imprescindible la preparación adecuada de la embarazada, sobre todo de las *primigenias*, en todos los aspectos: hematológicos[1], nutritivos, peligro de tóxicos, forma de hacer frente a las diversas dificultades, técnicas de relajación, clarificación de creencias falsas y preparación de los padres para el momento de llevar a su hijo al hogar. En cuanto a los casos con antecedentes psiquiátricos, las pacientes deberán ser especialmente controladas a fin de evitar recaídas. Un caso aparte lo constituyen las *drogodependencias*, en las que deberán atenderse no solamente las complicaciones físicas o psíquicas, sino también las propias del síndrome de abstinencia, tanto para la madre como para el feto o el recién nacido.

Actualmente se tienen suficientes elementos de conocimiento de los factores de riesgo de los trastornos psíquicos durante el embarazo y el posparto como para afrontarlos y efectuar incluso una profilaxis adecuada.

Embarazo y sexualidad

Durante la gestación, la actividad sexual se verá asimismo afectada por este proceso de cambio, que va a requerir una adaptación específica. En los mamíferos, la mayoría de las hembras evitan el coito durante la gestación. En los primates, algunas hembras parecen aceptarlo cuando la presión es muy grande. Pero únicamente la mujer presenta la posibilidad de mantener una relación sexual continuada, cuando no existen tabúes sociales que la repriman y razones de salud que lo desaconsejen. Dos estudios antropológicos muestran, a pesar de todo, que de sesenta culturas diferentes, veinte de ellas repri men o prohíben la actividad sexual durante el embarazo. Alrededor del 40 por ciento de las embarazadas manifiesta un descenso del *deseo* sexual, un 50 por ciento no experimenta cambios y entre un 5-15 por ciento de las mujeres dice experimentar un aumento de aquél. Las razones son diferentes para cada caso y es difícil generalizar, si bien esta etapa es de revisión del afecto mutuo en la pareja, de temor infundado de causar daño al feto, o al aborto espontáneo, lo que puede incrementar o coartar la frecuencia de las relaciones sexuales.

Durante la gestación, la actividad sexual se ve asimismo afectada por este proceso de cambio, que va a requerir una adaptación específica.

En el segundo trimestre se recupera el deseo sexual, si es que se había perdido, asociado con un mayor bienestar físico, y decrecen los miedos en relación a posibles peligros fetales. En la última etapa del embarazo vuelven a plantearse problemas respecto al impulso en un 50 por ciento de mujeres.

La intensa lubricación vaginal, signo objetivo de excitación en la mujer, permite en las primeras épocas del embarazo una mayor facilidad para el *coito*. Éste es más frecuente en el segundo trimestre, para descender y casi anularse en las últimas etapas de la gestación. Cuanto más jóvenes son las mujeres, más activas son en este sentido; cuanto más ha durado el matrimonio (diez o más años) menor es la frecuencia en el coito y algo semejante ocurre cuanto mayor sea el número de hijos. La autoimagen negativa que provoca el aspecto físico en algunas mujeres origina creencias, también negativas, en cuanto a su atractivo: es fundamental mantener en éste y en todos los casos una comunicación afectiva activa que permita corresponsabilizarse de las necesidades sexuales e investigar, o potenciar, otras formas de expresión sexual distintas al coito si esto resulta molesto o no es deseado. Estas

---

1: Se ha comprobado que si existe carencia de *hierro* se pueden producir síntomas de cansancio, ansiedad e incluso tristeza, además de un descenso de la capacidad de concentración.

otras formas de expresión sexual pueden ser muy agradables y en muchas ocasiones más gratificantes –en cuanto a la intensidad de sensaciones orgásmicas –que la penetración. El orgasmo es menos valorado, menos intenso y menos frecuente a medida que termina el camino hacia el parto, debido quizá más a los cambios posturales necesarios (adopción de posturas laterales), o a la falta de hábito, que a razones estrictamente fisiológicas.

¿Qué hay de verdad en el peligro de practicar el coito durante el embarazo? El temor a ocasionar *daño al feto* es aducido por más de un 30 por ciento de mujeres gestantes ya que temen que los empujones pélvicos del varón entrañen (nunca mejor dicho) un peligro para el feto. Lo cierto es que no existe peligro en los embarazos normales, es decir, en los que no hay una dilatación del cuello del útero, ni una bolsa de aguas prominente ni hemorragias. Otro miedo frecuente es el *temor a la infección,* pero si la higiene es correcta y ninguno de los dos componentes de la pareja padece previamente una infección, los gérmenes vaginales que pueden ser empujados hacia arriba son detenidos por las membranas del cérvix que constituyen la protección de toda mujer sana. Igual que en el primer caso, sólo habría problemas ante un cuello incompetente, una rotura prematura de membranas o un cuello borrado y dilatado en las fases tardías.

En otros casos se teme que las contracciones uterinas del orgasmo puedan provocar un *parto prematuro* o un *aborto,* pero no existe constancia de que ello haya ocurrido. En última instancia, es el obstetra quien conoce el curso del embarazo y sus posibles riesgos en cada caso; si no se expresa directamente esta prohibición es porque en la inmensa mayoría de los casos no hay peligro ni razón alguna para no disfrutar de unas relaciones sexuales satisfactorias.

Puerperio: ¿período de riesgo psíquico?

Desde hace tiempo sabemos que el posparto es un período que afecta a la adaptación física y mental de la madre. No es extraño que sea durante este período cuando puedan aparecer las complicaciones psicológicas más acentuadas y evidentes.

Existe una serie de *trastornos benignos y transitorios* que se producen en los primeros días del puerperio (en general entre el cuarto y el sexto día del posparto), que algunos llaman «días azules». Se han encontrado –según los trabajos –diversos porcentajes de mujeres que sufren estas molestias, siendo el máximo registrado del 50 al 76 por ciento. Fatiga, llanto, inestabilidad, ansiedad, cefaleas, hiperfagia, piernas inquietas, trastornos del sueño y de la memoria y labilidad emocional conforman el *puzzle* de síntomas característicos de este cuadro difícil de estructurar en un solo síndrome clínico. El hecho de que sea independiente de factores culturales (se encuentra tanto en España como en Jamaica o Tanzania) ha disparado teorías sobre el posible origen hormonal o en la *neurotransmisión cerebral* (implicando particularmente a la serotonina) pero los resultados no son concluyentes. Factores como el estrés que provoca el impacto de la maternidad –sobre todo en gestantes primigenias –así como ciertas vulnerabilidades personales, pueden justificar en parte estos cambios emocionales. Lo más probable es que exista una suma de acontecimientos que despiertan una especial sensibilidad al parto y sus consecuencias. La duración del cuadro no suele superar los tres días y la remisión es, la mayoría de las veces, espontánea.

Alrededor del 17 por ciento de las mujeres sufre una verdadera *depresión puerperal,* con distintos niveles de gravedad que, en general, aparece entre las dos y ocho semanas después del parto. Los síntomas pueden ser muy diversos: tristeza, llanto, dependencia, inestabilidad, trastornos del sueño (con dificultades para su mantenimiento), anorexia o bulimia y descenso del deseo sexual. En ocasiones, la paciente llega a rechazar al bebé o bien manifiesta excesiva dificultad para enfrentarse a los hechos cotidianos de la maternidad, lo cual aumenta su desánimo.

Otras mujeres pueden presentar síntomas somáticos tales como dolor de cabeza o hipocondría, asociados a sentimientos de culpabilidad. Algunas que la han sufrido describen la depresión puerperal como «si estuvieran siempre en el período premens-

Tabla 10. **Embarazo y puerperio. Mitos y realidades**

Mito	Realidad
El embarazo es garantía de molestias y múltiples trastornos.	Falso. La mayoría de embarazadas presenta molestias relativamente soportables.
Los «antojos» son peligrosos para el feto.	Totalmente falso. Los «deseos» o «antojos» (probablemente originados por cambios en la neurotransmisión cerebral) no provocan ninguna anomalía fetal.
La embarazada puede comer de todo durante el curso de su proceso.	Parcialmente cierto. En los casos en que la «hinchazón» (por retención de agua) del tercer trimestre es intensa, es mejor guardar una dieta pobre en sal, evitando picantes.
Tampoco hay que exagerar con el parto: el esfuerzo es normalísimo.	El esfuerzo muscular es intenso; equivale a una marcha de 20-25 km. Por lo tanto, no es baladí el «ejercicio» del parto.
Muchas madres se quejan de dolor en el vientre (a nivel del útero) cuando sus niños lactan: son unas neuróticas.	Quien asegura esto es un ignorante. El dolor existe en realidad; son «entuertos» provocados por la occitocina, una hormona que se libera con la succión del bebé y cuya misión es contraer los conductos excretores de la leche, pero también contrae el útero.
Sólo tienen problemas emocionales las mujeres que previamente al embarazo los padecían.	Tienen más peligro, pero también pueden presentarse en mujeres normales, por factores cognitivos (miedo al dolor) o por situaciones de estrés (por ejemplo, embarazo no deseado).
Hay un descenso del deseo sexual en el embarazo.	En un 40 por ciento de mujeres es normal. En el 50 por ciento no hay cambios y un 10 por ciento incrementa el interés por el sexo.
Hay un riesgo real del feto si se practica el coito con frecuencia.	No hay ningún peligro, excepto en los casos de hemorragias, dilatación del cuello del útero o bolsa de aguas prominente.
Pero el orgasmo sí es un riesgo de aborto.	No existe constancia de este riesgo, excepto en casos muy especiales y minoritarios que el ginecólogo sabrá diagnosticar.
La depresión en el puerperio es mucho más frecuente de lo que se cree.	La frecuencia es de un 17 por ciento, y no debe ser confundida con los llamados «días azules», caracterizados por trastornos benignos y transitorios, algunos de cuyos síntomas pueden remedar una depresión.
El pronóstico de los trastornos mentales en el puerperio es muy grave.	Falso. Es mejor que en otras épocas de la vida, a excepción de la depresión menor que incluso puede pasar «desapercibida» a pesar del sufrimiento que provoca.

trual». Aquí también las causas son proteicas, desde la reacción depresiva ante una situación vivida como estresante (sobre todo en gestantes primigenias que pueden recaer fácilmente en partos posteriores) o los conflictos de pareja *o al hecho de haber padecido cuadros depresivos en épocas anteriores.* No existe relación alguna con la situación socio-económica ni con las dificultades que pueden haberse presentado en el parto, por lo que, una vez más, se han propuesto teorías hormonales (no comprobadas) o relacionadas con los niveles de los neurotransmisores cerebrales asociados a los de origen psicosocial. Con tratamiento adecuado la depresión puerperal puede durar de cuatro a seis semanas. Sin tratamiento podría alargarse hasta un año la remisión de los síntomas.

Todos los estudios confirman, además, que el puerperio es un período de *riesgo* de descompensación de cuadros clínicos psiquiátricos o para que aparezcan por primera vez: un 2,2 por ciento de mujeres se ven afectadas por la depresión mayor o presentan cuadros maníacos y un 16 por ciento por la esquizofrenia. Se trata, en general, de mujeres que ya habían padecido estos cuadros o con una historia familiar psiquiátrica previa por lo que deben ser controladas especialmente durante el embarazo y vigiladas estrictamente en el período puerperal.

Un trastorno rarísimo en la actualidad, especialmente en nuestro ámbito, es el llamado *delirio puerperal,* manifestación mental de un serio trastorno físico (infección, eclampsia, hemorragia, malnutrición) que revierte sobre el encéfalo. Los síntomas son: confusión, somnolencia, incoherencia, agitación, alucinaciones con fiebre, que agrava el estado. Es preciso tratar el cuadro fundamental y el «delirio» cesará. En tiempos pretéritos, la enferma podía ser acompañada hasta la tumba por este estado confusional. ¿Quién no recuerda a Ana Karenina?

El *tratamiento* de estos trastornos es el propio de los síntomas clínicos: tranquilizantes, antidepresivos o neurolépticos son recurso obligado que harán cesar perfectamente los diversos cuadros. En la mayoría de los casos estos fármacos no impiden la lactancia materna, aunque los médicos ya conocen las diversas incompatibilidades para el niño y las aplican en cada caso. Le está absolutamente prohibido amamantar a su hijo a aquella madre que necesita la administración de carbonato de litio para evitar los llamados *cuadros maníacos* ya que la excreción de este mineral por la leche materna podría perjudicar al niño.

Si la madre tuviera que ser ingresada por la gravedad del trastorno, en ciertas ocasiones puede ser aconsejable el ingreso conjunto del niño, si bien actualmente se discute si esta situación es preferible al buen soporte social que la familia podría ofrecer al niño durante los primeros tiempos del ingreso de la madre. En cualquier caso, no es conveniente prescindir del contacto –que deberá ser progresivo –madre-hijo. Aspecto sobre el que decidirá, de acuerdo con la familia, el personal sanitario en cada caso específico y con la aquiescencia de la madre (si está en facultad de decidir).

Es muy importante el *tiempo* que familia, médico y enfermeras dediquen a aliviar, escuchar y comprender los nocivos sentimientos de desesperación, amargura y culpabilidad de las pacientes deprimidas. El marido puede también necesitar ayuda para afrontar la situación. Un dato optimista al respecto: el pronóstico para los trastornos mentales desarrollados durante el puerperio es mucho más alentador que aquellos que aparecen en otros períodos de la vida. Hay una excepción que no deja de ser paradójica: *la depresión menor* que, en ocasiones, es soportada en silencio por la afectada, y que no es reconocida por la torpeza familiar y, lo que es aún peor, por la incompetencia médica. Para evitar esta paradoja, es preciso diagnosticar y escuchar mejor a la paciente, tratar convenientemente e investigar más todo lo que concierna al riesgo.

LOS TRES ESTADIOS DEL PARTO
D. Llewellyn Jones

El parto representa un esfuerzo físico importante para la mujer y, durante el mismo, las contracciones del útero consumen grandes cantidades de energía. Por ello, se puede comparar a la mujer embarazada con un atleta. Si durante el embarazo ha tenido un entrenamiento adecuado, si se encuentra en buenas condiciones físicas y tiene una actitud mental positiva hacia el parto, éste transcurrirá sin problemas. Uno de los objetivos de los cuidados prenatales es el de ayudar a la embarazada a llegar al momento del parto en un estado psicofísico óptimo.

Parece adecuado comenzar la exposición analizando qué es lo que ocurre durante el parto, para después examinar el proceso desde el punto de vista de la mujer. El bebé es expulsado de la cápsula termorregulada en la que se encuentra para bajar por el oscuro y curvado canal del parto hasta salir al mundo exterior, en el que tendrá que poner en juego muchas funciones que no le eran necesarias mientras estaba en el útero. Tendrá que obtener el oxígeno necesario de la atmósfera, en vez de absorberlo directamente de la sangre materna. Tendrá que eliminar sus propios productos de desecho, ya que se ha separado de la placenta que desempeñaba las funciones que ahora tendrán que desarrollar su hígado y sus riñones. También dejará de alimentarse a través de la placenta, que transmitía los nutrientes de la sangre de la madre a la del bebé, teniendo que empezar a alimentarse por sí mismo. El bebé se adapta con asombroso éxito a todas estas funciones, pero cuanto más normal sea el proceso del parto, más fácil le será al bebé adaptarse a su nueva vida independiente.

Los últimos días del embarazo

Cuando el embarazo está avanzado y queda poco tiempo para que comience el parto, el bebé habrá crecido hasta adquirir un peso medio de 3.400 g y tendrá unos 50 cm de largo. Al crecer habrá ido ocupando un espacio cada vez mayor dentro del saco amniótico, por lo que el fluido amniótico se habrá reducido de un máximo de 1.000 ml a las 36 semanas de la gestación a unos 600 ml a las 40 semanas de la gestación o «término». Si se trata del primer embarazo de la

madre, es probable que la cabeza del bebé se haya instalado en la pelvis materna. El útero cada vez es más sensible a los estímulos y también más activo. El cérvix se ha reblandecido y acortado, y está a punto de comenzar a ensancharse, inicialmente unos 3 o 4 cm. Si el médico realiza una exploración pélvica en ese momento podrá tocar el llamado «saco de las aguas» (saco amniótico) y dentro de él la cabeza del bebé.

El primer estadio del parto

El parto comienza, por razones que se desconocen, en un momento dado. Al principio, las contracciones del útero no son muy fuertes, produciéndose a intervalos. A

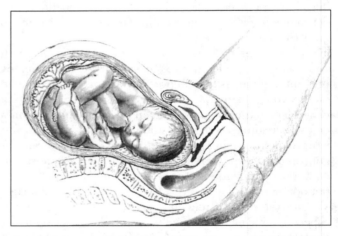

Fig. 9. El bebé al comienzo del parto. Obsérvese cómo ha colocado la barbilla hacia adentro. El cérvix se ha retraído y el saco de las aguas todavía está intacto.

medida que va pasando el tiempo se vuelven más fuertes y frecuentes. Esta fase del parto no resulta especialmente molesta, y recibe el nombre de fase «prodrómica» o «tranquila». Su duración es de unas 8 a 9 horas en el primer parto, reduciéndose a unas 4 horas en partos subsiguientes.

Con cada contracción, las fibras musculares del útero se acortan un poco, ejerciéndose una presión sobre el cérvix, que es la parte más débil del mismo. Los músculos tienen un espesor máximo en la parte superior del mismo, por lo que sólo el 10 por ciento del cérvix está formado por músculos.

La fuerza de tracción ejercida sobre el cérvix le hace ir acortándose, hasta que deja de colgar en el interior de la vagina y se recoge hacia arriba. Técnicamente se denomina a este proceso con la expresión de «borrado cervical». Posteriormente, la presión hace que el cérvix se vaya abriendo lentamente, proceso que recibe el nombre de «dilatación cervical»; la paciente tal vez escuche a los médicos y enfermeras que el cérvix se ha dilatado «x» cm o tiene una anchura de «x» dedos. La fase tranquila del parto suele durar hasta el momento en el que el cérvix se ha dilatado unos 4 o 5 cm (2 o 3 dedos de ancho), lo que representa la mitad de la apertura final, a la que los médicos denominan «dilatación total».

Durante la fase tranquila, la cabeza del bebé se flexiona más, doblando la barbilla hacia adentro, e introduciéndose más en el interior de la pelvis. Un cambio de las contracciones uterinas, que se vuelven más fuertes y frecuentes, anuncia el final de la fase tranquila. El cérvix continúa dilatándose, y el bebé es empujado aún más hacia el interior de la pelvis, pudiendo ejercer una presión sobre la vejiga y el pasaje posterior. La dilatación del cérvix ya casi ha alcanzado su punto máximo, y las contracciones del útero son bastantes fuertes. Se llama *estadio de transición* al período que se extiende desde el momento en que el cérvix tiene 8 cm de ancho, hasta el de la dilatación total. Ya se ha mencionado que en este estadio las contracciones son fuertes y dolorosas, siendo asimismo posible que se sientan dolores de espalda y molestias pélvicas bastante fuertes. La madre deseará contribuir a la expulsión del bebé empujando con todas sus fuerzas, pero debe resistirse hasta el momento en que el cérvix se haya dilatado por completo. Tendrá que poner en juego las técnicas aprendidas durante las clases de preparación para el parto sin dolor, o bien recurrir a la utilización de anestesia epidural.

Cuando el cérvix se ha dilatado totalmente, el útero y la vagina forman un pasaje curvo, por el que el bebé se deslizará impulsado por las contracciones uterinas, así como por la fuerza adicional que la madre haga contrayendo sus músculos abdominales.

El período que se extiende desde el comienzo del parto hasta la completa dilatación del cérvix recibe el nombre de *primer estadio del parto*. Tiene una duración media de diez horas en el caso de las primíparas y de siete horas en el de las multíparas, aunque obviamente las diferencias individuales sean considerables.

El segundo estadio del parto

Éste es el estadio del parto en el que se hace necesaria la colaboración de la futura madre. En el primer estadio, la mejor ayuda que podía prestar era relajarse durante las contracciones, leyendo, char-

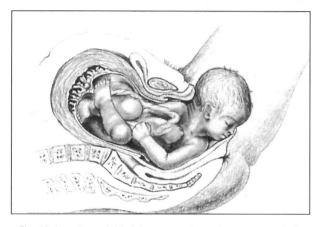

Fig. 10. La cabeza del bebé emerge al exterior, atravesando la vagina y empujando el perineo hacia atrás.

▼

lando, escuchando la radio o viendo la televisión. Pero, llegado el segundo estadio, se requiere que participe activamente: tiene que ayudar a expulsar al bebé del canal del parto, formado por el útero y la vagina. Este estadio suele durar menos de una hora y media, desde el momento en el que el cérvix ha alcanzado la dilatación total, hasta el momento en el que el bebé es expulsado al exterior. El segundo estadio suele comenzar con la ruptura del «saco de las aguas», y la consiguiente expulsión de líquidos a través de la vagina. Aunque la «ruptura de membranas» –ése es el término médico que se le aplica– pueda ocurrir en un momento muy anterior al parto o, en ocasiones, hacia el final del mismo, cuando el bebé está a punto de

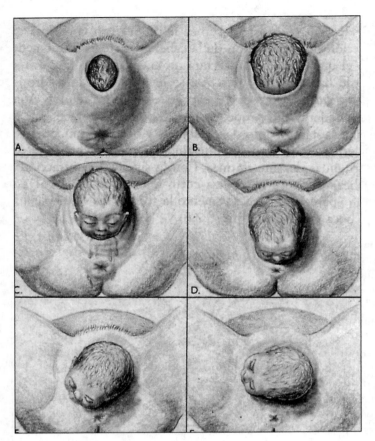

Fig. 11. La cabeza del bebé tal y como la ve el médico que asiste al parto. Obsérvese cómo la cabeza del bebé distiende el perineo antes de nacer.

▼

huesos de la cabeza tuvieran que redondearse, dificultando el proceso del parto. El bebé tiene que colocar la cabeza lateralmente, dado que la mayor longitud de la misma se extiende entre la frente y la nuca, y en esa posición la hace coincidir con el diámetro pélvico interóseo más amplio, que es el que separa los huesos de la cadera de la madre. Al descender más abajo tiene que volver a girar la cabeza, dado que en la parte inferior de la pelvis el espacio libre más amplio es el que la atraviesa de delante a atrás, y el bebé lo atraviesa girando la cabeza hacia atrás.

Las contracciones uterinas, reforzadas por las contracciones musculares voluntarias de la madre, van empujando la cabeza del bebé hacia la hendedura de la vulva. En poco tiempo, el médico que está asistiendo el parto podrá ver la coronilla del bebé. La cabeza avanza con cada contracción, perdiendo un poco del espacio ganado durante los intervalos que separan las contracciones, aunque en conjunto el avance se produce de forma continuada, y la cabeza va emergiendo lentamente hacia el exterior. En estos momentos la madre está empleando toda su energía en ayudar al bebé a salir al exterior, por lo que su pulso aumenta y suda abundantemente; aprovechará los intervalos que separan las contracciones para descansar, adormecerse y acumular energía para el siguiente esfuerzo. Es sorprendente que a pesar de todo esto siga diciéndose que la mujer es el «sexo débil». Finalmente, la cabeza dilata la entrada de la vagina y los tejidos situados entre ella y el pasaje posterior (o ano). Esta zona, que recibe el nombre de perineo, se tensa sobre la cabeza del bebé, que la está abultando desde dentro. A este hecho se le califica con la curiosa expresión de «coronación de la cabeza». Con la siguiente contracción la cabeza del bebé se

nacer, normalmente se produce al final del primer estadio del parto.

A la vez, la madre que está dando a luz siente un fuerte impulso que le lleva a empujar al bebé con los músculos abdominales. Esto se debe a que la cabeza del bebé está ejerciendo presión sobre los tejidos situados en la zona media de la pelvis. El cerebro recibe un mensaje, que hace que la madre sienta el deseo de colocar el diafragma en su posición normal y de contraer los músculos abdominales para expulsar al bebé hacia el exterior. De ese modo, el bebé es empujado hacia abajo, mientras va girando la cabeza hacia atrás, con el fin de adaptarla al espacio intermuscular que tiene que ir atravesando. Ese movimiento rotatorio se ha ido haciendo necesario en el curso de la evolución de la especie humana, dado que el desarrollo cerebral del hombre hizo que los

La madre que está dando a luz siente un fuerte impulso que le lleva a empujar al bebé con los músculos abdominales.

desliza entre los tejidos de la vulva, y van apareciendo sucesivamente la frente, los ojos, la nariz, la boca y la barbilla.

La cabeza del bebé, una vez fuera del cuerpo de la madre, gira y se queda de cara a las caderas maternas. De ese modo, los hombros y el resto del cuerpo del bebé pueden deslizarse sin dificultad por el canal del parto hasta llegar al exterior. Por fin habrá nacido el niño. La madre lo mirará complacida, lo acariciará y acunará mientras él llora por primera vez, y luego podrá relajarse y dormir un rato.

El tercer estadio del parto

Ya sólo queda esperar la expulsión de la placenta, o el posparto, así llamado por razones obvias. La placenta se habrá desprendido de las paredes del útero a la vez que el bebé nacía.

Los métodos que explicaremos a continuación, con el fin de proporcionar una información suficiente en la que una mujer pueda basarse para elegir el que más le conviene son: la profilaxis o parto «preparado», el parto ayudado por analgésicos, y el parto «sin dolor», en el que se administra una anestesia epidural.

LA PSICOPROFILAXIS

En muchas culturas se considera que el embarazo y el parto son asuntos vergonzosos, de los que no debe hablarse y que hay que mantener en secreto. En consecuencia, muchas mujeres no tienen la más mínima idea de lo que ocurre durante el parto, ni saben qué tamaño puede tener un bebé que debe nacer por un orificio en apariencia tan pequeño. Dado que el parto es un tema tabú, todo el conocimiento sobre el mismo del que disponen muchas mujeres que nunca han dado a luz es el que les han transmitido amigas de su edad, igualmente mal informadas, y otras mujeres mayores, casi siempre deseosas de contarles sus terribles experiencias con los partos y los dolores, agonías y peligros que conllevan los mismos. De acuerdo con los científicos rusos, que han introducido el método de la psicoprofilaxis, estos retazos de información se asientan en las capas profundas de la memoria de la paciente,

dando lugar a un «reflejo condicionado»: cuando una mujer piensa en el parto, inmediatamente emerge una imagen mental de dolores, sufrimientos y peligros de muerte, que le hace sentir miedo, por lo que afronta el parto en un estado de ansiedad y tensión. La psicoprofilaxis va encaminada a eliminar este «reflejo condicionado», sustituyendo esa imagen compuesta de miedos, ansiedades y tensiones por otra, de acuerdo con la cual el parto se contempla como un acontecimiento normal. También intenta alterar la percepción del dolor

*E*l objetivo de la psicoprofilaxis es aumentar el umbral del dolor a través de la explicación de los sucesos que se producen en el parto.

realizada por el cerebro, de modo que el dolor se perciba como una molestia que puede aliviarse a través del movimiento muscular.

La psicoprofilaxis se fundamenta en la idea de que los «reflejos condicionados» pueden alterarse a través de un entrenamiento adecuado, dado que no forman parte de la personalidad individual, sino que son respuestas condicionadas a acontecimientos externos.

Se sabe que el dolor es algo relativo: se siente de distintas formas en diferentes momentos. Y, por supuesto, cada persona tiene su propio umbral de resistencia al dolor, por encima del cual empieza a sentirlo: una mujer estoica sentirá un dolor mucho menos intenso que otra que sea nerviosa e intranquila si ambas son sometidas al mismo estímulo doloroso.

El método psicoprofiláctico se basa en estos hechos. Se piensa que en el cerebro de cada persona existe un umbral especial, por debajo del cual no se siente dolor. Los estímulos cotidianos habituales, potencialmente dolorosos, no se interpretan como tales, dado que no alcanzan el umbral por encima del cual comienza a sentirse el dolor. Pero factores tales como el miedo, los disgustos, los sustos, el hambre y el frío, pueden hacer que el umbral se reduzca. En tales condiciones, estímulos que normalmente no causarían dolor, atraviesan el umbral reducido, y se perciben como dolorosos. El objetivo de la psicoprofilaxis es aumentar el umbral del dolor a través de la explicación de los sucesos que se producen en el parto, así como cambiar la forma de interpretar las sensaciones que superan dicho umbral a través de una serie de ejercicios. La paciente participa activamente en el parto, transformando el dolor en actividad muscular.

El entrenamiento se orienta en dos direcciones principales. Por un lado, el miedo hacia el parto se reduce o elimina gracias a una serie de coloquios en los que se explican los fenómenos de la concepción, el crecimiento del feto y el parto, así como las técnicas respiratorias que pueden resultar de utilidad durante este último. Por otro lado, la futura madre aprende una serie de ejercicios destinados a mejorar su control muscular.

Los ejercicios respiratorios enseñados durante la segunda mitad del embarazo son de tres tipos. Los dos primeros se utilizan durante el primer estadio del embarazo, mientras el tercero sirve para ayudar a expeler al bebé del canal del parto durante el segundo estadio del embarazo.

Los ejercicios aplicables al primer estadio del parto consisten en aprender a respirar lentamente utilizando los músculos de las costillas, sin mover el diafragma. A través de demostraciones y de prácticas repetidas, la paciente aprende que el comienzo de una contracción de su matriz será la señal de que debe empezar a poner en práctica el modelo respiratorio aprendido. De este modo, llega a asociar las contracciones con un tipo de actividad respiratoria, más que con el dolor. También aprende que, hacia el final del primer estadio, cuando las contracciones son más fuertes, resulta de gran ayuda respirar superficialmente y a un ritmo rápido, intercalando profundas exhalaciones, lo que también es conveniente combinar con un ligero movimiento de los dedos sobre el abdomen.

En el segundo estadio del parto vuelve a variar el modelo respiratorio. La embarazada debe realizar respiraciones profundas, que afianzan el diafragma contra la parte superior del útero. Posteriormente contrae el pecho y los músculos de la zona abdominal alta, con lo que la presión de éstos sobre el útero combina sus efectos con los de las contracciones abdominales.

Muchos de los defensores del sistema psicoprofiláctico creen que, además de los ejercicios respiratorios, existen otros ejercicios que ayudan a controlar los movimientos musculares. Para que se produzca una contracción muscular, es necesario que el mensaje o estímulo se desplace desde el cerebro hasta el músculo, y cuando un músculo se contrae otros tienen que relajarse. Los músculos que se comportan de esta manera forman la musculatura voluntaria, cuya actividad está regulada por la actividad mental. (Además de la musculatura voluntaria existe la involuntaria, como, por ejemplo, los músculos que forman el útero y el corazón, que se contraen sin que intervengan los deseos de la persona.) Para facilitar el paso del bebé a través de la vulva durante el segundo estadio del parto, la madre debe contraer los músculos abdominales siguiendo el ritmo de las contracciones uterinas, y a la vez relajar los músculos de la vagina y el perineo. Esto es lo que se le enseña a hacer en las «clases de relajación».

A lo largo de todo el entrenamiento se le dice a la madre que tanto los ejercicios respiratorios como los de control «neuromuscular» la ayudarán durante el parto, pero que si además necesitase de analgésicos, no deberá sentirse fracasada por tener que pedirlos, y que aquéllos se le facilitarán de inmediato. Se ha podido observar que los mejores resultados se obtienen cuando la paciente se siente segura de sus conocimientos sobre el proceso del parto, y además las personas que la rodean durante el mismo la ayudan.

EL PARTO ASISTIDO CON ANALGÉSICOS

En los países en vías de desarrollo las actitudes culturales son opuestas a la presencia del marido durante el parto, que suele desarrollarse sin ayuda de analgésicos, o con una mínima ayuda de los mismos. En contraste, en los países desarrollados, la mayoría de los partos son asistidos con analgésicos, casi siempre porque la práctica médica establecida así lo requiere, y en ocasiones más raras porque la propia mujer escoge por sí misma ese método. Los analgésicos son fármacos que reducen o eliminan el dolor sin hacer perder el estado de conciencia. El método del parto asistido por analgésicos se apoya en el principio de suministrar a las parturientas sedantes o analgésicos a intervalos adecuados en dosis reguladas de forma tal que no resulten perjudiciales para el feto.

La paciente es la única persona capacitada para estimar el dolor que ella misma está sintiendo, por lo que tendrá que ser ella la que pida que se le administren más sedantes, siendo la obligación de los médicos seguir sus indicaciones.

En los países occidentales, entre el 50 y el 60 por ciento de los partos son asistidos con analgésicos de este tipo, ya sea porque la paciente elige este método o porque no se le da opción a elegir. Sin embargo, cada vez es mayor el número de mujeres que optan por tener un «parto sin dolor» con la ayuda de analgésicos epidurales.

EL PARTO SIN DOLOR

Va en aumento el número de mujeres que deciden recibir un anestésico epidural, con el fin de tener un parto relativa o completamente libre de dolores. Este anestésico debe ser administrado por una persona que esté cualificada para ello, que normalmente será un anestesista con un interés especial por la anestesia obstétrica. Habitualmente se administra en la fase activa del parto, ya que si se administrara demasiado pronto podría entorpecer el progreso del parto. Por otro lado, dado que la mujer no tiene dolores, le resultará más difícil ayudar al bebé a nacer, mediante contracciones abdominales coordinadas con las contracciones uterinas. Esto carecerá de importancia si la paciente está asistida por un médico cualificado.

La mayor parte de los hospitales de los países desarrollados disponen de este tipo de anestesia. La futura madre deberá recibir la información necesaria y suficiente para saber cómo funciona cada tipo de analgésico y de anestésico para poder decidir cuál es el que prefiere.

LA ANESTESIA EPIDURAL

La columna vertebral está formada por vértebras separadas, que están huecas. En su interior está encerrada la espina dorsal, que se extiende desde la cabeza hasta la pelvis. La espina dorsal está compuesta de millones de fibras nerviosas, y conectada con todas las partes del cuerpo. Los impulsos nerviosos están constantemente transmitiéndose por la espina dorsal entre las distintas partes del cuerpo y el cerebro, tanto en un sentido como en el opuesto. Si fuera posible anestesiar, o adormecer, las fibras nerviosas que llegan al útero, sin anestesiar las fibras motoras que producen sus contracciones, el parto transcurriría sin ningún dolor. Y de hecho es posible hacerlo, y el procedimiento no entraña ningún riesgo, siempre que el anestesista sea un experto.

Una capa brillante (llamada duramadre) recubre la espina dorsal en toda su longitud, y en su interior contiene un fluido. Entre esta capa y los orificios óseos de las células queda un espacio libre, recorrido por los nervios que unen la espina dorsal con las diferentes estructuras corporales. El anestesista debe insertar una fina aguja a través de los músculos dorsales de la madre, y con gran cuidado llevarla hasta el espacio que separa la duramadre del hueso, llamado espacio epidural. Después hace pasar un tubo de politeno por la aguja, hasta introducirlo en el espacio epidural, donde lo deja colocado, retirando la aguja. De ese modo podrá anestesiar localmente el espacio epidural, y si fuera necesario, ir introduciendo en el mismo nuevas dosis de anestesia a medida que sus efectos vayan desapareciendo. La anestesia epidural tiene la ventaja de que, a la vez que libera a la madre de casi todos los dolores del parto, le permite contribuir al nacimiento del niño, verlo nacer, escuchar sus primeros lloros y abrazarlo en cuanto nace.

Es importante recordar que las mujeres tienen derecho a ser informadas acerca de los distintos métodos con los que se pueden eliminar los dolores del parto, a discutirlos con su asistente médico y a escoger el que prefieran. Cualquiera que sea el método escogido, las personas que asistan el parto tendrán el deber de ir informando a la paciente de los progresos del mismo, de obtener su colaboración y de tratarla como una parte activa de ese maravilloso proceso.

Se ha conseguido avanzar mucho desde los tiempos en los que el punto de vista dominante con respecto al parto era el que se resumía en la maldición bíblica que recayó sobre Eva: «con trabajo parirás a los hijos».

PARIR HOY
S. Dexeus

Madre y feto sanos

Con cierta frecuencia aparecen artículos paracientíficos cuyo denominador común es el sensacionalismo o el deseo de protagonismo, ya sea de los autores o de los inventores de «nuevos» métodos de parturición.

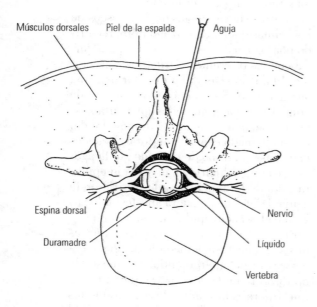

Fig. 12. Colocación de la anestesia epidural.

▼

rición. Se han cantado demasiadas alabanzas a los partos en la «oscuridad» o en el agua, o bien escuchando sugestivas sinfonías o melodías relajantes. Todo ello no tiene mayor valor que el que los medios de comunicación quieran darle, pues tales experiencias no suelen refrendarse con ningún tipo de tratamiento estadístico válido, mientras que las maternidades de reconocido prestigio justifican el descenso progresivo de las cifras de mortalidad

perinatal y materna con estadísticas perfectamente analizables. Estas demuestran el favorable impacto de los actuales avances en el cuidado de la embarazada y en la asistencia al parto. Cual serpiente de verano, las elucubraciones pseudocientíficas seguirán apareciendo, porque, desgraciadamente, el feto no puede hablar y, por lo tanto, explicarnos sus experiencias dentro del útero materno.

En muchas ocasiones se ha intentado oponer el denominado «parto natural» al parto «científico» u «hospitalario», imputando a este último todos los defectos, hipotéticos o reales, de la moderna obstetricia. De existir, cualquier defecto sería resultado de una planificación sanitaria incorrecta.

Según estadísticas de la Organización Mundial de la Salud, el 95 por ciento de la mortalidad fetal y el 99 por ciento de las muertes maternas se producen en los países subdesarrollados en los que no existe sofisticación alguna en la atención al parto, pues el 94 por ciento de las mujeres que viven en dichos países no reciben atención médica. La asistencia de la embarazada y de la parturienta en las maternidades de países con avanzados sistemas sanitarios cuenta con una excelente consulta prenatal en la que se contempla no sólo la salud de la gestante sino también, y de forma perfecta, el bienestar del feto. Las futuras madres se catalogan según los diversos grados de riesgo de acuerdo con sus antecedentes personales y obstétricos. Un embarazo de alto riesgo será seguido muy estrechamente por personal especializado y sometido a diversas pruebas, análisis y tests, que permitirán conocer el grado de bienestar del feto.

Si a todo esto añadimos las avanzadas técnicas de diagnóstico prenatal y los medios cardiotocográficos de control del parto, se comprende que la moderna obstetricia pueda ser definida como altamente especializada y, si se quiere, como sofisticada y compleja.

Sin embargo, todos estos adjetivos no pueden significar que el parto se deshumanice o no sea natural. La actual asistencia prenatal tiene muy en cuenta la preparación psicofísica de la pareja, respetando el deseo de la madre de parir sin anestesia, si se considera preparada y con fuerzas para ello. Pero esto no está reñido con un correcto control de la gestación y del parto, hechos que se inscriben en la evolución de la obstetricia a lo largo de los años y que han permitido el descenso de las cifras de mortalidad fetal de un 22 por mil en los años cincuenta, a un 4 por mil en la actualidad.

Si también tenemos en cuenta que las actuales anestesias locorregionales (peridurales) aportan no sólo la anulación del dolor sino además la conservación de la conciencia, con lo cual la madre colabora, presenciando y protagonizando el parto, podríamos concluir diciendo que ciertos defensores a ultranza de la mal llamada parturición natural, o falsean la verdad o su ignorancia les permite ser inconscientes.

Quizá convenga recordar que más del 90 por ciento de las parturientas del mundo dan a luz sin asistencia alguna (¡nada más natural!), y que, por ello, las cifras de mortalidad materna y fetal son escalofriantes. El hecho de parir hoy podría resumirse en el slogan: «Madre y feto, ambos sanos.» Sin embargo, para conseguir este objetivo no podemos limitarnos a elucubraciones paracientíficas, sino establecer acciones sanitarias que nos lo garanticen.

El 80 por ciento de las futuras madres manifiestan cierto temor ante el parto. Por tanto, resulta obligada la correcta preparación psicofísica para afrontarlo. La primera acción debe ser la información científica sobre el hecho de parir que la mayoría desconoce total o parcialmente.

El parto es la etapa final del embarazo en virtud de la cual el feto recorre el camino que lo separa del exterior y concluye cuando, una vez nacido el niño, la placenta y sus membranas son expulsadas. La distancia que debe recorrer el feto, desde el cuello uterino hasta la vulva, es tan sólo de diez o doce centímetros. Se trata de camino angosto en que la imperiosa fuerza para avanzar la producen las contracciones de la musculatura del útero.

A lo largo del parto, el feto sufre un relativo traumatismo que, si sobrepasa un cierto límite, puede dañarlo por afectación neurológica, fracturas, falta de oxígeno... De aquí la enorme importancia de un exhaustivo control del parto. El registro constante de los latidos del feto y de las contracciones del útero debe complementarse, si fuese necesario, con el análisis de muestras sanguíneas fetales para comprobar el nivel de oxígeno, el pH y el CO_2, que nos permiten asegurar la integridad del feto.

Todas estas medidas profilácticas son las que han permitido reducir al máximo la mortalidad fetal así como las lesiones que pueden dejar secuelas para toda la vida. ¡No sólo se trata de obtener un feto *vivo*, sino absolutamente *sano*!

A medida que el feto progresa en su salida hacia el exterior, el cuello uterino

La actual asistencia prenatal tiene muy en cuenta la preparación psicofísica de la pareja.

se va dilatando hasta alcanzar los diez centímetros. Motor del parto es el útero que, si durante todo el embarazo alberga, protege y nutre al feto, una vez llegado el momento produce su expulsión al exterior.

El parto se caracteriza por una contracción intermitente pero constante que constituye los vulgarmente denominados «dolores». De hecho, el útero se contrae durante todo el embarazo y más todavía en las últimas semanas. La expulsión no tiene lugar antes del término de la gestación porque, aunque el cuerpo uterino se contraiga, el cuello —la puerta de salida —también lo hace, evitándose así la expulsión del feto. Una vez llegado el término de la gestación, las modificaciones del útero, debidas a la acción de hormonas procedentes de la madre y del feto, y la mayor intensidad de las contracciones, permitirán el inicio del parto. Iniciándose en el fondo uterino, las contracciones se coordinan y se extienden a modo de ondas abarcando todo el útero, perdiendo fuerza en las inmediaciones del cuello que, reblandecido al final del embarazo, se dilata y cede ante el feto posibilitando su salida al exterior.

Para que un feto de tres o más kilos pase por órganos (vagina, vulva) que en estado normal no se dilatan, hasta el extremo de posibilitar el nacimiento del niño, se produce toda una serie de modificaciones en su estructura durante el embarazo que les otorgan la elasticidad necesaria para permitirlo.

Hasta aquí nos hemos limitado a describir someramente el mecanismo del parto, apuntando la necesidad de un estricto control del mismo si se quiere salvaguardar al máximo los intereses materno-fetales.

La ecografía es el primer paso para adentrarnos en el estudio científico del feto.

En la actualidad, no sólo los cuidados antes del parto constituyen una garantía del bienestar materno y por consiguiente del feto, sino que además disponemos de medios diagnósticos que nos informan *prenatalmente* del estado del feto.

Es de sobra conocido que una maternidad tardía conlleva el riesgo potencial de defectos congénitos en la descendencia. Se considera que toda madre de treinta y cinco o más años tiene un mayor riesgo, que se incrementa a medida que avanza la edad. Para tener una idea de la magnitud del problema, debemos recordar que en España la incidencia de defectos congénitos se sitúa alrededor del 5 por ciento. Esto significa que en la actualidad nacen más de veinticinco mil niños con algún tipo de anomalía congénita. En una reciente estadística (1984-1987) que recoge la mortalidad de los recién nacidos en varios hospitales europeos, la causa más frecuente son las enfermedades congénitas.

El concepto de diagnóstico

Durante años, a la pregunta ¿cómo está el feto?, el obstetra tan sólo podía contestar basándose en lo poco que le proporcionaba la auscultación del corazón fetal, por medio de un simple artilugio del siglo XIX, el estetoscopio. Todo esto acontecía al mismo tiempo que se iniciaba la conquista del espacio y el hombre llegaba a la luna.

Desde el centro espacial de Cabo Cañaveral se podía detectar la más mínima oscilación de la frecuencia cardíaca de un astronauta, mientras que nosotros éramos incapaces de conocer el verdadero estado de un nuevo ser situado a unos pocos centímetros de la superficie corporal.

La introducción en obstetricia de la *ecografía* fue el primer paso para adentrarnos en el estudio científico del feto. Hacia 1975, los ecógrafos mejoran sustancialmente permitiendo el diagnóstico de muchos defectos congénitos. La *fetoscopia*, o visualización directa del feto, se inicia en 1954 y veinte años más tarde, a través de ella, se pueden obtener *biopsias* y *extracción sanguínea fetal*.

En 1983, el obstetra francés Daffos consiguió por primera vez sangre fetal mediante punción ecoguiada ¡del cordón umbilical!, dando comienzo así a la técnica conocida como *funiculocentesis* o *cordocentesis*. Por la misma época se divulga otro procedimiento, la *biopsia de corion*, consistente en la obtención de una pequeñísima muestra de la placenta, que en la actualidad se realiza bajo control endoscópico o ecográfico. Mediante esta última técnica, se realiza el *estudio cromosómico* del feto, es decir, la posibilidad de diagnosticar prenatalmente ciertas enfermedades genéticas hereditarias.

Se han establecido diferentes parámetros que permiten clasificar parejas de «riesgo muy alto», «alto» o «bajo». Un embarazo es considerado de alto riesgo si uno de los cónyuges posee lo que denominamos gen dominante, lo que da un 50 por ciento de riesgo teórico. La mujer gestante de más de cuarenta años está incluida en el grupo de riesgo alto, con un porcentaje de defecto superior al 2,5 por ciento pero inferior al 5 por ciento, que corresponde al grupo de alto riesgo.

● ●

Ser madre después de los treinta y cinco años

C. Martín Perpiñán

Muchas parejas se plantean la posibilidad de tener hijos entre los veinticinco y treinta y cinco años.

La elección de este momento es tremendamente difícil para muchos. Las tareas de las mujeres en el mundo laboral son un obstáculo para la maternidad, tal y como está planteada la competitividad en ese ámbito; los problemas derivados de las sucesivas crisis económicas que estamos viviendo, impiden que la mujer se plantee esta decisión año tras año, hasta tener una situación laboral estable.

Cuando, por fin, ella ha conseguido hacerse un espacio en su profesión, o la pareja ha ahorrado lo bastante para poderse comprar una casa suficientemente grande para tres o cuatro personas, pensando en su futura familia, se encuentra con que tiene más de treinta y cinco años y entonces aparece una nueva preocupación: ¿qué pasa con el embarazo a esta edad?

En los países industrializados cada vez hay más mujeres que deciden tener su primer hijo después de los treinta y cinco años e incluso después de los cuarenta. En los años setenta, en Francia, las gestantes de más de cuarenta años en relación al resto era del 0,8 por ciento, mientras que en la década de los ochenta había aumentado al 2 por ciento. Dentro de este grupo, las que eran madres por primera vez representaban el 5 por ciento del total en los años setenta, mientras que en los ochenta eran el 20-30 por ciento.

Desde el punto de vista médico se consideraba de alto riesgo la gestación de una mujer mayor de treinta y cinco años, pero cada vez se cuestiona más esta designación, ya que la mayoría de los embarazos y partos en esta edad cursa con normalidad.

Las enfermedades que complican, como la hipertensión y la diabetes, se manifiestan con más frecuencia después de esta edad, pero actualmente son procesos de fácil control y que no suponen un riesgo demasiado elevado. Lo más importante a tener en cuenta en gestantes de más de treinta y cinco años es que la frecuencia de malformaciones congénitas por causa genética es mayor a partir de esta edad y aumenta aún más después de los cuarenta.

El *mongolismo* o *síndrome de Down* es una de estas enfermedades y representa el 50 por ciento de las alteraciones genéticas que se observan. Tiene una frecuencia de presentación de 1 cada 800 nacimientos en el conjunto de la población. Para cada edad de la madre la frecuencia es distinta, tal y como podemos observar en la tabla 11.

Tabla 11. **Porcentajes de nacimientos con malformaciones congénitas según la edad de la madre**

Edad	Frecuencia por embarazos
Menores de 20 años	1 cada 2.300
De 20 a 24	1 cada 2.000
De 25 a 29	1 cada 1.500
De 30 a 34	1 cada 900
De 35 a 39	1 cada 300
De 40 a 44	1 cada 100
Más de 45	1 cada 40

Además del mongolismo son también frecuentes otras alteraciones genéticas y de órganos, como el corazón, alteración en el número de los dedos, y otras.

La edad del padre influye en menor grado y con menor frecuencia en la posibilidad de que se manifiesten estas anomalías; se considera que si éste supera los cincuenta años debe plantearse también esta posibilidad.

Es recomendable el consejo genético para estas parejas y realizar un diagnóstico, antes del nacimiento, de las posibles malformaciones del feto.

Procedimientos de diagnóstico

– *Marcadores bioquímicos:* el marcador que, determinado en sangre materna y en el líquido amniótico, tiene mayor utilidad es quizá la *alfafetoproteína* (AFP).
– *Ecografía:* es posible en la actualidad diagnosticar la mayor parte de los defec-

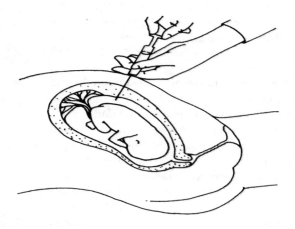

Fig. 13. La amniocentesis permite obtener una muestra del líquido amniótico del útero.

▼

tos congénitos de tipo físico gracias a la ecografía. Para ello, es imprescindible contar con los aparatos de alta precisión y debe ser un especialista en ecografía quien dictamine sobre las imágenes obtenidas.
– *Amniocentesis:* es la obtención del líquido amniótico que rodea al feto, a través de la pared abdominal y del útero de la madre. Las células que se obtienen pueden cultivarse y someterse a estudio genético.
– *Biopsia corial:* puede efectuarse más precozmente que la amniocentesis y persigue la misma finalidad. El riesgo de aborto tras efectuar la técnica es del 3 por ciento, porcentaje algo superior al que presenta la amniocentesis.
– *Funiculocentesis:* la obtención de sangre fetal se efectúa entre las dieciocho y veinte semanas de gestación. Sus indicaciones van desde las infecciones (toxoplasmosis, rubéola) a enfermedades metabólicas. Tiene un riesgo semejante a

la biopsia corial y ha desplazado a la *fetoscopia* en la toma de muestras sanguíneas.

Otras técnicas de uso más limitado son las *biopsias de la piel o del hígado fetal,* la *punción vesical* para obtener orina fetal y las recientes *técnicas de genética molecular,* que permiten reconocer determinados genes.

La aceptación de someterse al diagnóstico prenatal comporta un cierto estrés psíquico para la pareja puesto que a veces existe la posibilidad de reconocimiento de enfermedades incompatibles con la vida o que crean una grave deficiencia.

Algunos de los defectos congénitos susceptibles de interrupción voluntaria del embarazo son:
– Las malformaciones anatómicas incompatibles con la vida.
– Las que comprometen gravemente la calidad de vida.
– Las cromosomopatías que comportan déficit mental.
– Ciertas enfermedades hereditarias.

Todas estas situaciones se hallan contempladas en el apartado tercero de la actual legislación española, que despenaliza la interrupción del embarazo ante un «feto que habrá de nacer con graves taras físicas o psíquicas».

En no pocas ocasiones el diagnóstico prenatal alerta sobre situaciones fetales que hacen recomendable provocar el parto para evitar el progresivo deterioro del feto o sobre una lesión que debe someterse a cirugía posparto, obligando a cuidados posnatales que la posibiliten. El campo del diagnóstico prenatal es amplísimo. Estamos dando tan sólo los primeros pasos en este aspecto de la medicina perinatal y muy posiblemente en los próximos años se producirán nuevos adelantos que harán del feto patológico, hasta ahora intocable, un jovencísimo enfermo al que cuidaremos antes de su nacimiento. Se trata de una rama médica extraordinariamente sofisticada, pero que sigue requiriendo, afortunadamente, una estrecha relación médicoenfermo, si se quiere obtener buenos resultados, reflejados no sólo en las frías estadísticas sino en el sentir del enfermo que, en este caso, por extensión, son los padres.

Tabla 12. **Parir hoy. Mitos y realidades**

Mito	Realidad
El parto en el agua es extremadamente útil para la madre y el niño.	No se ha demostrado nunca su posible utilidad.
El parto «natural» es el mejor: hay que dejar que la naturaleza siga su camino.	Está demostrado que, cuando la naturaleza sigue su camino, pueden acontecer catástrofes absurdas e imprevisibles, tanto si es naturaleza ambiental como humana. Por lo tanto, todo lo que sea atención médica correctamente planificada, evitará mortalidades fetales y maternas, propias de épocas o países muy «naturales».
Siempre es aconsejable la anestesia, parcial o total.	Puede ser agradable y en ocasiones aconsejable. Pero debe respetarse, si es posible, el deseo de la madre que tenga fuerzas para ello. Pero esto no excluye un correcto control de la gestación y del parto.
En los países del Tercer Mundo, las madres paren de forma natural y no sucede nada en la mayoría de las ocasiones.	Desgraciadamente no es así. No debemos olvidar que si esto fuera cierto, no se explicaría que haya descendido la mortalidad fetal del 22 por mil al 4 por mil en la actualidad..., en países desarrollados.
Si el diagnóstico prenatal advierte de un grave defecto, el aborto es obligado.	Nadie está obligado a abortar en ninguna circunstancia; sólo en casos de detección de defectos congénitos podrá ofrecerse la interrupción del embarazo, siendo la decisión definitiva patrimonio de la madre. En otras ocasiones, el diagnóstico prenatal pone sobreaviso de situaciones fetales que hacen recomendable la provocación del parto.

● ●

LA VUELTA A CASA
D. Llewellyn Jones

El puerperio es el período que sigue al parto, durante el cual los órganos genitales, y en particular el útero, van lentamente retornando a su estado habitual, y todos los cambios ocurridos durante el embarazo desaparecen. Este período dura unas ocho semanas.

Tradicionalmente, la primera etapa del puerperio constituía un tiempo de «retiro». Se consideraba que la mujer estaba en un estado «impuro», dado que su vagina arrojaba una sustancia sanguinolenta, y por ello se la mantenía alejada del resto de la sociedad, y en especial de los hombres. En esas épocas no se sabía que la sustancia sanguinolenta (loquios) era una mezcla de sangre y residuos de tejidos desechados por el útero, que estaba retomando la forma y las dimensiones que tenía antes del parto.

Solía tratarse a las mujeres que estaban pasando las primeras semanas del puerperio como a seres ignorantes, perezosos y enfermos.

La nueva forma de enfocar el puerperio hace hincapié en tres puntos principales. El primero es que la paciente podrá levantarse y caminar tan pronto como lo desee, aunque durante los primeros días necesite descansar bastante. El segundo es que hay muchos factores que hacen aconsejable que el bebé permanezca con la madre el mayor tiempo posible. Y el último es que no es necesario fijar de antemano el día en que la madre y el bebé podrán regresar a casa, sino que es mejor que vuelvan cuando les resulte más conveniente.

Los loquios

Los tres síntomas más evidentes que indican que la mujer ya no está embarazada son: que su abdomen vuelve a estar plano, o casi plano, que ha tenido un hijo al que deberá cuidar y alimentar, y que está exudando loquios. Los loquios son los exudados sanguinolentos del útero, que está recuperando su tamaño normal (o sufriendo una involución). El útero era, durante el embarazo, la cápsula en la que el feto vivía y se desarrollaba: le protegía del medio exterior y le alimentaba a través de la placenta. Llegado el término del embarazo, el útero expulsa al bebé al mundo exterior por medio de sus contracciones musculares. A partir de ese momento el útero ya no tiene que desempeñar las mismas funciones, por lo que sufre una involución. Inmediatamente después del parto pesa 1.000 g y al palpar el abdomen se siente su presencia, abultada y firme, llegando hasta el ombligo. A las dos semanas del parto se habrá reducido hasta un peso de 350 g y ya no podrá sentirse su presencia al palpar el abdomen. A los sesenta días del parto habrá recuperado su tamaño habitual. La involución del útero se produce a través del encogimiento de sus fibras musculares y de la reabsorción de la materia que las forma, realizada en parte por la sangre y en parte por los loquios. Los loquios están constituidos por sangre procedente del lugar donde se encontraba emplazada la placenta y por la materia que se va desprendiendo de las paredes del útero, que se habían desarrollado enormemente durante el embarazo. A los cinco días del parto, los loquios están principalmente constituidos por sangre, por lo que tienen un color rojizo. Del quinto al décimo día van adquiriendo un color marrón-rojizo, a medida que va disminuyendo el volumen de las pérdidas sanguíneas y aumentando la cantidad de materia uterina expelida, y hacia el decimosegundo día su color se vuelve amarillo o blanco pálido. Las exudaciones pueden seguir produciéndose, en cantidades variables, a lo largo de seis semanas, pero lo normal es que se terminen transcurridas tres semanas a partir del parto. La exudación de loquios de color rojizo puede prolongarse durante períodos de duración variable, de hasta diez o más días, recurriendo de forma intermitente durante las siguientes semanas. A menudo se produce después de orinar, en especial cuando la madre no está amamantando al bebé. Será necesario acudir a un médico en los casos en los que la exudación de loquios rojizos perdure más de tres semanas, se vuelva tan abundante como una pérdida del primer día de la menstruación o contenga coágulos.

Dolores del posparto

Las contracciones uterinas no cesan inmediatamente después del parto, sino que siguen ocurriendo durante los primeros días del puerperio, de forma indolora en la mayoría de los casos. Sin embargo, también pueden resultar dolorosas en algunos casos, particularmente entre las mujeres multíparas, haciendo necesaria la utilización de analgésicos.

El abatimiento del tercer día

El entusiasmo producido por el nacimiento del niño suele disminuir hacia el tercer día del puerperio. La madre habrá tomado conciencia de que tiene que ocuparse de un ser independiente y exigente, y tal vez sienta molestias en los pechos a causa de la leche que los llena. Esto, unido a un estado de especial sensibilidad emocional, puede provocar una reacción causante de sentimientos depresivos, cambios de humor y llantos repentinos. Aunque no haya ningún problema aparente, la madre podrá sentir súbitos deseos de desahogarse llorando, después de lo cual se sentirá mejor. Es importante recordar que el «abatimiento del tercer día» (que puede ocurrir el cuarto o el quinto día) es un hecho común, ante el cual tanto el marido como los asistentes médicos deben adoptar una actitud comprensiva. También es frecuente que ese abatimiento se convierta en la «crisis de la maternidad».

Gimnasia

Los ejercicios que se prescribían en el pasado de forma rutinaria seguramente no son necesarios, siempre que la madre se levante al poco tiempo del parto y se comporte de forma juiciosa. Sin embargo, todavía hay muchos médicos que los consideran convenientes, y algunas madres que desean hacerlos. Cada mujer deberá decidir por sí misma si desea o no realizar un determinado tipo de gimnasia.

La técnica del amamantamiento

El factor más importante a la hora de dar el pecho al bebé es que la madre se sienta cómoda, para lo que podrá tumbarse o sentarse según prefiera. Si se siente más cómoda tumbada colocará al bebé a su lado y se tumbará de lado de cara al bebé colocándose a la altura adecuada para permitir al bebé que toque el pezón con la boca y después se lo introduzca en la misma. Si el bebé se llena demasiado la boca con el pezón no podrá respirar, por lo que la madre tendrá que echar el pecho un poco hacia atrás, facilitándole la respiración al alejárselo de la nariz.

Si prefiere amamantar al bebé sentada, escogerá un asiento confortable, preferiblemente con brazos, en los que podrá colocar una almohada sobre la que apoyar el brazo para sujetar al bebé cómodamente. Una vez más, es posible que la madre tenga que retirar el pecho un poco hacia atrás con los dedos, dejándole al bebé suficiente espacio para respirar.

La posición que se adopte es irrelevante, pero asegurarse de que parte de la areola está dentro de la boca del bebé es de importancia básica. Los conductos de los alvéolos se expanden hasta la areola, donde forman un *sinus* o depósito de leche. La leche se acumula en estas zonas y sale al exterior a través de los pezones cuando las encías del bebé las expriman. Los depósitos se rellenan con más leche proveniente de los alvéolos cuando el bebé relaja la presión realizada sobre la areola para tragar la leche. La fuerza de succión realizada por el bebé es mucho menos importante que la presión que realiza sobre la areola por lo que se refiere a la obtención de la leche. La succión cumple otra función, que es impedir que la areola y el pezón se escapen de la boca del bebé, vertiendo la leche al exterior.

Si el bebé sólo se introduce el pezón en la boca, apenas conseguirá extraer leche del mismo, lo que le pondrá furioso y le hará morderlo con fuerza, dañando a la madre. Pero si el bebé también se introduce en la boca parte de la areola, sus encías harán presión sobre ésta, mientras los pezones quedan libres en el interior de la boca y no sufren ningún daño. Si la areola es muy grande, tal vez la madre tenga que apretarla entre el índice y el pulgar para conseguir introducir todo el pezón en la boca del bebé. No es necesario que la madre sujete la cabeza del bebé y la dirija hacia el pezón, o que intente abrirle la boca para introducir en ella el pezón; de hecho, muchos pediatras son de la opinión de que con tales procedimientos no se consigue sino confundir y enfadar al bebé. La madre sólo debe colocar al bebé en una posición cómoda en la que pueda tocar el pezón con la boca. Una vez que quiera comenzar a mamar, la madre tendrá que asegurarse de que le entra bien en la boca y de que sus encías están apretando la areola. También debe evitar retirar al bebé mientras está mamando ya que al hacerlo se hace daño a sí misma y molesta al bebé. El mejor procedimiento para separar al bebé del pecho es introducirle un dedo en el extremo de la boca para interrumpir la succión.

PLAN PARA EL AMAMANTAMIENTO

Ya se ha dicho que durante los tres primeros días posteriores al parto los pezones sólo segregan una sustancia espesa y amarillenta, llamada calostro. Dado que el bebé cuenta con sus propias reservas alimenticias, suele recomendarse que durante las dos primeras horas se le dé el pecho entre tres y seis veces, en tomas de tres a cinco minutos, y durante los dos días siguientes cada cuatro horas, con el fin de estimular la «subida de la leche». Los datos obtenidos en investigaciones recientes indican que la alimentación del bebé no debe seguir un esquema rutinario, sino que debe dársele el pecho siempre que lo desee, distanciando las tomas, que no deberán prolongarse mucho, con pequeños intervalos.

Normalmente la leche «sube» al tercer o cuarto día, aunque a veces «suba» más tarde, y puede hacerlo gradualmente o de repente. En estos momentos el bebé ya está hambriento y mucho más despierto que al principio. Tal vez llore, y si está compartiendo la habitación con su madre, ésta aprenderá a distinguir los lloros de hambre de los que indican que no se encuentra bien por algún otro motivo. La madre amamanta al bebé, dándole alternativamente uno u otro pecho en las diferentes tomas. Tal vez le resulte suficiente el alimento obtenido de un solo pecho, pero tal vez sea necesario darle ambos pechos en cada toma. Es normal que mientras el bebé succiona un pecho salgan del otro algunas gotas de leche. No debe amamantársele con uno de los pechos durante más de doce minutos, ya que habrá extraído la mayoría de la leche del mismo durante los cinco primeros minutos, y si el amamantamiento se prolonga el pezón puede irritarse. Por las razones ya expuestas anteriormente, es preferible que la madre amamante al bebé cuando él se lo pida, en vez de hacerlo a horas fijadas de antemano.

La frecuencia con la que los bebés «piden» ser amamantados está sometida a amplias variaciones. Así, mientras algunos bebés requieren alimento cada dos horas, otros sólo la piden a intervalos de unas cuatro horas. Al cambiarlo de pecho es conveniente darle un pequeño descanso, durante el que se le puede hablar y en el que tal vez eructe. Al terminar la toma se puede dedicar un tiempo a abrazar y acunar al bebé si todavía está despierto.

Las madres suelen creer que es necesario que el bebé «eche el aire» después de cada toma, y pasan largo rato palmeándole la espalda para conseguirlo. Hacer esto es innecesario y con ello sólo consiguen molestar al bebé. El bebé eructará por sí mismo cuando se le siente o mientras la madre lo acune, o tal vez no lo haga. Sólo en casos infrecuentes es necesario hacerles eructar.

LA CANTIDAD DE LECHE

El tiempo que el bebé pasa mamando no es un buen indicador de la cantidad de leche que obtiene. Dado que la mayor parte de la leche de cada pecho se obtiene durante los cinco primeros minutos del amamantamiento, tal vez continúe mamando porque se encuentra a gusto, porque todavía sale un pequeño chorrito de leche de los pezones o porque se ha quedado dormido. Pero siempre que se muestre satisfecho, se sabrá que ha recibido suficiente alimento. El que llore después del amamantamiento tampoco tiene por qué significar que está hambriento. Tal vez llore porque está lleno de «aire» o mojado, y no porque todavía tenga hambre. La cantidad y la calidad de la leche no pueden deducirse a partir del tamaño de los pechos o del aspecto de la leche. Durante la primera o las dos primeras semanas posteriores al parto los pechos suelen tener un gran tamaño.

La necesidad de hacer eructar al bebé está empezando a verse desde una nueva perspectiva, pensándose que el bebé puede echar el aire en algunas ocasiones y en otras no, y que no hay que preocuparse por ello. Al dejar de darle un pecho, y antes de darle el otro, es conveniente sentar al bebé en el regazo, hablarle y mirarle; tal vez eructe en esos momentos, pero tal vez no lo haga. Después se le da el otro pecho, y al acabar la toma se le hace sentarse y se juega con él. Una vez más es posible que eructe o que no lo haga, lo cual no tendrá importancia.

LA CONTRACEPCIÓN DURANTE LA LACTANCIA

Aunque la lactancia reduce las probabilidades de quedarse embarazada, no es un método anticonceptivo seguro. Por ello, muchas mujeres lactantes desean saber qué otros métodos pueden utilizar. Durante la lactancia conviene evitar tomar anticonceptivos orales combinados, dado que pueden reducir la secreción láctea, aunque esta probabilidad disminuye con la nueva píldora de dosis reducida. Cada mujer debe decidir por sí misma qué método prefiere, después de consultar el tema con algún especialista.

SUPERSTICIONES EN TORNO A LA LACTANCIA

Muchas madres aducen que no quieren darle el pecho a sus hijos porque hacerlo estropea el tipo y afloja los pechos. Afirmaciones que no responden a la realidad. La mujer que amamante a su hijo no necesitará comer más de lo habitual, ya que durante el embarazo ya habrá acumulado reservas de grasa que ahora podrá quemar al alimentar a su hijo. Tampoco es cierto que la lactancia afloje los pechos. Después del embarazo éstos estarán más desarrollados y blandos, en vez de firmes y con aristas, pero no tienen por qué quedarse flácidos, sobre todo si la madre utiliza un sujetador adecuado durante las últimas semanas del embarazo y el puerperio, tanto de día como de noche.

Otra creencia errónea es la de que amamantar al niño «agota» a la madre. Si bien es cierto que para ocuparse del bebé se necesita mucha energía, por lo que la madre deberá suplementar su dieta con mayores cantidades de leche (calcio), proteínas, vegetales y frutas, amamantar al bebé probablemente resulte menos cansado que darle el biberón. Para amamantar al bebé sólo hay que darle el pecho, y él hará lo demás, pero para darle el biberón hay que preparar la mezcla, conservar la leche estéril, calentarla, darle el biberón al bebé, limpiar el biberón y preparar la siguiente toma. Algunas mujeres no están seguras de cómo deben cuidar al bebé y se sienten preocupadas por el desarrollo del mismo. En tales casos, es probable que estén «agotadas y exhaustas», y tal vez le echen la culpa de su agotamiento a la lactancia, cuando en realidad éste se debe a que duermen mal y trabajan demasiado.

En algunos casos, el deseo sexual de las mujeres se reduce durante la lactancia. Es imposible que la lactancia sea la causa de este fenómeno. Los bebés exigen mucha dedicación y trabajo, por lo que las madres disponen de menos tiempo para dedicarse a otras cosas, entre las que se cuenta la libido. Pero siempre que el marido se muestre considerado y dedique más tiempo a estimular a su mujer sexualmente, cualquier mujer podrá seguir disfrutando con el sexo. En otros casos, amamantar al bebé actúa como un estímulo sexual, lo que no debe hacerle sentirse culpable a la mujer que le ocurra. Muy al contrario, deberá disfrutar con las sensaciones producidas, y gozar del sexo a la vez o después de amamantar al niño.

No hay que hacer caso de posibles comentarios de las «amigas» del tipo de: «amamantar a tu hijo no te está sentando bien», «parece que tu niño no está creciendo bastante; se le ve un poco delgado», o «¿por qué no le das el biberón? es mucho más fácil». Cada mujer sabe mejor que nadie qué es lo mejor para su hijo: ella es la más experta en esa materia y no debe escuchar los consejos de otras personas.

La última superstición con respecto a la lactancia es la más perniciosa. Consiste en pensar que una mujer que no puede amamantar a su hijo ha fracasado como madre. Lo que no es cierto en absoluto. Aunque la leche materna sea el mejor alimento para el bebé y amamantar al niño ofrezca una óptima oportunidad para que la madre y el niño establezcan un contacto estrecho, la opinión de algunos psicólogos, según la cual un bebé al que se le da el biberón se sentirá insatisfecho y será menos estable y feliz en su vida, es absurda. Una madre puede ocuparse tanto de su bebé si le da el biberón como si lo amamanta, pudiendo acunarlo y jugar con él entre las distintas tomas. Si no puede amamantarlo o decide no hacerlo, no tendrá que sentirse culpable por ello, ya que no está perjudicando al bebé. Es imposible diferenciar a dos niños o a dos adultos sobre la base de si tomaron el biberón de pequeños o su madre los amamantó.

LA SEXUALIDAD DURANTE EL EMBARAZO
(O. Bertomeu)

Estar embarazada significa enrolarnos en una experiencia sin fin, cuya sucesión de etapas exigirá de nosotras una adaptación sucesiva a una realidad en la que, hoy por hoy, se acumulan obligaciones.

Las mujeres actuales no nos debemos engañar. La sociedad nos «vende» la maternidad como un alto destino que hay que desempeñar, pero no nos previene de que, en gran medida, nos vamos a encontrar solas luchando en diferentes frentes, sin la consideración debida.

Tampoco debemos olvidar que las mujeres estamos recorriendo un camino sin retorno. Una vez que entramos en el sistema laboral nos resulta muy difícil

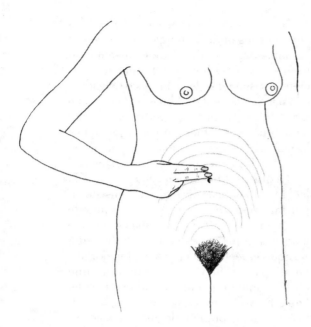

Fig. 14. El crecimiento del útero a lo largo del embarazo.

▼

renunciar de por vida a esa actividad, ya que no sólo favorece y depende de ella nuestra sensación de autonomía, sino que la economía familiar agradece ese segundo, o primer sueldo. Pero la sensibilidad de la sociedad en que vivimos no se detiene en esas consideraciones. Es un hecho constatado a diario que, en general, las empresas y los empresarios ensalzadores, muchos de ellos, de la maternidad, no están dispuestos a contratar a mujeres con hijos, y menos si son solteras, o están separadas. Y todas estas cosas influyen en una mujer que tiene que enfrentarse a un embarazo, tratando de que su vida diaria, sus relaciones y sus ilusiones no se vean afectadas por él.

*E*l sexo depende mucho más de nuestra mente que de nuestros genitales.

De modo que, como ya hemos comentado una y mil veces, el sexo depende mucho más de nuestra mente que de nuestros genitales, sobre todo en nosotras las mujeres, todo aquello que nos preocupe, angustie o nos llene de temor va a repercutir en nuestros deseos y predisposición sexual.

Es cierto que para un hombre la experiencia del embarazo de su mujer puede estar acompañada de incertidumbre, de ansiedad, incluso de miedo, y que ésos son elementos importantes en la vida emocional; pero siempre le tocará más de lejos; no olvidemos que a las mujeres nos hace madres el hijo, y al hombre lo hacemos padre las mujeres.

De modo que pueden ser múltiples los motivos que alteren la natural alegría de un embarazo, incluso deseado, en la mujer, y con ella el gozo por seguir disfrutando del sexo.

El embarazo es un buen momento, si no se ha hecho antes, para llegar a acuerdos entre la pareja de cara al proyecto común que tienen por delante; para hablar de las dudas e inquietudes que surgen y, sobre todo, si la mujer se siente atrapada en una situación incómoda: cuando el embarazo no ha sido planeado y hace culpable a su pareja de él, o al contrario, si es el hombre el que responsabiliza a la mujer de esa gestación no deseada.

Lo habitual es que un embarazo abra un capítulo muy novedoso en la pareja. Desde las elucubraciones sobre cuál sería la vez en que hicimos el amor y engendramos, hasta cómo lo debemos hacer a partir de ahora. Ya comentaba que para las mujeres el hecho de sabernos embarazadas reclama tanta atención que abandonamos en el olvido otras muchas cosas, tal como las relaciones sexuales con nuestro hombre. Tenemos la sensación de que él debe de andar igual de entretenido que nosotras, sin darnos cuenta de que, aunque él se muestre orgullosísimo de su paternidad, tarda mucho más en sentir los efectos del embarazo. Su deseo por nosotras puede seguir perfectamente intacto, y la necesidad de hacer el amor estar presente todos los días. Aunque esta actitud es la más frecuente, también hay hombres que nos ven con ojos de incertidumbre: si ya nuestros genitales y nuestro aparato reproductor son para ellos todo un misterio, tan discretos y escondidos en nuestro interior, mucho más lo son cuando estamos embarazadas. ¿Qué pasa ahí dentro? ¿Cómo están colocadas las cosas? ¿Qué efecto puede tener sobre el embrión o el feto el que yo introduzca el pene en la vagina? ¿Hasta dónde llega? ¿Será malo? Después de todo, también es normal que se hagan esas preguntas dado que ellos disfrutan de unos genitales y un aparato reproductor totalmente exterior.

Son muchísimas las parejas que siguen haciendo el amor durante este tiempo. Puede ocurrir que al principio las mujeres, entre aclararnos ideas, las náuseas y los vómitos, perdamos un poco el interés sexual. Pero lo que sí es cierto es que para nosotras sentirnos amadas físicamente, sentirnos deseadas y miradas con cariño, es muy importante durante la gestación y en cualquier momento de nuestra vida. Nuestro embarazo y nuestro parto serán diferentes si tenemos a nuestro lado un hombre atento y afectuoso que si nuestro compañero es egoísta, frío y distante, o si no tenemos compañero.

Sentirnos seducidas, amadas, excitadas con caricias, haya coito o no; sentir el placer sexual, y desear responder del mismo modo, suponen una expresión física de lo que significa nuestra relación profunda de pareja.

Cuando avanza la gestación, si bien podemos seguir teniendo los mismos deseos de placer, las cosas pueden cambiar. Nuestro vientre se ha abultado de forma considerable, y hemos ganado en bastantes kilos, lo cual nos hace más torpes y también más fatigoso cualquier esfuerzo. De todos modos, si el médico no aconseja lo contrario, por una posible amenaza de aborto o una placenta previa, por ejemplo, no es necesario abandonar nuestras relaciones íntimas.

Cierto que muchos padres y madres se preguntan si se podría dañar la cabeza del feto con los achuchones del pene durante el coito; la respuesta es que no. La naturaleza tiene previsto todos los detalles cuando las cosas discurren según el espontáneo fluir de sus designios.

Nuestro hijo está perfectamente protegido por una bolsa de líquido, bien cerrada, además del cuello uterino «precintado» por un tapón de moco cervical que aísla el «área de gestación» de la vagina. Por mucho movimiento que imprimamos a nuestro juego sexual, por mucho que se mueva nuestra barriga, nada tenemos que temer, nuestro niño se mueve con nosotras y, seguramente, también se siente feliz con nosotros.

Sólo debemos abstenernos del coito si hemos tenido alguna amenaza de aborto o de parto pretérmino, si hemos manchado o si el tapón mucoso del cérvix ya se ha desprendido. Esto es algo que nos puede suceder durante las cuatro o cinco semanas previas al parto, y puede dar vía libre para una posible infección ascendente, no por el esperma en sí, sino por los gérmenes presentes en la vagina.

Por el contrario, hemos de saber que si estamos a término, o incluso hemos salido de cuenta, hacer el amor nos puede ayudar a agilizar el proceso del parto de forma natural. Las contracciones orgásmicas pueden desencadenar las contracciones uterinas e iniciar la dilatación del cuello. También hay quien opina que existen mujeres sumamente sensibles a las prostaglandinas del semen y que eso puede coadyuvar. Y algo más, que puede ser interesante al final de la gestación: al parecer, en ese momento, la estimulación de los pechos, bien con caricias bien con succión, puede provocar contracciones uterinas fuertes que pueden ser muy útiles para poner en marcha el parto.

Y aunque parezca sorprendente, es cierto que existen mujeres que con las contracciones uterinas del parto llegan al orgasmo. Ésa sería una muy agradable forma de parir, que yo desearía para todas las mujeres.

Concluyendo, las mujeres debemos saber que cuando amamos a nuestro hombre, cuando lo deseamos, esas emociones, sensaciones y sentimientos como amantes no están reñidas con los sentimientos de ternura y atención hacia el bebé. Cuando las personas que estamos unidas por el amor nos cuidamos el uno del otro para no lastimarnos, ni perjudicar al hijo que se espera, y además somos capaces de disfrutar y excitarnos sexualmente, podemos estar bien seguras de que estamos poniendo los requisitos indispensables, para convertirnos en unos padres amorosos, capaces de ofrecer lo mejor de nosotros al hijo que hemos engendrado.

El embarazo y el parto serán diferentes si la mujer tiene a su lado un hombre atento y afectuoso.

El puerperio

Después del parto se inicia para nosotras una etapa de adaptación y de readaptación: el puerperio. Se trata de un tiempo hermoso, aunque en ocasiones difícil. No tiene una duración definida, y puede extenderse hasta las seis semanas posteriores al parto, tiempo que se toman nuestros órganos genitales para volver a su estado anterior al embarazo, o bien todo el tiempo que dure la lactancia, si amamantamos a nuestro bebé.

Aunque se hable de ello, no se ha dado la importancia que merece a este momento emocional en nuestra vida. Todo el mundo comprende la magnitud del hecho físico del parto: el esfuerzo que es preciso realizar; las contracciones dolorosas por las que se pasa; la pérdida de sangre; los «puntos» de la episotomía... Pero, en general, da la impresión de que el grueso de la función termina aquí. Y no es así. Después del parto, viene la toma de posesión de la maternidad activa. Si bien los dos primeros días, tras dar a luz, sentimos un gran alivio y una enorme alegría, la cosa cambia al volver a casa.

No siempre es fácil el tránsito por esta etapa. Hablan de los cambios hormonales y es cierto que actúan sobre nosotras, pero sobre todo es el mundo emocional el que prima en estos momentos. Y es que se suman tantas cosas que no es de extrañar que se nos cambie el humor, e incluso haya quien caiga en la llamada «depresión puerperal».

Estrenarse de madre significa estar pendiente de ese pequeño ser, tan frágil, ante el que nos sentimos temerosas: tememos que le pase algo y dormimos con los ojos abiertos, pendientes de su respiración; es preciso darle el pecho cada tres horas, a veces, de noche también, cambiarle los pañales, bañarlo y cuidar su ombligo, el último rastro de su unión con nosotras. Y todo eso, simultaneándolo casi siempre con los quehaceres del hogar. Hemos parido, pero nuestro cuerpo ni es el de una embarazada, ni el anterior al embarazo. Estamos cansadas y también nos sentimos un poco olvidadas, solas y distantes, confusas y un tanto divididas entre lo obligatorio y lo deseado. De nuestro protagonismo durante el embarazo que culmina en el parto, pasamos a un segundo plano, a la sombra de nuestro bebé. Y absorbidas por él.

Son muchas las mujeres que en estos días, aparentemente felices, se sienten cansadas y ansiosas, con una fragilidad emocional que acaba en llanto y en una tristeza infinita. Y por raro que parezca, también existen mujeres que en esos días complicados rechazan a su bebé, además de ponérseles cuesta arriba el asumir las obligaciones domésticas.

Éste es un buen momento para el lucimiento de nuestro hombre. Su cariño, comprensión y disposición incondicional serán una ayuda imprescindible. No sentirnos solas ante la gran tarea que se nos presenta, ni olvidadas en el difícil papel que nos toca desarrollar. Se trata del gran trabajo de la adaptación a una nueva mujer para tratar de seguir siendo nosotras mismas.

Éste será también el momento de decidir la forma de criar a nuestro niño, darle el pecho o biberones, porque de ello se derivará la forma de relacionarnos con él, y sobre todo, la participación del padre en un asunto de tanta importancia.

Conviene tener claro que no es mejor madre la que decide dar el pecho al niño que la que se ve obligada a criarlo con biberones, por muy conveniente que sea la lactancia natural por aquello de las defensas que aporta. Dados los tiempos que corren, en los que las mujeres también vamos teniendo responsabilidades profesionales y laborales, no conviene despreciar y valorar en su justo punto la lactancia artificial. La posibilidad de ser compartida por el padre permite no sólo ganar en libertad y solidaridad de pareja, sino también en dar lugar a una íntima y entrañable relación del bebé con él.

Y en cuanto concierne a nuestras relaciones sexuales, es cierto que las primeras semanas después del parto nuestros deseos han quedado un tanto en el olvido; nuestro cuerpo tiene tarea por delante. La vagina y el útero han de volver a su estado anterior y, en el caso de que la haya, ha de cicatrizar la herida de la episotomía.

En realidad, no hay un momento determinado para volver a las relaciones sexuales coitales, lo cual no quiere decir que dejemos de lado las relaciones amorosas. Cuando no existen contraindicaciones físicas, y psicológicamente estamos receptivas y predispuestas, siempre será momento de caricias y ternuras, siempre podremos elegir alguna otra forma de amarnos y gozar, prescindiendo de la penetración. Nuestra mente y nuestro cuerpo decidirán ese instante.

CUANDO NO PUEDE SER
C. Martín Perpiñán

La infertilidad

Las parejas que después de un año intentando el embarazo no lo han logrado deben consultar al médico. Estoy hablando de las parejas, y no únicamente de las mujeres; la mayoría de las veces que se acude a una consulta de infertilidad es la mujer sola quien va y pregunta; los hombres creen que no va con ellos. La realidad es que, en casi un 50 por ciento de los casos, están equivocados y son ellos los que tienen problemas.

Para muchas personas es aún un serio problema en su medio social no tener hijos, como si de una maldición o castigo se tratara; muchos dicen «No valemos» o expresiones parecidas, y en algún caso se sienten avergonzados de tener que consultar; muchos hombres se niegan a acudir a las consultas, como si se cuestionara su virilidad por no ser fértiles. Una vez más se manifiesta la confusión entre sexualidad y reproducción en la sociedad en la que vivimos.

Hablamos de esterilidad cuando es imposible el embarazo, lo que hoy es muy infrecuente con el arsenal terapéutico de que se dispone. Generalmente se habla de *infertilidad* para expresar las dificultades de concebir de algunas parejas, problema que afecta a un 10 por ciento de ellas.

Las causas de infertilidad son muy variadas y, en la mayoría de los casos, tanto el hombre como la mujer tienen uno o varios problemas que hacen difícil el embarazo.

Para las mujeres, la anovulación (falta de ovulación) y la obstrucción de las trompas por infecciones previas son las causas más frecuentes; para el hombre, la baja concentración de espermatozoides en el semen o la obstrucción de los conductos deferentes que los transportan.

Estas parejas pueden ser tratadas de la manera adecuada según su problema:
– Administración de medicaciones para inducir la ovulación y aumentar la producción de espermatozoides.
– Mediante cirugía corregir defectos anatómicos u obstrucciones.
– Fecundar a la mujer con el semen del marido o de un donante.
– Introducir en el útero un óvulo ya fecundado.

El diagnóstico y tratamiento correcto de los problemas de infertilidad es largo y costoso y no siempre tiene éxito. Las nuevas técnicas de reproducción asistida son muy prometedoras pero no infalibles. El éxito de la fertilización *in vitro* y las técnicas similares a ésta se sitúa entre el 10 y el 20 por ciento, dato que hay que tener en cuenta al someterse a ellas. En nuestro país los centros públicos atienden, por ahora, esta demanda.

Los avances de la ciencia

Los avances de la ciencia médica han permitido a la humanidad curar muchas de las enfermedades que sufrieron nuestros antepasados y aliviar las consecuencias de la mayor parte de ellas. Las tendencias hacia una mayor longevidad son más notables en las mujeres que en los hombres; la esperanza de vida en los países industrializados supera los setenta y cinco años para los hombres y los ochenta para las mujeres, con una calidad de vida muy aceptable.

El conocimiento de las enfermedades, sus causas y los factores que contribuyen a su aparición, a los que llamamos *factores de riesgo*, permite aplicar medidas de carácter preventivo para evitar determinadas afecciones o detectarlas precozmente cuando existen, facilitando su curación y aliviando las secuelas de las que son incurables.

En lo que respecta a la ginecología, el desarrollo tecnológico ha hecho posible la aparición de la ecografía, que ha supuesto un gran avance en el diagnóstico de los disturbios obstétricos y ginecológicos. Las técnicas quirúrgicas modernas con procedimientos mínimamente invasivos, como la laparoscopia, ofrecen nuevas posibilidades a los tratamientos quirúrgicos con mínimos tiempos en las intervenciones y estancias hospitalarias.

Los avances en el conocimiento del funcionamiento hormonal han logrado el control de la reproducción hasta niveles casi de ciencia-ficción.

Haremos un breve repaso de las más modernas aportaciones en el terreno de la ginecología y comenzaremos por la descripción de las técnicas de reproducción asistida, donde, en mi opinión, se han producido avances espectaculares en los últimos diez años.

REPRODUCCIÓN ASISTIDA

La palabra *estéril* casi ha desaparecido del diccionario. Hoy en día, mediante varios procedimientos, es posible conseguir que una pareja pueda tener hijos.

El principal problema de todas estas técnicas es, por un lado, la complejidad del aparataje necesario para poderlas llevar a cabo y, por otro, sus riesgos, ya que se precisa una intervención quirúrgica (laparoscopia) para poder practicar algunas de ellas. Por otra parte, las probabilidades de éxito –es decir, poder tener un hijo en brazos, eliminando las posibilidades de aborto, fracaso de algunos intentos, etc. –se sitúan en torno al 10 o el 15 por ciento, según los diferentes autores que han comunicado sus resultados.

FECUNDACIÓN *IN VITRO*

Cuando una mujer tiene las trompas obstruidas o le han sido extirpadas por alguna causa, el espermatozoide no puede llegar hasta el óvulo y no hay posibilidad de embarazo. El encuentro del óvulo y el espermio y su fecundación se llevan a cabo entonces fuera de las trompas, en un tubo de ensayo o probeta, y dos días después se implanta en el útero, donde se desarrolla como cualquier otro embarazo. Por esta razón los bebés que nacen después de una fecundación *in vitro* (FIV) se han llamado *bebés probeta*.

Para llevar a cabo una FIV se induce primero una ovulación de forma artificial, con una medicación específica, con objeto de conseguir la estimulación y maduración de varios folículos y aumen-

tar de esta forma la probabilidad de lograr el embarazo. Posteriormente, se extraen los óvulos por laparoscopia o por punción del fondo de la vagina o del abdomen, controlando la punción mediante ecografía.

Una vez extraídos los óvulos se colocan en un medio enriquecido y se ponen en contacto con los espermatozoides que han sido previamente activados en medios de cultivo. Cuando han sido fecundados y se producen las primeras divisiones celulares se vuelven a implantar en el interior del útero, unas horas después, mediante una sonda muy fina.

DONACIÓN DE ÓVULOS

Desde el año 1986, en que se publicó el primer trabajo, es posible implantar en el útero de una mujer un óvulo fecundado proveniente de otra mujer, que sería la donante de sus óvulos. Generalmente, los óvulos de la donante se fecundan con el esperma del marido de la receptora mediante las técnicas *in vitro*. Posteriormente, se implanta el óvulo ya fecundado a la receptora.

La donación de óvulos estaría indicada en aquellas mujeres con deseo de descendencia que se ven afectadas por enfermedades genéticas que heredaría el hijo, evitándose de esta forma seres humanos afectados. También en los casos de menopausia precoz, cuando los ovarios de la mujer dejan de producir óvulos a edades aún muy jóvenes.

La dificultad de este procedimiento radica en encontrar las donantes de óvulos que serían implantados a otra mujer. Quizá se precisa una difusión de estas técnicas para que muchas mujeres sanas tomen conciencia de la tremenda repercusión que tiene para una pareja infértil la posibilidad de encontrar a una donante.

DONACIÓN DE EMBRIONES

Cuando la fertilidad del varón está también comprometida puede llevarse a cabo la implantación de un embrión ya conformado proveniente de otra mujer y otro hombre; esta modalidad podría considerarse como una forma de adopción prenatal, al ser el hijo genéticamente distinto de la mujer que lo va a gestar en su útero y de su marido o pareja.

TRANSFERENCIA INTRATUBÁRICA DE GAMETOS

Los primeros pasos de esta técnica son los mismos que en la FIV; se precisa una estimulación ovárica previa, para que maduren varios folículos, y la preparación de los espermatozoides. Los óvulos se extraen del ovario por laparoscopia o por minilaparoscopia y se introducen en la trompa junto con los espermatozoides; generalmente se instalan dos óvulos y unos quinientos mil espermatozoides en cada trompa, y así se duplican las posibilidades de éxito de la prueba.

Quienes practican esta técnica aseguran que tiene un 5 por ciento más de posibilidades de éxito que la FIV, porque la llegada al útero del gameto se hace generalmente a los seis días de la fecundación y en ese tiempo se ha desarrollado en un medio más «natural» que en la probeta.

Obviamente, la transferencia intratubárica no se puede realizar en las mujeres que carecen de trompas.

INSEMINACIÓN ARTIFICIAL

Cuando el semen del varón no contiene la cantidad adecuada de espermatozoides o existe un factor en el cuello del útero de la mujer que impide su paso, se puede efectuar la introducción de espermios en el interior del útero mediante un fino catéter, facilitándose así su llegada al óvulo.

Si el varón no tiene espermatozoides, o existen en muy pequeña cantidad, se puede recurrir a otro hombre, un donante de espermatozoides, con cuyo semen se lleva a cabo la inseminación.

INYECCIÓN INTRACITOPLASMÁTICA

En el caso de que el semen del varón tenga escasos espermatozoides y poco móviles, y como alternativa a la inseminación artificial, se ha avanzado en los últimos años con la aparición de un procedimiento que consiste en inyectar el espermatozoide dentro del óvulo mediante una microinyección. Se ha llevado a cabo con éxito, incluso con espermatozoides inmóviles.

SELECCIÓN DEL SEXO

La elección del sexo de los hijos es posible hoy en día por diversas técnicas y selección de los espermatozoides. Aquellos que contienen el cromosoma Y, que es el que determinará el nacimiento de niños, tienen diferente movilidad y peso que los que contienen el cromosoma X, de los que nacerán niñas.

Este hecho permite seleccionar, previamente a la inseminación artificial mediante unos filtros biológicos, los espermios portadores de uno u otro cromosoma para tener entonces niños o niñas, según elección. Si se desea un varón, se aíslan los espermatozoides haciendo pasar el semen por columnas de *Sephadex*. Si se trata de la elección de una niña se pasa el semen por albúmina. A continuación se insemina a la mujer con estos espermatozoides. Las posibilidades de éxito en la elección del sexo son del 78 por ciento.

La aplicación de esta técnica no está por el momento admitida legalmente en España por razones éticas, a excepción de los casos en que existe una enfermedad grave transmisible genéticamente y ligada al sexo, como en el caso de la hemofilia. En esta enfermedad las mujeres son portadoras y los hombres quienes la padecen, por lo que si la descendencia es sólo femenina no tendrán la enfermedad.

EMBRIONES CONGELADOS

Cuando se efectúa una estimulación ovárica para posterior fertilización *in vitro* son varios los óvulos que maduran a la vez y que pueden fecundarse, consiguiéndose de esta forma varios embriones. Algunos de ellos se implantan y otros pueden guardarse congelados para posteriores implantaciones, si éstas fracasan, o para conseguir un nuevo embarazo.

En los laboratorios donde se practica la técnica *in vitro* suelen existir las dotaciones de instrumental necesarias para la preservación de estos embriones mediante frío, llamada *crio-preservación de embriones*. Después de congelados a -190 °C, se almacenan en nitrógeno líquido durante un tiempo indefinido, aunque los centros especializados recomiendan que no sea un período superior a cinco años.

El 50 por ciento de los embriones sobrevivirán para posteriores utilizaciones. La tasa de embarazos que se ha publicado es inferior a la de las restantes técnicas que utilizan embriones no congelados.

El diagnóstico preimplantatorio

Una vez que se han logrado varios embriones mediante la técnica descrita de fecundación *in vitro*, es posible saber si son portadores de alteraciones cromosómicas (como el mongolismo y otras), o moleculares (como la mucoviscidosis o la miopatía).

Al segundo día de desarrollo de los embriones se toman una o dos células de uno de ellos y se amplia su material genético para poder estudiarlo. Si los resultados son favorables se procede a implantar los restantes; si se detecta alguna anomalía pueden desecharse.

Esta nueva técnica se encuentra todavía en fase de experimentación, pero tiene un futuro prometedor. Permite a las personas portadoras de anomalías genéticas tener niños sanos y evita el traumatismo de una interrupción del embarazo después de un diagnóstico prenatal desfavorable.

REPERCUSIONES PSICOLÓGICAS DE LA ESTERILIDAD
O. Bertomeu

La necesidad de transcendernos a nosotros mismos a través de los hijos es algo tan enraizado en la mente humana que cuando deseamos engendrar y la naturaleza se nos resiste, nuestra vida individual, de pareja y social, se nos puede perturbar incluso hasta extremos, en ocasiones, patológicos.

Ser padres es mucho más que ser pareja, porque reúne en sí la conveniencia de seguir sintiéndose dos que se aman, se desean y que conviven de forma amistosa, para asumir además la responsabilidad compartida de traer un nuevo ser a este mundo que, además de gozos y felicidad, también generará preocupaciones y esfuerzos, y requerirá altas dosis de sentido común, de comprensión y de solidaridad.

Desde el punto de vista teórico, tener un hijo suele ser una bendición; desde el práctico, la cosa cambia y las obligaciones cotidianas lo pueden hacer tan prosaico que se llega a vivir como una carga que sobrellevar.

Bien, pues cuando una pareja se plantea tener un hijo, se genera todo un revuelo interior en ellos. Se desencadena un verdadero cóctel de emociones: ilusiones, fantasías, proyectos, ternuras, esperanzas y, por lo general, una cierta duda acerca de si, como tantas otras parejas, ellos podrán engendrar ese hijo. Se intensifica la frecuencia de relaciones sexuales y el calendario ocupa un lugar preferencial en nuestras vidas, cargando el acento de nuestro ciclo menstrual, en el que el día probable de la ovulación figura en rojo.

Cuando transcurre el tiempo y no se produce la tan esperada ausencia de regla, comienzan las zozobras, la ansiedad, los complejos, las miradas recelosas entre los dos, intentando adivinar a qué y a quién se debe achacar el continuo fracaso en la tentativa de engendrar. La mujer se entrega al coito no en busca de placer, sino tratando de sentir algo especial en la eyaculación del marido: creerá notar que la vida asciende por su vagina, que atraviesa el útero y que corre a fundirse con ese óvulo que espera impaciente en el primer tramo de la trompa. La mujer atiende con atención cualquier estremecimiento interior, para tratar de identificarlo con el brote de nueva vida.

Después de sentirse fracasada, de vivir la relación sexual como una derrota incapaz de dulcificarse con las mieles del placer, la pareja emprenderá el calvario de las consultas médicas, hasta llegar en ocasiones al duro golpe del diagnóstico de esterilidad. Aunque la duda haya estado gravitando en su mente, la noticia fatal siempre resulta una sorpresa. Es el momento de los sentimientos negativos, de los resentimientos, de la tristeza profunda, de la frustración y de la rabia, de perder por un momento la razón y la alegría del amor de pareja.

Hay parejas en las que su ansia de maternidad y paternidad biológica son tan grandes que se ponen en manos de las técnicas científicas más avanzadas como son la inseminación artificial o la fertilización *in vitro*, cuyo coste psicológico y económico es bastante más alto de lo que puede creerse. Si no da los frutos esperados, ¡malo!, y si lo que se obtiene como resultado, son trillizos, cuatrillizos... no sabemos si peor. El hecho es que estas parejas se sienten en muchos casos como cobayas, sentimiento que sólo se palía con la esperanza de llevar a buen término un posible embarazo.

Existen otras parejas que optan por la adopción de un niño. En estos casos puede suceder que una vez iniciados los trámites de adopción, y más aún, cuando se tiene el nuevo niño en casa, la relajación física y mental de la pareja se conviertan en el ambiente idóneo para una gran sorpresa. Son muchas las parejas que han engendrado un hijo tras haber adoptado un bebé. No me cansaré de repetir la enorme influencia de nuestra mente sobre nuestro cuerpo. El ánimo relajado y distendido, la ausencia de ansiedad son los requisitos idóneos y a veces imprescindibles para que se inicie una vida.

Y es que para una gran mayoría de las mujeres la sombra del sexo como algo dirigido a la reproducción planea sobre su vida íntima. Una vez conseguida la maternidad, bien por la vía biológica, bien por la vía de la adopción, el sexo pierde interés, salvo el de complacer las demandas del hombre para que no lo busque en otra parte. Y si no se ha conseguido la maternidad de ninguna de las maneras, ni se va a conseguir, la mujer puede sentir que el sexo no tiene razón de ser en su vida y lo abandona en el olvido. Aunque también existen mujeres que, una vez descartada la posibilidad de tener un hijo, centran todo su interés en su pareja, y su pareja en ellas, para constituir un matrimonio con una gran compenetración y sentido de la amistad, que viven el uno para el otro.

Para una gran mayoría de las mujeres la sombra del sexo como algo dirigido a la reproducción planea sobre su vida íntima.

III.
LOS MALES
DEL CUERPO

Capítulo 1. Cuadros clínicos más frecuentes en ginecología

▼ *S.Dexeus y J. Mª Farré*

Vamos a tratar aquí, de forma sucinta, aquellos trastornos más frecuentes que por su condición puede padecer la mujer.

ALTERACIONES DE LA MENSTRUACIÓN

Constituyen, tanto por exceso como por defecto, una de las manifestaciones más habituales de las enfermedades del aparato genital femenino. También pueden ser reflejo de otros problemas médicos, a veces sin relación alguna con la ginecología pero, generalmente y de forma muy especial, son la expresión de una patología endocrina propiamente femenina.

Es bien sabido que el ciclo menstrual de la mujer tiene notables variaciones individuales, e incluso en una misma persona. Dicho ciclo puede experimentar, a veces, cambios en relación con etapas biológicas o incluso por simple influencia ambiental en cortos espacios de tiempo sin que exista justificación alguna. Así, por ejemplo, un viaje con cambios horarios o de costumbres o bien una situación laboral estresante, pueden modificar el ritmo menstrual.

Se considera un ciclo normal aquellas menstruaciones que se presentan cada veintiocho o treinta días (contando siempre a partir del primer día de una menstruación y hasta el comienzo de la otra) y con una duración de cuatro o cinco días.

La alteración más importante es la falta de menstruación o *amenorrea*. Se considera *opsomenorrea* aquel ciclo que supere los treinta y ocho días hasta los noventa. A partir de aquí es ya una auténtica amenorrea o falta de menstruación. La *proiomenorrea* es, por el contrario, el ciclo menstrual corto, es decir, de menos de veintiún días.

Si atendemos al número de días que dura la menstruación, si éste sobrepasa los seis, hablaremos de *polimenorrea* o de *oligomenorrea* si sólo dura tres o menos días.

La *hipermenorrea* o *menorragia* es un trastorno que consiste en el aumento exagerado del volumen de la menstruación. Se trata de un hecho difícil de valorar puesto que muchas mujeres se hallan ya habituadas a sus abundantes reglas «de siempre». Ante la duda, una determinación sanguínea nos pondrá sobre la pista de una anemia con falta de hierro.

Quizá tengan mayor importancia las hemorragias que se presentan independientemente de la menstruación, denominadas *metrorragias*. Éstas se caracterizan por una pequeña emisión de sangre que, generalmente, aparece sin causa aparente alguna y que por su exigüidad no suelen intranquilizar, cuando en realidad cualquier pérdida sanguínea debería obligar a la consulta inmediata con el ginecólogo. Olvidar este principio constituye un grave error que puede provocar serios problemas.

En algunas ocasiones, tras cada relación sexual aparece una mínima pérdida sanguínea. Este hecho, denominado *coito hemorrágico*, exige también la consulta al ginecólogo, pues tales pérdidas pueden ser signo de importantes enfermedades de las áreas genitales bajas (cuello uterino, vagina, vulva).

Por el contrario, no debe preocupar, si el diagnóstico es seguro, la aparición de una *metrorragia intermenstrual*, coincidiendo con la presunta ovulación. La ruptura del folículo ovárico, hecho característico de la ovulación, va acompañada de una mínima emisión de sangre que, a través de las trompas, útero y vagina, puede aparecer en el exterior.

Son frecuentes también las metrorragias en las mujeres que utilizan píldoras anticonceptivas de baja dosis. Ello se debe a que la rápida absorción del fármaco produce un brusco descenso del nivel hormonal que, a su vez, altera el endometrio (mucosa que recubre la cavidad del útero) provocando reacciones que remedan la verdadera menstruación a «pequeña escala».

Generalizando, podemos decir que existen tres grandes causas que motivan las alteraciones del ciclo menstrual: las orgánicas, las funcionales o endocrinas y las dependientes de una patología general.

Las hemorragias de causa orgánica están producidas habitualmente por enfermedades localizadas en el útero o en algún lugar del aparato genital que se comunique con el exterior (vagina, vulva, etc.) Son las más frecuentes y deben ser siempre profundamente investigadas pues pueden ser síntoma de una patología cancerosa que, diagnosticada a tiempo, es susceptible de curación.

Las hemorragias producidas por enfermedades generales pueden presentarse en cualquier tipo de patología que altere la coagulación o que incremente la presión en los vasos sanguíneos uterinos. Las enfermedades hepáticas graves, la insuficiencia cardíaca, la hipertensión grave, entre otras, son causa de este tipo de hemorragias que, como es lógico, deberán ser tratadas por el internista y no por el ginecólogo, quien sólo se limitará a efectuar el diagnóstico correcto.

La amenorrea

Se denomina amenorrea a la ausencia temporal o permanente de las menstruaciones. Puede estar ocasionada por una gran variedad de causas, puesto que son múltiples los eslabones fisiológicos que intervienen en el ciclo menstrual normal de la mujer.

La amenorrea puede ser clasificada en tres grandes categorías: fisiológica, primaria y secundaria.

La amenorrea fisiológica no es propiamente un trastorno, puesto que se presenta en condiciones normales de la vida de la mujer. Es la falta de menstruación que se produce durante el embarazo y la lactancia y también en la niña antes de su pubertad y en la mujer que alcanza la edad de la menopausia (cuarenta y siete-cuarenta y ocho años por término medio), precisamente como indicativo de ella.

La amenorrea primaria es la falta de aparición de la primera menstruación, que en idioma médico se denomina *menarquía*. La presentación de ésta es variable, aunque habitualmente tiene lugar entre los doce y quince años. En términos estrictos, se aceptará como amenorrea primaria si la regla no se ha presentado todavía a los dieciocho años. Sin embargo, consideramos que toda joven que tenga ya dieciséis años y a quien no le haya llegado todavía su primera menstruación debe consultar al ginecólogo pues, como veremos más adelante, la amenorrea primaria puede ser el síntoma clínico que revele una serie de alteraciones que requieren tratamiento.

La amenorrea primaria se presenta en anomalías congénitas, es decir, alteraciones anatómicas de los órganos genitales, adquiridas en el momento de la formación del individuo. Es el caso, por ejemplo, de la imperforación del himen, patología caracterizada por la ausencia de orificios en la membrana que ocluye la entrada de la vagina y que dará lugar a la acumulación de sangre en la vagina, pero sin que aparezca en el exterior. Este trastorno se corrige con suma facilidad procediendo a la incisión del himen con bisturí. Pero otras anomalías congénitas son mucho más importantes y, a veces, de difícil solución. La ausencia congénita de vagina, con escaso desarrollo del útero, puede darse en individuos genéticamente femeninos, es decir, con cromosomas sexuales XX o en individuos masculinos (XY) pero cuyos testículos, generalmente ocultos en las ingles, actúan hormonalmente como ovarios, feminizando al individuo. En las llamadas *disgenesias gonadales,* así como en el *síndrome adrenogenital,* también pueden presentarse anomalías de la vagina y, por supuesto, amenorrea, pero las alteraciones anatómicas son menos importantes que en el grupo anterior.

La reconstrucción de vagina se realiza con excelentes resultados y debe recomendarse, puesto que la amenorrea suele ser el síntoma que permite el diagnóstico real del problema que padece la enferma.

El único síndrome que puede catalogarse de pseudohermafroditismo es la feminización testicular puesto que, con una apariencia absoluta de mujer, el cariotipo es el propio del hombre. Sin embargo, la educación, los hábitos adquiridos y la propia naturaleza segregando hormonas como podría hacerlo el ovario, permiten considerar como mujeres a estas personas. La técnica quirúrgica facilita la creación de una vagina que, preparada para unos genitales normales, les permite un comportamiento sexual totalmente satisfactorio.

Cualquier patología que tenga repercusión sobre la hipófisis puede ocasionar amenorrea, puesto que esta glándula tiene una función estimulante de los ovarios y, por lo tanto, de sus hormonas que, a su vez, determinan el ciclo menstrual.

Desde tumores cerebrales, traumatismos craneales y encefalitis, hasta estados de grave desnutrición u obesidad exagerada, pueden ser causa de amenorrea primaria.

La amenorrea secundaria se define como la falta de menstruación en una mujer que hubiere menstruado con regularidad. Son múltiples las causas que pueden intervenir en la presentación de una amenorrea secundaria. En la joven, si aparece junto con otras manifestaciones metabólicas o endocrinas, como pueden ser la obesidad, el acné o el exceso de vello, deberá pensarse en el denominado síndrome de los ovarios polimicroquísticos. Este trastorno requiere, en primer lugar, un correcto diagnóstico, pues los ovarios microquísticos son un cajón de sastre que aparece con excesiva frecuencia en informes ecográficos poco rigurosos. El síndrome, una vez confirmado por las pruebas hormonales, la falta de ovulación... se trata médicamente, requiriendo muy raramente la intervención quirúrgica para reducir el tamaño de los ovarios.

Si la amenorrea se presenta tras un legrado (raspado) o un parto, deberá descartarse que la causa no se deba a la pérdida de la mucosa (endometrio) que tapiza el interior del útero (matriz) y que es donde se origina la menstruación.

Si la actividad del hipotálamo (área del cerebro que actúa sobre la hipófisis) se halla alterada, también puede sobrevenir una amenorrea por falta de estímulo de la hipófisis que, de este modo, no actúa sobre los ovarios. Este hecho se produce en las denominadas hiperprolactinemias que, en síntesis, se deben al exceso de función de una parte de la hipófisis (la que segrega la hormona denominada prolactina) en detrimento de las áreas que estimulan la función ovárica. Esto sucede porque el hipotálamo deja de segregar el factor inhibitorio de la prolactina, permitiendo el exceso de producción de ésta y las consecuencias anteriormente relatadas. Esta circunstancia se da por diversas causas, pero ciertos medicamentos, especialmente psicofármacos, pueden producirla. La anorexia nerviosa, la desnutrición, los trastornos psíquicos y alteraciones de otras glándulas endocrinas (suprarrenales, tiroideas) también pueden ocasionar amenorrea secundaria.

En resumen, la amenorrea, sea primaria o secundaria, es un síntoma importante que obliga a la consulta ginecológica. El estudio profundo del caso permitirá un correcto diagnóstico y su adecuado tratamiento.

Es importante saber que ciertos medicamentos provocan sistemáticamente la menstruación, pero que esta terapéutica no resuelve el problema, siendo necesario el diagnóstico exacto, antes de acceder a terapéuticas puramente sintomáticas.

La dismenorrea

Entendemos por dismenorrea el dolor que puede acompañar a la menstruación.

Es todavía frecuente el que la niña se «haga mujer» sin apenas haber recibido unas someras informaciones sobre su fisiología. Ello puede ocasionar no sólo una actitud de ocultamiento, vergüenza o temor, sino incluso de verdadero rechazo, el cual, por vía psicógena, provoca el dolor menstrual, que será la expresión genitalizada de un trastorno mucho más profundo no orgánico. Este tipo de dolor menstrual será catalogado como funcional, puesto que no hallaremos ninguna causa orgánica patológica que lo justifique.

La dismenorrea suele presentarse desde las primeras menstruaciones, siendo más acusada en el primer día de la regla que en los restantes. Es frecuente también que la joven paciente refiera molestias premenstruales, caracterizadas por síntomas diversos, que van desde el dolor abdominal a los mareos, náuseas e incluso vómitos. Su tratamiento se basa en la administración de analgésicos, que resultan útiles, pero que van perdiendo efectividad a medida que el organismo se habitúa a su uso.

Es muy importante sumar la psicoterapia a la terapéutica analgésica, así como también una completa información sanitaria, todo ello encaminado a convertir a la joven mujer en una persona adulta, capaz de dominar sus expresiones fisiológicas.

En tal contexto juega también un importante papel el tomar medidas higiénicas adecuadas que, a través de un mejor conocimiento del cuerpo, ayudan a «desmitificar» el período menstrual. No existe razón alguna para prescindir de cualquiera de los cuidados corporales habituales: ducha y lavados externos no sólo deben mantenerse sino incluso extremarse. Tan sólo deberá evitarse la inmersión, ya sea en el deporte o en la higiene, en agua extremadamente fría, pues pueden provocar espasmos de los capilares y vénulas uterinas (de la matriz), ocasionando alteraciones en la emisión de la sangre menstrual. No son aconsejables las compresas internas si la mujer padece alguna infección vaginal activa en el momento de la regla. Señalamos este hecho, pues no hace mucho tiempo aparecieron en prensa no especializada unas noticias sensacionalistas sobre muertes producidas por aquel tipo de apósito. Al mismo tiempo que daban la tremendista información, olvidaron comentar que los graves accidentes ocurrieron en una población deprimida, marginada, con ausencia de todo tipo de higiene y afectada por infecciones crónicas graves. Obviamente, estas mujeres debían haber sido tratadas por su problemática local antes que permitirles el uso de un apósito por vía vaginal. Si no existe este tipo de patología, pueden emplearse de la misma forma que las compresas externas, renovándose con el ritmo que precisen.

Existe una dismenorrea funcional que no responde a un origen psicógeno y que, probablemente, debe su aparición a reacciones metabólicas que se producen en el propio útero. Estos dolores menstruales requieren un tratamiento complejo, con administración de hormonas para incrementar el nivel de progesterona de la segunda mitad del ciclo. La progesterona es la hormona segregada por los ovarios y que, después de la ovulación, alcanza su mayor nivel en sangre.

La dismenorrea orgánica tiene su origen en algún problema anatómico. Son muchas las causas que pueden provocarla, desde tumores del útero y tumores quísticos o sólidos de los ovarios, a la endometriosis o alteraciones anatómicas congénitas del aparato genital. En la dismenorrea orgánica, el dolor no sólo se manifiesta durante el primer día de la menstruación, sino durante varios días o durante toda la menstruación, siendo, en ocasiones, más acusada en el segundo o tercer día que en el primero.

Otra característica es su aparición tras años de reglas completamente indoloras. La dismenorrea exige una consulta ginecológica para dilucidar su etiología. No debe caerse en el error de medicarse con cualquier tipo de tratamiento que no haya sido prescrito por un médico competente.

TIPOLOGÍA DEL SÍNDROME PREMENSTRUAL

El denominado Síndrome de Tensión Premenstrual (STPM) es, sin duda alguna, uno de los capítulos más variados y controvertidos de la patología ginecológica. La extraordinaria diversidad y disparidad de síntomas, que van desde la irritabilidad al insomnio, o desde la hinchazón a las cefaleas, hicieron pensar que constituía realmente una entidad única. El embrollo es aún mayor si se tiene en cuenta que hay mujeres que presentan una sintomatología semejante en el período *previo* a la regla, en el *posterior* (posmenstrual) y otras que incluso se adelantan al acontecimiento, presentando ya síntomas en la época *ovulatoria,* o sea unos catorce días antes de la hemorragia menstrual. Siguiendo este hilo argumental, podemos proponer tres tipologías del síndrome.

1. El *STPM «puro»*, que constituye el conjunto de síntomas somáticos y ginecológicos que aparecen regularmente en la *fase luteal* (de uno a siete días antes de la regla).
2. El *síndrome perimenstrual.* Los síntomas se producen en la «periferia» del menstruo (días antes y días posteriores). Cada vez se diagnostica más esta variante.
3. El *síndrome intermenstrual.* Sintomatología que se presenta en la mitad del ciclo, pudiendo extenderse en algunos casos hasta terminado el mismo.

LA ENDOMETRIOSIS

Es una enfermedad relativamente frecuente en la mujer y que suele motivar notable ansiedad y desconcierto, pues su curso clínico es tórpido, y generalmente progresivo. En la mayoría de las ocasiones requiere el concurso de la cirugía para su tratamiento.

Pero antes de proseguir con la descripción de la enfermedad, repasemos algunos conceptos anatómicos y fisiológicos indispensables para entender lo que es la endometriosis.

Tabla 13. **El síndrome premenstrual. Mitos y realidades**

Mito	Realidad
El síndrome premenstrual es una invención como cuadro clínico. En realidad todas las mujeres sufren molestias antes de la regla. No por ello debemos someterlas a un nuevo estigma de origen médico.	Falso. El síndrome de tensión premenstrual (STPM) es una realidad constatada. Y no todas las mujeres lo sufren. Se calcula que un 15 por ciento de mujeres padece una sintomatología lo suficientemente severa y estructurada como para poder diagnosticar STPM.
La mayoría de las mujeres con STPM padecen un cuadro claramente depresivo.	Son la minoría (un 3 por ciento), si bien algunos de los síntomas que presentan las mujeres con STPM de variación más frecuente pueden ser consideradas como parcialmente depresivos.
Las mujeres «neuróticas» y con alteraciones de personalidad son las que más STPM presentan.	En estos casos se trataría sólo de un factor de riesgo, pero no imprescindible para padecer el trastorno.
Sólo los síntomas somáticos (hinchazón, dolor de cabeza, acné, etc.) son explicables por causas hormonales. El resto de los problemas no son más que quejas psicológicas de mujeres afectadas psíquicamente.	Las hormonas y el sistema nervioso se relacionan. El estrés y las hormonas interactúan. Emotividad y hormonas conectan entre sí. La etiología es multifactorial pero el desequilibrio hormonal es el elemento central.

El útero (matriz) es un órgano cuya finalidad, como es bien conocido, es albergar el feto durante los nueve meses de embarazo y colaborar, con su musculatura, a su expulsión en el momento del parto. El interior del útero se halla tapizado por una mucosa denominada endometrio, cuya función es muy importante, pues en ella anidará el embrión y es donde éste obtiene las primeras substancias para su alimentación. Es como un campo debidamente abonado que permite que en él fructifique la semilla.

El endometrio es como un campo abonado que permite que en él fructifique la semilla.

Si el embarazo no se produce, la expulsión del endometrio ocasionará la menstruación. Durante el ciclo menstrual de la mujer, el endometrio ha recibido la acción de las hormonas ováricas y ha ido adquiriendo las cualidades que le hacen apto para que anide el huevo.

La endometriosis es la aparición de focos de endometrio fuera de los límites del útero, habitualmente cerca de él, ya sea en los ovarios o en los pliegues del peritoneo que recubren al propio útero o sus ligamentos. Las áreas endometriósicas reaccionarán, exactamente igual que el endometrio normalmente situado, a la acción de las hormonas y, como aquél, menstruarán si no se produce el embarazo. Pero el sangrar de estos focos anómalos no tiene salida al exterior, como ocurre con el endometrio a través del propio cuello del útero y de la vagina, y la sangre acumulada irá formando quistes que, por su peculiar coloración, han sido denominados «de chocolate».

La causa del proceso no está todavía suficientemente explicada. Una de las teorías más aceptadas considera que en cada menstruación una cierta cantidad de sangre pasa al interior del abdomen siguiendo el camino de las trompas, y si este hecho coincide con ciertos déficit de una de las hormonas femeninas, las células endometriales que arrastra la sangre procedente del útero consiguen colonizar en lugares atípicos, desencadenando el proceso.

Síntoma principal de la endometriosis es el dolor que acompaña a la menstruación, pero con caracteres peculiares en su presentación. Con ello no queremos decir, ni por asomo, que todo dolor menstrual (dismenorrea) se deba a la enfermedad. Cuando el proceso avanza, el dolor no se limita al momento de la menstruación sino que aparece independientemente de ella y como una manifestación más de un proceso abdominal. Pueden presentarse también otros signos y síntomas, pero siendo comunes a otras enfermedades ginecológicas no consideramos oportuno citarlos aquí.

La endometriosis puede ser clasificada, según el grado de importancia anatómica, como mínima, leve, moderada y severa. Dentro de la endometriosis mínima hay que incluir la endometriosis microscópica, donde los nidos endometriósicos no son visibles a simple vista debiendo suponerse su existencia por el cuadro clínico referido por la paciente. Al diagnóstico se llega a través del interrogatorio, buscando los síntomas propios de la enfermedad. La exploración ginecológica resulta indispensable pues mediante ella será factible reconocer las masas de un cierto volumen.

La *ecotomografía* se ha revelado como la gran ayuda diagnóstica en los procesos endometriósicos, aunque en muchas ocasiones deberemos recurrir a la observación directa del interior del abdomen (laparoscopia) para confirmar la presunción diagnóstica y determinar la importancia de la enfermedad.

Las endometriosis moderadas y severas son subsidiarias de cirugía. Recientemente hemos comenzado a emplear las técnicas de cirugía laparoscópica, intentando, sin abrir el abdomen, extraer a través de los mínimos orificios del laparoscopio los quistes de endometriosis. Sus ventajas son múltiples: menos hospitalización, menos adherencias posquirúrgicas, mayor conservadurismo respetando más el resto del ovario sano que pudiera quedar (en caso de endometriosis ovárica), pero debemos advertir que la cirugía laparoscópica no siempre es posible y que, en no pocas ocasiones, debemos desistir de su empleo para continuar con los métodos clásicos.

Últimamente se han introducido eficaces medicamentos que detienen y reducen la endometriosis. En algunos casos, esta terapia puede resultar tan eficaz que puede ser definitiva, en otros, facilitará el que la cirugía sea más conservadora.

Siempre que el diagnóstico sea firme y no existan grandes masas, debe intentarse el tratamiento médico.

Por último, citaremos otras formas poco frecuentes de endometriosis, como son los implantes que pueden producirse en el curso de cualquier acto quirúrgico o incluso en el parto, por contaminación de las heridas con fragmentos de endometrio que se desprenden del útero.

FIBROMAS UTERINOS

Los fibromas uterinos, denominados también miomas, leiomiomas o fibromiomas, son tumores benignos derivados del tejido muscular y conjuntivo del útero (matriz).

La localización del mioma condicionará notablemente la clínica que padecerá la paciente. Los fibromas que crecen hacia el exterior del útero, aunque lo deforman grandemente, suelen presentar poca o escasa sintomatología. Por el contrario, aquellos que producen prominencias u ocupan la cavidad uterina, dan lugar a menstruaciones abundantes en cantidad y días de duración. La irrigación sanguínea de estos tumores es escasa, por lo que se producen áreas necrosadas (desprovistas de actividad) que pueden incluso calcificarse. Los miomas no suelen producir molestias ni dolor, excepto cuando adquieren notable volumen o bien si en el curso de su crecimiento compriman órganos vecinos, por ejemplo, la vejiga urinaria, alterando su función. Se desconoce la causa que desencadena la formación del fibroma, pero se tiene la convicción de que obedece a alteraciones hormonales, ya sea por exceso de estrógenos o déficit de progesterona. Se presentan principalmente entre los treinta y cinco y cincuenta años de edad, pero no es nada infrecuente observarlos en mujeres más jóvenes. Cuando se inicia la menopausia, el fibroma acostumbra a reducir su volumen, de la misma forma que involuciona el órgano en el que se asienta, el útero. El diagnóstico se efectúa mediante la exploración ginecológica habitual o por medio de ultrasonidos (ecografía).

No hay que «dramatizar» el hallazgo, por lo demás tan frecuente, de un pequeño mioma descubierto por azar en el transcurso de cualquier exploración ecográfica. Estos tumores no sólo son benignos, como hemos dicho reiteradamente, sino que pueden permanecer latentes durante muchos años.

El tratamiento del fibroma puede ser médico o quirúrgico, dependiendo de diversas circunstancias. El tratamiento médico se administrará especialmente para evitar las reglas abundantes que pueden ocasionar anemia. Se emplean básicamente derivados hormonales de la progesterona y, como complemento, hemostáticos, es decir, productos que inhiben las hemorragias. Las terapéuticas médicas destinadas a reducir el volumen de estas tumoraciones resultan poco eficaces por la transitoriedad de sus efectos, ya que, al suspender el tratamiento, el tumor vuelve a adquirir el mismo volumen que tenía al comienzo.

La terapéutica quirúrgica es precisa ante tres circunstancias primordiales:
– Cuando el fibroma sangra.
– Cuando ocasiona dolores.
– Cuando el volumen del útero o de los fibromas es tal que ocasiona compresiones en los órganos vecinos. En general, se aceptan como medidas límites 13 cm longitudinales y 8 transversales.

Habrá que adoptar una conducta más intervencionista cuando los miomas aparecen en la paciente sin hijos y deseosa de ellos. Cuanto antes se intervengan los fibromas que hayan adquirido cierto tamaño, más posibilidades habrá de poder conservar el útero, extirpando cuidadosamente cada uno de ellos. La política quirúrgica conservadora debe aplicarse siempre que sea solicitada por la enferma y si su realización no comporta un riesgo inmediato o cercano de recidiva.

En la actualidad, ciertos miomas de base pequeña pueden extirparse mediante técnicas endoscópicas, que tan sólo requerirán el ingreso de la paciente, de veinticuatro a treinta y seis horas, en un hospital.

La recidiva de los miomas siempre es posible si se conserva el útero, órgano del que proceden, pero la realidad es que no se suelen observar muchas recurrencias tras conductas conservadoras.

La malignización del fibroma es excepcional. Probablemente más que convertirse en maligno, los fibromiomas no son tales sino auténticos sarcomas. Estos tumores tienen un mal pronóstico por su gran agresividad.

PROLAPSOS GENITALES

Se denomina así al descenso de alguna de las estructuras genitales femeninas situadas en el interior de la pelvis, que va acompañado generalmente de la caída de alguno de los órganos vecinos, la vejiga o el recto. La alteración más frecuente es el descenso del útero, denominado prolapso uterino. Éste se produce, en mayor o menor grado, «bajando» por el interior de la vagina. El útero (matriz) se halla normalmente situado en el fondo de la vagina, bien anclado por unos ligamentos que lo sostienen. Los partos, los trabajos duros, la propia constitución, pueden alterar este equilibrio estático y permitir que la matriz descienda progresivamente por el canal vaginal, empujada por el peso de todo el abdomen.

Se consideran diversos grados de prolapso uterino. En el primer grado consiste en un inicio de descenso por la vagina; en el segundo, la ocupa totalmente y en el tercero, el cuello del útero ya aparece por el exterior. Este trastorno estático suele acompañarse de la caída simultánea de la vejiga y/o del recto. Al primer trastorno se le denomina *cistocele* y al segundo *rectocele* y tienen también su correspondiente gradación, según su importancia. La sintomatología clínica es variada y habitualmente poco importante. El signo más frecuente es la constatación de que «algo» aparece por la vulva; y suele ser interpretado como un bulto o tumor, con la correspondiente alarma.

En algunas ocasiones, la paciente refiere sentirse muy «abierta», especialmente en las relaciones sexuales. En otras, el cónyuge o ella misma manifiestan sensación de obstáculo.

El prolapso con cistocele, es decir, con caída concomitante de la vejiga, suele provocar alteraciones urinarias. La incontinencia de orina al realizar algún esfuerzo (toser, saltar...) o por el contrario la retención, suelen ser síntomas acompañantes. El tratamiento es quirúrgico, pero no deberá determinarse si no existe una auténtica sintomatología o un prolapso notable. Teniendo en cuenta que la mejor solución es la extirpación del útero, en caso de prolapso en mujeres con deseo de hijos, debe retrasarse la intervención hasta haber cumplido aquella finalidad.

Si también existe cistocele (caída de la vejiga) y rectocele (caída del recto), de forma simultánea se corrigen quirúrgicamente estos trastornos. La incontinencia de orina no tiene tan fácil arreglo y es aconsejable proceder, antes de la cirugía, a un estudio de sus posibles causas, mediante una prueba denominada *urodinamia*, la cual nos permitirá no sólo escoger la técnica quirúrgica más adecuada, sino también saber si tendrá algún éxito al emplearla.

Otro trastorno importante y que obliga a una cirugía más delicada es el denominado *enterocele*. Se trata de una auténtica hernia del intestino, a través de los fondos de la vagina o por protusión de la cicatriz vaginal de una antigua histerectomía (extirpación del útero). Su corrección quirúrgica se establece eliminando el denominado saco herniano, cerrando al máximo el espacio que queda por encima de la vagina y, lo que resulta más difícil, fijando la vagina a alguna estructura estable para que no vuelva a descender y permita la relación sexual. Este objetivo puede conseguirse fijándola por vía vaginal a un ligamento (sacroespinoso) o por vía abdominal, al ligamento vertebral anterior.

Más discutible es la profilaxis de los enteroceles tras histerectomía. Se han descrito diversas maniobras quirúrgicas realizables tanto en la histerectomía vaginal como en la abdominal, para evitar la posterior presentación de un enterocele. Quizá la mejor profilaxis estriba en el uso de material quirúrgico de sutura de la mejor calidad, así como el evitar dejar espacios muertos que faciliten la protusión del intestino.

Aunque en la aparición de un prolapso influyen primordialmente causas constitucionales, también son motivos condicionantes de los descensos la obesidad, ciertas labores en las que deban levantarse grandes pesos, los partos que hayan ocasionado traumatismos vaginales o requerido fuertes extracciones. Por lo tanto, evitándolos ejerceremos una acción preventiva.

LA INCONTINENCIA DE ORINA

El aparato urinario está formado por un conjunto de órganos –los riñones, los uréteres, la vejiga y la uretra-, que cumplen dos funciones básicas: la producción y eliminación de la orina.

Los riñones son la auténtica «fábrica de orina»; ésta filtra la sangre a la vez que elimina agua y desechos del cuerpo humano. Los riñones son también reguladores de la presión sanguínea. Los uréteres y la uretra se comportan como conducciones. Los primeros llevan la orina eliminada por cada riñón a la vejiga y la uretra permite la salida de ésta al exterior. La estabilidad de la orina, dentro del «depósito» o «cisterna» que constituye la vejiga, depende de unas estructuras denominadas esfínteres, que cumplen la función de «grifos». El denominado esfínter interno es independiente de la voluntad y permite retener la orina durante la fase en que la vejiga se va llenando. El esfínter externo rodea la uretra y, al contraerse, la cierra. Es un músculo voluntario y evita que escape la orina en momentos no deseados.

La expulsión de la orina o micción tiene lugar por una acción combinada con apertura de los esfínteres externos e internos coincidiendo con la contracción de un músculo de la vejiga que se denomina *detrusor*. Todo este complejo mecanismo está controlado por el sistema nervioso.

Entendemos por incontinencia la pérdida involuntaria de orina. Durante el llenado de la vejiga, la presión a nivel del esfínter externo («grifo de la uretra») es mayor que la que existe en el interior de la vejiga y la orina se escapa. En el momento del vaciado, el esfínter cede su presión y la presión vesical hace que la orina pase a través de la uretra. Cualquier alteración en este aparentemente simple equilibrio de presiones dará lugar a la pérdida involuntaria de orina.

Existe un tipo de incontinencia, denominada de urgencia, que se caracteriza por un fuerte deseo de orinar con temor a no poder controlarse, ocurriendo el escape de orina. Este tipo de trastorno es frecuente en la mujer y debido a una exagerada contracción del músculo detrusor sobre la vejiga, y suele obedecer a la laxitud de los músculos que forman el suelo de la pelvis. Es muy importante descartar cualquier otra causa como, por ejemplo, la lesión neurológica, pues la corrección quirúrgica puede resolver el problema.

La incontinencia más frecuente en la mujer es la denominada de *esfuerzo* y consiste en la pérdida de orina como consecuencia de cualquier tipo de actividad física o movimiento, desde el simple estornudo al ejercicio físico propio de cualquier deporte. En este tipo de incontinencia, la pérdida se produce sin que la paciente experimente previamente deseos de orinar. Su causa se halla siempre en la uretra. El detrusor no está alterado y el llenado de la vejiga se realiza correctamente. La razón por la cual la pérdida de orina se produce durante un esfuerzo es la siguiente: toda actividad física ocasiona un aumento de la presión del abdomen que, a su vez, empuja la vejiga incrementando la presión en su interior. Normalmente la uretra y sus esfínteres reciben la misma presión y, por lo tanto, se equilibran con la vejiga, pero si por traumatismos diversos, especialmente el parto, la uretra queda desplazada y no recibe la fuerza de la presión abdominal, ésta actúa sólo sobre la vejiga y la orina contenida en su interior vence el obstáculo del esfínter de la uretra.

Es muy importante, sin embargo, efectuar el diagnóstico exacto del tipo de incontinencia, pues a veces puede tratarse de etiologías mixtas y pueden entonces sumarse los síntomas propios de la incontinencia de esfuerzo con la de urgencia y si se establece tratamiento sólo pensando en una de ellas, el fracaso estará casi asegurado.

Es imprescindible realizar lo que se denomina estudio urodinámico, prueba que mide presiones y analiza la posible causa de la incontinencia. Si se confirma que se trata de una incontinencia al esfuerzo, pura, y la paciente presenta alteraciones anatómicas –caída de la vejiga (cistocele) acompañada, o no, de descenso del útero (prolapso) y del recto (rectocele)–, la solución quirúrgica debiera ser efectiva.

No obstante, los resultados no siempre son tan favorables como podría esperarse tras un correcto diagnóstico.

En el caso de la incontinencia de esfuerzo, los cirujanos deberíamos actuar reconstruyendo estructuras que han fallado. Como es lógico, aun cuando se consiga un éxito inicial, las estructuras pueden de nuevo fracasar. Sustituirlas por material sintético u orgánico procedente de áreas del cuerpo humano constituye otra alternativa que también puede fracasar a largo plazo.

Todo esto debe de ser explicado a la paciente, pues la cirugía de incontinencia no es equiparable a la extirpación de un tumor o de un apéndice infectado.

Tabla 14. **Cuadros clínicos más frecuentes en ginecología. Mitos y realidades**

Mito	*Realidad*
Las hemorragias que se presentan fuera de la menstruación, si son de poco volumen, no son preocupantes.	Cualquier metrorragia (que así se llama este tipo de hemorragia) es de obligada consulta ginecológica, a excepción de que coincida con la ovulación (ruptura del folículo ovárico que se acompaña de una mínima emisión de sangre) o en usuarias de píldoras anticonceptivas de bajas dosis.
Las alteraciones hemorrágicas en el ciclo menstrual son siempre de causa ginecológica.	No siempre es así, aunque sí es la etiología más frecuente. Algunas enfermedades generales también alteran el ciclo (hepatitis, insuficiencia cardíaca, hipertensión, etc.).
En caso de dolor en la regla (dismenorrea) es mejor dejar de lavarse las zonas anatómicas implicadas.	Todo lo contrario: los labios externos incluso deben incrementarse, exceptuando el contacto con aguas muy frías, que podrían provocar espasmos de los vasos sanguíneos con alteraciones de la sangre menstrual.
Las compresas internas tampoco deben ser utilizadas.	Esto sólo es válido en caso de infección vaginal.
Todas las dismenorreas cuyo origen orgánico no ha sido demostrado son de origen psíquico.	No todas; hay un porcentaje de ellas que probablemente se deba a reacciones metabólicas uterinas.
El tratamiento de los miomas (tumores benignos del útero) es siempre quirúrgico.	Se pueden instaurar también tratamientos hormonales, reservando la cirugía para los casos de sangrado, dolores o exceso de volumen del tumor.
El prolapso (descenso) uterino está provocado por factores constitucionales del sujeto.	También pueden intervenir la obesidad, labores en las que deben levantarse grandes pesos o partos traumáticos.

Capítulo 2. Infecciones vaginales y enfermedades de transmisión sexual

C. Martín Perpiñán

AGENTES QUE CAUSAN INFECCIONES VAGINALES

Es rara la mujer que nunca ha tenido una *vaginitis* o infección de la vagina. Esta afección constituye la consulta más frecuente al ginecólogo y sus síntomas pueden ser muy molestos; el picor o escozor intenso, acompañado de un flujo vaginal aumentado, son las formas en que se manifiesta.

Los agentes que causan estas infecciones son variados; algunos de ellos se transmiten por contacto sexual y otros no. Veamos los más frecuentes a continuación.

Hongos

Se conocen también como *Candida albicans,* porque el aspecto de sus colonias en los medios de cultivo en laboratorio es blanco; es la clase de hongo que se encuentra con más frecuencia en la vagina. Los hongos se reproducen por esporas y se difunden ampliamente; por esta razón no es excepcional que estén siempre en el tracto genital de la mujer en mayor o menor cantidad. Cuando las defensas naturales de la vagina se alteran, por la administración de antibióticos u otra causa, los hongos se reproducen con más facilidad, se extienden por las paredes de la vagina y la vulva y dan lugar a los síntomas de una infección: picor intenso y escozor en la parte externa e interna de los genitales y flujo aumentado de aspecto muy blanco con grumos, como leche cortada.

El tratamiento con óvulos o comprimidos que se introducen en la vagina durante cinco o seis días suele ser eficaz. Es conveniente tratar también a la pareja con una pomada específica contra estos microorganismos, pues pueden transmitirse por contacto sexual.

Tricomonas

La infección por tricomonas es casi siempre por transmisión sexual; aunque pueden existir otras vías, como el intercambio de ropa interior, trajes de baño o toallas húmedas, estas formas de transmisión son muy poco frecuentes.

Los síntomas son también picores y escozor en la vagina y vulva que se acompañan, a veces, de molestias al orinar. El flujo es amarillento y espumoso y tiene mal olor.

Se debe levar a cabo un tratamiento por vía oral y vaginal, que dura de siete a diez días, con un antibiótico llamado *metronidazol;* es imprescindible que la pareja también lo tome, aunque no tenga ningún síntoma, que es lo más probable en el varón. Este medicamento es incompatible con el alcohol.

Gardnerella

Es un agente infeccioso poco importante que, como los hongos, puede transmitirse o no por contacto sexual, aunque ésta es la vía más frecuente. A veces no presenta ningún síntoma, y en otros hay picor y flujo con mal olor, sobre todo después del coito, al contacto con el semen. El tratamiento consiste en la administración de *metronidazol*, y debe seguirlo también la pareja.

Herpes vaginal

Es una infección ocasionada por un virus, el *Herpes simple*, que se transmite de una persona infectada a otra. Se manifiesta con la aparición de unas vesículas en la zona genital que causan dolor y escozor intenso. El tratamiento es poco eficaz y es muy frecuente que el virus permanezca durante años produciendo brotes infecciosos cada cierto tiempo. El medicamento *aciclovir* mejora los síntomas, aunque no los elimina por completo, y retrasa la aparición de los brotes.

Condilomas

En este caso también es un virus el agente causante: el virus del papiloma humano o VPH. Las lesiones que ocasiona pueden asentarse en la vulva, la vagina o el ano y son unas verrugas de 4-5 mm que aparecen en la piel de estas zonas.

Cuando el cuello del útero está afectado por este virus puede dar lugar a alteraciones importantes del tejido y ocasionar unas lesiones llamadas *displasias* que a largo plazo se han relacionado con el cáncer del cuello del útero.

El tratamiento consiste en la eliminación del tejido enfermo mediante congelación o *crioterapia,* láser, cirugía o aplicación de sustancias que lo eliminan, como las pomadas de *5-fluoracilo* o la *resina de podofilino.* El aplicar una u otra terapéutica depende del lugar y la gravedad de la lesión.

ENFERMEDADES DE TRANSMISIÓN SEXUAL

Las relaciones sexuales sin tener una pareja estable son bastantes frecuentes en nuestros días, sobre todo entre gente joven, y la posibilidad de adquirir una enfermedad que se transmite por contacto sexual ha aumentado en las últimas décadas. Aunque la mayoría de ellas son fácilmente tratables por la moderna antibioterapia, el retraso en la consulta por tratar de ocultar la enfermedad, al sentir vergüenza por haberla contraído, puede tener importantes consecuencias.

Lo mejor para evitarlas es la utilización del preservativo en los contactos sexuales ocasionales y la consulta rápida si se tiene algún síntoma; es fundamental tratar también a la persona que haya producido el contagio y a todos los posibles contactos que sean susceptibles de contraer la infección. Las más corrientes son las que explicamos a continuación.

Sífilis

En la época anterior a los antibióticos fue una auténtica plaga social; era una enfermedad muy difundida y con graves secuelas, pero que hoy desaparece con una simple inyección de penicilina. El problema con esta enfermedad reside en que hay casos en los que no se diagnostica de forma adecuada y puede entonces evolucionar a estadios más avanzados, causando afectación en otros órganos, como el hígado, el cerebro y otras partes del sistema nervioso central, y provocando parálisis progresiva y demencia. Se puede transmitir de la madre al feto durante la gestación.

La manifestación inicial es una úlcera rojiza en la zona anogenital, que aparece a las dos semanas del contacto sexual en el que se transmite y que se acompaña de un ganglio aumentado de tamaño en la zona inguinal, que tampoco es doloroso.

El diagnóstico requiere análisis de sangre de confirmación.

Gonorrea o blenorragia

En este caso son los hombres quienes tienen las molestias y las mujeres no las suelen percibir. Cuando han transcurrido entre tres y cinco días del contagio de la gonorrea en el varón hay una secreción purulenta por la uretra con molestias urinarias y escozor; en la mujer se infecta la vagina, las glándulas de Bartolino y el cuello del útero; también puede extenderse la infección al interior del útero y afectar a las trompas, lo que ocasionalmente las puede obstruir por adherencias en sus paredes y producir infertilidad.

Si se diagnostica y trata rápidamente no tiene graves consecuencias.

Ladillas

Son piojos que se asientan en el vello púbico. Este insecto tiene patas para agarrarse a los pelos y succiona la sangre de sus hospedadores. Estos parásitos se pueden ver a simple vista porque tienen un tamaño de 3-4 mm; los huevos se ven como unas bolitas grisáceas fuertemente pegadas a la base del pelo. El síntoma es el picor intenso en la zona del vello genital, y el tratamiento debe hacerse con insecticidas especiales de baja toxicidad para los humanos, pero que son altamente eficaces contra esta clase de piojos.

Hepatitis B

El virus que causa la hepatitis B se transmite por sangre y los instrumentos quirúrgicos contaminados, así como por las secreciones vaginales, el semen y la sangre de la menstruación. La hepatitis B no tiene tratamiento; lo más adecuado es vacunarse si la pareja es portadora del virus.

Sida

Es una enfermedad que se origina por causa de un virus que se llama *Virus de Inmunodeficiencia Humana* (VIH, o HIV en la terminología inglesa). Este virus se puede transmitir por contacto sexual y también por la sangre o los instrumentos de cirugía que se hayan contaminado con sangre de una persona ya infectada. La palabra «sida» proviene de las siglas Síndrome de Inmunodeficiencia Adquirida.

Se trata de una afectación del sistema inmunitario de un individuo, que es el conjunto de órganos que genera los mecanismos de defensa frente a las enfermedades. La alteración se produce por la entrada de este virus en la sangre, donde ataca a las células llamadas *linfocitos*, que constituyen una parte sustancial de la respuesta frente a otras infecciones. Cuando una persona desarrolla el sida los linfocitos son destruidos por el virus y las infecciones que normalmente no atacan a una persona sana se desarrollarán y extenderán con facilidad en este enfermo, provocando graves afecciones e incluso la muerte del paciente.

En la actualidad no existe un tratamiento eficaz para el sida ni tampoco vacunas, aunque las investigaciones están muy avanzadas en estos dos puntos cruciales. La medida más importante en la lucha contra esta terrible enfermedad es la prevención. El uso de preservativos, la esterilización de las agujas y del material quirúrgico, así como un control adecuado de los donantes de sangre puede reducir enormemente el número de afectados, que en la actualidad crece de manera alarmante.

REPERCUSIONES SEXUALES DE LAS INFECCIONES GENITALES
O. Bertomeu

Las mujeres podemos sufrir infecciones en nuestros órganos sexuales que pueden contraerse a través de las relaciones sexuales, o sin relaciones sexuales.

Aunque son muy molestas y dificultan las relaciones sexuales placenteras, suelen tener fácil solución y remiten en poco tiempo. Las mujeres que sufren una infección vaginal es decir, una *vaginitis*, se preocupan por el dolor o incomodidad que sienten durante el coito, por las secreciones de la vagina, o por el olor desagradable que se desprende de ella.

El tratamiento es sencillo y efectivo, así como las medidas preventivas que podemos seguir: una higiene adecuada respecto al aseo (no por muchos lavados diarios somos más limpias), y saber limpiarnos los genitales (siempre de delante hacia atrás); identificar si somos alérgicas al tejido de las bragas; el tratamiento del compañero si tiene infección, y en tal caso usar el preservativo; después de un coito anal no introducir el pene o los dedos en la vagina.

Asimismo, cuando sufrimos de *cistitis*, que es la inflamación o infección de la vejiga y del tracto urinario, padecemos unos síntomas harto molestos que también dificultan la relación sexual. Se puede sentir un escozor intenso cuando se orina, situación que se ve agravada por la necesidad constante de hacerlo; también se puede sentir dolor en el bajo vientre. Esta infección puede aparecer después de un período largo sin relaciones sexuales, después de un parto, o cuando se hace por primera vez el amor, a lo que se ha dado en llamar «cistitis de la luna de miel».

Las enfermedades de transmisión sexual

Como su nombre indica, las enfermedades de transmisión sexual (ETS) se transmiten a través de la relación sexual principalmente.

Ni que decir tiene que todas ellas, gonorrea, sífilis, herpes genital... entre otras, repercuten directamente sobre las relaciones sexuales, cuando cursan con dolor. Mención aparte merece el síndrome de inmunodeficiencia adquirida (sida), dado que no provoca malestar ni dolor en las relaciones sexuales, sino, en todo caso, reacciones emocionales en la pareja, derivadas de la gravedad del problema.

Afortunadamente, con el descubrimiento de la penicilina y otros avances científicos se logra un tratamiento eficaz para estas enfermedades, combatiéndose su propagación. Tampoco han sido menores los avances sociales que han desterrado en gran medida el estigma que suponía llamarlas enfermedades venéreas. ¡Siempre la mujer como eslabón entre el mal y el pecado!

Debido a que no siempre aparecen los síntomas tras el momento del contagio, lo que sí se debe hacer es pedir ayuda en cuanto se manifiestan en la mujer, o en el compañero, y realizar el tratamiento en los dos.

Sida

Considero necesario detenerme en el síndrome de inmunodeficiencia adquirida, conocido por sida, a causa de su gravedad, dado que, una vez desarrollado, por el momento no hay forma de curarlo, de modo que su progresión es ascendente en la transmisión desde que fue detectada en 1981.

Esta enfermedad se caracteriza por la destrucción del sistema inmunológico de la persona, de modo que al perder el organismo su sistema de protección queda a merced de cualquier infección que le sobrevenga. Lo más escalofriante de esta enfermedad estriba en que durante el período de incubación no aparecen los síntomas que permitan detectarlo, y, sin embargo, la persona en cuestión está en situación de infectar a otros. Si pensamos que desde el momento del contagio hasta la aparición de los primeros síntomas, o del desarrollo de la enfermedad, pueden transcurrir entre doce y dieciocho meses, nos podremos dar idea de la enorme cantidad de tiempo durante el cual una persona se convierte en un peligro, aún de forma inconsciente.

Hoy por hoy, el número de contagios entre los hombres homosexuales parece haberse estabilizado, mientras que se acrecienta de forma preocupante entre la población heterosexual. De hecho, la promiscuidad sexual, tener diferentes parejas íntimas sin utilizar medios de protección como el preservativo, provoca una escalada alarmante de casos.

A pesar del miedo que produce esta enfermedad y del estigma psicosocial al que están sometidas las personas que lo padecen, la población no ha llegado a concienciarse de los riesgos que corre y de que debe poner en práctica las medidas preventivas a su alcance. Y es que me temo que tampoco las autoridades sanitarias se lo han tomado con el interés que una pandemia como ésta requiere. Dado que no existe el modo de curar esta enfermedad una vez desarrollada, es preciso poner en marcha medidas preventivas sanitarias urgentes.

La mujer con sida no debe quedarse embarazada.

Una adecuada educación para la salud desde la escuela, y por supuesto para la familia, sería un buen modo de evitar o de intentar evitar en lo posible los contagios por falta de información.

La mujer que no esté infectada y tenga relaciones con diferentes parejas deberá tener absolutamente presente que no sabe «dónde la han metido antes» y protegerse con preservativos. Si es ella la infectada, deberá hacer uso de ellos igualmente. El problema que se suele plantear es el de si conviene ser sinceros e informar a las posibles parejas de esta situación. La mayoría de las personas te cuentan que no son capaces de autodelatarse por miedo a ser rechazadas. Porque el rechazo existe.

La mujer que esté infectada no debe quedarse embarazada; son muchos los riesgos que existen para la futura criatura de transmitirle el virus. Y en el caso de quedar embarazada, convendría interrumpir el embarazo a la mayor brevedad posible. Venir a un mundo como éste con una carga tan negativa es demasiado castigo para un ser inocente que no pidió la existencia.

Una vez dicho esto, haremos hincapié en la responsabilidad que todos tenemos respecto a una enfermedad tan terrorífica como el sida. Es perfectamente comprensible el miedo que puede generar una enfermedad así, porque pone al descubierto los flancos más vulnerables de nuestra condición como humanos: el miedo ancestral que guardamos en nuestro interior a lo desconocido, a la sangre, al sexo, al abandono, a la enfermedad, al deterioro, a la soledad, y a la mayor soledad en que puede quedar una persona, la muerte. Temer al sida no es hipocondría, porque el sida mata, aunque eso no puede justificar en ningún caso que nos entreguemos de forma irracional a fomentar la angustia exacerbada. Precisamente a causa del carácter contagioso del sida es por lo que se genera tanto terror, por lo que las personas han adoptado actitudes de lamentable intolerancia, crueles y discriminatorias.

Ante un hecho como ése todos estamos obligados a solidarizarnos y comprometernos tanto individual como públicamente a colaborar de forma activa en la prevención de esta enfermedad. Todos tenemos algo que hacer al respecto. Una actitud solidaria, serena y considerada hacia las personas que sufren esta enfermedad no se contradice con una actitud responsable que informe como es debido y ponga los medios para evitar en lo posible la expansión de la epidemia.

Contagiarse a sabiendas por prácticas de riesgo supone una irresponsabilidad y una locura, pero contagiarse por la ignorancia de los métodos preventivos es una tragedia lamentable. Informar para conocer lleva a comprender la realidad, y a permitir luchar no sólo contra la enfermedad individual, sino contra la propagación de la epidemia

Capítulo 3.

Enfermedades mamarias

F. R. Pérez López

ENFERMEDADES MAMARIAS Y HORMONAS

Las mamas constituyen una característica reproductiva distintiva que da nombre al grupo de los mamíferos, entre los que está el ser humano, y su función biológica es alimentar al recién nacido, pero cumplen también una misión estética y erótica en algunas culturas.

La glándula mamaria responde a las hormonas ováricas y a las hormonas hipofisarias, tanto en condiciones normales como en situaciones patológicas. El tamaño mamario viene condicionado por la cantidad de tejido glandular, que llegado el caso producirá la leche, y la cantidad de grasa que rodea la glándula. El componente glandular está determinado en el momento del nacimiento y su manifestación completa ocurrirá a partir de la pubertad por el estímulo de las hormonas. En cambio, la cantidad de grasa de la mama está influida por el peso y la cantidad total de grasa corporales.

Las enfermedades mamarias que pueden aparecer en el climaterio y en años posteriores son muy variadas y de diferente gravedad, pero la más temible es el cáncer de mama, y en el origen de éstas casi siempre existe un trastorno hormonal o una respuesta anormal de la glándula.

Las *enfermedades benignas* o *displasias mamarias* incluyen la *mastalgia* o *mastodinia*, la *mastopatía fibroquística*, el *fibroadenoma* y los *papilomas mamarios*, todas con una base hormonal en su origen y en su tratamiento.

El temor a padecer un cáncer de mama influye significativamente en la vida de la mujer y crea situaciones de tensión y angustia, y la existencia de antecedentes de cáncer de mama en familiares o personas allegadas agrava esa ansiedad. La falta de una explicación médica adecuada y la inexperiencia pueden ser motivo de confusión y preocupación para la mujer; otras veces, las pacientes con riesgo de cáncer de mama no reciben la atención que debieran.

DISPLASIAS MAMARIAS

Mastalgia

La *mastalgia* o *mastodinia* es el dolor que acompaña a la congestión mamaria durante la fase premenstrual o de forma permanente si el cuadro es más importante. La sensibilidad de la piel está aumentada y se perciben molestias con el roce de la ropa o al tocarse. Estas molestias predominan en la parte más alta y próxima a la axila, que es donde habitualmente hay más cantidad de tejido mamario; la consistencia suele estar homogéneamente aumentada, sin zonas que destaquen del resto de la mama; y las causas están en relación con desequilibrios en la sensibilidad de los receptores mamarios para las hormonas ováricas, la retención de líquidos en la fase premenstrual y posibles alteraciones circulatorias. Esta situación es una respuesta intensa a las hormonas producidas por el ovario, como ocurre en las mujeres jóvenes o cuando la mujer perimenopáusica recibe tratamiento con estrógenos. El componente emocional y las situaciones de estrés suelen agravar la congestión mamaria y favorecer el dolor.

La mujer premenopáusica que nota tensión y dolor mamario se puede tratar con pequeñas dosis de derivados de la progesterona por vía oral durante la segunda parte del ciclo, o aplicando cremas de progesterona sobre las mamas.

En las mujeres posmenopáusicas que notan turgencia y mastalgia bajo tratamiento con estrógenos, se debe reducir la dosis de los mismos; sin embargo, algunas buscan precisamente mejorar la firmeza mamaria.

Mastopatía fibroquística

La *mastopatía fibroquística* es una denominación genérica para las alteraciones de la respuesta mamaria en que aparecen fibrosis y conductos dilatados o quistes de tamaño variable. Esta alteración resulta de un desequilibrio entre los estrógenos y la progesterona producidos por el ovario, o de una respuesta defectuosa de la células mamarias a esas hormonas. Esta respuesta mamaria anormal tiene lugar de forma muy discreta durante años, para manifestarse sobre todo en la época premenopáusica, cuando los desequilibrios hormonales son más notables. Habitualmente pasados unos dos años de la menopausia, al faltar el estímulo ovárico,

desaparecen las molestias aunque a veces persisten dolores difusos e imprecisos y zonas induradas en la exploración clínica.

La mastopatía fibroquística es una enfermedad benigna, pero se ha demostrado de una forma repetida en estadísticas muy amplias que esta enfermedad multiplica por dos o tres el riesgo de desarrollar cáncer de mama en comparación con las mujeres que no la padecen. Por tanto, su reconocimiento, tratamiento y control son de gran importancia para prevenir y diagnosticar un posible cáncer.

La frecuencia de mastopatía fibroquística es muy alta, y llega a afectar a un 25-30 por ciento de la mujeres premenopáusicas; sin embargo, cuando se consideran sólo las sometidas a cirugía mamaria, el porcentaje asciende notablemente.

Pilnik y Leis, basándose en casi tres mil quinientas mujeres operadas de enfermedades mamarias benignas, es decir, sin incluir los cánceres, encuentran que el 54 por ciento de esas mujeres presentaron mastopatía fibroquística. Los síntomas más frecuentes de esta mastopatía son: dolor difuso en una o ambas mamas, localizado de forma punzante; sensación de tirantez; piel muy sensible al roce; sensación de induración difusa de toda la mama o condensación dolorosa en una parte de la mama. La edad máxima de incidencia de estas molestias oscila entre cuarenta y los cincuenta años, aunque hay mujeres con fenómenos de fibrosis y quistosis mamarias muy intensos a partir de la tercera década de su vida.

La exploración clínica permite determinar la consistencia mamaria y la presencia de zonas fibróticas o de quistes, pero hay que tener en cuenta que, según sea la tensión del líquido quístico, se notará fluctuación, y si es voluminoso puede provocar reacción inflamatoria y calor local. Cuando existen tumoraciones quísticas se debe proceder a la evacuación del líquido y a su estudio citológico para confirmar la inexistencia de cáncer. La ecografía mamaria permite concretar el tamaño de las tumoraciones y comprobar si son sólidas o líquidas. En algunos casos, el estudio radiológico mediante mamografía y xerografía permite descartar con bastante certeza la coincidencia de lesiones sospechosas de cáncer y confirmar que efectivamente se trata de una mastopatía fibroquística.

La aplicación de cremas que contienen progesterona permite reducir los grados mínimos de congestión y dolor mamarios, y al mismo tiempo se pueden administrar derivados de esta hormona en comprimidos o en inyecciones intramusculares. Se pueden administrar 10 mg/día de dihidroprogesterona, medroxiprogesterona o noretisterona por vía oral durante un período de siete a catorce días antes de la menstruación, o bien en períodos de mayor duración.

El tratamiento con bromocriptina puede mejorar las molestias mamarias leves, pero su eficacia es dudosa en algunas mujeres y los efectos gastrointestinales pueden ser incómodos.

La administración de tamoxifeno se acompaña de una reducción notable de la fibrosis e induración, disminuyendo la congestión y los dolores mamarios. Este fármaco neutraliza el efecto de las hormonas ováricas sobre la mama, pero a la vez puede comportarse como estimulante por tener acciones estrogénicas débiles. Esto obliga a un seguimiento estrecho, pero en general los resultados conseguidos son muy buenos en dosis que oscilan entre los 10-30 mg/día de forma cíclica.

En danazol es un potente agente neutralizador de la función hipofisaria y ovárica cuyas características se han mencionado al tratar el dolor menstrual y la endometriosis. En general, se consiguen buenos resultados, incluso en las formas más graves de mastopatía fibrosa, pero se deben vigilar estrechamente los posibles efectos secundarios.

Una alternativa al tratamiento hormonal lo constituye la ingesta de aceite de prímula *Oenothera biennis* en dosis de 2-3 g/día, que puede ser beneficioso en las formas leves o moderadas.

La cirugía mamaria, en forma de biopsia de los nódulos o de las zonas radiológicamente sospechosas de cáncer, debe ser practicada en los casos dudosos. La extirpación de la mama conservando la piel y colocando una prótesis sólo está justificada en las mamas premenopáusicas muy fibrosas y densas en las que dudas radiológicas de un posible cáncer, cuando se han realizado numerosas biopsias y existan cicatrices y adherencias o cuando han fracasado los tratamientos farmacológicos.

Fibroadenomas mamarios

Los *fibroadenomas* son tumores benignos que se presentan como nódulos únicos o múltiples, sobre todo en mujeres jóvenes, y que no predisponen para la aparición posterior de cáncer de mama. Constituyen por su frecuencia el tercer problema mamario, después de la mastopatía fibroquística y el cáncer de mama.

Los fibroadenomas se presentan con mayor frecuencia a los veinticinco-treinta años de edad, pero también se pueden presentar en mujeres premenopáusicas en forma de fibroadenosis que afectan a casi todo el tejido mamario. Casi nunca se presentan después de la menopausia, aunque sí pueden detectarse nódulos residuales calcificados con tendencia a retraerse.

La historia clínica típica del fibroadenoma mamario es una mujer que accidentalmente detecta un bulto, habitualmente indoloro, móvil y su tamaño no se modifica durante el ciclo menstrual. El tamaño suele ser de unos dos o tres centímetros, consistencia elástica, redondeado y difícil de diferenciar por palpación de un quiste mamario. La sospecha diagnóstica de fibroadenoma se debe complementar con la punción y la citología, la ecografía y, eventualmente, la mamografía.

La extirpación y estudio microscópico están indicados sobre todo cuando existe reacción inflamatoria, cuando la mujer es premenopáusica o cuando existan dudas en el estudio radiológico. La misma biopsia o extirpación del nódulo constituye su tratamiento.

Secreción mamaria anormal

La salida de líquido o secreción mamaria por uno o ambos pezones sin haber estado la mujer embarazada recientemente es un motivo de preocupación y puede ser un dato sospechosos de cáncer de mama, pero en la mayoría de los casos se trata de un problema benigno de fácil solución.

El aspecto de la secreción mamaria puede ser acuoso, lechoso, sanguinolento o purulento, y puede afectar a una o ambas mamas. En los casos de afectación bilateral puede existir un aumento de la hormona prolactina por una hiperfunción hipofisaria, por la presencia de un tumor hipofisario y, muy frecuentemente, por el consumo de ciertos medicamentos que estimulan la secreción de esa hormona como efecto secundario. Cuando la salida de líquido por el pezón afecta sólo a una mama es más probable que la causa sea un crecimiento dentro de uno de los canalículos de la mama, ya sea un papiloma benigno, un cáncer o un proceso inflamatorio de mayor o menor importancia.

Para establecer la causa determinante de la secreción mamaria se debe realizar el estudio citológico del líquido, determinar la concentración sanguínea de prolactina y, en pocos casos, es necesaria la tomografía de la región hipofisaria, la mamografía o la ecografía; si el líquido sale sólo por uno de los orificios del pezón, puede estar indicado practicar la radiología mamaria inyectando contraste por el orificio y efectuando la biopsia de la zona si la secreción es sanguinolenta.

En los casos de secreción debida al consumo de medicamentos que aumentan la secreción de prolactina, se deberá evitar su empleo si es posible, o realizar un control periódico una vez descartada la presencia de un tumor hipofisario.

Las secreciones purulentas son debidas a infecciones causadas por gérmenes corrientes y, a veces, por hongos. El tratamiento debe realizarse con antiinflamatorios y antibióticos apropiados, según sea el cultivo del líquido. En aquellos casos en que exista material purulento retenido formando un absceso mamario se debe proceder al drenaje y limpieza de la zona y al tratamiento antibiótico correspondiente.

Las mamas sangrantes por el pezón son sospechosas de cáncer de mama, aunque en la mayoría de los casos la causa es un papiloma intracanicular. En cualquier caso, se debe identificar el trayecto del conducto con un catéter radiopaco, biopsiar la zona para garantizar la extirpación del tejido que provoca la hemorragia y estudiar al microscopio el tipo de lesión. En general, si el problema era debido a un papiloma se resuelve con la misma biopsia.

EL CÁNCER DE MAMA

El cáncer de mama es el tumor maligno más frecuente de la mujer y es una de las principales causas de mortalidad femenina debida a cáncer. En los últimos años su frecuencia ha aumentado en los países occidentales, mientras que desgraciadamente la supervivencia no ha cambiado casi nada en los últimos cincuenta años. La supervivencia de una mujer con cáncer de mama localizado era hace cincuenta años de un 78 por ciento a los cinco años de su diagnóstico, y en la actualidad es de aproximadamente un 85 por ciento. Sólo el diagnóstico precoz y un tratamiento reglado permite mejorar las posibilidades de supervivencia y la calidad de vida de las mujeres que padecen esta enfermedad.

La mayor incidencia de cáncer de mama tiene lugar después de los treinta y cinco años de edad, y en el 83 por ciento de los casos se presenta después de los cincuenta. Las causas del cáncer de mama son desconocidas y posiblemente existen varias formas de la enfermedad según su comportamiento biológico. Los estudios epidemiológicos han permitido describir la población que está expuesta a mayor riesgo de padecer cáncer de mama. Parece fuera de toda duda que la raza blanca tiene mayor predisposición a padecer cáncer de mama que los orientales que viven en sus países de origen. Esto posiblemente guarda más relación con el género de vida y la dieta que con factores étnicos. El bajo consumo de carnes y grasa animales en los países orientales disminuye la posibilidad de padecer la enfermedad. Las mujeres japonesas con dietas tradicionales ricas en verduras y pescado tienen menos frecuencia de cáncer que las mujeres californianas del mismo origen étnico, pero que tienen la dieta americana convencional. Se tiene la sospecha de que los tratamientos hormonales que reciben muchas carnes de consumo justifican en parte el aumento de la incidencia de cáncer de mama.

Aparentemente existe un aumento del riesgo de padecer cáncer de mama en

Frente al cáncer de mama, sólo el diagnóstico precoz y un tratamiento reglado permiten mejorar las posibilidades de supervivencia.

aquellas mujeres que comenzaron a menstruar muy precozmente y en aquellas en que la menopausia se presenta después de los cincuenta años de edad. Las mujeres que tienen la menopausia natural antes de los cuarenta y cinco años tienen la mitad de riesgo de padecer cáncer mamario. Además, se ha comprobado que las mujeres que tienen una menopausia artificial, cuando se les extirpan los ovarios tienen menos frecuencia de cáncer. Marchant calcula que en las mujeres que no tienen ovarios desde antes de los treinta y cinco años de edad, las posibilidades de tener cáncer de mama se reduce a un 70 por ciento, si las comparamos con las que sí los tienen.

Las mujeres que han tenido irregularidades menstruales durante períodos prolongados de su vida menstrual, tienen más riesgo de padecer cáncer de mama que aquellas que han tenido las reglas puntualmente desde el comienzo de la menopausia. Parece que los desequilibrios hormonales que acompañan a estos trastornos menstruales son suficientes, si actúan durante períodos prolongados, para favorecer el cáncer. Estos desequilibrios afectarían a varias hormonas y originarían: un exceso de estrógenos, la falta de progesterona y un exceso de prolactina.

Se ha estudiado la influencia de los partos sobre el riesgo de cáncer de mama. MacMahon ha analizado cuidadosamente este problema y concluye que el «efecto protector» del parto está determinado por la edad en que ocurre; por ejemplo, las mujeres que han tenido un parto antes de los veinte años tienen la mitad de riesgo de padecer cáncer que las que no han parido nunca. Este supuesto efecto positivo de un parto en la juventud parece que se manifiesta a partir de los cuarenta años; sin embargo, ese efecto beneficioso no lo tiene el embarazo que acaba en aborto antes de dicha edad.

También se ha especulado con la influencia que tiene la lactancia natural sobre el riesgo de cáncer de mama, pero existen controversias al respecto. Los estudios epidemiológicos en muchos casos no depuran lo que es la influencia del parto, la edad del mismo y el factor dependiente de la lactancia, por lo que actualmente se recomienda la lactancia durante un mínimo de tres meses, siempre que sea posible.

En las mujeres entre sesenta-sesenta y nueve años el peso corporal y la cantidad de grasa parece que tienen cierta influencia en el riesgo del cáncer mamario, mientras que en las mujeres de menos de cincuenta años no existe ninguna influencia del peso corporal. La importancia del peso y la cantidad de grasa radican en que este tejido es una fuente de hormonas estrogénicas en la mujer menopáusica.

Existen familias que muestran predisposición para padecer cáncer de mama, aunque no hay una transmisión genética directa. Cuando familiares directos como la madre o hermanas han padecido cáncer de mama se incrementan las posibilidades de tener este tumor. Asimismo, se ha especulado con la posibilidad de que el medio ambiente familiar en un sentido muy amplio (dieta, estilo de vida, higiene...) contribuiría a este tipo de influencia familiar más que la herencia.

Como mencionamos anteriormente, la mastopatía fibroquística es un factor de riesgo para padecer cáncer de mama y, posiblemente, la estimulación o la hipersensibilidad a las hormonas producidas por el ovario favorezcan la aparición de tejidos anormales no cancerosos y cancerosos en la misma mama. En cambio, el fibroadenoma no afecta negativamente ni incrementa el peligro de padecer cáncer de mama. El haber padecido un cáncer de mama en una mama es un factor de riesgo para padecerlo en la otra.

Los tratamientos hormonales, sobre todo los anovulatorios, han sido fuente de controversias sobre si aumentan o no el riesgo de cáncer de mama. Los estudios de miles de casos de consumo prolongado durante años indican que no se incrementa, e incluso que disminuye el riesgo de cáncer de mama. Sin embargo, estas mujeres deben ser controladas, pues la disminución de riesgo no quiere decir que sean inmunes a padecerlo y, por otra parte, el tratamiento hormonal podría acelerar un cáncer que ya existiese antes de iniciar el tratamiento.

El tratamiento hormonal sustitutivo con hormonas de las mujeres menopáusicas representa para algunos investigadores un pequeño riesgo si sólo se basa en la utilización de estrógenos, por lo cual se aconseja unida a una pequeña cantidad de derivados de la progesterona. Sin embargo, muy recientemente, se ha visto que este riesgo es mínimo o inexistente, y que este tipo de tratamiento puede mejorar el trofismo mamario.

Clínica del cáncer de mama

Los síntomas del cáncer de mama son poco específicos, pero algunos de ellos pueden aparecer en enfermedades benignas o ser poco valorados por la mujer. La cultura sanitaria de la mujer es un factor que condiciona su visita más o menos rápida al médico cuando presente molestias mamarias, pero afortunadamente va desapareciendo el falso pudor de acudir al médico y la idea de que cáncer es sinónimo de muerte y de dolor, en favor de una mayor atención por la propia salud.

La mayoría de las consultas de las mujeres con cáncer de mama se debe a la presencia de un bulto mamario, habitualmente indoloro, desde hace pocos días o semanas en que lo descubrió por casualidad. A veces, se nota un enrojecimiento o calor en una zona mamaria, en algunos casos inflamación e induración de la piel que adquiere el aspecto rugoso de la corteza de naranja; en otros, predomina la retracción y la deformidad de la mama, especialmente en las mujeres ancianas; por último, decir que también se pueden presentar lesiones de aspecto eccematoso en el pezón y en la areola que no responden a los tratamientos habituales, y formas con fuerte reacción inflamatoria que pueden inducir a la confusión con una mastitis. Algunas veces el primer síntoma del tumor maligno es un ganglio en la axila o en el cuello, pero en la actualidad raramente se ven los tumores ulcerados, el cáncer masivo de toda la mama o las formas en coraza pétrea afectando toda la mama.

El estudio complementario de los casos de alto riesgo y cuando existan dudas en la exploración clínica debe incluir la ecografía mamaria, la citología por punción y aspiración y la mamografía. La biopsia de la zona o el nódulo sospechosos es el paso obligado e imprescindible para confirmar o denegar de una forma definitiva si hay o no un cáncer en esa mama.

Diagnóstico precoz del cáncer de mama

Desde el momento en que se inicia una lesión cancerosa hasta que se manifiesta pasan años. Cuando la mujer nota una tumoración, dolor o induración mamarias, posiblemente ya existe la diseminación de la enfermedad. Por ello, es muy importante insistir en el gran valor que tiene el diagnóstico precoz sin esperar a que aparezcan los síntomas clásicos de la enfermedad. La revisión ginecológica anual debe incluir la exploración mamaria con el fin de detectar la patología benigna y descartar lesiones precancerosas o cancerosas pequeñas que pasarían desapercibidas a la mayoría de las mujeres.

La autoexploración mamaria es un complemento inocuo de la exploración ginecológica que la mujer debe realizar periódicamente. La Sociedad Estadounidense del Cáncer hace años que inició una campaña de información al público en general, llamando la atención sobre la necesidad de diagnosticar precozmente el cáncer de mama y que la propia interesada pueda contribuir a ello con unas normas muy sencillas. En definitiva, lo que se pretende es que la mujer reconozca las características de sus mamas e intente detectar cualquier anomalía que, en caso de duda, debe ser evaluada por el médico. El inconveniente que puede representar la autoexploración afecta sobre todo a mujeres ansiosas que pueden ponerse nerviosas y angustiadas.

La autoexploración mamaria debe practicarse una vez al mes, desnudándose de cintura para arriba. Si todavía tiene la menstruación el mejor momento para la exploración es después de terminarla, y si ya es menopáusica se debe tomar un día fijo de cada mes. Lo primero que se debe comprobar, frente a un espejo, es la forma y la configuración de los senos y la forma y la posición de los pezones. A continuación, la mujer debe colocar primero los brazos en la cintura y luego sobre la cabeza, apretando para contraer los pectorales, y comprobar en cada posición si aparecen deformidades. Una vez completada la inspección se procederá a la palpación, tumbada sobre la cama, palpando ordenadamente con la mano del lado contrario todas las partes de la mama en busca de posibles bultos, zonas induradas o puntos dolorosos. Tras esto, se coloca debajo de la cabeza el brazo del mismo lado de la mama explorada y se repite la exploración insistiendo en la parte más alta y la axila. Finalmente, se comprueba si sale algún líquido al exprimir suavemente el pezón.

Cuando la mujer detecte alteraciones en sus mamas o tenga dudas exploratorias deberá acudir al ginecólogo para que realice el diagnóstico correspondiente. La exploración clínica y la realización de alguna de las pruebas complementarias antes comentadas permitirá saber de qué se trata y recibir tratamiento si procede.

Dentro de las pruebas complementarias para el diagnóstico precoz merece especial mención el estudio radiológico de la mama mediante la mamografía y la xerografía, ya que estas técnicas permiten detectar lesiones microscópicas que en la palpación pueden pasar desapercibidas, sobre todo cuando la mama es voluminosa o cuando existe una mastopatía fibroquística. Las técnicas actuales no presentan un peligro de irradiación excesiva, como ocurría antiguamente, por lo que, en caso de duda, se debe prodigar.

Tratamiento del cáncer de mama

El tratamiento del cáncer de mama debe ir precedido de una cuidadosa evaluación para establecer el grado de afectación que existe y escoger la estrategia más adecuada para cada caso, y según esté más o menos extendida la enfermedad en el momento de iniciar el tratamiento se determinará la conducta a seguir y el pronóstico de la mujer.

Los factores que influyen sobre la posibilidad de curación son el tamaño del tumor primario, la afectación o no de los ganglios regionales, la existencia de metástasis a distancia, el tipo histológico de tumor y la concentración de receptores de estrógenos y progesterona en el tumor.

La filosofía del tratamiento del cáncer de mama es motivo de fuertes controversias y posturas encontradas, a veces sin justificación científica. Cuando existan varias alternativas terapéuticas, la mujer y el familiar más directo deben ser informados de los resultados posibles, y dar un margen de elección cuando los resultados finales sean similares.

La mujer tiene derecho a recibir el tratamiento más efectivo y que garantice una mejor calidad de vida, pero sin hipotecar los resultados a intereses parciales o sin tener en cuenta la finalidad del tratamiento, que es la curación del cáncer.

El tratamiento quirúrgico es una parte importante de la estrategia terapéutica del cáncer de mama, pero debe adecuarse a las características del tumor o parte de la mama en aquellos casos en que el tumor sea muy localizado. La cirugía conservadora debe ir asociada a radioterapia, pero en los casos más avanzados se debe realizar la extirpación quirúrgica de la mama o mastectomía. En todos estos tipos de cirugía se debe añadir la extirpación de los ganglios axilares en el mismo acto operatorio.

La reconstrucción mamaria en la mayoría de los casos se debe realizar preferentemente en una segunda fase posterior a terminar el tratamiento complementario. En los tumores muy avanzados, con metástasis a distancia, la cirugía tiene justificación para evitar el riesgo de ulceraciones, y entonces también se puede sustituir la cirugía por la radioterapia local.

La quimioterapia posoperatoria se realizará teniendo en cuenta el tamaño del tumor extirpado, el tipo de tumor, la afección ganglionar, la edad, la situación menstrual y la concentración de receptores para los estrógenos y la progesterona presentes en el tumor. Las modalidades quimioterápicas son muy amplias, incluyen dos o tres citostáticos de forma intermitente, durante seis o doce ciclos, realizando evaluaciones periódicas del estado de la mujer.

Estos tratamientos no están exentos de algunos efectos secundarios e incomodidades, pero son convenientes para intentar eliminar los focos microscópicos de tumor y los riesgos de recidivas. Para evitar estos inconvenientes, las dosis se deben ajustar a una serie de controles clínicos y parámetros bioquímicos.

La hormonoterapia con antiestrógenos, como por ejemplo el tamoxifeno, puede ser útil como complemento de la quimioterapia y en casos muy localizados que no la requieran. Otros tratamientos hormonales dependen de las características concretas de cada mujer.

La radioterapia es útil en las mujeres que no quieren ser operadas, existe un estado general que impide la realización de la cirugía correctamente o cuando existan metástasis. Cuando la cirugía y la quimioterapia son correctas, la irradiación sistemática no aporta beneficios sustanciales.

Capítulo 4.
▼

Cáncer ginecológico

S. Dexeus y J. Mª Farré

E l cáncer constituye una de las enfermedades de alta incidencia en la población general. La propia condición de mujer hace a ésta posible candidata a padecer, ya sea un cáncer de mama o de útero o en cualquier otro lugar del aparato genital femenino.

El cáncer de mama va en progresivo aumento, siendo su frecuencia relativa el 24 por ciento de todos los tumores que puede padecer la mujer, aunque su incidencia está todavía por debajo de los tumores originados en el aparato digestivo. En España se descubren diez mil cuatrocientos nuevos casos por año, lo cual ha llevado a ciertas comunidades, empresas o áreas sanitarias concretas a establecer campañas de diagnóstico temprano del tumor mamario mediante la mamografía. El problema sanitario del cáncer, como tantos otros aspectos de la sociedad española, es un problema de cultura, en este caso de divulgación médica.

La sola mención de la palabra «cáncer» provoca en el público profano no sólo un sentimiento de impotencia sino también de auténtico terror motivado por la creencia de que ante esta enfermedad nada puede la medicina, siendo siempre fatal su resultado. Nada más lejos de la realidad, sin embargo. El cáncer puede ser vencido, o al menos detenido en su evolución, como tantas enfermedades que en su día constituyeron auténticas plagas para la humanidad y que actualmente simplemente son recuerdo de una patología periclitada.

Actualmente desconocemos la etiología del cáncer: (o al menos en un alto porcentaje de tumores) y los factores que influyen en su evolución. Los tratamientos clásicos son: la cirugía, la radioterapia y la quimioterapia, que pueden combinarse entre ellas y aplicarse efectivamente. En Norteamérica se cura alrededor del 50 por ciento de los pacientes afectados de cáncer. Esta cifra es un tanto ambigua pues se incluye en ella cualquier tipo de cáncer, cualquier edad y segmento de la población.

Si algo está claro en la mente de todos los que nos dedicamos a la lucha contra el cáncer es que el diagnóstico precoz es el arma más efectiva para conseguir la posible curación de la enfermedad. En un reciente trabajo, el oncólogo islandés Sigudson analiza los efectos de las campañas de diagnóstico precoz establecidas en aquella isla desde 1964 y concluye que la correcta organización en el diagnóstico precoz y el seguimiento estricto de los casos de riesgo, permitió erradicar el *cáncer invasor* de cuello uterino en su país.

DIAGNÓSTICO PRECOZ

Uno de los argumentos médicos que podemos esgrimir es evidenciar que cuanto menor sea el desarrollo del tumor mayores son las posibilidades de curación. A su vez, este menor desarrollo será directamente proporcional a la precocidad del diagnóstico.

Desde el punto de vista sociolaboral, el cáncer de cuello uterino, objeto principal del diagnóstico precoz, incide en una época de la vida de la mujer en que la actividad laboral o familiar está en su punto más alto. Existen incluso argumentos económicos que, aunque difíciles de cuantificar, justificarían también la organización de amplias campañas de información y asistencia en este importante tema de la patología femenina. No sólo es sencillo erradicar un *tumor no invasor* o en el comienzo de su potencialidad agresiva, sino que es curable en casi el 100 por cien de los casos, con costos sanitarios muy inferiores a los que exige la terapéutica, y sus pobres resultados, en casos avanzados. Resulta obvio que la financiación de las campañas sea difícilmente amortizable por la reducción de los tratamientos de casos avanzados, pero, aquí, el planificador sanitario debe olvidarse de las finanzas y recordar que el valor de una vida humana no tiene precio alguno.

La prevención primaria estriba en erradicar las causas que motivan la aparición del cáncer.

El medio clásicamente empleado en las amplias campañas de diagnóstico del cáncer ginecológico es la *citología*, conocida vulgarmente como el *test de Papanicolau*, nombre del médico que la introdujo en 1943. Han pasado más de cincuenta años y todavía seguimos combatiendo por intentar lograr que gobiernos y autoridades sanitarias organicen debidamente esta profilaxis sanitaria cuyos beneficios pueden salvar a gran número de mujeres.

En departamentos hospitalarios bien organizados, los casos detectados por una citología anormal son remitidos a unidades especializadas en patología cervical, donde disponen de medios ópticos *(colposcopia* y *microcolpohisteroscopia)* que permiten dirigir adecuadamente la mano del médico al lugar donde tomar una pequeña muestra para biopsia.

El cáncer de cuello uterino no tiene biología rápida sino que, desde que se inicia hasta que se hace invasor, es decir, que presenta mucha más dificultad para ser curado, pasan años (de siete a quince). Las etapas preinvasoras son precisamente las que son diagnosticables con la citología y la colposcopia, y la influencia de estas prácticas sobre la eclosión del cáncer invasor es evidente.

La prevención primaria estriba en erradicar las causas que motivan la aparición del cáncer. Aunque estamos lejos de conseguir este objetivo, ciertos tumores ginecológicos malignos parecen responder a diversos factores cuya coincidencia desencadena la aparición de la enfermedad.

En 1967, un científico norteamericano describió lesiones que afectaban al cuello uterino y que aunque eran ya sobradamente conocidas con otro nombre *(displasias),* volvió a rebautizarlas al considerar que siempre evolucionaban hacia el cáncer. Estas alteraciones histológicas se denominan *neoplasias cervicales intraepiteliales* que, como su nombre indica, se trata de lesiones del cuello uterino que no invaden, es decir, quedan limitadas al propio epitelio. En realidad, puede permanecer durante muchos años en esta situación y, de hecho, desde el inicio del proceso hasta la aparición de un cáncer invasor, se ha conjeturado que podían transcurrir de siete a veinte o más años. Aunque no todos los científicos están de acuerdo en que la totalidad de las lesiones preinvasoras lleguen a convertirse en un auténtico cáncer. Por el contrario, el consenso es más generalizado en cuanto al papel causal de un virus de transmisión sexual en todo el proceso. Se trata del *virus del papiloma humano (HPV)*. De él se conocen sesenta familias diversas, algunas tan inocuas y banales como los virus que producen las verrugas cutáneas y que nada tienen que ver con el cáncer.

En el cuello uterino se producen constantemente modificaciones y pequeñas alteraciones que igual que en cualquier otro epitelio de recubrimiento, como, por ejemplo, la piel, tienden a curar espontáneamente. En el cuello del útero, este proceso de curación se efectúa mediante la transformación de unas células jóvenes que normalmente deberían formar un tipo de epitelio pero que, a través de una auténtica metamorfosis *(metaplasia)*, dan lugar a otro tipo celular sustituyendo al tejido lesionado. Estas células pluripotentes, puesto que forman tanto un epitelio glandular como uno de varias capas, parecido al de la piel (el que recubre el exterior del cuello), son células jóvenes, inmaduras y, por tanto, «influenciables». Sobre ellas actuará el virus induciendo los cambios nucleares que darán lugar a un tejido anormal con un crecimiento desordenado, característico del cáncer.

Para algunos investigadores el cáncer del cuello uterino es una enfermedad de transmisión sexual, admitiendo que en todas las lesiones precursoras debe existir el HPV. Los que definen esta teoría consideran que el hecho de no hallar el virus en algunas de estas lesiones o en el propio cáncer no demuestra que no sea el agente inductor, sino que los medios de que disponemos para diagnosticarlo no son lo suficientemente sensibles. No obstante, los hechos no son tan categóricos como algunos los presentan y es evidente que tienen que incidir varios factores que actúan como auténticos facilitadores del crecimiento canceroso. La lista es numerosísima, incluyendo desde factores hereditarios y familiares hasta el posible papel preventivo, por su faceta higiénica, de la circuncisión del varón. En estos últimos meses están cobrando mayor relieve todos aquellos estímulos que pueden disminuir la inmunidad local de los tejidos. Parece ser que las fumadoras tienen mayor propensión al cáncer de cuello uterino porque la nicotina disminuye la capacidad de defensa del tejido.

Se ha diseñado un retrato robot de la mujer con alto riesgo de padecer cáncer de cuello uterino y que podría ser el de aquella que comenzó sus relaciones sexuales muy tempranamente, existiendo promiscuidad y falta de higiene en su vida sexual y que además es fumadora empedernida. Si a todo ello se añade el que haya padecido frecuentes infecciones sexuales y revisiones ginecológicas irregulares, obviamente tenemos todas las condiciones socio-sanitarias para que esta mujer pueda padecer un proceso neoplásico, probablemente avanzado. Por el contrario, el tratamiento correcto de las infecciones víricas, que actualmente pueden hacerse con gran sencillez si se diagnostican correctamente, así como las revisiones periódicas con citología y examen ginecológico, constituyen la mejor garantía de una prevención eficaz.

El tratamiento de las lesiones malignas no invasoras del cuello uterino es relativamente sencillo. Si el diagnóstico es correcto y se conocen los límites exactos de la lesión mediante técnicas tales como la colposcopia o la microcolpohisteroscopia, la paciente puede someterse a tratamientos simplemente locales con extracción de la lesión mediante el láser o el asa diatérmica o, en casos muy limitados, en mujeres muy jóvenes, destruyendo simplemente el área afectada. Todo el tratamiento se efectúa sin ingreso en clínica y con una mínima anestesia local.

No todos los tumores ginecológicos tienen tan fácil diagnóstico precoz y tan sencillo tratamiento. Considerarlo así constituiría una peligrosa simplificación. El cáncer de endometrio, es decir, el que se origina en la mucosa que recubre el interior del útero, tiene mayor dificultad precoz y lo mismo sucede con el cáncer de ovario. Recientemente, la ecotomografía con Doppler color abre una nueva vía en la posibilidad de diagnóstico temprano de estos órganos genitales.

Si un cáncer de ovario se diagnostica en las primeras etapas de su crecimiento, la supervivencia puede superar el 75 por ciento y en el cáncer de endometrio es todavía más alta.

En la actualidad se tiende a procurar para las pacientes afectadas de cáncer terapéuticas individualizadas para cada caso lo menos agresivas posible. No podemos olvidar que la cirugía, aun siendo eficaz, puede dejar secuelas que desesperan a la ex enferma, por la disminución de calidad de vida que comportan. Si añadimos los conocidos efectos de la quimioterapia o de la radioterapia, no podemos olvidar que la enferma requiere un apoyo médico total, sin descuidar su psique, su sexualidad, su entorno y sus más dispares vivencias.

El apoyo psicoterapéutico de la paciente cancerosa debe hacer hincapié en el compromiso formal de lucha y colaboración total que va a recibir por parte del facultativo. Aun así, muy probablemente la paciente necesite apoyo psíquico de personal especialmente formado, como veremos más adelante.

EFECTOS PSICOLÓGICOS DEL CÁNCER GINECOLÓGICO

Los efectos psicológicos en las neoplasias estrictamente femeninas se diferencian según diversos factores individuales: la edad, la historia personal, la personalidad previa o los mecanismos individuales de afrontamiento. Una de las primeras cuestiones a tener en cuenta es la alteración de la *imagen corporal*.

De hecho, el cáncer ginecológico es vivido como un serio asalto a la identidad femenina. La mujer puede percibirse físicamente menos atractiva, con una sensación de pérdida de autonomía personal, y «asexualización». Desde el momento del diagnóstico hasta la situación posquirúrgica la mujer puede pasar por diversos estados que vamos a analizar:

Impacto del diagnóstico

La incertidumbre de las pruebas diagnósticas —sobre todo cuando los procesos de información no son adecuados— crea ya en la paciente sospecha de cáncer y estados de ánimo que alternan entre el optimismo y la desesperanza. Una vez confirmado el diagnóstico, la enferma pasa por diversos estados que van desde la angustia hasta la rabia y la desesperanza finalizando con el intento de afrontar la enfermedad que va a depender de las características previas de la personalidad de la mujer y de su capacidad para encarar situaciones de estrés. También puede presentar proble-

mas de comunicación con el esposo o la familia, que suelen recibir y vivenciar la noticia *incluso con mayor angustia*. La paciente no está exenta, naturalmente, de presentar cuadros depresivos; sin embargo, no se observan más problemas psicológicos y sociales que en otras enfermedades de tipo crónico. Es evidente que en casos de mujeres *con trastornos psiquiátricos* previos, éstos pueden empeorar.

Diversos estudios indican que las mujeres casadas enfermas de cáncer ginecológico pueden presentar disminución del impulso sexual y de la propia respuesta, pero estas diferencias resultan mucho menos estresantes que *la falta de contacto físico con su pareja*. Tanto en mujeres casadas como solteras, la *restitución* del nivel de salud previo y la finalización de los tratamientos conlleva una progresiva recuperación del nivel de actividad sexual anterior.

Impacto de la cirugía

Pueden proseguir, e incluso agravarse, los problemas de autoestima y seguridad, que pueden ir recuperándose según los diversos casos individuales y el nivel de apoyo social, familiar y *médico* adecuado. Una vez más, la *información* juega un papel esencial. El 90 por ciento de las pacientes *de cirugía* desean recibir información acerca de su enfermedad, qué significan sus síntomas, cuándo serán intervenidas, en qué consistirá la operación, qué implicaciones tendrá en su trabajo, actividad sexual o de ocio y demás consecuencias. Una información bien estructurada, sencilla y clara incrementa incluso el previo y posterior cumplimiento de normas terapéuticas y no solamente eso sino que se reducen el estrés y el miedo preoperatorio, aumentando en la paciente la sensación de *control* sobre su recuperación. Desde la sala de espera hasta el momento del alta, familiares y pacientes deben ser informados. Es una cuestión elemental de calidad de la asistencia pero, además, seguro alivio de las ansiedades y estados de desesperanza pre y posquirúrgica.

La adaptación a la pérdida de un pecho tarda, en cualquier caso, un año en producirse, pero esta pérdida no tiene por qué alterar las relaciones de pareja, a menos que éstas ya se hallaran alteradas. Como pasaba con el diagnóstico, si aparecieran *verdaderos* trastornos psiquiátricos posquirúrgicos éstos serían más frecuentes en mujeres que ya los habían presentado *antes* de la operación.

Impacto de la radioterapia

Algunas pacientes presentan ansiedad con la radioterapia, pero ésa incluso puede persistir unos meses después, en el caso de que la mujer –a pesar de la información– siga con la incertidumbre de la efectividad del tratamiento.

Impacto de la quimioterapia

El tratamiento quimioterápico produce una importante situación de estrés en la enferma. Por una parte, le advierte de una posible severidad de su enfermedad y, por otra, los efectos físicos del tratamiento (náuseas, vómitos, alopecia, debilidad general, pérdida del apetito...) le producen sentimientos de indefensión y de falta de control. Un 25 por ciento de las pacientes presentan náuseas y vómitos que se *anticipan* al propio tratamiento químico, sin duda por un condicionamiento ansioso.

Tanto en éstas como en otras complicaciones psicológicas del cáncer femenino se impone incrementar la capacidad de afrontamiento y el espíritu de lucha, que influyen enormemente en la adaptación a la situación estresante que vive la paciente. La información adecuada, el apoyo social, de pareja y familiar, terapias de tipo conductual, así como estrategias de relajación, el control de los estímulos ambientales o el entrenamiento en técnicas apropiadas para las situaciones de estrés, además de plausibles terapias psicofarmacológicas pueden ser una ayuda imprescindible para tratar los problemas emocionales o conductuales que pueden encontrarse en la enfermedad oncológica.

Tabla 15. **Cáncer ginecológico y mamario. Mitos y realidades**

Mito	Realidad
El cáncer de mama se ha estabilizado.	Está en progresivo aumento, siendo su frecuencia relativa al 2 por ciento de todos los tumores que padece la mujer.
El cáncer es una enfermedad terrible que conlleva la muerte asegurada.	Puede ser vencido o al menos detenido en su evolución. Lo importante es la detección precoz, pero poseemos, cada vez más, tratamientos adecuados.
En España estamos a la altura europea en diagnóstico precoz de cáncer femenino.	Nada más lejos de la realidad. Sólo superamos –como a veces es habitual– a Portugal, e incluso –como no es habitual– estamos por debajo de Grecia. Nuestras cifras son del 12 por ciento frente a la media europea del 48 por ciento de realización sistemática de detección precoz. Sin embargo, la asociación del esfuerzo privado con el público, nos ha permitido acercarnos a esta cifra en los últimos años.
Los virus causan el cáncer ginecológico.	Sólo se ha demostrado en los virus del papiloma humano, concretamente el 16 y el 18.

Tabla 15. *(Continuación)*

Mito	Realidad
La sexualidad no influye en el cáncer.	Estrictamente no. Pero las mujeres que iniciaron relaciones sexuales pronto, que han sido promiscuas, les ha faltado la higiene y fuman como cosacas tienen mayor riesgo de cáncer de cuello uterino.
La autoexploración mamaria es el sistema más eficaz y sencillo medio diagnóstico.	Sencillo sí es. Su eficacia es indirecta, ya que provoca la consulta ante cualquier sospecha.
La mamografía tiene alto riesgo de irradiación.	Con los modernos aparatos, el riesgo no es apreciable.
La imagen corporal está más alterada en el cáncer de mama.	Está alterada, pero aún lo está más en el resto de neoplasias femeninas (cuello de útero, endometrio...).
Los problemas psicológicos y psiquiátricos son frecuentes y graves.	Falso. Aparecen, pero la gravedad viene determinada por diversos factores (capacidad de lucha, personalidad y trastornos psiquiátricos previos, apoyo social y familiar, información adecuada) y no es mayor que otros trastornos orgánicos, crónicos, por ejemplo.
La sexualidad se altera siempre.	Falso también. Puede modificarse, pero dependerá mucho de la sexualidad vivida anteriormente y de la situación de la paciente con respecto al proceso de enfermar.
Las mujeres que pierden una mama en la cirugía están emocionalmente peor que las que la conservan.	No siempre es así, y en algunos casos sucede al revés.

Capítulo 5.   Las últimas novedades

▼   *C. Martín Perpiñán*

LA RU-486 O PÍLDORA ABORTIVA

Desde septiembre de 1988 se comercializa legalmente en Francia un preparado capaz de interrumpir la gestación cuando ésta se encuentra en las siete primeras semanas; su nombre es *mifepristona* o *RU-486*. Actualmente, también está autorizada su utilización en Inglaterra y Suecia.

Actúa como una antiprogesterona ocupando los receptores específicos para la progesterona, pero sin los efectos biológicos de ésta, por lo que el embarazo no puede continuar adelante.

El Ministerio de Sanidad francés decretó las normas para administrar este medicamento, que son las siguientes: que hayan pasado menos de veintiún días de la fecha esperada de la menstruación, es decir, que la amenorrea sea de menos de cincuenta días y, por tanto, el embarazo de menos de cinco semanas; es obligado que la administre un ginecólogo.

Son tres comprimidos que se administran por vía oral y una inyección de prostaglandinas para que sea expulsado el embrión con más facilidad. Al día siguiente o ese mismo día se inicia un sangrado con expulsión del embrión que se puede prolongar unos diez días.

Su eficacia, si se administra sola, es del 80 por ciento y en combinación con prostaglandinas del 95 por ciento. Sólo un 5 por ciento de mujeres precisará un legrado o aspiración por retención de restos ovulares.

La importancia de este descubrimiento está en la posibilidad de interrumpir un embarazo sin necesidad de legrado ni aspiración; de esta forma se eliminan la mayor parte de los riesgos, aunque escasos, del aborto inducido, y evita muchas de las complicaciones derivadas de la introducción de instrumental en el útero.

La mujer que tome esta medicación no necesita quedar ingresada en una clínica ni anestesia de ninguna clase. Como todos

La importancia del descubrimiento de la RU-486 reside en la posibilidad de interrumpir un embarazo sin necesidad de legrado ni aspiración.

los fármacos, tiene sus contraindicaciones y efectos secundarios, por lo que el control médico es imprescindible.

LOS ANÁLOGOS DE LA LH-RH

Para que los ovarios funcionen y haya ovulación, es necesario que la hipófisis envíe una «señal» a los ovarios para que éstos se pongan en marcha. Esta señal se hace a través de unas hormonas llamadas *gonadotrofinas* que son la FSH y la LH.

A su vez, para generar estas hormonas, la hipófisis precisa de otra señal, también en forma de hormona que liberan las células nerviosas de una parte del cerebro, llamado núcleo arquato, y que se conoce como *factor liberador de las gonadotrofinas* o Gn-RH.

Las moléculas de Gn-RH se unen a receptores específicos para ellas que existen en las células de la hipófisis, poniendo en marcha los mecanismos para la producción y liberación de las gonadotrofinas.

Se ha logrado en el laboratorio la síntesis de unas sustancias similares a la Gn-RH que ocupan sus receptores específicos en la célula. Los antagonistas o análogos de esta hormona ocupan los receptores y producen, en una primera fase, una estimulación máxima de la respuesta hasta su agotamiento; en una segunda fase los ovarios dejan de funcionar, como en la menopausia, con la consiguiente supresión de todas sus acciones: amenorrea, falta de ovulación... Los antagonistas de la Gn-RH ocuparán los receptores, pero suprimiendo el efecto biológico.

Hasta ahora, las experiencias más amplias se tienen con los análogos. Este medicamento se ha utilizado con mucho éxito en el tratamiento de la endometriosis, ya que, al suprimir completamente el funcionamiento de los ovarios y la producción hormonal, los focos de endometrio se atrofian y desaparecen las lesiones y las molestias asociadas con ellas.

Los miomas tienen a su vez una dependencia hormonal y por ello se han tratado también con los análogos reduciéndose su tamaño en nueve de cada diez casos tratados; se ha conseguido una reducción, respecto a sus dimensiones iniciales, que oscila entre el 50 y el 80 por ciento.

Después del tratamiento vuelven a crecer, por lo que está indicado como paso previo a la cirugía de los miomas, para hacerla más sencilla y disminuir la pérdida de sangre durante la intervención.

Otras de las aplicaciones de los análogos son los casos de ovario poliquístico, en las inducciones de la ovulación para la reproducción asistida; y recientemente se está estudiando su eficacia en el tratamiento de las mujeres con cáncer de mama en la premenopausia.

Se administra durante un período que abarca de tres a seis meses. Los efectos secundarios del tratamiento son escasos y se asemejan a los síntomas de la menopausia: sofocos, sequedad vaginal, irritabilidad... El mayor inconveniente es su elevado coste económico: una inyección para un mes de tratamiento cuesta entre 33.000 y 35.000 pesetas.

VACUNAS ANTICONCEPTIVAS

Encontrar un método anticonceptivo seguro, inocuo, eficaz y reversible es el objetivo de las investigaciones que se están llevando a cabo actualmente en el terreno de la anticoncepción.

El mecanismo de las vacunas anticonceptivas es el mismo de las demás vacunas, como la de la rubéola o la del sarampión. Hay unas sustancias, llamadas *antígenos*, que al entrar en el organismo hacen que éste, como respuesta de defensa, produzca otras sustancias que anulan a las primeras y que se llaman *anticuerpos*. Las vacunas anticonceptivas tratan de producir una respuesta frente a cualquiera de las estructuras causantes de la fecundación. Así, teóricamente se pueden elaborar vacunas contra el espermatozoide, el óvulo o el embrión.

Podría haber vacunas que actuarían sobre los siguientes procesos:
- Para inmovilizar el espermatozoide.
- Para impedir la unión del óvulo y el espermatozoide.
- Para impedir la fecundación.
- Para dejar sin acción la Gn-RH (las señales que envía el hipotálamo a la hipófisis).
- Para dejar sin acción la FSH y la LH (las

señales que envía la hipófisis a los ovarios o el testículo).

Los dos últimos tipos serían aplicables al varón. Este nuevo método de contracepción sería una auténtica revolución en el campo de la anticoncepción, pero está todavía en fase experimental. Se investiga que pueda ser reversible y en cuánto tiempo; parece ser que el efecto de la vacuna sería de uno a dos años. Se estudia asimismo si produciría problemas en la respuesta inmunitaria para otros procesos.

Los ensayos más adelantados son los de las vacunas que actúan contra la gonadotropina coriónica; esta sustancia es una hormona que ayuda al embrión a implantarse y sostiene el embarazo durante las primeras ocho o diez semanas. La aplicación de esta vacuna evitaría la implantación; en el caso de un embrión ya implantado, lo eliminaría produciéndose un aborto precozmente.

Las ventajas de las vacunas las acercan mucho al anticonceptivo ideal, y son las siguientes:
— La mayoría de ellas no alteran el ciclo de la mujer, como sucede con los métodos hormonales.
— Su efecto puede durar entre uno y dos años sin tener que tomar una píldora a diario. La administración es fácil: una inyección cada uno o dos años.
— No tiene efectos metabólicos en las usuarias; por tanto, no necesita controles médicos y se puede utilizar a cualquier edad.
— No interfiere en la sexualidad de la pareja.
— Algunas de ellas son aplicables al hombre.

ANTICONCEPCIÓN EN EL HOMBRE

Hasta ahora el preservativo ha sido el único método para regular la fertilidad en los hombres. Lograr fármacos equivalentes a los anticonceptivos orales, que inhiban la producción de los espermatozoides, ha sido la tarea de los científicos en las últimas décadas.

Se han ensayado tratamientos con *andrógenos*, que tendrían las mismas acciones que los estrógenos de la píldora femenina al inhibir las señales hipofisarias y, secundariamente, el funcionamiento del testículo.

La Organización Mundial de la Salud (OMS) ha hecho un estudio administrando a un grupo de voluntarios una inyección semanal de andrógenos y se ha comprobado que en la mayoría de los varones se origina una ausencia de espermatozoides y con escasos efectos secundarios. El estudio aún no ha concluido y se continúa el seguimiento en este grupo.

La sustancia *gossypol* es un extracto derivado de la planta del algodón que fue investigada en China desde 1978 en voluntarios, demostrándose su actividad en la inhibición de la producción espermática. Ese descubrimiento prometía ser el paso decisivo hacia la consecución de la esperada píldora masculina.

Posteriormente se ha comprobado que sus efectos secundarios superan las ventajas del método. La reversibilidad de sus efectos al suspender el tratamiento es lenta y está cuestionada; a los dos años de interrumpir la medicación el 59 por ciento de los hombres que la habían tomado no había recuperado su fertilidad, por lo que el efecto de esta sustancia podría ser permanente. Por otra parte, se ha comprobado también una alteración en el metabolismo del potasio que podría tener efectos sobre el corazón y una disminución de los linfocitos T que actúan como defensa frente a infecciones.

Actualmente se investiga sobre la combinación del gossypol con otras sustancias utilizadas en la medicina china tradicional, como la planta llamada *Tripterygium wilfordi*, que también tiene acción sobre el testículo con objeto de disminuir la toxicidad y conservar el efecto anticonceptivo.

Asimismo se trabaja sobre los compuestos hormonales, de andrógenos o de éstos en combinación con agentes supresores de las gonadotrofinas (las que envían señales al testículo para que funcione); las previsiones apuntan a que en los inicios del año 2000 la píldora masculina estará disponible.

Existe un método de *vasectomía reversible* desarrollado en China. Su realización es muy sencilla, abriendo escasamente el conducto deferente e introduciendo en su interior una sustancia que lo bloquea y que se puede retirar cuando se desea tener hijos.

CONTRACEPCIÓN HORMONAL CONTINUA NO ORAL. IMPLANTES

Son unas pequeñas cápsulas de *progestágenos* que tienen el mismo efecto que la píldora, la acción de inhibir la ovulación. Su ventaja es que no hay que tomarla todos los días por vía oral, sino que se hace una pequeña incisión con anestesia local, y se introduce la cápsula bajo la piel. Puede permanecer colocada durante cinco años y es reversible en cualquier momento extrayéndola de nuevo.

Además de los implantes subdérmicos existen también anillos intravaginales y dispositivos intracervicales (dentro del cuello del útero) que liberan gestágenos, solos o bien combinados con estrógenos, con la misma eficacia anticonceptiva.

Estos nuevos sistemas anticonceptivos se han utilizado ya con éxito en Finlandia y Suecia.

TRATAMIENTO DEL EMBARAZO EXTRAUTERINO SIN INTERVENCIÓN QUIRÚRGICA

El *embarazo ectópico* o *extrauterino* es un cuadro potencialmente grave en el que la rotura de la trompa donde se aloja puede producir una hemorragia importante dentro del abdomen con graves consecuencias para la mujer.

En la actualidad se puede saber si una mujer está embarazada incluso antes de que le falte la regla. Los modernos ecógrafos permiten ver el embrión a las cinco semanas de gestación, por lo que, si la mujer acude con prontitud a la consulta ginecológica, es posible diagnosticar alteraciones del embarazo, como la mola o el embarazo extrauterino, antes de que ocurran problemas de importancia.

El tratamiento del embarazo ectópico, hasta ahora, es quirúrgico, extirpando la trompa o intentando conservarla; en este último caso se aplican suturas muy finas, coagulación de los vasos sangrantes y otras técnicas conservadoras con objeto de que la fertilidad se altere lo menos posible; el tratamiento conservador de los embarazos

extrauterinos ha dado lugar, en muchas ocasiones, a que se produjera un nuevo embarazo ectópico por alteraciones en la trompa secundarias a la cirugía.

Los embarazos extrauterinos que anidan en el cuello del útero, llamados *embarazos cervicales*, causan una hemorragia tan intensa y difícil de tratar, que, en muchos casos, para salvar la vida de la mujer, es preciso extirpar el útero en su totalidad, con la imposibilidad de un embarazo posterior.

Preservar la fertilidad futura de la mujer de manera eficaz ha sido el principal objetivo al desarrollar nuevas formas de tratamiento conservador del embarazo extrauterino.

Desde hace unos años se ha ensayado para tratar este proceso una droga, el *methotrexate*, que se utilizaba en el tratamiento del coriocarcinoma y que destruye los tejidos embrionarios. Hay que aplicar el tratamiento antes de que se rompa la trompa, lo que exige un diagnóstico muy precoz y preciso. El medicamento se administra por vía intramuscular y produce la reabsorción de los tejidos embrionarios con un éxito del 90 por ciento en las series que se han publicado.

LAPAROSCOPIA: UNA MINICIRUGÍA

Endoscopia significa «mirar adentro»; y *laparoscopia*, «mirar dentro de la cavidad abdominal». El laparoscopio es un instrumento quirúrgico que se introduce en el abdomen del paciente a través de una incisión de 1 cm de ancho; lleva incorporada una luz y unos instrumentos de pequeño tamaño (tijeras, pinzas y otros) que permiten operar sin necesidad de abrir la pared del abdomen.

Este procedimiento se utilizó inicialmente como método de diagnóstico, para observar lo que pasa en el vientre sin abrirlo; posteriormente, se aplicó para el tratamiento quirúrgico de varias enfermedades. Su principal ventaja es la rápida recuperación de la paciente, la reducción de los días de estancia hospitalaria, la disminución del tiempo de anestesia y de las complicaciones de la apertura de la pared abdominal (hematomas, abscesos, seromas...).

La paciente se levanta de la cama en el momento en que se recupera de los efectos de la anestesia y puede irse a su domicilio a las ocho horas de haberse llevado a cabo la laparoscopia o, como mucho, al día siguiente.

Los quistes de ovario, cuando son pequeños y sin que exista sospecha de que sean malignos, se pueden tratar por vía laparoscópica: se practica una punción del mismo para extraer el líquido que contienen y enviarlo a analizar y, posteriormente, se recorta y extrae su cápsula.

La ligadura de trompas se suele hacer casi siempre por la técnica laparoscópica y tiene una eficacia similar a la de otras técnicas de abdomen abierto. Generalmente se lleva a cabo una electrocoagulación de las trompas en tres puntos distintos a lo largo de las mismas.

El tratamiento de pequeños focos de endometriosis se puede llevar a cabo mediante la laparoscopia. La pinza de coagulación permite la destrucción de estas lesiones.

Recientemente se han realizado con éxito histerectomías por esta vía, lo que supone un gran avance en la cirugía ginecológica.

HISTEROSCOPIA: ALTERNATIVA AL LEGRADO

La *histeroscopia* es la visión interna de la cavidad uterina por medio de un instrumento llamado histeroscopio, que es un tubo muy fino, de 4 mm de diámetro, con un sistema óptico que permite visualizar el interior del útero y sus relieves.

Esta técnica tiene gran utilidad en el diagnóstico de las hemorragias uterinas de origen no aclarado, al poder ver las posibles lesiones del endometrio y hacer una biopsia de las zonas sospechosas sin necesidad de someter a la paciente a un legrado. También se utiliza como tratamiento para extirpar miomas que crecen hacia la cavidad uterina, pólipos, extraer un DIU del que no se ven los hilos-guía o cortar adherencias. Se han hecho también obstrucciones en los orificios de salida de las trompas con tapones de polietileno o silastic para suprimir la fertilidad de forma reversible, aunque esta utilidad aún está en experimentación.

Una indicación de gran valor es el caso del útero septo en el tratamiento de la infertilidad. Se denomina *útero septo* a una malformación de la matriz en la que existe un tabique en la cavidad uterina que es causa de abortos de repetición. Hasta hace algunos años la cirugía de este problema era muy compleja, con apertura de la cavidad abdominal y uterina y pocas posibilidades de éxito por las adherencias producidas por la cirugía. En la actualidad este tabique puede extirparse en su totalidad mediante el histeroscopio, evitándose la cirugía compleja y sus consecuencias. La técnica consiste en lo siguiente: después de introducir el histeroscopio a través del cuello del útero se insufla un gas en su interior para distender sus paredes y poderlas observar fácilmente. Esta exploración se suele llevar a cabo en el consultorio, no es necesaria la hospitalización.

La ventaja más importante sobre el legrado es que no precisa ingreso ni anestesia general, porque la molestia es muy pequeña si se utiliza para exploración. Si se va a realizar la extirpación de miomas o intervenciones más complejas, sí sería conveniente la anestesia.

TRATAMIENTO DE LOS QUISTES DE OVARIO

Actualmente se puede hacer una punción de un quiste de ovario mediante punción guiada por ecografía, extrayendo el líquido que contiene y enviándolo posteriormente para su estudio.

Se lleva a cabo, generalmente, en la consulta, con anestesia local y sin necesidad de ingreso hospitalario. Este procedimiento es aún más sencillo y con menos riesgo que la laparoscopia.

EL RAYO LÁSER EN CIRUGÍA GINECOLÓGICA

El nombre de rayo *láser* proviene de la expresión en inglés de su origen: *light amplification by stimulation emission of radiation.* Es un haz luminoso capaz de generar una energía que puede destruir tejidos.

En medicina tiene múltiples aplicaciones en dermatología, tratamiento de tumores, en neurocirugía y también en ginecología. El rayo láser puede considerarse un instrumento quirúrgico que hace más fáciles determinadas intervenciones.

El tratamiento más moderno de las alteraciones premalignas del cuello del útero (displasias, CIN) es la eliminación del tejido mediante la aplicación del rayo láser; el uso de esta energía permite la vaporización del tejido por ebullición del agua que contiene y también el corte para la extracción de una parte del cérvix o cuello del útero para su estudio posterior.

Su aplicación está muy extendida en el tratamiento de los condilomas de vulva, así como parte del pene en los varones.

Puede ser una alternativa a la histerectomía cuando hay hemorragias de la perimenopausia que no responden al tratamiento médico. La técnica que se aplica es la eliminación del endometrio con el láser mediante histeroscopia.

Las molestias de la aplicación del láser son mínimas y permiten la destrucción local de los tejidos sin anestesia general en la mayoría de los casos y con períodos breves de estancia hospitalaria.

El láser, en combinación con la laparoscopia, permite la resolución de problemas quirúrgicos abdominales de mayor envergadura. Se han llevado a cabo eliminación de focos de endometriosis, de adherencias, de quistes de ovario y miomas, eliminación de embarazos extrauterinos, operaciones de apéndice, suspensión del útero e histerectomía. La coagulación de los vasos sangrantes durante la cirugía tiene mayor éxito mediante la aplicación del láser.

TRATAMIENTO FOTODINÁMICO EN GINECOLOGÍA

Desde hace muy poco tiempo se está aplicando la luz visible para lograr un efecto en células previamente fotosensibilizadas. Este tratamiento se denomina *fotodinámico*. Actúa provocando una reacción tóxica en estas células y eliminándolas.

Su principal aplicación es en la destrucción de células tumorales. Se han realizado ya ensayos de éxito variable en recidivas de tumores ováricos, condilomas acuminados extensos y neoplasias multifocales del tracto genital inferior. Esta técnica podría ser una alternativa a la cauterización o el láser.

En la actualidad todavía se encuentra en fase experimental.

TEJIDOS FETALES PARA TRATAMIENTOS

Se están llevando a cabo investigaciones para la realización de trasplantes con tejidos fetales. El trasplante de partes del tejido puede sustituir al de órganos completos.

El sistema inmunitario fetal, al ser más inmaduro, provoca una respuesta menor al rechazo en el caso de los trasplantes; por otra parte, los tejidos fetales poseen una gran facilidad de crecimiento y gran adaptabilidad. Por esta razón, el feto puede ser el donante más idóneo en el trasplante de tejidos en algunas enfermedades.

Hasta la fecha se han hecho trabajos de carácter experimental trasplantando células pancreáticas productoras de insulina para los diabéticos, neuronas productoras de dopamina para la enfermedad de Parkinson, trasplante de células hepáticas en déficit de factores de la coagulación como en el caso de la hemofilia, células de la médula ósea en enfermedades de la sangre como talasemia, y déficit inmunitarios graves.

Los problemas que surgen en esta terapéutica son de carácter ético y moral. No serían válidos los tejidos fetales de los abortos espontáneos por las frecuentes patologías presentes; deberían ser tejidos provenientes de abortos inducidos, lo que plantearía los problemas de cómo y de dónde conseguirlos con las implicaciones éticas a las que me he referido.

IV.
EL IRREMEDIABLE
PASO DEL TIEMPO

Capítulo 1. ▼ Menopausia, climaterio y envejecimiento

F. R. Pérez López

¿QUÉ ES EL CLIMATERIO?

El *climaterio* es una etapa normal o fisiológica de la vida de la mujer, caracterizada por importantes cambios morfológicos, funcionales y psicológicos. Estos cambios están causados por la involución o envejecimiento ovárico, un reajuste general en la producción de hormonas, y por el deterioro funcional de diferentes tejidos y órganos.

En un número variable de mujeres, el climaterio se vive con cierta ansiedad, preocupación, pesimismo o dificultad para llevar a cabo la vida familiar, profesional y social. Algunas mujeres pasan de la edad reproductiva al climaterio sin presentar síntomas molestos, casi sin enterarse, a pesar de lo cual se producen importantes transformaciones en prácticamente todos sus órganos y sistemas.

El cambio del período fértil a la situación de reposo ovárico es un proceso suave y lento, difícil de delimitar en su inicio y en su final, y que suele durar entre cinco y quince años. La duración del climaterio está influenciada por numerosos factores, entre los que se pueden mencionar la raza, la genética, el clima, la nutrición, la salud general y los factores socioeconómicos. Cuando la mujer ha pasado los años de climaterio decimos que es climatérica.

Es muy difícil saber cuándo empiezan los primeros cambios involutivos del ovario, puesto que se trata de un proceso gradual con pequeñas alteraciones hormonales acompañadas de síntomas leves e incluso pueden pasar años hasta que esas pequeñas alteraciones tengan una manifestación clínica detectable por la mujer o el médico. Tampoco es fácil saber con precisión cuándo se ha completado totalmente el reajuste metabólico del climaterio, pues no tiene una traducción clínica evidente o fácil de objetivar.

> *El cambio del período fértil al reposo ovárico es un proceso lento, difícil de delimitar en su inicio y en su final, que suele durar entre cinco y quince años.*

En la mayoría de los animales la ovulación y la capacidad de reproducirse continúan hasta edades avanzadas. Entre las

175

hembras de los monos con función menstrual, los animales más parecidos a la especie humana desde el punto de vista reproductor, el climaterio es un fenómeno extremadamente raro porque el ovario sigue funcionando hasta la vejez. Es decir, los cambios que tienen lugar durante el climaterio de la mujer representan una característica biológica excepcional de gran interés desde el punto de vista evolutivo de las especies.

¿QUÉ ES LA MENOPAUSIA?

La *menopausia* es la desaparición definitiva de la menstruación alrededor de los cincuenta años de edad aproximadamente. A diferencia del climaterio, la edad de la menopausia se puede documentar fácilmente porque se corresponde con la última menstruación en la vida de la mujer.

La menopausia está precedida habitualmente por una época de irregularidades menstruales y alteraciones en la cantidad y duración de la regla. Por ello, la fecha de aparición de la misma es un dato retrospectivo, obtenido *a posteriori* cuando la mujer lleva al menos doce meses sin menstruar, no está embarazada ni padece una enfermedad que lo justifique. En algunos casos la menstruación puede reaparecer, incluso después de haber faltado durante un año, por lo que se establecerá entonces si se trata realmente de la menstruación o de una hemorragia debida a una enfermedad. Cuando la menstruación ha desaparecido definitivamente decimos que la mujer es menopáusica.

El período que precede a la menopausia, que cursa con irregularidades menstruales y síntomas subjetivos, se denomina premenopausia, mientras que los años que siguen a la desaparición de la menstruación se denominan posmenopausia. Los dos o tres años que preceden y siguen inmediatamente a la fecha de la menopausia constituyen el período perimenopáusico.

En sentido estricto, menopausia y climaterio no son sinónimos: el climaterio es un período prolongado de envejecimiento progresivo del ovario con cambios generales en todo el organismo, mientras que la menopausia sólo es un síntoma muy ostensible dentro de todo el proceso. Sin embargo, el uso habitual ha popularizado el término «menopausia» para designar el período que sigue al cese definitivo de la menstruación.

ASPECTOS CULTURALES DE LA MENOPAUSIA Y EL CLIMATERIO

La menopausia se suele recibir con reacciones o sentimientos diferentes. Algunas mujeres lo hacen positivamente cuando desaparece el riesgo de embarazo y otras, en cambio, pueden sentirse disminuidas o devaluadas por haber perdido algo característico de su juventud. La menopausia casi siempre constituye un recordatorio del fenómeno general de envejecimiento, una referencia para señalar la proximidad de la tercera edad. Estas reacciones estereotipadas suelen presentarse en las diferentes culturas occidentales en mayor o menor escala.

La función menstrual ha sido fuente de numerosas interpretaciones, mitos, temores o angustias a lo largo de la historia de la humanidad.

El medio ambiente en el que vive la mujer y la cultura a la que pertenece condicionan en cierta manera la sintomatología y la vivencia de la menopausia y el climaterio. La consideración que la mujer tiene de la menopausia está determinada por numerosas influencias, entre las que se pueden destacar:

– La experiencia de la menopausia de la madre y otros familiares.
– Las actitudes contemporáneas de la sociedad o grupo en que está situada la mujer.
– Las opiniones del cónyuge o pareja sexual si lo hubiere.
– Las opiniones recogidas en los *mass media*.

El fenómeno reproductivo ha permanecido incomprendido durante siglos y aún hoy persisten numerosas incógnitas. La función menstrual ha sido fuente de numerosas interpretaciones, mitos, temores o angustias a lo largo de la historia de la humanidad. Hace bastantes siglos, Hipócrates propuso una relación entre la menstruación y la reproducción al considerar que la sangre menstrual era el alimento para el feto durante su desarrollo.

Durante mucho tiempo la creencia más extendida fue que la menstruación era un mecanismo para eliminar sustancias impuras, tóxicas o maléficas, con lo cual la mujer se situaba en una condición socialmente desfavorable o marginal frente al hombre. No nos puede extrañar que la menopausia fuera interpretada como la acumulación de productos peligrosos para la salud, determinantes de cambios de humor o incluso de locura. Al mismo tiempo, el cese de la menstruación se consideraba como una pérdida de las energías positivas o de los principios vitales de la mujer. En este contexto, la mujer menopáusica era considerada como un ser disminuido, que pasaba a una situación neutra o socialmente irrelevante cuando cumplía con su misión de perpetuidad de la especie. Todavía, en algunos ambientes, cuando se hace un juicio negativo o peyorativo de una mujer se dice que es o está menopáusica.

En culturas diferentes a la occidental, la menopausia y el climaterio se viven a veces de una forma positiva. Por ejemplo, las mujeres menopáusicas de la casta de los Rafputs tienen acceso a ciertos privilegios, como participar en el gobierno del grupo o asistir a ciertas fiestas religiosas hasta entonces prohibidas. Este comportamiento es considerado como signo de madurez más que como señal de envejecimiento; las mujeres de las culturas árabe y zulú tienen formas de superar la pérdida de consideración por ser menopáusicas e incapaces de tener hijos, y entre los «privilegios» se incluye la posibilidad de elegir una nueva esposa para el marido; las mujeres menopáusicas Ulithi de Micronesia se convierten en curanderas; las de la tribu etíope Qemant pueden caminar sobre tierra santa y tocar alimentos rituales, actividades prohibidas mientras menstrúan; entre las mujeres Sikh, incluso viviendo en países occidentales, los síntomas psicológicos y los trastornos psicosomáticos atribuibles a la menopausia no se presentan; y las bantúes de Sudáfrica pueden participar en la purificación de armas y comer carne de carnero, costumbres consideradas como grandes honores. En estas sociedades los síntomas subjetivos del climaterio son poco intensos.

Muchos estudios comparativos de los síntomas climatéricos en diferentes culturas pueden ser criticados por los problemas idiomáticos para la traducción de conceptos y símbolos que expresan la transición a la menopausia. Además, muchos de los aspectos valorados como positivos en el contexto social de otras culturas, en realidad son una ligera liberación de una opresión aún más rígida que la que pueden padecer las mujeres occidentales.

Davis estudió un grupo de mujeres nativas de Terranova y comprobó que presentaban sofocaciones, cefaleas, ansiedad y cansancio en relación con la menopausia. Por tanto, parece que las molestias climatéricas tienen aspectos transculturales comunes con las sociedades de origen europeo.

Una de las opiniones más extendidas en la cultura occidental es que la mujer menopáusica sufre cambios en su personalidad, con tendencia a padecer una marcada depresión y una disminución de su interés y actividad sexuales.

En la actualidad la mujer no se valora exclusivamente por su capacidad reproductora, y está, o debería estar, plenamente integrada en la sociedad con igualdad de oportunidades y responsabilidades respecto al varón. Muchas, al alcanzar la menopausia, se encuentran en la plenitud de sus facultades y, a partir de entonces, llegan a manifestar claramente sus cualidades personales. Así, en los últimos años son numerosas y notables las mujeres que destacan en política, negocios, artes o ciencia. Por tanto, a partir de la menopausia, la mujer puede emprender tareas de responsabilidad dentro de su núcleo familiar o profesional, y su madurez y experiencia le permiten resolver los problemas con el mismo grado de eficacia que el varón de formación y edad comparables.

La inestabilidad emocional y los temores a los cambios en la sexualidad tienen un fuerte componente irracional están reforzados de forma subsconsciente por la cultura dominante y por la falta de información. Algunas mujeres al llegar al climaterio tienen un profundo miedo a lo desconocido; llegan con angustia o ansiedad, lo cual favorece que pierdan confianza en sí mismas; alteran su conducta sexual; padecen cambios emotivos y de carácter, insomnio y otros síntomas que se pueden evitar o atemperar si conocemos las transformaciones que se producen ante la menopausia.

Koster ha controlado durante años a mujeres danesas bien informadas sobre esta etapa de la vida, comprobando que los cambios climatéricos no tienen por qué acompañarse de disminución de la salud o alteraciones de la sexualidad cuando no existen presiones culturales ni sociales. Lock ha estudiado la respuesta emocional de las mujeres japonesas ante la menopausia sin encontrar diferencias con respecto a las mujeres que menstruaban.

Sería deseable que desapareciesen los prejuicios culturales de nuestro medio para lograr una aceptación y vivencia normales de la menopausia y el climaterio. Sin embargo, hay que tener presente que no toda la sintomatología climatérica es debida a la educación y a las influencias sociales, sino que existen unos cambios hormonales y morfológicos importantes que transforman el organismo femenino. Además, en esta etapa vital comienza a resquebrajarse la salud general, como también sucede en el hombre.

Es imprescindible que la mujer se informe de los cambios que sufrirá su organismo y que entienda el climaterio como un período normal de su vida, no como una enfermedad. Los síntomas que aparecen durante la menopausia y el climaterio se pueden aliviar o neutralizar. También existen unos cuidados específicos durante esta época y se debe evitar la administración indiscriminada de tranquilizantes o ansiolíticos que pueden no ser necesarios o aumentar la frustración.

Hasta hace pocos años los síntomas climatéricos no merecían atención o se sufrían en la intimidad, las complicaciones relacionadas con el envejecimiento ovárico no se conocían suficientemente y la medicina preventiva no tenía el auge que ha adquirido en los últimos años. Mejorar la calidad de vida durante el climaterio y la menopausia es una obligación de la medicina actual y un derecho de la mujer.

DEMOGRAFÍA Y ENVEJECIMIENTO

Se calcula que hace dos mil años, en pleno apogeo del Imperio romano, la población era de cinco a diez millones de personas. El promedio de vida femenina era de unos veinticinco años, en el siglo XVI de unos treinta años y en el siglo pasado de cuarenta y cinco. Durante muchos siglos el fenómeno de la menopausia no llamó la atención simplemente porque la mayoría de las mujeres no sobrevivía el tiempo suficiente para llegar a conocerlo; es decir, la esperanza de vida era inferior o se superponía con la edad en que se presenta la menopausia.

Los progresos médicos de los últimos cincuenta años han cambiado radicalmente las características demográficas del mundo occidental desarrollado. Al reducirse la mortalidad infantil, los individuos contribuyen a «rejuvenecer» la sociedad, alcanzan la edad de reproducción e incrementan la población. Al mejorar la calidad de vida y el nivel cultural de la sociedad y la disponibilidad de métodos anticonceptivos para regular la fertilidad, la tasa de natalidad se ha reducido. Al mismo tiempo, asistimos a un incremento en la esperanza de vida con escasos cambios poblacionales y a un «envejecimiento» progresivo de la sociedad. Es decir, en los últimos años se incrementa la edad media de la población en términos absolutos y relativos.

Estos cambios en la estructura poblacional y la esperanza de vida femenina actual, calculada en setenta y cinco u ochenta años, determinan unos requisitos sanitarios diferentes a los de hace unos pocos años, representan un problema social y generan unos gastos económicos que no existían con anterioridad.

Por otra parte, a partir de los cincuenta años de edad el riesgo de padecer diferentes enfermedades se incrementa, y la falta de las hormonas ováricas favorecerá la aparición de ciertos síntomas y enfermedades con mayor frecuencia que en el varón de la misma edad. Si tenemos en cuenta este factor y que un tercio de la vida de la mujer corresponderá al período menopáusico, se puede estimar que un 80 por ciento de las mujeres presentará algún tipo de sintomatología o enfermedad, y aproximadamente la mitad de las mujeres menopáusicas requerirá algún tipo de atención médica.

EDAD DE LA MENOPAUSIA

En los países occidentales la menopausia natural aparece alrededor de los cincuenta años, con límites que oscilan entre los cuarenta y uno y los cincuenta y nueve años. Es decir, existen variaciones muy amplias. Se calcula que entre un 25 y un 30 por ciento de mujeres de cuarenta y cinco años ha dejado de reglar definitivamente, y que sólo un 2 por ciento sigue haciéndolo después de los cincuenta y cinco años. En los países en vías de desarrollo la menopausia se presenta antes que en los países desarrollados.

A pesar de los notables avances médicos de los últimos años, existe una gran incertidumbre sobre los factores que determinan la edad de presentación de la menopausia. El conocimiento de dichos factores tiene gran importancia clínica, pues la menopausia precoz se asocia con un aumento del riesgo para padecer enfermedades cardiovasculares y osteoporosis, mientras que la menopausia tardía se asocia a un mayor riesgo de padecer cáncer de mama y de útero. Estas asociaciones entre la edad de aparición de la menopausia y el riesgo de enfermedad pueden tener relación con la función menstrual y con los cambios hormonales que acompañan al climaterio, o con otros factores relacionados con la edad en el momento de la menopausia.

Se ha sugerido reiteradamente que en los últimos siglos se ha ido retrasando la edad de presentación de la menopausia y este adelanto secular sería debido a una mejor alimentación. Sin embargo, existen datos fidedignos como para afirmar que en los últimos catorce siglos no se ha modificado sustancialmente la edad de la menopausia.

Existe bastante controversia y confusión sobre la posible relación entre la edad de la menopausia y la de la primera menstruación, la raza, el número de hijos tenidos, el clima, el peso corporal, el tipo de alimentación u otros factores socioeconó-micos. Las disparidades de los resultados pueden ser debidas a las poblaciones estudiadas, grado de salud de las mismas, las definiciones del concepto «menopausia», la metodología usada para obtener datos y el análisis estadístico empleado. Existen pocos estudios rigurosos, con un número suficiente de mujeres y con un análisis de cada uno de los factores por separado, que mantengan constante el resto de las variables. La mayoría de los estudios se fundamenta en datos obtenidos después de muchos años de haber pasado la menopausia, cuando la mujer no recuerda de forma precisa la fecha de la misma.

La edad de la aparición de la menopausia está influida por el estilo de vida y el medio ambiente.

Desde hace veinticinco años el empleo de tratamientos hormonales con fines anticonceptivos ha creado alguna confusión para establecer la fecha de la menopausia, ya que pueden prolongar artificialmente la hemorragia menstrual. También se ha especulado con la posibilidad de que los anticonceptivos hormonales modifiquen la edad de la menopausia. La hipótesis sugerida sería que, al no producirse ovulaciones durante los meses o años de tratamiento anovulatorio, el ovario dispondría de una cantidad adicional de óvulos «no gastados» en comparación con las mujeres que no han utilizado anovulatorios. En los últimos años se han reunido grandes casuísticas de usuarias de anovulatorios durante períodos prolongados, algunas con más de diez años de tratamiento, sin encontrar retrasos sustanciales en la presentación de la menopausia si las comparamos con las que nunca recibieron dicho tratamiento.

La edad de la aparición de la menopausia está influida por el estilo de vida y el medio ambiente. La edad variará según la región geográfica, el medio donde se viva, el clima, la altitud, y será más tardía cuanto mejores sean los cuidados sanitarios y el nivel social que se tenga. Sin embargo, estos factores no han sido suficientemente depurados unos de otros.

El consumo de tabaco, alcohol, el tipo de alimentación, el peso corporal y el ejercicio físico pueden modificar la edad de

179

presentación de la menopausia. Los estudios realizados en los países escandinavos y en EE.UU. sugieren que las grandes fumadoras suelen tener la menopausia casi dos años antes que las no fumadoras, debido al efecto negativo que la nicotina tiene sobre la producción de hormonas femeninas, neutralizando la acción hormonal sobre los órganos sensibles. Además, las grandes fumadoras tienen menor peso corporal y tejido graso, el cual es capaz de producir una pequeña cantidad de grasa y menor cantidad de hormonas femeninas. Tajtakova ha señalado que no sólo influye el número de cigarrillos fumados por la mujer en cuestión, sino que además cuando las madres han fumado durante la gestación, suponiendo que tengan hijas, éstas tendrán aproximadamente un año antes la menopausia en comparación con las embarazadas que no han fumado.

La menopausia también se presenta antes en las mujeres que consumen alcohol que en las no consumidoras de alcohol, y parece que el efecto guarda relación con la cantidad y duración del consumo del mismo.

Las mujeres sometidas a ejercicio físico intenso y prolongado por haber realizado trabajos o deportes agotadores como la maratón, presentan la menopausia un poco antes que las que llevan una vida sin un desgaste físico excesivo. La causa del adelanto de la menopausia guarda relación con el menor peso de esas mujeres o bien con trastornos hormonales, ya que éstas tienen tendencia a presentar irregularidades menstruales durante la edad reproductiva.

En general, la obesidad favorece el retraso de la menopausia y la existencia de hemorragias irregulares, probablemente por la contribución de la grasa a la producción de hormonas femeninas.

MENOPAUSIA PRECOZ Y TARDÍA

Es muy difícil establecer los límites normales para cualquier proceso o parámetro biológico. Lo normal es posiblemente lo más frecuente para un grupo, mientras que lo más alejado de lo frecuente se aparta de la norma y produce interés. Cuando consideramos la edad normal de la meno-

pausia deberíamos guiarnos por un criterio estadístico en una comunidad determinada, suficientemente numerosa, y depurada de factores o tratamientos que provocan distorsiones en el fenómeno biológico natural. Este tipo de datos estadísticos no siempre es fiable por factores de error incontrolables. Por ello, con un criterio arbitrario, podríamos situar la edad de la menopausia normal y natural entre los cuarenta-cincuenta y cinco años.

Cuando la menstruación desaparece antes de los cuarenta años por motivos biológicos naturales o por las situaciones artificiales antes comentadas, podemos considerar a la mujer en una situación de *menopausia precoz*.

El fracaso del ovario para seguir produciendo hormonas y óvulos puede ser debido a un consumo acelerado de los mismos y que puede ser originado por la exposición a radiaciones, consumo de drogas tóxicas como los citostáticos, o por padecer enfermedades autoinmunes. Otra posibilidad corresponde a los ovarios resistentes a los estímulos de las hormonas de la glándula hipófisis. En la verdadera menopausia precoz no existe una causa aparente, probablemente sea porque la mujer recibe en el momento del nacimiento una dotación limitada de las células precursoras de los futuros óvulos.

El adelanto en la edad de la menopausia tiene una serie de inconvenientes entre los que cabe destacar: mayor riesgo de osteoporosis; sofocaciones y sudoración intensas; envejecimiento acelerado de la piel y atrofia genital precoz e intensa.

Cuando la función menstrual se prolonga a una edad superior a los cincuenta y cinco años se puede considerar que la mujer tendrá una *menopausia tardía*. Esta situación se acompaña de mayor riesgo de padecer cáncer de endometrio y cáncer de mama.

¿POR QUÉ OCURRE LA MENOPAUSIA?

Se desconoce con exactitud la secuencia de hechos que originan la transformación de la menstruación cíclica con ovulación, la fase de irregularidades menstruales y, finalmente, la menopausia. Las causas de la menopausia, aun siendo desconocidas, posiblemente guardan alguna relación con el fenómeno general de envejecimiento que sufren todos los seres vivos, ya que éste, por sí mismo, no constituye una enfermedad, pero predispone para la aparición de patología general.

Cada especie animal tiene una longevidad distinta y característica que la define. La edad de la menopausia y el fenómeno del envejecimiento estarían programados genéticamente dentro de límites estrechos, y el hecho de que la edad de la menopausia se haya mantenido constante a lo largo de los siglos ha sugerido la idea de que debe haber algún mecanismo temporal que es capaz de regular varios genes de acuerdo con el momento vital de ese organismo. Esos genes controlarían mecanismos de autodestrucción y la desactivación de los mismos sería importante para mantener ciertas funciones. Un ejemplo de la existencia de esos relojes biológicos lo constituyen los ritmos circadianos controlados por el cerebro.

Durante el proceso de envejecimiento, que comienza en la fecundación y finaliza con la muerte, los diferentes órganos cumplen una misión temporal más o menos prolongada. Los ejemplos más llamativos de capacidad funcional limitada serían los primeros dientes, la vitalidad limitada de la placenta y la capacidad del ovario para producir óvulos y hormonas. Incluso en el varón la función testicular de producir hormonas y espermatozoides está sometida a un declive progresivo, aunque su instauración es muy tardía y su intensidad muy discreta si las comparamos con la mujer.

Las células de cada órgano tienen una vitalidad y una capacidad de reproducción limitadas en el tiempo. Es decir, desde el punto de vista biológico no habría células «inmortales», porque las únicas con capacidad de perpetuarse eternamente serían las cancerosas, que escapan a cualquier control biológico. Otra posibilidad que permite explicar el envejecimiento sería la acumulación gradual de sustancias tóxicas o inútiles para el metabolismo y que producirían la muerte celular. La sensibilidad de las células de cada órgano sería diferente y específica.

El sistema endocrino, responsable de la producción de todas las hormonas del organismo, está unido al fenómeno de envejecimiento, aunque aparece como poco importante en una primera aproximación. Sin embargo, las alteraciones endocrinas relacionadas con la edad son debidas al inevitable desgaste de los órganos productores de hormonas y a cambios en los receptores que tienen los órganos sensibles para las respectivas hormonas.

Se puede considerar que el ovario tiene una dotación limitada de células germinales y, a partir del momento en que la reducción alcanza un límite, el ovario es incapaz de responder a los estímulos de las hormonas hipofisarias. Las explicaciones centradas en el envejecimiento ovárico enfatizan la incapacidad del ovario para formar nuevas células germinales que se transformen en óvulos, la disminución de la capacidad de respuesta del ovario a las hormonas hipofisarias y las alteraciones en los mecanismos nerviosos que controlan la producción hormonal. Lo más probable es que la menopausia sea determinada por numerosos factores, incluyendo los aspectos citados y otros que aún no conocemos con exactitud.

LA MENSTRUACIÓN EN EL PERIODO PREMENOPÁUSICO

Según se aproxima la edad de la menopausia el ciclo menstrual se acorta porque se da una fase folicular de menor duración que en etapas anteriores. En estos ciclos existen desequilibrios en la producción de estrógenos y progesterona, ya que los primeros días después de la regla suele haber más estrógenos, para reducirse en los días próximos a la ovulación y la fase lútea.

Posteriormente se producen ciclos más largos que hasta entonces, debido a que la producción de hormonas en los folículos es más débil y se requiere más tiempo para conseguir la ovulación. Esta fase se caracteriza por irregularidades menstruales, sin posibilidad de hacer una predicción de cuándo ocurrirá la siguiente regla, pero aún se conserva la capacidad de ovular.

En un estadio más avanzado las irregularidades menstruales son más llamativas y no suele existir ovulación, el ovario produce cantidades de estrógenos cada vez menores e insuficientes para hacer crecer la mucosa uterina al mismo ritmo que ocurría antes. Finalmente, cuando la producción hormonal se reduce aún más, se produce la menopausia. Para poder hablar de menopausia debe haber transcurrido un año sin reglar y sin una enfermedad o embarazo que lo justifique.

Estas tres fases que hemos descrito en las características del ciclo menstrual de la mujer premenopáusica tienen una duración variable, no siempre ocurren sucesivamente y pueden presentarse ovulaciones cuando la mujer ha alcanzado una edad avanzada. Es decir, a veces, después de años con retrasos menstruales importantes se presenta un ciclo cuya duración es como cuando la mujer era más joven, e incluso puede ovular y quedarse embarazada.

Las alteraciones progresivas en la producción de hormonas van acompañadas de cambios en las características de la menstruación. Se pueden presentar alteraciones menstruales por exceso o por defecto:

1. Las *alteraciones por exceso,* en general, son molestas y favorecen la aparición de anemia cuando son intensas y prolongadas, como ocurre si la menstruación es muy abundante, dura muchos días, se presenta muy a menudo o incluso se acompaña de coágulos.
2. Las *alteraciones por defecto,* en cambio, no suelen alterar el estado general de la mujer como sucede si la menstruación es escasa en cantidad o duración.

Las alteraciones menstruales que se han reseñado corresponden a los cambios debidos al reajuste hormonal del climaterio. Sin embargo, en esta época de la vida pueden aparecer enfermedades de diferente grado de importancia que se acompañan de alteraciones menstruales o agravan las ya existentes. La importancia del problema radica en diferenciar las alteraciones menstruales climatéricas de las orgánicas debidas a enfermedades que requieren un tratamiento específico y que se detallan en próximos capítulos.

ENVEJECIMIENTO OVÁRICO Y RIESGO REPRODUCTIVO

A medida que avanza la edad reproductiva, si la mujer queda embarazada aumentan la pérdida de gestaciones y malformaciones congénitas. Esta situación se ha atribuido a una deficiente calidad de los óvulos liberados por el ovario y a las alteraciones del útero que impiden el desarrollo embrionario y del feto.

Los ovocitos que la mujer tiene en el momento del nacimiento permanecen en algunos casos cuarenta o cincuenta años hasta que completan su maduración y son liberados por el ovario. Se ha especulado con la posibilidad de que la permanencia tan prolongada en situación de reposo y la exposición a radiaciones o agentes químicos favorecería la alteración del material genético de esos futuros óvulos. Sin embargo, tales defectos parece que están relacionados con los desequilibrios hormonales de los últimos años de función menstrual que alteran el proceso de maduración ovular.

Diferentes estudios experimentales en animales han permitido demostrar que cuando la ovulación se retrasa o adelanta, se producen óvulos anormales que dan lugar a embriones con anomalías cromosómicas, malformaciones congénitas y alteraciones del desarrollo fetal.

El estudio de los embriones humanos de la Institución Carnegie ha permitido demostrar que en las mujeres premenopáusicas ocurren con frecuencia retrasos de la ovulación con respecto a la fecha teórica a mitad del ciclo menstrual, y que esa eventualidad se acompaña efectivamente de embriones anormales. Probablemente, las alteraciones hormonales propias de edad premenopáusica constituyen un factor determinante de la producción de óvulos anormales con daño irreparable del material genético que aumentan el riesgo de abortos y malformaciones congénitas de todo tipo.

Para el diagnóstico de las alteraciones cromosómicas de las malformaciones congénitas existe una serie de exploraciones complementarias que son de utilidad, entre las que se incluyen la ecografía, el estudio del líquido amniótico, la biopsia del tejido placentario y diferentes estudios bioquímicos.

En el período premenopáusico los desequilibrios hormonales van a conducir también a una deficiente preparación del aparato genital para la implantación del huevo si hay una fecundación, las enfermedades órganicas del aparato genital son más frecuentes y el envejecimiento general de los tejidos pelvianos condiciona que los embarazos después de los cuarenta años de edad se acompañen de mayor incidencia de dificultades durante el parto, de maniobras instrumentales como la aplicación del fórceps, de partos terminados mediante cesárea.

Por tanto, la mujer en edad climatérica corre mayores riesgos durante el embarazo y los resultados del mismo son inferiores a los conseguidos a edades más tempranas, de todo lo cual la mujer y su pareja deben ser conscientes a la hora de planear un embarazo después de los cuarenta años.

PLANIFICACIÓN FAMILIAR EN LA MUJER DE MÁS DE CUARENTA AÑOS

Muchas parejas en las que la mujer tiene más de cuarenta años no utilizan adecuadamente los métodos de planificación familiar disponibles y corren el riesgo de embarazos no deseados. A veces, un método anticonceptivo que ha sido satisfactorio hasta entonces deja de serlo por cambiar las circunstancias, y aumenta la frecuencia de diferentes complicaciones; otras veces, se proporciona información médica sesgada a partir de datos obtenidos en mujeres con otras características sociológicas y biológicas que las mujeres premenopáusicas. Por otra parte, la conducta sexual, el riesgo de embarazo y las necesidades de métodos anticonceptivos difieren sustancialmente en comparación con mujeres más jóvenes. Hay mujeres que prefieren continuar con un método anticonceptivo que hasta entonces ha sido cómodo y eficaz a sus necesidades, otras no han dispuesto de información y buscan una solución para limitar la posibilidad de embarazo.

Los métodos anticonceptivos reversibles de barrera, como el diafragma, gozan de poca difusión en España. En los años previos a la menopausia se debe tomar la precaución de comprobar si el tamaño del diafragma es adecuado, pues, en algunas mujeres, la vagina y las estructuras colindantes sufren cierto grado de relajación, pudiendo ser necesario un tamaño diferente.

El condón o preservativo carece de efectos adversos graves, es fácilmente disponible y protege contra las enfermedades de transmisión sexual. Algunos de los inconvenientes que comunican las parejas jóvenes son menos frecuentes en mujeres premenopáusicas y los fallos del método son menores por coincidir en una época de menor fertilidad. Un inconveniente a tener en cuenta es que puede agravar los problemas de impotencia y eyaculación precoz en los varones de más edad.

El dispositivo intrauterino o DIU puede ser un método reversible adecuado a partir de los cuarenta años si se utiliza en mujeres sin patología genital y sin riesgos de enfermedades de transmisión sexual. Los inconvenientes de este método incluyen el aumento del riesgo de infecciones genitales y de alteraciones menstruales que pueden confundirse con trastornos menstruales perimenopáusicos o agravarse en mujeres que ya presentaban alteraciones previas.

Los métodos anticonceptivos «naturales» como el de Ogino o del ritmo, son menos eficaces que en mujeres de menos de cuarenta años, por existir irregularidades menstruales y ser impredictible el momento de la ovulación en los años premenopáusicos. Sin embargo, si la frecuencia de coitos es baja y coincide con una baja fertilidad, puede ser de alguna utilidad para aquellas personas que rechazan otros métodos más eficaces.

El empleo de los anticonceptivos hormonales en forma de píldora ha sido rechazado para las mujeres que pasan de esta edad. Sin embargo, se está reconsiderando esta idea derivada de la utilización de los primeros preparados porque contienen cantidades elevadas de hormonas. Los modernos preparados hormonales se pueden emplear en mujeres que no fumen, no tengan la tensión arterial elevada, no tengan alteraciones del colesterol u otros lípidos, no sean diabéticas y no sean obesas. Es decir, una gran parte de las mujeres premenopáusicas sanas con unos hábitos higiénico-dietéticos correctos puede utilizarlos sin riesgo de complicaciones, ya que los problemas aparecen cuando existen situaciones patológicas o prepatológicas más que por el propio consumo de los anticonceptivos. Además, algunas de las hormonas contenidas en las píldoras anticonceptivas son las mismas que se emplean para prevenir las molestias relacionadas con la menopausia y el envejecimiento ovárico. Por otra parte, algunos de los anticonceptivos más modernos se pueden utilizar incluso en mujeres con hipertensión sin que se agrave el estado de la mujer, pudiendo mejorar los niveles de colesterol sanguíneo.

Los métodos anticonceptivos definitivos, como la ligadura de trompa en la mujer o la vasectomía en el varón, constituyen una alternativa en aquellas personas que no quieren correr riesgo de embarazo y no quieren estar sometidas a controles periódicos. Algunas personas que pasan de los cuarenta años son reacias al empleo de estos métodos por falta de información o por considerar escasa su utilidad si la menopausia presumiblemente está próxima. Las parejas jóvenes que ya tienen el número de hijos que deseaban aceptan de buen grado estos métodos. Esto determina que la demanda y los problemas relacionados con el riesgo de embarazo para la mujer de más de cuarenta años se modificará en los próximos años al cambiar las características demográficas y culturales.

CAMBIOS EN EL APARATO GENITAL Y LAS MAMAS

El peso y el tamaño del ovario disminuyen a partir de los treinta y cinco años, y llegan a su tamaño mínimo en la senectud. La transición desde la actividad máxima hasta la atrofia tiene lugar de forma progresiva. Al principio del climaterio disminuye la calidad de los óvulos, lo que favorece los abortos y las malformaciones fetales si existe embarazo. Posteriormente dejan de producirse ovulaciones o los óvulos no son expulsados, por lo que se alteran la producción hormonal y el ritmo menstrual. En esta fase el ovario puede tener un aspecto engrosado, con pequeños quistes detectables por ecografía; sin embargo, al final del período premenopáusico, el ovario no tiene cuerpos lúteos puesto que ya no se producen ovulaciones. Después de la menopausia existen folículos en la profundidad del ovario, pero no responden a las gonadotropinas hipofisarias y no se desarrollan.

Durante el climaterio la trompa de Falopio pierde progresivamente elasticidad, grosor y longitud, siendo estos cambios notables después de la menopausia. La musculatura de la trompa se atrofia y es sustituida por tejido conjuntivo.

En la fase premenopáusica no encontramos atrofia en el útero, más bien se aprecian engrosamientos musculares en forma de los llamados *miomas* o *fibromas uterinos*. En el período posmenopáusico, al disminuir la producción de estrógenos, se producen importantes fenómenos de regresión con disminución del tamaño del útero, incluso de los fibromas. En este período la pared uterina se hace más dura y delgada, la cavidad uterina disminuye de tamaño y el útero tiende a descender por la vagina.

La mucosa del útero, el *endometrio*, durante la fase premenopáusica responde a los siguientes cambios en la producción hormonal ovárica:
– Si la mujer ovula y tiene cuerpo lúteo normal mostrará los cambios típicos del ciclo menstrual normal.
– Si el cuerpo lúteo es anormal o no existe ovulación, la respuesta será incompleta.

En algunos casos se producen respuestas anormales con menstruaciones diferentes a las habituales por el desequilibrio hormonal o por la aparición de lesiones orgánicas como la *hiperplasia de endometrio*, que comentaremos en otro capítulo. En la fase posmenopáusica la carencia hormonal provoca la atrofia endometrial y la desaparición de la menstruación. En el climaterio el cuello uterino se aplana y su orificio se estrecha en la fase posmenopáusica avanzada y la senectud, por lo que en la mujer anciana la retracción puede ser tan importante que, a veces, es muy difícil verlo en la exploración ginecológica.

En la fase premenopáusica la vagina no difiere en su aspecto al que tenía cuando la mujer era más joven. A partir de la menopausia las paredes vaginales, la túnica conjuntivo-muscular, se hacen más rígidas y fibrosas, se retraen reduciendo notablemente el calibre vaginal y las arterias y venas que irrigan la vagina se estrechan. Esta situación de atrofia se acompaña de un tono blanquecino de la vagina y sus pliegues desaparecen. Cuando el estímulo hormonal no es suficiente, se produce el adelgazamiento de la mucosa hasta que constituye una tercera o cuarta parte del grosor presente en la mujer con menstruaciones.

Las alteraciones de la vulva son mínimas durante el climaterio, pero son más pronunciadas en la senectud, tras un período de diez años después de la menopausia, ya que disminuye la grasa de los labios que se vuelven fláccidos y se aplanan; la vulva está entreabierta con un tono blanquecino, existe tendencia a perder la pilosidad y el orificio uretral se desplaza lentamente hacia el interior de la vagina según avanza el fenómeno de retracción vulvovaginal; y los labios menores y el clítoris se reducen de tamaño.

Con respecto a la mama, hay que decir que durante la época premenopáusica es mucho más sensible a los desequilibrios hormonales, ya que puede ser en algunos casos turgente, dura e incluso aumentar de tamaño, posiblemente por el predominio estrógenico de estos años, y en la mayoría de las mujeres premenopáusicas se da la flaccidez y la pérdida de tono mamario. Después de la menopausia el tamaño mamario disminuye y aumenta la flaccidez, lo cual es debido a la deficiencia del tejido glandular y grasa mamarios. Asimismo, el tamaño de los pezones y su capacidad de erección se ven afectados.

EL SISTEMA ENDOCRINO EN EL CLIMATERIO

Durante el climaterio todas las glándulas de secreción interna sufren cambios de mayor o menor importancia para adaptarse a un nuevo equilibrio metabólico.

El primer cambio detectable tras la disminución de la producción estrógenica es el aumento de las hormonas folículo estimulante (FSH) y luteinizante (LH) hipofisarias con el objetivo de estimular el ovario; se hace máximo al final del climaterio, para luego descender en la senectud. El aumento progresivo de las gonadotropinas LH y FSH se transforma en brusca elevación en los casos en que la mujer es sometida a la castración.

La glándula suprarrenal es una fuente de andrógenos que habitualmente servirán como precursores en la formación de estrógenos en el tejido graso; y también produce catecolaminas en su tejido medular que están involucradas en las sofocaciones.

En la glándula tiroidea de la mujer menopáusica se produce un cambio en la secreción de calcitonina (hormona responsable de la regulación del calcio en la sangre y el hueso), que explica en parte el mayor riesgo de osteoporosis de la mujer menopáusica. Asimismo se producen cambios en la secreción de parathormona producida por la glándula paratiroides.

En el sistema nervioso central la carencia de estrógenos modifica el metabolismo de las catecolaminas cerebrales, las cuales controlan la secreción de hormonas hipofisarias y regulan la respuesta de los vasos sanguíneos.

MENOPAUSIA NATURAL Y ARTIFICIAL

La desaparición de la menstruación de forma espontánea, normalmente alrededor de los cincuenta años, constituye la evolución biológica normal de la mujer y, por ello, la denominamos *menopausia natural* y en este caso no existe ninguna maniobra medicamentosa, quirúrgica o de otro tipo que provoque la desaparición de la menstruación.

Por el contrario, en el caso de la *menopausia artificial* existe algún tipo de tratamiento médico o quirúrgico que provoca el adelanto de la menopausia. Como se ha indicado anteriormente, para que la menstruación se presente normalmente es necesario un equilibrio y una secuencia determinada en la producción de hormonas del ovario, y debe existir un útero con capacidad de responder a dichas hormonas. Por eso debemos considerar varias situaciones diferentes: a) cuando no existe útero; b) cuando no existen hormonas ováricas; c) cuando no existen ni útero ni hormonas ováricas.

Cuando la mujer joven es sometida a la extirpación del útero, la llamada *histerectomía*, a partir de ese momento dejará de menstruar. En cambio, el funcionamiento del ovario, tanto su capacidad de producir hormonas como de liberar óvulos, continuará hasta el momento que le corresponda el reposo ovárico climatérico. Esta mujer, si es joven notará la ovulación y los cambios cíclicos, si los notaba antes de la intervención, igual que ocurría cuando tenía útero. Es, por tanto, menopáusica; no tiene la menstruación, pero continúa produciendo hormonas y percibiendo sus efectos hasta la época del climaterio.

Si la mujer es sometida a la extirpación de ambos ovarios cuando aún tiene ciclos menstruales, la llamada *ovariectomía bilateral* o *castración,* dejará de reglar a partir de ese momento y, además, notará la falta de hormonas de una manera más intensa que si el climaterio tuviera lugar de forma natural. Es importante resaltar que, aunque no se ha extirpado el útero, la mujer dejará de menstruar por falta del estímulo hormonal ovárico. Pero ese útero puede responder a la administración de hormonas ováricas en un momento determinado, e incluso es susceptible de poder albergar un embarazo mediante técnicas de reproducción asistida.

Por último, a veces existe una justificación para practicar la extirpación del útero, las trompas de Falopio y ambos ovarios, la llamada *histerectomía* y *anexectomía bilateral,* en cuyo caso la mujer dejará de menstruar, de producir hormonas ováricas y de tener la posibilidad de quedarse embarazada.

A estas diferentes situaciones de pérdida parcial o total del aparato genital interno también se puede llegar mediante la aplicación de radioterapia para tratar determinados tumores. Algunos tratamientos citostáticos y otros hormonales pueden provocar una «castración bioquímica», que será en algunos casos definitiva y, en otros, temporal mientras se recibe el tratamiento.

También se puede llegar a la menopausia o a la carencia de hormonas ováricas en determinadas enfermedades graves y destructivas que afectan al aparato genital.

REPRODUCCIÓN DESPUÉS DE LA MENOPAUSIA

Desde el punto de vista biológico la menopausia representa el cese de la capacidad reproductora, con la dificultad que conlleva saber cuándo se ha producido realmente la última menstruación. En la sociedad occidental actual muchas mujeres retrasan su maternidad hasta completar su formación profesional, por motivos económicos, por comodidad o por falta de una pareja estable. En pocos casos se ha planteado la reproducción después de la menopausia que, lógicamente, se basa en el empleo de técnicas de reproducción asistida usando en la mayoría de los casos un embrión donado. Estas técnicas permiten el desarrollo de un embarazo después de la menopausia o en mujeres sin ovarios.

En 1984 Lujen publicó un caso de embarazo y parto en una mujer con menopausia precoz. En 1986 Navot consiguió dos embarazos en dos mujeres sin ovarios que habían recibido sendas donaciones de embriones. En los últimos meses los *mass media* han dado a conocer casos de embarazos en mujeres menopáusicas o la intención de personajes famosos de someterse a estas técnicas de reproducción asistida. En todas estas situaciones es imprescindible un útero que sea capaz de responder a los estímulos de las hormonas que se administran para su preparación, y el embarazo se mantiene también con tratamiento hormonal hasta que la placenta asume sus funciones.

LA OSTEOPOROSIS MENOPÁUSICA

La *osteoporosis* es un síndrome caracterizado por la pérdida de la cantidad de hueso por unidad de volumen, que puede acompañarse de deformidad y dolores esqueléticos, facilidad para sufrir fracturas ante traumatismos mínimos y alteraciones del metabolismo del calcio.

Las causas de osteoporosis son muy variadas. Puede aparecer después de un período de inmovilización prolongada, durante el tratamiento con ciertos medicamentos como los corticoides o la heparina, y puede ser secundaria a enfermedades graves como algunos bocios, alteraciones sanguíneas, renales o digestivas. Sin embargo, las formas más frecuentes son la *osteoporosis menopáusica* y la *osteoporosis senil.*

La frecuencia real de osteoporosis en −España es difícil de establecer, pero se puede cifrar alrededor de tres millones de mujeres–; la frecuencia se incrementa con el paso de los años, y se cree que el 50 por ciento de las mujeres de más de cincuenta años tiene algún grado de osteoporosis; las fracturas asociadas a esta enfermedad tienen una mortalidad de alrededor del 10 por ciento y se estima que en nuestro país mueren diariamente diez mujeres por fracturas de cadera relacionadas con la osteoporosis.

Las secuelas de las fracturas relacionadas con la osteoporosis son también de una gran trascendencia, ya que un gran número de mujeres con estas lesiones quedará con dolores en los huesos y articulaciones, contracciones musculares, limitación de su actividad física, y llegarán a depender de otras personas. Todo esto representa un deterioro importante de la calidad de vida, una predisposición a padecer otras enfermedades y un coste económico nada despreciable. Además, el tratamiento de la osteoporosis avanzada es difícil y, a menudo, decepcionante. Por ello, es fundamental identificar la población de riesgo y actuar preventivamente.

La nota optimista es que hay buenas razones para pensar que la osteoporosis menopáusica y sus consecuencias son en gran medida prevenibles, ya que existen medidas higiénicas, dietéticas y tratamientos que, utilizados adecuada y oportunamente, evitarán un número importante de casos de esta enfermedad.

FACTORES DE RIESGO PARA LA OSTEOPOROSIS

Los factores de riesgo para la osteoporosis se han obtenido estudiando a aquellas mujeres con osteoporosis que han sufrido una fractura. Algunos factores de riesgo son válidos para la generalidad de la población, tal es el caso de la menopausia y la edad, mientras que otros son menos importantes. En cualquier caso, la acumulación de factores de riesgo incrementa la posibilidad de padecer una osteoporosis y sus complicaciones. Estos factores se pueden determinar con una historia y una exploración clínica, y con el estudio de la masa ósea y del metabolismo cálcico.

Como hemos indicado anteriormente, la masa ósea está determinada genéticamente, y sobre ella actuarán las hormonas y el medio ambiente. Por tanto, podemos afirmar que la raza blanca está más expuesta que la negra a la osteoporosis, al disponer ésta de mayor cantidad de hueso que aquélla; asimismo, desde el punto de vista genético, está demostrado que las hijas de madres osteoporóticas tienen mayor predisposición a padecer la enfermedad.

La densidad ósea se reduce en aquellas mujeres que dejan de menstruar durante períodos prolongados sin estar embarazadas, como ocurre en ciertas enfermedades graves, en las consumidoras de dietas desequilibradas o exóticas y en atletas de alta competición. Por otro lado, cuando la lactancia dura más de seis meses se ha demostrado que se acompaña de osteoporosis en las vértebras lumbares. Como hemos indicado, las mujeres que utilizan anovulatorios hormonales tienen una mayor densidad de tejido óseo que las que no los han utilizado nunca. Asimismo, los embarazos tienen un efecto protector en comparación con las mujeres que no tenido ninguno y no han empleado anovulatorios, posiblemente por las grandes cantidades de hormonas producidas por la placenta.

El calcio se conserva en el cuerpo con grandes deficiencias cuando disminuye la ingesta, y al respecto hay que decir que, en las mujeres premenopáusicas, las necesidades pueden ser de 1.000 mg/día, y en las posmenopáusicas pueden llegar a 1.500 mg/día; por otra parte, la dieta también influye sobre el balance cálcico y del hueso. De esto último se desprenden los siguientes aspectos:
- El consumo de dietas ricas en proteínas favorece la eliminación del calcio por la orina.
- Otras veces, la dieta aporta poca cantidad de vitamina D, entonces se hace necesario su aporte con las pertinentes medidas.
- En ocasiones existe una deficiente exposición de la piel al sol, que es necesaria para la formación de vitamina D.
- Según ha señalado Abraham, es importante el consumo de magnesio para mantener la integridad ósea.

La edad y el sexo, como ya hemos dicho, son los principales factores que condicionan la aparición de osteoporosis. La importancia relativa de la edad cronológica y de la edad «menopáusica» ha sido demostrada en un estudio de la Clínica Mayo en el que se compara la densidad ósea de dos grupos de mujeres, uno que llevaba unos veinte años de menopausia natural (edad próxima a los setenta años), y otro con menopausia provocada unos veinte años antes mediante cirugía (edad próxima a los cincuenta años), sin encontrar diferencia en la masa ósea. Es decir, no influiría la edad, sino los años transcurridos desde la menopausia. Sin embargo, estos argumentos no son aceptados por un grupo de investigadores australianos dirigidos por Nordin, que consideran que tanto el factor «edad» como el factor «menopausia» son importantes.

La extirpación quirúrgica de los ovarios o la administración de sustancias que provocan una «castración bioquímica», sobre todo en las mujeres premenopáusicas, determinan cuadros de osteoporosis de instauración más rápida que en las mujeres con envejecimiento ovárico natural.

El tipo de vida afecta notablemente a la masa ósea, por ejemplo, los consumidores de alcohol y café, por una parte, y los fumadores, por otra, tienen menor cantidad de masa ósea que los que no fuman o beben dichas sustancias. La malnutrición durante la adolescencia femenina y la inmovilización prolongada son factores favorecedores de la osteoporosis. En sentido contrario, ni la sobrealimentación ni el ejercicio excesivo incrementan la masa ósea. A este respecto, hay que señalar que las mujeres obesas tienen mayor masa ósea en la columna lumbar, posiblemente debido a una mayor cantidad de estrógenos producidos en la grasa; pero no se debe considerar este hallazgo como una indicación para recomendar las dietas de engorde, pues el sobrepeso actuará negativamente sobre la resistencia del esqueleto.

Existe una marcada diferencia en el número de fracturas registradas en diferentes países europeos y el resto del mundo, ya que se encuentran porcentajes inferiores en países menos industrializados, que sugieren que la osteoporosis es una enfermedad de la «civilización». En Europa, el mayor riesgo de osteoporosis se registra en el norte, es ligeramente inferior en el centro, excepto en Polonia, y hay bajo riesgo en los países mediterráneos.

La masa muscular y la masa ósea mantienen una relación directa; por tanto, el ejercicio moderado y periódico puede ser beneficioso en la mujer menopáusica, mientras que la inactividad física constituye un factor de riesgo para la osteoporosis, además de restar agilidad ante una eventual caída.

DIAGNÓSTICO DE LA OSTEOPOROSIS

La osteoporosis es una enfermedad heterogénea que se debe a múltiples factores:
— Enfermedades producidas a lo largo de la vida.
— Envejecimiento.
— Consumo de alcohol.
— Deficiente nutrición.
— Falta de hormonas ováricas.
— Alteraciones de la vitamina D y de hormonas reguladoras del calcio.

Por todo lo anteriormente reseñado, su evaluación no es nada fácil, ya que, además, la presencia de factores de riesgo no permite identificar a todas las personas que se podrían beneficiar de los tratamientos preventivos.

Las mediciones en sangre de calcio, fósforo, osteocalcina, fosfatasas alcalinas, la eliminación urinaria de calcio y otros marcadores bioquímicos pueden servir para seleccionar el tratamiento apropiado.

En condiciones óptimas se debe medir la masa ósea, pues algunos tratamientos no están exentos de inconvenientes y deberían reservarse a las formas más graves en que exista importante pérdida de tejido óseo. No existe unanimidad en los huesos en los que se debería cuantificar la masa ósea, pero es cierto que se debe medir en aquellos puntos donde las fracturas son más frecuentes: vértebras lumbares, cadera y huesos del antebrazo.

Puesto que las pérdidas óseas o los efectos terapéuticos tienen lugar lentamente, las mediciones óseas frecuentes no permiten detectar cambios significativos en un caso determinado, aunque se practiquen en las investigaciones científicas para estudiar grupos de pacientes en tratamiento.

HORMONAS OVÁRICAS EN LA PREVENCIÓN Y EL TRATAMIENTO DE LA OSTEOPOROSIS

Civitelli establece que poco después de la menopausia se pierde aproximadamente un 5 por ciento del tejido trabecular de la columna, con lo cual al cabo de cinco años la resistencia vertebral está seriamente afectada. Pero hay que tener en cuenta que la efectividad de los tratamientos se reduce considerablemente cuando se ha perdido del 35 al 50 por ciento de masa ósea.

Dado que la osteoporosis menopáusica se relaciona con el cese de la función ovárica, una medida preventiva obvia es el tratamiento sustitutivo con estrógenos. Efectivamente, se ha demostrado que el tratamiento precoz con estrógenos preserva mejor la densidad de la columna vertebral que el suplemento dietético de calcio, y no sólo eso, sino que además reduce la incidencia de fracturas. Este tratamiento implica una dosificación como la que sigue: 0,625 mg/día de estrógenos conjugados, 2 mg/día de valerianato de estradiol o 0,025 mg/día de etinilestradiol por vía oral. También se pueden administrar 0,05 mg/día de estradiol en forma de cremas o parches transdérmicos.

Lindsay recomienda que la administración de estrógenos se inicie antes de que pasen tres años de la menopausia, mientras que Munk-Jensen reduce el período de inicio a menos de dos años después de ésta. La conducta lógica es iniciar un tratamiento preventivo lo antes posible, con el fin de evitar la pérdida de tejido en el hueso y para que el efecto se consiga con dosis bajas de hormonas.

Es aconsejable que estos tratamientos con estrógenos se acompañen de un suplemento cálcico y de la administración intermitente de un gestágeno para evitar el posible riesgo de cáncer de endometrio. La duración de este tratamiento suele ser de cinco a diez años con reajustes periódicos, y se debe evitar la suspensión brusca para impedir un efecto de desmineralización de rebote. Falta por determinar de forma concluyente cuál es la vía de administración más efectiva para reducir las complicaciones y alcanzar los máximos beneficios con los estrógenos.

El tratamiento únicamente con gestágenos también es útil para prevenir la pérdida ósea cuando existe una contraindicación para la utilización de estrógenos.

Es difícil asumir, tanto por la mujer como por el médico, un tratamiento hormonal para toda la vida. Por otra parte, aceptando la variable «edad» independiente de la variable «menopausia», como propone Nordin, la utilidad de las hormonas ováricas se limitaría a los primeros diez o quince años después de la menopausia. Posiblemente, la osteoporosis debida al envejecimiento sería tratada mejor con suplementos de calcio y otras hormonas, o con sustancias activas sobre el hueso.

Algunos de los tratamientos que hemos comentado, además del efecto sobre el hueso y el metabolismo cálcico tienen un efecto analgésico, por lo que, en ocasiones, sin embargo, será necesario administrarlos temporalmente, pero con cuidado de que no produzcan adicción.

Por último, como medidas complementarias para prevenir la osteoporosis se deben evitar, siempre que sea posible, los medicamentos que la puedan favorecer, como son los corticoides, los antiácidos que contengan aluminio, los anticonvulsionantes, los preparados que producen «castración bioquímica» y la heparina.

GÉNERO DE VIDA Y PREVENCIÓN DE LA OSTEOPOROSIS

Existen medidas dietéticas e higiénicas que inciden positivamente sobre algunos de los factores que favorecen la osteoporosis. Por esto, es recomendable una alimentación adecuada y equilibrada en la que se incluyan productos lácteos, se evite el exceso de proteínas, el café, el tabaco y el alcohol.

La relación entre la ingesta de calcio y el aumento de la masa ósea es fuente de controversias. En 1990 Cumming llegó a la conclusión de que el suplemento de calcio es beneficioso en las mujeres menopáusicas, sobre todo en aquellas que tienen reservas limitadas del mismo.

El calcio se ha utilizado solo o en combinación con los estrógenos, las calcitoninas o los difosfonatos, tal como hemos reseñado. Las necesidades cálcicas se incrementan con la edad y, como hemos comentado, el transporte activo se reduce, y es posible la difusión simple intestinal cuando existe una oferta suficiente en la dieta. Asimismo, se ha comprobado que en mujeres premenopáusicas el suplemento de calcio aportado por una dieta rica en productos lácteos limita la pérdida de tejido óseo.

Además, el empleo de calcio en mujeres posmenopáusicas permite reducir la dosis de estrógenos y es imprescindible cuando se administra la calcitonina; por otra parte, cuando se utilizan dosis elevadas de calcio pueden aparecer intolerancia gástrica o diarrea. Como precaución final, hay que recordar que el calcio se elimina por la orina en grandes cantidades cuando la fijación de calcio por el hueso está limitada, por lo que se debe controlar estrictamente o incluso evitar su administración a mujeres con antecedentes de cálculos o arenillas en la orina.

Es conveniente evitar la vida sedentaria y se debe procurar un ejercicio moderado y periódico, antes que ejercicios intensos y de corta duración. La gimnasia reglada, los paseos diarios, un deporte como el golf y la natación son medidas muy útiles para mejorar la regeneración ósea y producen sensación de bienestar. La natación en piscina de agua caliente está especialmente indicada cuando existen dolores músculo-esqueléticos, contracciones o molestias articulares. Por el contrario, la inmovilización se traduce en un agravamiento de la osteoporosis al cabo de pocas semanas.

DISFUNCIONES SEXUALES Y MENOPAUSIA

La incidencia real de las alteraciones o disfunciones sexuales durante la época climatérica no se puede establecer con certeza. No hay una medida adecuada de la actividad sexual, ya que la frecuencia de coitos no es necesariamente el mejor parámetro del interés sexual. Por otra parte, en las mujeres mayores la actividad sexual puede depender de factores imponderables como la disponibilidad, el interés, la competencia de la pareja y lo que se considera «correcto» para los individuos a cierta edad.

La mayoría de los estudios sobre las disfunciones sexuales en la época menopáusica se basa en mujeres o parejas que acuden a hospitales o consultas especializadas con problemas acuciantes y graves, pero la incidencia real de disfunciones sexuales es muy amplia entre la población general. Bachman estima que el 50 por ciento de las mujeres sufre disminución del interés sexual cuando llega la menopausia, y muchas mujeres muestran una disminución de la actividad sexual a pesar de que el deseo no se modifica.

Se pueden distinguir cinco tipos básicos de disfunciones o alteraciones sexuales en relación con la menopausia:

1. Respuesta sexual disminuida.
2. Dispareunia o dolor con el coito.
3. Actividad sexual disminuida.
4. Deseo sexual disminuido.
5. Disfunción sexual en la pareja.

En nuestro medio el problema se agrava por la tradicional desinformación sobre todo lo que respecta al sexo, y por la existencia de disfunciones sexuales no resueltas desde etapas previas a la menopausia. Un alto porcentaje de mujeres arrastra años de relaciones sexuales nada gratificantes, desagradables o soportadas como una obligación del matrimonio. La participación femenina en el coito es pasiva, más que voluntaria. La queja de una falta de deseo sexual se escucha cada vez más tras eliminarse en años recientes los prejuicios al respecto. Sin embargo, actualmente las mujeres premenopáusicas han recibido mayor información, tienen posturas más abiertas por lo que se refiere a sexo, han dispuesto de métodos anticonceptivos y se encuentran en una condición más favorable ante la menopausia que las de generaciones previas.

La disfunción sexual de un componente de la pareja puede determinar alteraciones secundarias en el otro y empeorar la situación que exista entre ellos. A partir de la menopausia tiene lugar una disminución del interés sexual en el varón que induce a una disminución adaptativa de la mujer, o también puede producirse un desinterés que afecta a ambos miembros de la pareja.

Alrededor de los cincuenta años el varón requiere más tiempo para conseguir la erección y la firmeza necesaria del pene. También según transcurre el paso de la edad hay una mayor frecuencia de fracasos en el mantenimiento en la erección útil para lograr la penetración, no siempre ocurre la eyaculación o ésta es dolorosa, hay una mayor facilidad para la eyaculación precoz y existe tendencia a presentar un largo período refractario después de la eyaculación y antes de lograr otra erección para un nuevo coito.

Aproximadamente en el 18 por ciento de las parejas con disfunción sexual el problema se debe al varón antes que a la mujer menopáusica, y aproximadamente en un 50 por ciento de los casos ambos miembros de la pareja tiene dolor o dificultad para el coito y, en un segundo plano, dificultad para la erección. En muchos casos el varón siente un rechazo consciente o subconsciente del coito, miedo a provocar dolor en la mujer y ansiedad.

Un problema importante para algunas mujeres menopáusicas es la falta de una pareja sexual masculina. Esto se explica porque muchas se casan con hombres de dos a ocho años mayores que ellas, y porque la esperanza de vida de las mujeres supera en ocho o diez años más que la de los hombres. A pesar de que se ha sugerido que la ausencia de pareja lleva a las mujeres a experimentar la masturbación, la homosexualidad o la bisexualidad, estas conductas no parecen muy extendidas en las mujeres menopáusicas de nuestro medio, por los condicionamientos culturales y sociales recibidos en la educación de hace unas décadas.

Una condición indispensable para una actividad sexual satisfactoria es un buen estado de salud. Los trastornos de la personalidad y las alteraciones psíquicas, sobre todo la depresión, producen una disminución importante del interés sexual. En las mujeres ancianas la salud física es un factor de suma importancia por las numerosas enfermedades que se acumulan y por los imprescindibles tratamientos farmacológicos.

TRATAMIENTO DE LAS DISFUNCIONES SEXUALES

En el tratamiento de las disfunciones sexuales de la mujer menopáusica y de su pareja se deben utilizar criterios objetivos, libres de todo tipo de prejuicios. Existen varios aspectos que deben tenerse en cuenta:

1. Es imprescindible realizar una cuidadosa evaluación de los aspectos psicológicos.
2. Determinar el grado de atrofia y tratar los cuadros inflamatorios genitales.
3. Descartar la presencia de tumores o trastornos urinarios que interfieran con la actividad sexual.
4. Indagar sobre el consumo de medicamentos que puedan alterar la libido.
5. Es fundamental dar una información suficientemente clara, con un lenguajes comprensible, de la respuesta sexual y los cambios que ya hemos descrito.
6. Es conveniente que la mujer, cuando así lo crea oportuno, explore todas las posibilidades que ofrece la sexualidad.
7. La mujer no debe autoimponerse criterios cuantitativos, sino aprovechar las posibilidades que sus circunstancias personales le permitan.

En la mujer premenopáusica no está justificado el tratamiento con estrógenos, puesto que la existencia de menstruación, aun siendo irregular, indica que existe una producción aceptable de hormonas. En estos casos, una vez descartada la existencia de problemas orgánicos, está justificada la utilización de lubricantes que serán empleados sobre los genitales de ambos miembros de la pareja.

Capítulo 2. Saber envejecer

▼

J. M. López-Ibor y F. J. Flórez Tascón

¿QUÉ ES REALMENTE EL ENVEJECIMIENTO?

No hay más que dos cosas inevitables y una imposible: los impuestos y el envejecimiento de un lado, y, de otro, el sueño de la eterna juventud.

El envejecimiento biológico es un *continuum* del desarrollo. La muerte es el final del crecimiento, y tanto uno como otra son fenómenos universales e irrevocables de todo ser vivo. Recordemos que la ciencia que investiga el envejecimiento humano se llama *gerontología* y es multidisciplinaria.

La vejez humana es un regalo de la moderna tecnología, como insistiremos una y otra vez, y del avance científico-médico del siglo XX.

Una sociedad que envejece suscita al gerontólogo cuestiones fundamentales: ¿cómo se asegura el desarrollo a pesar del envejecimiento de la población? ¿Cómo se podrán pagar las pensiones de los jubilados? Los problemas son tan grandes que obligan a revisar los actuales sistemas de reparto y capitalización, y de aquí la vuelta a la *boutade* inicial de la inevitabilidad de los impuestos y el envejecimiento.

En este punto, ¿cuál será el porvenir del Estado providencia? ¿Podrá enfrentarse a su función y responder a las necesidades de esta sociedad que envejece o habrá que revisar sus estructuras? ¿Una sociedad que envejece puede conservar su dinamismo y su espíritu emprendedor? ¿Qué nivel de bienestar espera a la persona de la tercera edad en esta sociedad que envejece?

Las encuestas nos demuestran que el bienestar se vive de forma distinta según la edad. En la tercera edad no se valora a partir de los clásicos indicadores de salud ni tampoco de los gastos presupuestarios que se destinan a este sector; más que los bienes y servicios disponibles, lo que se valora es la buena integración en la sociedad. En definitiva, para las personas de edad, éste es el mejor indicador de bienestar.

Como hemos afirmado, la gerontología trata de añadir no sólo años a la vida, sino vida a los años. La historia nos enseña que el envejecimiento de la población se corresponde siempre con una decadencia. Recuérdese al respecto lo ocurrido en Grecia, Roma o la España de Carlos V. La decadencia de Occidente se produce al

193

mismo tiempo que su envejecimiento, por lo que es preciso promocionar la natalidad y dejarse de gobernar por una gerontocracia bienhechora. Así, las «cabezas nevadas» de esta sociedad que envejece podrían aportar unas condiciones de vida más humanas, fruto de un dogmatismo decreciente y de una experiencia creciente, como factores de bienestar. ¡Ah, si la juventud supiera! ¡Ah, si la vejez pudiera!

La gerontología trata de añadir no sólo años a la vida, sino vida a los años.

La geriatría es la medicina de los ancianos, es decir, la asistencia médica y psicológica, la prevención y el tratamiento de las enfermedades de la vejez. Una de sus primeras y más difíciles tareas es la de diferenciar en una persona concreta lo que es envejecimiento de lo que es enfermedad. La masa generaliza y supone que todo lo que ocurre a aquel que declina y envejece se debe al paso de los años, pero hay causas del decaer funcional humano que no obedecen a un envejecimiento normal; por ejemplo, la diabetes —exceso de azúcar en la sangre— produce enfermedad de los grandes y pequeños vasos, aceleración del envejecimiento y acortamiento de la vida. Hay otros achaques que uno sufre con tal de vivir lo suficiente: las canas, las arrugas de nuestra piel, las cataratas en nuestros ojos a la usura de nuestras articulaciones, eso que los médicos llamamos artrosis. Por lo tanto, no todo es envejecimiento, y así un anciano a quien su médico le dijo que su dolor en la cadera izquierda se debía a los años, contestó que también la derecha tenía los mismos años y no le dolía.

Y es que en el envejecimiento intervienen diversas circunstancias, ya que la vida no es otra cosa que una forma de energía que sigue los procesos de la termodinámica en un sentido irreversible. Influye la energía en este flujo y sobre sus procesos de autocontrol, y con el paso del tiempo frena o acelera los fenómenos negativos o degenerativos. Este camino hacia la muerte, acelerado o retardado, se ve desequilibrado por el estrés o «agresión»; su más vivo ejemplo es el trabajo, que realizado con placer y moderación constituye un estimulante para el organismo, mientras que su sobrecarga física o mental acelera el envejecimiento.

Si bien la esperanza de vida ha aumentado a partir de 1950, la diferencia entre el trabajador manual y el intelectual persiste: a los treinta y cinco años, la del hombre de cuello blanco —salvo la del ejecutivo— es de ocho años más. La sobrecarga mental se debe principalmente a la preponderancia del canal visual sobre otras vías sensoriales, sobre todo en relación a la informática.

En la patología del anciano hay algunas características válidas para todos los órganos y aparatos; son afecciones en miniatura que se van a incendiar y progresarán a enfermedades declaradas al incidir en las alteraciones moleculares, celulares, de los tejidos y órganos. Por esto mismo hay enfermedades que desaparecen —hepatitis, periartritis escapulohumeral...— y otras que son cada vez más frecuentes en la ancianidad. En el joven el diagnóstico es único, mientras que en el anciano es múltiple y complejo; hay una polipatología tal que en un viejo hospitalizado se descubren de cinco a seis problemas como media. La autopsia de un anciano no está bien hecha si en ella no se reflejan al menos diez lesiones, por lo que se dice que, en «la estación» de la geriatría, un tren puede ocultar otros convoyes y que todos juntos conducen hacia la muerte.

Consecuentemente, en geriatría no se suele hablar de cura —y menos en gerontología, pues el envejecimiento no es una enfermedad-, sino de cuidados. Todo lo más que se logra es un nuevo estado de equilibrio, frecuentemente bajo el control del médico; es lo que hoy llamamos «salud terapéutica». Compensación que suele ser frágil o inestable y que se apoya en la grandeza del geriatra que, como un buen samaritano, acompaña al enfermo hasta el final.

La geriatría se ocupa más de la calidad de vida que de la cantidad; trata de prolongar la vida y no elude el acto de la muerte.

EL CONTROL PERIÓDICO

Para sentirse mejor y vivir más tiempo, empiece a prepararse en la edad crítica —entre los cuarenta y cinco y sesenta años— realizándose chequeos; en definitiva, haga lo posible para que los médicos no le tengan por imposible. Controle periódicamente:

1. Digestivo: tacto rectal y hemorragias ocultas en heces.
2. Cardiovascular: pulso, presión, auscultación, electrocardiograma, radiología, ecocardiografía, *doppler*.
3. Respiratorio: Estudio clínico, radiografías torácicas, espirometría.
4. Hepatobiliar: clínica, ecotomografías, pruebas hepáticas.
5. Nefrogenital: análisis de orina, urecreatinina y electrolitos en sangre, exploración rectal (próstata), citología y mamografías en la mujer.
6. Neurológico: órganos de los sentidos, reflejos, equilibrio.
7. Osteolocomotor: forma, rendimiento.
8. Metabólico endocrino: peso, talla, tiroides, gónadas.
9. Analítico: hemograma completo (Coulter) y velocidad de sedimentación, estudio de hemostasia y coagulación, estudios completos de grasas sanguíneas, orina...

Chequeos que frenan los años son los ginecológicos, especialmente después de la menopausia de seis meses; entonces toda pérdida es patológica y debe ser valorada. Las visitas al oftalmólogo también deben menudear, para que compruebe nuestras gafas, el fondo del ojo y la tensión ocular. En esta línea, es conveniente conocer el estado de nuestro oído y de nuestro órgano de equilibrio acudiendo al otorrinolaringólogo. La hipersensibilidad, el nerviosismo, la fatiga física y moral, los fallos de la memoria, el insomnio y la depresión no son síntomas de senilidad y deben motivar un análisis profundo de la situación.

REGLAS DE ORO A PARTIR DE LOS CINCUENTA AÑOS

1. *Manténgase derecho*: de joven no es difícil, pero con los años tiende a encorvarse. Acuérdese de ilustres viejos tan tiesos como Adenauer o De Gaulle.
2. *No se engañe*: la eterna juventud no existe, así es que olvide las locuras propias de los veinte años. A esta edad la coquetería tiene que ser muy sutil.
3. *Sepa contar*: no empiece siempre diciendo «En mis tiempos...»; no se convierta en el abuelo de las batallitas,

sino que intente variar el repertorio, déle alicientes nuevos a la conversación, lea y recuerde historias curiosas, divertidas. Saque provecho a su experiencia y procure no repetirse.
4. *No se descuide*: corte esos pelitos venerables, pero no siempre gratos, que le salen por la nariz o por las orejas. Si cree que los calcetines deben taparle la pantorrilla, o las camisas o jerséis cubrirle sus brazos no muy atléticos, téngalo en cuenta.
5. *No gima o lloriquee*: no ande siempre quejándose, gimiendo y lloriqueando por todo. No está de más que de vez en cuando se irrite, pero sin pasarse.
6. *Busque el frío más que el sol*: Aunque el invierno sea el sepulturero de los viejos, dos meses al año en la zona fría no vienen mal; al fin y al cabo, la longevidad en estas zonas es superior a la de las cálidas.
7. *No deje nunca de trabajar*: procure hallar un trabajo bastante independiente, sin muchos problemas de competencia o desgaste, y aun después de jubilado no lo deje totalmente. Si no le gusta o tiene que cortar radicalmente cuando llegue el día de la jubilación, no olvide que desde mucho antes ha debido buscar, encontrar y practicar un buen *hobby* o entretenimiento, algo así como su segundo trabajo.
8. *Piense en usted*: mientras que a los veinte años sería una monstruosidad pensar en uno mismo continuamente y una tiranía a los cuarenta, a partir de la edad crítica, y sin por ello convertirse en un egoísta –lo más bello de la vida es dar y darse–, debe ir reconociendo que poco a poco su vida deja de depender de los hijos y de los nietos. Piense en usted también e incluso, sin dejarle de importar cómo ha de vivir, preocúpese por cómo va a morir.

LA EDAD DEL PÁNICO O EL ENVEJECIMIENTO FÍSICO DE LOS DIFERENTES ÓRGANOS

Durante muchos siglos, el envejecimiento se consideró un fenómeno patológico resultante, de una parte, de la usura y el desgaste del organismo y, de otra, de la acumulación de secuelas y cicatrices antecedentes. Así, Hipócrates –siglo VI a.C.– nos habla de la fatiga o disnea y el catarro del viejo tosedor, de la dificultad al orinar o disuria, de los dolores articulares, del vértigo a la apoplejía, del adelgazamiento o la caquexia, del prurito, del insomnio, del flujo diarreico, de los problemas visuales y del oído torpe, del viejo achacoso. Existe un refrán castellano que dice: «No hay sábado sin sol, noticia sin amor o viejo sin dolor.» Y siglos, vejez en la mente del vulgo, significa enfermedad degenerativa, esclerosis de todo tipo y, de su acumulación, senilidad y muerte.

Hoy sabemos que hay que diferenciar el envejecimiento y sus consecuencias de la enfermedad y de las suyas, si bien aquél agrava y propicia el enfermar ésta acelera el envejecimiento. Existe un proceso ideal del envejecimiento armónico que llamamos *eugeria* y que nadie ha visto, una forma de envejecimiento diferencial y disarmónico –*patogeria*– que conlleva enfermedad lesional o funcional de un órgano o sistema, un envejecimiento retardado –*diatrogeria*–, como en teoría es el caso de los centenarios.

Es decir, que el envejecimiento del hombre –que siempre debe contemplarse desde una perspectiva múltiple, porque entran en juego lo biológico, lo psicológico, lo ecológico y lo sociológico– no es nunca puro ni a su hora; es preciso separar lo que es envejecimiento de lo que es enfermedad, y como pocos somos conscientes, acabamos dando la razón a La Rochefoucauld cuando dice que sólo algunos saben ser viejos y que físicamente la tercera edad es la «edad del pánico».

La tendencia general a la atrofia, que ya hemos comentado, lo que los médicos llamamos reducción de la masa metabólica activa, se caracteriza por: pérdida de peso y volumen de los órganos parenquimatosos, reducción de la vascularización y riego capilar, aumento del tejido de relleno o conjuntivo, disminución del contenido hídrico, pérdida de la turgencia de los tejidos y tendencia a su desecación y, como consecuencia de todo ello, decremento de la reserva, cuando no real disminución de la capacidad funcional. De esto se deduce que «nadie envejece en un instante». Nuestra piel –la epidermis– se atrofia,

pierde lozanía, flexibilidad, suavidad y tersura; palidece o se vuelve morena, y al tacto es más seca, fofa y apergaminada; se arruga mínimamente en las rídulas y llamativamente en las «patas de gallo», el cuello o los grandes surcos cutáneos; aparecen en ella manchas pigmentadas o «flores de cementerio», especialmente en el dorso de las manos, y verrugas seniles, así como zonas adelgazadas en las que la fragilidad capilar facilita los traumatismos y las hemorragias mínimas subcutáneas de la púrpura senil.

El cabello, como es sabido, encanece –esta canicie puede ser precoz– y también se cae, se hace ralo y más fino. A veces la caída es total: es la calvicie de la que nos consolamos diciendo que es signo de masculinidad. Disminuye el vello axilar y puberal, y en los varones puede aumentar la pilosidad de cejas, orejas y fosas nasales.

Después de los sesenta disminuye la rapidez de crecimiento de las uñas, que pierden su aspecto liso y se estrían longitudinalmente o se encorvan como garras. Otro rasgo de envejecimiento es el que se refiere a las alteraciones de nuestro sentido «aristocrático»: hacia los cuarenta y dos-cuarenta y tres años disminuye el poder de acomodación del cristalino; entre los cuarenta y cinco y los cincuenta y cinco, los brazos se han quedado cortos y tenemos presbicia, necesitamos gafas para leer, se inician las opacidades o cataratas, y, en relación con el estado de la retina, a partir de los veintisiete años se pierde lenta y progresivamente la visión nocturna. La mirada es menos viva, menos brillante; la pupila estrecha el iris y los párpados quedan caídos los superiores y abolsados los inferiores, enmarcados por las patas de gallo.

Igualmente, desde los cuarenta años vamos perdiendo audición, y desde los cincuenta, padecemos presbiacusia, que es progresiva; se deteriora el oído medio, pero sobre todo la percepción; se acentúan dos factores –«el hacer oídos de mercader», esto es, el desuso y la falta de interés y la agresión sonora– que nos hacen cada vez más duros de oído.

Por otra parte, en la nariz se atrofia la mucosa y disminuye el olfato. En la boca, desdentada o protésica, se atrofian las papilas de la lengua por arriba y aparecen varices seniles por debajo; de ahí que exista cierta pérdida del gusto y del apetito.

Siendo el movimiento uno de los fenómenos característicos de la vida, el viejo entra en el aparcamiento. La silueta se encoge y el dorso se encorva; se abate todo el cuerpo geotrópicamente: el sistema muscular se atrofia, declina su poder de contracción y disminuye la fuerza de prensión con la deficiencia del potasio. Los trabajos pesados y las cargas son penosos para los ancianos; por el contrario, las manos sarmentosas pueden conservar largo tiempo la actividad manual.

Las articulaciones crujen denunciando el desgaste de los cartílagos, su erosión; la artrosis, con su dolor mecánico, cesa con el reposo.

Hay poco hueso, aunque el hueso restante sea normal, en lo que llamamos osteoporosis, y son frecuentes los aplastamientos vertebrales y las fracturas de cabeza, húmero, muñeca, costilla y cuello del fémur.

Todo el árbol respiratorio sufre el envejecimiento: las mucosas se atrofian, hay moco pendiente, carraspeos de garganta, voz quebrada y temblorosa, mala ventilación y sofocación al menor esfuerzo, palabra a menudo jadeante, tos rebelde, bronquitis y expectoración rebeldes... Todo ello sobre una infraestructura broncopulmonar y costal rígida, poco expansible —enfisema—, con facilidad para la infección —bronquitis— y muy sensible a los humos, incluso al cigarrillo, polvo y cambios de temperatura.

Desde William Harvey circula el clásico dicho de que «el hombre tiene la edad de sus arterias», pero realmente no es así, ya que la arterioesclerosis no es compañera imprescindible de la edad, no es envejecimiento, sino enfermedad. Lo que sí hay con los años es presbicardia: el corazón disminuye de peso, acumula pigmentos de envejecimiento, sus válvulas se deterioran y calcifican, se hacen estrechas o demasiado amplias, aumenta la dureza de las arterias y, a la vez que disminuye algo el volumen de expulsión, aumenta un poquito el débito cardíaco; la presión arterial, disminuida por la elasticidad de la aorta, va a coincidir con un circuito estasis de la circulación venosa que dará pie a los edemas, el pinchazo de las piernas y las varices.

Se ha demostrado que, cuando no se dan las causas patológicas, los elementos de la sangre apenas se modifican con la edad, no hay presbianemia; en cambio, puede haber algunas alteraciones en la coagulación que predisponen a la trombosis, por lo que aumenta la velocidad de sedimentación. Envejece pronto nuestro sistema inmunitario, nuestras defensas, que son máximas en la adolescencia y empiezan a declinar cuando involuciona el timo, sensible al envejecimiento como sus linfocitos dependientes.

El envejecimiento digestivo es muy claro y precoz en la boca; con la secreción de sus jugos falta frecuentemente el gástrico y hay aquilia. Los pancreáticos son más pobres en fermentos, por lo que se produce una mala absorción, se atrofian las mucosas, se afinan los músculos de las paredes y hay meteorismo, gases, estreñimiento y hernias hiatales, umbilicales o inguinales.

La involución fisiológica del riñón supone una pérdida constante de nefronas y un aumento del tejido intersticial. Pero apenas se observa en el adulto joven la enfermedad prostática en sus dos versiones distintas: el adenoma benigno, que no degenera nunca, y el cáncer de próstata.

Desde el punto de vista endocrinológico, ya hemos comentado la evolución de la actividad sexual, la menopausia, la siempre denegada andropausia y su frecuente asociación con la diabetes *mellitus*, siempre patológica, de difícil diagnóstico y sin relación con el envejecimiento habitual.

En el sistema nervioso central tiene lugar la reducción del peso cerebral, la progresiva pérdida neuronal y las alteraciones de los patrones del sueño: dificultad para conciliarlo, facilidad para despertarse y reducción de la fase de movimientos oculares rápidos, durante la cual descansa el cerebro y se sueña. En el sistema nervioso periférico, la lentificación del tiempo de reacción: disminuyen los reflejos, aumenta la percepción táctil, el reconocimiento de los cambios de temperatura y, acaso, la percepción del dolor. El problema de la presbialgia es importante por la disminución de la sudoración, de las quinestasias y de la percepción de las formas, entre otros.

Y lo mismo que la heterogeneidad de la tercera edad es evidente en lo sociológico, en lo ecológico y en lo psicológico, lo es en lo somático. De forma individual, el envejecimiento diferencial de los órganos nunca es tan ideal como en la eugeria o agerasia, esto es, la vejez sin achaques. Como Corneille escribió: «Y la dicha perfecta llega con el atardecer para quien supo emplear con fruto la jornada.»

CONSEJOS PARA LA LONGEVIDAD

La ciencia médica está logrando importantes avances para lograr un envejecimiento más saludable y añadir años a la vida; procure usted añadir vida a los años, ya que esta etapa depende en buena medida de lo que se proponga y disponga. No existen elixires de la eterna juventud, por lo tanto no los busque; en cambio, sí está en su mano acceder a una tercera edad más saludable y enriquecedora. Para ello, algunas normas que le recomendamos adoptar:

1. No se levante tarde.
2. Recuerde que el aseo es fundamental; cuantos más años tenemos, más aseo necesitamos.
3. Salga de casa, relaciónese y entérese de lo que ocurre en el mundo en que vive; lea la prensa, comente sus noticias y opine.
4. No se deje arrastrar por la inactividad, no se apoltrone. Jubilación significa júbilo y acción. Su mejor ejercicio diario será el paseo: practíquelo como mínimo una hora a la mañana y otra a la tarde.
5. Distráigase, pero no conceda excesivo tiempo a sus actividades estáticas –juegos de salón, naipes, labores de punto, televisión– o a no hacer nada. Sepa que el día que amanece es el primero del resto de su vida.
6. Es el momento de dedicarse a las aficiones que hasta ahora no pudo, de seguir aprendiendo; en el pasado, los ignorantes fueron los analfabetos, y en el mundo que viene serán aquello que no hayan aprendido a aprender.
7. Visite a sus familiares y amigos sin llevar la cuenta de si ellos lo hacen o no; haga nuevos amigos y ayude a los demás.
8. Acepte los cambios que suceden en el mundo que le rodea aunque no esté de acuerdo con ellos; esto mismo les ocurrió a sus abuelos. Piense que los jóvenes no tiene aún capacidad para comprenderlos, pero usted sí está en situación de hacerlo.
9. La siesta es saludable siempre que sea corta.
10. ¿Sabe usted que 4 horas de sueño pueden ser suficientes para usted? No se obstine en dormir toda la noche; procure descansar aunque no duerma ocho horas, pero no esté demasiado tiempo en la cama.

● ●

Consejos para dormir mejor
A. J. Cruz Jentoft

– Asegúrese de estar agradablemente cansado cuando se vaya a la cama. No se mantenga tumbado, adormilado o inactivo mucho tiempo del día.
– Cene lo normal, sin excesos, y espere una o dos horas para acostarse. Si tiene apetito, puede tomarse un vaso de leche al acostarse.
– Haga ejercicio de forma regular (no necesariamente antes de acostarse).
– Establezca una rutina diaria. Acuéstese a la misma hora, y realice siempre las mismas actividades de preparación (por ejemplo, ponerse el pijama, preparar la ropa del día siguiente, cerrar la persiana, verificar el despertador, abrir la cama, dejar las zapatillas). Estos hábitos ordenados le ayudarán a dormir.
– La habitación debe estar a una temperatura confortable, no muy caliente (18-20 grados), sin luz y sin ruidos. El colchón debe ser lo más firme posible.

– Evite el alcohol.
– Evite por cualquier medio dormir fuera de la cama (en el sofá, viendo la televisión...). Si tiene sueño, acuéstese.
– En los días más difíciles, puede probar con una bebida caliente, un buen baño y un libro adecuado (no demasiado excitante).

¿CANTIDAD O CALIDAD DE VIDA?

A. J. Cruz Jentoft

Salvo cuando se trata de dinero, cualquier persona medianamente formada suele responder a esta pregunta eligiendo lo segundo, la calidad. Y cuando la conversación en la que se plantea este dilema trata sobre los años que uno desea vivir (cosa harto frecuente, aunque no se halle en nuestras manos tomar la decisión), suele resultar obvio que la mayoría desea vivir más años, pero no de cualquier manera.

Todos deseamos llegar a viejos, pero no aceptaríamos de buen grado hacerlo en condiciones de minusvalía física o mental importantes, ni cargados de enfermedades y sufrimientos, ni en la soledad o en la pobreza más absolutas. Sin embargo, y aunque le parezca increíble, el verdadero debate sobre la calidad y la cantidad de vida es relativamente nuevo fuera del plano teórico, ya que hasta este siglo no podía controlarse ni modificarse ninguno de los dos términos.

Cuando aún somos jóvenes y sanos, y si las cosas nos van bien, consideramos la muerte como algo remoto, y apenas le dedicamos algún pensamiento. Nos sentimos, en cierto modo, inmortales, como si sólo afectara a los demás.

A medida que pasan los años, empezamos a recordar que somos mortales, y pensamos a veces en la muerte. Algunas personas llegan incluso a preocuparse en exceso por ello. Además, comenzamos a pensar también, de forma involuntaria, en el envejecimiento. Todos conocemos a alguna persona que ha llegado a sentir la vejez tan cercana, que la niega en todos sus aspectos, y la rechaza por completo en la conversación, en la forma de vestir o en la forma de actuar.

De hecho, el aumento de la esperanza de vida que se ha producido en este siglo, tan bien difundido por la prensa, no afecta directamente a los jóvenes. Por desgracia se vive más tiempo viejo, no joven. El máximo vigor y la mejor salud llegan por lo general hasta los treinta o los cuarenta años, y a partir de esa edad existe un declive evidente, aunque muy variable.

Tabla 16. **Recomendaciones preventivas para los adultos de bajo riesgo y sin síntomas**

Edad/Precauciones	50	51	52	53	54	55	56	57	58	59	60	61	62	63	64	65	66	67	68	69	70	71	72	73	74	75	75+
Tomar la tensión arterial	x		x		x		x		x		x		x		x		x		x		x		x		x		x
Medir el colesterol	x				x				x					x				x					x				x
Exploración de la mama	x	x	x	x	x	x	x	x	x	x	x	x	x	x	x	x	x	x	x	x	x	x	x	x	x	x	x
Mamografía	x	x	x	x	x	x	x	x	x	x	x	x	x	x	x	x	x	x	x	x	x	x	x	x	x	x	x
Citología vaginal	x			x			x			x			x			x											
Buscar sangre en las heces	x	x	x	x	x	x	x	x	x	x	x	x	x	x	x	x	x	x	x	x	x	x	x	x	x	x	x
Hacer una colonoscopia	x			x				x					x				x					x					
Dosis de recuerdo de tétanos					x								x												x		
Vacunación de la gripe																x	x	x	x	x	x	x	x	x	x	x	x

Tabla 17. **Mitos y realidades sobre los cincuenta años**

Mito	Realidad
Empieza la vejez...	No hay una edad exacta a la que empieza la vejez.
...y la vejez es algo horrible.	La vejez tiene tantos aspectos positivos como cualquier otra edad, o más.
Se pierde atractivo físico.	¿A qué edad es máxima la belleza? La madurez tiene una belleza propia.
Se vuelve uno anticuado y conservador.	Se conserva una escala de valores que es, sencillamente, distinta de la de otras generaciones y debe defenderse.
No se disfruta igual.	Se puede disfrutar con más cosas que cuando uno es joven, y más profundamente.

3

▼

Alma de mujer

I.
ESA SENSIBLE
ALMA FEMENINA

Capítulo 1. La era psicológica

E. Rojas

Estamos en la era psicológica. Al final del siglo se puede afirmar sin temor a exagerar que *el mundo se ha psicologizado.* Cualquier análisis de la realidad que se precie va a descansar en el fondo sobre elementos psicológicos. ¿Por qué? ¿Qué ha pasado para que se haya operado este cambio tan marcado? ¿Cuáles podrían ser las claves que expliquen este fenómeno? No se puede dar una respuesta sencilla que resuma todo lo que está sucediendo. Son muchos los factores que han originado esta instalación en el campo de la psicología de una gran parte de la humanidad.

Para relacionar esto hay que señalar las luces y sombras de nuestra época actual. Tenemos haber y debe positivo y negativo. Por una parte están los grandes avances alcanzados, las cimas a las que ha accedido el hombre en estos últimos años. El despegue de *la ciencia moderna*, la acelerada *tecnificación* que nos ha permitido conquistar metas hasta ahora insospechadas, la *revolución informática,* que es capaz de simplificar los sistemas de ordenación y procesamiento de datos. También hay que subrayar la denominada *revolución de las comunicaciones:* ya no hay distancias en el mundo y en pocas horas nos plantamos en el otro extremo de la tierra; esto era hace tan sólo unos años algo impensable. De otro lado, se han despertado muchas conciencias dormidas, tales como los derechos humanos, la democratización de una gran mayoría de países que viven en libertad y la progresiva preocupación por la justicia social, que ha llevado a una equidad mayor por un lado y a la existencia de una clase media cada vez más sólida y estable por otro. Los altos niveles de confort y bienestar han cambiado la vida del ser humano de nuestros días, sobre todo si lo comparamos con el de principios de este siglo o si nos remontamos a la última etapa del siglo XIX.

Hay que señalar también, en este balance positivo, la riqueza cultural de la actualidad, que va desde la música a la literatura, pasando por la pintura, la escultura, la ordenación de nuevos y grandes museos... La conciencia ecológica, que demuestra una nueva sensibilidad por la naturaleza, los espacios verdes y su posible degradación y, además, la nivelación o paridad de la consideración hombre/mujer:

se está superando el machismo tradicional y se avanza hacia un feminismo bien entendido, que respeta y valora la condición femenina, y que reconoce que la mujer no puede estar discriminada en tareas intelectuales, políticas, artísticas, docentes...

Pero en la cultura occidental actual hay sombras importantes. Algunas insospechadas, sorprendentes. Los *ismos* más importantes son los siguientes: de un lado, el *materialismo:* sólo cuenta aquello que es tangible, que se toca y se ve; es como el destino casi último de la sociedad de la abundancia. Junto a él se alinea el *hedonismo,* que pone como bandera fundamental el placer y el bienestar. Ambos nos dan una mezcla muy singular. Sólo cuenta la posesión y el disfrute de unos bienes materiales que, por muy abundantes que sean, siempre terminan dejando insatisfecho el corazón humano. De ahí brotará una *vivencia de la nada,* que está muy cerca de lo que supone la experiencia de la ansiedad. Materializado el ser humano en sus aspiraciones más profundas, terminará deslizándose hacia una nueva decadencia.

Hay que subrayar también, como puntos negativos, la permisividad: no hay cotas, ni lugares prohibidos; hay que atreverse a todo, hay que probarlo todo, curiosear todos los rincones y recovecos de la intimidad humana. Hay que ir cada vez más lejos: llegar a lo inaudito y sorprendente, bordeando territorios antes vedados, y ser así cada vez más audaces e innovadores. Es importante también el *relativismo* que ha ido llevando a un marcado *subjetivismo:* todos los juicios son flotantes, todo depende de algo, como en una especie de cadena de conexiones; todo es relativo. Se produce así una absolutización de lo relativo. Además, el *consumismo:* ésta es una nueva forma de liberación. Estamos destinados a consumir: objetos, cosas superfluas, información, revistas, viajes, relaciones; se trata de tener cosas. La pasión por consumir. Hay a nuestro alrededor un exceso de reclamos, tirones, estímulos, y decimos que sí a casi todos ellos. De aquí surge un nuevo hombre: embotado, repleto de cosas, pero vacío interiormente. Va a ir siguiendo la ruta de la ansiedad, que terminará en una forma especial de melancolía e indiferencia.

Y salta otro dato en este inventario de factores: la *deshumanización.* Ha venido de la mano de la ciencia y de la técnica. El hombre tecnificado se desdibuja, pierde apoyo y consistencia, y llega a posponer el valor del ser humano como tal. Nunca a lo largo de la historia nos habíamos preocupado tanto del hombre como ahora y, a la vez, nunca había estado éste tan olvidado, tan cosificado, tan reducido a objeto. La sociedad actual vive en una permanente contradicción: dice una cosa y hace la contraria; predica unas teorías y en la práctica pone en juego otras muy distintas. Entramos así en una cierta *masificación:* gregarismo, todos decimos lo mismo, los mismos tópicos y lugares comunes.

Así se alcanza una nueva cima desoladora y terrible: la socialización de la inmadurez, que va a definirse por tres notas muy especiales: *la desorientación,* es decir, el no saber a qué atenerse, el carecer de criterios firmes, el flotar sin brújula, el ir poco a poco a la deriva; *la inversión de los valores,* esto es, una nueva fórmula de vivir, el atreverse a diseñar la vida con unos esquemas brillantes y descomprometidos, pero sin fuerza, en una especie de ejercicio circense parecido al «más difícil todavía», pero en aras de una libertad voceada y ruidosa; y, en tercer lugar, *el vacío espiritual,* que no comporta ni tragedias ni apocalipsis.

Como vemos, la ansiedad va surgiendo de aquí y de allá en este recorrido analítico. Pero hay más aspectos que caracterizan esta cultura occidental de nuestros días y que no quisiéramos pasar por alto. Hay que mencionar la *exaltación del erotismo y la pornografía* inflados a la carta: el ser humano queda rebajado, envilecido, reducido a la categoría de objeto. Es el sexo-máquina: orgía repetitiva y sin misterio. Se consume sexo. Y, al final, asoma un nuevo vacío que es hartura y cansancio del ejercicio del sexo trivializado, convertido en un bien de consumo sofisticado. Los mercaderes del sexo ofrecen sus mercancías, atreviéndose cada vez a ir más lejos, a llegar casi al límite de la destrucción de lo más humano del hombre.

El autor francés Gilles Lipovetsky ha definido esta época como la era del vacío. Y Alain Finkielkraut concluye así: *Una sociedad finalmente convertida en adoles-*

cente. Glucksmann prefiere definirla como la *sociedad del cinismo.*

Éste es el *nihilismo de nuestros días.* Decían los existencialistas que la angustia era la vivencia de la nada: se saborean el vacío y la ausencia de contenidos. Es la disolución por ausencia; todo es hueco, laguna, vaciedad, desierto. En la versión moderna ésta es su anatomía interna.

Nihilismo que se define en versión inglesa como *apatía new look.* Desprecio de todos los valores superiores. Indiferencia pura. Es el desierto posmoderno. Se cumple el diagnóstico de Nietzsche, aunque con un poco de retraso: elogio del pesimismo y exaltación del absurdo. Etapa decadente, de apatía de las masas. Indiferencia por saturación de casi todo: esto ocurre en la gran mayoría de los campos, pero se observa con especial claridad en el campo de la información. Plétora informativa vertiginosa y detallada que termina por ser abrumadora, coyuntural, sin conclusiones personales y sin emociones duraderas. *Información no formativa:* no conduce a conseguir un hombre mejor, más completo, rico, denso y más preparado; al contrario, llegamos a una versión opuesta: un hombre débil, sin criterio, anestesiado por tanta noticia dispar, incapaz de hacer una síntesis de todo lo que le llega de aquí y de allá. El destino de todo esto apunta hacia una banda de transición que va de la melancolía a la desesperación, de la ansiedad al suicidio. En conclusión: la vida no merece la pena o es tan banal que el hombre moderno de la cultura occidental vive sin referencias ni puntos de apoyo sólidos. La existencia se hace insostenible.

Ya no hay rebelión. Hemos pasado de los conflictos a la era de la ansiedad y de la depresión. Se han ido entronizando la apatía, la dejadez y una especie de neutralidad asfixiante. Para completar el mosaico de contradicciones, por otra parte, el hombre de nuestros días muestra una enorme curiosidad por todo. Quiere saber lo que pasa, lo que sucede aquí allá. Estar atento y captar los cambios y movimientos que se suceden. *Todo le interesa, pero no construye nada o casi nada, ni humaniza al hombre.* Es una banalización general, contradictoria y sin brío. Se llega a vivir sin ideales, sin objetivos trascendentes, con la sola preocupación por encontrarse uno a sí mismo y disfrutar de la vida a costa de lo que sea..., y que pasen los días.

Capítulo 2.   ¿Cómo sufren las mujeres?

▼

FALSAS CREENCIAS

E. Dio Bleichmar

Desde el Génesis –con la figura de Eva dejándose seducir por la serpiente– hasta nuestros días, la mujer siempre ha sido considerada más vulnerable, más débil, más predispuesta, más próxima a cualquier exceso o desviación. Gran parte del esfuerzo de las mujeres enroladas en los movimientos feministas ha estado dedicado a desterrar este mito que devalúa la feminidad. ¿Los hallazgos sobre la prevalencia de la depresión en la mujer pueden poner en peligro esta labor, considerada «la revolución pacífica del siglo XX»? Lo que está sucediendo es todo lo contrario, no debemos temer una nueva ola de menosprecio, por poner de relieve la frecuencia y la importancia de los estados depresivos en la vida de gran parte de las mujeres de nuestra cultura. Tanto las precisiones estadísticas, como el conocimiento más afinado de la psicología femenina y de sus malestares, están contribuyendo a disolver muchos prejuicios y distorsiones imperantes en el ámbito mismo de las ciencias.

En efecto, las formas más graves de la depresión, las que tienen un fuerte componente genético o biológico en su origen –las que forman parte de los trastornos bipolares–, no afectan a las mujeres en mayor proporción que a los hombres; en cambio, aquellas para las cuales no se ha podido demostrar una causa biológica –es decir, las que están vinculadas a los problemas psicológicos de la existencia–, son las que afectan al doble de mujeres que hombres. La conclusión resulta clara: la mayor incidencia de depresión en las mujeres no debe buscarse en su biología, en su fisiología, en su cuerpo, sino en las condiciones de vida y en las configuraciones de su subjetividad.

La mayor incidencia de la depresión en las mujeres no debe buscarse en su biología, sino en las condiciones de vida y en las configuraciones de su subjetividad.

Otro dato que ayuda a liquidar viejos prejuicios imperantes sobre la vulnerabilidad orgánica de la mujer es el que muestra que no sólo no existe un incremento de la depresión durante la menopausia, sino que, en realidad, las cifras disminuyen en este período. Los descubrimientos son contundentes en este punto: ni la menopausia predispone a la depresión ni las depresiones que ocurren durante este período constituyen una entidad distinta, ya sea en términos de síntomas o de gravedad. Estos hallazgos han permitido eliminar la categoría de *melancolía involutiva* que se consideraba una forma muy femenina de terminar la vida.

¿Quiere decir, entonces, que si bien las mujeres no somos más débiles, ni tenemos un cuerpo que envejece peor con los años, en cambio somos más neuróticas, tenemos más conflictos? ¿Acaso, el doble de conflictos, el doble de depresión?

Desde hace años, los investigadores interesados en este problema tratan de echar luz sobre las estadísticas. Si a las cifras de hombres deprimidos se suman las que corresponden a los hombres alcohólicos y sociópatas —problemas que afectan fundamentalmente al género masculino—, los números tienden a aproximarse.

Vemos entonces que las cifras pueden ser usadas, una vez más, para mantener las falsas creencias y la mitología sobre las mujeres, pero también para la superación de las mismas. Es necesario entender, además, por qué los hombres se vuelven alcohólicos, marginales o delincuentes y las mujeres se deprimen.

Desde antes de nacer nuestros cuerpos reciben el impacto de la estimulación social, religiosa e ideológica –a través de las expectativas y deseos de los padres– sobre los patrones que modelarán su psicología en dos direcciones distintas: la masculinidad y la feminidad. Nos hacemos diferentes y desiguales de acuerdo a las diferencias y desigualdades imperantes en los grupos sociales a los cuales pertenece la familia en que nacemos; nos hacemos diferentes y desiguales en la forma de pensar y, por tanto, diferentes y desiguales, también, en la forma de sentir y sufrir.

Una de las diferencias entre hombres y mujeres –remarcadas por los estudios y hallazgos recientes– es la especial importancia que tienen para las mujeres la intimidad y la conexión emocional con los demás. Si bien en todo ser humano la pérdida afectiva provoca efectos devastadores,

éstos no adquieren proporciones tan severas entre los hombres, aparentemente, porque en ellos la privación emocional y la abstinencia sexual son experiencias menos frecuentes: siempre existe al lado de un hombre viejo, enfermo o con serias dificultades, alguna mujer. La situación recíproca no es de observación frecuente.

En resumen, frente a las arraigadas concepciones sobre el carácter biológico, corporal, de las diferencias que se observan entre los dos sexos, la tendencia actual de las investigaciones subraya el papel capital que cumplen las concepciones imperantes sobre qué significa ser mujer y ser hombre en la creación de esas diferencias. Las chicas y los chicos no nacen tan diferentes, pero llegado un momento de la vida piensan de forma diferente; más adelante, se quejan de forma diferente.

Las costumbres sociales ejercen un poderoso efecto sobre el desarrollo de la agresividad. En las mujeres se estimula la pasividad, con su consecuente tendencia a la impotencia y se desalienta la actividad y el ejercicio del poder, creándose de este modo un tipo de *ideal del yo* que valora el sacrificio y la prestación de servicios.

Muchos de los problemas derivan de la identificación con una mujer –la madre–, quien también es depresiva por haber desarrollado una identidad marcada por el estereotipo del rol y por haber estado sometida a las condiciones de vida que sostienen la desvalorización, la impotencia y la limitación de oportunidades para las mujeres.

Se da así una monumental paradoja humana: el rol maternal contiene los componentes esenciales para que el cuerpo se transforme en un ser pensante, o sea, en un ser humano. Las madres son las depositarias del futuro de todas las generaciones; a ellas se les encarga, se las responsabiliza de la buena salud integral del futuro héroe. Se confía en sus capacidades emocionales, en su empatía y disponibilidad. En ausencia de estas condiciones, el retoño crece poco y torcido. Pero resulta que estas capacidades, sin las cuales es imposible desarrollo humano alguno –capacidad de dar vida, de crear bienestar, de contacto y comunicación, de hacer posible el encuentro humano, de animar el alma para que el espíritu se sienta henchido de energía y quiera salir a correr y conocer el mundo–, no han servido para que las mujeres presentemos, al menos, menor propensión a la depresión.

Psiquiatras y especialistas de la salud mental no se han quedado indiferentes ante lo apabullante del «dos por uno» de las estadísticas, y desde hace poco más de una década vienen interrogándose y tratando de explicar las causas de la mayor frecuencia de la depresión en la mujer con respecto al hombre.

El paralelismo con la biología es lo primero que se esgrime como argumento: así como nuestro cuerpo funciona por medio de ciclos menstruales, se considera que nuestra mente podría hallarse gobernada por los mismos factores, y los trastornos *ciclotímicos* –el propio nombre se utiliza para algunas formas de depresión– aproximan, al parecer, las ideas. Supuestamente, la mayor frecuencia de los trastornos cíclicos del humor en las mujeres se explicaría, también, por razones de su naturaleza biológica. Sin embargo, como hemos señalado con anterioridad, las depresiones llamadas *bipolares* –en las cuales el factor biológico juega el rol central– no presentan diferencias estadísticas entre hombres y mujeres; en cambio, es en las llamadas *neurosis depresivas* –en las cuales la causa biológica no ocupa un lugar destacado y lo fundamental son los mecanismos psicológicos– donde encontramos que las cifras se duplican para las mujeres.

Acorde con esta línea de razonamiento que supone que el ciclo biológico de la mujer es responsable de la depresión, se considera la menopausia y el climaterio –en tanto conjunto de modificaciones hormonales– como causas de la depresión que aparece en ese período. La *depresión de la menopausia* era, hasta hace algunos años, un diagnóstico muy al uso –todavía es posible oír hablar de él–; pero tanto los estudios estadísticos como los diagnósticos adecuados han permitido desterrar esta categoría de las clasificaciones por dos razones:

1. No existe mayor número de mujeres depresivas en la menopausia, al contrario, los datos muestran una cierta disminución durante estos años.
2. Cuando la depresión se desencadena en la menopausia, los motivos precipi-

tantes y la menor o mayor severidad de sus síntomas no se apartan de los patrones que caracterizan las otras formas de depresión.

Resumiendo, la depresión en el período de la menopausia no tiene peculiaridad clínica alguna que permita distinguirla de las de las otras etapas de la vida. De modo que, con el avance del conocimiento, estas ideas que han prevalecido en los ambientes científicos y en muchos sectores de nuestras sociedades –tentativas de explicar la mayor frecuencia de la depresión exclusivamente por medio de factores biológicos, propios de la fisiología o del cuerpo– van perdiendo vigencia.

Un paso importante en el esclarecimiento de esta cuestión tuvo lugar al dedicarle atención a los factores psicosociales. Los acontecimientos que se consideran antecedentes biográficos significativos para el desencadenamiento de una depresión son los siguientes:

1. Muerte de la madre durante la infancia;
2. Condiciones de aislamiento social: migración, exilio, cambio de residencia;
3. Más de dos o tres hijos pequeños a su cargo;
4. Carencia de una red de apoyo.

No hay duda de que todos estos factores tienen una enorme importancia afectiva para cualquier ser humano, pero no alcanzan a explicar la frecuencia de los cuadros depresivos específicos que, en realidad, parecen derivar, más que de un acontecimiento excepcional, de la vida corriente de las mujeres.

La depresión de las mujeres impregna su vida cotidiana, su vida común y corriente, haciendo su aparición, por ejemplo, durante la adolescencia o al tener un hijo. La depresión posparto constituye una entidad clínica conocida, benigna y pasajera pero frecuente, a diferencia de la *psicosis puerperal*, que se manifiesta con grados variables de severidad y que ataca a un número menor de mujeres. El síndrome del «nido vacío» describe la depresión de muchas mujeres cuando sus hijos abandonan el hogar.

Sin embargo, estas formas específicas

de depresión en la mujer descritas por la psiquiatría no llegan a dar cuenta de las quejas, a veces vagas, a veces muy precisas e insistentes, de las propias mujeres; incluso, muchas de las que asisten a las consultas destacan que no se sienten escuchadas, que no se llega a comprenderlas...

LOS RITMOS PSICOBIOLÓGICOS
F. Alonso-Fernández

El funcionamiento neuroendocrino se atiene en la mujer a una línea mucho más inestable y cíclica o periódica que en el hombre. Esta característica fisiológica podría ser una de las razones que justifican la sobretasa de depresión femenina, una vez que esta enfermedad encuentra mayores facilidades para asentarse en los organismos centrados en la ritmicidad, y precisamente el acontecer corporal específicamente femenino es rítmico, y hasta su cerebro está dominado por el ritmo. Y no me refiero en esta afirmación a aquellas estructuras cerebrales como el sistema límbico y el hipotálamo, íntimamente vinculadas al sistema endocrino, como es obvio, sino a la lateralización o bipartición del cerebro. Mientras que en las dos primeras semanas del ciclo menstrual el dominio corresponde al hemisferio cerebral derecho, en la segunda mitad del ciclo el dominio se traslada al izquierdo, y esto hace que se eleve la destreza motora de la mujer durante estos días del mes.

La propia vida sexual femenina está sujeta a una regulación rítmica rigurosa; es decir, la entrega a estas actividades no es una cuestión de azar, sino que el reloj de la emoción amorosa de la mujer se pone en marcha a partir de la pubertad para no detenerse sino con la muerte. Su funcionamiento se atiene a estas tres esferas: la cotidiana o circadiana (ritmo diario), la circamensual (ritmo mensual) y la circanual (ritmo anual), que pasaremos a explicar con detalle.

1. El *ritmo diario* ofrece tres momentos especiales para las vivencias amorosas y el comportamiento sexual: la salida del sueño de la noche, la dulce tarde (de las 16.00 h. a las 19.00 h.) y la hora de acostarse.

2. El *ritmo mensual* coincide con la activación de la libido sexual femenina que tiene lugar durante el período de ovulación, coincidiendo con los días decimocuarto y decimoquinto del ciclo menstrual. Su mecanismo íntimo responsable consiste en una elevación en pico de la secreción de progesterona, lo que estimula al ovario conduciéndolo a la liberación del óvulo, la célula sexual femenina. Además, este ritmo marcha de acuerdo con el ciclo de la luna (no por ello existe fundamento científico para acusar de lunática a la mujer).

3. El *ritmo anual* de la sexualidad femenina presenta una brusca activación durante los meses de la primavera. Es en esta florida fase del año cuando los ovarios segregan más hormonas y la mujer experimenta con mayor intensidad la necesidad amorosa. Por ello, una de las épocas de natalidad máxima han sido, a lo largo de los tiempos, los meses de enero y febrero. Pero en la lista de los meses con un mayor número de nacimientos también figuran, por otras razones, septiembre (alentado por la celebración de las fiestas de Navidad) y abril-mayo (con la concepción durante las vacaciones estivales).

Las distintas fases que componen la vida genital femenina (el ciclo menstrual con su inicio en la menarquía y su finalización en la menopausia, el embarazo, el posparto y el puerperio) representan momentos específicos que no son puramente endocrinos sino psicoendocrinos; es decir, el modo de vivir por parte de la mujer el fenómeno biológico modifica sus características y sus rasgos. Un poco exageradamente podría decirse que cada mujer tiene el ciclo genital que corresponde a su personalidad o a su biografía, con lo que queda patente que la ritmicidad biológica existente en la mujer no descarta la intervención de otros factores depresógenos relacionados con la personalidad y la situación social.

Hay dos momentos definidos en la vida genital de la mujer en los que se acumula la incidencia de la depresión: el premenstruo y el posparto. También se eleva esta incidencia, pero de forma mucho más moderada, en la fase que precede a la suspensión menstrual.

La depresión premenstrual se ha convertido en una entidad clínica importante cuando hasta hace poco tiempo era desconocida, y esto se debe a que cuando era ligera se la venía describiendo como «cambios premenstruales negativos» (tristeza, fatiga, apatía, inhibición del deseo sexual, aumento de peso...), y a partir de cierto grado de intensidad se la incluía en el *síndrome de tensión premenstrual*, que es una especie de cajón de sastre repleto de alteraciones psíquicas polimorfas y abigarradas, dominadas por la sobrecarga emocional de tipo aflictivo, irritable o mixto.

La depresión premenstrual, que suele iniciarse regularmente una semana antes del flujo menstrual y caer cuando el flujo comienza, es la modalidad más frecuente de depresión breve recurrente, y afecta a más del 10 por ciento de mujeres adultas en edad fértil. Además, conviene agregar que en su cuadro clínico no suelen faltar, al lado de otros síntomas depresivos, una serie de quejas somáticas diversas, sobre todo la hinchazón dolorosa de las mamas, las cefaleas y los dolores abdominales.

Por parte del sector hormonal interviene como factor causal inicial un desequilibrio en la cantidad de hormonas femeninas existentes en el plasma sanguíneo —en forma de un exceso de estrógenos o una deficiencia de progesterona—, lo que repercute sobre los neurotransmisores del cerebro conduciendo a un estado depresivo. Una nota específica de estas depresiones es el funcionamiento deficitario del sistema serotoninérgico cerebral (uno de los encargados de la transmisión en el cerebro, caracterizado por la liberación de serotonina), inducido por aquel desequilibrio hormonal femenino.

Por ello, la depresión premenstrual se presenta sobrecargada de emotividad y suele mejorar rápidamente con la administración de fármacos activadores del sistema serotoninérgico.

Es muy común, por otra parte, que las depresiones habituales de curso más o menos continuado o sometidas a cambios cíclicos, se vuelvan mucho más intensas durante los días premenstruales.

Por su parte, la *depresión posnatal* se caracteriza por iniciarse entre la primera y la sexta semana después del parto, si bien la mayor parte de las veces sus síntomas aparecen durante los primeros quince días. Tiene una tasa de incidencia del 20 al 25 por ciento, más alta que ningún otro momento de la vida humana. Así pues, una de cada cuatro o cinco mujeres que dan a luz es afectada por la depresión en las cuatro o cinco semanas subsiguientes. Además, la tendencia de esta afección a repetir en sucesivos partos es muy elevada: su tasa de recurrencia alcanza nada menos que el 40 por ciento, aunque la aplicación de las medidas preventivas precisas puede rebajar esta cifra considerablemente.

El cuadro clínico de la depresión posparto suele estar constituido por los elementos del humor depresivo (pesimismo, tristeza, llanto, sentimiento de culpa y otros) y de la anergia (apatía, dificultades en la concentración, astenia, cavilaciones obsesivas y otros), y en una proporción menos acentuada y frecuente por el trastorno de la comunicación y de los ritmos.

Durante la posmenopausia (la fase que sigue a la supresión menstrual) no se eleva la incidencia de la depresión, a pesar de que concurren entonces cambios hormonales que podrían tener una fuerte acción depresógena. De todas maneras, es indudable que la depresión común se muestra a partir de la menopausia más resistente a la acción curativa de los fármacos, y puede superarse muchas veces agregando al tratamiento antidepresivo previo una discreta dosis de hormona ovárica tipo estrógeno o de hormona tiroidea.

En cambio, es en la premenopausia, entre el inicio del climaterio (cambio radical involutivo) y la suspensión de la menstruación, cuando se incrementa de forma discreta la incidencia depresiva. Con la administración de estrógenos (hoy su aplicación se realiza a menudo mediante parches o emplastos transdérmicos) a las mujeres que lo precisan durante la fase premenopáusica del climaterio, se consigue una intensa función defensiva contra la irrupción de la depresión.

DEPRESIÓN POSPARTO
E. Dio Bleichmar

Después de dar a luz, muchas mujeres no se sienten bien ni contentas. La profundidad del malestar es variable, hecho constatado por los profesionales de la salud que han clasificado la dolencia en tres grados de severidad:

1. Reacción depresiva pasajera, lo que los autores de habla inglesa –quienes identificaron por primera vez este cuadro– denominaron *maternity blues*.
2. Depresión posparto.
3. Psicosis puerperal.

Reacción depresiva pasajera. «Después de parir tienen el llanto fácil», dicen los médicos, y no les extraña porque han visto a muchas mujeres que, cuando dan a luz, lloran. No se trata de un llanto de alegría o de emoción, aunque estos componentes también pueden estar presentes; es, por lo general, un llanto de congoja acompañado de una inquietud o incomodidad física, ansiedad sobre la salud del bebé, cierta confusión o «mareo» mental y, a veces, desconexión, un no saber bien qué hacer con el bebé. El llanto, más que expresión de tristeza o depresión, se considera resultado de la tensión, ansiedad y falta de sueño.

La mayoría de las veces, cuando las flamantes madres –suele ser más frecuente con el primer niño/a– van tomando familiaridad con ese cuerpo nuevo, cuando se tranquilizan respecto a sus capacidades para atenderlo, comprueban que pueden alimentarlo y cuidarlo como lo han hecho y lo siguen haciendo la mayoría de las madres del mundo, ese llanto fácil para el que no encontraban explicación desaparece. Es una reacción sumamente frecuente que se observa entre el 50 y el 80 por ciento de las mujeres. El promedio de duración es entre veinticuatro y cuarenta y ocho horas, y este carácter pasajero, corto y de resolución espontánea es lo que ha llevado a que se considere un fenómeno de ajuste, de adaptación, una reacción normal.

Depresión posparto. Se trata de un tipo de depresión que no se diferencia en nada de los episodios depresivos descritos con anterioridad –las depresiones mayores o menores–, pudiendo alcanzar distintos grados de severidad. Se caracteriza por una acentuada desgana, llanto, franca irritabilidad hacia los demás (marido, otros hijos, padres, familiares), trastornos del sueño y del apetito y serias dificultades en el manejo del bebé. Muy frecuentemente, estos estados depresivos quedan enmascarados bajo el sinnúmero de dificultades y complicaciones que surgen ante la crianza. El niño no duerme bien, permanece despierto gran parte de la noche, llora ininterrumpidamente, se alimenta mal, y así el estado de abatimiento, ansiedad, fatiga y desequilibrio materno se considera una consecuencia «de la guerra que da el bebé», sin que la propia madre, ni tampoco los que la rodean, reconozcan la verdadera causa.

El promedio de duración suele variar entre seis y ocho semanas –aunque otros investigadores consideran que puede persistir durante gran parte del año que sigue al posparto– y suele aparecer en, aproximadamente, un 20 por ciento de las mujeres.

Psicosis puerperal. Se trata del trastorno mayor y siempre requiere ayuda profesional. Los síntomas son mucho más acentuados: la desgana se transforma en postración y la irritabilidad en hostilidad, muchas veces franca y abierta hacia el entorno. Las mujeres se niegan a hablar; ensimismadas, con la mirada perdida, parecen ajenas al mundo que las rodea. Es habitual el desarrollo de las ideas delirantes (pensamientos de carácter falso o ajenos a la realidad e irreductibles a la argumentación racional) en torno a sentimientos de culpa hacia el niño/a o el esposo, temor de no quererlos lo suficiente, preocupación de no poder hacerse cargo del bebé o de ser capaz de atentar contra su vida. Ese trastorno, muy poco frecuente –aproximadamente 1 de cada 1.000 nacimientos–, no parece diferenciarse de la psicosis que ocurre en períodos distintos de la vida.

Necesidad de prevenir la depresión posparto

Actualmente se considera que la depresión de los padres es uno de los factores clave en la calidad de los cuidados que reciben los niños. Existen numerosos estudios que muestran los efectos negativos, tanto en el carácter como en la capacidad de aprendizaje, de los niños que han tenido durante períodos prolongados de su vida padres con estados depresivos, especialmente si se trata de la madre.

Investigando los factores biográficos y el grado de soporte social de estas mujeres aquejadas de depresión posparto, uno de los datos que resalta es la carencia o ausencia total de apoyo afectivo; serios problemas de comunicación con el marido, falta de colaboración y ayuda doméstica, así como desconexión con el bebé son los factores que prevalecen. A su vez, un detenido examen pone de manifiesto la presencia de indicadores de serios conflictos con la feminidad y el embarazo previos al nacimiento del bebé, lo que para muchos investigadores se convierte en un factor de riesgo que resulta necesario detectar y contemplar para su adecuada prevención.

DEPRESIÓN PREMENSTRUAL
E. Dio Bleichmar

A finales de la década de los setenta, el conjunto de malestares que muchas mujeres sufren en torno al ciclo menstrual —del cual la literatura o la cultura popular han recogido diversas expresiones— comenzó a ser estudiado por médicos/as y psiquiatras, denominándolo *síndrome premenstrual*. Se trata de un conjunto de variaciones y cambios fisiológicos, psicológicos y de conducta que muchas mujeres sienten, en particular, en las fases previas al período menstrual: mal humor, tensión, ansiedad, irritabilidad, hostilidad, y que se repiten con regularidad en esas ocasiones. También se lo ha calificado de «humor negativo».

Ahora bien, como hemos descrito en el apartado sobre los síntomas de la depresión, en muchos casos ésta no se manifiesta por el tono triste, sino por otros síntomas de la *disforia*: mal humor, irritabilidad, labilidad afectiva, hostilidad..., es decir, los mismos rasgos que se agrupan bajo el rótulo de *síndrome premenstrual*.

«Hoy no me siento bien, estoy como "baja", molesta... me tiene que venir la regla...»

«Hoy, recogiendo las cosas del desayuno, rompí un plato... me sentí tan mal... tan inútil... pensé: no puede ser que me ponga así por semejante tontería... después recordé que me va a venir el período.»

¿Estamos frente a una especie de variación estacional, una minidepresión mensual, pasajera, un «bajón de esos días» que desaparece como vino, sin ninguna razón vinculada a la vida presente o pasada de relación de esa mujer? ¿Se trata de un mero efecto psicológico de una variación hormonal del cuerpo? ¿Esa microdepresión se repite en otras circunstancias, no tan claramente posibles y fáciles de relacionar con el ciclo menstrual? ¿Las mujeres que sufren de microdepresión mensual tienen con mayor frecuencia otros momentos de «bajón»?

Estos interrogantes son materia de distintas investigaciones que se están llevando a cabo actualmente para tratar de dilucidar el problema. Se habla de la sensibilidad premenstrual pero lo que los psicoanalistas podemos aportar en este sentido es la experiencia clínica de haber sido testigos —a lo largo del tratamiento de muchas mujeres— de la desaparición de estas molestias una vez resueltos sus conflictos principales.

Cuando a través de una psicoterapia, o de un proceso de reflexión sobre su condición femenina, la mujer resuelve o llega a una conciliación con sus propias contradicciones, sin que hayamos modificado un ápice su fisiología ni sus variaciones hormonales, desaparece la queja de tensión y la depresión premenstrual. El conflicto con la feminidad, con «el ser mujer», para muchas mujeres se inaugura y queda sellado —como la cifra en el metal de la moneda cuando se la acuña— de forma indeleble por medio de la experiencia de la menstruación. De manera absolutamente inconsciente, cada ciclo enfrenta a la mujer con una condición de su identidad que la tiene insatisfecha. Pero, en su gran mayoría, no es precisamente su sexualidad o su capacidad reproductiva lo que la mujer rechaza o lo que la deprime; es decir, no se trata de un hecho del cuerpo que afecta su sensibilidad o su psicología, aunque pueda vivirlo de esa determinada manera. Lo que las mujeres rechazan es el rol social que les toca jugar, y este hondo conflicto psicosocial afecta a su sexualidad, a su fisiología y a su funcionamiento corporal.

El síndrome premenstrual es otra prueba más del profundo proceso de desnaturalización al que se halla sometida la mujer, quien no logra «adaptarse» del todo a los modelos de feminidad vigentes, protestando y rebelándose a través de medios indirectos, inconscientes, corporales.

EL SÍNDROME DEL AMA DE CASA
F. Alonso-Fernández

Las amas de casa son una víctima propiciatoria para las enfermedades depresivas. Entre ellas hay un 14 por ciento afectas de enfermedades depresivas, una proporción sensiblemente superior a la tasa depresiva existente en la población femenina general (alrededor del 10 por ciento).

Los factores que pueden dar lugar a una depresión en el ama de casa se concretan principalmente en estas cuatro series: las pérdidas y las separaciones, los estreses, el aislamiento y los cambios de horario. Los analizaremos sucesivamente, pero no sin antes dejar reconocida la función de ama de casa como una profesión laboral dura, sacrificada y poco gratificante.

Lo que más mortifica al ama de casa es la situación de aislamiento inducida por las escasas oportunidades para hablar y encontrarse con otras personas.

En las sociedades occidentales se ha pasado de una familia muy dilatada (la tradicional tribu) a una agrupación nuclear formada en el presente por padres e hijos. Con esta drástica reducción, la familia trata de ajustarse al escaso espacio de la vivienda, lo que representa un vivo contraste con el momento social que vivimos, en el que se agrupan individuos pertenecientes a cuatro generaciones.

Esta reducción de la familia conlleva una doble pérdida que traumatiza al ama de casa: la segregación de los abuelos y la precoz separación de los hijos, un proceso que degrada la vivienda a la condición de «nido vacío». Otro problema de índole totalmente distinta y también muy actual es la fijación indefinida de los hijos al ámbito familiar del que proceden.

El ama de casa cuenta con un tipo de estrés realmente importante, que es el económico. Ha de administrar la casa con arreglo a un determinado presupuesto, cuya limitación puede obedecer a una escasez real o a una imposición de su compañero desamoroso o autoritario; a menudo se le otorga la responsabilidad de la administración, pero no la gerencia administrativa, lo cual le hace sentirse como una especie de empleada dentro de su propio hogar.

Con todo, tal vez lo que más mortifica a esta mujer es la situación de aislamiento inducida por las escasas oportunidades para hablar y encontrarse con otras personas. Por otra parte, el incremento de las parejas sin hijos presupone un nido vacío desde sus orígenes y un mayor riesgo de incomunicación, porque si hay hijos, la vivencia de soledad surge o se acentúa con los años, a medida que los descendientes van tomando su camino propio, con lo que el aislamiento se produce mucho más tarde.

Por último, habría que realizar el espíritu de sacrificio del ama de casa para cambiar de horario y hábitos de vida a tenor de las necesidades o conveniencias de los demás, generosa disposición suya que puede conducir la regulación de sus ritmos alimentarios y de sueño a una situación anárquica capaz de provocar un estado depresivo.

El *síndrome del ama de casa* es, en su punto de partida, una síntesis de las cuatro situaciones depresógenas por excelencia: la de la separación o pérdida, la del estrés crónico, la del aislamiento y la de la inestabilidad. El posible daño producido a la salud mental de esta mujer por estas cuatro constelaciones causales puede quedar neutralizado en gran parte por una convivencia de pareja grata, amorosa y sin autoritarismos, que le haga sentirse satisfecha como persona y como individuo sexual; y un clima familiar presidido por el afecto y formado por la comunicación entre unos y otros, todo lo cual ayudará a la mujer a afrontar con éxito sus riesgos y desventuras.

Otras pautas preventivas para la depresión del ama de casa vienen proporcionadas por el trabajo extrafamiliar y la colaboración del hombre en las funciones del hogar. Para el ama de casa solitaria, varada durante la mayor parte del día y sometida a un «yugo» económico, el trabajo desempeñado a ciertas horas fuera del medio familiar representa una doble conquista: el logro de una independencia económica y la oportunidad para la comunicación y el encuentro con otras personas. Muchas mujeres, hasta entonces recluidas en su hogar, han comenzado a revivir a partir de esta nueva experiencia laboral. La vivencia profesional como una autorrealización acompaña todavía más profundamente a las mujeres que habían trabajado con anterioridad durante algún tiempo fuera de su casa, tal vez antes de comprometerse en la senda del amor.

Para las mujeres que viven el trabajo extradoméstico como una experiencia de autorrealización, como una liberación económica o como un motivo de relación con otras personas, el ejercicio de las duras obligaciones de ama de casa es mucho mejor soportado, y en este sector desciende notablemente la incidencia de la depresión, la afección femenina más frecuente en la actualidad.

Pero cuando la suma de los trabajos realizados en la casa y fuera de ella, lo que podríamos llamar la «doble jornada», gravita sobre la mujer en forma de una eterna prisa, una continua tensión de responsabilidad o de superagobio, la tasa de enfermedad depresiva se eleva vertiginosamente, incluso por encima de la alta cifra media existente entre las mujeres dedicadas exclusivamente al hogar.

La distribución de los papeles familiares en la pareja y en el hogar suele atenerse al camino marcado tradicionalmente entre la personalidad masculina y la femenina; es decir, el varón, mejor preparado para la defensa y el combate, se ha venido encargando de la protección del hogar y la búsqueda del sustento; la mujer, condicionada por sus facultades biológicas y su mayor sensibilidad para el calor afectivo, se ha venido dedicando a cubrir las funciones de ama de casa.

Esta alianza tradicional entre el guardián (masculino) y la regidora de la casa (femenino) tiende a quebrarse en los últimos tiempos en aras de una distribución de funciones más equilibrada y mejor compartida. Cada vez es más alta la proporción masculina que «arrima el hombro» en las actividades domésticas, y en análoga medida crece el número de mujeres que trabajan fuera del hogar. Y, según hemos visto, el impacto del trabajo externo sobre la salud mental del ama de casa se reparte entre resultados positivos y negativos: cuando es positivo, en forma de un descenso de la depresión entre ellas, suele incrementarse la tasa de depresión masculina. Por eso, en algunas sociedades se ha moderado, en una fecha reciente, el desequilibrio mujer-hombre mantenido con anterioridad entre 3 a 1 y 2 a 1. Aunque la distribución de las funciones en el hogar (trabajos caseros y cuidado de los niños) se ha vuelto más equitativa cuando ambos cónyuges trabajan, la carga doméstica más pesada de estas actividades, en la proporción del 75 por ciento, sigue estando a cargo de la mujer.

Otro grupo de amas de casa con padecimientos psíquicos es el que se caracteriza por la convivencia con un varón psicópata o alcohólico. Resulta muy difícil la integración en pareja con un psicópata marcado por sus tendencias antisociales, su impulsividad y su insensibilidad para el cariño y la ternura, o con un alcohólico en pleno proceso de degradación psíquica y moral, ya que el maltrato de la mujer alcanza su cota más elevada entre las esposas de algunos de estos dos tipos de personas, y es en este marco donde surgen las escenas más crueles con el ama de casa como víctima.

Tabla 18. **Cuando la mente sufre. Mitos y realidades**
S. Dexeus y J. Mª Farré

Mito	Realidad
Los dolores pélvicos son siempre de origen ginecológico.	A veces lo son de síntomas vecinos (gastrointestinales, musculares); en otros son de origen psicosomático.
Así pues, la mujer que se queja de un dolor psicosomático expresa una falsedad: en realidad no le duele.	Excepto casos muy específicos, el dolor de origen psicosomático es real y no una simple queja sin base cierta.
Las reacciones psicológicas al aborto son muy difíciles de erradicar y duran años.	No son tan difíciles de erradicar si se abordan con sentido profesional y apoyo afectivo y social. A veces desaparecen espontáneamente.
El estrés lo produce un exceso de estímulos a los que el individuo no puede hacer frente.	No siempre es así; en ocasiones, la falta de estímulos, el aburrimiento, también estresan.
El problema del estrés es la respuesta orgánica intensa y desagradable.	La respuesta fisiológica no tiene por qué ser la señal definitiva de estrés. Es el fracaso de la adaptación a estímulos y respuesta lo que desencadena el estrés. Es más, hay otros factores también importantes: si los acontecimientos son muy traumáticos, si somos más emotivos, etc.
El trabajo competitivo ha sido nefasto para la mujer.	Todo depende de la conducta con la que se enfrenta a la «competición». Y también de las circunstancias sociales. Por ahora, el trabajo competitivo ha sido positivo para la mujer porque supone un ejercicio de equiparación con el hombre, lo cual no presupone que no pueda verse abocada a los mismos peligros para su salud que el hombre. Sobre todo si lo hace como «patrón A».*
El problema es la adicción al trabajo de ciertas mujeres.	No necesariamente, si la implicación laboral es placentera y gratificante; en este caso, el trabajo es protector ya que genera crecimiento personal. Lo que es más conflictivo es la percepción de amenaza competitiva y la tensión constante provocada por la misma.
Las mujeres «patrón A» están condenadas al fracaso en su vida futura y en su equilibrio de pareja.	En general, las mujeres «A» no tienen tantos problemas de pareja como se podría esperar. Los tienen más las mujeres «B»** casadas con un «hombre A», En cuanto a la vida futura, dependerá no sólo de ellas, sino de los cambios sociales necesarios para un mejor equilibrio interpersonal. Así y todo, no tienen por qué dejar de vigilarse al igual que un hombre «patrón A», en cuanto a ciertas consecuencias negativas para la salud.
Hay menos mujeres «patrón A» en nuestro ámbito.	Hay menos que en países anglosajones y altamente industrializados, pero son ya más que los hombres, en nuestro país.
Competir siempre es malo para la mujer.	La competitividad *per se* no es mala, sino al contrario. Lo que es peligroso es el estilo (generador de excesiva demanda) con que ciertas personas compiten, sean hombres o mujeres.

* El *patrón A de conducta* se caracteriza por el intento de conseguir el máximo número de objetivos en un mínimo tiempo.
** Las mujeres B son más relajadas, menos competitivas que las A.

II.
TIEMPOS DE CRISIS

Capítulo 1.

▼

Cambios y crisis

C. Sáez Buenaventura *

ENTRE EL CAMBIO Y LA PERMANENCIA

Sólo a quien posea un concepto estático o fijo de la vida o de determinadas etapas de ella puede resultarle extraña la afirmación de que ésta es la consecuencia de transformaciones y cambios constantes desde el punto de vista biopsíquico y social. Parafraseando a Ortega y Gasset, la interpretación de la vida que tenía el hombre antiguo, en rigor, anulaba la historia, pues para él la existencia consistía en ir pasando cosas; los acontecimientos históricos eran contingencias exteriores que caían sucesivamente sobre un determinado individuo o pueblo.

Nuestra idea actual de lo que es la vida está muy relacionada con una serie de hechos regidos por leyes determinadas, los cuales ha ido coligiendo y estructurando nuestra especie también a lo largo de su historia y mediante las cuales no sólo trata de comprender los fenómenos que le son propios, sino de prever las posibles consecuencias del hecho de vivir. Cambio y permanencia serían las fuentes básicas, gracias a las cuales la vida discurre, al tiempo que, desde que comienza a ser vida humana, van adquiriendo características propias en cada persona, según el tipo de socialización de que es tributaria, dados los diversos estatus de pertenencia (sexo, clase, etnia...) y sus respuestas específicas, lo que da lugar a la elaboración de unos ciertos «estilos vitales» personales, exclusivos e irrepetibles en cuanto a individualidades se refiere.

Los cambios de mayor o menor magnitud suelen presentarse, consciente o inconscientemente, cuando una situación —sea cual sea su transcendencia o índole— se hace insostenible. Así, no se suele cambiar de casa, pareja, opinión, trabajo o amistades, a menos que la continuidad con alguno de ellos suponga incomodidad, inadecuación o sufrimiento, o bien se haya creído encontrar sustituciones a las mis-

---

* En mis textos recogidos en esta obra no me refiero a las mujeres en general, sino a las mujeres españolas de hoy, urbanas y de status socieconómico medio.

mas que parecen más favorables o ventajosas y que por muy diversas razones anuncian mayores posibilidades de bienestar. En este sentido, conviene recordar que la rutina o las rutinas que forman parte de la vida de todas las personas no son sino la costumbre de hacer una cierta cosa o hacerla de cierta manera, que se sigue manteniendo aunque ya no haya razón para ello e incluso la haya en contra.

De cualquier manera, todo cambio, incluso el que aparezca como más satisfactorio, está lleno de incertidumbres y posibles riesgos, pues conduce hacia situaciones desconocidas que, por serlo y por muy atractivas que puedan presentársenos, no dejan de crear miedos y temores simultáneamente.

Pero así como decíamos que la crisis tiene su origen en los cambios, no todos éstos tienen un desenlace crítico. Los cambios, sean más o menos deseados o temidos, resultarán menos problemáticos para las personas cuanto más tolerantes y adaptables sean éstas a los riesgos y los imprevistos, siempre que los imprevistos y los riesgos no sobrepasen excesivamente esas posibilidades de adecuación y flexibilidad personales, lo que no sólo está en consonancia con el tipo de personalidad «rígida» y «estática» o «plástica» y «adaptable», sino con las características de los acontecimientos o las circunstancias externas que puedan acaecer en determinados momentos de la vida y que a veces son considerados como catastróficos, por significar una agresión de magnitud insoportable para la integridad o el sentimiento de identidad de personas que hasta entonces han asimilado, sin especiales conmociones, otros cambios importantes en sus biografías, aunque no de semejantes proporciones (tortura, ataques violentos contra la propia vida, cataclismos bélicos, ecológicos...).

La mayor o menor capacidad para experimentar los cambios se verá influida también por las expectativas o las consecuencias que se esperen de ellos, en tanto aquéllas sean más o menos adecuadas a los resultados comunes que de ellos suelen derivarse, o que, por el contrario, se hayan magnificado o idealizado a tal extremo, por parte de quienes esperan, que cualquier resultado frustrará tan desmedidas esperanzas. Esa mayor o menor capacidad de previsión tiene que ver no sólo con la posibilidad de autoconocimiento y recuerdo de las propias reacciones respecto a cambios previamente experimentados por uno mismo u otras personas afines, sino por lo novedoso de la experiencia de cambio en general para la mayoría, así como por la mitificación o idealización social de alguno de ellos, elaborada por el imaginario colectivo. Así, suele haber más capacidad de previsión cuanto más avanzados estemos en nuestro desarrollo personal (etapas medias o aún más avanzadas de la vida), por lo general.

Todos estos factores, y algunos más sin duda, contribuyen a la hora de experimentar un cambio como una transformación gratificante, aunque no exenta de incomodidades en determinados casos, como un paso que, una vez iniciado, nos deja suspendidos, bloqueados o paralizados durante un tiempo o como una situación que parece dar al traste con todo lo conocido hasta el momento de nosotros mismos y nuestro entorno, lo cual da la impresión de un derrumbe vital o la pérdida de la estabilidad psicológica mantenida hasta el momento. Ante la vivencia más o menos prolongada de un sentimiento de fragmentación y pérdida de la totalidad que fuimos, a la vez que la desaparición de los puntos de referencia que hasta entonces nos fueron útiles, sin duda podemos afirmar que la persona se halla en crisis.

De lo apuntado hasta el momento, han quedado al margen otras circunstancias que pueden resultar especialmente críticas y que parecerían contradictorias, sin serlo, con lo que hasta ahora acabamos de plantear. Me estoy refiriendo a aquéllas en que la permanencia o la persistencia aparente en «lo de siempre», en las rutinas, en lo «seguro», parecen ir minando la vitalidad, la perspectiva de futuro, creando una especie de estancamiento, de agostamiento vital, que se asemeja a un estado agónico que, por no desembocar en nada, ni siquiera en la muerte, socavan y terminan por convertir en inservible el estadio precedente, fragilizado a fuerza del desgaste a que la reiteración cotidiana le ha sometido. La contradicción en estos casos es sólo aparente; el cambio interno, traducido en el inicio de la crisis está en marcha, ya que de no ser así, la persona en cuestión no percibiría como lesiva o insoportable la rutinización permanente en que se encuentra y que hace insostenible su situación vital. Podríamos denominarlas «crisis por pasividad», en las, que sin sufrir cambio externo aparente o llamativo, sí se produce en lo que respecta a instancias interiores (deseos, fantasías, necesidades...), externas (cambios y evolución de personas allegadas y/o afines, presiones e influencias intergeneracionales...) y también biofisiológicas (ligadas a la imagen y la autopercepción corporal incluso), todo lo cual pone de manifiesto consciente o inconscientemente la ingratitud y la insoportabilidad de esa forma de vida durante más tiempo.

LAS CRISIS COMO ACONTECIMIENTOS HABITUALES DE LA VIDA COTIDIANA

Según lo anteriormente dicho, podemos afirmar que las crisis vitales no son catástrofes sobrevenidas fatal o casualmente, o a consecuencia de incapacidades individuales, sino más bien hitos fundamentales de nuestras vidas, necesarios incluso como procesos mediante los cuales se metabolizan una serie de circunstancias precedentes de las distintas *líneas* o *perfiles* que se entretejen formando el cuadro de la vida humana. Inevitables unos, como el perfil temporal o cronológico y el sexual; evitables otros, como el matrimonio, la elección o el mantenimiento de una determinada profesión, y probables la mayor parte de ellos, aunque en diverso grado, de acuerdo a las «estructuras normativas y de oportunidad», el entrelazamiento complejo y diversísimo de todos ellos crea el verdadero contenido y continente de la cotidianidad.

Mediante los procesos críticos puede tener lugar un enriquecimiento personal, gracias al rescate y a la aceptación de una serie de cualidades tanto negativas como positivas, pero controladas, rechazadas, sustraídas y negadas como componentes de nuestra personalidad o estructura individual y que, retomadas y reincorporadas, bajo la luz de la conciencia, no sólo permiten un autoconocimiento más adecuado y cabal, sino, a la vez, el desarrollo de una serie de capacidades o posibilidades entorpecidas o impedidas hasta entonces.

El hecho de que el sujeto sufra más o menos durante las crisis y que precisamente suceda en sociedades que, como también la nuestra, tienden a negar de forma progresiva el dolor y el sufrimiento como elementos constitutivos de la existencia humana, asimilándolos cada vez más a la enfermedad, a través de la medicalización constante de la vida cotidiana, trae consigo varias consecuencias: una es que el propio sujeto confuso, dolido y asustado, tiende a buscar ayuda para terminar cuanto antes con esa situación desagradable o angustiosa; otra puede ser que, con una frecuencia y rapidez extremas, busque alivio en los circuitos públicos de atención a la enfermedad, lo que es mayoritario en las capas medias, o privados en un segundo término; en tercer lugar suele suceder que, tanto en uno como en otro sector, los profesionales que se autodefinen como eficaces y modernos tienden a erradicar los síntomas lo antes posible, lo que sin duda les ahorra tiempo y energías, reportándoles a la vez una imagen de técnicos eficientes, pero que, con respecto a la persona en situaciones críticas, les priva de la ayuda necesaria para conocer el porqué de su inquietud interior y, tal vez, de la necesaria compañía, en tanto logran acceder a la nueva etapa que aquélla está anunciando.

En consecuencia, la crisis vivida y entendida como síntoma o signo de cambio y evolución personales permitirá, tras un cierto tiempo y consideración, la afluencia de una identidad más compleja, pero también más rica y gratificante.

Capítulo 2. La adolescencia

▼

TODO EL TIEMPO POR DELANTE: COMERSE EL MUNDO, HACERSE UN PORVENIR

C. Sáez Buenaventura

Efectivamente, aunque a los dieciocho años se haya llegado a la mayoría de edad legal y, en este sentido, se pasa a integrar el mundo de los mayores y además esto suceda a tantos millones de jóvenes nunca vistos, cualitativamente hablando, como en la hora actual, parece que es en ese período donde se inician las paradojas y contradicciones más fuertes, entre lo que por posibilidades biológico-legales se puede y quiere hacerse y por condicionamientos socioeconómicos no suele ser posible realizar.

Muchos de nosotros hemos oído exclamar a chicos y chicas con catorce o quince años y ahora en la veintena: «Yo para qué voy a estudiar algo que sea muy largo o muy pesado si luego no voy a tener trabajo.» Y *esas no expectativas de futuro* temidas, deseadas, o ambas cosas a un tiempo, de alguna forma han venido a significar una variable en sus vidas, que, aun transcurriendo por vericuetos diversos, sin duda no puede carecer de significación como elemento constitutivo de su forma de transitar hacia esa etapa de la adultez llamada juventud, mientras que padres y madres tratan de lograr hogares más confortables y surtidos, a base de consumir objetos superfluos, que se convierten en imprescindibles, quejándose a la vez de la cierta «comodidad» de sus retoños.

Curiosamente, parece como si el término *joven* viniera a ser un arreglo más para salvar el hiato entre la denominada «adolescencia», cuyo inicio está más claro, pues se define sobre todo gracias a los acontecimientos o marcadores biofísicos (telarquía o menarquía), pero cuya terminación también sufre los avatares de las políticas económicas, más o menos coyunturales en cada país, y esa otra secuencia de la vida denominada «adultez» que también se define como «segunda juventud». Como quiera que sea, es en la década de los veinte donde tiene lugar antes o después, pero mayoritariamente, la iniciación de los compromisos más relevantes del ciclo vital, que en gran medida definen los cambios. Reversibles unos, como el emparejamiento estable o el matrimonio, abandono de la familia de origen, elección laboral o profesional...; irreversibles otros, como la maternidad o paternidad, todos significan en mayor o menor grado, por lo fundamentales, nuevos hitos, no sólo desde el punto de vista individual e interno, sino social en el más amplio sentido de la palabra, e indudablemente histórico también, en la andadura de cada país. Y todo ello con un protagonismo individual de estas personas un tanto «fronterizas», como también lo son los términos que tratan de definirles, según lo que más convenga y a quiénes: «adolescentes tardíos», «jóvenes adultos», «adolescentes maduros»; y cualquier día de éstos «niños viejos», si nos descuidamos.

En la veintena tiene lugar la iniciación de los compromisos más relevantes del ciclo vital.

Es evidente que las discordancias, contradicciones y dobles mensajes también forman parte inherente del ciclo vital humano, pero en etapas determinadas, como ésta, se multiplican con una profusión enorme, lo que quizá contribuye de forma especial a las crisis que en ella reinan tantas veces.

La sociedad, que somos todos, pero que para la juventud es la de los adultos y los más mayores, por ser a ellos hacia donde miran, les decimos: «Ya eres alguien, ya eres mayor, tu opinión es decisiva para la política del país»... Y a la vez, a la hora de la reciprocidad entre derechos y obligaciones o lo que es igual, la interacción individuo-sociedad o viceversa, se les continúa haciendo mucho más subsidiarios de las segundas que de los primeros. Es decir, continúan en una situación mucho más subordinada y dependiente sobre todo, que en poco se diferencia de años anteriores.

Es posible que gran parte de las contradicciones internas, tan típicas de los comienzos de esta década y finales de la anterior, tengan que ver también con todo esto. Experimentan la sensación íntima y reconfortante de «contar ya para muchas cosas», «ser alguien en determinados lugares», sin conciencia de la finitud del tiempo vital, porque son excepcionales o inexistentes las pérdidas de los coetáneos o antecedentes, a lo que se une hallarse en la plenitud de las capacidades y posibilidades de rendimientos psicofísicos, que no comenzarán a declinar, y sólo levemente, a finales de esta década o comienzos de la siguiente y, a la vez, o a renglón seguido, todo puede ser angustia, temor a la muerte súbita o a determinada edad simbólica e incluso desear morir también como remedio a un fracaso inesperado.

En esta etapa, y desde la pubertad, se está en un período enormemente expansivo desde el punto de vista biofisiológico también, y si como Roger L. Gould apunta el crecimiento puede definirse como la transformación del concepto de sí mismo y éste es esencialmente una *licencia para ser,* mientras una persona opera dentro de tal licencia, siente un mínimo de angustia o inseguridad en sí misma; sin embargo, tanto en el ámbito más próximo, como es el familiar, como en los más amplios que desde el punto de vista social frecuenta la juventud, salvo entre coetáneos, las restricciones son bastantes más que las licencias.

Socialmente este colectivo está inmerso en una moratoria que se opone a su vitalidad y su necesidad de expansión no sólo en nuestro país, sino en la mayoría, y dentro de ella la falta de licencia para ser, es decir, las censuras o la dificultad de desarrollo de las capacidades, en general, son mucho más intensas respecto a las chicas que a los chicos.

Encrucijada: independencia económica y trabajo más o menos fijo frente a dependencia afectiva y pareja más o menos estable

Según lo que manifiestan los resultados de una serie de encuestas en los últimos años, tanto llevadas a cabo por organismos oficiales como por revistas ilustradas de gran aceptación y de gran tirada en nuestro país entre las jóvenes, el proyecto mayoritario de las veinteañeras que rondan la mitad de ese decenio es lograr la independencia económica a través del trabajo, una pareja estable con quien compartir amor y sexualidad y con quien planear su futuro. Un 60 por ciento se decanta por el matrimonio civil o religioso y un 93,2 por ciento desea tener hijos, incluso sin tener muy claro el deseo de casarse. Otra tercera parte, aproximadamente, está formada por quienes se pronuncian contrarias, escépticas o desinteresadas hacia el matrimonio, lo que no obvia el desear la pareja, la independencia laboral y, en la mayoría de los casos, algún hijo o hija.

Por tanto, *lo que quieren las mujeres* de estas edades en las grandes ciudades y pertenecientes a los sectores medios de nuestro país fundamentalmente, es *amor, trabajo* y *descendencia;* es decir, una tarea profesional que no interfiera con la elección de pareja y un amor lo bastante generoso como para aceptar de ella que incluso llegue a tener tanto o más éxito laboral y económico que él, sin sufrir en su amor propio, pues un 55 por ciento opina que los hombres se sienten amenazados por las mujeres que los superan en estos aspectos.

Éste sería el ideal de futuro de la mayor parte de estas jóvenes, que, al planteárseles la disyuntiva de tener que elegir entre trabajo y pareja contestan con un «no sé» en un 44,8 por ciento, en tanto que un 12,4 por ciento elegiría el trabajo y un 28,1 por ciento se quedaría con su compañero, renunciando a lo demás.

Estas respuestas, incluso a nivel de expectativas, muestran las perplejidades y las dificultades de las jóvenes si no logran aunar todas estas aspiraciones, perfectamente razonables sin embargo.

Es un decenio crucial, en el sentido literal de la palabra, de encrucijada de caminos y opciones que pugnan, casi por igual, por ocupar el primer lugar. Desean ser independientes económica y emocionalmente, pero sin prescindir de un compañero fijo o marido, con quien compartir amor, sexualidad y descendencia.

Los condicionantes psicosociales, además de las características más específicas y personales de cada una, en esta etapa de pujanza vital por excelencia, aun con días mejores y otros peores, hacen más casi imposible o más difícil que en otras etapas de la vida, la renuncia a cualquiera de estos proyectos de futuro precisamente a la hora de tratar de unir trabajo y familia. Ellas lo intuyen o lo saben a ciencia cier-

ta, pero aun así ¿cómo hacer para lograrlo todo?

Según se ordenen, pospongan o antepongan unas y otras opciones, además de las circunstancias precisas de cada cual, los y las aliadas que se encuentren en el camino, las características y expectativas del compañero y/o del trabajo y de eso que llamamos todavía «buena» o «mala suerte», unas irán decantándose por determinados derroteros, aquéllas por otros, y las habrá que continuarán sin acceder a renunciar a nada por el momento.

Evidentemente cada opción tiene su contrapartida, cada elección sus consecuencias y cualquier camino a recorrer sus riesgos, sus costes y sus satisfacciones correspondientes.

INTENTOS DE SUICIDIO
C. Sáez Buenaventura

Es una realidad bastante común y conocida que las mujeres constituyen un mayor porcentaje con respecto a los hombres en cuanto a los intentos de suicidio se refiere, y que ellos mantienen un porcentaje también más alto en cuanto a los suicidios consumados; es decir, los hombres se autoaniquilan más frecuentemente que las mujeres, aunque ellas lo intentan más a menudo. Ello es así en el mundo occidental en general, a la vez que trabajos de investigación parciales y en nuestro país apuntan en la misma dirección.

También, todos los investigadores e investigadoras de estas cuestiones insisten en la escasa fiabilidad de las estadísticas en relación a los porcentajes de uno u otro tipo de intento autolítico, dado que se encuentran desvirtuadas en alto grado no sólo por los errores que puedan darse, en cuanto a la investigación de muertes producidas por este procedimiento, sino que debido a los prejuicios de muy diversa índole (religiosos, de honor familiar...), así como a los sentimientos de culpabilidad, piedad, temor u otros muchos en torno a las personas que llevan a cabo tales iniciativas, éstas suelen ser mucho más numerosas de las que se registran oficialmente.

No obstante, todos coinciden en que el suicidio es la segunda causa de muerte entre los jóvenes, después de los accidentes de tráfico. Pensar en la muerte como solución última de los problemas que nos abaten en cualquier momento o etapa de la vida es una experiencia conocida por casi todas las personas de una edad u otra. En último extremo, viene a resultar una fantasía pseudoconsoladora, cuando no es fácil encontrar la solución del dilema en que la persona se halla, pero poner en práctica la idea es pasar de la fantasía a los hechos, culminen éstos con éxito o fracaso, y ante estas circunstancias un sentimiento de culpa y corresponsabilidad implica, en mayor o menor medida, a quienes rodean y se relacionan con quien protagoniza el hecho en cuestión.

El suicidio es la segunda causa de muerte entre los jóvenes, después de los accidentes de tráfico.

Las estadísticas en general coinciden en señalar que la mayor incidencia de intentos suicidas, seguidos o no de muerte, se da sobre todo en torno a la pubertad, alrededor de los veinte y de los cincuenta años, seguidos de edades mucho más avanzadas.

Un mito muy extendido, respecto a la valoración social del suicidio juvenil, es el que se expresa adjetivándolo de «superficial», «poco serio», «histérico» o como reacción impulsiva desmedida ante contrariedades tales como el fracaso en los estudios o en una relación de pareja. Parece como si la parte de sociedad que forman los adultos y los de mayor edad aún y que son quienes juzgan este tipo de actitudes, tratasen de banalizar todo cuanto hacen los jóvenes, en lo que, sin embargo, están bastante relacionados o implicados quiéranlo o no, incluido un asunto tan trascendente cono el de querer morirse ante la creencia de la falta de solución a las adversidades, hecho que, al menos, debería hacer reflexionar en profundidad sobre una realidad que repugna tanto a la razón como a la emoción, como es que alguien que comienza las primeras etapas de la vida desee acabar con ella, al no saber cómo continuar transitándola.

Es cierto que con mucha frecuencia la causa parece ser uno u otro de estos fracasos (escolar, académico y/o amoroso) y también en los más numerosos intentos suicidas de las jóvenes; pero desde esta circunstancia y retrospectivamente, nos encontramos en un sinnúmero de ocasiones con personas enormemente vulnerables, dado el cúmulo de contradicciones y tensiones típicas de estas edades, a las que suelen superponerse otras imprevistas a veces, o de larga duración otras, lo que supone un cúmulo de confusiones, conflictos y contradicciones, cuya resolución parece inalcanzable para la joven.

Con frecuencia, durante la búsqueda de alternativas al conflicto, pueden haberse dado, o así lo han percibido, mayores tensiones o inestabilidad en el ámbito familiar, sintiéndose alejadas de los otros miembros e incapaces de pedir ayuda para sí mismas, pues entre otras cosas ignoran en qué puede consistir ésta o bien imaginan que debe ser complicada y muy difícil, cuando en realidad lo más difícil es dar ese paso inicial de demanda expresa y de aceptación de auxilio. A menudo la búsqueda de apoyo o afecto fuera de la casa les falló, por una causa u otra, no siendo raro que antes del intento su conducta haya diferido de la habitual, bien por un aumento de la crispación, malhumor u hostilidad, bien con una apatía y docilidad o pasividad desacostumbradas, e incluso con cambios en la manera de vestir discordantes con su estado de ánimo o iniciando comportamientos nuevos (beber alcohol, trasnochar excesivamente, encerrarse largas horas en su habitación...) que, *a posteriori*, parecen haber sido «señales» o «pistas» inconscientes para reclamar una atención que no supieron o se atrevieron a solicitar de otra manera o que de hecho les resultó negada.

El suspenso en los exámenes o en la relación amorosa parece ser la gota que desborda el vaso de la desesperación, o de incapacidad para salir del «pozo».

RITOS, MITOS Y TABÚES
O. Bertomeu

No resulta fácil explicar que, habiendo engendrado un hijo con amor y responsabilidad, los padres suelan mantenerse a distancia de él precisamente en los momentos en que la comunicación, la participación de información es de vital importancia. Tal parece que engancharse a la civilización haya de suponer obligatoriamente una deserción de nuestro ser natural.

¿Por qué eludimos la responsabilidad de iniciar al hijo en cada nueva etapa de su vida para entrenarle y enseñarle no sólo a sobrellevarla, sino a comprenderla y a amarla?

Nos pasamos la vida esperando que nuestro hijo aprenda a hablar exigiéndole a cada momento que se calle; esperamos de él que sepa ser suficiente y defenderse ordenándole estarse quieto; pretendemos que piense y utilice la razón mientras tratamos de someterle a la obediencia ciega sin dar explicaciones. Tratamos de que se integre e incluso se enfrente al mundo, sin antes haberle ayudado a sentirse un ser total que trabaje en el propio conocimiento.

Por eso, resulta preocupante que, ante la llegada de una etapa crucial en la vida del hijo como es la pubertad, los padres sólo permanezcan distantes, un tanto temerosos y, en algunos casos, amenazantes; es decir, más dispuestos a vigilar, a exigir y a asfixiar que a participar y ayudar a integrarse en una sociedad como un ser que comienza a madurar. ¡Sería tan fácil para los padres dejar volar la memoria hacia sus días pasados y recuperar para sí y para los suyos los recuerdos y las vivencias de aquellos mismos momentos!

Es lamentable que esta sociedad, tan predispuesta a celebrar cualquier cosa con tal de incitar el consumo, haya dejado vacío de rituales el discurrir de la biografía personal de sus individuos.

Bien está que se traten de eliminar cuantas prácticas denigren a la persona, o la obliguen a soportar sufrimientos innecesarios e inhumanos, pero sería hermoso que nos hiciéramos solidarios de los momentos felices de los demás, lo mismo que de los tristes.

Creo que para chicos y chicas deberían seguir existiendo unos adecuados ritos iniciáticos. En una sociedad en la que los padres se suelen ocultar para amarse e incluso para ofrecerse muestras de afecto, por una mal entendido pudor,

mientras que ese mecanismo pudoroso no funciona a la hora de dirimir sus diferencias, incluso de forma violenta, delante de los hijos, no sería malo movernos en una ambigüedad nociva: según nos convenga a los adultos y, casi simultáneamente, consideraremos a nuestro hijo un niño o una persona mayor, sin que nos preocupe el desconcierto que podemos generar en él.

En cuanto a los tabúes, siempre han sido muchos y diversos. El sexo crea en su entorno todo un área de influencia en la que el deseo oscila entre la prohibición y la obligación. Pero quizás el tabú que sigue vigente en nuestra época y en nuestra sociedad sea el de evitar las relaciones sexuales con la mujer mientras dure su menstruación. Desde tiempos ancestrales, y en la mayoría de los pueblos, se ha considerado impura a la mujer durante su regla; se la ha ocultado de la vista de los hombres y se le han prohibido todas aquellas tareas relacionadas con la alimentación. No es de extrañar, la sangre no sólo es un símbolo, es una clara alusión a heridas y a enfermedad; su color rojo brillante y llamativo alarma a quien no esté familiarizado con ella. La sangre lo impregna todo, es escandalosa.

Aún hoy, se sigue aludiendo a la regla con la expresión «estar mala», y es el concepto que prima para condicionar el intercurso sexual, que, bien por temor, bien por higiene, bien por razones estéticas, se interrumpe durante los días en que la mujer sangra.

El inicio de la pubertad en nuestro hijo o en nuestra hija debería constituir la oportunidad no sólo para informarles del milagro biológico que se está realizando en ellos, sino también para darles la bienvenida al club de los adultos, desbrozando su camino de secretismos, de mitificaciones absurdas y de prohibiciones tajantes.

Con la pubertad se accede a la etapa más tumultuosa de la vida emocional de las personas, y como cabe esperar, tan sólo el sentido común, la comprensión y el cariño de los padres serán los únicos instrumentos que les permitan seguir su camino, sin alejarse demasiado de lo que significará su bienestar futuro.

EL TURBULENTO PERÍODO DE LA TRANSICIÓN. EL ADOLESCENTE AL ENCUENTRO DE SÍ MISMO Y DEL OTRO

O. Bertomeu

Este cuerpo mío es otro. ¿Se cambia porque cambia el cuerpo? ¿Todo este trastorno físico es el que hace surgir en mí esta inquietud rara, desconocida hasta ahora, que me exige comprender, sin haber recibido demasiadas explicaciones? ¿Es éste cambio el único responsable de sentirme extraño en mí mismo? Es ésta una extrañeza que me desconcierta y a la vez me llena de un asombro y de una admiración muy curiosa hacia mi yo. Veo cómo esos cambios y esas modificaciones van más allá de mí. Sobrepasan la frontera de mi piel para influir decisivamente en los demás.

La adolescencia es el tiempo más espectacular, desgarrado, exultante y vehemente; el más tierno y el más violento que podemos vivir los seres humanos.

¿Tan diferente soy ahora, soy tan otro como para que mi gente más próxima y querida haya alterado su actitud hacia mí? ¿Qué ven en mí? ¿Cómo me veo en ellos? ¿Será que ese reflejo que ahora percibo diferente me empuja también a ser otro? A veces, me siento un mutante que no sabe muy bien a dónde le conduce este proceso que se ha desencadenado sin tenerme en cuenta. ¿Es que debo ser otro? ¿Quién?

Yo no sé muy bien lo que soy, y mucho menos aún lo que seré. Sólo sé que tengo la dolorosa sensación de estar caminando por un territorio desconocido para mí y desconocido para los mayores. Dicen que un día también recorrieron estos parajes y, no obstante, tengo la impresión de que no han guardado el más mínimo recuerdo para sí de aquel viaje obligatorio a través de lugares hostiles y maravillosos, según. No hago más que preguntarme si ellos y yo vivimos en el mismo mundo.

¿Quién soy yo? ¡Quiero ser yo!

La vida, para el ser humano, no es otra cosa que la oportunidad para conocerse a sí mismo. No todos lo logran, más bien pocos. Y de esos pocos, hay algunos privilegiados, *rara avis in terris,* que han conseguido el conocimiento preciso de su yo, que les ha permitido también el entendimiento de los demás. Toda la vida entregados a la más enriquecedora de las tareas, aunque cuando se inicia la pubertad, y nos adentramos en la adolescencia, ese conocimiento se hace urgente, se convierte en un imperativo, como si nos fuera la vida en ello. Y es que, quizás sea ése el único momento en que, aun de forma inconsciente, sentimos que sí, que en ello nos va la vida.

El cuerpo nos dice que la niñez quedó atrás, ¿o no?, quizá sólo ha quedado enmascarada por ese cuerpo que se remodela sobre sí mismo y que adquiere poco a poco formas y volumen de adulto.

Dicen que se precisan al menos ocho años para que, a partir de aquellas primeras señales púberes, el organismo esté a punto para el perfecto quehacer reproductor. ¿Sólo para esa misión de seguir perpetuando la especie por compleja y esforzada que sea? No. Cierto que nuestro cuerpo se prepara para ese rendimiento máximo y tan especializado, y que es preciso tomarse un tiempo necesario para que cada uno de nosotros se adapte a una nueva estructura. Se impone una reconciliación con el nuevo cuerpo y con uno mismo para asumir bien el papel de creador de un nuevo ser.

Pero hay más. Hombres y mujeres aspiramos a llenar de sentido nuestras vidas más allá de engendrar hijos.

Nuestra adolescencia es el tiempo más espectacular, desgarrado, exultante y vehemente; el más tierno y el más violento que podemos vivir los seres humanos.

La necesidad de correr en pos de la identidad desconocida nos llevará a buscar experiencias infinitas, a pasar pruebas difíciles, a hundirnos en la decepción, a caer en errores y a emborracharnos con el éxito. Nuestras vivencias y sensaciones, nuestro pensamiento, llenarán nuestra mente de una amalgama confusa que nos dará una percepción fantástica de la realidad.

Y a pesar de esa confusión esencial en la que se vive, trataremos de oponernos a lo establecido, a lo obligatorio. Es preciso ensayar las ideas, esa filosofía medio propia y medio adquirida, que pensamos que revolucionará el mundo para su salvación.

Sentiremos cómo se desencadena la incomprensión a nuestro alrededor, una confabulación generalizada que llega a culminar con el rechazo. ¿Por qué se sienten desconcertados y nos interrogan en todos los lenguajes posibles? ¿Y por qué se percibe, sin embargo, en ellos, en los mayores, una actitud de inefable admiración? ¿A qué juegan? ¿Qué pretenden? ¿Cómo puede ser tan aburrido lo cotidiano? Es preciso dejarlo de lado, rechazarlo; es necesario crear otro mundo, un mundo en que se vibre: sufrimiento y placer, agresividad y tristeza, incluso dolor profundo e infinito, pero emocionante, como el riesgo constante que nos atrae como el vértigo al vacío.

Pasamos la infancia aceptando, aunque sea a regañadientes, las propuestas de los adultos, sus opiniones, incluso llegamos a transigir cuando se trata de elegir por nosotros. Pero, ¡hasta aquí hemos llegado! Ahora se impone definirse porque urge encontrarse a sí mismo; liberarnos, sentirnos independientes, ¡aunque corran con nuestros gastos; ésa no es una excusa válida ahora!

Es cierto que este enfrentamiento a lo establecido, a lo instituido, para afianzar nuestra identidad, nos ha de conducir a muchos errores y a algunos aciertos. Pero es necesario no sólo para nosotros, es bueno para todos.

¡Que somos provocadores, desafiantes y agresivos! ¿Es que existe otra posibilidad para dar batalla a lo establecido? ¿Cómo actuar en ese escenario donde los adultos se mueven con seguridad? ¿Cómo se puede luchar por la independencia desde la dependencia económica? ¿Cómo se puede combatir por liberarse de los tentáculos de los brujos del consumo, del chantaje y de la seducción de una sociedad cínica, en ola que el deseo de acumular cosas ha sofocado la calidad de las relaciones humanas? Necesitamos elevarnos. Los padres, los adultos son prosaicos, están demasiado aferrados al mundo material. Sabemos que es necesario despegarse de las exigencias al uso si deseamos un mundo mejor. Por eso,

dejamos brotar con facilidad en nuestro interior un sentimiento místico como reto.

Estamos hechos de carne y sangre, y de ilusiones, de esas ilusiones que bullen en nuestras venas y que nos hacen brotar un fervor desproporcionado por la búsqueda de alternativas, y que nos provoca sed insaciable de un ideal. En este momento necesitamos unirnos, dejamos escapar ese grito que invita a nuestros iguales, a quienes participan de las mismas inquietudes, a empujar, a presionar para lograr otro tipo de sociedad, creemos que mejor.

Cuando nos integramos en un grupo en el que nos unen las mismas aspiraciones, los mismos gustos, los mismos objetivos e ideales, parece que se nos diluye ese malestar, esa angustia existencial que sentimos dentro. Necesitamos crear una nueva religión frente al mundo que nos cohesione, la solidaridad. Así, lograremos poner en práctica un nuevo estilo de vida que nos diferenciará; crearemos un nuevo cuerpo, daremos vida al «nosotros», fuerte y seguro, capaz de enfrentarse a ese «vosotros» confabulado.

¡Y nosotros aprendemos tantas cosas de vosotros! ¿No os dais cuenta de que os necesitamos? Para nosotros, hay que vivir el presente aunque sea duro, porque es lo único que tenemos, a pesar de no comprenderlo muy bien. ¿Cómo vamos a pensar en el mañana? Está demasiado lejos, demasiado incierto. No os necesitamos para que nos habléis del futuro como una amenaza. Os queremos aquí y ahora como un soporte, no como una imagen desvaída o temida que nos obligue a alejarnos de ella, a evitarla o a despreciarla; os queremos ahora y aquí como algo positivo y atractivo, tranquilizador, algo tal como para desear impregnarnos y empaparnos de vosotros. ¿No os habéis dado cuenta de que precisamente a través de vosotros, un día, nos podremos responder con seguridad a esa duda, al «¿quién soy yo?», y que así podremos sentir además el orgullo de «querer ser yo»? No pretendemos insultaros con nuestra juventud e insolencia, aunque estemos en constante discrepancia, os queremos.

¡Cuántas veces este barullo, esta locura de mundo nos hace sentir como intrusos y nos empuja a agazaparnos en nuestro interior! Nos introducimos bien adentro para tratar de encontrar allí, en lo más profundo nuestra temblorosa e incipiente identidad.

Buscamos la soledad para volar y soñar despiertos. Necesitamos anticiparnos, vivir en nuestra mente antes de que llegue la hora, el éxito y el fracaso, la derrota, el rechazo, el amor y el desamor; ¡y el placer!, precisamos vivir el placer mucho antes de aprender a compartirlo. Corremos un riesgo. Cuando la vida se hace demasiado difícil, huimos, nos escapamos de ella para adentrarnos y refugiarnos exclusivamente en los sueños. Esta evasión en brazos de la dama blanca o a lomos del más sombrío de los corceles, nos puede llevar al hundimiento en las pesadillas de un mal sueño, o a dormirnos para no despertar jamás.

Corremos un gran riesgo y no lo sabemos. No os limitéis a juzgarnos y a amenazarnos con cataclismos. Ayudadnos a saber y a comprender, porque a nosotros hoy nos resulta muy difícil creer que hay sueños de los que nunca se retorna.

El descubrimiento del otro: placer, amor...

En esta etapa de la vida, nuestra mente bulle y nuestro cuerpo también. Necesitamos creer en nosotros mismos y para eso, tenemos que recurrir a los demás. Es preciso descubrir si cuanto nos ocurre es un hecho aislado para nosotros, o si se cumple dentro de la normalidad, o si estas pulsiones extrañas que se han desatado en nosotros son algo raro y nocivo.

Es cierto que desde los primeros años de la infancia nuestro cuerpo ha vibrado con sensaciones muy agradables.

Nuestro cuerpo ha sido capaz de sentir el placer desde siempre y, por esa razón, desde siempre hemos estado dispuestos a buscarlo, por muchas prohibiciones o amenazas que nos hayan proferido.

Y todo tendrá que ver con esta etapa de agitación de la persona, en la que aflorarán todas las experiencias y prejuicios que se hayan echado sobre ella.

Justo en la adolescencia se pondrá de manifiesto la labor y la actitud que los padres hayan tenido con su hijo; se desvelará la calidad de la información y de la preparación que se haya llevado a cabo.

¿Han aprovechado los padres todos estos años que les concede la vida para contestar a cuantos interrogantes les haya planteado el hijo?

¿Han explicado todo lo que concierne a la transformación de su cuerpo y de sus genitales?

¿Han satisfecho su curiosidad acerca del amor, del sexo y del placer, o se han refugiado en una perniciosa hipocresía sexual silenciando todos estos temas para aparentar una inexistente virtud?

– Quizás hayan optado por intimidar al hijo augurándole serios peligros que se derivan del sexo, para apartarlo de una adecuada concepción hedonista de la vida; de esa forma de vivirla con plena espontaneidad, ¡a pleno pulmón!

¿Todavía no saben los padres que una acertada y rigurosa educación sexual del hijo no despierta el interés precoz ni la promiscuidad?

– Ni tan siquiera disminuye el pudor natural, aunque sí que elimina las vergüenzas antinaturales y patológicas.

El adolescente se tiene que enfrentar a una etapa de la existencia que viene precedida de una fama gratuita, porque la juventud como panacea sólo se sostiene en el terreno de la retórica. Ser joven, ante todo, es situarse a las puertas del purgatorio, sentirse incomprendido y solo, porque a lo largo de la infancia, y también ahora, la mayoría de los padres han tenido gran dificultad de lenguaje respecto al sexo. Lo cual siempre pone de manifiesto la enorme incomodidad que ellos mismos sienten frente a su propia sexualidad.

Como mucho, algunos padres se han atrevido a contar a modo de analogía, lo que ocurre en los vegetales, o entre los animales, aunque puedan ser conocimientos interesantes y necesarios, no son válidos para compararlos con la experiencia sensual, emotiva y amorosa de las personas para así facilitar el logro de la identidad sexual. Son hombres y mujeres totales, en cuerpo y mente, en las emociones y en la ética personal y social, pero no es una tarea fácil. A veces, son tantos los obstáculos, que se hace imposible.

Todas esas sensaciones nos conducen a la necesidad de darles satisfacción, de cumplir una exigencia máxima. Pero aún no es el momento de salir de nosotros. Es preciso poner a punto todos nuestros resortes; conocer perfectamente cómo funcionamos, y el bagaje fisiológico y emocional de que disponemos. Tenemos, para bien y para mal, nuestro cuerpo, nuestras fantasías y nuestra intimidad; la oportunidad de abrir ese monólogo con nosotros mismos, y la posibilidad de gratificarnos en solitario para obtener placer.

Las ideas confusas no deben impregnar ese derecho que las personas tenemos de autosatisfacernos, llenándonos de dudas; la masturbación sólo puede ser pecado para quienes pretendan mantener determinadas convicciones religiosas muy subjetivas y puritanas, no para todos los humanos. Y nada más lejos de considerar el autoerotismo como algo antinatural, porque es una práctica que la naturaleza acoge en su seno como algo común y gratificante para gran parte de los animales, incluido el hombre. Asimismo, masturbación no significa ni inmadurez ni perturbación, significa tan sólo libre ejercicio de un acto placentero individual, o una alternativa ante la imposibilidad de disfrutar de la participación de otro ser para gozar mutuamente. Jamás debemos pensar que nuestras prácticas masturbatorias, aunque se vivan desde la infancia y se prolonguen a lo largo de nuestra vida, se puedan convertir en un hábito exclusivo, o en un obstáculo que dificulten la relación sexual compartida. Nada de eso. Tan sólo si nos masturbamos de forma compulsiva, debemos detenernos a reflexionar, porque en tal caso los fines que buscamos no serán propiamente los suyos: el placer.

Entre las muchísimas cosas que se nos propone aprender durante nuestra adolescencia, podría incluirse el conocimiento de nuestro cuerpo y de su funcionalidad, y su inevitable influencia en nuestra salud y bienestar emocional y mental.

Cuando el adolescente sabe que su cuerpo le pertenece, puede disfrutar libremente de él, sin culpabilizarse. Muy al contrario, disfruta aprendiendo muchas cosas divertidas y agradables.

¿Cómo puede aprenderse a lograr vivir gozosamente el orgasmo si no es con la masturbación? Sobre todo para las chicas, que tantas dificultades vienen sufriendo en la etapa adulta para alcanzar el orgasmo, la masturbación significará un excelente medio para lograr la erotización que esta sociedad nos impide con su estilo de tendenciosa educación diferencial.

Pero hay aún más, gracias a la vivencia placentera, descubriremos cada punto, cada zona erótica de nuestro cuerpo; la forma de estimulación más grata y nuestro modo de reaccionar; conoceremos nuestras preferencias y nos familiarizaremos con el placer. Y así, cuando sepamos cómo somos, no sólo podremos pedir a nuestra pareja cómo cumplir nuestros deseos, sino que además estaremos en la mejor situación para entender y satisfacer los suyos.

Y aún más. Algo que nos parece resultar extremadamente difícil a los adultos, sobre todo a las mujeres: utilizar la imaginación para fantasear sobre el sexo, y además no sentir culpabilidad. Es preciso no dejar de recordar que el deseo sexual se desencadena en nuestra mente y sigue más vinculado de por vida a nuestro cerebro que a nuestros genitales. Es el tributo que la especie humana paga a la naturaleza por apartarse del puro instinto y sublimar las emociones.

Tanto chicos como chicas se entregarán a sus ensoñaciones preferidas para estimular y aumentar la excitación.

Todo este ejercicio de ensoñación, eligiendo argumentos, personajes y circunstancias, facilitará el que nuestra mente, que tan terca se pone a veces a la hora de entregarnos a la relación sexual, se haga ágil y experta en desencadenar el deseo de disfrutar del sexo.

Es curioso, pero chicos y chicas, también tienen técnicas diferentes a la hora de estimularse.

Los chicos se parecen más entre sí: comienzan con un tocamiento intencional y pausado, cuyo ritmo aumentará según se acumule la excitación, para hacerse vigoroso ya cerca del orgasmo. El muchacho prefiere la frotación y la caricia del pene oprimiéndolo y moviéndolo de arriba a abajo. Pocas veces se entretiene con las caricias del escroto o el glande. En ocasiones, busca algún objeto que le facilite la fricción, o que pueda simular el coito.

Las chicas son más personales entre ellas, quizás sea difícil encontrar dos mujeres que lo hagan igual. Tanto el ritmo, como la cadencia, como la forma específica, son muy particulares.

Ellas se estimulan aplicando caricias al clítoris, el Monte de Venus o los labios vulvares, pasando la mano o sus dedos, frotando suavemente, o friccionando con fuerza. Algo común a todas las mujeres es lo poco frecuente que resulta la atención directa al glande o el clítoris, por lo extremadamente sensible que es; una caricia sin la lubricación necesaria, o sin deseo, se convierte en una experiencia desagradable. Tampoco es proclive a introducir los dedos en la vagina. Creo que tras este breve acercamiento al placer solitario, siempre estaremos en mejores condiciones para encontrar al otro.

¿Cómo, si no nos conocemos un poco a nosotros mismos, nuestros deseos, nuestras emociones, podríamos ofrecernos a alguien fuera de nosotros, para conocerlo, para pedirle lo que necesitamos y para darle lo que espera?

Seguramente nos equivocaremos, si llegamos a pensar que, en general, se busca el sexo por el sexo. Porque son muchas las razones que empujan en la adolescencia a la práctica de la sexualidad compartida:

El cuerpo. Él tiene sus exigencias; sus pozos rezuman deseos que se fraguan en ese magma sanguíneo que bulle en el interior. Es cierto que los afectos cuentan, pero el cuerpo escucha esa llamada fisiológica hacia el tropismo del placer, y desea atenderla como si de una orden se tratara.

El desafío. Ser uno mismo significa también transgredir el tutelaje, las prohibiciones de los padres. Hay una necesidad de situarse en una posición de riesgo que contraría el chantaje afectivo de sus amenazas y prohibiciones. Cuando eso tiene lugar, la dudosa satisfacción que se obtiene la genera el enfrentamiento, no el sexo.

La provocación social. El adolescente en su ansia de libertad se siente maniatado por imposiciones interminables que no sólo provienen de los padres. Escuela, policía, leyes, prejuicios, la sociedad en pleno pone cortapisas a esa sed de libertad. El adolescente utiliza el sexo de forma deliberadamente llamativa e incluso agresiva como arma arrojadiza contra el conservadurismo y la dudosa moralidad de la sociedad. Este intento de liberación sexual le hace pensar en el logro de la liberación personal.

La aventura. La curiosidad arremete e incita. Conocer el placer para sí y en otro resulta exultante. El secretismo y la prohibición despiertan la curiosidad e incitan a la transgresión. Experimentar y paladear los placeres desconocidos es algo no sólo voluptuoso, sino que además es capaz de dar salida gozosa a esa agresividad que generalmente caracteriza a los jóvenes.

La huida de la monotonía. La realidad del adolescente está plagada de obligaciones nada atractivas; está supeditada a una tediosa espera que, como mucho, le traerá ese futuro del que tanto le hablan, pero que no cuenta con él. Los días se hacen eternos, salvo esos momentos en que se comparten las emociones. El encuentro en el placer del sexo le hacen olvidar los problemas, es el refugio contra la opresión familiar y social. Es estar en otro mundo por un momento.

Un escape de la soledad. Compartir las caricias es no estar solo. Pero sobre todo las chicas se prestan a la relación sexual con un compañero por miedo a perderlo. La idea de que él busque en otra lo que ella le niega, la llena de angustia; más que deseo de placer, la mueve el miedo a la soledad. Cuando esta relación no está impregnada de un afecto auténtico, sino que se busca como una salida de un estado depresivo, puede que el sentimiento de la autoestima se vea afectado.

Necesidad de comunicación. No hacen falta palabras. Los gestos, los movimientos y las sensaciones lo dicen todo. Es un lenguaje inmediato. ¿Juntar los cuerpos no significa unir los espíritus en un mismo lenguaje? Algo brilla tras el desenfado de los jóvenes, quizás el fulgor de un sentimiento romántico.

El amor. Cuando la mirada nos descubre al otro; un encuentro en la distancia. Sabemos muy bien qué dicen los ojos, dicen que algo mágico está ocurriendo en nosotros. El sortilegio se extiende sin rozar a nadie, para envolvernos sólo a nosotros dos, aún alejados. Una fuerza magnética nos atrae hasta lograr el primer roce de pieles. ¿Por qué se altera el corazón como si fuese presa de un inminente peligro, cuando todo nuestro ser se estremece embargado por la más feliz de las sensaciones? Nos flaquean las piernas.

Descubrir al otro significa llegar a sentir que nuestra existencia no tiene sentido sin amarlo y sin su amor. En realidad, sentimos que existimos, que estamos vivos gracias a su mirada, a su sonrisa y a sus caricias. De pronto, descubrimos la gran dicha de poseer y de ser poseídos, y nos aferramos desgarradamente el uno al otro porque sentimos que la pérdida nos llevaría a la destrucción.

Porque por muchos deseos que se tengan en la adolescencia de descubrir sensaciones, de paliar la soledad, de desafiar a los padres y a la sociedad; por muchos deseos de aventura, por muy acuciante que sea la curiosidad, sólo en el amor las personas reconocemos y nos enorgullecemos de nuestra esencia. Y sólo en el desamor las personas nos hundimos en el desaliento y sentimos que la vida pierde el sentido y se nos escapa.

Descubrir al otro supone comprender y creer que se han encontrado las claves de la felicidad.

¡Qué difícil es ser adolescente!

Quizás la clave de todo el estropicio esté en que se pide al amor que llegue más allá de sus competencias. Nos apresuramos a adornarlo de los más bellos sentimientos y sensaciones, y lo elevamos a las cotas más altas. ¡Tan altas, que más tarde, cuando es preciso poner en práctica ese amor fantástico que nos proponemos, queda muy lejos de nuestro alcance! Muy por encima del esfuerzo que estamos dispuestos a hacer para lograrlo y perseverar en él.

Capítulo 3.   El climaterio

F. R. Pérez López

CAMBIOS PSICOLÓGICOS EN EL CLIMATERIO

Tradicionalmente se ha considerado que el climaterio y la menopausia son los causantes de problemas mentales graves, incluso que la depresión es un síntoma constante del síndrome climatérico. Sin embargo, es este período vital las mujeres tienen diferentes respuestas psicológicas. Cada una tiene una reacción diferente ante la menopausia de acuerdo con su educación, a veces con una simbología en concordancia con su maduración psicológica, sus creencias filosóficas y religiosas.

El complejo sintomático que afecta a la esfera psíquica durante el climaterio incluye: inestabilidad emocional, irritabilidad, agotamiento nervioso, cansancio, dificultad de concentración, depresión, insomnio y tensión generalizada. La mayor parte de las mujeres deprimidas o con ansiedad no se diagnostica o no se cataloga adecuadamente. Muchas de las situaciones de estas mujeres no reciben tratamiento, el mismo es deficiente o reciben ansiolíticos cuando es innecesario.

Las causas de la deficiente valoración de los síntomas mentales son muy variadas. El reconocimiento de los trastornos mentales no es óptimo en la población general, y en el climaterio se expresan síntomas que hasta entonces no habían recibido atención. La actitud médica y de la mujer, en ocasiones, constituyen una barrera para conseguir una mejor asistencia de la ansiedad y la depresión en el climaterio. Se tiene la idea de que estas mujeres tienen insuficiencia de voluntad, y que ellas mismas podrían esforzarse y conseguir neutralizar los síntomas molestos.

A menudo se tiende a dar poca importancia a los síntomas psíquicos, omitirlos del interrogatorio médico, banalizar su importancia, por lo que se piensa que son trastornos mal definidos y no tratables, se remite al psiquiatra sin una explicación adecuada a la mujer. Otras veces, la limitación temporal de atención y la inexistencia de un clima adecuado para exponer los problemas psíquicos o sexuales, favorecen el agravamiento de un trastorno mental que sería corregible precozmente. Además, a veces la mujer no valora suficientemente los síntomas psíquicos, no desea hablar de sus problemas emocionales, porque piensa que es un síntoma transitorio del climaterio que debe sufrir en su intimidad.

HORMONAS Y FUNCIÓN CEREBRAL

Las *hormonas ováricas y testiculares* modulan la función del sistema nervioso central en los animales y en los seres humanos. Se ha demostrado que diferentes regiones cerebrales tienen receptores específicos para dichas hormonas, el tejido nervioso metaboliza las hormonas sexuales produciéndose los catecolestrógenos que actúan sobre las neuronas, y la administración de diferentes hormonas sexuales a animales castrados provoca cambios de humor, de conducta y de la capacidad de aprendizaje. Estos cambios se producen alterando la concentración de diferentes neurotransmisores cerebrales, la respuesta de las neuronas a los mismos o modificando el metabolismo de dichas sustancias.

La demostración de los efectos de las hormonas sexuales sobre la función cerebral humana es, obviamente, difícil de estudiar. El desarrollo psicológico femenino está sometido a diferentes crisis en relación con la función menstrual y la reproducción. Clásicamente se han reconocido tres síndromes relacionados con cambios hormonales:
– La depresión posparto.
– El síndrome premenstrual.
– La depresión premenopáusica.

La melancolía involutiva, aunque no es exclusiva de la mujer, se presenta con frecuencia tres veces superior en la mujer que en el hombre.

La supresión de la ovulación con contraceptivos hormonales también proporciona datos sugestivos de la interacción entre las hormonas y la función cerebral, pero algunas interpretaciones pueden ser erróneas, pues dichos preparados contienen hormonas sintéticas con un metabolismo diferente al de las naturales endógenas.

Por otra parte, el tratamiento con diferentes fármacos psicótropos produce como efecto secundario alteraciones hormonales y de la función ovárica y testicular, y en algunos casos se producen retrasos menstruales, falta de menstruación o impotencia en el varón.

La interacción entre las hormonas y los fenómenos emocionales no tiene límites netos. En realidad, los fenómenos mentales tienen un sustrato bioquímico-hormonal, aunque no se conocen los detalles precisos. La carencia de hormonas ováricas durante la época menopáusica podría ser considerada como responsable de la mayor vulnerabilidad que presenta la mujer para sufrir trastornos psiquiátricos en este período. En este sentido, se supone que los neurotransmisores del sistema nervioso central disminuyen con la edad como parte del fenómeno general de envejecimiento. Asimismo, se ha demostrado que en la época climatérica disminuye la serotonina y sus metabolitos como el triptófano; en cambio, aumenta la concentración de monoaminooxidasa, enzima responsable de la destrucción de las catecolaminas. También pueden existir cambios en el metabolismo de las indolaminas y las endorfinas, que explican las modificaciones del humor, la irritabilidad, la euforia y la agresividad.

FACTORES PSICOSOCIALES Y PSICOPATOLOGÍA

Aunque los cambios hormonales del climaterio ejercen influencias sobre el estado psicológico de la mujer, existen otros factores que condicionan su personalidad. Las tensiones familiares y sociales parecen más importantes que el cambio biológico de la menopausia en el origen de los trastornos psíquicos. En gran medida la conducta de la mujer está condicionada por los valores de la sociedad y por las expectativas de los varones, que tradicionalmente han establecido las reglas de comportamiento.

El desarrollo psicológico de la mujer se ha comparado con el del varón desde un punto de vista arbitrario. Se ha considerado que la mujer es pasiva, masoquista y narcisista, y su identidad estaría definida según los logros de su cónyuge e hijos, por lo que en ese contexto la menopausia y la sintomatología acompañante representan una pérdida de la integridad femenina.

Las mujeres llegan a la época climatérica en diferentes situaciones psicoafectivas y sociales, y afloran conflictos psicopatológicos y emotivos que tienen relación con las expectativas y creencias personales que reflejan los rasgos de carácter de la interesada. Las alteraciones psíquicas que aparecen en el climaterio estarían determinadas por la calidad de vida que tiene cada mujer en este período, pero en realidad no existen síntomas psíquicos específicos del climaterio.

El tipo y la calidad de las relaciones personales de la mujer con su familia y con el entorno social influyen en la forma de enfrentarse con el climaterio. En general, la frecuencia más elevada de depresión tiene lugar entre las amas de casa que sienten la pérdida del papel maternal y que han estado demasiado involucradas en el cuidado de los hijos. Es precisamente en el climaterio cuando los hijos acostumbran a independizarse, las obligaciones profesionales del marido restan dedicación de éste a la mujer y pueden existir problemas de salud en los padres o suegros; las disfunciones sexuales y las dificultades afectivas generan con facilidad trastornos psiquiátricos; esta situación es denominada *síndrome del nido vacío*. La desintegración del núcleo familiar, la desestructuración de la personalidad de la mujer y el temor a los cambios menopáusicos coinciden en un organismo en fase de reajuste neuroendocrino.

La mujer soltera tiene unas condiciones sociales diferentes a la mujer que vive en pareja, ya que la primera centra su vida en el trabajo, los amigos y la realización profesional; no está sometida a las tensiones conyugales que pueden presentarse en la menopausia de las mujeres casadas, se habrá adaptado a su soltería, a no tener hijos, o habrá elegido voluntariamente esta situación. En otros casos la menopausia será una señal de que no podrá procrear y si el deseo de la maternidad está arraigado, puede desencadenar un deseo desenfrenado por buscar una pareja.

TRASTORNOS PSICOSOMÁTICOS

Los *trastornos psicosomáticos* o *hipocondriasis* corresponden al miedo a padecer enfermedades, producen cambios de conducta y síntomas en diferentes órganos sin que exista realmente una enfermedad física y tienen lugar con la misma frecuencia en el hombre que en la mujer maduros.

La historia de la paciente está repleta de molestias somáticas múltiples, vagas, que no se valoran por la familia ni por los médicos que la han tratado desde la juventud. La mujer admite que tiene un temperamento «nervioso», ha sido visitada y evaluada exhaustivamente por muchos médicos, pero nunca se ha obtenido un diagnóstico de enfermedad orgánica. Estas mujeres desplazan el conflicto de personalidad hacia la preocupación corporal; su autoestima está muy ligada a sus síntomas somáticos, por lo cual rechaza acudir a un psiquiatra; son personas que se convierten en enfermos imaginarios con una buena salud general, excepción hecha del trastorno psicológico.

Al llegar al climaterio muchas de estas mujeres tienen una sintomatología climatérica más intensa y florida que las de una personalidad normal. El envejecimiento progresivo y el estrés social y laboral provocan una exacerbación de los síntomas somáticos. La importancia radica en establecer el diagnóstico diferencial entre el fenómeno de expresión somática de las tensiones y la existencia real de una enfermedad grave. Ello determinará la realización de numerosas exploraciones complementarias para descartar enfermedades graves o confirmar que sólo es un grado más de somatización.

Las molestias hipocondriacas se asocian a síndromes depresivos, disminución de la libido, falta de energía general, aparecen trastornos del sueño, estreñimiento, cefaleas, se reduce la memoria, lo cual induce a pensar que tiene alguna enfermedad grave. La exploración genital y mamaria cuidadosa y la evaluación de los síntomas generales tendrán por misión descartar que, efectivamente, no existe una enfermedad que requiera tratamiento específico. Una vez descartada esta posibilidad no se debe adoptar una postura negativa ante el cuadro psicosomático, porque esto determina un agravamiento. La necesidad de la mujer se centra en que un médico la entienda, que comprenda el estrés que sufre y la cuide. Los controles periódicos van encaminados a que no aparezca un síntoma orgánico de una enfermedad. Los trastornos psicosomáticos se pueden tratar con antidepresivos o tranquilizantes suaves del tipo de las benzodiacepinas.

TRASTORNOS DEL SUEÑO

Los *trastornos del sueño* se pueden clasificar en insomnio, somnolencia excesiva, disfunciones durante el sueño y alteraciones del ritmo sueño-vigilia. Hay que resaltar que los trastornos del sueño aumentan con la edad con independencia del estado menopáusico que se tenga. El insomnio es, con mucho, el trastorno más frecuente en la población general. Puede manifestarse como una dificultad para iniciar el sueño, despertares múltiples, despertar precoz y/o sueño no reparador.

Los trastornos del sueño son más frecuentes en la mujer que en el varón, sobre todo a partir de la menopausia.

Los trastornos del sueño son más frecuentes en la mujer que en el varón, sobre todo a partir de la menopausia, y constituyen un síntoma frecuente en la época premenopáusica con una duración de hasta unos seis años después de la última menstruación, acompañándose muchas veces de cefaleas, vértigo, palpitaciones, depresión y aumento de peso.

Ballinger ha determinado la relación entre los trastornos subjetivos del sueño y el estado menopáusico, la edad y los problemas psiquiátricos concomitantes en mujeres de cuarenta a cincuenta y cinco años de edad. En el grupo de pacientes sin trastornos psíquicos importantes había un aumento considerable de las dificultades para conciliar y conservar el sueño en el grupo de mujeres que llevaban más de un año sin menstruar. Las mujeres con reconocida patología psiquiátrica presentaban un aumento pequeño y sostenido de los trastornos del sueño en relación con la edad, siendo muy manifiestos a partir de los cinco años de menopausia.

Varios trabajos han confirmado la relación entre las alteraciones del sueño y los trastornos psíquicos. Sin embargo, hay que señalar que el patrón de cambio del sueño es diferente según el estado hormonal de la mujer.

Ballinger y Jaszmann consideran que los trastornos del sueño durante el climaterio son debidos a modificaciones hormonales, al comprobarse que aumentan cuanto más bajos son los niveles sanguíneos de estrógenos. En sentido contrario, la administración de estrógenos produce una reducción considerable del tiempo de desvelo y aumento de la cantidad total de sueño comprobado mediante estudios electroencefalográficos.

Las alteraciones del sueño guardan una estrecha relación con las sofocaciones que padece la mujer en el climaterio. Cuando tiene episodios frecuentes de sofocaciones, transcurre un largo período de tiempo hasta conciliar el sueño, existe un mayor número de episodios de despertares y se reduce la cantidad de sueño total. La administración de estrógenos es eficaz para neutralizar o disminuir estos síntomas.

El insomnio transitorio dura menos de tres semanas y suele guardar relación con emociones como la excitación, la tristeza, la ansiedad y las situaciones de estrés. En estos casos, el tratamiento de elección corresponde a las benzodiacepinas y se deben evitar los somníferos por sus efectos secundarios y el riesgo de adicción.

El insomnio que dura más de tres semanas se llama persistente o crónico, es un problema complejo y a menudo multifactorial. Diversas enfermedades médicas, el abuso de alcohol o drogas, o el síndrome de abstinencia de los mismos, y los trastornos psiquiátricos antes reseñados producen alteraciones crónicas del sueño. En los trastornos obsesivo-compulsivos y en la ansiedad, existe dificultad para conciliar el sueño por las rumiaciones y estados de hiperactividad. En cambio, la depresión suele cursar con despertar precoz, dificultad para conciliar nuevamente el sueño y, a veces, fragmentación del sueño. En las euforias de la depresión bipolar, disminuyen las necesidades de sueño. En estas alteraciones psíquicas el trastorno del sueño se debe tratar en el contexto de la enfermedad mental. Muchas veces, cuando existe automedicación, se aumenta la dosis de hipnóticos sin conseguir los resultados esperados, y la tentativa por dejar esta medicación puede empeorar el insomnio y terminar en drogodependencia múltiple, por lo que se debe suprimir toda la medicación bajo la supervisión especializada, evaluar el problema globalmente y replantear el tratamiento.

Existe una serie de medidas higiénicas del sueño que son importantes para corregir sus alteraciones:
- Es aconsejable mantener un horario regular para ir a dormir.
- Intentar despertarse a la misma hora.
- Dormir lo necesario para estar despejado y descansado.
- Evitar las siestas.
- Reducir la permanencia en cama al tiempo de dormir.
- Realizar ejercicios regulares porque mejoran el sueño, procurando hacerlos al final de la tarde o al anochecer; el ejercicio nocturno es estimulante y el ocasional no favorece necesariamente el sueño.
- Procurar tener un rato libre por la noche para relajarse y pensar, ya que es aconsejable hacer algo agradable antes de acostarse.
- Evitar ir a la cama con preocupaciones.
- El hambre puede favorecer el insomnio, y se recomienda comer algo ligero.
- Evitar la ingesta de café por la tarde, el consumo habitual de tabaco, mientras que el alcohol puede favorecer el sueño pero lo fragmenta.

Cuando una persona se encuentra nerviosa y frustrada por no poder dormir, es mejor no seguir intentándolo, encender la luz y hacer alguna otra cosa durante un rato. El dormitorio debe ser cómodo, con temperatura agradable, pues el calor suele alterar el sueño mientras que no está demostrado que el frío lo aumente, y sin ruidos que alteran el humor incluso en las personas que están acostumbradas a dormir en ambientes ruidosos.

El tratamiento farmacológico del sueño se debe reservar para cuando el insomnio altera la vida de la mujer y han fallado otras medidas. Los medicamentos hipnóticos deben usarse el menor tiempo posible, intermitentemente, y sin pasar de siete a diez días seguidos. Los efectos adversos son importantes, porque pueden desarrollarse acostumbramiento, dependencia y alteraciones graves del sueño al dejar el tratamiento.

Los efectos de resaca incluyen somnolencia durante el día, dolor de cabeza, disminución de la memoria y reacciones lentas.

La elección de un determinado fármaco y su dosificación depende de las características del trastorno del sueño en cuestión y del preparado. El fluzaperam tiene acción prolongada y está indicado en los casos de despertar precoz. Cuando está alterado el inicio del sueño, el fármaco más apropiado es un hipnótico de corta duración como el triazolam. En los casos que el insomnio se acompaña de ansiedad durante el día, se aconseja el cloracepato que, además de favorecer el sueño, libera un producto con efecto ansiolítico durante el día siguiente sin entorpecer la actividad normal. Se ha puesto una gran esperanza en el zolpidem y la zopiclona, hipnóticos selectivos que respetan las características del sueño normal, no producen dependencia, permiten una actividad normal al día siguiente y carecen de efectos de rebote al dejar el tratamiento.

Las alteraciones del sueño en la mujer menopáusica, a veces, se deben a problemas no diagnosticados y que suelen aumentar con la edad, como por ejemplo los *mioclonus* nocturnos, consistentes en movimientos involuntarios de las piernas o trastornos respiratorios durante el sueño. En las mujeres en edad reproductiva, la incidencia de trastornos respiratorios durante el sueño son muy raros en comparación con el varón, pero a partir de la menopausia se incrementan.

Una queja frecuente en algunas mujeres menopáusicas es la somnolencia asociada con alteraciones de la conducta e irritabilidad. Pero esta somnolencia no es debida a la menopausia, sino más bien a una coincidencia casual, y probablemente la causa principal de somnolencia sea el sueño interrumpido no reparador. En estos casos es fundamental instaurar las normas higiénicas antes mencionadas.

A ELLOS TAMBIÉN LES LLEGA LA CINCUENTENA
F. J. Flórez Tascón y F. J. Flórez-Tascón Sixto

1. En la cincuentena termina en el hombre la edad madura. Se quiebra la plenitud física y hasta se habla de una

«depresión de la presbicia», comienza el sexo menguante, se pierde plenitud mental, se aproxima la jubilación en la última de las tres edades: «juventud, madurez y qué bien te encuentro».

2. La *proxenia,* doctrina de los territorios del yo, nos enseña que estamos en el período de máxima expansión, pero también de ambivalencia, cuando aún hay tanto por hacer y tan poco hecho. Es el momento en que se siente soledad, fatiga y crisis.

3. La crisis de los cincuenta años del varón tiene tres cansancios:

    a) El *corporal* de la «carroza», «el tronco», «el veterano», en el cual acechan los factores y los grandes temores de la próstata masculina, el cáncer asesino, la baja tensión y el colesterol, la obesidad o la diabetes, la arterioesclerosis, «reverso de la vida y su cara inhumana».

    b) El *psíquico-mental.* Se produce una deficiencia neurobiológica de los cincuenta años, así como la pereza y la dificultad de concentración, pérdida de interés y dinamismo, los primeros olvidos y la primera tristeza.

    c) El *sociocultural,* con los perfiles del hombre *cocoon* encerrado en su capullo; del hombre *kitsch,* que espera nostálgico el retorno al pasado; y del hombre *light,* caracterizado por el vacío, el hedonismo y el exceso de placer.

4. Es en la última etapa, la tercera fase, cuando el hombre se enfrenta por vez primera con la muerte, y entonces reacciona con hiperactividad y aturdimiento, denegación y horror a envejecer. Es ahora cuando el varón pasa de la fase «fálica» a la «encefálica». Se produce la confrontación consigo mismo, la revisión y el proceso de madurez o, en su caso, enfermedad.

5. El proceso de madurez, o edad adulta, necesita de creatividad, generatividad e integridad «hasta que el hombre se da a sí mismo un apretón de manos». Es una etapa de universalismo y trascendencia, búsqueda del sentido de las cosas y liberación de las ataduras. O bien, en sentido contrario, depresión con morosidad, nostalgia o dimisión, o defensa maniaca y huida hacia adelante, por el camino de la hiperactividad, la huida y la ruptura.

6. Pero, sobre todo, es el momento en esta etapa media (a partir de los cincuenta años) del sexo menguante, Fausto y el diablo tentador, y de la búsqueda del remedio al más importante de sus achaques: la disfunción eréctil o la impotencia; en parte (50 por ciento) de origen psíquico, y entonces se mantienen erecciones nocturnas, selectivas en función de las personas y las situaciones, y en parte (50 por ciento) por otras impotencias secundarias o enfermedad local y general.

III.
LOS MALES DEL ALMA

Capítulo 1.

No valgo para nada: la depresión

▼

¿QUÉ ES LA DEPRESIÓN? SU INCIDENCIA

F. Alonso-Fernández

Cuando hablamos de «depresión» nos referimos a la «enfermedad depresiva» en sus distintas variantes. Dentro del extremado polimorfismo y variedad que imperan en los cuadros de esta enfermedad, existe un denominador común: una dolencia sumamente mortificante que afecta al plano vital del ser humano. Por tanto, de ningún modo puede considerarse la depresión como una especie de «resfriado» en el ámbito de la psiquiatría.

Algunos ciudadanos modernos alegan estar «depre» para justificarse, a la vez que presumen un poco de ello; otros, equiparan la depresión a la reacción de tristeza motivada por alguna circunstancia de su vida; y muchos otros utilizan el término de cualquier otra forma inadecuada.

La primera forma de concebir la depresión, con su exageración, denota cómo el estado depresivo disfruta en el sentir popular de cierta aceptación y prestigio, lo que no deja de ser positivo en el sentido de que cuando realmente aparezca la enfermedad tendrá su debida comprensión y aceptación.

En cuanto a la equiparación de la tristeza con la depresión, habría que anularla señalando cómo la tristeza es simplemente la experiencia humana normal ante las adversidades y las penas de la vida. El hecho de que la tristeza se encuentre, a menudo, formando parte del estado depresivo toma su justa medida al percatarnos de que también las sensaciones de soledad, aburrimiento, cansancio, desesperanza, hastío y otras forman parte con mucha frecuencia del cortejo de sufrimientos que embargan al enfermo depresivo. Un reducido sector de estos enfermos se queja, por el contrario, de «no-poder-estar-triste» a causa de la ausencia de los propios sentimientos.

La palabra *depresión* significa hundimiento o abatimiento. Lo que se hunde en la enfermedad depresiva es la vitalidad del ser, que se encuentra en una encrucijada entre el cuerpo y la mente. Asimismo, se produce una inhibición de todas las funciones vitales, tanto las somáticas como las psíquicas.

Tabla 19. Conciencia de la enfermedad en los estados depresivos

Se sienten enfermos (60 por ciento), y se consideran:
- Depresivos (25 por ciento).
- Enfermos corporales orgánicos o funcionales (25 por ciento).
- Enfermos psíquicos de tipo obsesivo, angustioso, etc. (10 por ciento).

No se sienten enfermos (40 por ciento), sino:
- Preocupados.
- Cansados.
- Culpables.
- Víctimas del trato de los demás.
- Mortificados por su propio modo de ser.
- Abrumados por algún acontecimiento de la vida.
- Embrujados por algún maleficio.

El término *depresión vital* surge en 1920, cuando Kurt Schneider, un distinguido psiquiatra alemán de especial finura fenomenológica, define la *depresión endógena* como un trastorno en el ámbito de los sentimientos vitales. El trastorno de la vitalidad, común a todas las enfermedades depresivas, no se ciñe sólo a la afectividad, como se venía afirmando, sino que se extiende a cuatro vectores: el estado de ánimo, la energía del impulso, la capacidad de sintonización con el ambiente y la regulación de los ritmos.

Tabla 20. La estructura tetradimensional de la depresión

Correspondencia entre

los vectores de la vitalidad	y	las dimensiones depresivas
1. Estado de ánimo	➡	Humor depresivo
2. Impulsividad	➡	Anergia
3. Capacidad de sintonización	➡	Discomunicación
4. Regulación de los ritmos	➡	Ritmopatía (descontrol de los ritmos)

El *humor depresivo* es el estado de ánimo más amargo, sombrío y doloroso entre todos los conocidos; y ocasiona sufrimiento en todas las partes del ser, simplemente por el hecho de vivir.

El núcleo o característica definitoria del humor depresivo es en esencia el dolor de vivir o dolor moral, una especie de profundo tormento interior, sin objeto definido, e invulnerable al consuelo y a los estímulos externos. Dolor que surge simplemente del hecho de sentirse vivo. El depresivo vive muriendo, dejándose absorber por la imagen de su propia muerte. Su tendencia autodestructiva y sus actos suicidas significan para él el único modo de poner fin a sus sufrimientos.

El depresivo con humor abatido suele sentirse además profundamente triste y pesimista para todo; carente de esperanzas, incluso para moderar sus sufrimientos, ya que los considera irreversibles; y embargado por una profunda mezcla de tristeza y amargura. A la sombra de esta constelación de rasgos afectivos prosperan con facilidad las actitudes de autoinfravaloración o autodepreciación; el sentimiento de culpa, ilustrado con autorreproches; y las injustificadas o excesivas preocupaciones económicas, hasta el punto de poder llegar a sentirse en la ruina. Su conciencia moral suele estar distorsionada al centrarse en lo banal y lo accesorio.

Este enfermo se encuentra incapacitado para experimentar placer, satisfacción o alegría, rasgo conocido como *anhedonia* que es muy valorado en algunas escuelas psiquiátricas norteamericanas para la identificación diagnóstica del estado depresivo. Anteriormente, psiquiatras alemanes se habían referido a este dato denominándolo *vivencia de falta de alegría*.

El individuo con humor depresivo también tiene síntomas corporales, y entre los más frecuentes cabe destacar las sensaciones de rigidez, pesadez o pérdida general del tono muscular. Habitualmente, son más relevantes las molestias corporales localizadas, como los dolores (cabeza, cara, boca del estómago y espalda), las sensaciones de tensión en la nuca y la zona precordial, los hormigueos (cabeza, manos y pies) y los picores (región genital).

Además de todo esto, el enfermo depresivo tiene tendencia a la hipocondría, ya que convierte el cuerpo en el centro de su atención y sus preocupaciones, lo que, junto a los temas económicos y morales, constituyen los únicos intereses y valores respetados y alentados por el humor depresivo. Cuando estas preocupaciones por el cuerpo, los medios materiales o la moralidad son muy intensas, se habla de *delirio hipocondríaco, de ruina o de culpa*, respectivamente. Por el contrario, cuando existe el humor depresivo se pierden o están ausentes el ansia del poder, la apetencia sexual y las ambiciones personales.

Al lado de enfermos con este tipo de afección al completo, abarcando a la vez los elementos psíquicos y somáticos referidos, se encuentran otros muchos con un humor depresivo reflejado en uno de los dos ámbitos, es decir, o el psíquico o el físico.

El descenso de energías vitales o *anergia* es uno de los cuatro pilares fundamentales de la sintomatología depresiva. El modo de vivir esta pérdida por parte del enfermo se describe en fenómenos escalonados en tres grados que podemos ver en la tabla siguiente

● ●

Tabla 21. **Modos de vivir la anergia**

1. Grado ligero: apatía, aburrimiento o desinterés.
2. Grado intermedio: anestesia psíquica o insensibilidad.
3. Grado intenso: paralización psíquica o nihilismo.

● ●

Por lo que respecta al estado corporal, la falta de energía suele reflejarse en los siguientes síntomas: 1) sensaciones de fatiga; 2) disminución de las vivencias sexuales; y 3) trastornos gastrointestinales.

1. La existencia de fatiga corporal se manifiesta por la presencia de distintos fenómenos: la *adinamia* o falta de ganas de moverse, y la *astenia* o cansancio precoz. Muchos estudios están de acuerdo en englobar ambos fenómenos de fatiga corporal como variantes de la astenia. En cualquier caso, es determinante que la mayoría de las astenias, por sí mismas o en forma de adinamia, se deben a un estado depresivo. La variante más conocida es la *astenia primaveral*.

2. La falta de impulsos o intereses tiene un marcado reflejo en la vida sexual, ya que tanto los hombres como las mujeres pierden parcial o totalmente los deseos de este tipo, y la capacidad para las experiencias placenteras correspondientes. Sobre esta base se instauran con frecuencia disfunciones sexuales del tipo de la frigidez femenina y la impotencia masculina.

3. Los trastornos gastrointestinales propios del estado depresivo están originados por el predominio del sistema vagal, que es la parte del sistema nervioso vegetativo (SNV) encargada del ahorro de energías. Esto da pie a incluir todos los síntomas vagotónicos en la anergia. Entre ellos los más frecuentes son: las náuseas, los vómitos acuosos, el estreñimiento espasmódico y las descargas diarreicas.

La gran vivencia de soledad y de aislamiento humano y hasta físico, que ocupa un lugar destacado en los sufrimientos del depresivo, está respaldada con frecuencia por algunos de los elementos de discomunicación que citamos a continuación: la amortiguación de las sensaciones (*hipoestesia*), tal vez acompañada por zumbido de oídos o visión de «moscas volantes»; la ampliación del espacio exterior, con la consiguiente sensación de alejamiento psicofísico de los demás; la existencia de sentimientos de desconfianza, irritabilidad y, tal vez, celos; la captación de mensajes distorsionados; y el descenso del rendimiento intelectual, que afecta sobre todo a la capacidad de comprensión racional, lo que le fuerza a sentirse torpe y como atontado.

La deficiencia receptiva que incide en los ámbitos sensorial, espacial, afectivo, relacional y cognitivo o intelectual, provoca en el enfermo un sentimiento de soledad, que a veces es tan intenso que da la razón a Fisman: «El depresivo sufre más con su soledad que las demás personas.»

Los *enfermos depresivos ritmopáticos* se refugian en el pasado, a la vez que se alejan relativamente de la realidad presente; las cuestiones que merecen mayor interés para ellos son las archivadas en la memoria, en forma de recuerdos ya vividos: tienen la tendencia distorsionada de incorporar al pasado el contenido de sus temores y preocupaciones, como si fueran ya cuestiones sin solución posible; y se inclinan a «rumiar» recuerdos y datos presentes vividos por ellos como cosas pasadas y definitivas.

El ritmo existencial, dado o establecido por el modo de vivir y el paso del tiempo, se halla sumamente lentificado en el ritmópata, de tal manera que se produce una sobreestimación de la duración del acontecimiento, que él vive o experimentan como si hubiera durado demasiado, alguna vez como algo interminable y eterno.

La extensión alcanzada por la depresión en la población mundial desborda todos los cálculos y las previsiones. Entre el 6 y el 8 por ciento de la población general mayor de quince años está afectada por la depresión.

La frecuencia de la depresión experimenta unos cambios irregulares a tenor de los elementos sociodemográficos, particularmente la edad, el sexo y el estado civil.

La depresión se extiende por todas las edades sin perdonar a los niños en edad preescolar y escolar; su frecuencia se eleva de forma brusca a partir de los trece años y muestra su gran pico algo más precozmente en la mujer (entre treinta y cinco y cuarenta años) que en el hombre (entre cuarenta y cinco y cincuenta años), y alcanza su cota más alta a partir de haberse cumplido los sesenta y cinco-setenta años.

La diferencia más notoria se registra en el sexo: mientras que en las edades infantiles no hay diferencias, a partir de los dieciocho años, por cada dos mujeres depresivas hay un hombre depresivo. En algunos países industrializados la relación global es de tres a uno. Sólo en el sector de la depresión bipolar, esto es, la más endógena y condicionada genéticamente, se mantiene la proporción de uno a uno.

El predominio masculino del alcoholismo y los actos antisociales podía hacer pensar que esta psicopatología sirve de válvula de escape a la depresión en el hombre, de modo que con ello quedaría compensado el déficit registrado en la incidencia de la depresión masculina. Aunque con cierta frecuencia la depresión conduce al alcoholismo —por cierto, proporcionalmente más en las mujeres que en los hombres—, este dato no es suficiente para compensar el predominio de la depresión en la población femenina. Tampoco se atenúa esta superpoblación depresiva femenina con la observación de que las mujeres recurren más a los cuidados médicos y a las prescripciones de medicamento. En cambio, esta referencia resulta muy válida para reflejar las actitudes distintas masculina y femenina ante el tratamiento médico.

Se dispone de una serie de argumentos psicológicos, sociales y fisiológicos que justifican la mayor frecuencia de la depresión entre las mujeres. De todos modos, hay que dejar bien especificado que el padecimiento de la depresión forma parte de la condición humana general, masculina y femenina, si bien con una incidencia distinta dependiente del influjo de factores biopsicosociales, algunos de ellos específicamente femeninos como el segundo cromosoma X, característico del genoma femenino, y el equilibrio hormonal entre los estrógenos y la progesterona. Pero la mayor vulnerabilidad de la mujer ante la depresión parece deberse, en sus características generales, a la personalidad y la situación social.

Los datos sobre la relación entre el estado civil y la frecuencia de la depresión encierran gran interés. Las personas separadas y divorciadas muestran las tasas más altas de depresión y las que se mantienen casadas las más bajas. En cualquier caso, la distribución del porcentaje de depresivos se atiene a la escala siguiente, de menor a mayor frecuencia: hombres casados, mujeres casadas; mujeres solteras y viudas; hombres solteros, viudos, separados y divorciados, y mujeres separadas y divorciadas.

En esta escala llama la atención la presencia de dos estados maritales femeninos con menos depresión que sus homónimos masculinos, la soltería y la viudedad; lo cual habla a favor de que la mujer se acomoda hoy mejor a vivir soltera o viuda que el hombre, y hasta la propia familia de la viuda suele tomar un desarrollo más holgado que la dirigida por el viudo. Todo esto es un signo más del profundo cambio de los tiempos, ya que ha sido en las últimas décadas cuando la mujer viuda ha remontado su estatus de «vivir muriendo», lo que ha implicado el abandono del lugar que ocupaba con anterioridad la viudez femenina como el estado civil de máximo riesgo frente a la depresión.

Se han logrado identificar las características sociales que incrementan la frecuencia de la depresión en la mujer, algunas de las cuales han de estimarse en forma asociada.

Exponemos los factores sociales especialmente asociados a la depresión de la mujer:
– Pérdida de la madre por muerte o separación antes de los once años.
– Existencia de tres o más hijos menores de catorce años.
– Estrato social inferior (con hijos pequeños).
– Relación matrimonial no satisfactoria, divorcio o separación.
– Carencia de una actividad profesional.

El rasgo aislado capaz de incrementar por sí mismo la frecuencia de la depresión en la mujer consiste en la relación conyugal o de pareja difícil o no satisfactoria, aunque no haya culminado en un proceso de divorcio o separación legal.

TIPOS DE DEPRESIÓN
E. Dio Bleichmar

Los trastornos depresivos se presentan bajo formas diversas, al igual que sucede con otros padecimientos como las enfermedades del corazón. Su existencia se conoce desde que ha sido posible contar la historia: en el antiguo Egipto –hace tres mil años– eran los sacerdotes los encargados de tratar estos males del alma.

Los cuadros depresivos varían desde estados de duelo normal por la muerte de un ser querido hasta trastornos más severos en los que surgen ideas delirantes de desvalorización, de ruina, de enfermedades imaginarias o de culpa por presuntos perjuicios cometidos en contra de los demás. Sus causas pueden ser exclusivamente psicológicas, como en las *depresiones neuróticas*, o tener un componente biológico o genético, como hay evidencia de que ocurre en las *depresiones mayores bipolares*, denominadas así porque la persona presenta episodios de severa patología en uno y otro polo de la afectividad, lo que en el lenguaje técnico se conoce como *manía*, es decir, el cuadro de exaltación afectiva, hiperactividad e ideas de grandiosidad.

– Las *depresiones bipolares mayores*, por otra parte, no deben confundirse con otros dos tipos de afecciones de gravedad decreciente: las *ciclotimias* y las *personalidades ciclotímicas*, ni tampoco con las oscilaciones del humor en personas normales.
– Las *ciclotimias* se parecen a las *depresiones bipolares mayores* en que hay episodios psiquiátricos –es decir, períodos bien definidos, con síntomas de depresión o de exaltación– que se alternan y que pueden dar lugar a ciclos. Pero estos episodios no tienen ni la duración ni la gravedad que caracterizan a los de las *depresiones bipolares mayores*.
– Las *personalidades ciclotímicas* son aquellas que a lo largo de su vida pasan por períodos, a veces prolongados, en que se sienten entusiastas, optimistas e hiperactivas, mientras que en otros están apagadas, con poca energía, pesimistas, tristes, desinteresadas.
– Las *oscilaciones del humor* son cambios hacia la alegría o la tristeza que no constituyen un trastorno psiquiátrico y que se presentan en personas normales, habiendo épocas en que se encuentran más entusiastas, llenas de vitalidad, y otras en que aparecen más apáticas, más pesimistas, más retraídas.

LA DEPRESIÓN EN LA MUJER
E. Dio Bleichmar

Entre las mujeres, la depresión toma formas particulares o, mejor dicho, hace su aparición en momentos particulares de la vida:

1. Depresión premenstrual.
2. Depresión posparto.
3. Depresión de la mujer de mediana edad.
4. Síndrome del «nido vacío» o depresión posmaternal.

Cada una de estas formas se pueden presentar en distintos grados de severidad. Si los síntomas interfieren seriamente en la habilidad de trabajar, dormir, comer o disfrutar de actividades que anteriormente fueron agradables –distracciones, sexo, vida social–, se trata de una *depresión mayor*, con síntomas incapacitantes.

En el otro extremo tenemos un tipo de depresión que habitualmente pasa inadvertida como tal y que comprende una serie de síntomas de larga duración, crónicos, que no inhabilitan pero que impiden vivir con el máximo de energía, o entorpecen la posibilidad de sentirse bien: irritabilidad, mal humor, dolores o malestares físicos diversos, trastornos del sueño, apatía. En ocasiones, las personas que sufren de esta forma de *depresión encubierta* pueden experimentar episodios de depresión mayor.

Síntomas

No todas las mujeres que sufren depresiones experimentan todos los síntomas. Algunas sufren unos pocos, y muchas no se dan cuenta de que están seriamente deprimidas, porque a pesar de no sentirse bien, las manifestaciones de malestar adoptan una fisonomía atípica, constituyendo así las *depresiones encubiertas*. Otras, en cambio, se sienten literalmente abrumadas. Los síntomas varían, pues, según las personas:

1. *Estado de ánimo persistentemente triste, ansioso o «vacío»*. La cara larga y taciturna, la falta de expresividad en el rostro, los párpados caídos, la mirada perdida o distraída es la carta de presentación de la persona deprimida. En el caso de las mujeres se acompaña, por lo general, de un cierto descuido en la apariencia: el pelo grasoso, falta de maquillaje, la ropa arrugada...

En muchos casos, puede haber variaciones diurnas del humor. Para muchas mujeres el despertar es un tormento, se inicia un nuevo día con un sinnúmero de solicitaciones frente a las cuales se sienten impotentes, agobiadas, y quisieran no despertar; otras, durante el día parecen ser llevadas por el ritmo de las actividades y es al atardecer cuando se deprimen. El fin de semana suele ser un fantasma que aterroriza a muchas mujeres modernas que durante la semana desarrollan una intensa actividad y luego se enfrentan con el «vacío» del sábado y domingo.

Cuando el desánimo se acompaña de ansiedad, lo que predomina es la agitación, el nerviosismo –un tipo de actividad o de movimientos sin propósito o sin sentido–. También puede aparecer una queja verbal permanente, así como la acentuación compulsiva de ciertos hábitos: cigarrillo, alcohol, comer excesivo, gastos exagerados.

2. *Sentimientos de desesperanza y pesimismo*. Se suelen describir con expresiones como «estar en el fondo de un pozo», «no ver nada», «la mente que se cierra»..., junto con la convicción de que los problemas no tienen solución ni salida. No se presenta ninguna alternativa al estado de sufrimiento que se padece. Muchas mujeres parecen hallarse aprisionadas en una cárcel del pasado y no suelen aprovechar el presente ni siquiera como vivencia: flotan en recuerdos de experiencias desagradables. El futuro no se vislumbra, ya que han perdido todo potencial para el desarrollo. Existe una perturbación en el sentido del tiempo y un sentimiento de opresión.

El grado o la intensidad de la desesperanza sentida es un indicador importante de la gravedad de la depresión y del riesgo de suicidio. Una mujer con sentimientos delirantes de ruina y de catástrofe, subjetivamente puede considerar «lógico» el suicidio.

3. *Sentimientos de culpa, inutilidad e incapacidad*. Estos sentimientos pueden ser inconscientes o, por el contrario, consistir en un sistema de ideas tan férreo y vigoroso como para alcanzar el carácter de *ideas delirantes*. En psiquiatría se entiende por ideas delirantes aquellos pensamientos irreales y falsos que se apoderan de la mente de las personas –quienes son las únicas convencidas de tales ideas– y que no se pueden eliminar por medio del razonamiento lógico. En general son juicios autodescalificativos: «no sirvo para nada», «soy una inútil», «soy una molestia para todo el mundo», «nadie puede quererme en este estado», o autoacusatorios: «tengo la culpa del accidente de mi hijo», «soy capaz de construir minuciosamente mi propio desastre»...

Durante mucho tiempo se consideró que los sentimientos de culpa en torno a principios morales eran los predominantes; actualmente, se presta atención a las sensaciones subjetivas de inadecuación, defecto o deficiencia personal, que se denominan genéricamente *trastornos de la autoestima*.

4. *Pérdida de interés o de placer en pasatiempos y actividades que anteriormente se disfrutaban, incluyendo el sexo.* La desgana es tan generalizada que produce una especie de anestesia emocional. El deseo sexual desaparece y este síntoma se constituye en una tragedia adicional para la mujer depresiva, que considera que corre peligro de perder a su pareja, que no es digna de que la quieran, o que puede estar obsesionada por los celos.

Cuando es solicitada para el encuentro sexual –sobre el cual la mujer y también el hombre sitúan un indicador privilegiado del estado de la relación afectiva–, y no siente deseo, o acepta cumplir con el rito para no rechazar a su pareja, el resultado es frustrante para ambos; la mujer se sume aún más profundamente en el estado depresivo.

5. *Insomnio o hiperinsomnio.* Uno de los primeros síntomas de un estado depresivo suele ser el insomnio. Las mujeres que se ven afectadas habitualmente por este trastorno se desesperan ante la complicación que les supone tener que hacerse cargo del trabajo doméstico o del cuidado de los niños –tareas ineludibles– después de noches en que casi no duermen. A la ansiedad propia de la depresión, que genera el insomnio, se suma la que proviene del temor a las «noches blancas», razón por la cual muchas mujeres se vuelven adictas a los hipnóticos.

El cuadro clásico es el siguiente: llega la noche y se sienten invadidas de un cansancio mortal que las lleva a la cama, pero a las dos o tres de la madrugada se despiertan con los ojos como platos; el resto de la noche lo dedican a rumiar sus preocupaciones. Otras veces, si la depresión es muy profunda, puede acompañarse del síntoma opuesto: una continua somnolencia. Mejor no despertar, parece ser la convicción inconsciente, y la mente se cierra a la luz. Siempre cansadas, aburridas, bostezando todo el tiempo, dormir se convierte en el único alivio.

6. *Disminución de energía, fatiga, inhibición psicomotriz.* Voz monótona, movimientos lentos, falta de ganas para todo, «hasta para leer el periódico o ver la televisión, nada me interesa», decía una mujer. Muchas veces esta apatía, esta desgana para realizar las tareas habituales –«mis obligaciones de ama de casa o de madre»– fuerza a las mujeres y les permite decidirse a consultar a un profesional. Esta falta de energía, esta sensación de cansancio infinito las enfrenta con dificultades de todo orden: fracasos escolares en la adolescencia, dificultades múltiples en la crianza de los niños pequeños, problemas de relación de pareja; condiciones que las sumen en una desesperación mayor, agravando el cuadro de la depresión.

7. *Inquietud, irritabilidad.* En muchas ocasiones, los sentimientos de tristeza o de desánimo no son los más relevantes; el mal humor, la irritabilidad, el «explotar por cualquier cosa» constituyen la regla y contribuyen a enmascarar la depresión. «La cara larga» es una fisonomía que contiene una mezcla de rabia contenida, fastidio y tedio vital, matices todos de una depresión declarada o en período de incubación.

8. *Dificultades para tomar decisiones, de concentración, trastornos de memoria.* Aunque las funciones cognitivas se hallan perfectamente conservadas e intactas, la persona depresiva tiene un rendimiento bajo por la apatía, la falta de interés y la hiperconcentración en sus preocupaciones; todo ello le resta eficacia intelectual. Otro problema que origina sufrimiento adicional es la indecisión, que puede llegar a extremos inusitados.

9. *Ideas e intentos de suicidio.* Es muy habitual oír decir a una mujer deprimida que su vida no tiene sentido, que se encuentra sola, que sufre demasiado y que se quiere morir. El deseo de muerte no guarda proporción en las mujeres con los suicidios cometidos, no obstante se trata de una expresión a tener en cuenta. Las estadísticas señalan que los hombres tienen mayor número de suicidios consumados, mientras que las mujeres cometen mayor número de intentos.

La mujer afectada de una depresión muy

severa puede planear su muerte en silencio, sin comunicárselo a nadie, entre ello predomina un tipo de atentado parcial contra la vida que suele llamarse *suicidio histérico*. Con esta denominación se subraya el carácter escénico, teatral, del papel a representar, que implica un intento contra la vida, que no va del todo en serio, que no desea claramente. Por ejemplo, toma pastillas pero no las suficientes como para no despertarse nuca más; se corta las venas pero no se desangra; abre la ventana, pero antes de saltar grita lo bastante como para que la vengan a auxiliar inmediatamente. No obstante, es necesario recalcar que, aun en el caso de «una muerte anunciada», no debemos minimizar el riesgo que supone un error de cálculo hecho en condiciones emocionales muy poco adecuadas, o desconocer que lo que al principio consistió en un despliegue «teatral» para solicitar atención termina convirtiéndose en un grave intento. Por ello, toda idea de suicidio es un indicador de la necesidad de ayuda profesional.

DEPRESIONES ENCUBIERTAS
E. Dio Bleichmar

También se las denomina *depresiones enmascaradas o equivalentes de la depresión*. Algunas de ellas consisten en entidades que tienen tanto una identidad como un diagnóstico propio, como es el caso del comer compulsivo (bulimia) y otras adicciones: alcoholismo, drogas. No obstante, subyacentemente, o dando origen a estas otras afecciones, puede encontrarse un trastorno depresivo. Las formas encubiertas pueden dar lugar a una sintomatología variada que examinaremos a continuación:

1. *Comer compulsivo.* Si bien lo que se describe como síntoma más frecuente es la pérdida de apetito, que en algunos casos puede ser extrema —con la sensación de que «el estómago se cierra», que cualquier alimento molesta—, en otros casos la obesidad, el comer desenfrenadamente, está poniendo de manifiesto una forma de comienzo de la depresión. El sentimiento vago de «vacío», de desgana, puede concretarse en la sensación física del vacío estomacal y conducir a la tentativa fallida de suprimirlo atiborrándose de comida. En las mujeres, esto contribuye a profundizar su malestar, ya que la silueta se resiente y es mayor el desánimo.

2. *Problemas en la vida de pareja.* Con respecto a este punto es necesario hacer una aclaración previa. Veremos más adelante que la problemática de pareja, la carencia de una comunicación íntima durante períodos prolongados de la vida, es una de las causas más frecuentes de la depresión de las mujeres; pero lo que estamos examinando en este apartado de las depresiones encubiertas es de otra índole: se trata de situaciones en que la depresión se origina por otras causas —muerte de un familiar, fracaso en el trabajo, carácter depresivo— y la pareja actúa de blanco, de pantalla sobre la que se ventila el mal humor, la irritación, la indiferencia. En resumen, en estos casos los problemas de pareja son *consecuencia* de la depresión y no su *causa*.

a) *Dificultades sexuales.* Verdadera tragedia femenina. Una de las mayores preocupaciones es el fantasma de la amenaza y/o ruptura amorosa. Mucho se ha escrito sobre las mujeres que simulan una satisfacción sexual que no sienten o, por el contrario, se las culpabiliza de su frigidez. Lo que se observa, cuando una escucha sus confesiones íntimas sin condena ni censura alguna, es que muy frecuentemente, cuando tienen algún conflicto con su pareja, casi de inmediato este conflicto —sea de la índole que sea— afecta su disposición sexual. Pero las mujeres saben que la sexualidad es una clave del bienestar de la pareja, y que él se resiente, se enfada y se distancia si la vida sexual se enrarece. Por ello, se avienen a una gimnasia sexual sin el menor deseo.

Cuando una mujer atraviesa un estado depresivo, por lo general tiene un doble problema: el que le genera la depresión y, en segundo lugar, el conflicto que surge en la pareja por su indiferencia sexual. Círculo vicioso nefasto pues el rechazo sexual la sumerge en una depresión aún más honda por el temor a la soledad o al abandono. Muchas veces, al desconocerse tanto los motivos que desencadenan el estado depresivo como la depresión en sí misma, y trasladarse estos conflictos a la arena de la relación de pareja y específicamente a la relación sexual, lo que aparece a primera vista es una batalla conyugal.

b) *Irritación y desánimo.* Lo mismo sucede con muchas consultas sobre problemas de pareja en las que predominan las disputas, los desacuerdos sobre los temas más diversos, y que en realidad tienen su fuente de desequilibrios de la autoestima, en insatisfacciones personales no reconocidas como tales que, de forma compulsiva y automática, se vuelcan en la relación afectiva más próxima, por lo general la pareja.

3. *Problemas en las relaciones interpersonales.* Volcar un estado de ánimo que proviene de un conflicto interior en el seno de una relación interpersonal es uno de los mecanismos psicológicos más generalizados. El niño que no puede montarse en la bicicleta porque no alcanza a sentarse se enfada con su padre que está tratando que lo consiga; la adolescente angustiada por un examen es descortés y desconsiderada con su hermana. La relación madre/hija suele ser un marco frecuente para que ambas vuelquen sus propias insatisfacciones. La adolescente insegura, en el umbral de sus primeras experiencias vitales, deprimida por un alto nivel de autoexigencias no cumplidas puede sentir sentimientos muy contradictorios hacia su madre. Si la admira: celos, rivalidad, temor a no cubrir las expectativas, lo que la madre espera de ella; en caso contrario, si la desvaloriza: culpa, deseos de separarse, agresión. En ambos casos puede prevalecer una conducta hipercrítica y descalificadora de la hija hacia la madre.

Muchas mujeres con depresiones en la edad media de la vida, con serios problemas en torno a la insatisfacción que les genera el balance de sus vidas, o con dificultades al verse ya mayores y sin los atractivos de la juventud, pueden tomar como blanco de su estado de irritación y mal humor el comportamiento de sus hijo/as adolescentes. Se convierten en vigilantes que acosan día y noche todo movimiento, que critican toda iniciativa.

4. *Síntomas físicos: «Las mujeres al volante».* «Las mujeres al volante» es una feliz y colorida expresión de una colega,

médica ginecóloga, quien denomina de esta forma a las mujeres entre cuarenta y sesenta años que asisten a los servicios de la Seguridad Social por diversas dolencias y molestias corporales, y que son enviadas de un servicio a otro, en un peregrinaje interminable, con «el volante en mano», sin rumbo fijo ni posibilidades de arribar con éxito a ningún puerto, porque sus dolencias no son físicas sino psíquicas. En algunas ocasiones, estas mujeres dan con algún profesional que las escucha y, posteriormente, no explicándose bien la razón, se sienten aliviadas y de mejor ánimo.

Si bien las cefaleas, constipados, malas digestiones, flatulencias, insomnio... son síntomas que se presentan con frecuencia como acompañantes de los síntomas principales de la depresión, a veces son la única manifestación de la misma. Esto es lo que se denomina *somatizaciones:* diarreas, dolores de espalda, temblores, adormecimientos, sueño exagerado. Si no se detecta adecuadamente la causa de estas manifestaciones, se pierde el tiempo y la confianza en la medicina.

DIFERENCIA ENTRE ESTAR TRISTE Y DEPRIMIDA
E. Dio Bleichmar

Desde tiempos inmemoriales se ha entendido la depresión como un estado de ánimo, y el término «melancolía» ha sido usado por poetas, escritores y trovadores de todas las épocas para evocar un sentimiento de profunda tristeza. En realidad, todos creemos que la depresión es un afecto, una pena muy honda, pero no es así. El humor es como la temperatura: sube o baja, si bien sabemos que el termómetro no es el causante del calor o del frío que sentimos. De la misma manera debemos considerar que si el ánimo se nos cae por los suelos es por alguna causa. El humor, el estado de ánimo, es el termómetro de nuestra subjetividad.

Las teorías vigentes sobre la depresión han mostrado que la variación del ánimo es el resultado de alguna idea, pensamiento o juicio negativo. Las actitudes pesimistas juegan un papel fundamental en la aparición y perpetuación de las manifestaciones depresivas. *Las ideas negativas siempre preceden a la depresión.* El humor y el ánimo son completamente diferentes cuando no se acompañan de pensamientos derrotistas. Por ello, cada vez que te sientas deprimida –sin saber muy bien por qué, como generalmente sucede– trata de identificar algún pensamiento negro que se te haya cruzado por la mente como un ramalazo, un rato antes de comenzar a sentirte en baja. Estos pensamientos contienen la clave de tu depresión como de la posibilidad de alivio de la misma.

Las personas deprimidas están como aletargadas, bloqueadas, retraídas, ensimismadas.

Las emociones –la alegría, el entusiasmo, el buen humor– son el resultado de la forma en que se ven las cosas, una consecuencia de la significación que otorgamos a los acontecimientos. Esta ley no se aplica sólo a la alegría o a la tristeza, sino a todos los sentimientos y emociones. Para que podamos sentir algo, previamente debemos darle algún significado a lo vivido, aunque sea el más elemental: el bienestar corporal; luego, «sentimos» este bienestar. «Sentir» tiene que ver con el sistema nervioso y el cerebro, con el nivel psicológico, con el significado atribuido a las cosas, aunque creamos o digamos que sentimos con el cuerpo y que es una sensación «visceral».

No obstante, aunque la depresión es un estado de ánimo, un sentirse mal, un malestar, las personas deprimidas paradójicamente sienten poco, están como aletargadas, bloqueadas, retraídas, ensimismadas. Es frecuente encontrarse con una amiga o conocida que nos dice que está deprimida y vernos ante una persona seria, grave, sombría, hasta «seca». El aspecto es bien diferente de alguien presa de una emoción, que vibra en su congoja o llanto. Esta distinción es importante porque la tristeza es un sentimiento normal, adecuado y proporcional a la valoración realista de una circunstancia que implica una pérdida o un disgusto; en cambio, la depresión es una enfermedad que resulta de pensamientos distorsionados.

Existe una considerable confusión en torno a estos dos fenómenos humanos. Sin embargo, en la última década se ha avanzado considerablemente en el conocimiento de esta especie de peste negra que es la depresión. Hoy estamos en condiciones de poder distinguir claramente entre ambos. La diferencia central radica en que la tristeza es un *estado afectivo* pleno, vigoroso, manifiesto, que puede ser absolutamente normal, aunque también puede tratarse de un componente central de una depresión de mediana o gran gravedad. A su vez, en otras ocasiones, los afectos pueden estar escondidos tras la depresión y lo que resalta es el malhumor y la irritabilidad.

Nos podríamos preguntar si la tristeza y la depresión no constituyen sino dos estados afectivos bien diferentes que resultan de encarar dos clases de situaciones bien definidas y distintas. Ante aquellas que consideramos reales reaccionaríamos con tristeza, y ante otras, más indefinidas o metafísicas, con depresión. No es así. La muerte de un ser querido podría ser considerada la pérdida más real que una persona enfrenta en su vida; sin embargo, que se reaccione con depresión o tristeza no depende de la cantidad de amor sentida durante la relación amorosa, sino de los pensamientos que acompañen a su desaparición. Si la mujer piensa que se trata de una catástrofe personal, que nunca más volverá a ser feliz porque él se murió, que «por qué me pasa esto justamente a mí», que «por qué él me abandonó», sentirá miedo, impotencia y rabia, pero como estos sentimientos, a su vez, le producen culpa, los esconderá. Por el contrario, si lo que predomina en su mente son pensamientos sobre la historia de amor compartida, echará de menos la presencia del ser querido, por lo que sentirá tristeza, dolor, pesadumbre y congoja, sensaciones que irán acompañadas de la ternura y la emoción que los recuerdos actualizan. El dolor añadirá profundidad y significación a los sentimientos de esa mujer, de manera que, aunque *llore la pérdida, gana en humanidad.* Cuando se trata de genuinos sentimientos de tristeza, lo importante es que la mujer se sienta habilitada y autorizada a poder sentirlos y expresarlos libremente. Si ve coartada, limitada o prohibida esta posibilidad, la situación puede convertirse en el germen de una depresión.

Capítulo 2.
▼
No puedo con mi alma: la fatiga y el estrés

LA FATIGA

F. J. Flórez Tascón
y F. J. Flórez-Tascón Sixto

QUÉ ES LA FATIGA

*F*atiga significa estrictamente estado físico y mental que sigue a un período de actividad corporal o psíquica, caracterizado por la disminución de la capacidad de trabajo y rendimiento.

La fatiga sobreviene en un organismo como el humano, en actividad constante, como consecuencia de una actividad física, cansancio del cuerpo o cansancio en la vida, de un trabajo, tal vez, de una maldición bíblica: «Ganarás el pan con el sudor de tu frente.»

Pero junto a esta fatiga ligada a un trabajo muscular y motor existe una *mental,* resultante de la actividad intelectual, que asimismo es *cansancio de la vida,* y que tras una actividad intelectual desmedida es recuperable tras un buen sueño, un buen fin de semana relajado o unas vacaciones. Cuando un estado de fatiga per-

manece y dura más de tres semanas, entramos en el ciclo de la *fatiga crónica;* ésta, ligada a una enfermedad única o variopinta asociada a otros síntomas, supone una cuarta parte de los cuadros de fatiga crónica que acuden al médico; otra cuarta parte de fatigados en dependencia con el ritmo de vida y trabajo son *fatigas existenciales o del estrés,* y, finalmente, cerca del 50 por ciento de cansancios de la vida son *fatigas en los trastornos de ansiedad y depresión.*

FATIGA Y CANSANCIO DE LA VIDA Y EN LA VIDA

La *fatiga,* el *cansancio,* la *astenia* constituyen una vivencia humana universal que todos hemos experimentado, que se traduce en un estado de falta de confort y disminución del rendimiento tras un esfuerzo físico o mental, el cual normalmente se recupera con el reposo, el ocio, el sueño...

Hay dos orígenes normales:

1. Cuando obedece a un trastorno físico, a una enfermedad, cuando es causada

por una alteración de los ritmos vitales como sucede en el estrés.

2. Cuando la fatiga está motivada por alteraciones de nuestro estado de ánimo que realmente son fatigas de la vida.

La fatiga física, la fatiga conductual o social y la fatiga psíquica constituyen, después del dolor, el más frecuente de los síntomas en medicina general. Analizamos la historia clínica del fatigado en cuanto se refiere a todos los factores que se producen, por qué se dan y qué hacer para evitarlos. Objetivamos el origen de las astenias profundas, de los cansancios, que en un tercio de los casos tiene un origen muscular, orgánico y patológico; los dos tercios restantes son conductuales debidos al estrés, al *surmenage* (agotamiento) y más aún fatigas crónicas de origen psíquico.

La epidemia oculta de nuestro tiempo es el síndrome de la fatiga crónica. Es la «gripe o enfermedad del *yuppie*» en el último decenio.

Según el NHI norteamericano, antes de diagnosticarla habrá que excluir:

1. *Enfermedades médicas:* cánceres, enfermedades autoinmunes e inflamatorias, endocrinas, neurológicas y crónicas orgánicas.
2. *Enfermedades posinfecciosas:* por hepatitis crónicas activas B o C, borreliosis de Lyme, sida, tuberculosis.
3. *Alteraciones psíquicas de la conducta:* psicosis, depresión psicótica, desorden bipolar, esquizofrenia, drogadicción.

Sólo entonces puede analizarse el síndrome de fatiga crónica según los siguientes criterios diagnósticos:

1. *Mayores:* fatiga persistente o recidivante, aparecida de nuevo, que nos obliga a disminuir en un 50 por ciento nuestro trabajo en los seis últimos meses. Fatiga que no es explicada por ninguna de las enfermedades anteriores.

Tabla 22. **Enfermedades físicas con fatiga crónica**

1. Enfermedades autoinmunes en las que anticuerpos atacan tejidos corporales como la artritis reumatoidea.
2. Tumores malignos.
3. Infecciones localizadas como los abscesos.
4. Enfermedades bacterianas como la tuberculosis y la enfermedad de Lyme.
5. Enfermedades por hongos como candidiasis generalizadas.
6. Enfermedades parasitarias.
7. Síndrome de inmunodeficiencia adquirida, sida.
8. Enfermedad psiquiátrica crónica, como por ejemplo depresión, histeria, ansiedad o esquizofrenia.
9. Enfermedad inflamatoria crónica como la hepatitis.
10. Enfermedad neuromuscular como la esclerosis múltiple.
11. Administración prolongada de tranquilizantes mayores, antidepresivos y litio.
12. Enfermedades de las glándulas de secreción interna, como enfermedad de Addison, hipotiroidismo o diabetes mellitus.
13. Drogodependencia, adicción y abuso del alcohol, drogas ilícitas, etc.
14. Toxicidad ambiental.
15. Enfermedades de la sangre, particularmente las anemias.
16. Otras enfermedades orgánicas definidas como enfermedades pulmonares crónicas, cardíacas, gastrointestinales, hepáticas o renales.
17. Gripe del *yuppie*, «la fatiga de los noventa».

La existencia de enfermedades nutricionales y de fatiga es muy frecuente cuando todo el mundo hace dieta (24 por ciento de los varones y 40 por ciento de las mujeres). Asimismo, se detectan en casos de obesidad, adelgazamiento y reengorde, dietas milagro.

2. *Menores:* hacen falta seis síntomas y dos signos, u ocho síntomas de la siguiente lista:

– *Síntomas:* febrícula o escalofríos; ganglios dolorosos en cuello y axila; debilidad muscular generalizada, dolor muscular; fatiga generalizada después de actividad física; dolores de cabeza; dolores articulares migratorios sin inflamación; fatiga nerviosa con relajación y tristeza; falta de interés y fallos de la memoria, y alteraciones del sueño. (Este cuadro se habrá desarrollado en horas o días.)

– *Signos:* faringitis no exudativa; febrícula; ganglios palpables dolorosos en cuello o axila.

• •

Tabla 23. **Criterios diagnósticos del síndrome de fatiga crónica[1]**

Dos criterios mayores
– Fatiga recidivante o fatiga fácil que no desaparece tras el reposo en cama y que es lo suficientemente intensa como para reducir la actividad cotidiana en un 50 por ciento o más durante seis meses o más.
– Se excluyen otros trastornos clínicos crónicos (incluidas las enfermedades psiquiátricas).

(+)

Al menos seis criterios sintomáticos*
– Fiebre de baja intensidad (37,6-38,6°C, oral) o escalofríos.
– Faringitis.
– Dolor en las cadenas ganglionares cervicales (anterior y posterior) y axilares.
– Debilidad muscular generalizada de origen no explicado.
– Molestias musculares: mialgias.
– Fatiga generalizada y prolongada (≥24 horas) tras ejercicio físico de nivel tolerable.
– Cefaleas generalizadas de aparición reciente.
– Artralgias migratorias no inflamatorias.
– Síndromes neuropsicológicos:
  • Fotofobia.
  • Facilidad para el olvido.
  • Confusión.
  • Incapacidad para concentrarse.
  • Escotomas visuales transitorios.
  • Irritabilidad excesiva.
  • Dificultades para el pensamiento.
  • Depresión.
– Trastornos del sueño (hiperinsomnio o insomnio).
– Descripción del paciente del inicio de su sintomatología como aguda o subaguda.
*Síntomas persistentes o recurrentes que duran al menos seis meses.

(+)

Al menos dos criterios físicos*
– Febrícula.
– Faringitis no exudativa.
– Adenopatías palpables o dolorosas en cadenas cervicales (anterior o posterior) y axilares (<2 cm de diámetro).
*Documentados por un clínico en al menos dos ocasiones separadas por un mes.

O bien dos criterios sintomáticos adicionales
(Hasta un total de ≥8)

Síndrome de fatiga crónica

1: Tomado de Chow, K., y Stollerman, C. H., *Hospital Practice* (ed. esp.), 8: 1, 1993.

La necesidad de identificar los mecanismos del síndrome de fatiga crónica está subrayada por la desafortunada similitud de este síndrome con algunas enfermedades psiquiátricas, lo que, debido a la habitual frase «todo está en la cabeza», ha dado lugar a la estigmatización de la fatiga crónica como algo «de locos».

NEURASTENIA Y DEPRESIÓN

La depresión es una enfermedad que afecta actualmente a veinte millones de españoles. La congoja del espíritu fijada en el pensamiento es una vieja amiga del hombre. La *neurastenia*, el agotamiento nervioso, la debilidad y la fatiga neuromuscular constituyen la enfermedad de la centuria tanto en su inicio como en la nueva versión. Todos los estados neurasténicos son depresiones, toda tristeza es un empequeñecimiento del yo.

El cuadro depresivo está detrás del 75 por ciento de las fatigas crónicas, y entre sus síntomas cabe destacar:

1. Intensa tristeza.
2. Sentimiento de fracaso.
3. Falta de interés y entusiasmo por todo lo que antes nos gustaba.
4. Sentimiento de culpa, pecado y penitencia.
5. *Self loathing* = autoevaluación.
6. Irritabilidad.
7. Insatisfacción consigo y con los demás.
8. Facilidad para el grito y el llanto.
9. Sensación de abandono.
10. Dificultad para el trabajo.

Ante este síndrome depresivo, el médico puede ver tres tipos de causa: la *depresión mayor hereditaria*; las *depresiones neuróticas*, como la hipocondría, o las *depresiones reaccionales* que suponen un ajuste del estado de ánimo a problemas matrimoniales, familiares, duelo, despido, paro, jubilación, posparto, lactancia, cambio de domicilio, emigración o respuesta al dolor, enfermedad, incapacidad, estrés psicosocial...

ES MUY CANSADO SER MUJER

La *fatiga crónica* forma *parte de la vida femenina*. De hecho el 60 por ciento de las personas que consultan con astenia son mujeres.

Tabla 24. **Diferenciación entre el síndrome de fatiga crónica y la depresión**[1]

Características	Síndrome de fatiga crónica	Depresión
Autorreproche	●	■
Sentimiento de fracaso	●	■
Ideas de suicidio	●	■
Sentimiento de culpa	●	■
Pérdida de interés social	●	❏
Fatiga posejercicio	●	●
Alternancia de días buenos y malos	❏	●
Retraso psicomotor, agitación	②	●
Delirios	②	●

② No observado   ● Algunos pacientes
❏ Muchos pacientes   ■ La mayoría o todos los pacientes

1: Tomado de Chow, K. y Stollerman, C. H., *Hospital Practice*, 8: 1, 1993.

Hay una serie de períodos críticos para la eclosión de esta fatiga femenina: la primera regla (menarquía), la pubertad y la adolescencia (comienzo de trescientos-cuatrocientos ciclos menstruales). La segunda crisis biológica es el *embarazo*, con un cansancio casi fisiológico, y después la *lactancia*, o la supresión artificial de la subida de la leche.

Aproximadamente a los cincuenta años, la mujer pierde los niveles habituales de hormonas; cuando aún le quedan treinta años de vida por delante, llega al *climaterio*, con el bache inconfundible de la supresión de las reglas o *menopausia* y lo que ésta conlleva.

Por último, señalar que un tercio de las astenias femeninas obedecen a enfermedad: infección genital, glándulas de secreción interna, diabetes, laxantes y diuréticos, tumores; quizás a un ritmo de vida equivocado, mucho tabaco y poco sueño.

ARMAS CONTRA LA FATIGA

La actitud cuando estamos fatigados puede ser positiva o negativa. Emplee siempre palabras positivas; comprobará que se siente más optimista y vital.

Pruebe:

En vez de decir: «Tengo demasiado sueño y padezco de insomnio», diga: «Tengo la suerte de necesitar dormir menos que el resto de la gente.»

En vez de decir: «Vivo completamente solo/a», diga: «Me gusta vivir de forma independiente.»

En vez de decir: «Detesto los viajes», diga: «Me encanta estar en casa.»

En vez de decir: «Lo hago todo al revés», diga: «Soy peculiar y original.»

En vez de decir: «Esta noche estoy bastante cansada/o», diga: «Esta noche voy a descansar.»

En vez de decir: «Estoy mayor», diga: «He alcanzado la madurez.»

El hombre es su filosofía, y cada uno vamos a tener la nuestra. Así pues, vamos a afrontar el cansancio reconociendo el problema y aplicando la estrategia que necesita; para ello:
– Hable con otras personas con problemas similares.
– Ría y arroje luz sobre el problema.
– Haga cosas para distraerse.
– Efectúe acciones firmes y positivas.
– Sométase pasivamente a lo inevitable.
– Permítase algo alocado o impulsivo.
– Considere alternativas para el futuro.
– Enfréntese con la realidad y tome decisiones apropiadas.
– Céntrese en la solución de sus problemas.
– Sea flexible, considere otras alternativas.
– Mantenga una comunicación abierta, honesta, con las personas que son importantes para usted.
– Busque y acepte la ayuda externa que pueda aliviarle, pero sea lo más independiente posible.
– Desarrolle un buen concepto de sí mismo/a. Le ayudará mucho.
– Y recuerde que trabajo y perseverancia, entusiasmo y amor son las alas de los grandes proyectos personales.

Combatir la fatiga

Es preciso modificar el régimen de vida. Para ello hay que:
– Reducir el tiempo de permanencia en la cama y no dormir siesta.
– Despertarse siempre a la misma hora.
– Hacer ejercicio diariamente, no de forma ocasional.
– Evitar todo aquello que produce insomnio: hambre, saciedad, bebidas alcohólicas, café, tabaco; no utilice hipnóticos sin prescripción médica.
– Racionalizar el trabajo rompiendo con los malos hábitos; recompénsese; evite situaciones peligrosas y fíjese metas realistas: un incumplimiento o desliz no debe ser permanente.
– Realizarse en la vida concentrándose en las posibilidades, no en las limitaciones. Dedíquese a algo que haga bien y olvídese de lo que los demás esperan de usted.
– El mejor ejercicio es una buena caminata, que ha de ser gratificante y divertida. Debe durar por lo menos veinte minutos, a buen paso y por itinerario planificado.
– Relajarse, buscar en la agenda diaria una hora de oro para realizar ejercicios vigorizantes o ensimismarse en la serenidad, la tranquilidad y la paz.
– Sacar el máximo partido al ocio y al tiem-

po libre, ya que constituyen un factor esencial de una vida plena. Para ello organice el trabajo de cada día y no lleve a casa trabajo del despacho; haga lo mismo con las labores hogareñas. El descanso es un buen ocio para el éxito profesional.

ALGUNAS REGLAS DE ORO

1. Para el buen dormir
– Evite la cafeína, el tabaco y el alcohol seis horas antes de irse a la cama.
– No haga ningún ejercicio si faltan menos de tres horas para dormir.
– Acuéstese y levántese siempre a la misma hora y no duerma la siesta.
– Utilice un dormitorio acogedor y sin ruidos, con alguna luz sólo para dormir y relaciones sexuales. Cuando tenga que discutir, ver televisión y comer, hágalo en otra parte.
– No se acueste con hambre ni habiendo cenado copiosamente.
– Relájese con un baño tibio y tome una infusión de tila-azahar y valeriana, lea algo amable, oiga música sedante.
– No olvide que las píldoras para dormir sólo son un alivio temporal, son tóxicas en dosis excesivas y pueden producir dependencia.
– Si no se ha quedado dormido en quince minutos después de haberse acostado, no dé vueltas ni se preocupe. Levántese, lea o vea la televisión hasta que le vuelva el sueño y entonces vaya a la cama.

2. Para la práctica del ejercicio físico
– Elija un deporte o ejercicio que le divierta; lo que es alegre puede ser duradero.
– Si le es posible, practíquelo tres o más veces por semana, incorpórelo a la rutina de su vida diaria.
– Alterne las formas de ejercicio, evitando así la soledad y las interrupciones debidas a cambios climáticos; nade o corra dos veces por semana y juegue al golf o al tenis otro día.
– Busque la colaboración de sus allegados y amigos hasta practicarlo en equipo. El deporte y el ejercicio constituyen una forma de relacionarse y hacer amistades.
– Empiece usted poco a poco evitando las lesiones y las sobrecargas.

– Busque algunas metas a corto y largo plazo, especialmente, si usted tiene sobrepeso, ayúdese con la báscula y compleméntelo con la dieta.

3. Seis pasos para relajarse
– Adopte una postura confortable.
– Quítese collares, cinturones, joyas que le opriman.
– Busque un ambiente tranquilo, libre de sonidos, con luz tibia, insonorizado, sin olores, sin teléfono.
– Adopte una actitud relajada, olvídese del reloj y sus problemas.
– Según la técnica que elija, precisará de cinco a treinta minutos libres.
– Anote y prepare este tiempo en su agenda, es su hora de oro ordinaria.

EL RECURSO A LA QUÍMICA

La medicación es la tercera pata con la que, con el cambio del régimen de vida y la modificación de la alimentación, completamos el trípode del tratamiento de la fatiga crónica.

Como el hombre es un animal desmesurado, toma fármacos para mejorar los rendimientos muscular y deportivo, intelectual y mental, y el vigor sexual: hace *dopping*. Consecuentemente, el *dopping* es tan antiguo como el hombre, con sus bebidas mágicas como el *soma* y el *haoma*. Pero es importante hacer hincapié en el *dopping* social del café, en los granos de las cabras locas del derviche Kaldi. Se consumen cuatrocientos millones de tazas al día en EE.UU. y sus consecuencias están claras. Existen las múltiples bebidas dopantes deportivas, sociales y energizantes, los compuestos multi y polivitamínicos en grandes dosis, megadosis asociadas a minerales; y luego una larga relación de *energizantes*, los adrenérgicos, los erotizantes y los estimulantes cardiovasculares. Los dopantes más consumidos son: la efedrina y el recuerdo macabro de la estricnina; las anfetaminas y el MDMA o droga del amor, la feniclidina o polvo de ángel; y, por último, la droga, llámese coca o los derivados del opio y el *cannabis*. En un mundo posmoderno, en una sociedad «opni» a la búsqueda de un objeto político no identificado, el hombre *cool*, frío, y *cocoon*, encerrado en su capullo, necesita un plus de energía para sus luchas diarias, y lo encuentra en la citrulina y los deanoles, en la mefexamida y carmipramida, y en la tianeptina.

También estos hombres buscan un plus de vigor con las hormonas del estrés suprarrenales, con las hormonas masculinas; y la mujer con andrógenos menos virilizantes y con las hormonas de la maternidad y la femineidad.

Se cree que el nuevo fáustico elixir de la juventud de la hormona del crecimiento en los viejos, y un nuevo dopante sin huella, es la eritropoyetina, que promueve la formación de sangre en los atletas. Como estrella antiestrés, desfatigante, adaptógena y tolerógena nos encontramos con la raíz del cielo: el *ginseng*.

• •

Tabla 25. **Contenido medio en miligramos de cafeína en algunos fármacos y bebidas.**

1 Taza de café	60-180	mg
1 Descafeinado	2-5	mg
1 Taza de té	25-110	mg
1 Taza de chocolate	2-20	mg
1 Coca-cola	30-46	mg
1 Coca-cola *light* (descafeinada)	0-0,6	mg
1 Cafiaspirina	100	mg
1 Cafergot (para la jaqueca)	100	mg
1 Fiorinal	l40	mg

• •

LUCHAR CONTRA EL ESTRÉS

F. J. Labrador

QUÉ ES EL ESTRÉS

Entre los investigadores y estudiosos del estrés existe el consenso de que la respuesta de estrés se pone en marcha con el objetivo de procurar recursos excepcionales al organismo para hacer frente a una situación que presenta demandas también excepcionales; la evaluación que la persona hace de esa situación, no la situación en sí, es lo que determina el que se emita o no esta respuesta.

La respuesta de estrés es un recurso fundamental del organismo para poder hacer frente, en mejores condiciones, a las posibles amenazas que pudieran afectarle. Es muy probable que disponer de este tipo de respuesta haya sido fundamental para la especie humana. En épocas anteriores, en ambientes más primitivos, donde la supervivencia consistía en poder escapar de los depredadores o conseguir cazar a otros organismos para alimentarse, disponer de forma casi inmediata de los recursos movilizados por la respuesta del estrés no cabe duda que supuso una gran ventaja, facilitando la supervivencia y la reproducción. Un incremento en la respiración que permite inspirar una mayor cantidad de oxígeno, una aceleración del ritmo cardíaco que facilita llevar con mayor rapidez este oxígeno a los distintos órganos, un mayor riego sanguíneo de los músculos que permite respuestas más enérgicas y sostenidas, un mayor grado de alerta general y de trabajo del cerebro que permite seleccionar estímulos del medio a los que atender y respuestas a emitir para hacerles frente, y toda una serie de componentes de la respuesta de estrés han sido sin duda beneficiosos para la adaptación y supervivencia del hombre.

> *La respuesta de estrés es un recurso fundamental del organismo para hacer frente, en mejores condiciones, a las amenazas que pudieran afectarle.*

Pero aunque el hombre ha sido capaz de cambiar de manera tan radical el medio e incluso a otros organismos, su propio organismo no ha cambiado mucho desde la época en que llevaba a cabo vida salvaje. Todavía seguimos activándonos ante situaciones amenazantes de forma similar a como lo hacían nuestros antepasados, preparándonos para intensos esfuerzos físicos que nos permitan escapar o luchar mejor. Es muy posible que no estemos biológicamente adaptados al nuevo mundo que hemos ayudado a crear. Es decir, que las demandas que ahora nos exige el medio que hemos modificado no sean aquéllas para las que nuestro organismo está mejor adaptado.

Esta falta de adaptación de nuestro organismo a las condiciones que hemos creado puede producirnos sin duda más de un problema. La especie humana se ha preparado para competir físicamente con otros organismos, pero la mayoría de los problemas en nuestro mundo occidental no dependen de esta lucha, sino del propio funcionamiento del organismo, de las respuestas que da para tratar de adaptarse al medio que hemos creado. Sin embargo, las respuestas que le han sido útiles en otros momentos no parecen serlo en el momento actual.

En cierta manera el estrés puede ser similar al dolor. Tanto la respuesta de estrés como la de dolor son señales útiles para el organismo y su supervivencia. El dolor indica que algo anda mal en el organismo y en consecuencia nos permite trabajar para solucionarlo, si ponemos fin a la causa o si paliamos sus efectos. La respuesta de estrés señala que algo anormal está presente en el ambiente, que las demandas del medio se han modificado y exigen una nueva respuesta de adaptación al organismo. Ante este aviso podemos reaccionar de diversas formas. Una, cambiando el medio en el que vivimos por otro que no presente demandas excepcionales o al menos tan frecuentemente: dejar el puesto de trabajo que nos exige tantos esfuerzos por otro más cómodo, abandonar la vida de la ciudad, no competir con otros..., pero esto no resulta atractivo salvo en condiciones muy contadas. Además, cambiar a un medio que apenas nos exigiera nada es poco deseable y muy aburrido (con lo que volvería a ser estresante). Otra es cambiar nuestras propias respuestas a las demandas del medio. Pero de ninguna manera la alternativa puede ser «matar al mensajero», tratar de acabar con la señal de aviso que supone la respuesta de estrés, pues, además, ésta aporta recursos nuevos para poder afrontar los retos en mejores condiciones. Las posibles consecuencias negativas para el organismo no se derivan directamente de la respuesta de estrés sino de la mala preparación de éste para hacer frente a las demandas que la respuesta señala.

Afortunadamente la especie humana está desarrollando estrategias y recursos para poder llevar a cabo esta tarea. El desarrollo de la investigación pertinente para entender en qué consiste la propia respuesta de estrés y cómo se desencade-na, qué efectos, positivos y negativos, produce, y el desarrollo de procedimientos y técnicas especializadas que permiten regular tanto la respuesta como sus consecuencias, son un hito importante en ese camino hacia una mejora de la adaptación de la especie humana.

¿CÓMO SE GENERA LA TENSIÓN?

Es frecuente que en muchas situaciones o momentos de la vida las personas se quejen de excesiva *tensión, nerviosismo* o, en términos más técnicos, de *exceso de activación orgánica*. Tienen todos los síntomas descritos en los ejemplos anteriores y muchos más. Los músculos están muy tensos e incluso le tiemblan las manos y las piernas, aparece algún tic facial, nota cómo vuelve a molestarle el estómago, o siente intensos deseos de ir al cuarto de baño... Esta tensión puede tener efectos no sólo momentáneos, sino reflejarse en las condiciones habituales de vida provocando problemas en el sueño, trastornos en la alimentación, o pensamientos reiterativos (obsesivos) que pueden molestar de forma permanente. Si estas condiciones se mantienen, habrá un deterioro progresivo, no sólo de su rendimiento laboral, sino de la propia calidad de vida. Es verdad que estas situaciones suelen remitir de forma espontánea al cabo de cierto tiempo pero, eso sí, tras haber afectado a la persona en momentos decisivos y a veces de forma irreversible. La pregunta es evidente: ¿se puede hacer algo para controlar estas situaciones?, ¿es posible controlar el exceso de tensión o activación fisiológica del organismo?, ¿puede una persona ser capaz de controlar su propia tensión de forma autónoma en especial en momentos decisivos? Por fortuna, la respuesta a estos interrogantes es positiva.

Causas de la tensión

La tensión o activación está producida por aspectos muy variados, como pensamientos («... tengo que llegar a tiempo a la cita y estoy bloqueado, además no puedo avisar... seguro que se van y pierdo el contrato...»), el ambiente externo («los coches a mi alrededor haciendo sonar el claxon, el taxista que se nos cruza de golpe...»), o incluso las propias actuaciones o conductas («he intentado cambiar de carril y me quedo atascado en el medio, consiguiendo una sonora pita de varios coches»). Es más, esta tensión puede provenir no sólo de sucesos específicos sino también de situaciones mantenidas («el ambiente en el trabajo es muy malo, no lo aguanto pero de momento no puedo cambiarme de trabajo...»). En cualquier caso, si se presenta de forma reiterada o se mantiene el exceso de tensión se producirán efectos similares de deterioro de la actuación, sentimiento de malestar personal e incluso posibles trastornos psicofisiológicos.

TÉCNICAS DE CONTROL

El principal objetivo de los procedimientos considerados a continuación es producir un cambio fisiológico a través de las técnicas basadas en la modificación directa de las respuestas fisiológicas. En este sentido, son técnicas que tratan de modificar los niveles de activación producidos por la respuesta de estrés centrándose más directamente en los componentes somáticos de ésta. Expondré dos de las más importantes: el entrenamiento en el control de la respiración y la relajación progresiva o diferencial.

Técnicas de control de la respiración

Aunque es evidente que todos respiramos y en todos los momentos de nuestra vida (y hay que desconfiar de los que no lo hacen), eso no quiere decir que nuestra forma de respirar sea la más adecuada en todas las situaciones. Si el cometido de la respiración es el de aportar la cantidad de oxígeno necesario para el buen funcionamiento del organismo, es necesario insistir en la importancia de una respiración correcta que permita una adecuada oxigenación del organismo. Sin embargo, las condiciones habituales de vida favorecen con frecuencia el desarrollo de hábitos de respiración poco adecuados. Determinadas posturas, actividades y situaciones, en especial las situaciones estresantes, facilitan algunas formas de respiración un tanto anómalas. Por ejemplo, las situaciones de estrés suelen provocar una respiración rápida y superficial, lo que implica un uso reducido de la capacidad funcional de los pulmones, una peor oxigenación, un mayor gasto y un aumento en la sensación de tensión general del organismo.

Un adecuado control de nuestra respiración, en especial en los momentos más problemáticos, es una de las estrategias más sencillas para hacer frente a situaciones de estrés y manejar los aumentos en la activación fisiológica producidos por éstas.

Una respiración adecuada hace posible una mejor oxigenación con el consiguiente incremento del porcentaje de oxígeno en la sangre, lo que por un lado favorece un mejor funcionamiento de los tejidos y órganos corporales, y por otro un menor gasto energético, en especial, un menor trabajo cardíaco; esto dificulta la aparición de fatiga así como la de sensaciones de malestar o incomodidad. Por el contrario, una respiración inadecuada que consiga un menor volumen de oxígeno en cada inspiración, puede suponer un menor porcentaje de oxígeno en la sangre, dificultando la correcta oxigenación de los tejidos y provocando un mayor trabajo cardíaco (hay que hacer llegar más cantidad de sangre al estar ésta menos oxigenada) y una intoxicación general del organismo mayor. Esto ocasiona un estado de ansiedad, de depresión..., así como de sensaciones de fatiga física y de malestar general.

Un adecuado control de nuestra respiración, en especial en los momentos más problemáticos, es una de las estrategias más sencillas para hacer frente a las situaciones de estrés.

Los ejercicios dirigidos a mejorar la respiración permiten aprender a controlar ésta y en consecuencia favorecen la aparición de los beneficios asociados a una buena oxigenación, entre ellos, además del control de la activación fisiológica, la reducción de la tensión muscular, la irritabilidad, la fatiga, la ansiedad..., y en general ayudan a conseguir una sensación de tranquilidad y bienestar. En consecuencia el control de la respiración puede ser un procedimiento útil para regular el nivel de activación en todo tipo de situaciones, en especial en las situaciones de estrés. Si además se tiene en cuenta que aprender a controlar la respiración es bastante fácil, que su utilización una vez aprendida sólo requiere breves momentos (tan sólo uno o dos minutos pueden ser suficientes), que puede utilizarse en cualquier situación, y que sus efectos de control sobre el nivel de activación son identificables de inmediato, queda claro su valor como técnica para el control de la activación fisiológica.

EJERCICIOS PARA EL CONTROL DE LA RESPIRACIÓN

Para aprender a controlar la respiración es muy importante, en primer lugar, identificar las sensaciones corporales que produce cada tipo de inspiración o espiración. Por esta razón el entrenamiento inicial ha de llevarse a cabo en condiciones que faciliten la identificación de dichas sensaciones. Ha de comenzarse el entrenamiento adoptando una postura cómoda, preferentemente tumbado y con los ojos cerrados, a fin de que no distraigan ni molesten estímulos externos ni sensaciones corporales distintas a las que se desea identificar. Asimismo debe realizarse inicialmente en condiciones de tranquilidad, escaso ruido exterior, con ropas holgadas que no opriman ni molesten...

Por último, en los períodos de entrenamiento inicial, se hace necesario disponer de un cierto tiempo (de diez o quince minutos) para poder desconectarse de toda posible urgencia o preocupación al margen de la tarea de respiración. A continuación se procede a llevar a cabo, de forma escalonada, los siguientes ejercicios:

Ejercicio 1º. Objetivo: conseguir que el aire inspirado se dirija y llene en primer lugar la parte inferior de los pulmones. Se coloca una mano encima del vientre (por debajo del ombligo), y otra encima del estómago para que las sensaciones táctiles refuercen las sensaciones internas y ayuden a percibir mejor los efectos de cada ciclo inspiración-espiración (en el pecho no es necesario). A continuación se comienza a realizar inspiraciones pausadas

tratando en cada inspiración de llenar de aire la parte inferior de los pulmones, es decir, que el aire se dirija a la parte inferior del tronco y no al estómago o al pecho. La realización adecuada del ejercicio debe producir que se mueva la mano colocada sobre el vientre pero no la colocada sobre el estómago ni el pecho.

Inicialmente el ejercicio puede resultar difícil, pero en poco más de diez o veinte minutos suele dominarse. Para dirigir el aire a la parte inferior del tronco puede ayudarse de estrategias como hinchar la parte inferior del tronco contra el pantalón, o imaginarse que inflamos como un globo la parte más baja posible del tronco. Es muy importante no forzar la respiración ni hacerla más rápida. Se trata de respirar con la intensidad habitual pero preocupándose por dirigir el aire hacia la parte inferior de los pulmones y centrándose en las sensaciones corporales que produce esta forma de respirar.

Este ejercicio conviene hacerlo durante períodos cortos de tiempo (dos o cuatro minutos), alternándolos con períodos de descanso (uno o dos minutos). Deberá repetirse hasta que se consiga un buen control, lo que en algunos casos puede conseguirse en cinco o seis períodos de entrenamiento y en otros casos pueden ser necesarios más de quince.

Ejercicio 2º. Objetivo: ser capaz de dirigir el aire inspirado a la parte inferior y media de sus pulmones. En la posición anterior (tumbado, ojos cerrados, una mano sobre el vientre y otra sobre el estómago), hay que tratar de dirigir el aire en primer lugar a la parte inferior del tronco, lo mismo que en el ejercicio anterior, y después, en la misma inspiración pero marcando un tiempo diferente, dirigir el aire a la parte media. Ahora ha de notar que primero se hincha la zona de su cuerpo bajo la mano del vientre y después la zona que está bajo su segunda mano (el estómago). Es importante insistir en que la inspiración se haga en dos tiempos, primero hinchando la zona del vientre y luego la del estómago, lo que ayudará a reforzar la habilidad más difícil, dirigir el aire inicialmente a la parte más inferior de los pulmones. Como en el ejercicio anterior y en los siguientes, la duración de cada período de ejercicio puede ser de dos a cuatro minutos, y deberá repetirse varias veces, tras pausas entre uno y otro, hasta que se consiga un adecuado control.

Ejercicio 3º. Objetivo: desarrollar una inspiración completa en tres tiempos. En la posición habitual señalada, hay que dirigir el aire de cada inspiración en primer lugar hacia la zona del vientre, luego hacia la del estómago y por último hacia el pecho. Es importante hacer tres tiempos diferentes en la inspiración, uno por cada zona. Asimismo es importante recordar que la inspiración no debe ser forzada, por lo que conviene no exagerar la cantidad de aire que se dirige a cada zona, en especial a las primeras, a fin de que no haya que forzar para la parte de inspiración pectoral.

Ejercicio 4º. Objetivo: hacer una espiración regular y completa. En la posición habitual de entrenamiento ha de llevarse a cabo la inspiración como en el ejercicio 3º (completa en tres tiempos) y después comenzar a realizar la espiración cerrando bastante los labios para que ésta produzca un tenue ruido. De esta forma se puede, ayudado por el ruido, regular que la espiración sea pausada y constante, no brusca. Para conseguir que ésta sea lo más completa posible, puede utilizarse el truco de tratar de silbar cuando se considere que se ha llegado al final de la misma, pues así se fuerza la expulsión de parte del aire residual difícilmente removible en una espiración normal; también, una ligera elevación de hombros (como cuando nos encogemos de hombros) puede ayudar en los momentos finales de ésta.

Ejercicio 5º. Objetivo: conseguir una adecuada alternancia respiratoria. Este ejercicio es muy similar al anterior en cuanto que implica inspiración y espiración completa, pero ahora se avanza un paso más, la inspiración, aunque se mantenga el recorrido habitual (ventral, estomacal, pectoral), ya no se hace en tres tiempos diferenciados sino en uno continuo. Por lo demás, la espiración es similar a la del ejercicio anterior, y se puede sustituir poco a poco el silbar del final y hacerla de forma ruidosa, para pasar a un ciclo respiratorio completamente normal. Hay que estar atentos en este ejercicio a seguir realizando en primer lugar la inspiración ventral.

Ejercicio 6º. Objetivo: generalizar la respiración completa a las condiciones de la vida habitual. Ahora interesa que, una vez dominada la respiración en condiciones muy favorables (tumbado, sin ruidos...), se pueda utilizar ésta en las condiciones habituales, ordinariamente no tan favorables, en las que sea necesaria. Para ello se trata de repetir el ejercicio 5º en distintas posiciones y situaciones. Puede iniciarse estando sentado (en lugar de tumbado), luego de pie, posteriormente andando... Asimismo se modifican otras condiciones personales, como realizar los ejercicios con los ojos abiertos, con ropas menos adecuadas, hablando... Por último se modifican las condiciones ambientales con la introducción de ruidos, la presencia de otras personas, la interacción con otras personas... Es importante a lo largo de todas estas variaciones ser capaz de identificar o de recrear las sensaciones experimentadas cuando el entrenamiento se llevaba a cabo en condiciones óptimas.

CONSIDERACIONES ACERCA DE LOS EJERCICIOS

La duración de cada ejercicio no debe ser muy larga, estimándose entre dos o cuatro minutos el tiempo óptimo de realización, con períodos de descanso (uno o dos minutos) entre cada ejercicio, o cada repetición del mismo ejercicio. El número de veces que debe repetirse cada ejercicio dependerá de que se haya conseguido o no el objetivo establecido. En el curso del entrenamiento, en especial en los primeros momentos, y como consecuencia de forzar inadecuadamente la respiración, haciéndola más rápida y profunda, puede aparecer un problema de hiperventilación, caracterizado por sensaciones de mareo o malestar. Debe cortarse inmediatamente el ejercicio en curso y utilizar algún procedimiento para disminuir rápidamente la cantidad de oxígeno inspirado (por ejemplo: espirar e inspirar varias veces dentro de una pequeña bolsa a fin de que se inspire el aire ya respirado y con menor cantidad de oxígeno). No obstante, estos síntomas son de escasa relevancia y una vez desaparecidos puede continuarse con el entrenamiento, eso sí, poniendo más cuidado en no forzar la respiración.

Tan importante como la realización del ejercicio en el momento del aprendizaje controlado es su repetición en la vida normal. Durante al menos la primera semana de entrenamiento se deben realizar varias veces al día estos ejercicios en su medio habitual (antes de comer, al ir en el coche, viendo la televisión, antes de acostarse...). No es necesario que los períodos de entrenamiento sean muy largos, pueden bastar cinco o seis minutos, e incluso uno o dos, pero sí es importante que sean muy frecuentes (cuantas más veces mejor, es mejor seis veces de tres minutos que una sola de dieciocho). Una vez que se ha aprendido la técnica es importante aplicarla de forma sistemática, en especial en aquellos momentos de su actividad que más le afectan y que provocan unos niveles de activación elevados; períodos tan breves como uno o dos minutos pueden ser suficientes para que la técnica produzca efectos positivos.

Entrenamiento en relajación

Me centraré en el procedimiento conocido como *Entrenamiento en relajación progresiva*. Este procedimiento, desarrollado inicialmente por Jacobson (1938), consiste en hacer que la persona sea capaz de identificar el estado de tensión de cada parte de su cuerpo mediante ejercicios físicos de contracción-relajación. Posteriormente, al identificar la tensión en alguna zona o zonas específicas pondrá en marcha los recursos aprendidos para relajar dichas zonas. Probablemente es el procedimiento de relajación más utilizado y el más aconsejable para su uso en nuestro entorno cultural.

Ejercicios para la relajación del brazo dominante (puede hacerse también con ambos brazos a la vez)
– Apretar fuertemente el puño... abrir la mano.
– Doblar la mano por la muñeca echando hacia atrás el puño... volver a la posición inicial.
– Doblar la mano por la muñeca echando

hacia abajo el puño... volver a la posición inicial.
– Tensar el antebrazo, estirando la palma de la mano y doblándola hacia arriba como si quisiéramos tocar los hombros, identificando la tensión en la zona superior... aflojar el antebrazo.
– Tensar el antebrazo, estirando la mano y doblándola hacia abajo, identificando la tensión en la zona inferior... aflojar el antebrazo.
– Doblar el brazo por el codo tensando los músculos del bíceps... aflojar el brazo dejando que vuelva a descansar en la posición inicial.
– Doblado el brazo por el codo, tratar de hacer fuerza, como para bajar el brazo, a fin de que se tense el tríceps (los músculos de la parte posterior del brazo)... aflojar el brazo para que vuelva a la posición de reposo.
– Estirar hacia adelante y hacia arriba el brazo extendido para tensar el hombro... aflojar el brazo para que vuelva a la posición de reposo.

Ejercicios para la relajación de la cara y el cuello.
– Tensar la frente levantando las cejas... dejar que las cejas caigan.
– Tensar la frente frunciendo el entrecejo (tratando de aproximar las cejas hacia la nariz)... dejar que las cejas caigan hacia los lados y hacia abajo.
– Apretar fuertemente los párpados... dejar que el párpado superior caiga suavemente sobre el inferior.
– Girar los globos oculares, sin abrir los párpados, hacia la derecha (pausa), la izquierda (pausa), arriba (pausa), abajo... dejar que los globos oculares reposen cayendo levemente hacia abajo.
– Tensar las mejillas estirando hacia atrás y hacia arriba las comisuras de los labios (como una sonrisa muy forzada)... dejar que los labios vuelvan a su posición de reposo.
– Juntar los labios y apretados fuertemente dirigirlos hacia fuera de la boca... dejar que los labios vuelvan a su posición de reposo.
– Juntar los labios y apretados fuertemente dirigirlos hacia dentro de la boca... dejar que los labios vuelvan a su posición de reposo.

- Presionar con la lengua el paladar superior... dejar que la lengua descanse en el paladar inferior.
- Apretar fuertemente las mandíbulas... dejar que la mandíbula inferior caiga (permitiendo que los labios queden separados).
- Inclinar la cabeza hacia la derecha haciendo que la oreja se acerque al hombro... volver la cabeza a la posición de reposo.
- Inclinar la cabeza hacia la izquierda haciendo que la oreja se acerque al hombro... volver la cabeza a la posición de reposo.
- Inclinar la cabeza hacia atrás haciendo que la nuca se aproxime a la espalda... volver la cabeza a la posición de reposo.
- Inclinar la cabeza hacia adelante haciendo que la barbilla se apoye en el pecho... volver la cabeza a la posición de reposo.

Ejercicios para la relajación del tronco.
- Levantar ambos hombros tratando de aproximarlos a las orejas (como cuando uno se «encoge de hombros»)... dejar que los hombros caigan abajo*.
- Echar los hombros hacia atrás como si fueran a juntarse por detrás de la espalda... dejar que los hombros caigan hacia adelante y hacia abajo*.
- Sacar el pecho hacia adelante... volver a la posición de reposo*.
- Curvar la parte superior de la espalda tratando de juntar los codos por detrás... volver a la posición de reposo*.
- Tensar la parte anterior del tronco y diafragma sacando el estómago hacia afuera lo más posible... volver a la situación de reposo.
- Tensar la parte anterior del tronco y diafragma metiendo el estómago hacia adentro lo más posible... volver a la situación de reposo.
- Tensar la parte inferior del tronco haciendo que el vientre salga hacia afuera y

hacia abajo lo más posible... volver a la situación de reposo.
- Tensar la parte inferior de la espalda arqueándola apoyándose en los glúteos y en los hombros... volver a la situación de reposo.

Ejercicios para la relajación de las piernas
- Tensar los glúteos apretándolos como si se tratara de levantar apoyándose en ellos... dejar que caiga el cuerpo apoyándose de forma más completa sobre la superficie de apoyo.
- Tensar los músculos de la parte superior de los muslos...; dejar que caigan los muslos sin hacer ningún esfuerzo.
- Tensar los músculos de la parte posterior de los muslos tratando de flexionar las rodillas... dejar que los muslos caigan sobre la superficie de apoyo.
- Tensar la parte anterior de las pantorrillas doblando los pies de forma que la punta se aproxime a las rodillas... volver a dejar caer los pies.
- Tensar la parte posterior de las pantorrillas doblando los pies de forma que las puntas se alejen de las rodillas... volver a dejar caer los pies.
- Tensar los pies doblando los dedos hacia adelante... dejar caer los dedos volviendo a la posición de reposo.

TÉCNICAS DE AUTOCONTROL

Dejar de fumar es muy fácil, todos los fumadores que se precien lo han hecho varias veces. Seguro que yo también puedo hacerlo. Después de pensarlo durante dos meses, he ido posponiendo el intento debido a motivos completamente razonables: tenía un período de trabajo especialmente intenso; estaba cansado y no podía dedicar parte de mis esfuerzos a esa tarea sin importancia; es mejor esperar a que lleguen las vacaciones o el fin de año para

---

* En los ejercicios del tronco es conveniente estar atento a los efectos que cada ejercicio tiene sobre la respiración y cómo al relajar los músculos ésta se vuelve más fácil y agradable. Es importante que se asocien las sensaciones de la respiración con los cambios en las respuestas musculares. En este sentido es conveniente dedicar algún tiempo a tratar de visualizar la respiración, cómo entra por las fosas nasales, pasa por la tráquea, llega a los pulmones y de allí se dirige a todo el cuerpo, tratando de sentirla como una agradable sensación de frescor.

iniciar un cambio más radical en mi vida... No obstante, por fin fijé la fecha: el 14 de febrero. Después de desayunar, tras las toses de rigor al levantarme, en lugar del cigarrillo un par de inspiraciones profundas me convencieron de que hacía muy bien. El atasco de tráfico y la primera reunión de la mañana (aunque me permitió fumar «gratis») me comenzaron a poner algo nervioso, pero nada que no pudiera superarse con un cafetito y una ensaimada. Después de comer el deseo de fumar era tan intenso que no pude menos de sentirme nostálgico: «Cualquier tiempo fumado fue mejor.» Pero el primer día pasó y no había fumado, me consideré realmente capaz de cualquier cosa. El segundo día fue similar, pero la intensidad de mis deseos y el nerviosismo era aún mayor, quizá si sólo fumara un pitillo después de comer... Realmente no sería tan importante, además aliviaría el mal humor de toda la mañana. Total uno. Fumarlo y sentirme un «gusano» fue todo uno, jamás podré hacerlo, no tengo fuerza de voluntad, no soy lo bastante hombre (es curioso que de pequeño era al contrario, me dijeron que fumar me hacía más hombre...). Durante los tres días siguientes hubo de todo, pero también cigarrillos, de forma que a la semana había decidido que el momento escogido para dejar de fumar no era el óptimo y en otro momento lo intentaría de nuevo.

Éste puede ser un ejemplo, eso sí, variando el tiempo de abstinencia o las razones para volver a fumar, de hasta qué punto es capaz una persona de conseguir controlar algunas de sus conductas. Sustituya el fumar por hacer ejercicio físico, dejar de ver la televisión, disminuir la cantidad de comida o cervezas que ingiere, reducir el número de discusiones con la pareja o gritar a los compañeros y tendrá otros ejemplos de conductas que con frecuencia resultan difíciles de controlar, aunque en teoría no debían de serlo. ¿Por qué? La respuesta parece estar en los procedimientos que utilizamos para tratar de controlarlas.

La alternativa tradicional para controlar la emisión de esas conductas ha consistido básicamente en recurrir a la *responsabilidad*, la *fuerza de voluntad*, la *seriedad* o la *abnegación* de la persona. Desgracia-

damente, los resultados ponen de relieve lo inadecuado de este tipo de soluciones. Se suele mostrar una gran *fuerza de voluntad* o *responsabilidad* en el momento de planear una actuación futura, pero en el momento en que ha de llevarse a cabo la conducta específica, ésta parece escapar completamente a nuestro control. La *fuerza de voluntad* o la *responsabilidad* no se muestran capaces de controlarla. Es más, la conducta en cuestión parece estar controlada más por factores externos a nosotros mismos («veo a otro que fuma, acabo de comer, estoy en un atasco...»), que por supuestas fuerzas internas del estilo de la *fuerza de voluntad, la seriedad*... ¿Entonces, no es posible que una persona sea capaz de controlar por sí misma sus propias conductas? La respuesta es sí; sí es posible, pero no por esos medios. Si queremos controlar conductas como las de fumar, comer en exceso o hacer ejercicio, debemos dirigirnos no a controlar supuestas fuerzas internas, sino a hacerlo con las consecuencias de esas conductas; es decir, los efectos de esas conductas sobre el medio y cómo éste actúa a su vez modificando la probabilidad de aparición futura de esa conducta.

La decisión de dejar de fumar, por ejemplo, puede haber sido asumida de manera libre y responsable, confiando en la propia *fuerza de voluntad* para llevarla a cabo. Pero lo cierto es que el momento en que se toma la decisión tiene poco que ver con el momento en el que ha de llevarse a cabo. La decisión se toma tras un análisis riguroso de los pros y los contras de dejar de fumar, o tras constatar consternados la cara de asco de nuestra pareja cuando nos dice en ese momento especial «¡qué mal te huele la boca!». Sin embargo, esa conducta se llevará a cabo cuando no estamos tranquilos sino dando intensas respuestas emocionales por el síndrome de dependencia del tabaco (en términos más vulgares por el «mono» del tabaco), además no estamos con nuestra pareja (ni con ninguna otra)... ¿Por qué voy a dejar de fumar en esta ocasión?

Es necesario preparar algunas razones o consecuencias del medio que nos rodea para que nos afecten de manera distinta según emitamos o no determinada conducta, con independencia de nuestro estado de ánimo o intención momentánea. Por ejemplo, si fumo en las reuniones de trabajo puedo establecer un contrato con mis compañeros por el que me comprometo a pagar cinco mil pesetas por cada cigarrillo que me vean fumar. Es posible, no obstante, que fume en alguna reunión, pero ya tengo más razones (cinco mil en concreto) y más presentes durante las reuniones para dejar de hacerlo.

El objetivo será entrenar a una persona para regular sus conductas, dirigiendo sus esfuerzos a regular su propio entorno, no a modificar posibles o supuestos estados internos inmanejables. El control de la propia conducta es similar al de la ajena: manipulación de condiciones antecedentes y de consecuencias. A este fin se dirigen las denominadas *técnicas de autocontrol.* Conviene insistir en que estos procedimientos son muy útiles en el manejo y control de las conductas implicadas en situaciones de estrés, y son útiles no sólo para mejorar conductas que ya han causado problemas, sino también para prevenir la posible aparición de conductas problemáticas. Es decir, pueden tener una labor preventiva y no sólo restaurativa.

En resumen, el autocontrol no hace referencia a la *fuerza de voluntad, a la responsabilidad, a la seriedad* o a cualquiera de esos conceptos o constructos internos e inmanejables. El autocontrol hace referencia a la capacidad de una persona para controlar las consecuencias de sus conductas. Más en concreto, el autocontrol hace referencia a las conductas específicas. Es decir, *tener autocontrol es disponer de conductas específicas que permitan modificar el medio, de manera que éste facilite la aparición de las conductas que desea y la no aparición de las conductas que no desea.* Si lo único que hace una persona para dejar de fumar es proponérselo, es evidente que tiene poco autocontrol, pues apenas dispone de conductas que le permitan modificar el medio para que éste dificulte la aparición de sus conductas de fumar. Si dispone y emite conductas como las de no llevar nunca tabaco, increpar a las personas que vea fumando, concertar con sus amigos el perder o ganar premios importantes por fumar o no hacerlo, si él mismo se premia cada día que no fuma, es evidente que tendrá gran autocontrol y le será más fácil controlar sus conductas.

Procedimiento para aplicar las técnicas de autocontrol

El desarrollo de un procedimiento de autocontrol implica al menos los siguientes pasos:

1. *Autoobservación:* saber qué es lo que en realidad estoy haciendo (fumo veinticinco o cuarenta cigarrillos, en qué momentos, qué lo facilita y qué lo dificulta...).
2. *Establecimiento de objetivos:* delimitar operativamente qué es lo que debería hacer (la primera semana fumar sólo quince o treinta, no fumar por las mañanas, esperar cinco minutos cuando desee fumar...).
3. *Desarrollar algún tipo de estrategia para modificar el medio,* de manera que éste facilite alcanzar los objetivos establecidos.
4. *Autoevaluación:* evaluar hasta qué punto estoy consiguiendo realizar las conductas establecidas en los objetivos (realmente sólo fumo quince cigarrillos o sólo fumo por las mañanas...).
5. *Establecimiento de consecuencias:* delimitar qué consecuencias positivas obtendré si la evaluación me dice que cumplo los objetivos, o qué consecuencias aversivas sufriré en caso contrario.

Expondré la forma práctica de llevar a cabo estos cinco pasos.

Observar y registrar la conducta que se desea controlar

El punto de partida para controlar una conducta específica es identificar cuándo y cómo se da esa conducta. Esto implica en primer lugar una especificación operativa de la conducta. Por ejemplo, hacer ejercicio quiere decir correr, jugar al baloncesto o nadar durante al menos treinta minutos seguidos. No valen conceptos genéricos como hacer más ejercicio o ser más persistente, sólo es posible trabajar con conductas especificadas de manera operativa y cuantificable.

En segundo lugar hay que identificar qué está controlando a la conducta. Esto en muchos casos es difícil establecerlo de entrada. Por ejemplo, «¿Por qué fumo treinta y cinco cigarrillos al día?» La contestación más habitual es «No lo sé.» Pero puedo analizar qué pasa cada vez que fumo un cigarrillo, llegando a la conclusión de que fumo veintidós cigarrillos (el 63 por ciento) cuando estoy sentado en la mesa de mi despacho trabajando con el ordenador, cinco (17 por ciento) tomando café (uno cada vez que tomo café), cinco cigarrillos (17 por ciento) mientras estoy en el coche, y los restantes en situaciones muy variadas. Con estos datos, aunque no sepa por qué fumo, sí sé que el estar sentado delante del ordenador controla de manera muy importante mi conducta de fumar, lo mismo que el tomar café. Si consigo desarrollar estrategias adecuadas para controlar mi conducta en esas situaciones, habré reducido de forma considerable mi conducta de fumar. No sabré por qué fumo (casi nadie lo sabe), pero puedo conseguir reducir esa conducta.

La mejor manera para identificar cómo y cuándo se da la conducta, así como las circunstancias que pueden determinarla, es llevar a cabo un registro sistemático de su aparición. Para ello es conveniente llevar a cabo una *ficha de autorregistro* que permita recoger aquellos aspectos de la conducta y sus determinantes que nos parezcan más relevantes. Al menos los siguientes: frecuencia e intensidad (si procede) de la conducta, momento de aparición, situación en la que aparece y consecuencias que siguen a la misma. Además, es importante identificar qué pasa antes de que aparezca, o dicho de otra manera, qué cambios del medio preceden a la aparición de la conducta. Es posible que alguno de éstos, o todos, sean los responsables de su aparición. Asimismo es necesario registrar qué sucede después de su aparición, pues ésta, ya se ha indicado, se mantiene por sus consecuencias. El identificar las conductas, así como los antecedentes y consecuentes que puedan mantenerla es el objetivo esencial de este primer caso. Quince días puede ser un tiempo adecuado para esta fase.

ESTABLECER CRITERIOS DE REFERENCIA O NORMAS DE ACCIÓN ESPECÍFICAS

Tras constatar el punto de partida se debe establecer cuál o cuáles deben ser los criterios u objetivos a alcanzar. Es decir, cuál deber ser la conducta que debe emitirse en lugar de la que se emite. Es importante, lo mismo que en el paso anterior, que se especifique de forma muy precisa la conducta y el criterio que se establece como adecuado. Por ejemplo, para una persona que fuma treinta y cinco cigarrillos diarios el criterio inicial puede ser fumar como máximo veintiocho. En momentos posteriores se puede ir reduciendo progresivamente el número, pero si de entrada se establece una reducción muy drástica, las probabilidades de que se consiga el criterio prefijado serán escasas. El establecimiento del criterio a alcanzar depende del punto de partida. Desconocer la frecuencia de aparición de la conducta y las condiciones en que aparece imposibilita fijar criterios realistas y en consecuencia aboca al fracaso.

Conviene insistir en que los criterios que se fijen deben ser moderados, por ejemplo incrementos o reducciones de alrededor de un 20 por ciento en la frecuencia de las conductas. Criterios muy exigentes facilitan el fracaso y la desmotivación consecuente, lo que lleva al abandono del programa. En momentos posteriores se puede ir modificando el criterio conforme vaya siendo alcanzado. Así, en el ejemplo anterior, tras una semana fumando veintiocho cigarrillos, en lugar de los treinta y cinco de partida, se puede pasar a establecer el criterio en veintidós, en la siguiente en dieciocho y así progresivamente.

No hay que despreciar el valor que el establecimiento de criterios de actuación tiene como guía sobre qué es lo que hay que hacer o evitar. No es lo mismo saber que se debe fumar menos, que saber que se pueden fumar hasta veintiocho o veintidós cigarrillos.

BUSCAR O CREAR LAS CONDICIONES AMBIENTALES QUE PERMITAN ALCANZAR ESOS CRITERIOS DE ACCIÓN

Habiendo identificado en el paso 1 las condiciones del medio ambiente que favorecen la aparición de las conductas deseadas y no deseadas, ahora el objetivo es alterar o modificar el medio para que facilite la aparición de las deseadas y dificulte la aparición de las no deseadas. Se puede hacer de dos maneras: 1. Modificando los estímulos o circunstancias que apareciendo antes de la conducta facilitan su emisión (por ejemplo, si se trata de controlar el comer en exceso, no tener en casa productos que se puedan comer sin cocinar, como galletas, embutidos); 2. Modificando los estímulos o circunstancias consecuentes a la conducta (premios por pasar tres horas sin comer nada o por comer sin pan).

1. *Control de estímulos que anteceden a la conducta (técnicas de control estimular).* El objetivo es tratar de retirar los estímulos que provocan o favorecen la aparición de las conductas indeseadas y hacer que estén presentes los que favorecen la aparición de las conductas deseadas. Dado que en pasos anteriores se identificaron estos estímulos, ahora sólo es necesario establecer algún procedimiento para modificar su presencia o retirada. Estos son muy variados, pudiendo señalarse entre otros los especificados por Avia (1984):

– *Restricción física.* Colocar un candado en el frigorífico o en la despensa que impida coger comida fuera de horas.
– *Eliminar estímulos.* No disponer de alimentos que puedan consumirse directamente (galletas, chocolate...), sólo de alimentos que necesiten ser cocinados.
– *Cambiar los estímulos provocadores.* Que estar estudiando, leyendo o viendo la tele no se convierta en una señal para consumir alimentos. No comer nunca en esas condiciones. Al contrario, ver la televisión se puede convertir en señal de hacer ejercicio (flexiones, pedaleo en bicicleta...).
– *Cambiar el medio social.* Disminuir las interacciones con personas que provoquen el exceso de comer, o fomentar hacerlo en compañía de personas que nos faciliten comer menos. También hacer apuestas, con un amigo o con nuestra pareja, respecto a lo que comeremos o no.
– *Modificación de las propias condiciones personales, físicas o cognitivas.* Hacer ejercicio físico justo antes de comer reduce el apetito, tomar algo media hora antes de asistir a una comida en la que hay riesgo de comer en exceso, comer despacio masticando al menos veinte veces cada bocado, imaginarnos un poco más gorditos y que nuestra pareja nos abandona por otro más entipado tras oírla: «Besar a ese gordo seboso es como lamer a un cerdo.»

Pueden utilizarse varias de estas estrategias combinadas, bien de forma simultánea o sucesiva. Es posible que en algunos casos los estímulos antecedentes controlen de manera muy poderosa la aparición de la conducta, en ese caso lo mejor será evitarlos en los momentos iniciales. Durante ese tiempo se facilita el ir aprendiendo conductas alternativas para posteriormente tratar de enfrentarse de forma progresiva a ellas.

2. *Organización previa de las consecuencias de la conducta (técnicas de control de contingencias).* Consiste en preparar el medio de tal forma que la emisión de la conducta deseada vaya seguida de consecuencias positivas y la no deseada de consecuencias negativas. Por ejemplo, si durante el día ha controlado su dieta tendrá acceso por la noche a ver la televisión, por cada fallo perderá media hora de poder ver la televisión... Un procedimiento relativamente frecuente es establecer un acuerdo con alguna persona próxima, un compañero o familiares..., para asegurarse de que la propia actuación irá seguida de determinadas consecuencias en función de lo adecuado o no de ésta. Es importante destacar que resulta más fácil controlar por medio de consecuencias positivas que negativas, por lo que es mejor establecer el sistema de control sobre el premio de las conductas adecuadas que sobre el castigo de las inadecuadas.

EVALUAR LA CONDUCTA REALIZADA CON REFERENCIA A LOS CRITERIOS DE REALIZACIÓN ESTABLECIDOS EN EL PASO 2

Utilizando los procedimientos de evaluación que se consideraron en el paso 1, se pasa a comparar las conductas emitidas por los criterios de actuación establecidos en el paso 2. Obviamente se tiene que haber especificado de antemano cuándo y cómo se evaluarán las conductas. El resultado sólo puede ser sí (se han alcanzado los criterios), o no. He comido estos últimos cinco días entre horas en menos de tres ocasiones: sí o no.

PROGRAMAR CONSECUENCIAS EN FUNCIÓN DE LO ADECUADO O NO DE LA REALIZACIÓN

Deben programarse consecuencias para la realización según sea el resultado obtenido en el paso 4. Si las realizaciones han superado los criterios, preparar premios; si no los han superado, castigos. Por ejemplo, en el caso anterior, si he comido entre horas en menos de tres ocasiones me premiaré con un disco o con esa película que deseo ver. Si no he cumplido me quedaré sin salir dos tardes en casa.

Como he señalado, es mejor preparar la situación para que siempre se obtenga éxito, pues cuantos más premios se consigan en el programa, más motivado se estará para continuar y mejorar la conducta. Por lo demás, pueden utilizarse como premios y/o castigos tanto estímulos físicos (comprarse un regalo, permitirse un paseo, ver la televisión), como reforzadores de tipo simbólico (desde animarse verbalmente, a hacer gráficas que muestren el cambio en la conducta y que pueda verlas de forma habitual). Ambos tipos de premios autogenerados se han mostrado eficaces.

A veces se cuestiona si el premio o castigo aplicado por la propia persona será tan eficaz como el aplicado por personas externas. Los resultados apuntan en esta dirección. El valor de los premios físicos no es diferente porque sea una persona u otra la que lo entrega, por ejemplo, obtener un disco siempre será un disco. Respecto a los premios simbólicos es evidente que puede haber diferencias según la persona que emite el elogio: uno mismo, esa persona «especial», un amigo, un desconocido... Pero los resultados más bien apuntan a que tan importante como la persona que lo emite es lo adecuado que sea el tipo de premio seleccionado para controlar la conducta. Algo similar puede decirse respecto al castigo. En conclusión, es eficaz y mucho para controlar las conductas el uso de premios y castigos para con uno mismo, eso sí, siempre como consecuencia de la emisión o no de conductas específicas.

Consideraciones para aplicar las técnicas de autocontrol

Una vez aprendida esta forma de controlar las conductas se puede utilizar para todo tipo de conducta operante (o voluntaria). Es decir, se ha aprendido una habilidad que puede utilizarse en cualquier caso o con cualquier conducta que nos resulte problemática.

En algunos casos se ha constatado cómo el mero hecho de registrar la propia conducta (paso 1) ya produce efectos muy importantes de modificación de dicha conducta en la dirección esperada. No es infrecuente que el mero autorregistro produzca reducciones de conductas como morderse las uñas, comer en exceso o discutir con la pareja. No obstante, este cambio, si no se apoya posteriormente en otras medidas, suele ser poco duradero.

Las técnicas de autocontrol son útiles para que una persona controle sus propias conductas operantes. Es más, no sólo permiten controlar conductas inadecuadas sino también prevenir la aparición de conductas no deseadas.

Capítulo 3.   Al borde del ataque de nervios

E. Rojas

ANSIEDAD Y ANGUSTIA

La ansiedad es un termómetro que nos da la imagen del hombre de este final de siglo. Ya Spengler habló de *la decadencia de Occidente.* Europa y América han creado en más de dos mil años un repertorio de ideas, pensamientos, arte y cultura en general realmente ingente. Una civilización, en definitiva, rica, frondosa, estimulante, generosa, creativa, apasionante. La tentación hoy es la suspensión de esa fuerza y la caída en una crisis giratoria que la deje aletargada durante una o varias décadas. Occidente ha apostado siempre a la carta de la razón. Parece que hoy ha entrado en una especie de enajenación, de pérdida del sentido colectivo. En una palabra, va a la deriva, sin rumbo, distraída y engolosinada por todo lo que suena, pero que va a ser moneda suelta, sin peso y sin firmeza.

El hombre está cada vez más lejos de sí mismo. Traído, llevado y tiranizado por ese conjunto de novedades antes expuestas: materialismo, hedonismo, permisividad, relativismo, deshumanización, consumismo, masificación, erotización y pornografía servidos a la carta, narcisismo y cultura del cuerpo, hasta llegar a esta decadencia singular en la que nos hallamos instalados: el nihilismo. La nada, el vacío, el desconcierto, la náusea, el suicidio.

La ansiedad y el estrés no son patrimonio exclusivo de atareados ejecutivos, de los profesionales del volante, del trabajo en cadena, sino que en la actualidad afecta a una gran parte de la población incluyendo, tal como se viene estudiando durante los últimos años, a las amas de casa, especialmente si además trabajan también fuera del hogar.

El estrés parece envolver a la sociedad actual durante casi todas las actividades diarias. Hasta el ocio se ve frecuentemente sometido a su influencia; no es raro ver personas agobiadas porque llegan tarde a una cena, al cine... Realmente estas situaciones se alejan demasiado de una buena elaboración del tiempo libre, que muchas veces no nos sirve ni para descansar, ni para desarrollar nuestra cultura, ni para conseguir una buena comunicación con las personas más próximas. La incomunicación actual es otra de las paradojas relacionadas con la ansiedad del hombre de hoy. En una era en la que se ha desarrollado tan espectacularmente los medios de comunicación

273

(prensa, radio, televisión, teléfono, télex...), las personas se sienten más solas e incomunicadas que nunca. Estos medios de comunicación han ido sustituyendo, como en el caso del teléfono, la entrevista directa y relajada por una conversación obligada (se atiende al teléfono en vez de concertar una entrevista), que en ningún caso tiene la riqueza comunicativa del diálogo cara a cara. En otras ocasiones, esta nueva comunicación no es tal, sino que se limita a una mera recepción de información (como en el caso de la televisión), información que por ser estandarizada es alienante y a la que se acude sobre todo por la facilidad y comodidad con que podemos recibirla. A menudo, este tipo de comunicación unilateral sustituye a la verbal —hay familias en las que se ha reemplazado la conversación durante las comidas por ver la televisión— restando, a su vez, estímulos para desarrollar actividades más creativas y selectivas.

La competitividad sustituye a la colaboración, otra paradoja si tenemos en cuenta que vivimos en la época del trabajo en equipo, incrementando no solamente la ansiedad, sino la frustración. A veces se puede llegar a pensar que no hay que hacer las cosas bien, sino mejor que otros, lo que supone una orientación de la vida distinta y desfigurada, que da lugar a una profunda insatisfacción que se añade a la ansiedad propia de una competitividad hipertrofiada.

Por otro lado, la actual *civilización del bienestar*, que realmente ofrece al hombre la posibilidad de acceder a una serie de bienes de consumo, le influye negativamente a través de un acoso publicitario por el que puede sentirse mal si no alcanza a obtener todo lo que se le brinda. Es más, estos bienes de consumo se sirven cargados de una imagen simbólica subliminal por la cual el objeto cobra un doble valor, ya que intenta simbolizar el triunfo, la pertenencia a determinado estrato social, la belleza... Este culto a lo superficial y a lo material, a lo hedónico en definitiva, empobrece espiritualmente a la persona y la incapacita para el sufrimiento (cada vez el dolor es más temido, incluso de forma anticipada) y para asumir la muerte (cada vez hay más hipocondríacos); entonces brota la ansiedad ante la menor amenaza de enfermedad, de incomodidad, de fracaso económico, de pérdida de la belleza, incluso de vejez. Esta ansiedad es a menudo anticipada,

es decir, surge antes de que realmente llegue el problema, ya que existe la sensación de incapacidad para superarlo, con lo que se teme que se produzca el propio desmoronamiento y la «disolución del yo», que es el fundamento último de la ansiedad.

El hombre actual no tiene tiempo de conocer a los demás ni de conocerse a sí mismo; incluso a veces, pasado el tiempo, un día se da cuenta de que ni siquiera se reconoce, de que se ha ido transformando en un desconocido, y queda profundamente desorientado al hacer un balance existencial.

El concepto de ansiedad

Al enfrentarnos a todos estos conceptos parece que destacan de entrada algunas distinciones, siempre teniendo bien presente que tanto *angustia* como *ansiedad* van a participar de una vivencia nuclear común. Si seguimos un *criterio cuantitativo* podremos realizar una cierta gradación de fenómenos inquietantes, entre los que cabe situar tres eslabones ordenados de menos a más: el *miedo*, la *ansiedad* y la *angustia*.

El *miedo* es un temor específico, concreto, determinado y objetivo ante algo que, de alguna manera, viene de fuera de nosotros y se nos aproxima trayéndonos inquietud, desasosiego, alarma. Aquí la clave está en la percepción de *un peligro real* que amenaza en algún sentido. De esta situación arrancan una serie de medidas defensivas que tienen el fin de esquivar, evitar o superar esa intranquilidad. Esas medidas son racionales y dependen del tipo de peligro concreto. En cada caso la estrategia que se fabrica es bien distinta, pero proporcionada al hecho en sí.

La *ansiedad* es una vivencia de temor ante algo difuso, vago, inconcreto, indefinido, que, a diferencia del miedo, tiene una referencia explícita. Comparte con el anterior la impresión interior de temor, de indefensión, de zozobra. Pero mientras en el miedo esto se produce *por algo*, en la angustia (o ansiedad) se produce *por nada*, se difuminan las referencias. De ahí que podamos decir, simplificando en exceso los conceptos, que *el miedo es un temor con objeto*, mientras que *la ansiedad es un temor impreciso carente de objeto exterior*.

La ansiedad es aquella experiencia interior en la que todo es inquietud, desasosiego, estar en guardia y como al acecho esperando lo peor. Mientras en el miedo el temor es concreto, específico y se produce por algo, en la ansiedad el temor viene de todas partes y de ninguna, de ahí la perplejidad que produce, dándose como una especie de *desvanecimiento de los algos*. No hay nada o es la nada misma la que asoma en esa vivencia desoladora y atroz. Todo se vuelve etéreo y difuso, cargado de incertidumbres.

Ansiedad positiva y negativa

La ansiedad es el punto de partida. Desde ella se inicia un atajo que va a conducir al aburrimiento. Las crisis de ansiedad o los ataques de pánico, así como la ansiedad generalizada, conducen a un cierto cansancio psicológico, que planea sobre un peculiar estado de ánimo, que es el aburrimiento: sentimiento de vacío y neutralidad frente a cuanto rodea a ese sujeto. Todo cobra un carácter monótono y pesado, plomizo, repleto de indiferencia, soporífero, centrado en el bostezo. Dentro de esta vivencia se aprecian rasgos fundamentales:

1. *No hay nada, es decir, todo está inmerso en una especial ausencia, cargante, insoportable, atroz*; todo se vuelve vaporoso y desdibujado y la vida se hace volátil. El hombre se hunde sin remedio en un mundo hueco. Los existencialistas hablaron mucho de esta experiencia (recuérdese a Jean-Paul Sartre, Albert Camus, Heidegger, Marcel, Unamuno).

2. *La gran experiencia que late en el fondo del aburrimiento es el tiempo emocional*, ése que cruza en nuestro interior como un termómetro y nos da cuenta del interés que despierta lo que nos pasa. Pues bien, en el aburrimiento el tiempo se va parando hasta detenerse; se observa matemáticamente el discurrir infinitesimal de los minutos. Y esto es terrible. Es tan doloroso, que se parece mucho a la ansiedad, aunque con unos matices diferentes. En el aburrimiento los instantes se eternizan. Lo único que cabe es refugiarse en el sueño: dormir.

Viene, después, otra etapa. *De la ansiedad se pasa al aburrimiento y éste, al persistir, se transforma en melancolía.* Entramos en un nuevo paisaje sentimental. La melancolía es siempre pesar interior, cansancio de la vida, decepción, excursión hacia atrás y cierre del futuro. El hombre se desmorona por dentro y siente que no tiene fuerzas para nada. En la melancolía hay un mucho de aburrimiento y un poco de ansiedad, no en balde deriva de ambos.

Si la ansiedad nos lleva a la nada, la melancolía nos traslada al pasado y nos cierra las puertas del porvenir. El aburrimiento cabalga entre ellos dos. El tramo siguiente lleva *de la melancolía a la desesperanza*. La esperanza es el puente que tendemos entre el pasado y el futuro, lo que significa que aún se aguardan cosas positivas, hay ilusiones. La desesperanza es una pieza psicológica con dos caras: la *desesperación* propiamente dicha. En la primera hay todavía lucha, actividad, se intenta combatir lo inevitable. En la segunda todo ya es más grave y definitivo: en el horno de la desesperanza se queman las últimas ilusiones, volatilizándose todo lo que de alguna manera sostiene la vida. Estamos ante las puertas del suicidio.

Hay, pues, una gradación de fenómenos que, partiendo de la ansiedad, terminan en las ideas-tendencias suicidas.

Síntomas de la angustia, síntomas de la ansiedad

Es preciso distinguir entre *angustia*, por una parte, y *ansiedad* por otra. La *angustia* tiene siempre unas manifestaciones somáticas más marcadas, mientras que la ansiedad se desarrolla en un nivel psicológico fundamentalmente. La angustia produce una *reacción asténica*, de paralización, bloqueo o inhibición. Los síntomas somáticos se expresan especialmente en la zona precordial y en los territorios gástricos: taquicardia, opresión precordial, pellizco gástrico, sensaciones vagas e indefinidas epigástricas, ardores... En ella, el tiempo transcurre lentamente, de modo que recuerda un poco al padecimiento del melancólico: los acontecimientos circulan interiormente de una forma parsimoniosa, más pausada y más gradual que en la ansiedad. Por otro lado, hay una vivencia temerosa del porvenir, pero con elementos del pasado.

En la *ansiedad* observamos unas notas

diferenciales en esos mismos puntos. La experiencia es más que nada psicológica, de tal manera que se ha dicho que la ansiedad es *la experiencia de la libertad* o de las posibilidades del ser humano. De ahí se deriva que ésta sea más creativa[1].

Tabla 26. **Síntomas depresivos y ansiosos**

Depresión (Trastorno depresivo mayor)	*Ansiedad (Trastorno por ansiedad)*
—Descenso del estado de ánimo (tristeza, apatía, pérdida de interés, depresión, melancolía, falta de iniciativa, desesperación).	—Inquietud interior (desasosiego, inseguridad, presentimiento de la nada, temores difusos, anticipación de lo peor...).
—Inhibición, excitación.	—Tensión motora (temblores, dolores musculares, espasmos, incapacidad para relajarse, tics, rostro constreñido).
—Poco apetito o pérdida de peso.	—Estado de alerta (hipervigilancia).
—Trastornos del ritmo del sueño (insomnio o hiperinsomnio).	—Expectación negativa (preocupaciones, miedos, anticipación de desgracias para uno mismo y para los demás).
—Algún elemento del llamado delirio depresivo: 1) aprensión o hipocondría; 2) sentimientos de ruina; 3) sentimientos de culpa y/o condenación.	—Irritabilidad, impaciencia, irascibilidad, estado de alteración.
—Trastornos de la esfera de la memoria (disminuida), pensamiento (ideas repetitivas de muerte y/o suicidio), inteligencia (disminución transitoria de sus capacidades), atención (dificultad o incapacidad para concentrarse), conciencia (estar distraído, absorto, como ensimismado).	—Temor a la muerte, temor a la locura, temor a perder el control, temor a suicidarse (todos en el ataque de pánico).
—Fatiga, cansancio enorme (anterior al esfuerzo).	—Quejas somáticas: palpitaciones, opresión precordial, sequedad de boca, hipersudoración, dificultad respiratoria, pellizco gástrico, escalofríos, oleadas de calor y de frío, manos sudorosas, sensación de mareo o vértigo, colitis, micciones frecuentes.
—Quejas somáticas frecuentes: dolor de cabeza, dolores diversos, molestias digestivas, vértigos, síntomas cardiovasculares y respiratorios.	
—Pérdida del interés por las actividades habituales.	
—Disminución o ausencia de la motivación sexual.	

1: La sociedad occidental ha sido históricamente más ansiógena, frente a un plus de inquietud que aparece en las orientales, pero por ello ha sido también más creativa. Remito al lector al apartado «Ansiedad positiva y negativa».

CUESTIONARIO PARA VALORAR LA ANSIEDAD

Instrucciones: conteste a las siguientes preguntas en relación con los síntomas que haya notado durante los últimos tres meses. Haga un círculo alrededor del asterisco situado en la columna *Sí* cuando haya notado ese síntoma; valore el grado de su *intensidad (I)* de 1 a 4 (1: intensidad ligera; 2: intensidad mediana; 3: intensidad alta; 4: intensidad grave, la más intensa).
Si no siente dichos síntomas, ponga un círculo alrededor del *No.*

SÍNTOMAS FÍSICOS

		Sí	No	Intensidad
1.	Tiene palpitaciones o taquicardias (le late a veces rápido el corazón)	*	*	—
2.	Se ruboriza o se pone pálido	*	*	—
3.	Le tiemblan las manos, pies, piernas o el cuerpo en general	*	*	—
4.	Suda mucho	*	*	—
5.	Se le seca la boca	*	*	—
6.	Tiene tics (guiños o contracturas musculares automáticas)	*	*	—
7.	Nota la falta de aire, dificultad para respirar, opresión en la zona del pecho	*	*	—
8.	Tiene gases	*	*	—
9.	Orina con mucha frecuencia o de forma imperiosa	*	*	—
10.	Tiene náuseas o vómitos	*	*	—
11.	Tiene diarreas, descomposiciones intestinales	*	*	—
12.	Se nota como un nudo en el estómago o en la garganta, le cuesta tragar	*	*	—
13.	Tiene vértigos, sensación de inestabilidad, de que puede caerse, desmayo	*	*	—
14.	Le cuesta quedarse dormido por las noches	*	*	—
15.	Tiene pesadillas	*	*	—
16.	Tiene sueño durante el día y se queda dormido sin darse cuenta	*	*	—
17.	Pasa temporadas sin apetito, sin querer comer casi nada	*	*	—
18.	Tiene ratos en que come excesivamente o cosas extrañas, incluso sin apetito	*	*	—
19.	Ha notado un menor interés por la sexualidad	*	*	—
20.	Ha notado un mayor interés por la sexualidad	*	*	—

SUMA

SÍNTOMAS PSÍQUICOS

1.	Se nota inquieto, nervioso, desasosegado por dentro	*	*	—
2.	Se siente como amenazado, incluso sin saber por qué	*	*	—
3.	Tiene la sensación de estar luchando continuamente sin saber contra qué	*	*	—
4.	Tiene ganas de huir, de marcharse a otro lugar, de viajar a un sitio lejano	*	*	—
5.	Tiene fobias (temores exagerados a algún objeto o situación)	*	*	—
6.	Tiene miedos difusos, es decir, sin saber bien a qué	*	*	—
7.	A veces queda preso de terrores o tiene ataques de pánico	*	*	—
8.	Se nota muy inseguro de sí mismo	*	*	—
9.	A veces se siente inferior a los demás	*	*	—
10.	Nota una cierta sensación de vacío interior	*	*	—
11.	Se nota distinto, como si estuviese perdiendo su propia identidad	*	*	—
12.	Está triste, meditabundo, melancólico			

		Sí	No	Intensidad
13.	Teme perder el autocontrol y hacer daño a otras personas	*	*	–
14.	Teme no controlarse y llegar a suicidarse	*	*	–
15.	Está asustado o le da mucho miedo la muerte	*	*	–
16.	Está asustado pensando que se está volviendo o que se puede volver loco	*	*	–
17.	Tiene la sensación de que ocurrirá alguna desgracia, como un presentimiento	*	*	–
18.	Se nota muy cansado, sin intereses ni ganas de hacer nada	*	*	–
19.	Le cuesta mucho tomar una decisión	*	*	–
20.	Es una persona recelosa o desconfiada	*	*	–

SUMA

SÍNTOMAS DE CONDUCTA

		Sí	No	Intensidad
1.	Está siempre alerta, como vigilando o en guardia	*	*	–
2.	Está irritable, excitable, responde exageradamente a los estímulos externos	*	*	–
3.	Rinde menos en sus actividades habituales	*	*	–
4.	Le resulta difícil o penoso realizar sus actividades habituales	*	*	–
5.	Se mueve de un lado para otro, como agitado, sin motivo	*	*	–
6.	Cambia mucho de postura, por ejemplo cuando está sentado	*	*	–
7.	Gesticula mucho	*	*	–
8.	Le ha cambiado la voz o ha notado altibajos en sus tonos	*	*	–
9.	Se nota más torpe en sus movimientos o más rígido	*	*	–
10.	Tiene más tensa la mandíbula	*	*	–
11.	Tartamudea o cecea	*	*	–
12.	Se muerde las uñas o los padrastros, se chupa el dedo o se los frota	*	*	–
13.	Juega mucho con objetos, necesita tener algo entre las manos (bolígrafos, etc.)	*	*	–
14.	A veces se queda bloqueado, sin saber qué hacer o decir	*	*	–
15.	Le cuesta mucho o no está dispuesto a realizar una actividad intensa	*	*	–
16.	Muchas veces tiene la frente fruncida	*	*	–
17.	Tiene los párpados contraídos o las cejas arqueadas hacia abajo	*	*	–
18.	Tiene expresión de perplejidad, desagrado, displacer o preocupación	*	*	–
19.	Le dicen que está inexpresivo, como con la cara «congelada»	*	*	–
20.	Le irritan mucho los ruidos intensos o inesperados	*	*	–

SUMA

SÍNTOMAS INTELECTUALES

		Sí	No	Intensidad
1.	Le inquieta el futuro, lo ve todo negro, difícil, de forma pesimista	*	*	–
2.	Piensa que tiene mala suerte y siempre la tendrá	*	*	–
3.	Cree que no sirve para nada, que no sabe hacer nada correctamente	*	*	–
4.	Los demás dicen que no es justo en sus juicios y apreciaciones	*	*	–
5.	Se concentra mal, con dificultad	*	*	–
6.	Nota como si le fallase la memoria, le cuesta recordar las cosas recientes	*	*	–
7.	Le cuesta recordar cosas que cree saber, haber aprendido hace tiempo	*	*	–
8.	Está muy despistado	*	*	–
9.	Tiene ideas o pensamientos de los que no se puede librar	*	*	–

	Sí	No	Intensidad
10. Le da muchas vueltas a las cosas	*	*	—
11. Todo le afecta negativamente, cualquier detalle o noticia	*	*	—
12. Utiliza términos extremos: *inútil, imposible, nunca, jamás, siempre, seguro, etc.*	*	*	—
13. Hace juicios de valor sobre los demás rígidos e intolerantes	*	*	—
14. Se acuerda más de lo negativo que de lo positivo	*	*	—
15. Le cuesta pensar, nota un cierto bloqueo intelectual	*	* —	
16. Un pequeño detalle que sale mal le sirve para decir que todo es caótico	*	*	—
17. Piensa que su vida no ha merecido la pena, que todo han sido injusticias o dolor	*	*	—
18. Pensar en algo angustioso le conduce a pensamientos más angustiosos todavía	*	*	—
19. Piensa en lo que haría en una situación difícil y cree que no podría superarla	*	*	—
20. Cree que su única solución es un cambio realmente profundo o que es inútil	*	*	—

SUMA

SÍNTOMAS ASERTIVOS

	Sí	No	Intensidad
1. A veces no sabe qué decir ante ciertas personas	*	*	—
2. Le cuesta mucho iniciar una conversación	*	*	—
3. Le resulta difícil presentarse a sí mismo en una reunión social		*	—
4. Le cuesta mucho decir «no» o mostrarse en desacuerdo con algo	*	*	—
5. Intenta agradar a todo el mundo y siempre sigue la corriente general	*	*	—
6. Le resulta muy difícil hablar de temas generales o intrascendentes	*	*	—
7. Se comporta con mucha rigidez, sin naturalidad, en las reuniones sociales	*	*	—
8. Le resulta muy difícil hablar en público, formular y responder preguntas	*	*	—
9. Prefiere claramente la soledad antes que estar con desconocidos	*	*	—
10. Se nota muy pasivo o bloqueado en reuniones sociales	*	*	—
11. Le cuesta expresar a los demás sus verdaderas opiniones y sentimientos	+	*	—
12. Intenta dar en público una imagen de sí mismo distinta a la real	*	*	—
13. Está muy pendiente de lo que los demás puedan opinar de usted	*	*	—
14. Se siente a menudo avergonzado ante los demás	*	*	—
15. Prefiere pasar totalmente desapercibido en las reuniones sociales	*	*	—
16. Le resulta complicado terminar una conversación difícil o comprometida	*	*	—
17. Tiene o utiliza poco el sentido del humor ante situaciones de cierta tensión	*	*	—
18. Está muy pendiente de lo que hace en presencia de personas de poca confianza	*	*	—
19. Prefiere no discutir ni quejarse a pesar de estar seguro de llevar razón	*	*	—
20. Se avergüenza o incomoda por cosas que hacen los demás («vergüenza ajena»)	*	*	—

SUMA
TOTAL = 100

Explicación de la puntuación obtenida:

0–20: Banda normal.
20–30: Ansiedad ligera.
30–40: Ansiedad moderada.
40–50: Ansiedad grave.
+50 : Ansiedad muy grave.

La ansiedad como génesis de una patología amplia y dispersa

Nos referimos al grupo de enfermedades físicas cuya puerta de entrada ha sido psicológica. Éstas pueden deberse a factores psicológicos, sociales, tensiones emocionales persistentes, ansiedad en sus distintas formas de presentación pero experimentada con una cierta cronicidad. La importancia de estos factores reside en su *intensidad, frecuencia* y, por supuesto, *contenido*. Las relaciones entre ansiedad, factores psicológicos y enfermedades psicosomáticas son complejas y para explicarlas hay que recurrir a la psicofisiología.

• •

Tabla 27. **Enfermedades psicosomáticas (cuadro general)**

Aparato digestivo
Gastritis, gastritis crónica, úlcera gastroduodenal, molestias digestivas mal delimitadas, estreñimiento, digestiones lentas, picores anales *(prurito anal)*, pérdida del control del esfínter anal *(encoprexis)*, gases *(aerofagia)*.

Aparato respiratorio
Crisis de asma psicológica, respiración rápida y suspirosa *(taquipnea)*, dificultad respiratoria emocional *(disnea)*, opresión torácica, falta de aire o *soif d'aire* (de la psiquiatría francesa), respiración suspirante.

Aparato cardiovascular
Hipertensión arterial, taquicardia (palpitaciones), arritmias cardíacas emocionales, dolor precordial (que recuerda al *angor pectoris*), caídas bruscas de la tensión arterial *(hipotensión)*.

Sistema nervioso central y aparato locomotor
Disminución de los reflejos *(hiporreflexia)*, aumento del tono muscular *(hipertonía muscular:* rigidez, dolores musculares, parálisis rígidas en cuello, extremidades, etc.), convulsiones, temblores, tics y movimientos de los párpados por ansiedad *(mioclonias palpebrales)*, mareos, vértigos. También, hiperreflexia y caída del tono muscular *(hipotonía muscular:* parálisis fláccidas, cataplejía).

Aparato genito-urinario
Aumento del tono de la vejiga urinaria *(hipertonía vesical:* hay que orinar frecuentemente y de forma imperiosa), disminución de la libido sexual o aumento, según los casos; pérdida del control de los esfínteres de la vejiga urinaria *(eneuresis)*.
En mujer: picor en la uretra y en la vulva; vaginismo (contracción de los músculos de las paredes de la vagina), dolor al hacer el coito *(dispareunia)*, ausencia de la menstruación *(amenorrea)* o menstruación irregular y dolorosa *(dismenorrea)*.
En el hombre: picores *(prurito uretral, escrotal)*, impotencia sexual, eyaculación precoz.

Mucosas, piel y uñas (faneras)
Rubor *(vasodilatación capilar)*, aumento de la sudoración *(hipersudoración)*, hipersecreción de grasa (seborrea –*alopecias* o caídas de pelo–, acné), picores generalizados *(pruritos)*, alergias cutáneas, alteraciones en la composición del sudor (lesiones eczematosas).

Órganos de los sentidos
–*Vista:* trastornos de la acomodación visual, visión borrosa, ver doble *(diplopia)*, visión sectorizada *(escotomas)*, destellos luminosos, pesadez de los párpados, dificultad para mantener la mirada, parpadeos frecuentes.
–*Oído:* todos los ruidos le molestan por pequeños que sean *(hiperestesia sensorial)*, ruidos, pitidos *(acúfenos)*.
–*Olfato:* disminución de los olores *(hiposmia)* o ausencia *(anosmia)*.
–*Gusto:* deseo de sabores nuevos, o extraños o especiales *(pica)*, una nueva repugnancia hacia ciertos alimentos, alteraciones en la percepción de los sabores.
–*Tacto:* sensaciones difusas, como de hormigueos, frialdad, calor *(sensaciones cenestésicas)*, hipersensibilidad a los estímulos dolorosos, disminución de ciertas sensaciones *(anestesia sensorial)*.

FOBIAS Y OBSESIONES

En el cuadro número 2 hay una *primera travesía de la ansiedad que termina en la idea de suicidio.* Pero ahora vamos a ver una *segunda travesía que parte de la ansiedad y aterriza en las obsesiones.* Esto no quiere decir que siempre tengan que seguirse alguno de los dos caminos.

De la ansiedad a la fobia

La ansiedad es una vivencia de inquietud y desasosiego en la que *se anticipa lo peor.* La fobia es un *temor desproporcionado, terrible, superior a uno mismo, que se produce ante hechos, personas o situaciones.*

Hay un elemento común: *el temor.* Por eso podemos establecer una *gradación de sentimientos temerosos* que partiendo del *miedo* > conduce a la *ansiedad* > y culmina en la *fobia.*

El *miedo* es un temor ante algo concreto, específico, claro, evidente, que se ve, que es captable desde la posición donde uno se encuentra. Uno puede tener miedo a un león en plena selva y defenderse de un posible ataque llevando consigo un arma de fuego. Se puede tener miedo a un examen, en el curso de unos estudios, y caben varias posturas: estudiar con más orden, aprovechar mejor el tiempo, hacerse un plan serio de trabajo, no presentarse o copiar durante la prueba. *Del miedo se defiende uno con medidas racionales.*

• •

Tabla 28. **Clasificación clínica de las fobias**

Fobias traumáticas (o aisladas; se producen tras experiencias duras).
    —Fobia a viajar en avión
    —Fobia a los exámenes, en general (o a los orales, en particular).
    —Fobia a ir al cine.
    —Fobia a viajar en tren.
Fobias hipocondríacas
    —Cáncero-fobia.
    —Sífilo-fobia.
    —Cardio-fobia.
    —Fobia al sida.
Fobias habituales en muchas personas (fobias comunes).
    —Fobia a la muerte *(tanato-fobia).*
    —Fobia al dolor *(algo-fobia).*
    —Fobia a la soledad.
    —Fobia a las serpientes, ratones, lagartos, reptiles.
    —Fobia a la oscuridad.
    —Fobia a la noche *(nicto-fobia).*
    —Fobia a las enfermedades *(noso-fobia).*
Fobias estéticas
    —Fobia a la obesidad.
    —Fobias referidas a alguna parte de la cara *(dismorfo-fobias):* nariz, pabellones auriculares, papada, raíz de implantación del pelo, etc.
    —Fobia a expeler malos olores *(disismo-fobia).*
Fobias de expectación
    —Fobia a los exámenes.
    —Fobia a dar clase.
    —Fobia a hablar en público.
    —Fobia a ponerse rojo cuando hay otras personas *(eritro-fobia).*
    —Fobia al rendimiento sexual.

• •

La *ansiedad* es un temor difuso, vago e inconcreto, sin referencias. Por eso la reacción que suele provocar es de perplejidad, sorpresa, asombro, de una especie de embotamiento confuso que hace que no se reaccione de ninguna manera.

Las *fobias* son *miedos irresistibles, tremendos, insuperables, desproporcionados.* Aquí sólo cabe hacer una cosa: huir, no aproximarse, no ponerse en contacto con aquello que las produce, escapar. Actitud de huida o de aplazamiento si de lo que se trata es de enfrentarse a algo o a alguien.

Entre los tres, *miedo, ansiedad* y *fobias,* hay una estrecha cercanía que se recorre como un camino de ida y vuelta.

¿Qué son las obsesiones?

No vamos a referirnos aquí a lo que se entiende por *obsesión* en el lenguaje corriente, ya que esto, por regla general, es algo normal y corresponde a aquellas preocupaciones más importantes que en un momento determinado de la vida están en primer plano.

Nos vamos a referir a las *obsesiones patológicas,* que son las que atrapan, hacen sufrir extraordinariamente y carecen de lógica. Entramos así en su definición: *ideas absurdas, falsas, ilógicas, que pueden aparecer también como pensamientos, imágenes o impulsos persistentes que el sujeto reconoce como carentes de sentido; lucha una y otra vez contra ellas, pero no puede dominarlas.* El individuo trata de rechazarlas, pero éstas superan sus fuerzas y le invaden poco a poco. De ahí que también se le haya dado el nombre de *pensamiento prisión* o *pensamiento tiránico,* por su carácter de reclusión; el individuo se ve forzado y cautivo, encerrado en esas mallas de ideas e imágenes que llegan a instalarse fanáticamente, de modo despótico, dictatorial absolutista, esclavizándole y gobernando su cabeza.

Surge así otro concepto muy relacionado con el de *obsesión:* la *compulsión,* que consiste en *conductas repetitivas, insistentes, que se suceden con terquedad y que no tiene ningún fin u objetivo en sí mismo, sino que se realizan para producir o evitar algo futuro.* Aquí también el sujeto reconoce su falta de sentido lógico, pero tiene que hacerlo, se ve forzado a ello.

Son personas:
– Introvertidas y meticulosas.
– Con una rigidez muy marcada.

Tabla 29. **Diferencias entre miedo y fobia**

Miedo	Fobia
Temor proporcionado y comprensible.	Temor desproporcionado e irracional.
Uno se defiende con hechos y argumentos lógicos.	La defensa habitual es la huida, el no enfrentarse con el objeto o la situación fóbica (mecanismo de evitación y aplazamiento).
El sujeto puede controlarlo de alguna manera.	El sujeto no puede controlarla, es superior a él, le rebasa.
Se puede superar con esfuerzos personales, presididos por la voluntad.	Para superarla es necesario un tratamiento psicológico (terapia de conducta).
Muchos miedos son fisiológicos, normales, frecuentes en la vida y que se van venciendo con el tiempo.	Las fobias son siempre patológicas; algunas pueden vencerse al no tener el sujeto más remedio que enfrentarse a ellas, pero para superar la gran mayoría es necesaria una estrategia terapéutica.

– Con dificultad para establecer relaciones sociales.
– Preocupadas excesivamente por todo.
– Con dificultad para terminar las cosas.
– Perfeccionistas y muy cumplidoras en su trabajo (aunque por su enfermedad les cuesta distinguir lo accesorio de lo fundamental).
– Poco prácticas.
– Con la afectividad bloqueada.
– Con tendencia a observar el propio rendimiento profesional e intelectual y a hacer atribuciones generalizadoras.
– Intolerantes a la más mínima incertidumbre.
– Con temor al descontrol emocional.
– Hipersensibles.

Tabla 30. **Diferencias entre fobias y obsesiones**

Fobias	Obsesiones
El trastorno se centra en la conducta preferentemente.	El trastorno se centra en el pensamiento, sobre todo.
Se viven como fenómenos propios.	Se experimentan como extraños a uno mismo.
Temor desproporcionado, de gran intensidad, a entrar en contacto con el objeto, situación o persona fóbicos.	Ideas, pensamientos, imágenes, recuerdos que circulan dentro y que están cargados de ansiedad.
El contenido es lógico y comprensible (tiene sentido).	El contenido es absurdo, irracional e incomprensible (no tiene sentido).
Hay una actividad mental moderada.	Hay un no parar permanente de pensamientos que van y vienen.
Conducta de huida y aplazamiento.	Conducta de lucha y entrega (alternando).
Se apoya en los demás, los necesita (el agorafóbico sale a la calle si va acompañado).	Se aleja de los demás, termina por aislarse.
Comportamiento social normal, salvo cuando se entra en relación con el objeto productor de la fobia.	Comportamiento social patológico (anormal): cada vez se relaciona menos y peor.
Personalidad: puede ser normal si la fobia no le incapacita para hacer una vida sana.	Personalidad llamada anancástica: introvertida, rígida, meticulosa, muy analítica, siempre dándole vueltas a todo, hipersensible, perfeccionista, con tendencia a la duda.
Afectividad sana.	Afectividad bloqueada.

IV.
ÁMATE A TI MISMA

Capítulo 1. ▼ **Narcisismo y autoestima**

A. Liberman

NUESTRA IMAGEN FRENTE AL ESPEJO

¿Quién era Narciso? Según la mitología, este hijo del dios-río Cefiso y de la ninfa Liríope se enamoró de su propia imagen al contemplarse en las aguas y se precipitó en ellas intentando abrazarla. Desde aquel accidente se convirtió en la flor que lleva su nombre.

Narciso nace, sí, del vientre de Liríope —una bellísima ninfa de ojos azules—, pero ésta ha sido violada por Cefiso, un torrente de río apasionado. Otra ninfa, Eco, se enamora de Narciso y espera que éste hable con ella, y así lo hace; pero Eco, al poder sólo repetir las palabras de Narciso, no consigue atraerlo y muere de tristeza. Sus huesos se transformaron en piedras y de ella, encerrada en el bosque, sólo queda esa voz que todo lo repite, pero que no nace espontáneamente.

Por este abandono, Narciso es castigado a mirarse en un manantial cristalino donde nadie había osado llegar antes, ni los pastores, ni las cabras ni los pájaros.

«Nadie había turbado su pureza», escribe Ovidio. Narciso, atraído por ese manantial y deseando calmar su sed, se inclina a beber en él. Sorprendido por la belleza que contempla en dichas aguas, cree que es un cuerpo y queda extasiado, extasiado ante su propia imagen. «Con imprudencia se desea a sí mismo», dice Ovidio. Narciso persigue su imagen en la fuente y la besa repetidamente proclamando su amor: «Cuando yo alargo mis brazos hacia ti, tú los extiendes también; cuando yo te sonrío, tú te sonríes», exclama desesperado por no poder coger la anhelada efigie. Ya fuera de sí, se arroja a la conquista imposible y muere ahogado. Según Joyce McDougall, Narciso es en realidad un bebé enamorado: no oye más que con sus ojos.

Podemos afirmar, con todos los pensadores del tema, que el individuo necesita una dosis útil, no tóxica, de narcisismo, porque de este gesto que nos coloca en el centro del mundo depende nuestro bienestar afectivo. Todos somos en estas circunstancias bebés enamorados y nuestra mirada no admite rivales. Por ello, el origen de este sentimiento se explica desde la perspectiva del bebé, como hace Hugo Bleichmar en su libro *El narcisismo,* donde señala la siguiente serie de acontecimientos que el bebé vivirá en la génesis de su autoestima:

El individuo necesita una dosis útil, no tóxica, de narcisismo, porque de este gesto que nos coloca en el centro del mundo depende nuestro bienestar afectivo.

1. *Fase de la necesidad vital y erótica:* el niño, cuando nace, es un cuerpo que siente necesidades vitales (calor, alimento, aire) y de placer (ser tocado, besado, acariciado; sentir el pecho de la madre o la voz de quien lo ama). El otro provee esas satisfacciones y el bebé termina reconociéndolo como objeto de la necesidad vital y objeto erótico.

2. *Fase del deseo de un deseo:* el bebé capta el placer que el otro siente (cuando lo besa, lo acaricia, lo alimenta) y a la satisfacción de su deseo se une la sensación de que su madre también es feliz en ese encuentro mutuo. El bebé siente que ese deseo de su madre es independiente de lo que él haga y quiere que ella esté siempre a su lado cuando la necesita; además, goza con su felicidad.

3. *Fase del deseo de un deseo incondicional y del temor al rechazo:* el bebé observa que en ese vínculo con su madre necesita cumplir determinadas condiciones para que ella le exprese su amor. Así, al amor incondicional de antes se suma ahora un amor que condiciona –no en el corazón de la madre, sino en su conducta– y que dice: «Si haces esto te querré; si no lo haces, no cuentes conmigo.» La posibilidad de perder el amor de su madre –que el niño comienza a sentir– lo transforma en un ser que añora la época anterior, la del amor incondicional.

4. *Fase del deseo de una preferencia total y del temor a la relegación:* en esta etapa aparece el padre, el tercero, que, si bien siempre estuvo a su lado, para el bebé es una novedad. Él es quien decide las nuevas condiciones del vínculo y puede ser, alternativamente, fuente de amor o rival que despierta los celos. «Si mamá me quiere más a mí», será un triunfo narcisista; «Si mamá expresa quererlo más a él», será una derrota narcisista. Así nace el sentimiento del tercero excluido.

5. *Fase del deseo de una preferencia parcial:* por fin se alcanza esta etapa –aunque no todos buenamente– en la que se acepta que mamá puede tener más de un amor, que no sólo lo desea a él, sino también al otro, al tercero. No se es único, pero no por ello desaparece el amor. Mamá puede querer al hijo como hijo y al marido como marido, y es éste un aprendizaje arduo que el niño debe hacer. Desde este crucial momento de la vida, nadie es capaz de colmar totalmente al otro. El niño asume entonces que no es una contradicción que su madre lo quiera a él y también a su padre.

Este crecimiento es la expresión más concreta de la madurez afectiva. Las parejas, los sedientos del amor absoluto, viven también su amor en aquellas fases tercera y cuarta que hemos dibujado. La irrupción de un tercero crea «tensiones en el campo narcisista», como dice Bleichmar. Ese tercero puede tomar diferentes disfraces o, por lo menos, diferentes ropajes. ¿Acaso la cultura pos-posmoderna no es un intento de frenar la irrupción del tercero, tratando de ser más joven, más bello, más guapo, más saludable o más robusto? ¿Qué son actividades como el *jogging*, el *footing* o el *squash*, en sus más inverosímiles posibilidades, sino una despiadada lucha contra el tercero bajo el pretexto de la preocupación por la salud? ¿Qué son esas obsesiones por tener la menor arruga, como si el tiempo se midiera en función de los masajes y de la cirugía estética? ¿No se ve la figura del tercero detrás de la gimnasia febril? ¿No está agazapado detrás de nuestra patética lucha por matar el tiempo (en el sentido más penoso y menos morrocotudo)?

Este neonarcisismo ideológico –como lo llama Josep Ramoneda– colorea nuestra época con caracteres singulares. Todas son tensiones del campo narcisista.

EL DESEO NARCISISTA

Las distintas etapas a las que nos hemos referido se desarrollan en nuestro mundo interno y es posible que demos con la persona que, a la vez, cubra nuestra necesidad, nos guste y nos quiera, pero no siempre es así. Algunos buscan no comprometerse para poder gozar libremente de su sexualidad; otros viven supeditados a un sentimiento que, a fin de cuentas, es otra forma de desequilibrio: el deseo del otro, es decir, viven la relación como si fueran fuente de placer y no coprotagonistas de la película. Desatienden su propio placer en función de las necesidades del otro o, menor dicho, su placer *es* el del otro; magnífico desprendimiento que, cuando se transforma en totalitario, hace sospechar motivaciones más secretas.

Ante estas distintas estrategias —conscientes o inconscientes— cabe preguntarse: «¿Qué busca más el bebé: la leche, el pezón a succionar o la mirada de su madre?» La respuesta no es unívoca, sino puntual: a veces la necesidad de la leche hace que el bebé se dirija al pezón, a veces el placer de succionar lo lleva a beber la leche y a veces ambas conductas no son más que una estrategia para mirar la mirada de la madre. En última instancia, todo tiende a satisfacer el deseo narcisista, cuyo anhelo más elemental es sentirse único, incanjeable, el mejor de todos, el más privilegiado. El resto (desde la inteligencia al erotismo, desde la ética personal al pensamiento creativo) no es más que la vestidura que toma el narcisismo para satisfacer su demanda.

Bajo el ropaje de nuestra demanda narcisista se oculta el más profundo y silenciado de los deseos: sentirnos distintos, diferenciados, desmarcados del personal, superior a los demás, únicos. Para alcanzar ese paraíso en la Tierra necesitamos, ineludiblemente, la mirada del otro, quien dará fe de esta gloriosa alteridad en tanto que testigo incanjeable de nuestro valer. También es cierto que la mirada del otro puede habitar dentro de nosotros mismos; en todo caso, ¿qué son la masturbación, la vida del ermitaño o la satisfacción de los ascetas sino ocultas relaciones con la mirada del otro a través de las fantasías y la capacidad imaginativa?

Todos los psicólogos aceptan el anhelo del individuo de ser único, pero lo que varía —afirman— es el grado de intensidad del mismo; lo que varía es el grado de inserción que ese anhelo tiene en nuestra vida afectiva y mental. Nadie puede vanagloriarse (en el más deplorable sentido del término) de no poseerlo, aunque éste cambie de un sujeto a otro.

Naturalmente, todo en la vida es relativo y estamos signados por lo perecedero, pero señalar que la satisfacción narcisista dependerá —normalmente— de un balance equilibrado entre las aspiraciones y las posibilidades tiene mucho de racional y poco de sentimental, es decir, se refiere más a los ordenadores del entendimiento que a los vaivenes del corazón.

● ●

Tabla 31. **Algunas características de la personalidad narcisista**

– Constante preocupación por saber quién es y por su autoestima.
– Constante preocupación por su imagen ante los demás y por saber si es merecedor de reconocimiento y afecto.
– Constante angustia por los resultados de los dos puntos anteriores, a fin de saber si responden al ideal de sí mismo.
– Alteraciones en la percepción y configuración de una imagen del propio cuerpo.
– Frecuentes temores y fantasías sobre enfermedades de su cuerpo (temores hipocondríacos).
– Reiteración de la demanda de afecto y dependencia excesiva del otro.
– Ansiedad vinculada a la dificultad de acceder a una sexualidad adulta y plena.
– Pensamiento confuso prevalente.
– Frecuentes estados depresivos.
– Dificultad para comprender la conducta y los motivos de los otros (incapacidad para ponerse en el lugar del otro), lo que acarrea perturbaciones en la esfera social.

● ●

Un sujeto puede gozar de un estimable equilibrio y ser capaz de ponderar las cosas en muchos momentos de su vida, pero si se enamora es difícil creer que pueda seguir haciéndolo. Si nunca ha sentido la necesidad de encarnar su ideal de perfección, será suficiente que se enamore para que la pasión ponga una bomba de tiempo en aquella mesura y otras reglas de juego comiencen a circular activamente.

El otro dejará, entonces, de ser una pieza más del engranaje de aquel equilibrio para transformarse en juez de nuestro valer y cómplice deseado de nuestro narcisismo; nuestra identidad se constituirá en su mirada singular y exclusiva, no porque la exijamos explícitamente, sino porque el otro precisa tanto como nosotros ese espacio donde podemos aspirar a sentirnos dioses.

Capítulo 2.
▼

Algunos tests para conocerse y unas reglas para ser feliz

CONÓCETE A TI MISMO

¿Se estima lo suficiente o es un «Narciso»?
M. Dueñas

Narciso se enamoró de sí mismo al ver su imagen reflejada en el agua de un estanque, quiso abrazarla y se ahogó. A partir de esta figura mitológica griega se acuña el término *narcisismo*, que refiere un trastorno en el que el sujeto tiene un excesivo e injustificado amor hacia sí mismo. Sin llegar al narcisismo patológico, aun dentro de la sinuosa normalidad, hay personas que tienden a darse una importancia especial, considerarse únicos, reclamar de forma más o menos evidente la atención y la admiración de los demás, sobrevalorar sus propios logros... Personas que son un poco «narcisas». ¿Es usted una de ellas?

1. *¿Cómo reacciona usted cuando le hacen una crítica?*
   a) Piensa en ello para averiguar si tienen razón.
   b) Le duele, lo considera injustificado y se aparta de quien le critica.
   c) Modifica su comportamiento rápidamente.

2. *¿Qué importancia tiene la admiración en su relación de pareja?*
   a) Usted necesita admirar a su pareja.
   b) No valora tanto la admiración como otros sentimientos; por ejemplo, el mutuo respeto.
   c) Sabe que necesita que su pareja le admire, lo manifieste o no.

3. *Imagínese que es un artista joven, que está empezando y que aún no es conocido, ¿qué haría con sus trabajos?*
   a) Intentaría exponerlos y venderlos.

        b) Los destruiría o los regalaría.
        c) Nunca se desprendería de ellos, son su «obra».

4.   *Cuando está en familia:*
        a) No soporta que no le presten la debida atención.
        b) Nunca le han hecho mucho caso, así que «pasa» de ellos.
        c) Siempre se esfuerza en ganarse el interés de sus familiares.

5.   *¿Qué piensa cuando le alaban su aspecto?*
        a) Es lo lógico, usted también se ve muy bien.
        b) Seguramente es pura fórmula para quedar bien.
        c) Según de quien venga, el momento o la forma, valora o no el halago.

6.   *Usted cree que su forma de orientar la vida es:*
        a) Más o menos adecuada, aunque podría modificar algún aspecto.
        b) Realmente acertada.
        c) Bastante frustrante y equivocada.

7.   *¿Ha pasado alguna vez de la superidealización a la devaluación extrema de alguna persona?*
        a) No, nunca.
        b) Sí, con bastante frecuencia.
        c) Alguna vez, pero es raro que le ocurra.

8.   *¿Cómo reacciona cuando no consigue que los otros hagan lo que usted desea?*
        a) Sin problemas; los otros rara vez le hacen caso.
        b) Aparecen sentimientos de rabia, frialdad e indiferencia y se separa de esas personas.
        c) Sigue intentando convencerles.

9.   *¿Qué siente cuando comparte su tiempo con otras personas?*
        a) Que es una suerte tener amigos.
        b) Le extraña que otros le dediquen tanto tiempo y atención.
        c) Si el tema o la persona no le interesa, no les dedica su tiempo, por mucho que le necesiten.

10. *A la hora de iniciar una relación afectiva, ¿quién da el primer paso?*
        a) Usted casi nunca se atreve.
        b) Usted espera a que el otro exponga sus deseos y le demuestre su interés.
        c) Casi siempre expone lo que le interesa sin tener que esperar.

11. *¿Se considera una persona interesante a la que vale la pena conocer?*
        a) Generalmente sí, depende de lo que a los otros les atraiga.
        b) No, se considera carente de personalidad y atractivo.
        c) Por supuesto que sí.

12. *¿Cree que la mayoría de la gente simpatiza con usted?*
        a) No lo sabe, usted simpatiza con quien le interesa.
        b) Sus relaciones son más bien difíciles, aunque no sabe bien por qué.
        c) Procura caer bien, aunque no es un tema que le preocupe.

13. *¿Le gusta su aspecto?*
        a) Algunas cosas sí y otras algo menos.
        b) Se encuentra francamente atractivo, cuida mucho su imagen.
        c) Intenta cuidar su aspecto, pero casi nunca le satisface.

14. *¿Cuál es el principal objetivo de su vida?*
   a) Su vida carece de objetivo.
   b) Usted mismo.
   c) Un conjunto de cosas como amigos, familia, amor, trabajo...

		Valoración													
		Preguntas													
		1	2	3	4	5	6	7	8	9	10	11	12	13	14
Respuestas	a	2	1	2	3	3	2	1	1	2	1	2	3	2	1
	b	3	2	1	2	1	3	3	3	1	3	1	1	3	3
	c	1	3	3	1	2	1	2	2	3	2	3	2	1	2

— *Hasta 14 puntos:* no es que no se estime usted correctamente, es que no se estima en absoluto. ¿Por qué se valora tan poco? Se considera tonto, feo, poco eficaz en el trabajo, inseguro, sin personalidad, sin atractivo, incapaz de atraer la atención de nadie... Tiene que empezar a reforzar poco a poco su personalidad, su autoestima, la confianza en usted mismo y, sobre todo, a quererse un poco más. En principio, todo el mundo tiene aspectos positivos y puede aportar algo a los demás.
— *De 15 a 28 puntos:* a primera vista su autoestima es correcta, no cae ni en el exceso ni en el defecto. Según se trate del momento y del lugar, se encuentra usted mejor y con más valor, pero suele estar contento consigo mismo, y esto se refleja en los demás. Es agradable estar en su compañía.
— *A partir de 29 puntos:* cuidado, su personalidad tiende al narcisismo. Se valora usted en exceso y no comprende cómo los otros no hacen lo mismo. Siente y/o hace sentir que concede un favor muy especial a los otros al prestarles su «valiosa atención» y no digamos su interés o su cariño, aunque tiende a interesarse sólo por su propia persona. Se cree algo especial psíquica o físicamente. Corre el riesgo de que, a corto plazo, los que le han aguantado se harten de su actitud y acaben por abandonarle. Entonces se encontrará con su muy querida y valiosa persona en soledad.

¿Es optimista o pesimista?
J. de las Heras

El modo en que enfocamos el futuro condiciona en buena medida nuestros proyectos y comportamientos, a la vez que influye en nuestro estado de ánimo. Los más optimistas confían demasiado en el futuro y sufren, a menudo, desengaños. Por el contrario, los demasiado pesimistas suelen ser personas tristes e incapaces de asumir pequeños riesgos. ¿Es usted optimista o pesimista?

Conteste las preguntas que se formulan a continuación eligiendo como respuesta el SÍ o el NO. Utilice la interrogación sólo en caso de que le resulte verdaderamente difícil elegir otra respuesta.

Las respuestas en las que se eligió la interrogación no puntúan.

	SÍ	?	NO
1. Cuando algo le sale mal, ¿suele pensar que todo se arreglará?	—	—	—
2. ¿Se suele desanimar cuando piensa en el futuro?	—	—	—
3. ¿Cree que las cosas se ponen cada vez más difíciles?	—	—	—
4. ¿Confía en la suerte a la hora de resolver sus problemas?	—	—	—
5. Cuando alguien tarda en llegar, ¿piensa que ha podido ocurrirle alguna desgracia?	—	—	—

	SÍ	?	NO

6. ¿Se considera una persona precavida o previsora? — — —
7. ¿Le dicen que confía demasiado en sus posibilidades? — — —
8. Cuando se toma una decisión en grupo, ¿suele ser usted el que expone las posibles dificultades? — — —
9. ¿Le gustan los proyectos arriesgados? — — —
10. ¿Piensa que «cualquier tiempo pasado fue mejor»? — — —
11. ¿Piensa frecuentemente en todas las desgracias que le pueden ocurrir y en cómo podría solucionarlas? — — —
12. ¿Es usted aprensivo? — — —
13. ¿Tiene siempre algún problema que le impide disfrutar de la vida? — — —
14. Cuando acude a pruebas o exámenes, ¿se da cuenta después de que iba peor preparado de lo que pensaba? — — —
15. ¿Es aficionado a los seguros, planes de pensiones, etc.? — — —
16. ¿Piensa más en lo que tiene que en lo que le falta? — — —

Valoración

Sume un punto por cada una de las siguientes respuestas:

1.	SÍ	5.	NO	9.	SÍ	13.	NO
2.	NO	6.	NO	10.	NO	14.	SÍ
3.	NO	7.	SI	11.	NO	15.	NO
4.	SÍ	8.	NO	12.	NO	16.	SÍ

Reste un punto por cada una de las siguientes respuestas:

1.	NO	5.	SÍ	9.	NO	13.	SÍ
2.	SÍ	6.	SÍ	10.	SÍ	14.	NO
3.	SÍ	7.	NO	11.	SÍ	15.	SÍ
4.	NO	8.	SÍ	12.	SÍ	16.	NO

– *Con más de ocho puntos:* es usted demasiado optimista. Confía demasiado en la suerte y sus posibilidades. Debería ser más realista.
– *Entre 0 y 8 puntos:* es usted una persona optimista. En general, es preferible ser optimista a pesimista, siempre que seamos suficientemente conscientes de la realidad de la vida.
– *Entre 0 y –8 puntos:* es usted una persona pesimista, aunque dentro de lo normal. Debería adoptar una actitud menos preocupada de cara al futuro.
– *Con menos de –8 puntos:* es demasiado pesimista. Debería ampliar sus puntos de vista para no olvidarse del lado bueno de las cosas. No debe anticipar desgracias que no han ocurrido y que lo más probable es que no sucedan, porque sólo sirven para hacerle sufrir innecesariamente.

¿Es una persona dependiente o independiente?
J. de las Heras

Hay personas que son realmente independientes de los demás, es decir, que son capaces de vivir sin recurrir ni necesitar imperiosamente a los demás, al menos, en circunstancias normales. Otras, sin embargo, son incapaces de hacer casi nada, si no es con el apoyo o la compañía de los otros. ¿Es usted una persona realmente independiente?

Conteste sinceramente a las preguntas que se formulan a continuación, según sea cada cuestión propuesta verdadera (V) o falsa (F). Utilice sólo la respuesta de duda (?) cuando verdaderamente le resulte imposible elegir una de las otras respuestas. (En ningún caso debe haber más de cinco respuestas de interrogación.)

	V	?	F
1. Cuando tiene que tomar una decisión de una importancia considerable, no puede hacerlo sin consultar a otras personas.	—	—	—
2. Es capaz de no ir acompañado de alguien de confianza a una reunión social en que conoce a pocas personas.	—	—	—
3. Generalmente se aburre o se siente mal cuando está solo.	—	—	—
4. No le importa irse solo a un viaje interesante.	—	—	—
5. Necesita ir acompañado cuando va a comprar algo de cierta importancia, para que otros le den su opinión.	—	—	—
6. Cuando tiene un problema, necesita urgentemente contárselo a alguien.	—	—	—
7. Va solo al médico, salvo que por la naturaleza de la enfermedad sea necesario que alguien le acompañe.	—	—	—
8. Si una película le interesa bastante, va solo al cine, en caso de que nadie pueda acompañarle.	—	—	—
9. Generalmente le da más valor a la opinión de los demás que a la suya propia.	—	—	—
10. A menudo, son los demás los que tienen que terminar resolviéndole sus problemas.	—	—	—
11. Le gusta o le gustaría vivir solo.	—	—	—
12. Los sitios que más le divierten son aquellos en los que hay mucha gente.	—	—	—
13. Por no pensar, prefiere que sean los demás los que decidan lo que va a hacer durante el fin de semana.	—	—	—
14. Prefiere molestar a algún amigo o conocido para que le ayude a realizar un trámite burocrático, que ir aprendiendo a hacerlo solo.	—	—	—
15. En general, prefiere ser usted el que lleve la iniciativa.	—	—	—
16. Por no discutir, prefiere conformarse a lo que los demás le sugieren.	—	—	—
17. Le horroriza pensar que tiene que pasar solo o sin salir con nadie un fin de semana.	—	—	—
18. Los demás le dicen que siempre anda pidiendo ayuda para cosas que realmente no la necesitan.	—	—	—
19. Le influyen más que a la mayoría los comentarios que otras personas puedan hacer sobre usted.	—	—	—
20. A menudo siente una especie de necesidad de que otros le protejan.	—	—	—

Valoración

Sume un punto por cada una de las respuestas siguientes:

1. V	6. V	11. F	16. V
2. F	7. F	12. V	17. V
3. V	8. F	13. V	18. V
4. F	9. V	14. V	19. V
5. V	10.V	15. F	20. V

Reste un punto por cada una de las respuestas siguientes:

1. F	6. F	11. V	16. F
2. V	7. V	12. F	17. F
3. F	8. V	13. F	18. F
4. V	9. F	14. F	19. F
5. F	10.F	15. V	20. F

No valore las respuestas de duda, en que ha utilizado la interrogación (?).

– *Con 6 o más puntos:* es usted una persona que depende demasiado de los demás. Debe procurar ir alcanzando un nivel más alto de independencia.

– *Entre 5 y –5 puntos:* es usted una persona normal. Si ha sumado puntos positivos, es más bien dependiente; si han sido negativos, más bien independiente.

– *Con –6 y menos puntos:* es usted una persona independiente, lo cual es positivo, salvo que esa independencia se deba o acompañe de un excesivo aislamiento social.

¿Tiene seguridad en sí mismo?
J. de las Heras

¿Hasta qué punto tiene confianza en sí mismo? ¿En muchas situaciones se siente incómodo o no sabe cómo actuar? ¿Duda con mucha frecuencia? ¿Tras una apariencia, tal vez, de demasiada seguridad en sí mismo, se esconde una personalidad insegura?

En las cuestiones que se plantean a continuación elija la respuesta con la que se sienta más identificado.

1. *Cuando alguien expone un punto de vista distinto al suyo:*
   a) Le da la razón, aunque piense que está equivocado, por evitar quedar mal o crear una situación tensa.
   b) Discute con esa persona y defiende enérgicamente su postura, pase lo que pase.
   c) Considera los argumentos del otro y, si le parecen acertados, reconoce que tiene razón.

2. *Cuando tiene que tomar una decisión:*
   a) Le da muchas vueltas, pero no logra encontrar la solución más acertada y, una vez que se decide, a menudo piensa que se ha equivocado.
   b) Hace lo primero que le viene a la cabeza sin más, y no admite que se pueda haber equivocado.
   c) Valora los «pros» y los «contras», se decide y se olvida de las otras alternativas posibles.

3. *Cuando alguien hace un comentario desfavorable sobre usted:*
   a) Le da mucha importancia y se suele sentir muy mal, a pesar de que, objetivamente, se dé cuenta de que no se trata de nada importante.
   b) Suele pensar o decir que las opiniones de esa persona no valen la pena, pero se siente irritado y ofendido.
   c) Considera si puede tener razón o no. En caso afirmativo, intenta corregir las causas, y en caso negativo, se olvida fácilmente del suceso.

4. *Cuando algo sale mal:*
   a) Casi siempre piensa que ha sido culpa suya, aunque muchas veces los demás le digan que no hay motivos para considerarse responsable, y le cuesta mucho superar esa situación.
   b) Siempre piensa que es culpa de los demás.
   c) Analiza lo sucedido para descubrir si se debe a algún fallo. En tal caso, lo acepta y procura que no vuelva a suceder.

5. *Si tiene que realizar alguna actividad de mucha responsabilidad:*
   a) Se angustia pensando que no será capaz de hacerla correctamente, a pesar de que los demás opinen lo contrario, y, si es posible, la evita.
   b) Siempre acepta, porque sabe que lo hará mejor que nadie.
   c) Acepta, considerando las dificultades que puede tener, pensando simplemente que procurará hacerlo lo mejor posible.

6. *Cuando tiene que hacer una elección:*
   a) Siempre pide consejo a todo el mundo, a pesar de lo cual no suele saber qué hacer. Muchas veces prefiere que otros decidan por usted.
   b) Prefiere no consultar con nadie para evitar que puedan confundirle.
   c) Suele consultar con alguien que le merezca confianza y que entienda de ese tema, en caso de tratarse de un asunto importante.

7. *Cuando acude a una reunión social:*
   a) Procura pasar lo más inadvertido posible, está en tensión, se comporta con timidez, y evita a toda costa llamar la atención.
   b) Le gusta destacar, ser el centro de atención, y que todo el mundo se fije en usted.
   c) Se comporta con naturalidad y espontaneidad, suele estar relajado y pasarlo bien.

Valoración

– *Si predominan las respuestas* a): Tiene usted poca confianza en sí mismo, es demasiado inseguro. Probablemente se valore menos de lo que es en realidad.
– *Si predominan las respuestas* b): Aunque pueda dar la impresión de que es usted una persona muy segura, en el fondo es probable que sea todo lo contrario.
– *Si predominan las respuestas* c): Tiene usted suficiente seguridad en sí mismo y probablemente una personalidad adecuada y equilibrada.

¿Es una persona madura?
A. Polaino-Lorente

La *madurez* de una persona no está relacionada ni con la edad ni con la profesión. El término «personalidad madura» manifiesta una manera de ser. Es un talante personal caracterizado por la coherencia y la estabilidad a lo largo de toda la vida, así como por la presencia de una armonía y un equilibrio de nuestro comportamiento frente al medio.

¿Tolera usted las frustraciones de cada día sin perder los nervios? ¿Cambia de amigo sólo porque fue impuntual la última vez que se vieron? ¿Cree que sus amigos pueden predecir y acertar cuál será su comportamiento en una determinada situación, si se les informa previamente sobre las circunstancias de la misma?

Por favor, conteste a las preguntas que se formulan a continuación, marcando una X en el lugar que considere más apropiado, según considere la respuesta afirmativa (SÍ) o negativa (NO).

	SÍ	?	NO
1. ¿Cumple usted casi siempre lo que promete?	—	—	—
2. ¿Se deja llevar por sus impulsos, sin ser capaz de regularlos?	—	—	—
3. ¿Piensa que a usted todo le está permitido?	—	—	—
4. ¿Escapa con facilidad a sus responsabilidades profesionales, familiares y sociales?	—	—	—
5. ¿Confunde con frecuencia la espontaneidad y la autenticidad?	—	—	—
6. ¿Es usted desconfiado en el trato personal?	—	—	—
7. ¿Tiene miedo a comprometerse?	—	—	—
8. ¿Vive usted «a su aire», sin disponer de ningún proyecto personal?	—	—	—
9. ¿Cambia fácilmente sus decisiones, aunque eso suponga una dolorosa deslealtad para el otro?	—	—	—
10. ¿Procura siempre quedar bien, de acuerdo con las exigencias de las circunstancias, independientemente de cuáles sean sus compromisos anteriores?	—	—	—

11. ¿Tolera usted las frustraciones cotidianas sin perder los nervios? — — —
12. ¿Ama ser independiente por encima de todo? — — —
13. ¿Persigue a toda costa la búsqueda del éxito personal,
aunque para ello tenga que atropellar los derechos de los otros? — — —
14. ¿Considera que puede cambiar de amistades como
el que cambia de chaqueta? — — —
15. ¿Cree usted que sus amigos pueden predecir y acertar
cuál será su comportamiento en una determinada situación,
si se les informa previamente acerca de las circunstancias? — — —
16. ¿Rehúsa cumplir con su deber, cuando supone esfuerzo
o cuando no es placentero? — — —
17. ¿Confunde con frecuencia lo que quiere con lo que sólo desea? — — —
18. ¿Considera que está reprimido cuando por exigencias
de su racionalidad ha de dominar sus impulsos? — — —
19. ¿Le cuesta enfrentarse a las consecuencias que
en el futuro se deriven de sus decisiones actuales? — — —
20. ¿Procura controlarlo todo para no sentirse inseguro? — — —

Valoración

Si ha contestado de forma afirmativa (SÍ) a todas las preguntas (excepto la 1, 11 y 15), deberá contabilizar un punto positivo por cada una de esas respuestas; si ha respondido de forma negativa (NO), reste un punto a la suma total anterior por cada una de las respuestas contestadas con NO.

Si ha respondido afirmativamente (SÍ) a las preguntas 1, 11, 15, reste un punto por pregunta a la suma anterior; si ha respondido negativamente (NO), añada un punto a la suma anterior por cada pregunta así contestada.

— *Menos de 6 puntos:* usted ha conseguido conformar un tipo de personalidad muy logrado. Sabe lo que quiere y quiere lo que hace. Su constancia demuestra una gran estabilidad en las decisiones que toma. Además, sabe ser leal, guardar secretos, relativizar el valor del éxito y controlar sus impulsos. Sus amigos se alegrarán de haber tenido la suerte de conocerle.

— *De 7 a 11 puntos:* su madurez personal no ha terminado de ser plena; todavía puede mejorar mucho más. Para ello debe tratar de perder los miedos que ahora le atenazan. No rehúse asumir sus propias responsabilidades, no cambie tanto de opinión, contrólese más sus impulsos, sea más leal con sus compañeros y no tema comprometerse, si considera que el proyecto por el que ha apostado vale la pena.

— *De 12 a 20 puntos:* aparentemente parece que se lo pasa usted muy bien, como si hubiera acertado plenamente al elegir el estilo de vida que le caracteriza. Sin embargo, usted está lleno de temores a elegir, comprometerse, vincularse con sus propias decisiones, optar por algo en lo que cree... Por este camino es probable que sufra mucho en la vida, gracias a su inmadurez (inseguridad, irresponsabilidad, desconfianza, soledad...). No sea tan condescendiente, necesario y dependiente de las personas que le rodean. Por favor, procure tener ideas propias y no se avergüence de ellas o de su lealtad a los compromisos que libremente adquirió con anterioridad.

¿Tiene sentido del humor?
J. de las Heras

El *sentido del humor* es algo imprescindible en la vida. Sirve para quitar dramatismo a muchas situaciones y nos alegra la vida a nosotros y a las personas con las que tratamos. No obstante, muchas veces nos olvidamos de poner más humor en nuestra vida. ¿Realmente tiene usted sentido del humor?

Conteste a las preguntas que se establecen a continuación según las considere verdaderas (V) o falsas (F).

		V	?	F
1.	Cuando se encuentra en una situación ridícula, ¿suele ser el primero en reírse de sí mismo?	—	—	—
2.	Cuando algo sale mal inesperadamente, ¿sabe encontrar una salida divertida a la situación?	—	—	—
3.	¿Suele estar alegre?	—	—	—
4.	¿Le resulta difícil sacarle «chispa» a las cosas?	—	—	—
5.	¿Se toma todas las cosas, incluso las más insignificantes, como si fuesen trascendentales y decisivas?	—	—	—
6.	¿Se divierte con facilidad, casi en cualquier parte o situación?	—	—	—
7.	¿No le gusta nada que se tomen sus cosas a broma, aunque sea durante una reunión con personas de mucha confianza?	—	—	—
8.	¿Se ríe con las situaciones absurdas?	—	—	—
9.	¿Le gusta contar y que le cuenten situaciones cómicas, aunque sean, en otro sentido, un poco dramáticas?	—	—	—
10.	¿Procura hacerse el gracioso en cualquier situación?	—	—	—
11.	¿Con frecuencia se sorprende de que ciertas cosas les puedan hacer gracia a los demás?	—	—	—
12.	¿Termina riéndose de sus propias ingenuidades o fracasos?	—	—	—
13.	¿Sería capaz de ponerse un disfraz con gracia para una fiesta de disfraces a pesar de que dejase poco atractivo, incluso ridículo?	—	—	—
14.	¿Cree que la mayoría de la gente se toma la vida demasiado a broma?	—	—	—
15.	¿Es usted un buen perdedor en el juego?	—	—	—
16.	Aunque usted no lo considere así, ¿le dicen a menudo que sus chistes o bromas son bastante groseros o de mal gusto?	—	—	—
17.	¿Sintoniza fácilmente con un ambiente informal?	—	—	—
18.	¿Evita contar una anécdota divertida si usted sale en ella mal parado?	—	—	—
19.	¿Suelen aceptar los demás sus bromas de buen grado?	—	—	—

Valoración

Sume un punto por cada una de sus respuestas que coincidan con las siguientes.

1. V	6. V	11. F	16. F
2. V	7. F	12. V	17. V
3. V	8. V	13. V	18. F
4. F	9. V	14. F	19. V
5. F	10.F	15. F	

– *Con más de 13 puntos:* es usted una persona con un gran sentido del humor. Esto le ayudará a salir airoso de muchas situaciones y a hacer la vida más agradable a las personas con las que trate habitualmente. El sentido del humor es uno de los síntomas claves de la estabilidad emocional.

– *De 6 a 13 puntos:* es usted una persona normal, ni con mucho ni con poco sentido del humor. Procure poner en su vida un poco más de sentido del humor y todo irá mejor.

– *Con menos de 6 puntos:* no tiene usted suficiente sentido del humor. Vive la vida con una perspectiva demasiado dramática y eso no le conviene. Procure desarrollar más su sentido del humor: éste es un ingrediente esencial de la felicidad.

4

▼

De amor y de sexo

I.
LA SEXUALIDAD
FEMENINA

Capítulo 1. ¿Qué es eso del sexo?

▼ *O. Bertomeu*

La mujer es la gran desconocida, sobre todo para ella misma. Han querido que nos limitemos a ser un esbozo de persona que arrastra tras de sí una sombra con forma de mujer.

Hablar de la sexualidad femenina y profundizar en ella significa atreverse a romper las mordazas que desde hace siglos han silenciado a la mujer. Es devolverle la voz, una voz llena de sensibilidad y sentimiento, de la emotividad que sólo ella es capaz.

Hablar de la sexualidad femenina es denunciar la injusta situación a la que se ha tenido sometida a la mujer y exigir la plenitud de derechos que como persona le corresponden.

Se trata de recuperar a la mujer, la verdadera mujer, destruyendo la caricatura que una sociedad patriarcal le ha impuesto como objetivo sexual desechable.

Desmitificar el sexo, conocerlo y disfrutarlo libremente significa para la mujer vencer el último baluarte de la dominación a que ha sido sometida.

EL SEXO LO ES TODO

Se trata de una característica que inicialmente (en la lejanía de los tiempos) los seres humanos disfrutamos al igual que los demás animales, como parte del mandato biológico dirigido a la perpetuación de la especie. La reproducción ligada al instinto se ha visto superada y complicada con nuestra evolución a lo largo de los siglos. La humanización de esa pulsión se ha realizado a través de un largo y complicado proceso. Mediante la evolución y la alta especialización de nuestro cerebro, lo biológico se ha visto condicionado y en ocasiones superado por lo sociocultural y psicológico.

El sexo es la raíz misma de nuestra esencia.

Sin el sexo no seríamos. Está en la raíz misma de nuestra esencia. De él nacemos y nace con nosotros para acompañarnos a lo largo de nuestra existencia.

Connota nuestros movimientos y se mueve con nosotros; es el alma de nuestras sensaciones, la fuente mágica de nuestras emociones; el fuego de la pasión.

Nuestra sexualidad, esa cualidad gratuita de la que podemos disfrutar solos o acompañados, capaz de llenarnos de alborozo y zozobra, de inquietud y de frustración, capaz también de hacer con nosotros amorosos amantes, compañeros lúdicos, cómplices ardientes, parejas desganadas y perezosas por la obligación y la rutina, seres violentos y abyectos, y también personas tiernas y sensibles, esa cualidad, sobre todo, lejos de la exclusiva búsqueda de placer, nos permite encontrarnos con nosotros mismos, y cara a cara, reconocernos y aceptarnos o rechazarnos. Porque, no lo olvidemos, todas las relaciones humanas están impregnadas de matices sexuales, aunque no seamos conscientes de ello ni haya tocamientos. Toda conducta sexual implica cierta relación, y también casi todas nuestras relaciones contienen posos de sexualidad.

No existe un sistema de valores sexuales que tenga validez universal ni un código moral que sea indiscutible, para todos los humanos.

El sexo, arte, arma, instrumento o moneda siempre será susceptible de matices, tantos como personas pretendamos definirlo.

Y precisamente, a través de esos diferentes matices, y perspectivas, será como podremos considerarlo en toda su amplitud para llegar al preciso conocimiento de lo que es el sexo para así comprenderlo y disfrutarlo mejor.

No nos debe extrañar que este profundizar en un asunto que ha despertado el interés del hombre desde siempre, nos conduzca en última instancia al conocimiento de la persona, de la difícil y desconcertante naturaleza humana.

NUESTRO COMPORTAMIENTO SEXUAL

Nuestra conducta sexual es consecuencia de las fuerzas biológicas, psíquicas y sociales, y aún cabe un nivel más de aproximación: si estudiamos nuestras conductas sexuales, no sólo sabremos lo que las personas hacemos, y cómo lo hacemos, sino que también comprenderemos por qué obramos de determinadas maneras.

El principal problema que se presenta en este aspecto reside en la manía que tenemos las personas de enjuiciar el comportamiento sexual de los demás, utilizando como patrón nuestros principios morales y nuestras experiencias personales de manera que casi siempre tenderemos a considerar «normal» todo comportamiento que coincida con el nuestro y con nuestros valores y experiencias, mientras que calificaremos de «anormal» toda conducta ajena que difiera de la nuestra. Siempre nos resulta dificilísimo ser objetivos.

A consecuencia de los aspectos anteriormente citados se ha desarrollado una aproximación clínica a la sexualidad. Si bien no existe duda alguna en cuanto a la sexualidad como función natural de nuestro organismo, no obstante, existen numerosas causas y motivos que pueden impedirnos disfrutar del placer y de la espontaneidad del contacto íntimo.

Afortunadamente, las investigaciones que se han llevado a cabo al respecto en los últimos treinta años han conducido a la aparición de una nueva disciplina, la *sexología*, que se ocupa del estudio de la extensa y compleja temática sexual. Gracias a ella disponemos de los conocimientos y recursos necesarios para el tratamiento de una amplia gama de trastornos que nos impiden a las personas gozar de un estado de salud y dicha sexual.

Y, por último, si contemplamos la sexualidad desde los ojos de la cultura, y no sólo desde nuestra cultura, sino también de las diferentes culturas que existen en nuestro planeta, llegaremos a la conclusión de que no existe un sistema de valores sexuales que tenga validez universal ni un código moral que sea indiscutible, justo y aplicable punto por punto a todos los humanos. Es más, cada sociedad, en cada época de la historia, definirá lo que se considere «moral», «justo» o «correcto». Y aunque la mayoría de los aspectos éticos del sexo se vinculan a determinadas ideas religiosas, debe quedar claro que la religión no ostenta el monopolio de la moralidad. Existen quienes actúan según unos principios personales elaborados responsablemente, y que no precisan ni de la amenaza del castigo, ni de la promesa del premio divino y que son mucho más coherentes y rigurosos, y sobre todo más libres, a la hora de adecuar sus conductas a una moral social intachable.

Y, por último, creo conveniente echar una ojeada al escenario cultural que nos rodea para comprobar que algo ha cambiado, aunque no lo suficiente, respecto al sexo y ver cuáles han podido ser las causas de que esto esté sucediendo:

1. Es evidente que han comenzado a suavizarse los conceptos de *masculinidad* y de *feminidad* como eternos tópicos de roles sexuales opuestos: mujer pasiva, sumisa y expectante frente a hombre activo, «experto», que debe tomar la iniciativa. Ya son muchas las personas que entienden y viven la relación sexual como un acto de participación y de satisfacción mutuas.

2. También resulta satisfactorio comprobar cómo se empieza a tratar la sexualidad con más sinceridad, cómo se habla con mayor franqueza. Tanto las parejas entre sí, como padres e hijos, y los medios de comunicación, abordan con mayor naturalidad estas cuestiones, liberándolos de ese aire de misterio y de vergüenza en el que se las envolvió.

3. Y un tercer cambio, quizás el más importante, porque me parece que de él se han derivado los dos anteriores. Una gran parte de la sociedad ha comenzado a aceptar el sexo como un elemento de placer, generador de emociones y fruto de sentimientos compartidos, que se diferencia de los fines reproductivos a los que se venía obligando y restringiendo. La emancipación creciente de la mujer ha jugado un papel importantísimo en este cambio, no menor que la preocupación por el incremento demográfico y como consecuencia de ése los avances de las técnicas contraceptivas.

LA NATURALEZA DE NUESTRA SEXUALIDAD. NUESTROS ORÍGENES BIOLÓGICOS

Si existe una especie sobre el planeta Tierra en la que se hagan especialmente evidentes las diferencias entre machos y hembras es la nuestra. Hombres y mujeres somos el resultado del claro dimorfismo sexual que caracteriza a la especie humana.

No aporto nada nuevo si afirmo que la mujer, a lo largo de los tiempos, y no sé decir hasta cuándo seguirá siendo así, ha sido tratada de forma diferente al hombre y no precisamente para su beneficio, a cuenta de ese dimorfismo. Simplificando, la razón esencial de cuantas diferencias se han establecido entre el hombre y la mujer se debe a que la mujer es portadora de un par de cromosomas XX mientras que el hombre lo es de un par XY. La conclusión a la que llegamos bien pudiera ser que la historia de la humanidad se ha escrito por el momento en función de ser propietario de testículos y pene, o de vulva, útero y ovarios.

Por ello considero de interés el entretenernos por un momento en este hecho biológico sexual, que ha determinado y determina profundamente la suerte de la mujer desde hace demasiado tiempo.

Y aunque sea a título anecdótico, también quiero eximir a la mujer de aquella carga, fruto de una supina ignorancia, y de no poca mala fe, que la hacía responsable tanto del sexo de los hijos engendrados como de la esterilidad.

Quizás ya no sea una sorpresa para la mayoría de la gente saber que «Eva fue antes que Adán», a pesar de los tan cacareados principios bíblicos, que algo de influencia han tenido en el discurso humano.

En nuestra especie es casi imposible separar la biología y cultura; hasta el punto de que no habrá cultura si no se posee un sistema nervioso determinado, y en tanto que la cultura es capaz de modificar la biología. De manera que, si lo que nos llevaba a diferenciarnos a hombres y mujeres era la capacidad de gestación, parto y lactancia, el hecho de que la mujer no ejerza esa capacidad reproductora, bien por azar, bien por elección, en la mayoría de los casos ayudada por los avances en anticoncepción, elimina gran parte de los motivos de diferenciación y, sobre todo, de discriminación entre nosotros.

Así que, en principio, hombres y mujeres somos bastante más parecidos que diferentes los unos a las otras.

Una vez dicho esto, merece la pena contar algo sobre la biología sexual femenina, sobre su naturaleza y su evolución, que aún puede aclararnos mucho más cómo somos, y sentirnos también mucho más conformes con ser así.

Si de verdad estamos convencidos de que hombres y mujeres somos muy diferentes unos de otros, seguro que creemos que los mensajes genéticos responsables del desarrollo masculino y femenino son totalmente distintos. Que existen dos «proyectos» estrictos, uno masculino y otro femenino que deciden las características físicas y, por qué no, psicológicas de las personas, para hacernos hombre o mujer. Lo cierto es que las cosas no son así y que lo que sí sucede realmente es que las instrucciones genéticas que reciben ambos sexos son sumamente parecidas.

Desde el momento en que se unen el espermatozoide y el óvulo se inicia el camino del desarrollo de un embrión humano en clave masculina o femenina. El hecho de que ese embrión sea masculino o femenino dependerá de la aportación cromosómica del padre. Cuando engendramos, mujer y hombre aportamos cada uno una serie de veintitrés cromosomas que se combinarán por partes para completar los cuarenta y seis que caracterizan el cariotipo humano. Salvo el par vigésimo tercero, el llamado sexual o gonosoma, el resto está constituido por cromosomas muy parecidos en tamaño y estructura, aunque procedan de dos personas diferentes, el padre y la madre. Y es que ese par de cromosomas sexuales pueden ser muy parecidos o pueden ser del todo diferentes. Veamos por qué.

Ya sabemos que los cromosomas sexuales de la mujer, el par 23, siempre estará formado por dos cromosomas X y X, de modo que sus óvulos siempre aportarán uno de ellos, es decir, un cromosoma X. Y que el par 23 del hombre siempre estará formado por dos cromosomas X e Y, de forma que sus espermatozoides pueden aportar bien un cromosoma X, bien un cromosoma Y, siendo la probabilidad de un 50 por ciento de que aporte uno u otro. En el caso de que el hombre aporte un cromosoma X se unirá al obligado X de la mujer para dar lugar a un embrión femenino, mientras que si proporciona el cromosoma Y se producirá un embrión masculino, dado que unido al forzoso X de la madre formará un par XY.

Como se ve, según lo dicho, el sexo del futuro hijo siempre dependerá de la aportación del padre, dado que la madre siempre ofrece el mismo cromosoma básico (X), al que se le asocia un cromosoma X o Y, según la carga del espermatozoide que logra penetrar en el óvulo y fertilizarlo.

Cuando todo evoluciona con normalidad, en el macho XY están presentes todos los genes que posee la hembra XX, además de los que posee el cromosoma Y. Dicho en otras palabras, hoy por hoy estamos en situación de afirmar que todos los programas básicos de los embriones humanos están orientados hacia la producción de hembras. De modo que para que esta tendencia espontánea de la gónada embrionaria indiferenciada hacia la formación de ovarios se vea desviada a la formación de testículos es preciso que intervenga algún gen del cromosoma Y. Aun así, en el momento de la unión del óvulo con el espermatozoide, no queda del todo definida la identidad sexual de la futura persona. Tan sólo queda plasmado su sexo cromosómico.

La identidad sexual de cada persona es el resultado de una especial carrera de relevos, según la cual se van cubriendo etapas en las que cristalizan múltiples elementos hasta llegar a una meta final, siempre en suspenso. Una vez establecido el sexo cromosómico (XX o XY) la presencia de los genes sexuales no actúa hasta la quinta o la sexta semana del embrión: durante esas semanas previas, iniciales, todos los embriones son morfológicamente hembras. Hacia la octava semana, si el sexo cromosómico corresponde a una hembra, las glándulas sexuales no diferenciadas o *gónadas* se ponen en marcha para convertirse en ovarios y producir estrógenos, las hormonas femeninas por excelencia. Cuando el sexo cromosómico es de macho, las glándulas sexuales no diferenciadas, a la séptima semana de gestación, se convierten en testículos y se produce el andrógeno fetal. Resulta curioso en este punto destacar que si bien el andrógeno es absolutamente necesario para la masculinización del embrión, no lo es el estrógeno para la feminización. Tan es así, que si extirparan las gónadas antes de la octava semana, antes de que se produjera estrógeno, ese embrión seguiría su desarrollo como hembra, al margen de su sexo cromosómico (XX o XY).

Con el despertar de la pubertad, las gónadas (ovarios y testículos) comenzarán una actividad desenfrenada con la producción de las células sexuales maduras, óvulos y espermatozoides.

La actividad hormonal de este momento logra que aparezcan aquellos caracteres sexuales secundarios que caracterizarán a hembras y machos: las mamas, la estructura de la pelvis, la distribución de la grasa subcutánea en nosotras; la aparición del vello facial y el cambio de voz en ellos.

Es preciso comprender que todos los estudios realizados hasta el momento, a pesar de la evidencia de las diferencias biológicas fundamentales entre hombres y mujeres, cuya única importancia parece radicar en dotarlos de los elementos imprescindibles para la reproducción, no indican que conduzcan siempre a comportamientos distintos. Es decir, que la biología no explicaría suficientemente el hecho de que hombres y mujeres nos comportemos de forma diferente en otros aspectos de la vida. La explicación habría que buscarla más bien en las mil y una variables ajenas a la biología que intervienen en nuestra biografía.

CÓMO FUNCIONA SEXUALMENTE NUESTRO CUERPO

Somos un cuerpo dotado de infinitos resortes, capaces de ponerse en marcha según aparezcan innumerables estímulos. Entre ellos, aquellos estímulos que pueden proporcionarnos el placer sexual. Nuestro cuerpo está preparado para el placer al igual que puede reaccionar ante el dolor. Pero es preciso no olvidar que, aunque nos resten rescoldos de los instintos primarios, éstos han sufrido el tamiz obligado de nuestro evolucionado cerebro, de modo que pueden ser muy distintas las fuentes que nos exciten sexualmente, además de muy subjetivas y particulares. Para cada uno tendrán un valor especial las caricias, los besos, la mirada, las fabulaciones, los tocamientos genitales o el coito. El lenguaje que utilicemos, los valores personales,

los modos y maneras de comportarnos, nuestra sensibilidad, estarán muy relacionados con nuestro entorno sociocultural. Pero la sensación en sí misma, esa ascensión voluptuosa hacia la cima del placer; los estremecimientos de nuestro cuerpo; las contracciones rítmicas del orgasmo, aceleradas primero, pausadas al final, para caer en la relajación después... Todo eso funciona casi de la misma manera para todos.

Nuestro sistema nervioso se pone en marcha y nuestros órganos sexuales también, acatando las órdenes eléctricas y químicas que el cerebro transmite a todo nuestro organismo. El cerebro es el centro de datos a donde llegan todas las señales y de donde parten todas las órdenes.

Nuestro cuerpo es capaz de responder en las situaciones más insospechadas, sorprendiéndonos incluso a nosotros mismos; y por el contrario, puede negarse obcecadamente a excitarse, aun cuando tratemos de obligarle a hacerlo. Diferimos en los mecanismos de excitación de nuestra mente, para ser mucho más parecidos en los mecanismos de excitación de nuestro cuerpo.

Ya se ha hecho clásica la división del ciclo de respuesta sexual humana a cargo de Masters y Johnson para identificar los pasos por los que transcurre nuestro proceso de goce sexual. Se trata de cuatro fases básicas –excitación, meseta, orgasmo y resolución–, que no siempre son fáciles de delimitar; que unas veces se cubren con rapidez y otras con extrema lentitud; que no son iguales para todas las personas, y quizás ni siquiera para la misma persona, según las circunstancias, y que la diferencia esencial tiene que ver con ser hombre o mujer.

En cuanto a cómo responde sexualmente la mujer, la cosa es más compleja. Valga como ejemplo las tres variantes más frecuentes de nuestra respuesta sexual:

– La *primera* consistiría en un largo período de excitación en el que se alternan pequeños frenazos en ese camino ascendente, hasta emprender un rápido ascenso hasta la cumbre del orgasmo, donde puede permanecer un ratito entre contracciones de placer, antes de descender vertiginosamente al estado de reposo.

– La *segunda* modalidad es aquella en la

Tabla 32. **Mujer y sexualidad. Mitos y realidades**

S. Dexeus y J. Mª Farré

Mito	Realidad
Las mujeres con orgasmos múltiples son anormales y ninfómanas.	Son perfectamente normales. Conseguir varios orgasmos en un breve período de tiempo es un potencial exclusivamente femenino, aunque se hayan referido una minoría hipotética de hombres con esta capacidad. En cuanto a la ninfomanía es un concepto inventado por psiquiatras disfrazados de moralistas... o al revés.
El orgasmo mutuo es lo ideal para la pareja heterosexual.	Constituye una creencia muy extendida, pero en absoluto es lo ideal. El orgasmo simultáneo es difícil de conseguir, ya que el ritmo y tiempo de excitación son diferentes en el hombre y la mujer.
Hay claramente mujeres clitorideas y mujeres vaginales.	Hay mujeres con mejores niveles de respuesta directa clitoridea que indirecta vaginal, pero el orgasmo es siempre fisiológicamente el mismo, sea cual sea el tipo de estimulación empleada. Otra cuestión son las diversas sensaciones y vivencias emocionales de cada orgasmo, según las diversas preferencias personales.
Las mujeres eyaculan como los hombres.	No es exactamente eso. En algunas mujeres, se ha descrito la emisión en el orgasmo de un fluido generoso en cantidad y cuya consistencia y bioquímica es similar al semen.
A medida que una mujer envejece, pierde su impulso sexual.	Falso. Incluso algunas mujeres mejoran en edades preseniles. Se trata de un cambio de cualidad en la respuesta sexual, amén de ciertas variaciones con ritmos más lentos de reacción. Naturalmente, que todo depende de la salud general que se disfrute, pero casi siempre es posible un estilo de mayor contacto que antes, más relajado e incluso más tierno.
La mujer, en general, rechaza el sexo oral.	El 80 por ciento lo practica de forma general o esporádica.
En la mujer, es mejor disimular la insatisfacción sexual ya que lo contrario puede acarrear problemas de pareja.	Si bien en ocasiones puede ser francamente difícil exponer las dificultades sexuales después de unas relaciones prolongadas, un diálogo racional y no reivindicativo, constructivo y no generador de excesivas inseguridades, a la larga puede mejorar la calidad y calidez en la relación de pareja.
Las mujeres en el fondo desean un pene «bien dotado»	Las mujeres lo que realmente desean es un hombre «bien dotado» de capacidad sensual global. Además, no debe olvidarse que los penes relativamente discretos en longitud doblan su tamaño en la erección; lo pequeño a veces se crece ante la adversidad.

Tabla 32. *(Continuación)*

Mito	Realidad
Tener exceso de fantasías eróticas en la mujer chocará con la dura realidad y provocará inadaptación sexual.	Lo que provoca problemas es el «electroencefalograma plano» de fantasías; sólo pierden valor cuando son condicionantes exclusivos de la sexualidad. Además, «dan ideas» para cargar las pilas desgastadas por la rutina y la mediocridad sexual no asumida.
Lo verdaderamente esencial es tener orgasmo todas y cada una de las veces que se mantienen relaciones sexuales.	Lo verdaderamente esencial es no engañarse en convertir el sexo en una carrera para batir los 100 metros orgásmicos. Y sí en cambio lo es no olvidar con quién estamos, por qué estamos juntos o el disfrutar también con una misma. Hay que cesar con esta competición para tener orgasmos paroxísticos. No trivializar ni minusvalorar lo de excitante, delicioso y agradable que puedan ser otras formas de expresión sexual. Alcanzar el verdadero sentido de la intimidad no depende de un orgasmo más o menos.
Desengañémonos, todo esto de la sensualidad global es una excusa inventada por mujeres insatisfechas y alentada por sexólogos cursis. Lo que les va a las mujeres es un buen coito.	No negamos que en todas las profesiones hay gente más cursi que un repollo, incluidos los llamados sexólogos, pero podemos asegurar que la «sensualidad global» no es ningún invento camelador. Al contrario, es una garantía de mayor satisfacción. En cuanto al coito, claro que les gusta, pero no todas lo valoran igual... ni todas consiguen orgasmo con el mismo. Lo que les podemos decir es que lo que no les va es un coito apresurado –lo cual no quiere decir que en un momento dado no pueda ser divertido– que no acostumbra a presagiar nada «bueno». El sexo de vuelo gallináceo no es patrimonio del gusto femenino, aunque lo hayan tenido que sufrir durante siglos.
Las mujeres homosexuales son marimachos insatisfechas y acostumbran a odiar a los hombres.	Sólo el 4 por ciento de mujeres lesbianas expresan franca hostilidad hacia los hombres, lo cual no deja de ser generoso con la historia de la condición femenina. Cuando la homosexualidad femenina ha proporcionado ejemplares de «feminidad» tan refinada y sensible como los de Virginia Woolf, lo de marimachos queda aún reducido a lo que es: una excepción que es peyorativa y que no se correlaciona necesariamente con la homosexualidad.
Se ha exagerado las consecuencias de la violación, sobre todo cuando no es violenta.	La violación siempre es violenta, se utilicen cuchillos coactivos, chantaje o tálamo nupcial. Y las consecuencias psicológicas son frecuentes y graves.
La mujer con vaginismo es casi siempre una histérica.	La imposibilidad de penetración no acostumbra a ser un rasgo de histrionismo (es mejor utilizar este «adjetivo psicopatológico» que el de histérico, que equivale a útero, «histeros», y hay un 13 por ciento de hombres «histéricos» sin útero, frente a un 16 por ciento de mujeres, lo cual no es diferencia significativa), aunque puede ser una de las causas. Hay otros factores psicológicos –y algunos orgánicos, aunque raros– que lo explican mejor.

que la excitación es paulatina y ascendente, hasta llegar a la meseta, donde se estabiliza y entretiene para tomar más energías hasta la cúspide del orgasmo. Aun con contracciones se puede descender hasta la altura de la meseta, para, con una adecuada estimulación, poder lograr un segundo orgasmo, o sucesivos orgasmos si así se desea. La resolución no es vertiginosa, sino más bien lenta. Este tipo de respuesta sexual se da en la mujer, sobre todo con la práctica de la masturbación.

–La *tercera* variante sería aquella en la que la mujer asciende con rapidez en la excitación hasta llegar a la zona de meseta, donde permanece en una situación de estimulación ondulante, sin agotar el último tramo ascendente que culmina con el orgasmo. De esa situación de excitación se sale a través de un largo y lentísimo período de resolución, un tanto anómalo que puede dejar secuelas: la congestión pelviana crónica, a causa de las varices uterinas que se forman. Dicho de otro modo, cuando una mujer logra un alto grado de excitación, las venas y las arterias de su útero reciben un gran caudal sanguíneo que seguirá su curso normal si se resuelve con el orgasmo; de modo que, en el caso contrario, al no llegar al orgasmo, la salida de ese flujo sanguíneo se llevará a cabo mucho más lentamente, pudiendo producir una especie de estancamiento de la sangre. La congestión pélvica crónica produce un gran malestar en el bajo vientre de la mujer, que suele llegar al dolor durante el coito.

Cuando la mujer se excita todo su organismo se involucra en la vivencia sexual; sus reacciones trascienden sus genitales para convertirse en un estado generalizado.

Nuestra mente da su «consentimiento» para que el pensamiento discurra hacia la erotización, y nuestra atención se centre en las sensaciones placenteras que comienzan a invadirnos.

Poco a poco, con la excitación, nuestro cuerpo se va transformando hasta ofrecer una imagen realmente sugestiva: la respiración se agita; la piel se carga de electricidad; las mamas se hinchan y se yerguen los pezones; el corazón late a mayor velocidad y un hermoso rubor se extiende desde el pecho, hacia el cuello y las mejillas; la respiración se hace jadeante y quejosa; y las pupilas se dilatan para hacer fascinante la mirada. Y cuando llega el orgasmo, todo el cuerpo se tensiona para retorcerse de placer. Un bellísimo espectáculo, ¡para no perdérselo!

La primera señal de que la mujer comienza a excitarse es la lubricación vaginal, esas «gotitas del deseo» que humedecen la vagina y la preparan para hacer deslizante la penetración. No se trata de ningún tipo de eyaculación; este fluido viscoso nada tiene que ver con el eyaculado del hombre. Poco después, los genitales femeninos, con la afluencia de sangre, se hinchan y cambian de color; todas sus fibras están a la expectativa de las sucesivas caricias, con la sensibilidad a flor de piel.

Cuando se alcanza el orgasmo, la zona más externa de la vagina, rodeada de músculos, la plataforma orgásmica, se contrae fuertemente para deshacerse en contracciones, en latidos rítmicos que se expanden por todo el cuerpo, para ir suavizándose despacio. Cada mujer y cada experiencia pueden ser diferentes, desde tener un orgasmo con tres latidos, o disfrutar de más de quince contracciones, e incluso poder enlazar con una nueva dosis de estimulación, y un segundo orgasmo, u orgasmos sucesivos. Todo dependerá de no dejar caer la excitación por debajo del nivel de meseta.

En contrapartida de esta enorme ventaja que la mujer tiene sobre el hombre, está la vulnerabilidad del orgasmo femenino. Cuando un hombre alcanza el orgasmo, ya nada ni nadie se lo va a interrumpir. Mientras que en el caso de la mujer, aunque alcance el clímax, cualquier hecho que acontezca en ese momento se lo puede frenar hasta el extremo de hacerla descender desde la cumbre de la excitación hasta el nivel cero, la más absoluta frialdad.

Uno de los desajustes más frecuentes en la pareja se debe a la ignorancia o al olvido de una realidad irreversible: el hombre se estimula muchísimo más rápido que la mujer. El tipo de educación que hemos

Cuando una mujer se excita, todo su organismo se involucra en la vivencia sexual.

recibido ha propiciado un aprendizaje distinto para hombres y mujeres: al hombre se la ha facilitado la erotización de su pensamiento, mientras que a la mujer se le ha obstaculizado. Cuando el hombre busca a la mujer, él ya ha generado no sólo la predisposición hacia el encuentro sexual, sino que el deseo ya ha elevado su temperatura. En cuanto a la mujer, cuando es requerida por el hombre, según han marcado durante siglos los honorables usos y costumbres, está con la cabeza puesta en otra cosa, y con el cuerpo prácticamente bajo cero. Bien, teniendo en cuenta esta rapidez del hombre en excitarse y también en llegar al orgasmo, y la lentitud de la mujer para el mismo proceso, ¿no puede ser un tanto incoherente el aspirar al orgasmo simultáneo, y mediante el coito? Es evidente que a las personas nos gusta perseguir imposibles, o el más difícil todavía. Porque si, a fuer de ser sincera, no llega a ser del todo imposible lograr en alguna ocasión ese orgasmo al unísono, lo cierto es que no se adecuan los medios para lograrlo, a saber: realizar una estimulación tal de la mujer, que cuando estuviese próxima al clímax, ¡y sin dejar de estimularla!, el hombre la penetrara. Así sería posible, pero hay que ser un artista.

Y si a todo eso se añade que el hombre no acierte con el tipo de caricias que a la mujer le apetezcan, y que la mujer no se atreva a sugerirlas; que el hombre no quiera entretenerse en juegos eróticos; que toda su idea sea el coito; y que la mujer se lleve a la cama, por no haber dado lugar a resolverlos previamente, los problemas de los niños, con la suegra, de las copitas de más del marido con los amigos, del trabajo excesivo, de cuestiones de dinero... la chapuza sexual está servida.

EL ORGASMO

¿Has sentido el orgasmo? ¿Sabes lo que es?

No te sorprendas. Si este libro tratara de la sexualidad masculina, en ningún momento se me hubiese pasado por la cabeza formular estas preguntas. ¿Y sabes por qué? Porque de antemano yo ya conozco la respuesta. Todos los hombres, salvo alguna rarísima excepción, contestarían que sí. Por el contrario, de ti, mujer que en estos momentos estás leyendo, no soy capaz de aventurar una respuesta.

No sé si para ti fue fácil llegar a él porque desde muy pronto, desde niña, sentiste esas pulsiones sensuales que brotaban del interior de tu cuerpo y, sin pensártelo siquiera, te pusiste a gozar de las sensaciones eróticas que te producían tus propias caricias.

O si en tu caso sentiste esas pulsiones, te permitiste la experiencia de llegar al orgasmo, pero no lo viviste como algo agradable y hermoso a la vez, algo a lo que tenías derecho, de modo que a partir de ese momento te sentiste culpable y sucia e hiciste propósito de enmienda y decidiste no volverlo a probar.

No sé si, por el contrario, tu cuerpo y sus resortes naturales te han sido tan ajenos que dejaste en el olvido de la ignorancia exigida tu capacidad de sentir disfrutar de él, a la espera de que alguien te liberara de la abstinencia y de la anestesia, para reclamarte un buen día un perfecto funcionamiento, sin «rodaje» previo.

Son demasiadas las mujeres que jamás han sentido un orgasmo. Demasiadas también aquellas a quienes se les resiste. Demasiadas las que lo desean y persiguen como el elixir de la eterna juventud, y, sin embargo, se les hace esquivo e incluso imposible.

Creo que conviene despejar una duda que atormenta a muchísimas mujeres. ¿Pueden llegar al orgasmo todas las mujeres? La respuesta es categórica: sí. Todas las mujeres somos aptas para el orgasmo. Todas las mujeres disfrutamos de una disposición natural para lograr el punto más alto de la excitación sexual. Todas poseemos la capacidad para recibir estímulos y sensaciones que nos permitan el disfrute erótico, el logro del placer, la vivencia orgásmica, incluso el éxtasis del gozo.

Y no son en ningún momento las tan cacareadas hormonas las que nos meten el gozo del placer en el cuerpo; no son ellas las que, en última instancia, nos inducen a copular.

El entorno afectivo, social y cultural ejercerán una influencia insospechada, de modo que nuestra posibilidad de disfrutar de orgasmos tendrá que ver con tres ámbitos de vivencias: nuestro mundo interior, de donde brotan las pulsiones y donde se enconan y dirimen nuestros conflictos relacionados con ellas; nuestro entorno familiar donde discurre nuestra infancia y se comienza a escribir nuestra biografía; y el tipo de relación que establezcamos con nuestra pareja, amén de las peculiaridades de ésta.

Somos un cuerpo

¿Cómo puede entregarse una mujer a la experiencia sexual y disfrutar de ella si previamente no conoce y no ha aceptado su cuerpo? ¿Cómo puede establecer ese lenguaje erótico compartido que conduce al placer, si no se siente dueña gozosa de su propio cuerpo? Cuando la mujer se siente dueña de su cuerpo aprende a recorrer, primero en solitario, los caminos que conducen al placer.

Hay una evidencia que no podemos negar, y es que somos un cuerpo, o no somos nada. En la relación sexual el cuerpo es un protagonista indiscutible, cuyas habilidades y aptitudes van a depender mucho del «entrenamiento» al que lo hayamos sometido y, sobre todo, de la opinión que nos merezca y de la actitud que hayamos desarrollado hacia él.

Saber fantasear mentalmente

Si el cuerpo es el instrumento visible, nuestra mente es el motor. Imaginar, fantasear mentalmente, permite envolver la corporalidad del acto sexual para liberarlo de los aspectos prosaicos y mecanicistas. Las fantasías permiten impregnar de una cierta «morbosidad» seductora lo rutinario; pintar de color el blanco y negro.

Las mujeres, salvo rarísimas excepciones, precisamos echar mano de la fantasía para desear una relación sexual. Nuestra sexualidad, más evolucionada que la del hombre, se apoya en la imaginación y en los sentimientos más que en las pulsiones corporales para desencadenar el deseo.

Las mujeres necesitamos sentirnos deseadas por el hombre, por nuestra pareja, pero, sobre todo, necesitamos sentirnos seducidas. Nuestra respuesta sexual va a depender en gran medida de esto, porque todo cuanto nos rodea, el ambiente en que se envuelva la relación, funcionará, bien estimulando, bien frenando la búsqueda del placer.

Cuando las mujeres disfrutamos habitualmente de orgasmos es porque antes hemos aceptado estar excitadas, hemos sabido y querido dar cauce a nuestras pulsiones para satisfacer el deseo. Supone deshacernos de las propias defensas para reconocer en nosotras mismas la existencia de una mujer sexualmente madura y libre ¡que se ha dado permiso!

La madurez sexual mantiene despiertos los sentidos que permiten gozar de un orgasmo satisfactorio como alivio y como divertimento. Cuando el orgasmo se vive bien, nos lleva a sentir que nosotras vivimos bien; porque significa la deseada conjunción de nuestro cuerpo con nuestra mente: un tránsito fluido del pensamiento a los genitales.

La relación con nuestro compañero/a: esencial en nuestra aptitud para el orgasmo

La delicadeza y la ternura en el trato; el no apremiar en el tiempo, ni en el resultado; la habilidad y sutileza en el desempeño amoroso; el deseo del otro, todo, todo ello influirá en la posibilidad de acoplar las sensaciones, de generar la motivación, de impregnar de esa agresividad necesaria y ponderada que se precisa para desencadenar nuestro deseo.

El orgasmo no puede convertirse jamás en un indicador del buen funcionamiento sexual. No es un examen en el que nos sometamos a la aprobación del otro, en el que nos juguemos el amor propio. El orgasmo es el reflejo del sentimiento interior; del discurrir de las sensaciones más íntimas.

Si hacer el amor se limita a la preocupación, a veces obsesión, por el orgasmo, debemos saber que ésa es la mejor forma de sufrir el fracaso. Si el encuentro se convierte en un gozo de participación, en un desear al otro, y un desear el placer para sí misma, se está sembrando con acierto para gozar el orgasmo.

El orgasmo no se puede vivir como un acto para impresionar al otro, ni como una gesta, ni una hazaña.

Lo lamentable del hecho es que desde antiguo, a pesar de la excelente capacitación natural de la mujer para la estimulación y la culminación orgásmica, la labor de una sociedad que ha falseado, presionado y obstaculizado su derecho y su desempeño sexual, llegó a hacer de ella una inválida ignorante, acomplejada y extraña para sí misma.

¿Dos tipos de orgasmo? No

Quizás uno de los errores más extendidos que más daño ha hecho, y sigue haciendo, a pesa de haber sido divulgado hace más de un siglo, sea hacer creer a la mujer, y también al hombre, que la mujer tiene dos tipos de orgasmos.

Fue Freud quien emitió la teoría sobre la naturaleza del orgasmo femenino, haciendo hincapié en que la mujer dispone de dos centros erógenos independientes: durante la infancia la excitación fluiría del clítoris, mientras que en la adultez se focalizaría en la vagina, merced a la transferencia del placer de una zona a la otra, tras un adecuado desarrollo.

El hecho de que una mujer quedase fijada en el clítoris como zona erógena debía interpretarse como una deficiencia en el desarrollo, de modo que se habría impedido la maduración conveniente. En tal caso la mujer es considerada como infantil e inmadura.

Por el contrario, la mujer capaz de gozar de orgasmos vaginales sería una mujer madura por excelencia.

Si consideramos que la práctica totalidad de las mujeres somos sensibles a las caricias clitóricas, y que sólo un reducidísimo número de ellas es sensible a la estimulación exclusiva de la vagina, la conclusión está servida: las mujeres, en general, somos unas infantiles e inmaduras.

Tras una conclusión tal, creo que es preciso hacerse un par de preguntas: ¿quién puede estar interesado en que el orgasmo vaginal pueda existir como algo diferente del clitórico? Y ¿por qué? La respuesta sólo puede ser una: el único interesado, *a priori*, en propagar esta teoría errónea es el hombre. Y la razón, pues que, dado que la estimulación sexual del hombre se logra a través de la fricción vigorosa de su pene, a ser posible en medio muy excitante, la cálida y jugosa vagina femenina, convenía convencer a la mujer con razones de peso, prácticamente irrefutables so pena de autodesprestigiarse, de que la relación sexual «normal» pasaba por la penetración, el coito.

Algunos biólogos piensan que el hombre busca más el placer, es decir, el sexo como imperativo biológico, para que se produzca la inseminación. Mientras que la mujer lo rechaza más como protección biológica ante una labor tan larga, compleja y no exenta de riesgos como es el embarazo. De ahí el contraste entre la obsesión del hombre por penetrar a la mujer, y la desgana de ésta por ser penetrada.

Lo cierto es que la mujer ha aceptado,

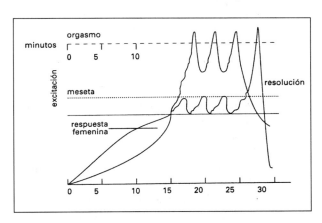

Fig. 15. El multiorgasmo femenino.

▼

sin más, que lo natural debe ser lograr el orgasmo mediante el coito, lo mismo que su compañero masculino. Decepcionada ante su supuesta torpeza al no lograrlo, se ha llegado a convencer, hasta el momento, de estar aquejada de un mal que dieron en llamar «frigidez» de forma desafortunada.

Va siendo hora ya de comprender que el coito no es la única manera de llegar al orgasmo, ni siquiera la más idónea. Veamos por qué.

Merece la pena centrar nuestra atención en ese órgano tan especial que posee la mujer y que a lo largo de los tiempos no sólo ha sufrido el olvido de sus propietarias y sus compañeros, sino incluso vejaciones y tratos crueles y sanguinarios: el clítoris. Ese clítoris denostado por Freud y sus seguidores es precisamente una joya de la naturaleza; el único órgano del reino animal que está pensado única y exclusivamente para proporcionar placer sexual a su dueña. No tiene parangón.

A pesar de que nos parezca diminuto, posee tantas terminaciones nerviosas como el pene del hombre, y quizás el hecho de que todas estas terminaciones se encuentren concentradas en una zona tan sumamente pequeña sea lo que contribuya a que las mujeres podamos disfrutar de múltiples orgasmos en rápida sucesión.

Llegamos obligatoriamente a una conclusión. Nuestro aparato sexual, el de las mujeres, consta de dos partes con una clarísima división de funciones: el clítoris, como el órgano sexual del placer, y la vagina, esencialmente como el órgano que conduce a la reproducción. De modo que ese aparato muscular primariamente destinado a la reproducción que es la vagina puede llegar a participar en el orgasmo o puede quedar excluido. ¿De qué puede depender esto? Pues precisamente de que las olas de excitación que fluyen del clítoris hacia adentro puedan ser comunicadas con más o menos facilidad a la vagina. La mente femenina tiene un papel determinante en ese tránsito del sentimiento sexual desde el clítoris que lograría la erotización de la vagina.

La lentitud o la imposibilidad para la excitación se debe bien a que se apliquen las caricias a una zona errónea e insensible básicamente, como es la vagina, follar sin preliminares, o bien a que la mujer no esté preparada emocionalmente para utilizar esa vía mental que permite derivar la excitación del clítoris hacia la vagina y así lograr la experiencia orgásmica total.

Existen una serie de hechos que nos llevan a afirmar con rotundidad que todos los orgasmos femeninos son básicamente clitóricos.

De hecho, el carácter insensible de la vagina llevó a Gräfemberg a exponer su teoría sobre el punto G: el que algunas mujeres (no todas) contaran con un punto en la vagina (no toda la vagina) que, si se estimula, provoca un alto grado de placer.

El hecho de que el sentimiento orgásmico se transfiera o no a la vagina, no tiene otra importancia que el beneficio añadido que disfrutar la mujer tanto por disponer de diferentes fuentes de placer, como por no tener que sufrir las exigencias de una pareja ignorante o egoísta.

Por último, hay que comentar que si bien la mujer ha sido y sigue siendo en demasiados casos la víctima de un tipo de sociedad que ha impuesto unas pautas sexuales que han beneficiado al hombre, dado que se adecuaban a su naturaleza mientras que olvidaban la de la mujer, precisamente la mujer dispone de un verdadero regalo de la naturaleza: su sexualidad tan evolucionada.

No existe otro ser sobre el planeta que pueda disfrutar de tan amplia gama de sensaciones, ni de la intensidad de las mismas, ni de su duración, y mucho menos de la posibilidad de repetición casi sin límite, de sus orgasmos.

Capítulo 2. El sexo no tiene edad

▼

SEXO DESDE EL INICIO DE LA VIDA
O. Bertomeu

La *sexualidad* no es algo que brota de las personas en determinada etapa de su vida, sino que es algo que se desarrolla de forma larvada en el ser humano desde que se concibe, y que como la propia persona, evoluciona a lo largo de su vida, cuyo primer y magnífico objetivo es proporcionar placer y felicidad.

No es extraño que una recién nacida tenga lubricación vaginal y erección clitoridea mientras disfruta alimentándose del delicioso fluido de su madre. Hay que tener muy claro que los reflejos sexuales se producen desde el nacimiento, y también antes.

El hecho de que un varoncito pueda tener erecciones o que una niña lubrique no supone una anomalía, ni una perversión precoz. Significa simple y llanamente que están vivos, que éstos son los primeros placeres que una vida natural les ofrece, y que en ningún caso se les debe hurtar ese derecho, esa realidad. ¡Por su bien!

No resulta fácil investigar la sexualidad infantil. No es lícito ni aconsejable someter a los pequeños a manipulaciones deliberadas o a preguntas quizás no pertinentes por parte de los adultos. Por eso, es preciso limitarse a observaciones fortuitas, o bien a las informaciones retrospectivas que nos puedan facilitar los adultos, aunque estas confidencias o rememoraciones que se hacen a la distancia de los años no sean demasiado fiables.

Cuando un bebé reacciona con los síntomas inequívocos de una vivencia placentera, no procede que los padres se preocupen por ello, como si se tratara de un perverso sexual.

El crío se entrega a la par, simultáneamente, al conocimiento de su entorno más cercano, y al conocimiento de sí mismo. Necesita saber cómo es y cómo siente. En esta etapa de su vida, dominada por el instinto de supervivencia, todas sus vivencias oscilarán entre dos extremos, placer-displacer. Y dentro del logro del placer, el crío aprenderá a identificar y buscar las sensaciones agradables, como pueden ser también las que le proporciona el hecho de nacer sexuado. Comienza a hacerse un ser sensual.

Desde muy pronto se inicia en el aprendizaje sexual: el bebé se tocará y frotará sus genitales en cuanto logre coordinar sus movimientos, lo mismo que se llevará a la boca sus manitas y sus pies, para entregarse a un entretenido chupeteo.

Si los padres se muestran sorprendidos e inquietos cuando descubren a su hijito entregado a estas manipulaciones, y las rechazan, deben saber que con su actitud no hacen más que transmitirle todos sus sentimientos y todas sus actitudes negativas hacia el sexo, hacia el cuerpo.

Sin embargo, unos padres informados y confiados que ven en su hijo un nuevo ser que se abre a la vida, a toda la vida, comprenderán que estas experiencias desprovistas de intencionalidad, no son conscientes para el niño, son el aflorar espontáneo de la esencia humana; algo instintivo que conduce a sensaciones deliciosas que nada tienen que ver con un despertar erótico de deseo sexual hacia el otro.

Cuando los padres entienden que estas prácticas, estos entretenimientos, son el resultado de estar descubriendo el propio cuerpo, sus resortes y rinconcitos, y cuando comprenden que su hijito está realizando una profunda y necesaria exploración de sí mismo, no sentirán la más mínima inquietud, y reaccionarán tranquilos. Su forma de comportarse será para el bebé un claro mensaje de aceptación de su realidad total, y por consiguiente, también de su sexualidad.

Desde muy pequeñitos deberíamos sentir que nuestro cuerpo es nuestro, para bien y para mal. La labor de los padres siempre consistirá en orientar hacia lo mejor para el crío.

SEXO HASTA EL FINAL
C. Puerto Pascual

Muchos hombres y mujeres mayores creen que la actividad sexual puede perjudicar su salud. Ésta es una de las ideas que más abunda en la mente de las personas longevas cuando piensan en la vivencia de la sexualidad. Están convencidos de que la actividad sexual les puede hacer débiles y vulnerables a numerosas enfermedades. Éste es otro de los mitos que la ciencia aún no ha podido comprobar, aunque los estudios existentes apoyan más bien lo contrario, pues está demostrado que la actividad sexual favorece la salud física y psíquica de los ancianos. No es cierto, como muchos creen, que la vivencia de la sexualidad pueda causar la muerte a las personas de edad avanzada. El porcentaje de muertes ocurridas durante el coito no supera al que se registra en otros menesteres que demanden la misma cantidad de energía. El mejor consejo es seguir practicando la sexualidad igual que cualquier otra actividad de nuestra vida, ya sea un deporte concreto o simplemente dar largos paseos.

Las necesidades emocionales del individuo en la vejez pueden cubrirse por completo mediante actividades sexuales que no siempre conducen al coito.

Con un cuerpo enfermo no se puede abordar la felicidad sexual. El anciano debe procurar, por tanto, conservar y acrecentar su salud en la medida de lo posible. La sexualidad fortalece la salud física y psíquica como un deporte equilibrado y una comida sana. Además, es curativa y alivia los dolores provocados por otras dolencias. Los ancianos sexualmente activos consumen menos sedantes, antidepresivos y medicamentos. Se piensa que las relaciones sexuales alargan la vida, la hacen más agradable y al mismo tiempo fortalecen el yo.

Las necesidades emocionales del individuo en la vejez pueden cubrirse por completo mediante actividades sexuales que no siempre conducen al coito. Las necesidades de tocar y ser tocado, de abrazar y ser abrazado, de expresar los sentimientos y de ser receptor de la otra persona, no se atrofian ni desaparecen con la edad.

El principal desafío para los ancianos es encontrar los medios de satisfacer sus necesidades sexuales cuando no se dispone de esta forma de vivir la sexualidad. Nunca se debe olvidar que el coito es una forma más de expresar la sexualidad, pero no la única, y no debe ser considerado como un fin en sí mismo.

Únicamente es imprescindible cuando se tiene el propósito de procrear. Las personas mayores, que ya no tienen esas intenciones, pueden expresarse de otras muchas maneras. Además del coito, el apetito sexual del anciano puede expresarse o manifestarse a través del tacto, las caricias, la ternura...

La mayor verdad sobre la sexualidad de la vejez es que existe una gran diversidad en cuanto a interés, capacidad y conductas sexuales. Abrazarse, tocarse la piel, hablarse, mirarse u oírse con ternura, puede ser tan placentero como el coito. Desgraciadamente, todavía se publican muchísimos estudios sobre la sexualidad que ponen el acento en las relaciones coitales y olvidan otras manifestaciones sexuales. Hacer el amor no tiene que ser necesariamente hacer el coito.

«Los viejos, por ser viejos, son feos» y otros mitos

La identificación de la sexualidad con la belleza física o con la capacidad de despertar atracción en el otro, así como la creencia de que el deseo sexual desaparece con la edad, y que más allá de los sesenta años la sexualidad se desvanece, crea en las personas de edad una atmósfera poco propicia a la expresión sexual. Quienes manifiestan interés sexual suelen encontrar una actitud de rechazo en su entorno, que juzga como reprobables tales manifestaciones, cuando no sanciona abiertamente como inmoral al individuo. Tales presiones son, sin embargo, matizadamente diferentes según el sexo.

Este estigma tiene especial influencia en las mujeres, más sujetas aún al modelo joven de la belleza. Muchas mujeres mayores piensan que los hombres de su misma edad pueden interesarse por mujeres jóvenes, pero no por ellas. Las mujeres sufren más el estigma social de la asociación vejez y fealdad, porque a lo largo de toda su vida padecen, en mayor medida que los hombres, la presión de los modelos de belleza dominantes y los medios de comunicación.

Hay en el mercado productos que sirven para camuflar los menores signos de envejecimiento, como las arrugas, los cabellos grises y la calvicie. El adoctrinamiento cultural que de todo eso resulta constituye probablemente el origen de nuestra percepción de los mayores, a quienes consideramos como desprovistos de sexualidad, así como de la concepción que ellos tienen de sí mismos, creyéndose asexuados y sintiéndose culpables por sus deseos sexuales. En suma, la belleza y la potencia se hallan reservadas a la juventud.

> *La belleza más estimable no es otra cosa que sentirse amado, deseado, querido, admirado, valorado.*

Los medios de difusión se ocupan de alimentar este mito. En la televisión, en el cine, nos ofrecen unas mujeres con pechos firmes y vientres planos, y a los hombres con torsos musculosos y fuerte cabellera. A veces, se nos presenta a amantes maduros, pero el suyo suele ser un amor sentimental, se tocan las manos, pero no dan indicios de pasión. El mensaje llega con toda claridad: la sexualidad es para jóvenes. Es un escándalo que los viejos la practiquen. Ambas ideas son absurdas; sin embargo, es asombroso cómo penetran en nuestras conciencias.

Lo más importante de un anciano no es que sea feo o guapo, sino la representación psíquica que él tiene de su propia apariencia física. Hay que procurar no suscitar incertidumbre y confusión en las personas mayores. Los años nos van dejando una belleza interior no comparable en ningún momento con la física.

La importancia del cuidado personal y del atractivo corporal como estimulantes del acto sexual no deben confundirse con la idea de que para gustar a la pareja es necesario contar con los atributos físicos del actor o la actriz de moda.

Muchas personas entradas en años se sienten feas, sufren complejos, rechazan la imagen que le dan los años, se sienten desgraciadas... Por eso, es fundamental que el mundo que los rodea no proyecte esa imagen de fealdad que los cataloga como algo no deseable, no amable, marginándolos del resto de la sociedad.

La belleza más estimable no es otra cosa que sentirse amado, deseado, querido, admirado, valorado. Un anciano particularmente feo, que sea amado y deseado, podrá superar con facilidad sus dificultades estéticas y vivir alegre y feliz. Pero si fuera rechazado sentiría esa fealdad como un obstáculo insuperable.

Los viejos tiene su propio modelo de belleza, y no puede ser comparado con el de belleza juvenil. No aceptar esto es negativo para todos y nos conduce a esta mitología sin fundamento, que es causa de muchos problemas sexuales en estas personas.

Además del mito del anciano como un ser feo, existe la falsa creencia de que las personas entradas en años no son atractivas. El mito de no ser joven es para la sexualidad del anciano una fuente de males de consecuencias muy graves. La vejez para la gente de la calle significa no ser joven. No ser joven en una sociedad consumista es estar condenado a la marginación total, ya que el anciano no es un potencial consumidor y, además, al no trabajar su poder adquisitivo va disminuyendo.

El mundo consumista ha identificado la sexualidad con la belleza física. Esta falsa creencia fomenta en la persona longeva la idea equivocada de que el deseo sexual desaparece con la edad y hace del proceso de envejecimiento una etapa llena de ansiedades, angustias y malestares, produciendo como consecuencia el abandono de las formas de expresión sexual o todo tipo de disfunciones.

El modelo de figura corporal que se considera hoy atractivo para vivir y expresar la sexualidad es el joven. Como es natural, sus rasgos son propios de la juventud: esbeltez, vigor físico, escasez de grasa, etc. La consecuencia es que, juzgada de ese modo, la vejez es sinónimo de fealdad y, en consecuencia, los ancianos tienden a considerar que ellos no pueden atraer a nadie, y si a ellos les atrae alguien piensan que sufren una grave patología. Esto les lleva a verse y sentirse a sí mismos como indeseables sexualmente y, por tanto, tienden a renunciar a toda relación sexual; y si viven alguna, a sentirla con vergüenza y una gran culpabilidad.

El miedo a no ser atractivos y deseados los hace incapaces de mantener relaciones sexuales completas y satisfactorias. Algunas adoptan una actitud casi obsesiva hacia la actividad sexual en un intento desesperado por demostrarse a sí mismos que siguen siendo atractivos físicamente como en los años jóvenes de su vida. Esta actitud enfermiza da lugar a numerosos problemas derivados de una contradicción básica: la necesidad de demostrar algo implica falta de seguridad en ello. Como el ambiente que los rodea no los apoya, la realidad suele empeorar, creándose una tensión y un grado de sufrimientos considerables que, a la larga, conduce al abandono de la actividad sexual. Por el contrario, otros reaccionan ante esta situación con una rendición anticipada, para no tener que corregir después y evitar así las consecuencias negativas que produciría una conducta heterodoxa.

Uno de los obstáculos más corrientes para la realización de una vida sexual plena en la tercera edad lo constituye el hecho de que muchas personas mayores consideran que el atractivo es algo impropio de su edad y que deberían haber superado ya ese tipo de necesidad.

La cultura imperante en nuestra sociedad nos ha hecho un buen lavado de cerebro, y son muy pocos los que no caen en el error de considerar a los ancianos como personas carentes de atractivo físico y, por tanto, no deseables sexualmente. Hay personas jóvenes poco atractivas, que tampoco estarían de acuerdo con los cánones de belleza actuales.

Englobar a todos los mayores en la categoría de no atractivos en razón de su edad es un insulto. La dureza de este mito se ensaña sobre todo en la mujer por el sexismo reinante, hasta el punto de que la sociedad puede aceptar que un hombre viejo sea atractivo para una mujer joven, pero no al contrario.

En una sociedad como la nuestra donde reinan, incuestionadas, la juventud y la belleza, no me sorprende que los jóvenes se pregunten cómo es posible excitarse sexualmente con una persona de edad avanzada. Quizás, aún no sepan que treinta años de su vida en común es algo ya excitante por sí mismo. Es posible que los jóvenes no lo comprendan.

No podemos tener una imagen estática de nuestro cuerpo; aunque hay años de la evolución en los que parece que no se producen cambios, la realidad no es así. La persona es un continuo cambio desde su nacimiento. Debemos estar preparados para los cambios más profundos, de manera que nunca nos parezcan una sorpresa o nos pillen desprevenidos. Por eso, es muy importante prepararse en cada etapa para la fase siguiente.

Un desmesurado empeño en mantener el cuerpo de los años jóvenes puede desembocar en tragedias irremediables, e incluso acabar con la salud. Quien odia su cuerpo no podrá lograr una sexualidad realizadora y gozosa.

EL EQUILIBRIO CUERPO-MENTE
C. Puerto Pascual

El afán por lograr un equilibrio entre el cuerpo y la mente se pierde en la noche de los tiempos. Los clásicos lo tenían muy claro y se ocuparon de difundir una frase que quedó grabada en los anales de la historia: *mens sana in corpore sano.* Es cierto que la unión equilibrada del cuerpo y la mente tiene un resultado positivo de bienestar general.

Al estudiar las características de la sexualidad longeva, en la que el anciano vive la sexualidad que le corresponde en este momento de la vida, no tratamos de explicarlas o compararlas desde el modelo joven de sexualidad, sino de ofrecerles la propia realidad sexual que les corresponde seguir viviendo. Se trata de que vivan las maneras y formas de expresarla que están dentro del concepto integral y que más necesitan a esta edad y más placer le ofrecen sin tener que lamentar y deprimirse si tienen que abandonar las más propias de otras edades anteriores o que no pueden vivirlas con la misma frecuencia de antes.

Desde este punto de vista podemos descubrir las grandes posibilidades que tiene el anciano y las limitaciones que tiene la capacidad sexual en estos casos. Enumeraremos algunas de las características y limitaciones más importantes para que, conociéndolas, sepamos sacar de ellas las ventajas y las desventajas que nos pueden ofrecer, saberlas prevenir o evitar en la medida de nuestras posibilidades.

· ·

Tabla 33. **Características de la respuesta sexual del hombre longevo**

- La producción de testosterona comienza a disminuir de manera imperceptible para ir aumentando con el paso de los años, pero no desaparece nunca del todo.
- La producción de esperma comienza a disminuir paulatinamente y tampoco desaparece del todo.
- En cuanto a la fertilidad masculina, las investigaciones del National Institute of Aging norteamericano demuestran que el semen de los hombres mayores contiene el mismo número de espermatozoides que el de los jóvenes, aunque predominan en aquéllos los espermatozoides inmaduros.
- La erección, la turgencia del pene, disminuye y es menos fuerte o firme.
- La erección se hace más lenta y necesita mayores estímulos fisiológicos.
- La mera estimulación psíquica puede tener menos probabilidades de provocar la erección.
- Se hace necesario el contacto directo sobre el pene.
- Cambia el tiempo durante el cual pueden conservar la erección; aunque se tarda más en lograrla se mantiene luego mucho más tiempo.
- La erección, una vez perdida, necesita más tiempo de descanso para volver a recuperarla.
- Algunos echan de menos aquella sensación fisiológica de necesidad y turgencia de épocas anteriores.
- Los testículos cambian de apariencia con la edad, haciéndose más pequeños y menos firmes.
- La elevación de los testículos es menor que en años anteriores.
- La elevación se realiza de una manera más lenta y son necesarios los estímulos directos y mayor en número sobre la raíz del pene.

Tabla 34. **Características de la respuesta sexual de la mujer longeva**

- Disminuyen los estrógenos.
- Disminuye el tamaño de la vagina: tiene lugar en ella una pequeña atrofia que la hace más corta y estrecha.
- La elasticidad de la vagina es menor.
- Las paredes de la vagina se vuelven más delgadas.
- La vagina se vuelve más vulnerable a irritaciones, lesiones o infecciones.
- En un pequeño número de mujeres mayores las paredes vaginales sangran después del coito, lo cual puede resultar alarmante.
- En las mujeres de esta edad, con pocas relaciones coitales, la abertura vaginal puede contraerse hasta el punto de imposibilitar la penetración.
- Se produce una menor lubricación vaginal.
- Cuando existe atrofia de la vulva puede dificultarse la penetración.
- Los labios que abren la vagina se adelgazan.
- Un 10 por ciento de las mujeres dicen comenzar a tener una pérdida de orina durante las relaciones sexuales.
- El vello púbico comienza a desaparecer.
- Disminuye de forma general la congestión genital durante la respuesta sexual.
- No se sabe nada sobre la existencia de un posible descenso de la sensibilidad del clítoris.
- Un porcentaje de mujeres parece sufrir atrofia del clítoris.
- El clítoris se reduce ligeramente, haciéndose más fácilmente irritable.
- La excitación sexual se vuelve más lenta.
- Disminuyen la intensidad y frecuencia en las contracciones producidas por el orgasmo.

Capítulo 3.
▼

Facetas de la conducta sexual femenina

O. Bertomeu

MASTURBACIÓN: EL SEXO SOLITARIO

*M*asturbación se define como «la acción de manipular los propios órganos sexuales, con el fin de procurarse placer, sin la participación del otro».

La masturbación constituye una práctica natural, tan natural como la de saciar el hambre y la sed, que está en la base de nuestra vida sexual. Se trata de una plataforma sobre la que se irá construyendo nuestra sexualidad, hasta el momento en que decidamos practicarla de forma compartida.

Para entender la carga de vergüenza y de culpa que la masturbación ha derramado sobre las personas, especialmente sobre la mujer, es preciso recordar que en los principios morales que se nos planteaban desde la religión primaban los sufrimientos como vía de expiación de pecados originales y de perfeccionamiento en el camino de la virtud, mientras que el placer siempre se asociaba a la maldad y a las condenas eternas. Entre las piernas de la mujer, y no en otra parte, se depositaban la

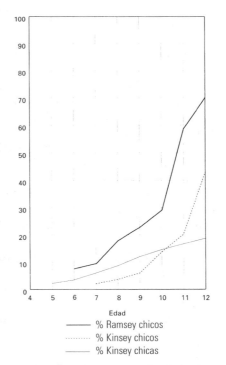

Fig. 16. La masturbación, según la edad y el sexo, de acuerdo con los estudios de Ramsey y Kimsey. Ambos reflejan un aumento de las prácticas autoeróticas a partir de los diez años, aunque en las chicas es más gradual.

▼

323

pureza, la bondad, la honra, no sólo de ella sino, además, la de toda la familia. ¡Demasiada responsabilidad! El placer sólo era y es admitido si a través de él se tiende a un fin «más alto» y «más digno», como pudiera ser la procreación, de modo que toda práctica que no condujera directamente hacia ella es considerada, aún hoy, como pecaminosa y vergonzante, enfermiza y aberrante.

La masturbación nos puede servir para conocer más profundamente nuestro propio cuerpo y nuestro propio yo.

De modo que dentro del inventario de conductas sexuales prohibidas y vilipendiadas, no sólo aparece la masturbación encabezando la lista, sino que la acompañan las relaciones homosexuales y cualquier modo de evitar el embarazo que sea el de la continencia sexual, el de la castidad.

Así que, en cuanto a la masturbación, no se conformó esta sociedad, dogmatizada y presionada por la Iglesia, con prohibir el acto so pena de pecar y hacerse candidato al fuego eterno, sino que, por si la lejana amenaza del infierno no surtiera el efecto inmediato, se atemorizaba al individuo con males evidentes a corto plazo: uno se podía quedar calvo y ciego, salirle pelos en las palmas de las manos, aumentar el tamaño del clítoris, secársele la médula espinal, hacérsele agua el cerebro, volverse loco o epiléptico, y quedar estéril, entre otras catástrofes.

Lejos de afectar a nuestra salud física o mental, cuando somos adolescentes más bien nos puede servir para conocer más profundamente nuestro propio cuerpo y nuestro propio yo, y así facilitamos la capacidad de comunicación y de relación con los demás, para desarrollar de forma adecuada nuestras aptitudes sexuales.

Algo que sí se ha comprobado es que cuanto más elevado es el nivel de educación de las mujeres, más frecuente es la práctica masturbatoria. Existen datos que afirman que casi todos los chicos adolescentes la practican, mientras que el número de chicas asciende a algo más de la mitad. Eso sí, nuestra precocidad biológica nos lleva a iniciar la práctica autoeróti-ca bastante antes que los chicos. Parece ser que para nosotras el promedio se encuentra en torno a los diez años, en tanto que para los chicos está en los trece. Y en cuanto a la frecuencia, eso es algo muy personal. Hay mujeres con más imaginación, más necesidades y más afición y las hay con bastante menos. De hecho, es algo que «pide el cuerpo» y al cuerpo hay que saberlo escuchar. Habrá chicas que lo hagan una vez al mes, y otras todos los días. Cuando esta práctica se hace obsesiva lo negativo no es la masturbación, sino las causas que la motivan, es decir, sentir una dolorosa falta de afecto, o ser incapaz de adaptarse o de aceptar las imposiciones y responsabilidades cotidianas, de modo que se opta por refugiarse en lo imaginario y por huir del displacer entregándose al placer.

Aunque el autoerotismo sea una conducta absolutamente normal y espontánea, no todas las mujeres saben masturbarse. A algunas es preciso detallarles y explicarles minuciosamente en qué consiste. Y en cuanto a las que sí saben, han desarrollado formas muy personalizadas. Tal es así que los hombres son menos originales, casi todos lo hacen igual, y consiste en la frotación enérgica del pene con lo que sea: mano, muñeca hinchable, cuello de botella...

Las mujeres pueden acariciarse con las manos su vulva, labios mayores, labios menores, clítoris, a veces vagina o ano, de forma directa. En general, las caricias directas sobre el clítoris no suelen ser frecuentes, ya que dada su alta sensibilidad puede transformar una caricia inicialmente placentera en molesta. Tampoco es frecuente la inserción vaginal de dedos, no es lo más gratificante. La mujer puede acariciarse con la mano, con la almohada, con el pomo de una puerta, con el brazo de un sofá; con un trozo de tela de seda, o de terciopelo; por encima de la ropa o piel a piel; tocándose directamente o presionando con la mano el monte de Venus o la vulva; también, mediante movimientos rítmicos de las piernas, los muslos presionan toda la zona perineal para crear un alto grado de tensión sexual. Como ya he comentado con anterioridad, algunas mujeres logran llegar al orgasmo permaneciendo prácticamente inmóviles, tan sólo con el juego de su imaginación que logra concentrarse en una estimulante fantasía erótica, y que las eleva hasta el clímax.

Algunas mujeres no han sabido que lo que hacían era masturbarse hasta mucho tiempo después, cuando han recibido más información al respecto. De hecho, muchas mujeres han optado por la estimulación no manual, porque de este modo no se sentían culpables de masturbarse, era como si se tratara de otra cosa, diferente, y del todo inocente. Por el contrario, existen mujeres que recurren al uso de vibradores, los mal llamados «consoladores», para insertarlos en su vagina; por lo general, se trata de personas que ya han mantenido relaciones sexuales completas, y que desean probar otras cosas. También puede tratarse de mujeres que no son capaces de alcanzar el orgasmo con la penetración, y sin embargo, con el uso del vibrador, tanto al insertarlo en la vagina, como al acariciar superficialmente los genitales, sí lo logran con facilidad.

Si bien no haré ningún tipo de reprobación del vibrador, sí he de alertar sobre alguna consecuencia de la que he tenido conocimiento. Cuando una mujer prueba un vibrador, el pene de su pareja, e incluso las caricias de sus manos, pueden resultar un tanto insulsas. De todos modos, este tipo de práctica se suele dar en mujeres bastantes desinhibidas consigo mismas. Existen casos en los que la mujer siente vergüenza y pudor de sí misma. Vive como una especie de desdoblamiento: la mujer que se acaricia y la mujer que se observa, situación que puede llegar a generarle un alto grado de ansiedad. Por eso, cuando proponemos la masturbación a la mujer para el tratamiento de la anorgasmia, ése constituye un primer obstáculo nada fácil de salvar; su mente ha de dar permiso a su mano para que estimule sus genitales con libertad. Quizás muchas mujeres no saben que esta conducta está tan generalizada que incluso otras especies del reino animal, simios o monos, además de otros mamíferos, también practican actos masturbatorios. La única diferencia estriba en que a ellos no se les prohibió ni se les calificó peyorativamente este tipo de actos.

Aunque la mayoría de los jóvenes se masturba, existen claras diferencias entre los chicos y las chicas. Los chicos son menos pudorosos y llegan a practicarla en grupo, estableciendo retos de velocidad en alcanzar el orgasmo o en lanzar lo más lejos posible la eyaculación. El hombre necesita reafirmar esa masculinidad que la sociedad le exige y que, al parecer, debe de manifestarse a través de esos indicadores, de modo que tiende a exhibirse para confirmarla ante sus iguales. Él es dueño absoluto de su cuerpo y de su placer. No ocurre lo mismo con la chica.

La sexualidad en la mujer es más difusa, más generalizada que en el hombre.

La sexualidad de la mujer es más difusa, más generalizada, llega a embargar a toda la persona porque está mucho más cargada de emotividad que la del hombre. Por eso, para ella es mucho más importante la intimidad, deslindarse de cuanto la rodea para entregarse a la vivencia privada. Muchas mujeres se sorprenden de que les resulte tan fácil estimularse en solitario y tan difícil cuando están acompañadas por su pareja. No debe extrañarnos. Lo más natural es que el aprendizaje erótico inicial se realice en soledad. La mujer, o la niña, si brota el deseo, eligen el lugar, el modo de acariciarse, la zona más erógena, el ritmo apetecido, la intimidad, eligen lo que más les apetece a ellas, no al otro; no es preciso que medien palabras, ni gestos, ni sugerencias ni negativas, todo sucede mediante un monólogo individual.

Cuando se trata de compartir caricias, pudiera ser que se haga a instancias del otro, en el momento que le apetece al otro; el otro no siempre conoce tan sumamente bien a la mujer que la acaricie en el lugar adecuado, con el ritmo y la delicadeza adecuados; ni siempre la mujer está preparada para compartir esa intimidad y no sentir pudor a la hora de dar pistas a su pareja: más arriba, más abajo; más suavito, más fuerte; más despacio, más deprisa... Muchas son incapaces de tomar la mano de la pareja para situarla en el lugar que se desea. Por eso la masturbación tendría un alto valor educativo si la mujer, desprovista de absurdos pudores, fuese capaz de autoestimularse en presencia de su pareja, para que ésta pudiera conocer su estilo y sus preferencias.

Una mujer que se sienta dueña de su cuerpo, que esté predispuesta a gozar de él con un espíritu lúdico, y que sepa ser imaginativa, lleva en su haber la posibilidad de disfrutar profundamente del sexo.

No tengo el más mínimo inconveniente en afirmar que la mujer que ha practicado el autoerotismo desde una edad temprana, lejos de sobresaltos y de castigos, realiza el necesario rodaje para que su mecanismo sexual, en particular, y psicológico, en general, logren un rendimiento más satisfactorio y gratificante. Conocerse a una misma permite comprenderse y también conocer y comprender a los demás.

HETEROSEXUALIDAD: CUANDO LA MUJER AMA AL HOMBRE

Elegir a un compañero del sexo contrario para la relación sexual es la opción que realiza la mayoría de la población; por tanto, en nuestra imaginación como en nuestras incipientes relaciones, comenzamos a ejercitar nuestra heterosexualidad al hilo de nuestras costumbres.

Aprendemos a gozar de lo diferente a nosotras o, al menos, debiéramos aprender a disfrutar. Profundizar en el otro para conocerlo mejor es algo sumamente diver-

● ●

El placer de la masturbación

M. Calvo Artés

La masturbación es la primera de las formas con que experimentamos placer sexual, la práctica más común a todas las culturas, desde todos los tiempos, en todas las edades y en ambos sexos.

También se observan conductas masturbatorias en ciertos animales, entre ellos el delfín, que puede utilizar el chorro de agua de las piscinas, o los monos bonogos, que se masturban en señal de paz, o el elefante, que usa su trompa, o el gorila, entre otros primates.

La especie humana es gregaria y también individualista; estamos capacitados para disfrutar tanto en compañía de otros como en soledad.

Sin embargo, tiene muy mala prensa la soledad, y a menudo es confundida con el aislamiento. La mayoría de canciones, películas y mensajes culturales desprecian la soledad.

Todos estamos solos y a menudo la masturbación nos recuerda esta realidad, pero incrementar el placer sexual pasa por mirar con otros ojos la propia soledad.

Sólo cuando ocupamos este espacio solitario, personal e intransferible podemos adquirir verdadera autonomía y establecer relaciones de igualdad y solidaridad con los demás.

Son muchas las ventajas de una relación cordial y placentera con el propio cuerpo, esto es, con uno mismo y la propia sexualidad.

La masturbación permite detectar con mayor facilidad cualquier barrera al placer, y éste es uno de los motivos por los que esta actividad resulta una insustituible aliada terapéutica.

Un dato que hay que tener en cuenta es que aquellas parejas en que sus miembros continúan masturbándose muestran una frecuencia de encuentros sexuales más elevada y satisfactoria que aquellas en que sus miembros esperan que la pareja cubra y se responsabilice de sus deseos y de su satisfacción sexual.

Nadie puede conocer mejor que uno mismo cómo acariciar, dónde, cuándo... o la precisión de las fantasías sexuales; nadie más que uno mismo puede luchar por la propia autonomía y descubrir el propio jardín.

Es precisamente el mimo y la atención a este jardín privado lo que nos permite y facilita ser sus buenos anfitriones cuando queremos compartirlo e invitar a los demás. Es entonces cuando podemos comunicar el cómo, el cuándo y el dónde que mencionábamos.

tido y atractivo, algo que acapara nuestro interés.

La mayor parte de las mujeres eligen como pareja a una persona del sexo contrario, un hombre, con un criterio en el que priman mucho más los componentes emocionales y afectivos que los de la mera atracción física.

Es precisamente en las relaciones sexuales, y no en otros asuntos, donde suelen destacar las características de la orientación sexual de cada persona, y sus preferencias. El repertorio de conductas sexuales que podemos llevar a cabo es amplísimo, aunque en las parejas heterosexuales prima la idea del coito.

LAS PRÁCTICAS NO COITALES

Las caricias no genitales

Dicen que el amor es tacto, y así lo estimo yo, considerando la palabra *tacto* en todas sus aceptaciones, incluida la de «tener tacto», acertar con sutileza en el trato con alguien.

En nuestra cultura no aprendemos a tocar; sentimos un gran temor ante la aproximación. Hacemos de la piel una coraza con la que defendernos. Nos tocamos poco, quizás por eso pulula en el ambiente una solapada agresividad.

Es preciso aprender a tocar y a dejarse tocar, porque las dificultades que tienen hombres y mujeres en ponerlo en práctica dice mucho de que, bajo la aparente simplicidad del hecho, se esconde una especial complejidad.

Acariciar significa «decir silenciosamente» lo que se desea; es estar dispuestos a disfrutar. Acariciar es hacerse solidario de la sensibilidad del cuerpo que se toca, es un ponerse en su lugar.

Desde mi punto de vista, ésta es la práctica más valorada por la mujer, la más deseada, y no obstante, lamentablemente, la menos practicada por el hombre. Para la mujer, la caricia tiene un gran valor en sí misma, tiene entidad propia. Para el hombre, sólo suele ser un medio para excitar a la pareja y así convencerla de que acepte el coito. Para él es un preliminar en aquellos casos en que esté dispuesto a acariciar; constituye un preludio que debe conducir obligatoriamente a la penetración. En el caso contrario no tiene sentido, no tiene gracia, y equivale a sentirse castigado sin postre, o quedarse en el aperitivo.

En la civilización occidental no se ha dejado lugar relevante para la caricia; como mucho, se practica el manoseo o el sobeo un tanto burdos, con un fin predeterminado o anunciado.

A diferencia del hombre, la mujer podría abandonarse a las caricias como práctica total. Abandonarse a ellas, gozar de ellas incluso hasta el orgasmo, porque sólo en las caricias es donde descubre su cuerpo y su extraordinaria capacidad de sentir. La lucha por el orgasmo aniquila en muchas ocasiones no sólo al propio orgasmo, sino lo que es peor, toda la sensualidad de que es capaz nuestra piel y nuestra mente.

La mujer necesita sentirse acariciada, abrazada, besada, que se la considere en su totalidad profunda para desear, en su momento, hacer el amor. Porque sólo así será amor lo que se haga.

Las caricias genitales

Es cierto que existen diversas maneras de acariciar los genitales para lograr la excitación sexual y con ella el placer. Pero sólo hay un modo de acariciar los genitales de una mujer para hacerla disfrutar, olvidarse de ellos, para entregarse a las caricias de todo su cuerpo. Antes de llegar a sus genitales es preciso haber logrado cierto grado de excitación en la mujer, si no cualquier tocamiento, por ligero que sea, puede llegar a ser sumamente molesto. Y es que los genitales de la mujer son tan sensibles que una misma caricia puede resultar desde insulsa a un verdadero infierno, si no está excitada, o un placer extraordinario si está enardecida. El camino hacia los genitales de la mujer pasa antes por todo su cuerpo, y ése es un rodeo que hay que dar si se desea compartir la experiencia sexual con una pareja receptiva, para hacerla disfrutar.

Muchas mujeres temen las caricias genitales porque su compañero no las sabe tocar. El hombre suele pensar que a la mujer le deben de gustar las mismas cosas que a él: él se frota el pene con vigor cuando se masturba, ¡pues nada!, ¡a acariciar vigorosamente el clítoris de ella, como si limpiara zapatos! Y la mujer en un «¡ay!», intentando zafarse por todos los medios de esta fricción molestísima que no sólo no la excita sino que además le inhibe el deseo de seguir participando.

*M**uchas mujeres temen las caricias genitales porque sus compañeros no saben tocarlas.***

Es posible que el hombre, al acariciar a la mujer, no sea capaz de olvidarse de su vagina, y se dedique a introducir los dedos en ella con el ánimo de excitarla nada más empezar las caricias cuando lo cierto es que este tipo de práctica excita a muy pocas mujeres, y a la mayoría les molesta.

Es una pena que en el sexo no seamos tan explícitos como cuando nos pica la espalda, que entonces sí que facilitamos todo tipo de detalle hasta que se nos rasca en el lugar debido. Acariciar a una mujer no es fácil. Cada mujer es un mundo, diferente a otra mujer, y cada mujer puede ser diferente a sí misma, según el momento o las circunstancias; por eso la labor de tanteo y de seducción son tan valiosas.

También es importante no sentirse obligados a acariciarse de forma simultánea los dos miembros de la pareja. Para que las caricias surtan un efecto profundo es preferible optar por la alternancia. «Ponte tú que te acaricio yo», y viceversa, de modo que uno se presta a darlo todo con el beneficio de ver disfrutar al otro en sus manos, y el otro se dispone a recibirlo todo, sin sentirse egoísta.

Para facilitar todo este tipo de caricias siempre es bueno disponer de cremas para el masaje, así como de vaselina en el caso de que la mujer no segregue suficiente fluido vaginal, para evitar la irritación de unos tejidos tan sensibles como los vulvares o vaginales.

Las caricias bucogenitales

Se trata de una de las prácticas más frecuentes en el repertorio sexual de la pareja. Llamamos *felación* a la estimulación de los genitales masculinos mediante la lengua, los labios y la boca; y *cunnilingus* al mismo tipo de estimulación de los genitales de la mujer.

Se pueden practicar alternativamente para concentrar la atención en el otro, a la hora de darle placer, o a la vez, postura que todos conocemos por el 69.

Son muchas las mujeres, y algunos hombres, que sienten un claro rechazo hacia estas prácticas; esto es muy comprensible si pensamos en que durante siglos los genitales no sólo se identificaban con las vergüenzas de las personas, algo que ocultar obsesivamente, y que usar y disfrutar envueltos en oscuridad, sino que también representaban la zona menos noble y más sucia del organismo humano. Muchas mujeres han considerado este tipo de caricia como algo tan obsceno, indecente y pervertido que lo han venido incluyendo en las prácticas que suelen hacer las prostitutas, pero no las «santas esposas». En más de una ocasión, ante la petición de un marido, más de una mujer se ha sentido ofendida e insultada.

¿Cuándo nos han dicho que éste es un tipo de relación absolutamente normal, que incluso lo practican muchos mamíferos machos con las hembras? ¿Nos han explicado alguna vez que nuestros genitales pueden resultar mucho más higiénicos que nuestra boca, y que un beso profundo en la boca no tiene por qué ser más limpio ni más sano que un beso genital?

No nos lo han dicho. No nos han hablado de que la higiene normal de una persona permite tener unos genitales limpios y perfectamente besable. No nos han enseñado a considerar las secreciones genitales tan normales como pueda ser la saliva, ni que el olor y el sabor de los genitales de una persona que se lave y se cuide normalmente, muy lejos de repeler, puede ser un estímulo muy positivo, porque nos huele y nos sabe a ella y sólo a ella.

La mayoría de las mujeres, aun haciendo de tripas corazón en el peor de los casos, prefieren ser acariciadas, que se les practique el *cunnilingus*, a ellas aplicar la felación. No son pocas las que sienten náuseas, o una sensación de obstrucción a causa del «reflejo faríngeo» al tener el pene erecto en la boca. Ese tipo de reacción se puede controlar y desaparecer con un sencillo adiestramiento y mentalización. Y hay mujeres que, aun aceptando realizar este tipo de caricia al hombre, ponen como condición que no eyacule en la boca. Esto es algo que se ha de acordar con la pareja.

En cuanto a las consecuencias de tragar el eyaculado, ni es pernicioso para la salud ni es el elixir de la eterna juventud, es un líquido más del organismo que tiene una textura, olor y sabor propios, ni más ni menos. Hay algo que conviene aclarar: el *cunnilingus* y la felación no son prácticas esencialmente homosexuales. Sencillamente, a las personas homosexuales les pueden gustar las mismas cosas que a las que no lo son.

Las caricias anales

Este tipo de estimulación, aunque un gran número de hombres la solicita, no está tan extendida como las bucogenitales. Suele estar mal vista por la mayoría de las mujeres, casi con seguridad debido a tres razones: el ano es considerado la zona más sucia del cuerpo; el ser una práctica que se suele atribuir exclusiva y erróneamente a los hombres homosexuales; y por tratarse de una zona de difícil relajación, lo cual dificulta el logro del placer. Aunque eso no significa que no se incluya cierta estimulación del ano con los dedos, durante la actividad sexual.

Para muchas personas la estimulación anal supone una práctica muy estimulante; para otras, en absoluto. Siempre requiere de la máxima delicadeza y de una adecuada lubricación con vaselina. Un consejo a seguir por quienes gusten de jugar con esta práctica es que tras una penetración anal jamás se debe realizar una penetración vaginal. Las bacterias que existen con toda naturalidad en el recto pueden ser nocivas para la vagina y causar infecciones.

Existen casos en que la petición del coito anal ha llevado a discusiones y disgustos importantes. Más de una mujer ha llegado a dudar de la hombría de su marido ante la propuesta de penetrarla analmente, generando unos sentimientos de dolor y angustia absolutamente gratuitos. Asimismo, más de un hombre se molesta de forma desproporcionada si su mujer se inhibe de esta práctica, y aduce que la penetración le resulta dolorosa. Yo propongo pasar a la práctica. No es un mal ejercicio, dado que justo el ano es un órgano similar para hombres y mujeres, iniciar el juego sexual siendo la mujer la que introduzca algo en el ano del hombre: dos dedos, una vela gordita o un vibrador. Ésta suele ser una práctica disuasoria para muchos de ellos, al considerar que más que placer les provoca unos incontenibles deseos de hacer de vientre.

Aunque siempre, siempre, en estas cosas, lo más aconsejable es establecer tan buena comunicación, que se pueda llegar a acuerdos. Se puede probar todo, y luego decidir.

LAS PRÁCTICAS COITALES

Las prácticas coitales que podemos llevar a cabo son muy diversas. Todo es cuestión de probar, elegir aquellas que más nos satisfagan, y jugar con otras diferentes cuando hay que romper la rutina.

Mujer abajo, hombre encima (mirándose)

También llamada *postura del misionero*, por ser la que los misioneros proponían a los «salvajes» en sustitución de sus posturas mucho más lúdicas y libres.

Como ventaja cuenta con que la inserción del pene es fácil y adecuada para generar embarazo, dado el lugar donde se deposita el semen, el saco vaginal. También, y más importante, poderse mirar y besar; poder contemplarse la expresión del rostro los amantes. Como inconvenientes, que muchos hombres corpulentos, o poco atletas, no se apoyan lo suficiente sobre sus brazos, y dejan caer todo el peso del cuerpo sobre el de la mujer, inmovilizándola y presionándola hasta dificultarle la respiración. La mujer siente como si tuviera un armario encima. En esas circunstancias se añade una dificultad más a la hora de excitarse.

Dificulta la estimulación del clítoris para simultanearla con los movimientos coitales. No es aconsejable cuando se está en avanzado estado de gestación.

Fig. 17. Posturas coitales básicas.

▼

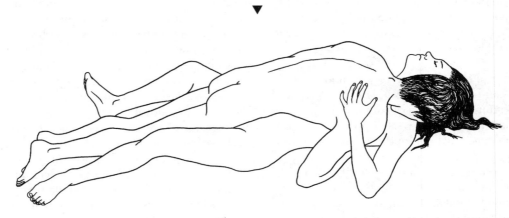

1. La postura del «misionero» se considera como la más normal en las sociedades occidentales, pero no es la más erótica.

▼

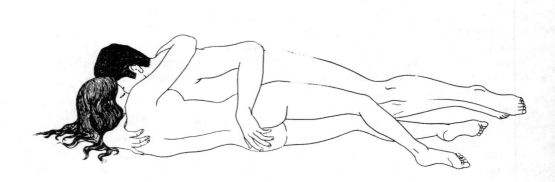

2. Cómoda postura para no soportar el peso del compañero sobre una misma.

▼

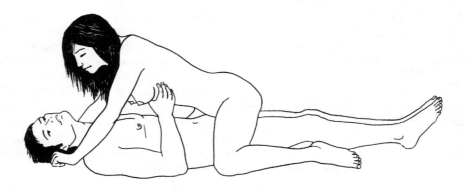

3. La mujer ya no es sólo la persona a quien «se hace el amor», sino que sabe tomar iniciativas.

▼

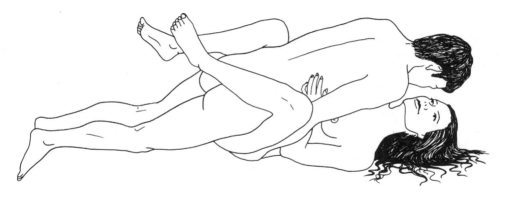

4. Manteniendo las manos sobre los riñones de su compañero, la mujer puede adaptarse mejor al ritmo de sus movimientos pelvianos.

▼

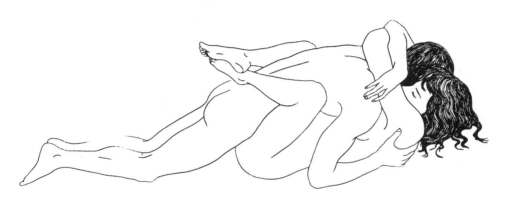

5. La modificación de la inclinación de la vagina merced a la flexión de los muslos permite una penetración más profunda del pene, y un contacto más íntimo entre la región clitorídea y el pubis masculino.

▼

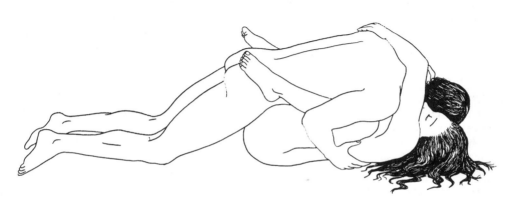

6. Cuanto más elevada está la vagina por el repliegue de las rodillas hacia el pecho, más profunda será la penetración.

▼

7. Aunque impide el beso, esta posición es, con mucho, la que permite la penetración más profunda.

▼

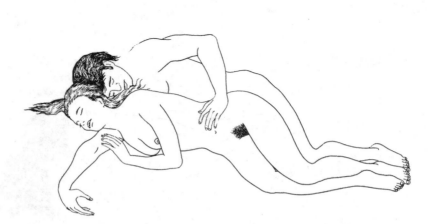

8. Esta posición se aconseja para la última etapa del embarazo.

▼

Hombre abajo, mujer encima

Ésta es una de las posturas en las que la mujer se siente con mayor libertad de movimiento y de acción. Las caricias pueden ser mutuas, amplias. El hombre puede seguir estimulando el clítoris de la mujer aun en plenos movimientos pélvicos, al igual que ella también lo puede hacer. Es una postura ideal a la hora de resolver las dificultades orgásmicas de la mujer. El papel de la vista es muy importante, las miradas pueden ser intensas y estimulantes.

Penetración por detrás (como los perritos)

Colocada a cuatro patas, o tumbada boca abajo, el hombre situado a su espal-da, la penetra vaginalmente. La mujer también puede colocarse de pie o sentarse de espaldas al hombre. Esta posición tiene la gran ventaja de que le hombre puede acariciar casi todo el cuerpo de la mujer sin abandonar los movimientos coitales. Y aunque aquí no se disfrute de la mirada directa, para el hombre la visión de las nalgas de la mujer resulta fantástica. El roce rítmico de la pelvis del hombre contra las nalgas femeninas puede ser verdaderamente excitante. Esta postura es muy recomendable durante el embarazo.

Coito cara a cara, de lado

En esta postura ninguno de los dos tiene que soportar el peso del otro. Una mano de cada uno queda en libertad para acariciar, y permite verse y besarse. Uno de los inconvenientes estriba en que es preciso tener cierta habilidad en introducir el pene, y en mantenerlo dentro de la vagina. Los movimientos coitales siempre serán más suaves por esta razón. Puede ser una postura inicial, para más tarde evolucionar hacia otra más efectiva.

Coito en posición de cuchara

Tendidos uno junto a otro, de lado, el hombre abraza y penetra a la mujer por detrás, cobijándole la espalda. Resulta una postura tierna y cálida, no exigente, que permite al hombre acariciar el pecho y los genitales de la mujer, y también el jugar con el cruce de piernas para lograr una inserción del pene más profunda. Estupenda en el embarazo avanzado.

Después de enumerar las posiciones básicas y más frecuentes, lo verdaderamente importante es decir que a la hora de hacer sexo y más aún si lo que se pretende hacer es el amor, es llegar a un acuerdo tácito o explícito de la pareja acerca de lo que se desea, cuándo, dónde y cómo. Nuestra imaginación desempeñará un papel decisivo en cuanto a las sugerencias.

Una vez que se tiene el deseo y la posibilidad de hacer sexo, lo más importante no es ser un artista de la técnica, sino la calidad de la relación de las dos personas.

RELACIONES PREMATRIMONIALES, MATRIMONIALES Y EXTRAMATRIMONIALES

En la actualidad, la mayoría de las chicas inician sus relaciones sexuales antes de llegar al matrimonio, unas con más precauciones que otras, y así adquieren algo más de experiencia, aunque no la conveniente. Las relaciones prematrimoniales supondrían una especie de ensayo general del matrimonio: buscar un apartamento que pongan entre dos; distribuir los quehaceres domésticos; decidir el estilo de vida que prefieren, las relaciones sociales que establecer, así como los compromisos familiares a afrontar, y cómo no, ajustar las expectativas personales tanto en el ámbito

profesional como en el sexual. Eso sería, más o menos, una relación prematrimonial que hiciera honor al nombre.

Las relaciones matrimoniales también han ido evolucionando hacia una mayor igualdad de derechos entre marido y mujer, y una mayor exigencia sexual de la mujer. La presencia cada vez más amplia de la mujer en el mundo laboral está conduciendo a un planteamiento diferente de la pareja. También tiene cierta incidencia en las relaciones extramatrimoniales.

En la actualidad, el número de mujeres casadas que han pasado por alguna experiencia extramatrimonial ha aumentado. La salida al mundo del trabajo, y los avances en anticoncepción, han dado libertad y oportunidad a la mujer. Aunque para la mujer, la razón de buscar una relación fuera de su matrimonio tiene mucho más que ver con no disfrutar de unas buenas relaciones con su pareja y con el grado de insatisfacción sexual; la que vive una relación llena de cordialidad y afecto, y además goza sexualmente con su hombre, es muy difícil que se exponga a un tipo de experiencia que pudiera dar al traste con lo que posee. Es más, yo diría que realmente no le apetece.

El hombre puede buscar una relación extramatrimonial con la mera intención de descargar su tensión sexual. Para la mayoría de las mujeres eso sería impensable. La sexualidad femenina está sumamente adherida a sus sentimientos.

No dispongo de los datos puntuales, pero sí tengo la sospecha de que la infidelidad matrimonial tiene un peso importante en la ruptura de un matrimonio.

La relación entre dos sexos diferentes en quienes la sociedad se ha empeñado durante siglos por hacerlos más diferentes aún, tanto que los ha hecho extraños, no resulta nada fácil y exige una especial atención y una gran dosis de buena fe, y de generosidad.

HOMOSEXUALIDAD: CUANDO LA MUJER AMA A LA MUJER

En nuestro cerebro, en nuestra mente, es donde nacen, anidan y se acumulan emociones, experiencias, sentimientos, normas, todo cuanto aprendemos desde que nacemos, inmersos en nuestro entorno y en el seno de una familia, de una sociedad y de una cultura.

Nuestra sexualidad más que responder a instintos, a imperativos biológicos, a hormonas, responde a emociones, sentimientos y pulsiones que brotan de aprendizajes que se realizan de forma inconsciente, desde el inicio de nuestra vida.

De hecho, más que enamorarnos de un sexo, más que atraernos un sexo, hablo casi exclusivamente de las mujeres, nos enamoramos y nos atrae la persona. Existe una selectividad, no nos vale cualquiera ni del sexo opuesto para las heterosexuales, ni del propio sexo para las homosexuales.

Muchos chicos y chicas han tenido sus primeras experiencias sexuales con su mejor amigo, amiga y confidente.

Aunque existe un momento, tanto para el chico como para la chica, de auténtica sorpresa y asombro psicológico cuando caen en la cuenta de que son homosexuales, las chicas suelen encajarlo y aceptarlo mejor.

A muchas mujeres lesbianas la idea de las relaciones heterosexuales les produce una serie de sentimientos negativos: quizá una muy extendida sea el miedo al daño físico con la penetración y durante el coito; el miedo al embarazo; también pueden considerarse como faltas de atractivo, y torpes en el manejo de conductas de seducción, no saber coquetear con el hombre; y algunas sienten un verdadero rechazo hacia el hombre, que puede llegar a la hostilidad y a la fobia. La mayoría de las mujeres lesbianas prefieren decididamente y se sienten cómodas con la relación homosexual.

La mujer homosexual no tiene por qué ser una perfecta «marimacho». Podemos encontrarnos con mujeres exquisitamente femeninas, con un físico tan delicado y «glamuroso» que podría encandilar al más pintado.

Una pareja de mujeres funciona como cualquier otra pareja heterosexual, tiene los mismos problemas y las mismas satisfacciones, salvo la de engendrar hijos. Quizás con el cambio de las leyes que regulan la adopción se salvara esta diferencia.

Bien, pues decía que las parejas de mujeres lesbianas pasan por las mismas experiencias que las parejas heterosexuales. Los roces acerca de los quehaceres domésticos; las relaciones con las amistades; el desacuerdo respecto a la frecuencia de relaciones sexuales, y los celos, entre otras, siendo el punto más conflictivo la relación con las respectivas familias.

Y en cuanto a la sexualidad, quizás en este ámbito sea donde más beneficios y satisfacciones puedan tener, incluso en comparación con las heterosexuales. Partamos de un principio: nadie conoce mejor a la mujer que la mujer.

En este caso la necesidad de explicar, de dar pistas, de corregir errores es mucho menor que en el caso de la relación hombre-mujer. La mujer lesbiana encuentra en su compañera lo que la mujer necesita: ternura, delicadeza, caricias sutiles; la sabiduría que proporciona el conocimiento de los propios genitales; el ritmo de las caricias; el tiempo necesario, sin urgencias; la facilidad para la comunicación y ese saber anticiparse a los deseos antes de expresarlos. No es difícil imaginar la compenetración que se puede alcanzar, ni la profundidad e intensidad de la relación.

Es preciso recordar que nuestra sociedad exhibe constantemente unos grados de insolidaridad e intolerancia preocupantes. Aunque parezca que se ha logrado una mayor permisividad hacia las cuestiones sexuales, se está muy lejos de alcanzar una auténtica democracia sexual.

OTRAS FORMAS DE SEXUALIDAD

Bisexualidad: sentirse atraída por los dos sexos

Ésta es la tercera alternativa, poco estudiada, y menos frecuente también.

Cuando una persona se relaciona con los dos sexos lo hace en función de sus apetencias en ese momento, sin tenerse que decantar exclusivamente por un sexo.

Algunas mujeres bisexuales afirman que en cada sexo encuentran cosas diferentes, las relaciones con hombres les cubren unas necesidades sexuales, y las relaciones con mujeres, otras muy diferentes, y que ése es el modo de lograrlo todo.

Por último, existen casos de homosexualidad y bisexualidad situacional, que habría que considerar como talante bisexual, aquellos que se suelen dar en cárceles, barcos mercantes, cuarteles y conventos, por citar algunos. En ocasiones, la necesidad de compartir el sexo transciende de la orientación sexual de una persona.

Transexualidad: cuando el sexo del cuerpo no es el del espíritu

Es preciso no confundirlo con el travestismo, que constituye una parafilia según la cual un hombre heterosexual se excita sexualmente al ataviarse con vestidos de mujer.

Hablamos de transexualismo cuando una persona cuyo sexo corresponde a lo que biológicamente consideramos macho o hembra, se siente atrapado en un cuerpo que no le corresponde.

Estas personas pasan por un verdadero calvario de tratamientos hormonales, de intervenciones quirúrgicas, y de desembolsos económicos, amén de los procesos jurídicos para lograr el cambio legal de identidad civil.

No hay prueba psicológica capaz de detectar el íntimo sentimiento de pertenencia a un sexo tan contundente como las operaciones por las que están dispuestas a pasar estas personas: las nacidas mujeres biológicas se someten a la mastectomía (extirpación de mamas), histerectomía con doble anexectomía, implante y reconstrucción de pene a partir de un músculo del antebrazo, que no siempre resulta efectivo, más tratamientos hormonales.

La preparación psicológica previa es de indudable necesidad, incluida la familia. En cuanto a las relaciones afectivas, pueden establecer excelentes relaciones con una mujer, que, al menos en los casos que conozco, se convierten en auténticas compañeras de vida en los sufrimientos por los que van a pasar.

FANTASÍAS SEXUALES

Se trata de una capacidad de nuestra mente aplicada al sexo. Es un divertimento exclusivamente humano. Nuestra mente divaga imaginando situaciones que poseen la propiedad de estimular nuestros deseos eróticos.

Si existe algún afrodisiaco del que una persona pueda disfrutar, ésa es la fantasía sexual. Las fantasías sexuales que nos montamos son la señal más inequívoca de que nuestros deseos sexuales, nuestras pulsiones no son tanto consecuencia del instinto, como de la emotividad, la creatividad e imaginación, y también de la memoria, frutos de nuestra mente. Ningún animal dispone de un mecanismo tan sofisticado, tan personalizado.

Para la religión católica, que es la que ha influido psicosocialmente en nuestra sociedad, los pensamientos se han considerado equivalentes a los actos, hasta el punto de prohibirse los malos pensamientos por ser causa de falta moral y de pecado. Así que se intentó y se logró en muchos casos castrar la capacidad imaginativa lúdica de las mujeres, prohibiéndonos e inhabilitándonos para los malos pensamientos que, casualmente, son los mejores para dejar en libertad nuestra natural capacidad erótica.

Creo que comprenderemos mucho mejor esto si sabemos que se ha comprobado que precisamente aquellas mujeres que se permitan abandonarse a fantasías sexuales también son las que disfrutan de un más alto y frecuente impulso sexual. Por el contrario, muchas de las mujeres que no conocen el orgasmo o que tienen dificultades para disfrutarlo, aquellas mujeres inapetentes, desinteresadas por las relaciones sexuales, o que tienen una baja estima por el sexo, no saben fantasear, no saben inventar historias seductoras. No se han dado permiso para disfrutar, no se sienten dueñas ni de su cuerpo ni siquiera de su mente.

Una fantasía es una especie de película de la que no sólo somos director, guionista, y protagonista, sino que además podemos ir cambiando el argumento y los actores a nuestro gusto, sin tener que dar explicaciones a nadie. Una fantasía sexual no ha de ser por obligación la expresión de un deseo; lo que anhelamos interiormente puede ser, sencillamente, algo que desencadena, que provoca el deseo sexual, y como tal no precisa ser satisfecho ni hacerse realidad. Se trata de algo así como esa película que vamos a ver, para distraernos, para divertirnos, que incluso puede ser de terror, y que está muy lejos de que deseáramos que nos sucediese en la realidad.

Las fantasías, en tanto que ensoñaciones que permanecen en la mente, no pueden ser malas: tan sólo serán negativas aquellas que nos obligaran a hacerlas realidad para infligir sufrimiento a otros o a nosotros mismos. Pueden ser malas esas fantasías a las que podríamos llamar «intrusas», que se cuelan de rondón en nuestra mente sin haberlas llamado, que se tornan compulsivas, obsesivas y que se escapan a nuestro control para mortificarnos y llenarnos de angustia.

Ocurren cosas curiosas con las ensoñaciones sexuales. Por ejemplo, alguien puede tener una preferencia especial por un tipo de fantasía; todo es ponerla en marcha para que rápidamente la excitación aparezca. Y lo contrario, una historia imaginaria que ha surtido un efecto en un momento dado puede perder energía y ser incapaz de provocar excitación. Algo así como si pasara de moda.

Hay opiniones diferentes acerca de si se debe o no hacer partícipe de la fantasía a la pareja. Hay quien considera que guardarla para uno mismo es un signo de egoísmo e inmadurez, que denota falta de comunicación. Pudiera ser así para alguien. Lo cierto es que existen casos en los que desvelar esas intimidades ha permitido poner en práctica ciertas cosas que han beneficiado a la relación erótica, como también los hay en que, o bien esa fantasía ha dejado de tener poder, energía para su «autor», como si se desinflara; o al no haber sido bien comprendida ni interpretada, ha generado un gran malestar para la pareja, que se llena de recelos.

Ante todo, hay que tener claro que nuestro pensamiento es nuestro y podemos no compartirlo si así lo deseamos, o suponemos que no va a ser bien entendido; eso no significa que la relación con nuestra pareja sea hipócrita o desconsiderada.

Y en cuanto al contenido, a pesar de que ése es un asunto muy personal, hecho a la medida de los gustos y necesidades de cada uno, también los hay recurrentes: hacer cosas nuevas y estrambóticas; hacer cosas prohibidas; seducir a alguien, conocido o no; cambiar de pareja; hacer sexo en grupo incluyendo relaciones con el mismo sexo; imaginar a otros haciendo sexo; recibir daño, incluso ser violada. En la violación la mujer descarga el posible sentimiento de culpabilidad a causa del placer que le proporcione el sexo, porque se siente forzada al acto, no es libre de negarse y puede imprimir un sugestivo carácter agresivo al hombre, que la llene de excitación.

Pensar el sexo enseña a vivir el sexo.

VARIACIONES EN LA CONDUCTA SEXUAL FEMENINA

¿Por qué hablamos de variaciones? ¿Variaciones acerca de qué? Pues de lo que en nuestra sociedad y en nuestra cultura occidental entendemos por normal. Pero, ¿quién decide lo que es normal?

Quizás lo normal fuera disfrutar de la suficiente preparación y cultura para conocer los comportamientos humanos a lo largo y ancho del planeta, y así comprender mejor a los demás, para lograr el más profundo ejercicio de tolerancia, sin hacer dejación de los propios principios éticos, sociales y psicológicos.

A lo que ahora hemos conseguido llamar *variaciones* en un intento por evitar connotaciones peyorativas, antes se ha llamado desviaciones, dando idea de un apartarse del buen camino, y de ahí para atrás se llamaron perversiones para considerar aberrantes, ya sin ambages ni eufemismos, determinadas conductas sexuales humanas.

¿Cómo podemos saber lo que es normal en el sexo y lo que no lo es? ¿Nos han enseñado con claridad y sinceridad, la familia y la escuela, lo que debemos hacer y sentir? Incluso, ¿nos han enumerado desde pequeños las prohibiciones acerca del sexo y por qué debíamos evitar esas conductas? No; se han limitado, en el mejor de los casos, a explicarnos mediante metáforas poco afortunadas las cuestiones más fundamentales e inocentes. ¿Cuentan los padres sus experiencias íntimas, sus penas y sus glorias, lo mismo que cuentan otros pormenores de sus vidas, alardeando de su experiencia? Hemos crecido y nos hemos desarrollado en un ambiente plagado de silencios en los que gravitaba la presencia de lo innombrable; nos han vendido como verdades auténticas falsedades; y nos han contado infinitas medias verdades, que aún son más nocivas que las mentiras, porque esa pequeña dosis de verdad es capaz de convertir en cierto el resto, a nuestros ojos.

Cuando hablamos de normalidad, lo que tenemos presente es lo que suponemos que hace más gente, lo más frecuente, de modo que si ponemos por caso nuestra sociedad, lo más normal en una relación sexual de pareja sería lo siguiente: el hombre pide hacer sexo, la mujer acepta de mala gana; por lo general, de noche, en la cama; ella abajo y él arriba; con la luz apagada; vestida con pijama o camisón, y bragas; apenas con preliminares eróticos; coito rápido; él se corre en tres minutos y ella ni se entera, o se empezaba a enterar; él se da la vuelta y ella se queda «hecha polvo» sin sugerir que la atienda a ella; ella se va a lavar al cuarto de baño; se acuesta pensando que tiene un egoísta al lado, y que el sexo es un castigo. Es decir, que la norma en sexo no es precisamente lo normal, lo deseable, lo sano. Una vez dicho esto, ya puedo pasar a contaros cómo viven el sexo otras personas, que suponen una pequeña parte de la población, y que tienen otros modos de lograr la excitación y el placer.

Estas variaciones de la conducta sexual también son llamadas *parafilias*. Cuando una persona tiene una parafilia significa que sólo se activa sexualmente ante determimandos objetos, situaciones o sujetos, que no suele participar de los modos habituales para excitarse de la mayoría de las personas.

Las parafilias son más frecuentes en los hombres que en las mujeres.

Es el caso del *travestismo*, por ejemplo; el sujeto de nuestra consideración siempre es el hombre: un hombre vestido de «mujer» es algo insólito, mientras que una mujer vestida de «hombre» es algo habitual, lo saben muy bien los fabricantes de pantalones vaqueros; el estilo «unisex» supone una clara inclinación hacia el estilo masculino, no hacia un estilo ambiguo.

Si nos fijamos en el *exhibicionismo*, ocurre otro tanto de lo mismo. Prácticamente es una parafilia masculina, mientras que la gran exhibida desde siempre es la mujer. Películas, teatros, espectáculos de *strip-tease* o «porno», siempre a base de mujeres que exhiben su cuerpo para el gran voyerista, que es el hombre.

En la actualidad, a pesar de la apertura y la mayor permisividad sexual, aún existe un celo desmedido por ocultar los genitales masculinos en las películas; como mucho muestran las nalgas, es decir, lo que tenemos más similar hombres y mujeres. Llegué a la conclusión de que este pudor hacia lo masculino escondía sobre todo un gran temor a los agravios comparativos. Una gran parte de las mujeres sólo han conocido los genitales de su hombre, de modo que se han visto obligadas a considerar que esos eran los «normales», o que todos eran iguales.

Si hablamos del *fetichismo*, según el cual una persona se excita fundamentalmente ante un objeto, o una parte del cuerpo que no es precisamene sexual; se prefiere el objeto a su dueña, la parte al todo. Se trata de una parafilia casi exclusivamente masculina, aunque algunas mujeres se pueden excitar sexualmente ante la fotografía del rostro de un hombre, mucho más que si se relacionaran piel a piel con la persona.

En cuanto al *voyerismo*, el voyerista por antonomasia es el hombre, el mirón por excelencia, para quien se ha desarrollado a lo largo del tiempo hasta extremos insospechados la industria gráfica de lo erótico, lo pornográfico: revistas, películas... la mujer es mucho menos proclive, si bien ahora empieza a hacer sus pinitos visitando los clubes de *strip-teases* masculinos, aunque estimo que la intención más bien sea la de montar una diversión de amigas que la de provocarse determinados estímulos sexuales.

Donde quizás se lleve la palma la mujer sea en el masoquismo, es decir, en obtener placer a través del dolor o del sufrimiento. Es un papel para el que ha estado predestinada a lo largo de la historia, aunque me temo que los resultados obtenidos están bastante lejos de la estimulación sexual.

Si hablamos de *zoofilia*, la tendencia a tener contactos sexuales con animales, aunque en el hombre es más habitual, sobre todo en el ámbito rural, también constituye una práctica frecuente en la mujer. En general, se trata de una relación que se establece con un animal doméstico para resolver las tensiones sexuales que no se pueden canalizar a través de un compañero. Lo más frecuente es la práctica del *cunnilingus* por parte del animal, aunque hay casos en los que un perro ha aprendido, o ha sido enseñado a montar a su dueña.

En cuanto a la *paidofilia,* es decir, la preferencia por tener contacto con niños para obtener excitación sexual, lo cierto es que también el hombre es mucho más proclive que la mujer a su práctica. Sin embargo, la mayoría de las víctimas del paidófilo son niñas. Se trata de una parafilia muy castigada penalmente, pero difícil de detectar, dado que la mayoría de los casos se dan a domicilio, a manos de familiares cercanos a los niños.

Existe un tipo de parafilia según la cual la persona aprovecha cualquier momento u oportunidad para rozarse con otras personas, son los frotadores. Aprovechar los apretujones del autobús para rozar los genitales, simplemente el brazo, o la mano, contra el cuerpo de otra persona. Si alguien lo nota y protesta, el sujeto pide excusas y se asombra de la «imaginación» de la víctima. En nuestro país es la mujer quien sufre habitualmente la persecución del «frotador».

Por último, una *parafilia a distancia:* las llamadas telefónicas obscenas. Son muchas las personas, sobre todo hombres, que utilizan este medio para desahogarse sexualmente. En general, son personas que no se han entrenado de forma adecuada en las relaciones sociales y presentan graves dificultades para establecer relaciones con los demás. Amparados en el anonimato, dan rienda suelta a una verborrea obscena para imaginar lo que no son capaces de hacer en la realidad.

No son pocas las mujeres que se prestan a ese juego. Llegan a establecer un verdadero romance con una persona a la que no conocen, que las llama con asiduidad, y

que es capaz de hacer propuestas verbales tan eróticas que la mujer llega con suma facilidad al orgasmo.

Y es que la mujer es mucho más receptiva a los estímulos auditivos, a la calidez de una voz, a unas propuestas seductoras y atrevidas que a la visión directa de la pornografía. Su imaginación trabaja en profundidad y se alimenta de las palabras.

Pero este tipo de relación suele mantenerse gracias a la magia del anonimato, al poder de la mente, que sueña con un amante experto a través de las palabras, de los susurros. Cuando en algún caso la curiosidad y el deseo se han hecho exigentes, y se ha concertado una cita, la visión material del amante telefónico ha disipado la magia, y las llamadas telefónicas han dejado de surtir el efecto erótico anterior.

Aunque no se trate específicamente de una parafilia, creo que debo de hablar de lo que la gente llama *ninfomanía.* Cuando un hombre es un insaciable sexual se dice que es un sátiro. Y cuando una mujer es una insaciable sexual, con una sexualidad impersonal y desprovista de intimidad emocional, que jamás le proporciona la satisfacción interior del placer compartido, es llamada *ninfómana.*

El problema estriba en los criterios de nuestra sociedad, que, cuando un hombre es activo y ardiente y gusta de seducir y lucir de conquistas sexuales femeninas, lo considera poseedor de los más envidiables atributos de la virilidad. Y si el sujeto de dicha actividad sexual, del gusto por la seducción, por la conquista erótica, por la entrega a los placeres del sexo, es una mujer, entonces se la llama ninfómana.

Bien pudiera deberse ese doble rasero para medir a que el hombre considere como una amenaza, como un riesgo para su desempeño sexual, a una mujer que tenga las mismas o superiores capacidades sexuales que él.

Capítulo 4.
▼

Cuando la mujer no encuentra lo que espera del sexo

O. Bertomeu

Cuando las mujeres no encontramos en el sexo lo que imaginamos o cabría esperar, nuestra vida, nuestra percepción de nosotras mismas, sufre un deterioro, en ocasiones grave.

Muy pocas veces hacemos un análisis riguroso de lo que nos ocurre y por qué nos ocurre, bien porque no tengamos la información como para darnos respuesta a tanto interrogante, bien porque de antemano nos hayamos dado una respuesta rápida en la que prima la culpabilidad: o nosotras somos las culpables de lo que pasa, o el culpable es el otro, la pareja.

CÓMO SIENTE LA MUJER «FRÍGIDA»

Son demasiadas las mujeres que no conocen el orgasmo; algunas estadísticas incluso sitúan en más de la mitad de ellas el número de las que no lo han sentido jamás. La palabra *frígida* no es nada afortunada, pero es mucho más conocida que la de *anorgásmica*.

En general, esta mujer, después de un tiempo, incluso de años simulando el orgasmo, opta por afrontar lo que le sucede. Por un lado, puede sentir un rencor acumulado al ver disfrutar a su hombre en tanto que ella permanece absolutamente fría, y por otro, no se resigna a pasar la vida sin saber en qué consisten las mieles del sexo.

Por su mente han pasado todo tipo de ideas: se ha estado sintiendo culpable por estar mal hecha, como si sufriera una malformación que le impidiera esa función tan natural, como si a la naturaleza se le hubiese olvidado ponerle «el nervio del gusto», que decía la gitana. Finge y calla.

Un poco más tarde cae en la cuenta de aquella frase: «No hay mujer frígida sino hombre inexperto», y cambia su sentimiento de inferioridad por una mirada de rencor hacia su compañero. ¡Él sí que es un experto en lograr su propio placer, pero un inútil a la hora de provocar el de ella!

Cuando lo ve acercarse deseoso, deslizando su mano entre sus muslos, directo al encuentro de sus genitales, se le crispan los nervios y le entran ganas de rechazarlo violentamente y decirle que ella no quiere, y que él no sabe. Ella lo mira implacable, observa convencida de antemano, de hecho ya ha «decidido» que nada de lo que él haga va a servir para excitarla. Cuando él comienza a acariciar sus genitales siente una especie de calambrazo que la crispa; el roce de sus dedos se hace molesto y desagradable, y le deja un escozor incomodísimo. Y en el caso de que la penetre, el escozor invade su vagina y la llena de una quemazón insoportable. No sabe abandonarse, siempre está a la defensiva. De cada experiencia lo que le queda es la sensación de haber soportado la torpeza y el egoísmo de su hombre. Y también, cómo no, la predisposición a evitar en lo posible cualquier otro encuentro.

Por eso, y también por aburrimiento, es por lo que la mujer anorgásmica se desentiende en ocasiones del acto amoroso, y se escapa mentalmente del dormitorio, para pasearse por la casa; recuerda que no ha puesto los garbanzos en remojo; que mañana ha de llamar a la tintorería; o que ha de ir al dentista. ¡Está en todas partes menos en la cama, y el otro encima a todo meter!

De este modo, a fuerza de días y años de privación de placer, no sólo ha generado un escepticismo recalcitrante hacia el sexo, sino que ha llegado a sentir un rechazo visceral. Y llega un día en que, ante el asombro de su hombre, decide sincerarse para hacerle saber que jamás disfrutó con el sexo.

Su hombre

Desde un principio, el hombre siempre piensa que el sexo debe funcionar como una seda, y no se le ocurre poner en duda que a su mujer no le guste tanto como a él.

Poco a poco, él se acostumbra a su forma de ser en la cama, nada de originalidades, ni de innovaciones; todo, cuanto más rápido, mejor: tras unas pocas caricias, ¡adentro!, y en cinco minutos, «sanseacabó» lo que otros llaman «noche de amor». Él deja de preguntarle por sus preferencias, y deja de entretenerse porque se convence de que a ella le va el sexo rápido, y le gusta acabar cuanto antes.

El día en que su mujer decide contarle la verdad, que para ella el sexo es odioso, que jamás ha disfrutado, y que le hace responsable de ello, no se lo puede creer. Siente de golpe que ha estado haciendo el ridículo, que ha sido engañado y utilizado, que sus relaciones íntimas habían sido un montaje.

Desde ese día él la busca menos, y ella es más esquiva, ha dejado de fingir; cuando se presta al sexo, se muestra entre sumisa y resignada, y no hace ningún tipo de concesión a la ternura. Para él, el placer del orgasmo está impregnado de amargura y de insatisfacción; siente como si la violara, como si la forzara cruelmente a cumplir sus caprichos, como si fuese un desaprensivo.

MUJER CON PEREZA DE AMAR

Durante un tiempo la mujer no se para a pensar en que sus apetencias sexuales están cambiando; y en el caso de que lo note, decide confiar en que, con el tiempo, las cosas volverán a su sitio. Son muchísimas las mujeres que viven esta situación.

El caso es que esta mujer no se reconoce, no puede explicarse esta total inapetencia hacia el sexo. Jamás la invade ya el deseo de gozar; ni se le ocurre fantasear; cuando él se lo pide, lo vive como un trabajo imposible, como una obligación. Cuando él se le acerca lleno de «intenciones», la pereza se le hace tan grande que siente una forma de rechazo como si él le hubiese dado motivos para despreciarle. Y cuando en ocasiones consiente, por lástima o por miedo a perderle, se le hace interminable y tedioso ese tiempo de caricias preliminares, hasta que «decide» prestarse a participar, y así empezar a sentir esas caricias en clave de sensación placentera, en lugar de molestas.

¿Por qué cuando él le propone «hacer la siesta», es cuando se le ocurre recoger la cocina? ¿Por qué por la noche, si él se entretiene con algún programa de televisión, ella aprovecha para acostarse, y aparentar que duerme profundamente cuando él se mete en la cama? O al contrario, si él dice de ir a la cama, ¿por qué ella pone cualquier excusa, que la ocupe hasta oírlo roncar, para, entonces, deslizarse con sigilo a su lado conteniendo la respiración?

Los dolores de cabeza, el cansancio, la menstruación, está a la orden del día como elementos disuasorios de la relación sexual. Todo lo contrario de otros tiempos

Tabla 35. **Tipos de trastornos sexuales. Definición, causas y frecuencia**

S. Dexeus y J. Mª Farré

Tipos de trastornos	Definición	Causas	Frecuencia
Deseo inhibido	Disminución persistente y anómala del deseo de actividad sexual	Relaciones rutinarias; problemas de pareja. Anticonceptivos orales. Desinterés sexual tras enfermedades físicas graves. Efectos de algunos antihipertensivos, antidepresivos, diuréticos y antipsicóticos. Experiencias traumáticas sexuales. Cansancio físico, estrés. Presencia de algún trastorno sexual en el otro miembro de la pareja	17 por ciento (población general). En consulta: 52 por ciento
Aversión sexual	Aversión persistente al sexo; asco o repugnancia extrema ante las relaciones sexuales	Experiencias sexuales traumáticas. Educación restrictiva. Sujetos ansiosos con tendencia a las fobias	Baja o muy baja
Orgasmo inhibido femenino	Persistente dificultad o incapacidad para obtener orgasmos	Educación restrictiva. Estimulación poco prolongada o inadecuada. Autocontrol excesivo. Problemas físicos (lesiones medulares, trastornos endocrinos, mastectomía)	16 por ciento (población general). En clínica: 19 por ciento
Trastornos femeninos en la excitación	Ausencia persistente, parcial o total, de lubricación vaginal durante la excitación sexual, o bien ausencia persistente de la sensación de placer durante la actividad sexual	Educación restrictiva, desconocimiento del propio cuerpo. Menopausia, lactancia, disminución de niveles de hormonas sexuales. Deseo sexual inhibido. Efectos de algunos antihipertensivos, antidepresivos, diuréticos y antipsicóticos	33 por ciento (población general)
Dispareunia	Dolores y molestias antes, durante o después de la relación sexual	Menopausia, lactancia, empleo de DIU, enfermedades de transmisión sexual, infecciones del sistema urinario. Falta de excitación sexual	En clínica: 4 por ciento
Vaginismo	Contracciones espasmódicas involuntarias de los músculos vaginales, que impiden el coito	Tensión o ansiedad ante la penetración. Experiencias sexuales anteriores negativas. Educación restrictiva o falsa información. Patología ovárica, atrofia vaginal, himen rígido	En clínica: 8 por ciento

en los que mujer se mostraba zalamera, pícara y divertida, cariñosa e insinuante hasta provocarle. Ahora nunca tiene ganas, nunca quiere, nunca es el momento.

La mujer entra en una especie de contradicción que le avergüenza admitir; por un lado, teme que su hombre le pida hacer el amor, porque no lo desea, por otro teme que deje de pedírselo porque se haya aburrido de ella. La mujer necesita ver y sentir, comprobar que la ama y la desea, porque ésa es la señal de que no ha buscado en otra lo que ella le niega.

Su hombre

Este hombre se siente confundido ante esta contradicción de su mujer. Siente que en la distancia se inicia un acercamiento, vuelve a sentir la ilusión de recuperar a su mujer, y se llena de impaciencia por sentirse a su lado y, cuando están juntos, aparece de nuevo el desaliento que le produce su rechazo. Rechazo y sensación de haber sido relegado al olvido; es como si ella hubiese enterrado en el pasado el deseo de disfrutar sexualmente con él.

Él sigue deseándola, y a la vez teme ese deseo, porque ha de hacer un acopio de valor para atreverse a insinuarse.

Se pregunta si ha dejado de ser atractivo para ella y si ella ha encontrado otra persona que despierte sus deseos y su antigua fogosidad. Porque ella sigue siendo la de siempre con los demás, encantadora y simpática, llena de atractivo.

Ya no sabe si es mayor su rabia o su desconcierto. Por cualquier minucia se puede montar una bronca en la que salen a relucir todas las sospechas. Él se siente cansado de estar condenado a la abstinencia sexual, y por si fuera poco que se le exija conformidad y fidelidad.

MUJER CON MIEDO A LA PENETRACIÓN (VAGINISMO)

Cuando una mujer sufre la fobia a la penetración está absolutamente convencida de que su caso es único sobre el planeta. Es rara, y anormal, y eso sólo le sucede a ella.

Esta disfunción es mucho más frecuente de lo que la gente pueda imaginar.

Es muy variable el tiempo que una mujer se da de plazo hasta buscar ayuda, en el caso de que decida pedirla. En la mayoría de los casos, tanto el temor al fracaso matrimonial, como el deseo de tener hijos, son el motivo más frecuente de la búsqueda de ayuda.

Esta mujer, lejos de lo que se pudiera pensar, se presta a todo tipo de práctica sexual. Disfruta con el sexo, es cariñosa, está dispuesta a satisfacer cualquier demanda de su pareja, siempre que no se trate del coito.

La mujer repasa mentalmente su cuerpo y no recuerda que entre sus piernas exista un agujero a la medida del pene de su hombre. Decididamente, en su cuerpo no existe tal agujero. ¿Se habría olvidado la madre naturaleza de dotarla de tan preciada oquedad?, se pregunta.

Porque si la realidad exige que sea su marido quien, con su pene superlativo, inaugure el conducto rompiendo «virgos», ella se siente absolutamente incapaz de someterse y superar tal prueba.

Su fobia hacia la penetración la hacen incapaz de funcionar como las demás mujeres. Como una mujer. Siente pánico tan sólo pensando en el acto de la penetración y en el dolor que le va a producir el coito.

Y lo peor es cuando los demás se dedican a recordarle el problema preguntando con insistencia cuándo vienen los niños. Sus padres y los de él, todos, dispuestos a hacerles vivir en un continuo sobresalto, con el corazón lleno de angustia, y a hacerles sentir como una pareja de inválidos. Ella lo vive como si fueran transparentes y la gente conociera su penoso secreto.

Nunca se atreve a abrigar la esperanza de ver resuelto su problema. De hecho, cada vez que está con su hombre se pregunta hasta cuándo aguantará esta situación, y siente la dolorosa duda de estar viviendo, quizás, las últimas caricias.

Su hombre

Él jamás podrá imaginar la ansiedad que atenaza a la mujer cuando le propone hacer el amor como los demás. Él pide lo que su cuerpo y su mente anhelan, en la seguridad de que es lo que se espera de él y también de ella.

No logra entender cómo una criatura tan cariñosa y tierna se transforma a la hora de intentar entrar en ella: el terror asoma a sus ojos como si él fuese un desconocido, un violador. Su crispación, desde defenderse con las manos para hacer una barrera que lo aparte, lo hace sentir como alguien peligroso, alguien de quien se desconfía profundamente.

Él también se siente muy mal; se considera un desastre de hombre que no sabe qué hacer con su mujer. Teme hacerle daño físico a ella, y duda no sólo de su habilidad, sino también de su atractivo físico, y de los sentimientos de ella hacia él. Se siente humillado y fracasado, y su pene en ocasiones tiene dificultades en reaccionar como es debido, ¡él también se siente humillado y extraño! ¿Cómo comentar con alguien lo que le sucede sin convertirse en el hazmerreír de todo el mundo? Además, ella le ha pedido que por nada del mundo revele su secreto. Él tampoco se atreve a decir nada porque teme la sensación de autoinculparse.

MUJER DEL HOMBRE EYACULADOR PRECOZ

No son pocas las mujeres que se hacen remolonas a la hora de ir a la cama, porque ya de antemano temen que todo acabe como de costumbre, como el «rosario de la aurora»: que él se corra en dos minutos, para quedarse ella encima con el sofocón sin resolver. ¡Cuando ella empieza a enterarse de qué va la cosa, él ya se ha ido! Y ahí quedó todo.

En esos momentos ella siente una frustración horrible y se promete no volver a caer en la misma trampa. Toda la noche dándole vueltas al problema, jaleando su hostilidad a causa de lo que considera un egoísmo por su parte, y todo el día de morros, con un humor de perros que afecta a los niños, a la familia y al trabajo. Ella se siente utilizada como si fuera una vagina con patas, un agujero apetitoso que ni siente ni padece.

Y lo peor no es ver que con tres achuchones él resuelve su problema, sino el sueño que le entra nada más correrse, y la manera tan desconsiderada de olvidarse de ella.

Eso la conduce a un sentimiento de venganza que la hace negarse a sus solicitudes, reprochándole su inutilidad. Las fricciones se hacen más frecuentes, y el malestar crece constante entre los dos.

Su hombre

Él siente cómo todo su cuerpo se estremece con su presencia. Tan sólo olerla, ya despierta sus deseos, y verla desnuda desencadena todos los mecanismos de la excitación.

Sabe que ella le observa, que le exige que la acompañe un rato mucho más largo; que no se precipite, que no se «vaya», y la deje sola, abandonada.

Pero él no se puede controlar. No sabe cómo se consigue eso. Su pene parece tener vida propia y quiere entrar, ¡le urge entrar! Antes de darse cuenta ya está dentro, y aunque trata de distraerse pensando en mil calamidades, no puede frenar su excitación. Se corre y con ese orgasmo acelerado le llega una extraña mezcla de placer y amargura. Se derrama y se siente vacío. Los ojos defraudados de la mujer le hacen sentirse egoísta y culpable. Intenta compensarla con caricias para que llegue al orgasmo, pero ella siempre le rechaza: «¡Así no! ¡Ya no!» Y se cierran todos los caminos para encontrar una solución.

MUJER DEL HOMBRE IMPOTENTE

Cuando ella le insinúa sus deseos siente que en él se produce una reacción ambigua. Él se alegra, pero con reservas. Ella le acaricia y le mima, y él responde rápidamente. Se entretienen con arrumacos y juegos, y ella siente la necesidad de avanzar, mientras que él prefiere prolongar los escarceos afectivos.

Nada más colocarse encima de ella, su pene pierde turgencia, se ablanda y queda falto de vitalidad. No es frustración lo que la mujer siente, más bien se siente herida, ofendida. No comprende lo que sucede. Observa cómo él se incomoda, que no sabe dar explicación, que esquiva su mirada y que quisiera salir huyendo.

Tabla 36. **Causas psicógenas en las disfunciones sexuales**

S. Dexeus y J. Mª Farré

1. *Factores predisponentes*
   - Educación moral y religiosa restrictiva.
   - Relaciones entre padres deteriorada.
   - Inadecuada información sexual.
   - Experiencias sexuales traumáticas durante la infancia.
   - Inseguridad en el rol psicosexual durante los primeros años.
   - Trastorno de la personalidad.

2. *Factores desencadenantes*
   - Disfunción sexual previa.
   - Problemas generales en la relación de pareja.
   - Infidelidad.
   - Expectativas poco razonables sobre el sexo.
   - Disfunción en la pareja con la que se interacciona.
   - Algún fallo esporádico.
   - Reacción a algún trastorno orgánico.
   - Edad (y cambio en las respuestas como consecuencia de ésta).
   - Depresión y ansiedad.
   - Anorexia nerviosa.
   - Experiencias sexuales traumáticas (DSI y aversión sexual).
   - Estrés.
   - Aborto (en algunas ocasiones).

3. *Factores mantenedores de la disfunción*
   - Ansiedad ante la interacción sexual.
   - Anticipación de fallo o fracaso.
   - Sentimientos de culpabilidad.
   - Falta de atracción entre los miembros de la pareja.
   - Escasa comunicación entre los miembros de la pareja.
   - Problemas generales en la relación de pareja.
   - Miedo a la intimidad.
   - Deterioro de la autoimagen.
   - Información sexual inadecuada.
   - Escasez de estímulos eróticos.
   - Escaso tiempo dedicado al galanteo o caricias antes de pasar al coito.
   - Trastornos mentales (depresión, alcoholismo, anorexia, ansiedad).

• •

Ella trata de explicarse lo que sucede: ha perdido atractivo; se aburre con ella y ha debido encontrar otra que colme sus deseos. Seguro que piensa en ella mientras está a su lado en la cama, aunque él le jure mil veces que no existe nadie a quien ame, ni a quien desee como a ella.

Ella no lo entiende. Si la ama y la desea como antes, ¿por qué ahora es menos fogo-so?, ¿por qué la busca menos?, ¿por qué se pasa los días sin acordarse de ella?

Su hombre

A él le duele su desconfianza y se desespera. Ya no sabe de qué modo decir-le que la desea de verdad; que piensa en ella en el trabajo, cuando va en el coche, cuando cenan o pasean juntos.

El hombre espera anhelante la hora de ir a la cama. ¡Qué gozo hacer el amor! Pero lo piensa, y se frena, porque al pensar en entrar en ella, le asaltan todas las dudas, «¿podré?», se dice, y titubea.

Su pene erecto comienza a flaquear, es como si tuviese voluntad propia y no respondiese a sus deseos. Se le agacha, se arruga y se esconde. Y él siente que se derrumba. Se siente humillado, inseguro, menos hombre. Ese fracaso de alcoba no queda ahí; puede empezar a deslizarse sigilosamente hasta contaminar todo cuanto toca, todo cuanto intenta.

Se siente doblemente impotente; su pene no responde a sus deseos, y no logra dar una explicación a lo que le sucede. Tiene la sensación de que ella no se hace cargo de la magnitud de su mal, y de que su incredulidad le impide comprender su pena.

MUJER DEL HOMBRE CON DESGANA SEXUAL

Cuando esto sucede, ella suele concederse un plazo por si se tratara de algo transitorio. No comprende en absoluto el cambio de su hombre, de ser casi un obseso por el sexo a apartarlo casi de sus vidas. Pasan los meses y ve cómo los intereses de su hombre se centran en otras cosas; el trabajo le absorbe y los compromisos también, siempre hay algo que hacer que le roba el tiempo.

La mujer lo intenta todo. Por mucho que se devane los sesos, no encuentra explicación a lo que sucede.

Como cabe esperar, las dudas giran en torno a su falta de atractivo, a la posibilidad de que exista otra mujer, o a que su hombre haya descubierto, un poco tarde, eso sí, que es homosexual. Él parece no darse cuenta de la tristeza que arrastra y de que su autoestima la tiene por los suelos.

Su hombre

Él no da crédito a lo que le pasa. Cuando la ve desnudarse intentando cierta provocación, le resulta penoso. Pero nada,

no siente nada especial dentro de sí. Bueno, en realidad quizás la vea un poco ridícula intentando hacer de mujer fatal.

Cuando se acuesta, trata de aparentar que se duerme enseguida. Pero, a pesar de eso, nota cómo su mujer se acurruca a su espalda, que le acaricia, roza sus piernas contra las de él. Siente cómo intenta animarle con el vaivén de su vientre, presionando sus nalgas, invitándole al cuerpo a cuerpo. Ella le besa la nuca y acaricia sus hombros y, aun así, con todo ello, el deseo no se despierta dentro de él.

Nota su respiración entrecortada a su espalda, pero algo en su interior le frena de tal modo que no es capaz de hacer nada por ella. El silencio se hace tan profundo y tenso, tan cortante, que casi escucha los latidos del corazón de su mujer.

Al instante, cesan las caricias y ella se queda totalmente inmóvil; luego se gira y le da la espalda. Sólo se oyen, muy tenues, los sollozos de su llanto sofocado por la almohada. Ella se está prometiendo no volverlo a intentar jamás. Y él se siente perdido en un inmenso vacío que no sabe cómo llenar.

Aunque algunos trastornos sexuales pueden deberse a causas físicas, la mayoría está motivada por cuestiones psicológicas.

EXPLICACIÓN A LAS DISFUNCIONES

El sexo es, no lo olvidemos, una faceta compleja y vulnerable en la que se mezcla biografía, sensibilidad, pudor, amor propio, afición, pasión, dedicación e ignorancia, ¡mucha ignorancia! La del sexo es una capacidad que llevamos puesta y expuesta a cuanto nos sucede a lo largo de nuestra vida y nuestras experiencias.

En realidad, no nos deben sorprender estos fracasos sexuales, porque no hemos logrado conocernos y, quizá, ni siquiera hemos deseado conocernos. Mostramos un aparente deseo de felicidad y placer que esconde una deliberada acción hacia la desdicha, hacia la rutina y hacia el olvido como mal menor.

Y es que, aunque algunos trastornos sexuales, los menos, puedan deberse a causas físicas, la inmensa mayoría de ellos son motivados por cuestiones psicológicas, además del tan traído y llevado estrés.

Cuando el trastorno sexual viene causado por cuestiones físicas parece que la persona que lo sufre lo entiende mejor; sabe a qué achacar su mal. No es de extrañar que una mujer que se haya tenido que someter a una intervención quirúrgica en la que se le haya practicado una *mastectomía* (extirpación de la mama), o una *histerectomía* (extirpación del útero) o padezca alguna enfermedad crónica, sufra una crisis de angustia y de desconfianza, que pierda gran parte de su autoestima; que se anule en gran medida su espíritu lúdico para sentir que su estado de ánimo, su talante, incluso su forma de ser, han cambiado.

En cuanto al resto de los trastornos sexuales, como ya hemos dicho, la mayoría responde a motivos psicológicos. Son múltiples los factores que intervienen en cada trastorno. Algunos de ellos intervienen en todas las disfunciones a modo de factor común y que hunden sus raíces en los primeros años de nuestra vida, a los que se añaden elementos específicos de cada caso, que surgen a lo largo de nuestra biografía.

Quizás el elemento más constante como causa de problemas sexuales tiene que ver con el tipo de educación que se nos haya dado. Una educación restrictiva, autoritaria, plagada de prohibiciones y de verdades a medias, que no informe ni forme debidamente acerca de la realidad de las relaciones humanas, puede conducir a las personas en general y a la mujer en particular a un abanico muy amplio de problemas: sentir aversión hacia el sexo; tener una enorme dificultad e incluso incapacidad para obtener orgasmos, para excitarse siquiera; sentir dolor durante el coito por falta de excitación; no generar deseo sexual; y también el vaginismo, a sentir un miedo cerval a la penetración, entre otras muchas cosas.

En la mujer el desconocimiento del propio cuerpo, de su funcionamiento, y no saberse dueña de él, con derecho a sentir placer, causa estragos. También tiene una influencia decisiva la relación que haya existido entre nuestros padres, porque si su relación es agresiva, tormentosa, desprovista de ternura y de cordialidad, dejará

una impronta, quizás imborrable, en la mente de la niña.

A lo largo de nuestra vida vamos a pasar por tantas situaciones difíciles que pueden deteriorar nuestra capacidad sexual que siempre será positivo partir de una buena base adquirida en la infancia, como medida preventiva y de defensa para nuestra vulnerabilidad. Son muchos los elementos que pueden intervenir para causarnos daño:

– Si la relación con nuestra pareja es conflictiva, pobre de comunicación, falta de cariño, o de atractivo, egoísta o fría, distante.
– Si en algún momento hemos descubierto la infidelidad de nuestra pareja.
– Una disfunción de nuestra pareja, o incluso el que haya habido algún fallo esporádico.
– La depresión o la ansiedad, por el motivo que sea.
– Si somos víctimas de anorexia nerviosa o, por el contrario, de la bulimia, y el disconfort con nuestro cuerpo nos lleva a no saberlo disfrutar, ni ofrecer, a ocultarlo.

Una vez desencadenada una disfunción, son muchos los motivos que pueden alimentar su permanencia y así hacernos difícil la resolución del problema:

– Cuando la mujer tiene miedo a la intimidad.
– Si no existe una buena dosis de atracción entre la pareja, o si la comunicación entre ambos brilla por su ausencia.
– Cuando la mujer no se responsabiliza de su propio placer y delega exclusivamente en que se lo proporcione el otro.
– Si no se resuelven los problemas generales de la pareja.
– Si se siente ansiedad ante el encuentro sexual.
– Si se teme fracasar ante el encuentro sexual.
– Cuando se ha generado un sentimiento de culpabilidad.
– Si no nos consideramos atractivas y tenemos nuestra imagen por los suelos.
– Cuando la predisposición erótica es nula y no se dedica tiempo suficiente al juego amoroso y a la seducción.
– Cuando padecemos algún trastorno mental: ansiedad, depresión, o somos víctimas del alcoholismo, entre otras cosas, que nos impide ser nosotras mismas.

El sexo forma parte de nuestra personalidad, del modo en que nos contemplamos a nosotras mismas, y de la manera en que establezcamos las relaciones con los demás, incluida la relación sexual.

Hemos de tener presente lo que ya he comentado con anterioridad; que la sociedad, con su particular actitud hacia la mujer, ha estado determinando no sólo la historia femenina, sino que, conocedora de nuestro magnífico potencial sexual, ha condicionado de tal modo nuestra mente que ha llegado a asfixiarlo, negándonos durante mucho tiempo, aún hoy, el derecho al placer. Jamás se nos va a facilitar el camino para nuestro completo desarrollo psicosexual, y mucho menos se nos va a aplaudir cuando lo alcancemos.

Esta sociedad no está por la labor de considerar la paridad entre hombres y mujeres como un bien que beneficie a todos, aunque ahí esté la clave para establecer las mejores relaciones posibles, con los menos conflictos posibles, incluidos los sexuales.

Aunque las terapias que se aplican para resolver los trastornos sexuales, basadas en las investigaciones de Masters y Johnson, son sumamente efectivas, lo conveniente para todos y para todo sería someter a esta sociedad a un profundo reciclaje psicosocial.

CUANDO SE CONSUMEN DROGAS

Estamos viviendo unos tiempos en los que la búsqueda de nuevas sensaciones, nuevos alicientes, o el rechazo del dolor y del malestar nos lleva al consumo de infinitas sustancias que supuestamente han de mejorar nuestra vida.

Aunque desde siempre se han consumido sustancias a las que se puede considerar como drogas, jamás ha existido la abundancia actual. Desde los fármacos que se prescriben para combatir las enfermedades a las drogas ilegales, pasando por aquellas que están legalizadas, existe un amplísimo abanico de opciones que, sorprendentemente, incluso han llegado a estar de moda. Todas las drogas, además de los efectos directos, producen efectos secundarios, también respecto a la sexualidad.

Con las drogas se aspira a transformar el mundo, o a transformarnos a nosotros, y de hecho, mal que nos pese, se logra. Pero no para mejorarlo o para mejorarnos. Al final, sólo supone un engaño más al que se cede con conciencia de ello, aunque en ningún caso se esté dispuesto a admitirlo.

Existen drogas que no sólo entran en nuestras vidas por la vía de la legalidad, sino que además pretenden curar enfermedades y encauzarnos en la vía de la salud. Los fármacos, las medicinas. Es cierto que gracias a los avances farmacológicos son muchas las enfermedades que se combaten para no dejar rastro. Pero también lo es que existen enfermedades, sobre todo las que se contemplan desde el ámbito psicológico o psiquiátrico, que acarrean tratamientos farmacológicos casi de por vida, sin que se logre la resolución del problema.

Y así nos encontramos en este caso con un número escalofriante de mujeres «enganchadas» a los fármacos por prescripción facultativa. Tanto una depresión en toda regla como la «mijita» de depresión corren la misma suerte: largo menú farmacológico diario, que sólo beneficia a los laboratorios que los fabrican, y que tiene la cualidad de generar la dependencia de la usuaria, quien, desesperada por no ver resuelto su problema, teme abandonar el tratamiento, por si aún pudiera agravarse su situación. Una mujer que se siente enferma, deprimida, en un callejón sin salida, sin ganas de vivir ni fuerzas para vivir, además suele recibir por añadidura la acción de unos fármacos que la «tranquilizan», pero que, sobre todo, le anulan la capacidad de estímulo y de reflejos ante las cosas, también con cuanto tiene que ver con el sexo. Esa «conformidad» a su pesar ante los hechos le impide rebelarse y luchar contra el *impasse* en el que se encuentra. Los fármacos son en la mayoría de los casos sus carceleros, a la vez que la vana ilusión del remedio a su problema.

No hablaremos de drogas blandas y drogas duras, porque ésa es una clasificación sumamente desafortunada que sólo consigue desvirtuar el problema. Dentro de nuestra cultura existen drogas que por estar admitidas socialmente no muestran su verdadero rostro.

El alcohol

Si el alcohol tiene tantas repercusiones sobre estos aspectos de la vida humana,

¿cómo no los va a tener sobre el sexo? Estamos hartos de oír cómo la gente considera que el alcohol puede elevar la intensidad de una relación amorosa, pero lo cierto es que esta afirmación no se cumple. Está demostrado que tras la ingesta de unas copitas, los hombres no sólo tienen más dificultades para la erección, sino que también resulta más difícil lograr el orgasmo durante la masturbación, y en el caso de conseguirlo, es menos intenso. Tres cuartos de lo mismo le sucede a la mujer, y digo «tres cuartos» porque al menos nosotras nos libramos de la «responsabilidad» de tener erecciones.

Otra cosa es que el alcohol nos produzca un efecto de desinhibición tal que seamos capaces de afrontar una relación sexual con una desenvoltura y descaro que sin él no seríamos capaces. Eso no hay que confundirlo con las dotes sexuales. No obstante, puede tener una aplicación aceptable. Cuando no tenemos que mostrar ni demostrar nada, cuando lo utilizamos en un encuentro eventual para disipar la rutina. Una pareja que celebra algo, simplemente el estar juntos, que prepara una cena como un ritual, y que pone un vino delicioso en la mesa. Y cómo no, ese llevarse unas copas a la cama para cambiar su carácter cotidiano, para teñirlo de lúdico y festivo. En estos casos no se persigue ni los efectos del alcohol ni la eficacia en la relación sexual, sino introducir unas gotitas de originalidad y diversión en una relación afectiva.

Heroína, cocaína y otras hierbas

Cuando hablamos del consumo de drogas no estamos considerando un hecho aislado, sino un hecho que arrastra o es consecuencia de toda una constelación de factores. Todas las drogas que generan adicción, es decir, una dependencia física y psíquica, conllevan una serie de trastornos sexuales. Y es que las personas que están «enganchadas» a alguna o varias drogas, que es lo habitual, además de la adhesión al estupefaciente en sí mismo, sufren otras complicaciones. Cuando una mujer es toxicómana, por lo general, su compañero también lo es. En esa situación los efectos placenteros que pueda proporcionar la droga generan una complicidad que puede sustituir perfectamente la relación sexual directa de la pareja.

Las drogas repercuten de forma negativa en la sexualidad de las personas, por muchos cantos de sirena que nos rodeen destacando sus excelencias. No caigamos en la ingenuidad de creer que las drogas pueden ser excelentes afrodisíacos. El momentáneo gran choque de placer no nos puede engañar ni hacer perder de vista las secuelas que en breve tiempo pueden aparecer.

De entrada, una mujer enganchada a una droga, además del deterioro de su vida, sufre una serie de trastornos físicos, mala alimentación, infecciones, problemas hormonales, que van a incidir de forma negativa en su vida sexual. Unos superorgasmos momentáneos inducidos por sustancias estupefacientes no pueden hacernos olvidar que a la vuelta de la esquina nos espera impotencia, anorgasmia, una desensibilización de las sensaciones y un descenso de la libido que nos conducirá a la desgana sexual, y quizás vital.

Capítulo 5.

▼

Cuando el sexo se hace abominable

O. Bertomeu

Quizás lo más hermoso de nuestra sexualidad sea que aun generando un deseo en nuestro interior que nos impulsa a correr tras el placer, no se hace gozoso ni fantástico si no supone también un disfrute para la pareja. Cuando consentir es sentir juntos.

Por el contrario, utilizar a otro ser para descargar la agresividad, la violencia, no tener en cuenta sus derechos, ni sus sentimientos, incluso más, disfrutar humillando, atemorizando, descargando sobre el cuerpo de un ser aterrorizado la más repugnante indignidad de la que es capaz una persona, da idea de hasta qué punto es el hombre el único animal sobre el planeta capaz de caer en la más profunda denigración.

Salvo rarísimas excepciones, es la mujer la que se ve sometida por el miedo y por la violencia; la que ve pisoteada su libertad, casi sin derecho a queja.

LA VIOLACIÓN

La mujer se ve obligada a realizar o participar en actos sexuales por la fuerza o con amenaza de daños. Se trata de un acto de violencia física y también psíquica en el que se pisotea su derecho a decidir, su libertad.

Hasta no hace mucho nuestras leyes sólo consideraban la existencia de violación si se había llevado a cabo la penetración vaginal. Por suerte, la consideración de este delito se ha ampliado, y ya se contempla como tal tanto el coito anal como el bucal.

Deberíamos tener clara una cuestión: un violador no es un obseso sexual. Él no busca sexo, él busca la humillación de la mujer, el daño a la mujer. Estamos ante un acto de violencia, de rabia, de odio al sexo femenino, que se materializa en una agresión sexual. *El violador siempre es un misógino.*

La violación es un hecho mucho más frecuente de lo que pensamos, que sólo se denuncia en un porcentaje reducido. Son muchas las mujeres que sienten un miedo enorme a no ser comprendidas por sus familiares, por su entorno, y muchas las que temen pasar por la policía a causa de la mala prensa que ha generado desde hace años por su actitud «machista» ante

349

Tabla 37. **Mitos sobre la violación**

S. Dexeus y J. Mª Farré

Mito	Realidad
Las mujeres desean siempre una cierta violencia sexual.	No es extraño que ante estas ideas las mujeres violadas se sientan aún más humilladas y degradadas. Las escasas mujeres que tienen fantasías de «ser forzadas», las tienen con un «asaltante ideal», atractivo y deseable y que no provoca dolor, o sea, que se trata de un ligero componente masoquista, pero que no indica «deseo de violación». La mayoría sólo desea unas relaciones equitativas, relajadas y agradables.
Los violadores tienen un impulso sexual irresistible.	Puede haber una minoría de casos, pero, en la mayor parte de las ocasiones, el impulso es simplemente violento y en otras incluso claramente premeditado. Los violadores no tienen más testosterona que los demás, en líneas generales.
«Si las mujeres no provocasen...»	«... y si los hombres no acosaran». Esto no merece mayor comentario. Está demostrado hasta la saciedad que cualquier mujer puede ser víctima de violación. Vista como vista, ninguna mujer desea ser violada.
Un importante porcentaje de denuncias son falsas.	Solamente el 2 por ciento.
«Si una mujer me invita a su casa y consiente ciertos juegos...»	Ninguna situación justifica una violación.
Todos los actos de violación son cometidos por extraños.	Hay posibilidades de que víctima y agresor sean conocidos, amigos o incluso pareja, aunque es evidente que también hay un alto porcentaje de extraños a la víctima.

las víctimas. Por fortuna, ya existe una serie de ciudades en nuestro país que disponen de unidades especiales con personal cuidadosamente preparado para atender estos casos. Muchas mujeres renuncian a denunciar la agresión por estimar que no tienen pruebas suficientes que acrediten el hecho. Y también porque se aterran al pensar que se van a meter en complicaciones y que se va a estar removiendo el asunto durante mucho tiempo. Incluso por el temor de volverse a encontrar con el violador en el juicio.

En ocasiones, ha sido precisamente un «amigo» de la víctima quien quizás por haber corrido con los gastos de una cita se considera con derecho a sexo, y termina exigiéndolo por la fuerza. En otros casos se ha forzado a una víctima al acto sexual a través del chantaje, o incluso sometiéndola a los efectos de una droga, que le impide actuar libremente. Asimismo es frecuente la violación en las prisiones, donde el chantaje y los malos tratos físicos campan por sus respetos.

Y dejo para el final la más lamentable forma de violación, desde mi unto de vista: la violación a cargo del marido, del compañero de vida. Los casos de malos tratos a niños y mujeres forman una legión estremecedora que cada día aumenta más. Dificilísima de denunciar, porque antes haría falta disponer de un lugar fuera del hogar donde refugiarte, donde huir. Cuando se produce la violación en el hogar, las secuelas son muy particulares, porque la mujer en este caso no puede liberarse del violador. Vive bajo su techo y duerme en su cama. Se cuentan las horas, temiendo oír sus pasos en la escalera. Es un hecho que no se puede olvidar y que obliga a vivir bajo el terror.

Dejando de lado las consecuencias médicas y penales que se pueden derivar de un hecho así, que suelen ser muchas y complicadas, la gravedad de las repercusiones psicológicas es elevadísima. El impacto psicológico llega a ser tan severo que puede perdurar durante años. Tras la violación, para una mujer se inicia un proceso que es un verdadero calvario y que puede dar un vuelco total y negativo a sus vida. Desde el momento del suceso y durante una serie de semanas la mujer pasa por un momento crítico de «reacción aguda». En realidad, ella no sabe muy bien lo que ha pasado. A una situación de conmoción, de confusión emocional y de aturdimiento, le suceden los sentimientos de rabia, de vergüenza, de culpa y de indignidad. Se siente sucia y contaminada. Siente que es víctima de una gran injusticia, se siente impotente para combatir su mal, y se siente dolorosamente sola, aunque esté rodeada de familia y amigos.

Transcurrido cierto tiempo, desde semanas a meses, la mujer aparenta una mayor tranquilidad, mayor sosiego; pudiera dar la impresión de que ha olvidado lo sucedido y que está en disposición de abrirse de nuevo a las relaciones con sus allegados, con los amigos. Es el tiempo de la llamada *retroacción postraumática*, que bajo esa apariencia de calma sigue escondiendo el miedo, el terror a estar sola, a salir sola a la calle, a cruzarse con desconocidos. Tiempo de pesadillas que agitan las noches.

Y por fin llega el tiempo de *recuperación*, muy a largo plazo, y en el caso de haber recibido la atención psicológica adecuada. No considero demasiado afortunado el término *recuperación total* de una mujer que ha sufrido la repugnante agresión de una violación, eso no se produce, de modo que determinadas secuelas quedan de por vida.

En cuanto a los aspectos sexuales son frecuentísimos los trastornos, dándose un amplísimo abanico de problemas. En general, las mujeres que han pasado por esta situación sufren un menoscabo de su deseo sexual, que puede pasar por la aversión hacia el sexo, incluso llegar a la fobia a la penetración, el vaginismo. Pierden las sensaciones genitales e incluso para ellas el coito puede hacerse doloroso, llegando a una incapacidad total para el orgasmo.

Quizás convenga apuntar aquí que cuando una mujer casada, o que tiene pareja, pasa por esta terrible experiencia, el hombre también sufre los efectos de la violación. Además de la rabia, puede verse invadido por un sentimiento de repugnancia que le puede provocar incapacidad para la erección.

Hay casos en que el hombre desarrolla un sentimiento de culpabilidad, bien por no haberla podido proteger, bien por pertenecer al sexo masculino, como el violador. El papel del hombre en la recuperación de la estabilidad emocional de su mujer es importantísimo, aunque, en general, él necesita como ella pasar por un tratamiento psicológico. Muchas mujeres necesitan encerrarse en sí mismas durante un tiempo, y que ese silencio debe ser respetado. En todo esto la última palabra la tiene la mujer.

En cuanto a la posibilidad de prevenir una violación, no es fácil, porque eso supondría transformar los valores culturales de una sociedad para introducir otros más justos y solidarios; hoy por hoy, imposible. Pero sí que existen ciertos detalles que se podrían tener en cuenta, más que para prevenir, al menos para no dar facilidades.

En la actualidad son muchas las mujeres que se independizan y que no viven en el hogar paterno, porque prefieren hacerlo solas; en tal caso convendría no pregonarlo a los cuatro vientos; también es aconsejable tener precaución a la hora de abrir la puerta a desconocidos. Con la moda de salir de marcha por las noches a lugares de copas, en ocasiones un tanto alejados, son muchas las chicas que aceptan subir al coche de un hombre que va cargado de alcohol, o que se ponen a hacer *auto-stop* en una carretera. Tampoco conviene caminar por zonas poco transitadas y mal iluminadas; no jugar de forma deliberada con los deseos de un hombre que ha bebido de más, de forma provocativa, en plan película americana, porque no siempre es posible ponerle freno.

Y si, por desgracia, se sufre este tipo de agresión, las mujeres hemos de saber que no se está poniendo en entredicho nuestra honra, de entrada no está entre nuestras piernas; que si consideramos que la resistencia al acto pudiera disuadir al agresor, podemos resistirnos, pero que, en el caso contrario, si vemos que con la resistencia nuestra integridad física, o nuestra vida, se ve amenazada, es preferible no resistirse. Y en estas circunstancias debemos aprender a no cargar con la responsabilidad de la agresión: en ninguna mujer existen secretos deseos de que la violen y mucho menos la posibilidad de gozar de este acto. No oponer resistencia no significa dar facilidades, sino dejar actuar al instinto de supervivencia, echando mano del único mecanismo de defensa a nuestro alcance.

EL INCESTO

Aunque a lo largo de la historia de la humanidad se hayan dado situaciones o culturas en las que el incesto no estaba prohibido –por ejemplo, en el antiguo Egipto los faraones podían casarse con sus hermanas, no así el pueblo llano–, quizás la práctica de las relaciones sexuales entre miembros de una misma familia es un hecho prohibido e incluso castigado por la totalidad de las diferentes sociedades. Es decir, existe unanimidad de criterios ante esta práctica. Consideramos *incesto* cuando la relación sexual se establece entre familiares de primer grado: padres, hermanos, tíos y abuelos, y no en otros casos.

Lo cierto es que por asombroso que parezca se trata de un hecho mucho más frecuente de lo que cabe esperar, y que en gran medida permanece en el anonimato del hogar.

Las secuelas de las prácticas incestuosas pueden ser muy graves.

Como de costumbre, el caso más frecuente es el de la violación de menores, sobre todo niñas, a cargo de adultos. Quizás lo más familiar para nosotros, por ser lo más denunciado, es el caso de violación de una hija o varias hijas por parte de su padre, aunque lo más extendido es el incesto entre hermanos.

La gravedad de la relación entre un adulto y un menor es que el menor no puede ejercer la libertad de dar el consentimiento: o se le presiona con la fuerza, o se le convence con estrategias de seducción, de las cuales no es consciente. Las consecuencias y secuelas pueden ser gravísimas y perdurar de por vida si no se tratan con una terapia adecuada.

Hay hombres que se muestran agresivos, que optan por la violencia, en muchas ocasiones potenciada por el alcohol, para lograr forzar a la hija, con los consiguientes daños físicos. Los hay ladinos, que se inician aparentando un gran afecto, jugando a los arrumacos y zalamerías, para pasar a besos prolongados, a los forcejeos casi en broma, a tocamientos genitales «fortuitos», que más tarde se convertirán en evidentes caricias sexuales, y en coito. Y todo ello sin que medie la fuerza física ni el maltrato. Ésta es una peligrosa especie de seductor que no sólo abusa sino que pervierte y hiere, porque la víctima está convencida de haber consentido, máxime si en ella se ha dado la excitación y el placer sexual.

Las secuelas que pueden dejar en una persona las prácticas incestuosas pueden ser muy graves, de manera que las huellas del trauma perduren toda la vida. Pueden empujar a una serie de conductas absolutamente destructivas para la persona: abuso de drogas, prostitución, e incluso intentos de suicidio. Las niñas no saben discernir bien lo que pasa, y llegan a asumir la culpa del padre, para cargar con ella de por vida. Cuando se trata de una chica, puede sentirse tan sucia y despreciable que llegue a considerar que no merece la ayuda de los demás. Tendrá serias dificultades para establecer relaciones íntimas, porque vivirá bajo el temor de verse rechazada; su sexualidad estará siempre impregnada de culpa y de miedos. No sabrá abandonarse, solazarse, para disfrutar del gozo de una sexualidad llena de afecto.

Aunque pasen los años, hay personas que no pueden olvidar el pasado y que precisamente cuando establecen una relación amorosa con un hombre, el pasado les invade el presente de tal modo que viven bajo los efectos de la angustia.

Cuando se tiene una buena pareja, hacerla partícipe de aquellas experiencias y del sufrimiento que producen suele aliviar la tensión en que se vive. Desvelar el secreto contribuye a reducir la carga de culpabilidad que se ha estado soportando. Algo importante a tener en cuenta si queremos contribuir a que estas cosas no sucedan es lo siguiente: no es cierto que los niños suelan mentir cuando dicen haber sido víctimas de un abuso incestuoso. Con toda la delicadeza del mundo es preciso aclarar estas afirmaciones.

EL ACOSO SEXUAL

El acoso sexual es un fruto más de un tipo determinado de sociedad en la que se aplaude la prepotencia del hombre y se aconseja la sumisión de la mujer. El hombre interpreta en ocasiones con tanta habilidad su papel de activo que no sabe guardar los límites. Está convencido de que él tiene «algo» que la mujer desea.

Siempre ha habido hombres que creen que lo son más si son descarados, y también han llegado a pensar que las mujeres están deseando ser abordadas. Al parecer, entienden que la mujer debe de estar agradecida de que pongan los ojos en ella y también «algo» más. Si a eso se añade que a la mujer se le ha hecho creer que debe ser seductora y coqueta para ser femenina y digna de atención, en cualquier momento se puede establecer un malentendido.

Muchas mujeres se han visto obligadas a aceptar las proposiciones y exigencias de un superior ante la necesidad de tener un trabajo para sobrevivir; muchas ceden por miedo al despido, o ante las promesas de ascensos o privilegios. No hay un solo ámbito laboral que se libre. Fábricas, empresas, hospitales, universidad... Cualquier lugar donde se encuentren hombres y mujeres —bajo una distribución jerarquizada, donde haya quien ejerza el poder sobre los demás— que están obligados a obedecer o a sufrir las consecuencias en el caso contrario.

Cuando una mujer es requerida por un superior y no accede a las proposiciones, le puede ocurrir de todo; desde despedirla a bajarla de categoría, denegarle permisos o vacaciones, adjudicarle trabajos desagradables, trasladarla a lugares menos privilegiados, castigarla con informes desfavorables, vamos, hacerle la vida imposible.

Las personas debemos ejercer un control tal sobre nosotros que siempre debemos ser dueños de nuestros actos. Y lo que es más importante, nuestros deseos y pulsiones jamás deben transgredir el derecho de los demás sobre su voluntad y sobre su libertad de elegir.

Quizás lo más importante sea saber hacer frente a una situación como ésta si se presenta. Por desgracia, no existen cauces legales claros y rotundos para realizar la denuncia de un hecho así, porque no resulta fácil reunir pruebas suficientes como para demostrarlo. Por eso, hay quien sugiere que ante una situación de acoso sexual en el trabajo se afronte directamente con la persona en cuestión, hablando con claridad de lo sucedido y de los sentimientos negativos que despierta. No darse por enterado, o utilizar evasivas, lo mismo que negarse, no suele dar los mejores resultados. Si se trata con sinceridad el asunto, pudiera ser que el «acosador» se sintiera avergonzado y renunciara a su actitud. De todos modos, es preferible no hacerse ilusiones y rogar para que no ocurra.

II.
EL EROTISMO

Capítulo 1. Hacia la calidad sexual

M. Calvo Artés

SATISFACCIÓN SEXUAL Y CONOCIMIENTO DE UNO MISMO

Existe una manera óptima de usar nuestra razón, reconciliarnos con nuestros sentimientos y sentirnos a gusto dentro de la piel; disponemos de la capacidad para conocernos y aprender a ser dueños de nosotros mismos.

La satisfacción sexual depende, en esencia, de la manera en que el individuo se trate a sí mismo durante la actividad sexual.

Cuanto mejor nos comprendamos mejor nos podremos tratar: existe una relación directamente proporcional entre la satisfacción sexual y la conciencia que una persona tenga de sí misma y sus facultades.

Nuestro cuerpo puede pedirnos una cosa, nuestro pensamiento otra e incluso nuestras emociones otra muy distinta: «Me apetece darle un beso», «Pareceré un salido», «Soy un cobarde por no atreverme», «Quiero comer un helado», «No debo hacerlo porque engorda», «Me siento culpable por comérmelo».

Estas pugnas entre lo que sentimos y lo que pensamos producen todo tipo de problemas, entre ellos sexuales.

El juego erótico, en soledad o compartido, en presencia o ausencia de placer, nos invita a permanecer despiertos y pendientes de la manera en que nos tratamos, para que nuestras facultades sean usadas al unísono y en la misma dirección, así como para que podamos comprendernos y organizarnos mejor en nuestra vida y nuestra cama.

LAS DIFERENCIAS ENTRE SEXUALIDAD ATLÉTICA Y EROTISMO

Mostraré algunas diferencias básicas entre el erotismo y esta sexualidad descafeinada y adulterada que tenemos por modelo y que tendemos a imitar; la llamaremos *sexualidad atlética*.

Todas las diferencias entre ambos conceptos giran en torno a una premisa fundamental: el placer de la sexualidad atlética suele ser mecánico, compulsivo y ciego, constituye un generador de conflictividad sexual, pues está sembrado de ideas preconcebidas y falsas expectativas que impiden la experiencia placentera.

En su cara opuesta se encuentra el erotismo, que parte de un profundo respeto a las leyes biológicas del cuerpo humano y se basa en la comprensión del individuo y su funcionamiento. La experiencia erótica es lúcida y por ello aumenta la sensibilidad y favorece el placer.

EL TRIBUTO A LA IMAGEN SEXUAL

A través de películas, novelas, canciones, anuncios... encontramos un comportamiento sexual que refleja competitividad entre los amantes, sobrevaloración de los resultados y los fines a costa de los medios, impaciencia, deseo de aparentar, miedo al fracaso, impulsividad, rapidez, esfuerzo y descontrol.

Este modelo sexual, repleto de exigencias, empobrece y reduce nuestra capacidad sexual; en él no hay espacio para la creatividad, desplazada por la monotonía, el mimetismo, la repetición mecánica y el esfuerzo: esfuerzo para «no correrme antes que ella», esfuerzo para «conseguir llegar al mismo tiempo», obsesión por «ser la mejor de cuantas amantes haya tenido en su pasado», tensión muscular para que «no note mi tripa», esfuerzo para «disimular el miedo ante un posible chasco de la erección»...

El erotismo no sólo no tiene nada que ver, sino que es la cara opuesta de este modelo atlético que usa el potencial sexual como medio para conquistar, ya sea erecciones y orgasmos, ya sea la opinión favorable de la pareja; también se usa como una manera de medir la valía personal en función de los resultados obtenidos, o sea, como una manera de examinarse y ponerse a prueba.

Muchas personas sufren cuando intentan emular un modelo sexual que más bien forma parte de la ciencia-ficción que de la realidad. Cuando las personas guían su actividad sexual por modelos externos a la propia experiencia suelen inquietarse más por lo que sucede fuera de sí mismas que por su experiencia siempre interna de placer.

La sexualidad atlética constituye precisamente la estética de la sonrisa forzada, el culto a la apariencia y la personalidad mimetizada.

EXIGENCIAS SEXUALES A UNO MISMO

«Yo debo hacerlo todo bien y recibir la aprobación de otras personas, porque si no no tengo ningún valor, no soy bueno, estoy perdido, soy un gusano por no ser tan estimable como debería ser...»

Estas falsas y extendidas creencias populares generan automáticamente ansiedad, culpa, depresión y autoodio, y podrían expresarse en nuestro dormitorio de la siguiente manera:

«El orgasmo es algo por lo que debo luchar y esforzarme, de lo contrario él pensará que soy inexperta, se aburrirá y me dejará, y yo sé que tendrá razón porque sin orgasmo no soy una persona interesante, ni una mujer completa, ni una buena amante.»

Nuestra cultura fomenta y premia las actitudes de autoexigencia, al tiempo que pretende objetivos inalcanzables: que seamos los mejores y no nos equivoquemos.

Es más sensato y sano sustituir las *exigencias* por *preferencias* y el esfuerzo por la sensibilidad. La persona racional se premia por los intentos y no por los resultados, puesto que somos responsables de nuestra intención y nuestros actos, pero los resultados no dependen únicamente de nuestra voluntad.

En el terreno sexual, precisamente aquello por lo que más nos examinamos, exigimos, comparamos y esforzamos –erecciones y orgasmos– tampoco dependen de la voluntad. Al igual que la musculatura involuntaria de los intestinos, la musculatura bronquial o las manifestaciones de rubor, la erección y el orgasmo dependen del sistema nervioso autónomo (SNA) que rige las funciones que no dependen de nuestra voluntad; introducir prisas, exigencias y demás esfuerzos sólo consigue bloquear su funcionamiento natural.

LA ESCLAVITUD SEXUAL A LA APROBACIÓN AJENA

La aprobación ajena en sí misma es neutra, puede ser vivida de manera muy grata o muy esclavizante. Cuando creemos necesitarla y la perseguimos como a una dosis de cualquier sustancia adictiva, las consecuencias en la cama y fuera de ella son las siguientes:

- Realizar actividades sexuales que no apetece o cuando no apetece sin osar negarse por temor a defraudar y ser rechazados.
- Tratar de impresionar a los amigos por el propio desempeño sexual: «Número x de polvos», «Mis erecciones tocando el techo».
- No expresar el modo y el lugar en que se desea recibir caricias porque «No es necesario, él me quiere, ya lo descubrirá.»
- Confusión respecto al equilibrio entre dar y recibir: «Lo más importante para mí es que ella disfrute.»
- Responsabilizar o culpar a los demás de la ausencia del propio placer: «Es que él no me sabe preparar.»
- Culpabilizarnos ante la ausencia de placer de la pareja. Toda culpa implica la vanidad de suponernos autores y responsables de los sentimientos y la felicidad de los demás: «Cómo voy a ser feliz si no consigo que ella tenga orgasmos.»
- Sacrificar los propios intereses e intentar cobrarnos un precio, tarde o temprano: «En realidad, lo hago por él, aunque es un desagradecido.»
- Regalar el poder de nuestros sentimientos a otras personas, despreciando los recursos propios, al creer que la felicidad está en la aprobación ajena, o sea, fuera de nosotros mismos: «No me masturbo tranquilo, pensando que a ella le sienta fatal.»
- Autoengañarnos y exponernos a la manipulación ajena. Cuando ponemos en nuestro punto de mira la aprobación de los demás no es posible que sepamos si lo que nos expresa otra persona es cierto o no; mucha gente nos comprará al captar nuestra vulnerabilidad al halago, otros dejarán de señalarnos errores, sabiendo que su crítica puede ser mal recibida.
- Cuando se mantiene una relación íntima es probable que se viva en permanente tensión y esfuerzo por no perder a la persona sin quien creemos imposible la felicidad: «Preferiría morir con él a enviudar.»
- Creerse desamparado, frágil, sin poder, indigno, poca cosa, incapaz... esto es, autocompadecerse y creerse víctima, lo que equivale a soltar las riendas de la propia felicidad: «No hay nada que hacer, mi frialdad ya viene de familia... no cambiaré.»
- Colocarnos en una posición de sumisión: cuando intentar agradar a otras personas se convierte en el objetivo vital prioritario, se acaba llevando la vida y la sexualidad que los otros esperan que llevemos en lugar de vivir la vida que hayamos elegido y la propia sexualidad.

EXIGENCIAS SEXUALES A LOS DEMÁS

Otra carcoma del placer y el bienestar son las exigencias a los demás.

«El mundo y todos debéis tratarme con gentileza cuando yo quiero, porque, si no, no valéis nada, y sois unos desgraciados y necios por no querer a este ombligo del mundo que soy yo.»

Esta creencia irracional es adoptada por la mayoría de la humanidad y es la causa de la mayoría de las guerras, genocidios, violaciones y otras conductas conflictivas y violentas. De nuevo, la lícita y sana preferencia de ser tratados con amor se convierte en una exigencia.

Las consecuencias emocionales de esta creencia son irritación, estrés, ira, enfado, y podrían traducirse de la siguiente manera en la experiencia sexual:

- Malas caras o mutismo ante la negativa de la pareja a mantener relaciones sexuales, porque: «Es su obligación, a ver si no, para qué me he casado.»
- Perplejidad porque «Tendría que saber que una mujer tiene algo que se llama clítoris y cómo acariciarlo» o «¿Cómo puede ser más importante la lectura que tu maridito acariciándote?».
- Actitudes desafiantes e irónicas que implican burla de quien muestra dificultades: «Ya es hora de que tenga una erección si es verdad que me quiere tanto como habla» o «Sí, sí... mucha dinamita pero poca mecha», «Se olvidaron la sal cuando la hicieron».
- Expresiones chantajistas: «En sexo hay que probarlo todo y, si no, vuelve a las faldas de tu mamá» o «Si me desaprovechas, me largo».
- Usar la sexualidad como arma de dominio: «Me muero de ganas, pero lo tengo

a régimen, así aprenderá que conmigo no se juega.»
- Expresiones sobreprotectoras del tipo: «Tú déjame a mí, que te conozco y sé mejor que tú misma lo que te conviene.»
- Refranes y dichos populares: «El que la persigue la consigue» o «Todas las fortalezas acaban cediendo».

Si además de estos ejemplos observamos cualquier aspecto de la vida cotidiana, nos daremos cuenta de la cantidad de «Tengo que», «Debería de» y otros imperativos a los que la mayoría de las personas se someten en su vida diaria y que invariablemente se llevan a la cama.

Creemos de forma irracional que por desear fervientemente algo *tenemos que conseguirlo*, y sea cual sea el tipo de actividad de que se trate jalonamos toda «conquista» con exigencias y esfuerzo.

El denominador común a todas estas situaciones es que las presiones, persecuciones e insistencias, vengan de quien vengan, generan un elevado porcentaje de insatisfacción e inapetencia sexuales, transformando dificultades y discrepancias propias del juego erótico en verdaderas disfunciones sexuales.

Todos tenemos derecho a ser amados, pero *no tenemos ningún derecho a exigir amor.*

Toda experiencia placentera parte de una elección y de la gratitud; toda caricia es siempre un regalo y todos sabemos la diferencia entre hacer un regalo por compromiso o con autenticidad.

EL EROTISMO: LA ALTERNATIVA A LAS EXIGENCIAS

Un vínculo sexual entre dos personas puede expresarse de maneras muy diversas, a no ser que las ideas fijas se conviertan en las reinas de la experiencia; así, por ejemplo, no se expresa con la misma frecuencia en distintos momentos de la relación y a menudo los intereses de sus participantes son divergentes o éstos no coinciden en sus preferencias.

Hay parejas en que a uno de sus miembros le apetece mantener relaciones sexuales cuando llega de tomar unas copas con los amigos, mientras al otro le gusta más por la mañana porque está más descansado y puede concentrarse más; en otros casos, a él le excita cuando ella tiene la menstruación porque la siente más tierna y vulnerable, pero a ella le molesta entonces porque se siente hinchada e irritable; en otras situaciones, él quiere que ella pruebe el coito anal, pero ella pone reparos y no le atrae en absoluto la idea; en otros casos, a ella le apetece diariamente un encuentro sexual, pero él con una vez a la semana tendría bastante; finalmente, y entre otros muchos ejemplos, a veces el deseo se aletarga durante meses para acabar muriendo o... para renacer con un brío inusitado.

El que las personas compartan aspectos en los que coinciden no significa que «tengan que coincidir siempre y en todos los aspectos». «Contra gustos no hay disputas», dice un refrán que es hábil aplicar en la cama.

La neutralidad de las discrepancias sexuales

Las discrepancias sexuales forman parte *inevitable* del juego, pero son en sí mismas *neutras*, pueden ser vividas desde *obsesivamente* hasta ser consideradas un *aliciente*. Cuando las personas las interpretan de manera realista y sensata, entendiendo que toda caricia es un regalo al que como tal nadie está obligado, aprenden a sentirse cómodas en sus relaciones, aunque sus deseos de aproximación sexual no coincidan siempre con los de su pareja.

Cuando se dan cuenta de que una buena relación sexual no es la que responde a una moda con unas medidas determinadas, sino la que se va creando y transformando según cambian las personas que forman la relación, empiezan a pactar y potenciar aquellas actividades apetecidas por los dos; a ir a favor de aquello que les une, en lugar de ir en contra de los que les separa.

La muleta, la media naranja, el complemento

Concebir la pareja como dos mitades que se complementan, en lugar de dos unidades que se doblan, se traduce en otra idea irracional: «No puedo vivir sin él» –la cual encubre «El miedo a vivir conmigo»–, y supone ver en el otro a la muleta de nuestras frustraciones, la compensación de nuestras carencias, el saco de nuestros lamentos, el comodín que nos saque de todo apuro, una panacea... la versión moderna del reposo del guerrero. ¡Cuánta exigencia!

Parece que por una parte se desprecia la amistad en el contexto de la pareja y por otra se espera que sus miembros –como complemento el uno del otro– permanezcan unidos como siameses y para siempre. Visto así, la pareja, más que un regalo, supone un castigo que va inyectando a la relación hastío, aburrimiento y frustración..., mantenidos muchas veces como mal menor frente al reto de asumir una pérdida y la propia soledad.

LOS FALSOS PROBLEMAS, ESOS FANTASMAS SEXUALES

Las dificultades forman parte de la vida, y las de índole sexual forman parte de una sexualidad en movimiento, en exploración y en crecimiento.

La pretensión irreal de «funcionar sexualmente sin fallo en todo momento» tiene como una de sus consecuencias no poder discernir entre un problema real y una dificultad pasajera, inventándonos, en consecuencia, problemas que no son tales.

La mujer que no experimenta orgasmo con la penetración, pero sí con la estimulación clitoridea, no tiene ningún problema de anorgasmia o, como el término indica, de «ausencia de orgasmo»; otra cosa distinta sería que quisiera disfrutar más con la penetración, lo cual sucedería renunciando a su etiqueta de anorgásmica.

La mujer que intenta excitarse con la misma rapidez que su compañero, y se preocupa pensando «Tal vez soy menos ardiente que él», olvida que la mujer necesita más tiempo que el hombre para excitarse y «entrar en calor». Necesitar más tiempo para que el deseo aparezca no es ningún problema ni hay nada que «arreglar»; más bien supone la ventaja de invertir en el placer más tiempo.

La mujer que infravalora su placer por no corresponder éste a su idea de cómo «debería ser» ese placer, despreciando toda sensación que no corresponda a los esperados «fuegos artificiales», no tiene más problema que el de no respetar sus sensaciones dándoles tiempo para crecer.

Finalmente, y para no extendernos, quien, sintiéndose muy atraído y enamorado, siente menos placer del esperado en su primer encuentro sexual, no es que sea frío o insensible, es que olvida que las pieles necesitan tiempo para empatizar, para visitar un nuevo espacio, para conocerse...

La «alta sexualidad», al igual que la mayoría de aspectos interesantes de la vida, requiere práctica, cariño, tiempo, curiosidad y una buena colección de errores.

VENTAJAS DE LA CONFLICTIVIDAD SEXUAL

Toda crisis, conflicto, problema y dificultad sexual o de otra índole es una moneda de dos caras, la del peligro y la de la oportunidad.

Si queremos beneficiarnos de los problemas sexuales, ya sean éstos en forma de insensibilidad, desgana, miedo a sentir, ausencia de placer..., convendrá saber cómo se manifiesta el problema o la dificultad; una estrategia óptima para constatar que lo positivo también surge de la observación y el conocimiento de lo negativo.

Podemos aprender mucho de nuestras dificultades sexuales si no nos enfadamos con nosotros mismos. Es de la relación entre nuestra parte consciente, libre, lúdica, curiosa y creativa, y nuestra parte automatizada y severa, de lo que depende nuestra satisfacción sexual, nuestra habilidad para encajar dificultades y nuestra felicidad.

El camino erótico nos muestra que luchar contra nuestros hábitos, enfadarnos y maltratarnos por nuestros conflictos y por lo que nos disgusta en nosotros mismos sólo sirve para añadir más tensión a la tensión, también nos muestra que sólo desde el conocimiento que surge de la amistad con uno mismo es posible cambiar dirigiendo el propio cambio.

EL PLACER SEXUAL EN LA TRADICIÓN ORIENTAL

En relación al placer sexual —y sin extendernos en fluctuaciones históricas— merece la pena mencionar la influencia del cristianismo, el cual bebió de la religión persa a través de los griegos. El cristianismo concibió un *eros* o «amor carnal», por un lado, y un ágape o «amor espiritual-no material», por otro. El camino estaba trillado para lo que sería en el siglo IV d. C. un gran freno al desarrollo de la sexualidad humana: las *Confesiones* de San Agustín, que —paradójicamente escritas en la misma época que se escribía el *Kamasutra* en la India— señalaban la sexualidad como la causa del pecado original, como la vivencia que separaba al ser humano de lo divino, de todo lo que de compasivo hay en el individuo.

Difícil con tal filosofía encontrar la guía, el bienestar y el norte en las propias capacidades, en el interior de uno mismo.

La tradición oriental ha seguido otro camino y no ha distinguido entre el amor físico y el amor espiritual, porque ha concebido al cuerpo como el gran regalo que es la vida, la expresión más elevada de la naturaleza, «templo divino» durante el encuentro sexual.

La espiritualidad no se entiende en Oriente como una evasión a las nubes o una mutilación de los sentimientos, sino como celebración de la vida.

Se comprende entonces que algunas tradiciones orientales contemplen la sexualidad como una fuerza creativa y liberadora. En la India y en China, por ejemplo, se ha sabido ver en el encuentro sexual un acto sagrado, un camino para entrenarnos en el arte de la vida y en la comprensión entre seres humanos, una vía privilegiada para acercarse a lo que de trascendente, espiritual y desconocido existe en los seres humanos.

Capítulo 2.
▼

Jugar y amar: diez juegos eróticos

M. Calvo Artés

EL JUEGO ERÓTICO

l erotismo es un juego y con él «no vamos a ninguna parte», no hay ninguna obligación de lograr éxito, o de conseguir algo. Todo lo que necesitamos y para lo que estamos maduros para gozar está presente: si se trata de una sensación pequeña, la regaremos como una planta que empieza a brotar; si se trata de una sensación poderosa, nos daremos tiempo para saborearla en lugar de tragarla sin digerirla e ir a por más.

La dimensión lúdica influye en el placer sexual hasta el punto de que podríamos decir que no hay duda acerca de la salud sexual de los amantes que ríen y bromean en la cama. Ya dijo Schiller, con acierto, que el ser humano alcanza su dimensión más íntegra cuando juega.

JUEGOS SEXUALES

Quien se divierte con su pareja tiene muchas más posibilidades de que sea satisfactoria su vida sexual. Igualmente, quien en lugar de saltar del ordenador a la caja de preservativos hace un alto para dar paso al sosiego está facilitando la llegada del placer y del deseo.

La satisfacción sexual requiere concentración, esa capacidad de reunir la energía mental dispersa; su principal enemiga es la dispersión.

En las prósperas sociedades actuales todo está organizado para asegurar la distracción de cada individuo durante cada minuto que no esté ocupado trabajando y enfocar su mirada al exterior. La oferta es abrumadora: canales de televisión, clubes de vídeo, emisoras de radio, revistas, bares, comercios, espectáculos... Ante tanta masificación de mensajes no hay espacio para el silencio y la reflexión. No es extraño entonces que sea difícil calmar la mente y enfocar nuestra mirada al interior.

Para aquellas parejas con una agenda apretada es muy útil hacer un hueco generoso en el que coincidan los dos. La ventaja es que así se evita que lo urgente se coma el tiempo de lo importante, y se dispone del tiempo que requiere prepararse para una celebración. Con el erotismo sucede como con la escritura: es mejor que si la inspiración llega nos sorprenda disponibles, abiertos, preparados y jugando.

Ciertamente, un arrebato salvaje e inesperado puede ser muy excitante, pero la experiencia sexual no puede depender ni reducirse a unas manifestaciones que, por una parte, sólo «dan en el blanco» en contadas ocasiones y, por otra, son más efectivas cuanto más tranquilos y descansados nos sorprenden...

Por otra parte, respetar un tiempo para el encuentro sexual no quita espontaneidad, como mucha gente piensa, más que cuando las personas se dicen: «Tengo que amortizar el tiempo, tengo que tener relaciones sexuales.»

No se trata de ir a ese encuentro con la intención prefijada de hacer el amor, sino simplemente de encontrarse sin presiones externas, sin exigencias ni autoexigencias... un tiempo abierto, un talón en blanco, para hacer lo que apetezca y sin el cronómetro en la mano.

El tiempo que requiere la experiencia erótica va más allá del llamado «acto sexual». Así como el tiempo de la fiesta incluye su preparación, o la calidad de las interpretaciones artísticas dependen en gran medida de la previa concentración de los intérpretes, el tiempo erótico incluye también el tiempo para predisponernos al juego. En ese caso el instrumento es nuestra persona al completo.

Juego 1. «Tiempo de ritual»

El objetivo de este juego será el objetivo del pintor cuando limpia cuidadosamente su pincel antes de rozar siquiera el lienzo: «Prepararse para la acción.»

Es el tiempo de templar el cuerpo como el músico hace con las cuerdas de su guitarra, de limpiar la broza de los malos entendidos, de desabrochar los disfraces tan útiles en la jungla social y tan desaconsejables en la cama... es el tiempo de soledad en que las aguas vuelven a su cauce y nos reconciliamos con nosotros mismos, con el ritmo interno; el tiempo, en definitiva, para dejar de lado lo accesorio y quedarnos con lo esencial.

«Tiempo de ritual» no es un sustituto de otras actividades lúdicas, pero sí resulta un excelente aliado; pone el acento en el tiempo previo al encuentro sexual y es hábil tenerlo en cuenta en todos los momentos previos a los otros juegos que iremos viendo. Se trata de escoger un día en que dispongamos de calma, sin niños, teléfono o algo que pueda alterar la intimidad.

El juego en sí mismo no necesita más de diez minutos previos a la relación sexual, y están destinados a cualquier actividad grata. Puede tratarse de una ducha relajante, un paseo, tocar la flauta y observar la respiración; lo importante es que sea algo que nos agrade; que nos ayude a despedir exigencias, afinar los sentidos y aumentar la concentración; poco a poco irán cediendo algunas tensiones y entraremos en un clima de juego.

Diez minutos son, por lo general, suficientes para que la mente se vaya calmando y ocupando el cuerpo.

Pese a la simpleza de esta sugerencia, se trata de una de las estrategias terapéuticas más eficaces y es de los pocos juegos en que sus beneficios pueden sentirse de inmediato.

Si queremos llegar lo más lejos posible en nuestras experiencias sexuales será necesario observar la diferencia entre hacer el amor con tensión acumulada y hacerlo desde el sosiego, donde pueden reposar y reconocerse mejor la excitación y el placer sexual.

Este tiempo nos ayudará a concentrarnos en las sensaciones, imágenes y pensamientos eróticos, a desconectar del exterior para conectar con nuestro mundo íntimo, a dar descanso y frescura al cuerpo y a dar espacio a nuestro deseo, a permitirnos aparcar ciertas preocupaciones, aunque las retomemos luego y, en definitiva, a dejarnos disponibles y en plena forma para el placer y el juego.

Juego 2. «Dejar que el placer se vaya»

Para disfrutar del placer sin etiquetas, olvidarnos de los resultados, desapegarnos del mismo placer y constatar que la calidad de nuestras experiencias sexuales no depende tanto del placer como de nuestra reacción ante el mismo podemos entrenarnos con este simpático juego.

Sus participantes proyectarán una velada en la que puedan sentirse cómodos y descansados.

Una sesión de baile y una cena puede ser una excelente manera de jugar tanto con la impaciencia como con el apego.

Se trata de un baile especial en que sus participantes van desnudándose al ritmo lento de la música, el uno al otro, sin perder el ritmo ni el compás. Pueden bailar más o menos juntos, mirarse, acariciarse, contener el deseo, saborearlo... atizarlo, encenderlo, intensificarlo y reducirlo a voluntad, dejar que imprima su sello en todo el cuerpo, y cuando el deseo esté a punto de «ir por su cuenta» y «vencerles»... será el momento de ir a cenar.

Los placeres se interconectan entre sí, se crecen unos a otros, los sentidos se hermanan, los cuerpos se abren y se disponen. Encauzar todo este manantial de placer y deseo, cuidando la manera en que se vierte al exterior, es el reto del presente juego.

Juego 3. «Un erótico masaje interno»

Cuanto más nos sintamos «uno con la respiración», mayor será nuestra sensibilidad y nuestra capacidad para percibir y disfrutar los multicolores y variados registros sexuales.

Para este fin disponemos de este sencillo juego denominado «el masaje interno», que consta de dos partes.

La primera nos ayudará de manera gradual a respirar de forma consciente en la vida cotidiana; la clave está en observar sin interferir los tres tiempos de la respiración:

– *Exhalación*. Dejamos que salga todo el aire, hasta el final. Podemos respirar a través de una pajita, para observar todo el aire que solemos dejar dentro.

– *Pausa, descanso*. No es un tiempo muerto, es vital en el proceso respiratorio; si interferimos en él acortándolo, nos sentiremos apremiados y ansiosos. La duración del descanso depende del ritmo de la respiración.

– *Inspiración*. Intentamos evitar cualquier esfuerzo. Es como abrirnos para dejar entrar el aire.

Nos ponemos cómodos, con las manos en el vientre y dejamos que éste –como un globo– se deshinche durante la espiración, y se hinche durante la inspiración. Es útil imaginar el aire como un hilo de seda que puede romperse al mínimo esfuerzo y brusquedad.

La primera parte de esta sugerencia consiste en observar el ritmo con que respiramos, sin intentar ninguna modificación; si nos encontramos con una respiración agitada, no intentaremos calmarla, sino observar cómo se siente esa agitación. Será el no luchar contra ella, dejando que salga todo el aire para darle espacio y sentirla mejor, lo que restablezca la calma interna.

Es difícil no adelantarse a la respiración y fácil sucumbir al esfuerzo con que habitualmente inspiramos; además, un sinfín de pensamientos suele distraer la atención. Conviene en este caso pararlos con una imagen mental de la señal de tráfico *Stop* y exhalar; cualquier idea importante reaparecerá en un momento más oportuno. Por otra parte, detener el curso de la mente no significa detener sus actividades, sino permitir que la mente ocupe todo el cuerpo, ajustándose a la respiración.

Para entrenarnos en esta parte del juego podemos contar cinco exhalaciones. La actitud óptima al ir hacia dentro de uno mismo es la de preguntar, no la de mandar. Con la práctica de no forzar ni bloquear la respiración se adquiere la percepción de algo en nosotros, en la vida, que existe sin esfuerzo.

La segunda parte de este mensaje interno resulta sexualmente agradecida inmediatamente. Se trata de dirigir, en el curso de la actividad sexual, de manera intencionada la respiración a los genitales, para que el oxígeno y la conciencia lleguen a esas zonas con más facilidad. Esto es posible porque el movimiento del diafragma, al bajar durante la inspiración, hace que el fondo de la pelvis se expanda; habitamos entonces esas zonas.

Por otra parte, este juego permite frenar la invasión de distracciones y preocupaciones aumentando la concentración y haciéndonos más conscientes y receptivos al placer, además de oxigenar y «lubricar» zonas del cuerpo normalmente olvidadas.

Después podemos hacer extensivo este juego dirigiendo la respiración a las partes del cuerpo que estén siendo acariciadas, dejando que se evidencien ahí los movimientos de expansión y contracción cuando entra y sale el aire.

Lo que cuenta en éste, como en todos los juegos, no es «hacerlo bien o mal», sino el tiempo invertido en explorarnos y escucharnos por dentro.

Se comprueba entonces que sólo es posible soltarse plenamente durante cualquier experiencia incluida la sexual, cuando nos vaciamos, cuando la espiración se realiza completamente, hasta el final.

Juego 4. «La fiesta más privada»

El juego que explicaremos a continuación tiene el objetivo de mostrar la mezcla de ternura y picardía que podemos encontrar cuando nos masturbamos en la más pura intimidad, en la más estricta soledad. De hecho, cuando redescubrimos el lado juguetón que hay debajo de nuestra seriedad observamos que, lejos de ser la masturbación una actividad *light*, resulta un inmejorable laboratorio donde investigar con todas las especias y preparar buenos cócteles con la dosis justa de sal y pimienta. Comprobamos que la masturbación puede ser el mejor laboratorio para el conocimiento de uno mismo y una excelente manera de afirmar la vida.

Claves: saber que el concepto que se tenga de uno mismo, el grado de autoaceptación, influirá poderosamente en la experiencia sexual. Convendrá recordar que somos buenos porque estamos vivos, somos humanos y estamos equipados con todo lo que necesitamos para vivir.

Se trata de disponer de un tiempo razonable (una hora aproximadamente) en que dispongamos de absoluta intimidad.

Después de desconectarnos del exterior con cualquier actividad grata... preparamos las condiciones y el lugar de la fiesta. Aunque cada cual tendrá sus preferencias, es mejor no descuidar ninguno de los sentidos, cuidar desde el color de las sábanas a las revistas o los vídeos, la iluminación... También podemos elegir entre una música grata o el silencio, podemos quemar incienso... y también proveernos de complementos varios como aceites, ropa interior cómoda y seductora, tal vez algún vibrador o algún espejo y cojines para nuestra comodidad.

Las fantasías son muy personales y poderosos afrodisíacos, forman parte de nuestro material más íntimo y privado, y sean del tipo que sean, todas son válidas.

Una excelente manera de iniciar la velada sexual puede consistir en seleccionar el material gráfico más excitante, o simplemente en usar la imaginación, procurando concentrarse dando el máximo detalle a las imágenes y los diálogos.

Quizás prefiramos empezar la fiesta con un «piscolabis», quizás con una ducha estimulante. Lo interesante es concentrarse en la actividad y abrir todos nuestros sentidos a cualquier sensación que proceda de ella.

El juego consiste en intentar jugar a la montaña rusa con la excitación. Para ello es necesario saber o aprender cómo estimularse y cuándo detener la estimulación.

Una de las maneras consiste en empezar a acariciarse la cara, el cuello, los brazos, el pecho... continuando así con todo el cuerpo, sabiendo que en todas sus regiones se esconden zonas erógenas no descubiertas y que nuestra sensibilidad siempre puede agudizarse... Es útil fijarse en la textura y la temperatura de la piel, en la cara interna de las extremidades, que tal vez agradezcan caricias más suaves... detenerse un momento para notar el espacio entre el hueso y la piel, automasajearse llevando con la intención la caricia hacia el interior... y pasar por los genitales sin entretenerse en ellos.

El protagonismo de los sentidos aumenta cuando nos concentramos en el propio olor, sabor, formas, texturas, sonidos... y cuando invitamos a la respiración a ir hacia las zonas acariciadas. Prestamos una especial atención a los movimientos de la respiración intentando no detenerlos para que puedan adaptar su ritmo a la creciente excitación.

Cuando el clima se ha hecho confortable, se puede ir hacia los genitales, lubricándolos con vaselina, si no lo están bastante. Cuando se siente próximo el orgasmo, se detiene toda estimulación, dejando al orgasmo en suspenso y permitiendo que se reduzca un poco la intensidad de la excitación.

Es determinante contemplar esta parada como una *contención* y no como una represión; es decir, no se trata de desconectar de la excitación, pensando por ejemplo en algo asexual, sino en saborear el deseo de tocarse, dejando que la tensión se reparta y la excitación y el placer se expandan y rieguen todo el cuerpo.

Estas «renuncias voluntarias» al orgasmo son compensadas con creces por la calidad del mismo y de toda la experiencia sexual. Lo podemos comprobar realizando tres veces la parada antes de dar paso al orgasmo. Un orgasmo que bailará dentro del cuerpo al ritmo de la respiración.

Rescatar sensaciones corporales, intensificar el placer, «sentirse a gusto dentro de la piel», redescubrir el cuerpo y sus recursos placenteros y, en definitiva, recuperar la fe perdida en uno mismo, no sucede de la noche a la mañana; es la aventura por excelencia de toda una vida.

Juego 5. «La parte del otro que hay en mí»

Hoy por hoy, hombres y mujeres no se comunican muy bien, pero sea cual sea el origen de las diferencias entre sexos, siempre pueden aprender a mejorar su comunicación. A menudo, las diferencias existentes son contempladas como límites para uno y otro sexo, y se olvida que existen componentes femeninos y masculinos en ambos sexos.

Todos tenemos hormonas, actitudes, cromosomas de uno y otro sexo, todos podemos disfrutar de las diferencias entre lo masculino y femenino que existe en cada uno de nosotros. Es más, en la medida que los hombres desarrollen sus aspectos femeninos y las mujeres sus aspectos masculinos mejorará la relación de cada cual consigo mismo, disminuirá la dependencia entre sexos y mejorará entonces su comunicación.

A tales efectos, este juego supone una excelente manera de comprendernos mejor unas a otros, y se basa en descubrir a la persona del sexo opuesto que todos llevamos dentro; algo mucho más eficaz cuando –sean cuales sean las tendencias sexuales– nos hemos reconciliado con el propio sexo y su especificidad.

De eso trata este juego, el cual no es en la práctica tan simple como puede parecer. Consiste en intentar ponerse en la piel del otro, adoptando actitudes, gestos y movimientos del sexo opuesto... y simular desde ahí una penetración.

Se puede ensayar durante la velada, ante el espejo, observándose y ayudándose a crear el personaje en cuestión; no se trata de burlarse de nadie, ni de ironizar sobre estereotipos sexistas, ni tan sólo de imitar a quien tenemos delante.

Se trata en realidad de un juego entre seis personajes: los dos que aparentan ser, los dos que temen ser y los dos que son en realidad.

Durante el juego sexual, cuando los dos se sientan excitados, el hombre simulará dejarse penetrar por la mujer, por «el hombre que hay en ella», y ella simulará penetrar a «la mujer que hay en él», y todo ello al compás de la excitación real. Poco importan las posturas, lo que cuenta es todo lo que este juego puede revelar acerca de uno mismo.

A cada cual poner más o menos imaginación en este juego; si más pronto o más tarde le vemos la gracia será más fácil ponernos en el lugar de las personas del sexo opuesto, porque habremos reconocido «la parte del otro que hay en mí».

Con seguridad, algo habrá cambiado en las próximas relaciones sexuales y las diferencias una vez aceptadas, en lugar de crear distancia, unirán.

Juego 6. «Transparencia en la mirada»

Son muchas las maneras en que podemos realzar con la mirada nuestra experiencia sexual, observándonos, por ejemplo, mientras hacemos el amor delante de un espejo, solos o acompañados. Incluso cuando nuestros cuerpos no sean figurines a la moda en uso, siempre hay belleza en una caricia hecha desde el corazón. También podemos contemplar el excitante poder de la mirada cuando observamos cómo se acaricia la persona amante... o cuando como en una gota sostenida a punto de desprenderse para dar paso a la siguiente... nos miramos durante la penetración, a través del espejo o cara a cara... y es que en la complicidad de las miradas, el deseo prende con facilidad.

El juego que he seleccionado favorece captar lo que sería la «punta del iceberg» respecto al tremendo poder de la mirada, y puede formar parte del tiempo de transición; trae consigo un sinfín de «novedades» y se dirige a aumentar la complicidad y la confianza en uno mismo y entre amantes. Consiste en procurarnos un espejo si estamos solos, o sentarnos con comodidad, a medio metro de la otra persona, dejando que las miradas se encuentren y observando qué sucede.

Una de las cosas que suele suceder es que se muestran algunas de las barreras al placer: «¿Tendré los pechos pequeños?», «Te vas a tragar lo que has dicho esta tarde»...; todas las trampas de la sinrazón que detectemos en estos momentos previos a la relación sexual serán más fácilmente neutralizadas si vuelven a aparecer en el transcurso de la misma.

No es fácil dejar que nuestros ojos se encuentren y reposen los unos en los otros. Conviene recordar siempre que se trata de un juego, no de una competencia de miradas rivalizando en orgullo y resistencia; aquí nadie pierde y nadie gana, ambos hacen lo que pueden, y no se quiere demostrar nada.

Si se tensan los ojos y se convierte en un esfuerzo mantener la mirada, podemos ayudarnos evitando bloquear la respiración y dejando de forzar la mirada.

La clave en este juego está en sentir la tensión y la incomodidad, y elegir si mantenerla o soltarla, en sustitución a actuar de manera automática.

Si queremos ir hasta el fondo con esta invitación, programaremos tres minutos en el despertador y observaremos sin juicios y sin hablar qué y cómo se siente... y sea lo que sea, no interrumpiremos el juego.

Los ojos del otro son siempre el espejo en que nos vemos a nosotros mismos, por ello la intención del juego está en que, poco a poco, tal vez después de muchos intentos, podamos mirarnos con la persona amante y con todo ser humano de forma progresivamente *transparente*.

Algo nuevo habrá despertado en las próximas relaciones sexuales.

Juego 7. «La palabra que enardece»

Podemos sentir placer, incluido el sexual, sin realizar ningún gesto. Uno de los juegos sexuales altamente excitante es el siguiente:

Los amantes pactan la renuncia al contacto físico durante la velada sexual; sí pueden, en cambio, imaginarse y relatarse sus deseos, detallando, si quieren, la manera como los llevarían a cabo.

Aunque la expresión verbal de cualquier actividad facilita su realización, no hay ninguna obligación de practicar más tarde lo que haya sido expresado. La caricia verbal supone, al igual que el resto de las caricias, un regalo íntimo en sí mismo, por ello el reto en este juego consiste en entrenarnos en verbalizar espontánea y genuinamente.

La palabra oculta tanto como revela, por eso este juego no sería completo si no escucháramos el silencio con sus pausas necesarias para expresar lo que descubrimos cuando escuchamos dentro.

No es fácil expresar claramente nuestros deseos ni manifestar explícitamente nuestra curiosidad, tampoco es fácil hacerse amigo del silencio, pero conviene señalar que la palabra sólo es totalmente sincera cuando escucha al silencio que siempre la precede... Surgen entonces las palabras más verdaderas, las palabras del poeta, las que vienen del silencio.

Juego 8. «Caricias»

La sugerencia siguiente se dirige a las caricias que hablan el lenguaje de la ternura y son aquellas que no salen de objetivos prefijados de antemano, sino del instante presente y del interior.

Este juego facilita el conocimiento entre amantes, su sensibilidad, placer, deseo y la conciencia de todo ello; facilita un estado de «control sin control», el estado que mencionábamos, esto es, de «máxima atención y mínimo esfuerzo».

En el contenido erótico, el placer, el deseo y la pasión sexuales no ciegan ni deslumbran al individuo, bien al contrario, le ayudan a mirar, a verse, a ver, a ensanchar, en definitiva, su conciencia.

Vale la pena, aunque sea de vez en cuando, dejarle el protagonismo al «tacto lúcido» y dejar que la piel revele nuestra profundidad.

Una sugerencia en esta línea es la de dedicar un tiempo a la caricia, como único menú de la velada sexual, alternando el hecho de acariciar y de ser acariciados. Esta alternancia es muy útil para aumentar la concentración y para observar si el placer de dar y el de recibir resultan igual de asequibles y equilibrados, y también para mejorar la comunicación sexual.

El objetivo de este juego no es la excitación, sino *sentir* y *descubrir* lugares eróticos de nuestra geografía corporal; por ello, los amantes no se detendrán en los genitales. Si la excitación se produce, convendrá en este juego no reprimirla ni alimentarla, sino sencillamente convivir con ella, sin más.

Ahora faltan los aderezos del menú y regarlo con un buen vino. Algunas de las claves que podemos tener en cuenta son:

– Ambiente acogedor y temperatura cálida. El frío entumece y tensa la musculatura.
– Un despertador programado en diez minutos, por ejemplo, ayuda a detectar y parar los pensamientos que van en la línea de responsabilizarnos del placer ajeno: «¿Se estará aburriendo?», «¿Estaré abusando?», «¿Lo estaré haciendo bien?», «Creo que ahora me tocaría a mí dedicarme a él...», y de cualquier otra exigencia: «Tendría que estar sintiendo algo.»
– Es imposible no sentir nada. Basta con recorrer con las manos las formas corporales y enfocar la atención en la *temperatura* y en las diversas *texturas*.
– Descubrir la erogeneidad del cuerpo y la potencia de nuestra piel pasa también por aguzar la sensibilidad a las sensaciones originadas en nuestras vísceras, huesos y articulaciones, esto es, la sensibilidad propioceptiva, que está en nuestra capacidad el desarrollar; por eso es muy importante tener en cuenta la *comodidad*.

Sea cual sea la intensidad del placer que experimentemos o la actividad sexual de que se trate, siempre será más satisfactoria cuanto mejor nos usemos mental y físicamente, cuanto menos tensos estén los músculos paravertebrales y menos comprimida esté la columna vertebral.

A tal efecto conviene que la cama sea dura, en su defecto unas mantas en el suelo son una buena solución. Si recibimos las caricias tendidos boca arriba, podemos tener una manta enrollada debajo de las rodillas y un cojín debajo de la cabeza; cuando estemos tendidos boca abajo conviene poner un cojín debajo de la cintura, para que no se opriman las vértebras lumbares, y otro debajo de las espinillas. Esto ayuda a descansar la tensión, que suele concentrarse en la nuca, rodillas, lumbares y tobillos.

Descubrir la novedad del «no hacer», no acariciar, no responsabilizarse del placer ajeno... Es difícil darse cuenta de lo fácil que es «no hacer»; solemos valorarnos por la cantidad de esfuerzo que ponemos en cualquier empresa, sin embargo, el erotismo muestra que es tan importante aquello que hacemos como lo que dejamos de hacer, de la misma manera que en todo proceso de cambio aprender incluye desaprender.

La voluptuosidad, el placer y las posibilidades de aprender están en todos los rincones de nuestro cuerpo y detrás de cada uno de nuestros gestos.

Aunque hay zonas con mayor número de terminaciones nerviosas como la cara, las articulaciones, los pies, las manos y los genitales, cualquier zona se mostrará agradecida al cariño, la atención y la práctica, y gradualmente despertará nuestra sensibilidad.

Además de las ventajas mencionadas, este juego permite entrenarse para asumir la responsabilidad del propio placer sexual: cuando seamos acariciados podemos expresar nuestras preferencias o indicar lo que en el ritmo o presión de la caricia no sea de nuestro agrado. Cuando acariciemos, nos *ocupamos* del otro, pero no nos *preocupamos* por él, ya que si algo no marcha es su responsabilidad hacerlo saber. Podemos tender al equilibrio entre acariciar como nos apetezca y agudizar la atención hacia quien acariciamos.

Acabamos dándonos cuenta de que dar y recibir son en realidad un mismo acto: cuando nos permitimos recibir, contribuimos al placer que siente el amante al dar, y cuando damos gratuitamente recibimos el placer de la propia gratuidad.

En otros encuentros las caricias pueden realizarse con el pelo, los pies, los mismos genitales y también es posible que nos acariciemos en un masaje «cuerpo a cuerpo». En el sentir de este libro, el erotismo da su «toque» cuando nos permitimos «no interferir» en el curso del fluir erótico que nos lleva y dejamos reposar las experiencias.

Juego 9. «Una danza entre la fusión y la separación»

El juego que viene a continuación es la cara opuesta de los modelos coitales a que estamos habituados, en los que el placer nos arrebata hasta hacernos olvidar el propósito de la caricia y el carácter del abrazo.

Las claves a tener en cuenta son las siguientes:

— Es preciso que la zona vaginal esté siempre húmeda y conviene recordar que es posible que se seque tras un rato de fricción. Es útil tener vaselina hidrófila en la mesita de noche.

— Recordar que en una relación heterosexual óptima es la mujer quien tiene la última palabra respecto al inicio de la penetración, el ritmo, la profundidad, la presión, o cómo compaginar los vaivenes de la cópula con la estimulación del clítoris.

Es indispensable la franqueza entre amantes. El tiempo erótico es el tiempo de la claridad sin tapujos, el tiempo de la elegancia; pocas situaciones como la sexual invitan tan abiertamente a preguntar, pedir permiso, observar y comprobar, pactar y averiguar...

Para esta sugerencia he optado por presentar una cópula de movimientos sigilosos, lentos y pausados... y algo más, verdaderamente excitante y que al mismo tiempo ayuda a contener la excitación, y que consiste en detener intermitentemente los movimientos coitales.

La lentitud en sexualidad es siempre una buena clave, por una parte facilita la observación del diálogo interno, cuando el placer ha sido interceptado, y por otra alimenta la voluptuosidad al dejar reposar y crecer las sensaciones placenteras.

En el momento en que la impaciencia empieza a amenazar la voluntad hay varias opciones: los amantes dejan de mover su pelvis, pero la mujer estrecha el abrazo comprimiendo sus músculos vaginales. Otras veces pueden probar una inmovilidad total en los genitales, aunque pueden continuar los besos, abrazos y otras caricias visuales o verbales... y en otros momentos pueden optar por separarse un rato completamente.

Lo interesante en ese juego es *parar*, inhibir para evitar una respuesta automatizada y optar por una respuesta que proceda de una libre elección.

Queremos detenernos para recrear el deseo, asimilar el placer y renovar la elección de fundirnos con la vida a través de la persona amada.

La fusión supone el placer de la entrega y la separación es necesaria para recrear el deseo de fusión y entregarse lúcidamente, sin abandono ni dejadez.

El erotismo muestra la perpetua danza entre la fusión y la separación, entre el asir y el soltar... es la misma que entre la palabra en el silencio, la luz y la oscuridad, o la espiración y la inspiración... En la danza erótica, como en cualquier otra, los bailarines se acercan y distancian entre sí intermitentemente...

De nosotros depende favorecer este equilibrio. Hemos visto que a menudo, sin embargo, nos ponemos palos en las ruedas forzando la fusión e intentando huir de la separación.

No es fácil guardar un equilibrio ni encontrar la distancia adecuada en cada ocasión, no es fácil ante ninguna caricia sexual ni tampoco ante ningún aspecto de la vida, pero se aprende. Cada vez que se rompe este equilibrio, el erotismo avisa, y el placer, de una u otra manera, se resiente invariablemente.

No queremos bailar como marionetas al son de un modelo sexual heredado culturalmente, queremos hacerlo al propio compás, dejar que las notas resuenen y el movimiento salga de dentro, para que el torbellino del ansia por los resultados no nos arrastre y cada encuentro sexual sea diferente.

Tampoco queremos que dos mitades «se unan en un único ser», pues en realidad son el hombre y la mujer de cada uno de ellos que se doblan.

Al iniciar este juego dejamos que los genitales se encuentren, se reconozcan, se acomoden... dejamos que se acompasen las respiraciones... Podemos sentir la dignidad que le reconocemos a la persona amante, y a nosotros mismos, por lo que estamos eligiendo; observamos el deseo de acercarnos y también si somos o no correspondidos en ese deseo, sólo entonces nos acercamos un poco más...

El momento de parar se reconoce cuando uno de los dos está a punto de acelerar el ritmo de los movimientos coitales. No queremos bloquear la respiración cuando detenemos los movimientos, porque no queremos reprimir las sensaciones de placer, bien al contrario, queremos saber del sentimiento que esconden las caricias, sentir el deseo y reavivarlo al reconocerlo.

Tras unas cuantas paradas pactando previamente el número de ellas, a no ser que se disponga de horas por delante, los amantes pueden concluir el juego como deseen. Lo que importa es observar las diferencias que hay entre la calidad del placer sexual cuando nos precipitamos a él y la calidad del mismo cuando la excitación convive con la calma interna; es decir, cuando el placer nos maneja y cuando somos nosotros quienes de manera consciente dirigimos el curso del placer.

Juego 10. «Entrega sin abandono»

Es un juego atrevido que trata de excitar a la pareja con independencia de su voluntad aunque, por supuesto, con su acuerdo.

Uno de ellos permanecerá inmóvil y a merced de las caricias que reciba de la otra. Quien acaricie se concentrará en ir aumentando y disminuyendo los niveles de excitación de su amante.

A menudo es muy útil que el amante más activo sujete con una mano las manos de su pareja. Algunos expertos en técnicas amatorias consideran la utilidad de atar a la persona, a fin de ayudarla a no precipitarse sobre su orgasmo.

En este caso no se mantendrá a nadie atado más de media hora en la misma posición, no se colocarán objetos sueltos en la boca y cualquier incomodidad producida por las ligaduras se solucionará instantáneamente; tampoco se dejará en ningún momento a la persona que esté indefensa a solas y, en caso de duda o desacuerdo, tendrá siempre la última palabra la persona que esté sujeta.

Sean cuales sean las preferencias personales, conviene recordar que en erotismo son viables todas aquellas actividades libremente pactadas por sus participantes e interrumpidas tan pronto como a uno de ellos se le hagan aburridas o desagradables.

El amante activo cuenta con muchas maneras de provocar y excitar a la otra persona, de hacerle pasar «una velada con dinamita». Por ejemplo, no sólo puede alternar distintas prácticas sexuales, sino que también puede intercalar sencillos recursos como, por ejemplo, jugar con cubitos de hielo –el frío en la piel es un poderoso estimulante–, soplar en una superficie (no orificios) previamente humedecida con la lengua puede resultar muy excitante; hacerse fotografías o representar la propia obra teatral con personajes ficticios puede revelarnos aspectos propios y desconocidos... Y un sinfín de ideas y recursos de «cosecha propia» que se vayan explorando.

Son muchos los recursos que, como éstos, ayudan a enhebrar el deseo, templarlo, encauzarlo y avivarlo. No hay como *curiosidad* para irlos descubriendo, *paciencia* para asimilarlos y *conciencia* para integrarlos de manera personalizada en la propia sexualidad.

En este juego y en el momento en que el amante activo siente a la otra persona al borde del orgasmo retira toda estimulación; no pretende que la otra se aguante o reprima, bien al contrario, la ayuda a manejar la prisa, a relajarse en medio del torbellino de la excitación, la invita a dejar reposar sus sensaciones, a relajarse, a no bloquear la respiración...

La confianza es un regalo, una entrega; se necesita confiar mucho en alguien para dejarse sujetar y prestarle el regulador de la propia excitación sexual; también se necesita coraje en los momentos álgidos de la excitación, cuando el amante retire toda estimulación.

Por su parte, la persona activa necesita concentración para no dejarse arrastrar por su propia excitación y también necesitará prestar mucha atención a los gestos y palabras de su amante; éstos serán su brújula para saber cuándo tensar y cuándo soltar las riendas del placer, para saber también cómo y cuándo darle tiempo a la otra persona, para que deje reposar y paladee los variados registros del placer.

Un pellizco, un azote o un mordisco «a tiempo» pueden también formar parte del juego erótico.

El dolor no es un estimulante sexual, pero la tolerancia al mismo aumenta con el incremento de la excitación, de forma que cualquier estímulo fuerte —mientras no sobrepase ciertos límites— puede sumarse en un momento dado al nivel de excitación.

Cuando hay un clima de confianza, también es posible ayudarse en ciertos momentos utilizando una venda para los ojos. Usar vendas, antifaces, máscaras... para «soltarnos» y ayudarnos a «saltar del trampolín», evita que otras máscaras nos usen a nosotros y nos frenen.

Es el arte de toda una vida equilibrar la expresión entre nuestros aspectos más tiernos y los más salvajes, y es útil recordar que al igual que mucho dulce empalaga, también mucha sal escuece.

A este equilibrio tan difícil contribuye de manera decisiva el ya sugerido sentido del humor. Este último juego, como todo lo genuinamente erótico, tiene un lado divertido, porque enseña magistralmente cómo reírse —que no burlarse— de uno mismo, de los disfraces con que nos confundimos, de los esfuerzos que realizamos para parecer lo que no somos... y también de nuestra gracia natural, la que encontramos cuando dejamos de enfadarnos con nosotros mismos.

Qué duda cabe de que este juego es doblemente interesante cuando en sucesivas ocasiones los papeles se van intercambiando, al igual que las relaciones personales son mucho más sanas cuanto mayor es la flexibilidad para intercambiar distintos roles.

Poco a poco los amantes estarán ante el desafío más específico del erotismo: el de entrenarse en el desapego del otro, única manera de que la entrega amorosa sea sincera y gratuita de verdad, sin abandono y con lucidez.

No abandonarnos significa actuar libremente y no como autómatas, asumiendo nuestra capacidad de elección entre *cerrarnos*, tensarnos, contener la respiración, no sentir la urgencia del placer... o *abrirnos*, relajarnos, soltarnos, exhalar, aceptar el placer, permanecer en contacto con sus agudos y sus graves, y con el movimiento interno que provoca. Y permitir que se expanda por todos los rincones del cuerpo... y se transforme y nos transforme.

III.
AMOR Y DESAMOR

Capítulo 1.   **El amor**

▼

¿QUÉ ES EL AMOR?

E. Rojas

«Amor» es una de esas palabras cargadas de los más variados sentidos. Explicarla con cierto rigor no es tarea fácil, ya que existe un auténtico abuso de la misma. En ella se dan cita un conjunto de significaciones que es preciso matizar, si bien hay razones de peso para abandonar esta tarea. *El uso, abuso, falsificación, manipulación y adulteración del término «amor»* exigen un esfuerzo especial de clarificación para evitar que éste quede reducido a cosa, es decir, cosificado, trivializado. Debemos volver a descubrir su auténtica grandeza, su fuerza, su belleza, pero también sus exigencias; debemos restituir su profundidad y su misterio.

El amor es un tema fundamental en la vida humana, aunque hoy se ha convertido en un producto de la industria de la frivolidad, representada especialmente por las llamadas revistas del corazón; en ellas se habla mucho de relaciones afectivas, físicas y de contactos, pero muy poco de amor en sentido auténtico.

La etimología de este término es enormemente rica: todas las lenguas derivadas del latín cuentan con varias palabras que expresan estos significados, y algo parecido ocurre con el griego. «Amor» deriva del latín *amor -oris*, pero también de *amare*, por un lado, y *caritas* por otro. *Amare* procede del término etrusco *amino* (genio del amor), y se aplica indistintamente a los animales y a los hombres ya que tiene un significado muy amplio: «amar por inclinación, por simpatía», pues nace de un movimiento interior. Su contrario es *odi* (odiar).

En la concepción latina, Cupido es el dios del amor. Este nombre deriva de *cupere* (desear con ansia, con pasión) y también de *cupidus* (ansioso). Cupido es, así, la personificación del amor. En el mundo antiguo, por su parte, el dios del amor era Eros, nombre griego cuya raíz se remonta al indoeuropeo *erdh* (profundo,

> ***D**ebemos volver a descubrir la auténtica grandeza del amor, su fuerza, su belleza, pero también sus exigencias.*

oscuro, misterioso, sombrío, abismal, subterráneo).

De acuerdo con el mito griego, Eros tenía originariamente una tremenda fuerza que le hacía capaz de unir los elementos constitutivos del mundo. Posteriormente, este mito quedó restringido al mundo humano: encarnaba la unión de los sexos. A menudo se le representa plásticamente como un niño alado (rapidez) provisto de flechas.

Y del *eros* griego pasamos, finalmente, al *ágape* cristiano: convivir, compartir la vida con el amado.

A pesar de esta variedad de concepciones acerca del amor, hay algo esencial y común a todas ellas: *la inclinación, la tendencia a adherirse a algo bueno* tanto presente como ausente.

El amor está universalizado con palabras de absoluta resonancia: *love* en inglés, *amour* en francés, *amore* en italiano y *Liebe* en alemán, aunque este idioma utiliza también la expresión *Minne*, hoy casi en desuso, en el lenguaje vulgar. En español, el perímetro del vocablo «amor» muestra una gran riqueza: *querer, cariño, estima, predilección, enamoramiento, propensión, entusiasmo, arrebato, fervor, admiración, efusión, reverencia...* En todas ellas hay algo que se repite como una constante: la tendencia basada en la elección de algo que nos hace desear su compañía y su bien. Esta dimensión de «tender hacia» no es sino *predilección:* preferir, seleccionar, escoger entre muchas cosas una que es válida para esa persona.

Hay una diferencia que quiero subrayar ahora, y es la que se establece entre *conocimiento* y *amor.* El primero entraña la posesión intelectual mediante el estudio y el análisis de sus componentes íntimos, mientras que el segundo tiende a la posesión real de aquello que se ama, a unirse con él de una forma auténtica y tangible. *Amor y conocimiento son dos formas supremas de trascendencia,* de superación de nuestra mera individualidad, así como de nuestra subjetividad. Amar algo presupone el deseo de unirse con él: amor y unión son expresiones que se conjugan recíprocamente. Para desear algo es necesario conocerlo antes, ya que *no se puede amar lo que no se conoce.*

Tradicionalmente se ha venido estableciendo una distinción entre *amor de benevolencia,* que lleva a querer el bien de la persona amada, y *amor de concupiscencia,* que conduce a desear y poseer a dicha persona. El primero representa lo que pudiéramos llamar el *amor puro y generoso,* mientras que el segundo debemos denominarlo *amor pasión o egoísta,* que en el fondo es una desviación de la autenticidad de ese afecto. Descartes propuso sustituir esta división por otra de tres elementos: la *afección,* en la cual la relación sujeto-objeto conduce a un mayor aprecio de uno mismo que de la otra persona; la *amistad,* en la que el sujeto ama y estima al objeto en la misma medida en que lo hace consigo mismo; y la *devoción,* en la que el otro es sobreestimado, alzado por encima del propio valor. Descartes define el amor como «emoción del alma causada por el movimiento de los espíritus animales, que invita a juntarse de voluntad a los objetos que le parecen convenientes». Por su parte, Comte estableció como dos polos opuestos el *altruismo* y el *egoísmo,* esto es, el *amor hacia otro* y el *amor hacia uno mismo.*

Desde la Antigüedad se han venido sucediendo continuas obras artísticas referentes al amor. La ciudad de Tespias, por ejemplo, contó con la obra de Praxíteles *Eros armando el arco;* en el Museo Degli Studi de Nápoles se conserva el original del *Amor irritando a un delfín;* y en infinidad de lienzos, esculturas, objetos de arte y dibujos se representa el amor con aspecto infantil y con unas alas cortas, o con una figura adolescente y grandes alas. El atributo de su poder suele simbolizarse con el rayo de Júpiter o la maza y la piel de león de Hércules.

En sus comienzos, el arte cristiano adoptó algunas formas paganas, pero más tarde esto fue evolucionando hacia las marcas de la espiritualidad: el Buen Pastor, la siega de las mieses, los viñedos, los niños pescando con cañas, el Creador bendiciendo los campos fecundos...

Amor en el lenguaje común

El amor es, pues, una complicada realidad que hace referencia a múltiples objetos o aspectos de la vida. Podríamos intentar ordenarlos del siguiente modo:

1. Relación de amistad o simpatía que se produce hacia otra persona. Ésta ha de ser de cierta intensidad, lo que supone un determinado nivel de entendimiento ideológico y funcional. El *amor de amistad* es uno de los mejores regalos de la vida; gracias a él podemos percibir la relación humana como próxima, cercana y llena de comprensión. Laín Entralgo la ha definido «como una peculiar relación amorosa que implica la donación de sí mismo y la confidencia: la amistad queda psicológicamente constituida por la sucesión de los actos de benevolencia, beneficencia y confidencia que dan su materia propia a la comunicación». En su *Estudio sobre la amistad*, Vázquez de Prada nos trae algunos ejemplos históricos: David y Jonatán, Cicerón y Ático, Goethe y Schiller. En todos ellos hay intimidad, confidencia y franqueza, porque la amistad supone siempre vinculación amorosa.

2. Amplísima gama de relaciones interpersonales: amor de los padres a los hijos y viceversa; amor a los familiares, a los vecinos, a los compañeros de trabajo... En cada una de ellas la vibración amorosa será de temperatura distinta según la cercanía o el alejamiento que exista de la misma.

3. Amor a cosa u objetos inanimados: los muebles antiguos, el arte medieval, el período del Renacimiento, la literatura del Romanticismo...

4. Amor a cuestiones ideales: la Justicia, el Derecho, el bien, la verdad, el orden, el rigor metodológico...

5. Amor a actividades o formas de vida: la tradición, la vida en contacto con la Naturaleza, el trabajo bien hecho, la riqueza, las formas y estilos de vida clásicos...

6. Amor al prójimo, entendido éste en su sentido etimológico y literal: a las personas que están cerca de nosotros y, por tanto, al hecho de ser hombre, con todo lo que ello trae consigo.

7. Amor entre un hombre y una mujer. El análisis del mismo nos ayuda a comprender y a clarificar el resto de usos amorosos. Es tal la grandeza, la riqueza de matices y la profundidad del amor humano que nos revela las cualidades de cualquier otro tipo de amor.

Es ésta una vía de conocimiento primordial, ya que en ella vibra toda la temática personal, que va desde lo físico a lo psicológico pasando por lo espiritual y cultural. Sus entresijos y recovecos suelen ser interminables.

8. Amor a Dios. Para el hombre de fe, la vida alcanza –por este camino– perspectivas nuevas e incomprensibles desde otros ángulos: el resultado es la trascendencia.

Los primeros síntomas del enamoramiento

Enamorarse es uno de los acontecimientos más importantes que nos ocurren. Se trata de un estado emocional surcado por la alegría y la satisfacción de encontrar a otra persona que es capaz de comprender y compartir tantas cosas como trae consigo la vida.

Enamorarse es una forma de amor, pero no una forma cualquiera, sino la más sublime que puede tener un ser humano a nivel natural.

Vamos a analizar las distintas fases del enamoramiento. A este estado no se llega de pronto, bruscamente, sino a través de sucesivas etapas, mediante las cuales el hombre queda cogido por otra persona, atrapado en sus redes, sin poder salir de ellas. Se trata de un encuentro singular entre un hombre y una mujer que se detienen el uno frente al otro para ver si pueden compartir juntos una vida.

Pero, ¿cómo se llega al enamoramiento? ¿Se enamora todo el mundo de igual manera, existen unas reglas fijas, se parte siempre de los mismos puntos...?

Es éste un hecho habitual, frecuente, diario. Podríamos decir que es una enfermedad de todos los tiempos, que no pasa nunca de moda, pero a diferencia de otras enfermedades físicas, todos los síntomas son positivos, tienen buena cara. Voy a ir enumerándolos, citándolos, para estudiar las características de cada uno de ellos hasta llegar a la *esencia del enamoramiento*, a lo nuclear y básico del mismo.

El primer síntoma suele ser siempre un *trastorno de la atención*. La atención es la capacidad de dirigirnos hacia las personas, las situaciones y las cosas. Es una forma precisa y concreta de fijarnos en algo. Es como un rayo luminoso que se encamina o se centra en una dirección determinada, desatendiendo todo lo que está a su alrededor, dejándolo de lado. Atención es concentración. Pues bien, al principio de este recorrido afectivo uno se siente como absorbido, de tal modo que la cabeza y el corazón van y vienen una y otra vez hacia esa persona. Es como la travesía de un río que se navega y se vuelve a cruzar siempre con placidez.

«*C*ristalización» es un concepto que significa atribuir a la persona amada todo un conjunto de cosas buenas, positivas y nobles.

En su célebre libro *Estudios sobre el amor*, Ortega dice que los enamorados padecen alteraciones de la atención, ya que no pueden dejar de dirigirse hacia la persona que aman. Habitualmente, la atención del ser humano tiende a desparramarse, a orientarse hacia muy distintos aspectos y planos. Aquí va a ocurrir justamente lo contrario. Ortega desdobla el fenómeno: *sentirse absorbido* por un lado y *sentirse encantado* por otro. Para mí, el primero es más intelectual y el segundo más afectivo.

Sentirse encantado quiere decir estar contento y feliz con esa persona cerca: hablando, compartiendo cosas, mirándose a los ojos y viendo la vida en la misma dirección. En esos instantes todo se remansa y se queda como quieto; nos gustaría convertir en eterno lo pasajero, parar el reloj y saborear suavemente el transcurso de ese tiempo delicioso en nuestro interior. Todo es, entonces, maravilloso, mágico, fascinante, lleno de sentido. La vida es, de este modo, regalo y delicia: todo invita a compartir. La afectividad está rebosante, repleta de lo mejor. Por su parte, sentirse absorbido es estar entregado a lo que se ama con la cabeza. Mejor dicho, es *tener hipotecada la cabeza*. Dice el hombre: «No puedo dejar de pensar en ella... la tengo conmigo día y noche.» La mujer se ha instalado en su mente y ha establecido allí su residencia. Los pensamientos se escapan y buscan y preguntan: «¿Qué estará haciendo ahora?», o tal vez: «Cuando la vea le comentaré este o aquel tema... hablaremos despacio de aquel punto...» Es como una especie de diálogo interior anterior al encuentro; un runruneo de fondo que mueve y remueve las ideas y que hace que esa persona vaya permitiendo la entrada de la otra poco a poco, sigilosamente, como de puntillas.

Sentirse absorbido es no tener ojos, ni oídos, ni cabeza, ni corazón, ni ninguna otra potencia física o psíquica que no esté volcada hacia esa labor de amar y ser amado. De ahí van a nacer los tirones continuos que hacen una labor de imán, de atracción fuerte y creciente. Eso es «perder la cabeza».

El segundo síntoma —por seguir un cierto orden— es la *cristalización*, aunque toda ordenación demasiado precisa es incorrecta, pues la vida afectiva es amplia y diversa, difícil de encasillar en unos estrechos moldes y ajustarla a ellos. «Cristalización» es un concepto de Stendhal que significa lo siguiente: atribuir a la persona amada todo un conjunto de cosas buenas, positivas y nobles que pueden existir. Es lo que ocurre en las minas de Salzburgo cuando se arroja una ramita de árbol en sus proximidades. A los pocos días, cuando uno va a ver qué ha sucedido, se encuentra con que miles de pequeños cristales se han depositado a lo largo de la rama. Algo parecido ocurre con la persona enamorada. Basta con pensar en una cosa buena para atribuírsela. Por este camino, si no se aplica la cabeza a tiempo, puede que se aterrice en un *amor ideal que no coincide con la realidad*. Éste es el gran peligro. Es natural que suceda en los albores, como uno de los síntomas propios de los momentos más agudos de «la enfermedad». Si persiste con el tiempo puede tener unas consecuencias negativas insospechadas. Es grave, a la larga, ver cualidades excelentes que realmente no existen.

Ambos síntomas vienen a desembocar en un lugar común: *el entusiasmo*. Se compone éste de una serie de ingredientes: exaltación, alegría pletórica, pasión, afectividad exultante.

Otro síntoma es *la admiración*. Este aspecto me parece especialmente importante, ya que para enamorarse de alguien es necesario un cierto grado de admiración. Creo que es un elemento fundamental.

Para fijarse, para detenerse, para que alguien entre con fuerza en los escenarios mentales de otra persona, es primordial quedarse asombrado, fascinado, sorprendido gratamente. Esa admiración puede ser de muy diversos tipos y referirse a cuestiones de la más variada condición: desde la personalidad a la simpatía, pasando por la sencillez, la fortaleza, el espíritu de lucha y un sinfín de aspectos de tipo generalmente humano. Está claro que uno no admira en el otro su patrimonio económico; en todo caso le deslumbrará, que es algo bien distinto.

La admiración es un sentimiento de estima y consideración que se añade, que se suma al sentimiento general de irse enamorando. En él se mezclan la sorpresa, la extrañeza positiva de encontrar una serie de ingredientes humanos que uno realmente valora. Admirar a alguien es apreciar lo que es como persona y no lo que tiene.

Aflora así el deseo y la tendencia a estar con la persona a la que se empieza a amar. Esto se traduce en la necesidad de estar juntos, de comunicarse, de hablar, de comentar pequeños y grandes incidentes de la vida.

Hay un fenómeno muy interesante que no quisiera pasar por alto. Se trata de la forma de vivir el paso del tiempo por parte de los enamorados. Para mí es un síntoma muy significativo de lo que está ocurriendo entre ellos. Hay dos tipos de tiempo: el exterior, medido por el reloj, que no podemos modificar de ningún modo y que simplemente aceptamos, nos sometemos a su paso, y, por otra parte, el tiempo interior, que es la experiencia subjetiva de cómo transcurren los acontecimientos de la vida. Para los enamorados el tiempo vuela cuando están juntos; las horas del día son escasas. Como decía el poeta, «la dolencia de amor sólo se cura con la presencia y la figura».

Amar a alguien es necesitarlo

Como hemos ido viendo hasta ahora, cuando se produce ese fenómeno que se llama enamoramiento tiene lugar un *encuentro interpersonal:* borrachera afectiva en la que uno y otro se complementan. Como decía Marañón, tras el flechazo, «se quieren y todo lo demás no importa: la posición social, el porvenir económico, los pleitos de familia... todo eso es indiferente. Todo lo superan y, al fin, se unen por la fuerza del amor, ante la cual nada resiste». Ese estado especial es como un flotar en el aire, todo se da por bueno y ninguna empresa es difícil ni arriesgada.

El amor pasa por una amplísima gama de estados anímicos: altibajos, bamboleos, oscilaciones, giros y movimientos en las más diversas direcciones, que traducen ese ir llegando a un ajuste y compenetración psicológica.

El amor ayuda a vencer la soledad y la incomprensión. Por eso, una persona con un gran vacío afectivo, lo que siente más profundamente es la soledad y la falta de comprensión. A través del enamoramiento se produce un encuentro humano profundo. Dos personas se miran, se escuchan, penetran la una en la otra, sacian su menesterosidad. *Todo amor auténtico es una aspiración a lo absoluto;* por ello transforma a los que lo viven y produce un encuentro con uno mismo. En esos entresijos se mueve el misterio del amor.

La esencia del enamoramiento

Entramos ahora en el análisis del núcleo esencial del enamoramiento. Hemos visto ya sus primeros síntomas, cómo éstos van surgiendo lentamente en el trato y el contacto entre dos personas. Pero lo que ahora pretendemos es ir a captar, a describir, las notas definitivas del enamoramiento, aquellas que dan cuenta de un modo rotundo de que una persona está en ese momento afectivo.

En los primeros momentos, esa estrecha relación hombre-mujer produce una *especie de encantamiento.* La personalidad ajena se vuelve sobre la nuestra y uno empieza a vivir *en* el otro y *desde* el otro. El tiempo parece que se extasía, que se detiene. Psicológicamente se percibe la necesidad de estar compartiéndolo todo continuamente: palabras, hechos, recuerdos, pensamientos... Cada instante con la persona amada es intenso, vivo, pleno. De este modo van a ir alimentándose los sentimientos recíprocos: alegría, ganas de vivir, deseos de renovación, tendencias a la solidaridad...

Francesco Alberoni define el enamoramiento como «el estado naciente de un movimiento entre dos». Todo descansa aquí sobre el principio de reciprocidad: hay una doble correspondencia que calma la sed de amor de cada ser humano. *El enamoramiento es algo misterioso, etéreo, indescriptible, maravilloso, que transforma a la persona y le hace descubrir todo lo grande y hermoso de la vida.* Con él se disuelven las frustraciones, las tristezas y tantos sinsabores como la vida trae consigo. Es como un dulce sueño en el cual se ven cumplidos los deseos de ser comprendido, considerado, estimado, tenido por algo valioso.

Este hecho conduce a la posesión de la persona amada, pero antes se ha conseguido llegar al centro de sus secretos y de su intimidad. Como si se tratara de un descubrimiento arqueológico, es el resultado de una dura tarea, esforzada y llena de riesgos: el conocimiento de la otra persona, lo cual termina por hacerla más nuestra. De ahí que amor y conocimiento estén tan íntimamente unidos que no pueda concebirse el uno sin el otro. Mi deseo de conocer se satisface y se colma cuando penetro en su vida privada, esto es, termino conociéndola por dentro, que es la mejor forma de conocer a alguien de verdad.

Mi búsqueda llega por fin a su destino final: el encuentro amplio y variado con la persona a la que amo. Éste es el punto al que quería llegar. *Enamorarse es encontrarse a uno mismo en otra persona.*

«No imagino mi proyecto sin ti»

Entre el hombre y la mujer se produce una pluralidad de experiencias. El amor es siempre atracción y sentimiento. El atractivo es una especie de tendencia del pensamiento y de los actos: ella/él está en cada cosa que hago y en todo aquello que pienso.

Así es la relación entre Armando Duval y Margarita Gautier en *La dama de las camelias* de Alexander Dumas: el amor se cuela por todas las rendijas de estos dos personajes. Eso es lo que lleva a buscar incansablemente el contacto entre Dante y Beatriz, algo que se prolonga en los grandes amores universales: Romeo y Julieta, Tristán e Isolda, Eloísa y Abelardo, Calixto y Melibea, Isabel y Diego (los amantes de Teruel), Segismundo y Rosaura (personajes de *La vida es sueño* de Calderón), Mari Pepa y Felipe (de *La revoltosa* de Ruperto Chapí y Fernández Shaw, del género chico español).

Es el triunfo de la pasión, prendida en las mallas de la persona amada. La locura de las emociones que gratifican y recompensan. En esos momentos se llega al tema medular del enamoramiento: no entiendo mi vida como proyecto, como programa, sin que tú estés dentro de él, sin que formes parte fundamental y definitiva del mismo. Ésta es la síntesis.

La vida tiene dos ingredientes básicos: amor y trabajo. Pues bien, enamorarse consiste en no poder llevar a cabo el proyecto personal sin meter dentro de él a esa otra persona. Sería terrible la vida si esa persona querida no estuviera metida allí día a día, minuto a minuto. Por tanto, no es sólo que *voy hacia ella*, sino que es más importante: *voy con ella*. Dicho en otros términos: ella es mi proyecto, mi futuro, mi aspiración, mi meta hacia donde ahora apuntan todas mis ilusiones.

En esa circunstancia el cambio que se produce en los enamorados es muy importante. De alguna manera podemos hablar de que es una enfermedad productiva, porque de ella partirán los mejores propósitos y las más firmes promesas de futuro.

Es bueno que, transcurridos estos instantes de pasión ardorosa, una vez que se ha pasado la cima burbujeante del enamoramiento, los amantes entren en contacto con el exterior para que esos aires de fuera den una nueva andadura y firmeza a ese descubrimiento mutuo y privado que ahora sale a la luz pública.

El amor no correspondido conduce a una de las vivencias más desesperantes que puedan imaginarse. La vida se convierte en prisión, todo se desvanece y pierde su sentido. La tristeza se aposenta en el corazón y se instala firmemente. Es el vacío de los proyectos y de las ilusiones.

Puede aterrizarse en una auténtica obsesión psicológica de difícil salida y mal pronóstico. Aquí sólo cabe una «salida», por llamarla de alguna manera: esperar a que pase el tiempo que cura todas las heridas. Pero la respuesta es inaceptable en tales circunstancias, porque lo que uno quisiera es recuperar a la persona amada, tenerla consigo, saber que es suya y que le quiere.

EL AMOR Y LA NECESIDAD
M. Calvo Artés

El amor no tiene nada que ver con la dependencia o con responsabilizarse del bienestar ajeno, y sí tiene que ver en cambio con la decisión de cuidar el propio jardín privado para abrirnos y dar generosamente y sin esfuerzo sus frutos al exterior.

Los niños necesitan la protección y el afecto de los mayores para su desarrollo y supervivencia. Los adultos no somos niños, aunque muchos mensajes culturales insistan en que no crezcamos, creando la falsa necesidad de «ser amados». Esta falsa necesidad hace que nos movamos entre el amor-resignación, en que el servicio a los demás justifica la dejadez y el olvido de uno mismo, y el amor que excluyendo al prójimo no permite amar más que al propio ombligo, o sea a la idea que se tiene de uno mismo.

Estas dos miradas, que en realidad son dos caras de la misma moneda, provienen de una exigencia según la cual «el mundo debe darme el amor que yo quiero y cuando quiero».

En consecuencia, nos trastornamos cada vez que el mundo no nos da el amor que suponemos «tendría que darnos»; olvidando que *no tenemos ningún derecho a exigir amor*.

No es posible separar el amor al prójimo del amor hacia uno mismo; de la misma manera que no podemos aceptar de los demás más cariño del que nos damos a nosotros mismos, tampoco es posible ser buen compañero de sí mismo sin tener en cuenta la existencia de los demás.

El amor que necesitamos es el mismo amor del que se beneficia nuestra sexualidad, y no es el que atribuimos a la pasión ciega, sino el amor universal, el que todos estamos capacitados para sentir hacia la vida y el ser humano.

Para ser felices no necesitamos ni enamorarnos, ni vivir en pareja; sin duda, todo ello puede formar parte de nuestras preferencias, lo importante es recordar el sufrimiento que genera confundir una preferencia con una necesidad. En estas páginas entendemos que lo que necesitamos para ser felices es amar, sentir el placer de dar con gratuidad a la vida, a los seres humanos.

Sentir amor proviene de una actitud consciente y despierta y se trata de una experiencia que requiere toda la vida para su aprendizaje. No nacemos sabiendo amar, aunque sí con una gran capacidad para ello. Aprender a amar es el verdadero reto, el camino más difícil y el más largo, y supone la elección de «esculpirse a sí mismo», haciendo de la propia vida una obra de arte.

No es posible separar el amor al prójimo del amor a uno mismo.

El conocimiento y el amor

El amor no es loco ni ciego, sí lo es, en cambio, el aferrarse a que se realicen nuestros deseos; el amor no se basa en la mentira y el engaño, sino que va con el conocimiento y el auténtico conocimiento con el amor; el amor no genera impaciencia o ansiedad, bien al contrario, con o sin componentes sexuales, el amor genera placer y gozo.

Es difícil confiar en el amado, en la relación y en uno mismo cuando se vive en la creencia de que el amor es ciego y la pasión sexual arrastra la voluntad. Lo cierto es que no hay sabiduría sin amor. Lo que sí es ciego es el sentido de la propiedad de los unos sobre los otros, que a menudo usa el nombre del amor para su justificación, olvidando que para el amor el fin nunca justifica los medios.

Entendiendo el conocimiento como la información contrastada por la propia experiencia, sólo amamos lo que conocemos y sólo aprendemos cuando observamos la realidad de manera compasiva y sin juicios previos.

No necesitamos «medias naranjas» para sentir la experiencia amorosa; ésta depende exclusivamente de uno mismo, de permanecer fieles a una actitud respetuosa con la vida y libres de creencias dogmáticas, que son la dinamita con que estalla el desamor en forma de dependencias, celos, reproches, afán de posesión y neuróticas demandas de seguridad.

La experiencia del amor acontece en nuestro interior, entre nuestros tejidos musculares, en nuestra osamenta y gracias a un perfecto entramado psicofísico; se manifiesta en un deseo de *apertura* y un anhelo por aprehender, descubrir, explorar, ofrecer y pasar de lo conocido a lo desconocido. El amor es el motor con el que ya no dejamos de aprender y la vida se hace cada vez más viva y divertida; un motor que todos podemos reconocer a poco que, dejando de levantar la vista al cielo para mendigar o exigir amor, volvamos la mirada hacia nuestro interior.

EL AMOR CONYUGAL
E. Rojas

Antes de adentrarnos en los componentes del amor conyugal, hay que decir que pasamos de la borrachera del enamoramiento a la vida habitual de ese amor que termina por institucionalizarse. Cambiamos de coordenadas. Muchos piensan que deberían mantenerse siempre los mismos esquemas de los primeros momentos, pero la vida se impone con un ritmo vertiginoso, y eso que hizo nacer entre dos personas un «nosotros» es menester que ahora entre en derroteros distintos de aquellos dulces instantes de la conquista.

Afirmar que descendemos a la realidad no significa que la vida diaria sea de una dureza y dificultad extremas. Trato de poner de manifiesto que bajamos del nivel eufórico y de exaltación de las fases iniciales del encuentro amoroso a otro orden de hechos más calmados y permanentes. La vida, entonces, se acompasa, se vuelve serena y objetiva, se reduce el entusiasmo inicial y se aterriza en la verdad de ese amor, que no es otra que la aceptación recíproca de las virtudes y los defectos de uno y otro, de lo positivo y lo negativo, sin exagerar sus características.

Se llega así a *la convivencia*. Ahora que ya hemos entrado en el secreto del alma de la persona amada, debemos construir la vida de cada día. Una vez que he conocido a esa persona, que he entendido su historia y su intimidad como algo casi sagrado —a lo que he accedido como espectador de excepción, como un privilegio— ahora me dispongo a deslizarme por el cauce laborioso y callado de la vida en común.

Desde la orilla de un amor maduro hay que rehabilitar la grandeza de la vida diaria, maravillosa aventura en la que ponemos lo mejor que tenemos.

Conviene subrayar que *la vida conyugal ya establecida hace cambiar el color rosa de los momentos iniciales por una amplia tonalidad de coloridos muy diversos, como la vida misma.*

La elección en el amor

Muchos no se plantean ese aspecto, si bien es verdaderamente importante. A veces el amor sale al encuentro de manera decidida, inesperada y súbita; en otras ocasiones hay que ir a buscarlo, ir detrás de él, perseguirlo. Para ello es necesario tener en la cabeza un cierto *modelo femenino o masculino* que nos va, lo cual exige una tarea previa de análisis de preferencias personales, de gustos y de actitudes que anidan en nuestro ser.

Elegir es, ante todo, ser capaz de seleccionar un cierto tipo humano, un perfil aproximado de esas cuatro notas que muestran el concierto de cada individuo: lo físico, lo psicológico; lo cultural y lo espiritual. *No hay verdadero amor sin elección:* hay que saber escoger, seleccionar, preferir, y siempre de acuerdo con un patrón previo, un ideal preconcebido. El auténtico amor es selectivo necesariamente, incluso cuando se produce el flechazo. En tales casos, es preciso detenerse y otear el horizonte para saber qué está pasando dentro de nosotros y para no dejarnos llevar absolutamente por la corriente vertiginosa de la pasión; poder, en medio de la embriaguez amorosa, estudiar la conveniencia o no de que ese encuentro dual siga adelante o sea frenado.

Ahora bien, conviene poner de manifiesto que la elección amorosa no es muy frecuente. En bastantes casos todo sigue un curso rápido, impulsivo, inmediato, en el que la atracción reside en el encanto físico; por ello, aplicar la cabeza, pensar en la conveniencia o no del mismo va a ser difícil. Esta vertiente intelectual no tiene buena prensa, quizá hasta no se lleve hoy, pero es fundamental; podría entenderse que en tales situaciones todo razonamiento analítico hace perder a ese amor espontaneidad, naturalidad, soltura, y lo convierte en algo artificial y elaborado.

Esa forma de obrar es, en mi opinión, errónea; y lo es porque una de las consecuencias más dolorosas del *amor sin elección* obedece a lo que podríamos llamar *errores sentimentales:* darse cuenta en cierto momento de la vida de que las directrices amorosas estaban mal diseñadas, que tenían unas bases endebles, poco firmes, sin verdaderas raíces. Por eso es importante pensar al elegir. La elección le da al amor seguridad, firmeza y previsión. Cuando no ocurre así, ese amor se convierte en algo delicioso y trágico, maravilloso y dramático, sabroso y con un cierto regusto amargo.

Una elección correcta es el mejor punto de partida. *Todo amor entre un hombre y una mujer tiene que pasar algunas pruebas inevitables: será entonces cuando se revele su grandeza.* Cuando la elección se ha realizado sopesando pros y contras, puede decirse que está en vías de convertirse en un amor maduro. El hombre busca más el amor que la libertad, de ahí que desee encontrar un amor auténtico.

¿Qué es el amor conyugal?

El amor conyugal es un sentimiento gratificante, una tendencia hacia la persona a la que se ama, un acto que debe apoyarse en la voluntad y en la inteligencia para conducir a un compromiso que es fidelidad. En su envoltura encontramos unas creencias comunes y un dinamismo vivo. Ésas son, para mí, las cualidades que debe tener un amor maduro. El orden sugerido tiene un sentido: el de la trayectoria psicológica.

Ésa es la meta. El ser humano está siempre haciéndose, por lo cual todos necesitamos tiempo para madurar, como los frutos del campo. Hay que aprender a esperar, pero mientras se espera hay que intentar mejorar. De este modo se irá alcanzando el objetivo propuesto, que no es otro que ser feliz amando.

En síntesis: sentimiento, tendencia, filosofía común, voluntad, inteligencia, compromiso y curso dinámico. Una ecuación amplia, pero coherente y firme. Así se hace posible el amor conyugal y se puede apostar por un *amor para siempre.* El esfuerzo por sacarlo adelante, poniendo en práctica estas cualidades, hace que el hombre se sienta feliz viviendo en compañía.

Lo cierto es que el amor no es un tema fácil de tratar. No hay en todo el diccionario una palabra peor usada; sometida a tan malos tratos, ha terminado por vaciarse de su verdadero significado. Ha sido habitual entre los poetas; los filósofos han hecho de ella una disección técnica, como si se tratara de un análisis matemático; los sociólogos la ofrecen en datos estadísticos de muestreo de población; pero está casi totalmente ausente de los libros de psicología, como si se tratara de algo poco serio como para ser abordado con cierto rigor científico. Sólo la psicología empírica empieza a ocuparse de ella buscando definiciones exactas que aproximen este debate al mundo de la ciencia.

Y es que el amor es demasiadas cosas a la vez; en torno suyo se arremolinan muchos contenidos.

Sin embargo, en estas definiciones científicas hay algo que es realmente significativo: *el amor consiste en dar y recibir afecto, y esto es algo que necesita de un aprendizaje.* Dicho en términos más radicales: *el amor se aprende* gracias a la interacción del entorno mediante esfuerzos positivos, y se logra poniendo en práctica actos amorosos presididos por radicales emotivos. Este ejercicio sirve de entrenamiento.

Por eso, aquellas personas que han vivido en un ambiente vacío de afectos, en donde el amor brillaba por su ausencia, no han podido observar este comportamiento y, por ende, su aprendizaje puede haber sido pobre o nulo.

Crisis conyugales normales o fisiológicas

Hay que decir, antes que nada, que en toda relación de pareja sobrevienen crisis

o momentos difíciles que son completamente normales y que se inscriben dentro del proceso de maduración de la vida conyugal. En su curso se experimentan crisis típicas en las cuales lo que hace falta es un mínimo espíritu de lucha y un poco de orden en las ideas de cada uno:
– Crisis por desgaste de la convivencia.
– Crisis de identidad.
– Crisis por infidelidad.
– Crisis por intromisión de la familia política.
– Crisis por hipertrofia profesional.
– Crisis por enfermedad psíquica de uno de ellos.
– Crisis por ascenso profesional no compartido.
– Crisis sin salida: cuando los dos cónyuges son inmaduros.
– Crisis por vida monótona, una enfermedad mortal del amor conyugal.

Decálogo para la convivencia conyugal

¿Cuáles son los aspectos esenciales de la convivencia de la pareja? Dar respuesta a estas preguntas no es tarea fácil. Veamos los diez objetivos y su intento descriptivo de puesta punto.

1. *Estar siempre dispuesto a dar y recibir amor.* Lo que significa estar abierto a que la afectividad fluya entre ambos como una corriente de ida y vuelta. El amor es entregarse a la otra persona buscando lo mejor de ella, el bien. ¿Qué es el bien? No es fácil dar una definición precisa y breve, pero siguiendo el curso de las ideas expuestas podemos decir que *el bien es lo que todos apetecen,* o dicho de otro modo, *aquello que es capaz de saciar la más profunda sed del hombre.* El bien es el grado más alto al que se puede aspirar, la totalidad, la perfección. En el amor entre un hombre y una mujer siempre debe haber una aspiración elevada que les haga tender hacia lo mejor, a pesar de las dificultades innatas que entraña toda convivencia humana.

Dar y recibir constituyen un movimiento de flujo y reflujo sentimental en el que se intercambian *reforzadores positivos* entre ambas partes: gratificaciones verbales, conductas de comunicación positiva, buena interacción psicológica, mensajes de recompensa...

El amor es el acto supremo de la libertad; por eso lo que más puede llenar la vida humana es un gran amor en el corazón. El mejor amor de la pareja es aquel que apunta hacia una progresiva coherencia, y eso sólo se consigue a base de esfuerzos insistentes en esa dirección.

2. En la vida conyugal *lo importante es lo pequeño,* lo menudo. Por eso hay que cuidar los detalles, esos que hacen amable y llevadera la convivencia. En la psicología operativa moderna –conductismo, psicología cognitiva y conexionismo, principalmente– esta afirmación tiene un enorme valor. Gottman y colaboradores (1989) han descrito el denominado *modelo de cuenta bancaria* para referirse a ese intercambio de conductas positivas y gratificantes que, por lo general, tienen un contenido insignificante, escaso en sí mismo, pero que, cuando se cuida o descuida, traduce muchos y relevantes significados.

3. *Una persona muy susceptible puede llegar a convertir la convivencia en algo insoportable.* Por tanto, la hipersensibilidad, la piel psicológica excesivamente fina, el sentirse dolido por cuestiones de matiz es algo que hay que luchar por corregir antes que la vida en común de la pareja entre por unos derroteros negativos.

4. *Evitar discusiones innecesarias.* Aquí hay que poner el máximo empeño. Rara vez después de una fuerte discusión sale la luz. Suele servir más como desahogo y reprimenda. Una pareja que frecuentemente cuando habla lo que hace es intercambiar quejas, acusaciones y agresiones verbales, va por un camino muy peligroso, ya que esas cosas, dichas en un momento en que la cabeza deja paso a la pasión, a la larga no se olvidan. Marcan una huella y alimentan la llamada *lista de agravios.*

5. *Si no ha podido evitar lo anterior, hay que tener capacidad de reacción y no dejar que esa situación vaya a más;* que no pasen horas o días sin hablarse, ni haya gestos serios y negativos, conducta encerrada en

uno mismo o, lo que suele ser peor, aunque ocurra soterradamente: lenguaje hipercrítico del cónyuge (a esto se llama *lenguaje cognitivo negativo*). Después procurar siempre pedir perdón, tener un gesto de aproximación o ensayar fórmulas menores de reconciliación inmediata antes de que aquello vaya a más. Buscar, con mano izquierda, tras esos momentos de dificultad, alguna pequeña solución de cara al futuro, para que ninguno de los dos se sienta demasiado derrotado. Alcanzar pequeños acuerdos constructivos.

6. En la vida de pareja hay que saber que tan importantes son las palabras (lenguaje verbal) como los gestos (lenguaje no verbal) y la conducta (el comportamiento es siempre comunicativo). El esfuerzo por tener buenos modales y formas educadas crea un clima positivo en el que todos luchan por mejorarse. Muchos trabajos de investigación sobre las diferencias de comunicación entre parejas bien avenidas y parejas en conflicto (Gottman y col., 1977; Portefield, 1983; Davidson y colaboradores, 1987; Retting y Bulboz, 1989; Resick y col., 1990) ponen de manifiesto que entre ellos existen serias discrepancias en la interpretación de los símbolos. Así, en las parejas con problemas se observan muchos malentendidos, errores en la comunicación, distorsiones de los mensajes verbales y no verbales, una mayor proporción de desacuerdos y unas habilidades de escucha y reconocimiento del cónyuge muy limitadas.

De ahí que la terapia conyugal intente en buena medida entrenar a los cónyuges en *habilidades para la comunicación*, concretamente en tres sentidos realmente importantes: *respeto*, a través del cual ambos reconocen explícitamente la dignidad del otro y lo muestran con palabras, gestos y acciones; *comprensión*, que aunque es más difícil de delimitar comporta siempre un proceso complejo que conduce a ponerse en el lugar del otro alternando los marcos de referencia desde donde se parte, y por último, *delicadeza*, que no debe desatenderse si se quiere que la relación no pierda esa frescura del trato diario; hay que ser atento, afectuoso y esmerarse siempre en dar lo mejor que uno tiene.

7. *Para que una pareja se mantenga con cierta firmeza es clave procurar que no salga la lista de agravios.* En muchas ocasiones ésta es arrastrada por una situación de tensión, un roce o simplemente el cansancio de uno de los dos cónyuges. Dice una leyenda original que «la palabra es plata y el silencio es oro». Aprender a callar en ciertas circunstancias es el mejor argumento a emplear. En algunas parejas esto se ha tornado casi imposible, pues brotan con fuerza los exabruptos, los insultos, las palabras duras y las groserías que abren una brecha muy grave; de no corregirse a tiempo, puede ser el principio del fin.

8. *Tener el don de la oportunidad* para plantear cuestiones más o menos conflictivas o tomar decisiones de cierta importancia. Éste es un arte especialmente importante para la convivencia, que se aprende con empeños repetidos y entrenamiento. Saber comunicarse en el mejor momento y el lugar más factible es algo que no se debe perder de vista. Junto a ello es básico seguir un cierto orden en los temas a tratar, no pretender tocarlos todos al mismo tiempo.

9. *El amor entre un hombre y una mujer no es algo vago y difuso, aunque nos cueste definirlo.* Consiste en un intercambio de recompensas actuales y prospectivas que requieren un aprendizaje. Hay que adentrarse en la tupida red de realidades que lo atraviesan. Por eso, articular dos vidas no es algo fácil que se consigue sin más. *La adquisición de pautas amorosas se mueve entre el equilibrio de una compenetración,* que se va alcanzando poco a poco, *y la necesidad de introducir pequeñas sorpresas agradables que rompan la monotonía.*

Es preciso buscar *los campos magnéticos* para cada pareja: puntos de atracción recíproca que hay que compartir y poner en práctica.

Una de las grandes alegrías de la vida es tener un matrimonio fuerte al que se ha llegado tras repetidos esfuerzos por corregir lo que no va bien y añadir los elementos psicológicos necesarios que estaban ausentes. De este modo se remata el *proyecto personal* de cada uno.

10. *Para lograr una adecuada estabilidad de la pareja es necesario adquirir habi-*

lidades para la comunicación. Ésta es una tarea diaria, lecciones que hay que ir aprendiendo de modo secuencial: dejar hablar al otro; escucharle con atención hasta que termine; hacer comentarios y observaciones cuidando el volumen y el tono de la voz; buscar siempre modos respetuosos, evitar acusaciones o descalificaciones; no dar nada por sobreentendido, sino ajustarse a la realidad del discurso; huir de la ironía sarcástica, la crítica mordaz y los gestos despreciativos, que suelen tener consecuencias muy negativas, porque alejan y fomentan un clima psicológico enrarecido; tener cuidado con las interpretaciones erróneas de palabras, frases, gestos o actitudes... por eso, si es necesario, pedir explicaciones aclaratorias, siempre con un tono moderado, sin perder la calma; ser capaz de centrar la atención en un tema y no pasar a otro sin haber concluido con el que se tiene entre manos; preguntar al cónyuge en qué forma concreta podría cambiar uno para mejorar la relación; evitar expresiones irreconciliables del tipo «no te tolero», «es inadmisible», «que sea la última vez», «eres incorregible», «no aguanto tu actitud», «siempre quieres llevar la razón»...

Todo discurso demasiado tajante y categórico impide el acercamiento. También es bueno tener presente que hay cosas negativas del otro que están muy arraigadas y que es difícil que desaparezcan; en tales casos procurar no hablar de ellas, obviarlas, tener la habilidad de esquivarlas y centrarse en otras áreas positivas. No olvidemos que *el amor conyugal es entrega, donación y también aceptación del otro.*

Diez conductas verbales positivas

1. Lenguaje habitual concreto y bien especificado. Los tres niveles de la comunicación han de ser claros: *emisor-mensaje-receptor.*

2. Tener siempre una visión positiva de la vida conyugal –sin desconocer las dificultades reales– para descubrir lo bueno y gratificante que hay entre los dos.

3. Gratificaciones orales frecuentes: pequeños elogios, palabras amables, comentarios positivos...

4. Procurar que exista un buen número de conductas asertivas[1].

5. Evitar fórmulas negativas categóricas, tajantes: *nunca, jamás, intolerable, inaguantable...*

6. Expresar más y mejor los sentimientos de afecto y hacerlo de forma tácita, explícita: un pellizco, coger la mano, decir alguna frase cariñosa, hacer una mención agradable del aspecto físico y/o del vestido...

7. Sinceridad, pero evitando la crudeza. Todo se puede decir, dependiendo de cómo se haga. Hay que utilizar la mano izquierda.

8. Aprender a no dramatizar, a no convertir las dificultades en asuntos insalvables. Cuidar el volumen de la voz (las voces, gritos y comportamientos similares erosionan la estabilidad de la pareja y dificultan un acercamiento tanto próximo como remoto) y el tono (evitar el tono monocorde, insertar frecuentes inflexiones de voz).

9. Que los hijos reciban siempre de sus padres los mismos códigos de conducta (consecuencia de que están de acuerdo en la forma en que han de ser educados).

10. Respetar a los hijos también de palabra, obra y gestos (lenguaje verbal, conducta y lenguaje no verbal). Al hacerles observaciones sobre algo negativo de su comportamiento, utilizar una «pedagogía positiva» que favorezca la posible mejora («te han suspendido por no estudiar, pero tengo confianza en que de ahora en adelante pondrás más de tu parte», «sé que me has mentido en eso, pero tú tienes un fondo

---

1: *Asertivo* hace referencia a la *habilidad para el trato y la comunicación.* En el contexto que nos ocupa, a eso que en el lenguaje coloquial se expresa así: «Qué bien sabe fulanita llevar a su marido»/«qué forma más inteligente tiene fulanito de llevarse con su mujer»/«esa pareja siempre tiene recursos psicológicos ante situaciones difíciles o de tensión»... Por tanto, asertiva es aquella conducta por la cual se hace y dice lo que se debe hacer y decir, según el momento, evitando tanto las inhibiciones como las agresiones.

bueno y estoy seguro que te esforzarás por cambiar en este punto»...).

Diez conductas no verbales positivas

1. *La cara es un auténtico alfabeto de señales.* Hay que aprender a poner buena cara, a tener gestos faciales positivos, constructivos (esto corresponde a un «código de significaciones afectivas» para ambos).
2. Cultivar *expresiones faciales de afecto:* caras tranquilas, sonrisas acogedoras, miradas simpáticas... Son siempre el mejor envoltorio del lenguaje verbal.
3. Después de un enfado, de una situación de tensión, *evitar silencios muy prolongados,* ya que pueden ir a más y hacer que sea difícil iniciar la reconciliación. Hablar, comunicarse, tender un puente de acercamiento mediante algunas palabras.
4. Asimismo, en estas circunstancias es muy conveniente *ensayar algún gesto o ademán de aproximación* (mirada divertida, guiño simpático, signo de que aquí no pasa nada...) que rompa con esa dinámica esencialmente desagradable que atrinchera más en su posición a cada uno.
5. *Acompañar el diálogo y el seguimiento del discurso del otro con gestos de atención y aprobación* (movimiento de la cabeza en sentido afirmativo, alguna breve interrupción que apoya el contenido explicativo del otro...).
6. *Cuidar el aspecto físico, desde la higiene personal al vestido.* Muchas veces el abandono, la dejadez o la apatía en estos aspectos conducen a una desidia en la apariencia externa (que es reflejo de una indolencia interior). No olvidar que el vestido y sus formas no son otra cosa que una cierta imagen de la personalidad.
7. *Frenar los hábitos cognitivos negativos.* Dicho de otra forma, combatir los errores en el procesamiento de la información que tan a menudo suceden en este campo y que consisten en una especie de lenguaje interior negativo e hipercrítico del otro, que como una especie de ronroneo interior descansa sobre los siguientes puntos: magnificación negativa de algún suceso; reparar sólo en los fallos de la conducta del cónyuge siendo incapaz de reconocer lo bueno; mantener un discurso privado con descalificaciones del otro; dicotomías irreconciliables («o se es una buena esposa o no se sirve para nada»/«o está entregado a mí de verdad o todo lo demás son chapuzas»...).
8. Procurar que *exista siempre una estrecha relación entre estímulo-respuesta.* En parejas con una crisis crónica, ese binomio suele estar roto y, en consecuencia, pequeños problemas de comunicación (estímulo) originan una conducta negativa desproporcionada (respuesta).
9. *Tener el don de la oportunidad:* elegir el momento y el lugar adecuado para plantear un problema o hablar de algo que está pendiente. Es decir, tener presente lo importante que es el espacio y el tiempo en ese *vis à vis* de la pareja.
10. *Tener un esquema psicológico y biográfico de la otra persona adecuado a la realidad.* Toda la psicología cognitiva pende del modo cómo se archivan las experiencias anteriores, de tal manera que es importante aprender a reconocer y registrar los hechos, acontecimientos y pensamientos, evitando que éstos sean deformados en su totalidad o falsificados.

Capítulo 2. El desamor

▼

EL MONSTRUO DE LOS OJOS VERDES

A. Liberman

LA SOMBRA DE UN TERCERO

Los celos son sentimientos poderosos y generales (y algunas veces catastróficos) que no estamos preparados para manejar con prudencia y sabiduría cuando, súbita e irracionalmente, sin previo aviso, nos atacan por la espalda. Ese sentimiento puede llegar a destruir el vínculo más profundo y sólido en apariencia.

Esa seguridad última, esa certeza que nos comunica que nuestra vida tiene un sentido otorgado por ese mismo sentimiento, se pone en peligro cuando un tercero impone —por su presencia real o fantasmática, insisto— su inclusión en el amor y el comienzo de un triángulo amoroso. Muchos hemos atravesado ese vía crucis, esa historia que nos lleva a descreer de nosotros como personajes únicos e insustituibles,

porque alguien se ha cruzado en el camino de la pareja para poner en duda sus fundamentos. En ese momento —el momento de los celos— toda nuestra convicción se pone a prueba y, en distintos grados, nos volvemos «locos».

Pero éste es el rostro penoso de la persona que cela, y no todos son caracteres mórbidos. «Al hombre que tú más quieras, pídele celos, mujer», dice la copla. Los celos pueden ser un sentimiento natural y necesario. Todo aquel que ama, cela. Lo sustancial es hasta dónde servirán de enriquecimiento en nuestros vínculos o en qué momento comenzarán a hacerse denigrantes y destructivos. Gendarmes insoslayables y válidos del amor o monstruos que todo lo consumen: de esta opción se trata. Insisto: nadie elige ser celoso, aunque es necesario asumir el desafío. Un desafío, en fin, que puede permitir respetarnos más a nosotros mismos y enriquecer nuestra percepción del otro y de nuestro propio mundo interno; un desafío, entonces, digno de ser asumido, conscientes de la enorme dificultad que el dolor y la duda ponen en nuestra piel.

Celos patológicos y celos normales

Los celos pueden ser un sentimiento normal. Freud dirá que todo individuo experimenta celos, y si existen aquellos que no los han sentido, hay que deducir que los han depositado en el inconsciente, donde jugarán un papel aún más importante en la vida psíquica del sujeto, bajo una enérgica represión. Esta aceptación de su normalidad es universal, pero comienzan los problemas cuando se intenta establecer el límite entre esos dos tipos de celos. Es decir, ¿cuáles son las bases objetivas para temer la infidelidad de la persona amada? Para algunos investigadores, la persona anormal busca deliberada y ansiosamente la provocación del conflicto en el que se satisface y, por lo tanto, intenta inducirlo; la persona normal, en cambio, hace frente al conflicto con el que sufre y trata de buscarle una solución rápidamente. Para otros, el individuo sano expresa sus celos cuando están basados en evidencias claras; la persona enferma sospecha de muchos, toma signos ligeros como evidencias concluyentes y reacciona de un modo aparatoso a sus sospechas, hablando a todos de ellas, espiando a su pareja, haciendo escenas o comportándose violentamente.

Los celos, ese arrebato emocional de aparente espontaneidad que nos asalta a la vuelta de cualquier esquina de la vida, son, en su esencia, un problema en el que esa espontaneidad forma parte de una compleja trama de sentimientos y reacciones que hacen a nuestra condición misma de seres humanos a la búsqueda de un destino. Justificados o no, surgiendo algunas veces detrás de claras circunstancias absolutamente reales en el apasionado mundo del amor, los celos forman parte de nuestras vicisitudes cotidianas con la misma implacable y necesaria presencia con que lo hacen la soledad y la rabia, o con la misma y entrañable y necesaria presencia que la amistad y la devoción.

Naturalmente, no hay celos sino celos, es decir, que ésos pueden tomar diversos ropajes, disfrazarse de distintas actitudes, cabalgar vivencias dispares, pero —repito— su presencia es parte sustancial de nuestra vida anímica. Intentar asumirlos sin incli-

naciones trágicas, conocerlos sin prejuzgarlos apresuradamente, apreciarlos en lo que significan de síntoma del amor verdadero y prevenirlos cuando se transforman en un arma letal dirigida contra nosotros mismos, es la finalidad última de estas páginas.

Que lo bello viva al costado de lo siniestro, que el bien siempre esté lindando con el mal, es concepción aceptada en nuestros días y ya no sorprende a nadie. Y si el mundo del amor o, dicho de una manera más afín a mis intenciones, el mundo de la intensidad amorosa, es un vasto universo pleno de dificultades (y de gratificaciones, claro), es también un mundo límite donde se juega muchas veces el sentido mismo de nuestras vidas. Esa pelusa de los adultos —por emplear un vocablo popular lleno de significado—, ese tigre (*jaloux comme un tigre* dicen los franceses) que nos habita permanentemente, sea consciente o no, esa ventana dirigida a mirar nuestra propia autoestima y las amenazas que se ciernen sobre ella forman parte del mundo de los celos.

Un tercero en el centro del conflicto

La típica situación de celos —la que al fin de cuentas nos coloca en el centro del conflicto— es la del surgimiento de un tercero en una historia de amor.

El amor, ese estremecimiento compartido, sirve como doble garantía para cada integrante de la pareja. «El amor del otro sumado al propio duplica el acopio individual de amor, bienestar y seguridad contra el dolor, la destrucción y el vacío internos», escribe Rivière. Está claro entonces que ese torrente amoroso que va y viene nos reasegura contra la amenaza de pérdida, soledad y desamparo. Se establece así un círculo vicioso (o que de tanto acariciarlo se pone vicioso, como dijo Ionesco) donde el goce es posible aunque subsista un mínimo de frustración, y esa dependencia mutua es parte insoslayable del pacto amoroso. El surgimiento de un tercero puede aguar la fiesta, claro, desde el momento en que nuevas reglas de juego intentan suplantar las ya establecidas y legitimadas. Pero a su vez el fantasma de un tercero puede, por el contrario, potenciar el pacto y añadir el ingrediente necesario para que el estremecimiento se haga más sólido y duradero.

El temor a la pérdida

René Girard señala que en ese mundo donde se mezclan los celos, la envidia y las fantasías posesivas, algunas veces necesitamos, sin darnos cuenta, que la persona amada sea poseída por otro, que otro la quiera; sólo así se pone de manifiesto nuestro propio deseo: envidiando al otro. Debemos, pues, luchar contra él. Pero en el mismo momento en que su deseo se desvanece, se desvanece también el nuestro, que es hijo de aquél, reflejo del suyo. Cuando la persona amada nos deja por otro, estos mecanismos se ponen en movimiento y deseamos con locura a ese ser que nos ha abandonado. ¿Por qué? Al menos por dos razones: por la pérdida que significa para nuestro uno mismo y porque el deseo del otro actúa en nosotros. Hay gente que comienza a valorar a la persona que supuestamente ama cuando el otro decide que ésta es deseable. Así, la presencia de un tercero incentiva la fantasía posesiva del amor, por lo que es frecuente encontrarnos en nuestras consultas con pacientes que sólo gozan realmente cuando, durante el acto sexual, se identifican con el otro, a menudo una ex pareja de la persona amada o alguien que ella aún estima. Uno de ellos me decía: «Sólo llego al orgasmo total cuando puedo imaginar a mi mujer en brazos de otro y a ese otro gozando con ella. Es en ese momento que me siento como si yo fuera el otro y me corro a gusto. Si el otro no existiera, no sé si gozaría tanto.»

Vale la pena reflexionar sobre estas palabras aunque este tipo de sentimientos no sean explícitos en nuestra conciencia. Si el otro no existiera como posible estimulante del deseo, ¿sería lo mismo para nosotros? Es decir, se podría formular la hipótesis de que los celos surgen cuando no podemos insertar a ese tercero en nuestra fantasía, cuando su presencia y su poder son tan grandes que nuestra imaginación no puede manipularlos. Porque si yo no puedo ser ese otro, ella –la persona amada– será de él y no mía. En síntesis: si el otro cabe en nuestra fantasía, podremos vivir nuestro amor más plenamente; si no cabe, porque ya es un adversario concreto y fuerte, entonces surgen los celos negativos, es decir, aquellos que no refuerzan nuestra entrega sino que muerden nuestra piel.

Las personas celosas más frecuentes son aquellas que sufren pero conviven con los celos; cuando ya no logran esto es cuando se produce el cataclismo inexorable.

Los celos contienen esa significación ambivalente, ese rostro tipo dios Jano, que a la vez nos cuestiona y nos afirma. No es casual que el amor se viva muchas veces como un «dulce tormento» o «felicidad en la infelicidad» o un «maravilloso sufrimiento», dado que –como escribió Eugenio Trías– el amor (pasión) es «ironía y paradoja que deriva del carácter paradójico-dialéctico del sentimiento concomitante a la tristeza deseada del amor (pasión) –esa tristeza alegremente afirmada– y el sufrimiento placenteramente querido que deriva de su experiencia». Mientras vivamos el amor con la sensación de que la persona amada nos ha concedido la totalidad, es el reposo (la seguridad inmóvil) el que se apodera de nosotros. Cuando un tercero entra en nuestro espacio amoroso, pone a prueba aquella perfección y aquel reposo, y el amor se transforma en algo mucho más dinámico, más movilizado, más estremecido: en el acta fundacional de la pasión.

¿Recuerdan ustedes a Tristán e Isolda durmiendo en su larga noche de amor con una espada entre los dos cuerpos?: ellos no se desean sólo para saciarse, sino también para recrear permanentemente el objeto de su deseo. Amar es, en este caso, abrazar lo amado y saber, ante todo, que algo se interpone entre ellos y que ese obstáculo –la simbólica espada– es el encargado de realimentar la necesidad perpetua de ese abrazo.

¿Qué papel juega entonces el tercero, la espada de Tristán? Las más grandes historias de amor han sido historias con terceros. En las leyendas literaria que han permanecido a través de los siglos (Dante y Beatriz, Romeo y Julieta, Carlota y Werther, Abelardo y Eloísa, Tristán e Isolda) siempre ha sido el obstáculo, el tercero, el que ha puesto a prueba la consistencia de sus sentimientos. Si no hay tercero, no hay dinámica del amor, porque es en relación con esa dificultad que los amantes crean un nuevo mundo.

Los celos. Decálogo de autoayuda

1. *Hable de sus celos.* La primera sugerencia de autoayuda para un celoso que sufre estérilmente —es decir, cuyo sufrimiento tiene aquellos elementos que lo transforman en un riesgo para sí mismo y para los demás— es no callar dicho sentimiento, hablar de él, consultar a su propio espejo, a sus amigos o a sus seres queridos. Así como no se puede jugar al tenis con los ojos vendados, silenciar su sufrimiento tiene una doble vertiente negativa: permite que su proceso se potencie cada vez más, con el peligro de hacerse realmente delirante, y sabotea cualquier posibilidad de ayuda, en caso de ser necesaria. El celoso debe mirarse hacia dentro, tratar de saber qué es lo que exactamente le está sucediendo y no mentirse a sí mismo; luego, abandonando un aislamiento que siempre es mal consejero, reconocer explícitamente lo que sentimos ante el otro, poner nuestras dudas sobre el tapete, intentar conocer los contornos de nuestro dolor y hablar con el mayor rigor posible —aunque no siempre es fácil— sobre nuestros miedos, nuestra autoestima amenazada, nuestras culpas y nuestras necesidades.

Esta introspección profunda es mucho más útil —pese a la voluntariedad que supone su ejercicio— de lo que se puede pensar. Debemos enfrentarnos con lo que nos sucede para saber realmente qué nos pasa. Muchos de los celos destructivos infundados pueden ser atacados de raíz cuando nuestra mirada interior y nuestro espejo —es decir, el otro— nos devuelven suficientes elementos de motivación como para pedir aquella ayuda que nos arranque de nuestro sufrimiento.

Y al hablar es necesario evaluar lo malo y lo bueno. Es sumamente común en nuestra vida cotidiana olvidar los aspectos constructivos de la convivencia como si «lo bueno» fuera algo obligatorio en nuestra existencia. ¿Cuántas veces hemos señalado a nuestros seres queridos nuestra ale-gría o nuestro agradecimiento por distintas conductas suyas —muchas de las cuales ni siquiera las pensamos— que nos han ayudado a llevar una vida más plena? Por el contrario, las cojeras o los fallos los detectamos con astucia policíaca, como si sólo el funcionamiento «normal» de la vida debiera indagarse continuamente.

No hay normalidad y anormalidad que se pueda definir desde nuestras negaciones o nuestras cegueras, sino que debemos evaluar *toda* nuestra relación, justamente cuando los celos amenazan con atacarla. ¿Cómo es realmente la persona amada? ¿Qué caracteriza sustancialmente su vínculo con el amor? ¿Qué elementos valiosos de su conducta para con nosotros pueden ser, si dejamos de negarlos, lo suficientemente entrañables como para ayudarnos a definir lo que sucede en nuestro mundo interno?

2. *Plantee el problema correctamente.* Hemos de estar seguros de nuestras inseguridades y nuestros agobios, y no debemos echar la culpa afuera, responsabilizando al otro de nuestro pesar, hasta no haber aclarado, primeramente, nuestros sentimientos, muchas veces arbitrarios. No es que uno sea siempre culpable de su sufrimiento, pero debemos ser justos —por la cuenta que nos trae— en la valoración de los hechos.

3. *Haga el esfuerzo de pensar aunque le duela.* La vida es enormemente múltiple y diversa, por lo que no podemos vivir anclados en conductas siempre iguales a sí mismas ni al margen de la nueva información que cotidianamente nos empuja a ser más funcionales. Existe un ejemplo muy común que quiero comentar: el aburrimiento en las relaciones sexuales. Es algo de todos los días comprobar —con enorme tristeza— cómo la desgana, la hartura y el tedio aumentan en la vida amorosa. Muchas mujeres no hacen más que protestar (o confundirse) por el cambio de actitud que sus parejas les exigen en la cama. Después de años de monogamia, uno de los miembros puede sentir que todo se repite, que el sexo no es más que un acto reiterativo y mecánico, que se ha perdido la capacidad de asombro, que todo se ha transformado en un ritual vacío de contenido. Si ante

esta situación los protagonistas callan, el agónico final comienza a instalarse.

No se trata de que, súbitamente, uno de los dos se ha vuelto lascivo o perverso, sino que es el amor el que levanta su grito de protesta ante tanta monotonía y tanta falta de imaginación. La posible infidelidad —ese habitante frecuentísimo de nuestra vidas— es hija de tal condición mezquina y angustiante. Por eso es necesario pensar antes que reaccionar instintivamente. Nuestra relación está en juego y debemos usar todas las armas antes de decidir, pese a nuestro dolor, cuál es la actitud más operativa.

4. *Impida que la culpa invada la relación.* Es muy usual encontrarse con situaciones de celos en las cuales la culpa va y viene, como un verdadero balón. Nadie quiere asumir su propia dificultad y responsabiliza al otro de todo lo que le sucede. El intento de quitarnos de encima nuestra tristeza hace que agraviemos al otro y lo acusemos de conductas pérfidas, mentiras o reacciones poco razonables. «Ella no quiere hacer el amor como yo quiero ni con la frecuencia que yo deseo. Para mí que es frígida. Así no se puede ir adelante. A menos que haya otro en nuestra vida»; a lo que ella responde: «Él me hizo perder el interés en el sexo. Es una máquina de echar polvos, sin una pizca de romanticismo. No sabe de preliminares, ni sabe jugar ni excitarme: sólo piensa en él y en su orgasmo. A menos que haya otra en nuestra vida.»

Este círculo de acusaciones llena el posible diálogo de culpas y rabia. No caiga en él; trate de comprender lo que el otro plantea o exige, sin juzgarlo. Si es verdad que hay otro en el vínculo, no es con reproches que podrá ahuyentarlo. Claro que estará dolido y que se llenará de rabia, humillación y miedo, pero no olvide que lo que está en juego es su vínculo amoroso, ése que aún necesita de una manera profunda.

5. *Intente ser flexible.* Como natural consecuencia del apartado anterior, trate de ser más transigente. Si nos dejamos llevar por nuestro dolor o nuestro rencor, es difícil que podamos encontrar una salida al drama que estamos viviendo. Esta flexibilidad nos permitirá ver más lúcidamente las razones que tenemos para no buscar una explicación racional de los acontecimientos o qué beneficio secundario —aunque parezca extraño— encontramos en mantener una actitud pasional y rígida. Si entendemos la motivación de nuestros celos —el grado de legitimidad o fantasía que tiene, los móviles que los acompañan, la mosca detrás de la oreja— sabremos mejor cómo conducirnos. Quizá no es que nuestra pareja nos esté engañando realmente, sino que necesitamos la copla del engaño para justificar nuestras propias emociones; quizá no es un tercero real el que está en juego, sino un tercero que nos hemos inventado para abonar nuestras arbitrariedades, nuestras torpezas o nuestros resentimientos; quizá ese tercero pueda ser usado para valorar más nuestras posesiones amorosas y luchar mejor por ellas.

6. *Evalúe si los celos son realmente sexuales o de otra índole.* A veces la sexualidad tiene enorme importancia en nuestro sufrimiento, pero a veces es más cómodo referirse a ella cuando en realidad toda la relación está en crisis. Entonces hay que saber cuándo comenzaron los celos, en qué momento se manifestó el poder del intruso, cómo reaccionamos ante dicha probable irrupción; el diálogo amoroso, ¿se ha interrumpido por razones de entrega sexual deficitaria o por otras motivaciones más secretas: incomunicación profunda, desamor, incompatibilidad de caracteres, muerte de los sentimientos? Es útil evaluar estas circunstancias y necesario para diferenciar los celos normales de los patológicos. Hay seres que con los celos se vuelven literalmente locos y comienzan a imaginar cosas horribles ante el menor acto de autonomía de su pareja, por inocente que éste sea. Todo lo que suponga alejarse mínimamente del amor-fusión (ese concepto totalitario del amor que ellos poseen) es vivido como un grave atentado a la unión amorosa y «el monstruo de ojos verdes» —como algunos llaman a los celos— lo convierte en un drama pasional de resultados imprevisibles. Si usted llega a pensar que esto es así, reflexione antes de actuar. Nadie niega que sus celos puedan ser justificados, pero es necesario estar seguro de ellos antes de arriesgarse a la pérdida definitiva del amor.

7. *No se deje llevar por la cólera.* Supongamos que sus celos no son arbitrarios ni fruto de su imaginación, sino que usted tiene pruebas concretas de que le engañan, de que existe realmente un intruso. Es éste el momento más difícil de la historia. Sé que le estoy pidiendo mucho, pero es necesario que logre mantener la posibilidad de un diálogo. Quizá el otro miembro de la pareja tiene múltiples motivaciones para hacer lo que está haciendo. Por ejemplo, puede ser una persona muy insegura de sí misma que, por más que lo disimule ante la sociedad, necesita demostrarse que aún es deseable, que puede ligar, que sigue seduciendo. O puede ser una persona que, asustada ante el compromiso que significa el amor, busca contrarrestar la ansiedad que dicho compromiso le produce «echándose una cana al aire». O puede ser una personalidad narcisista, centrada solamente en su necesidad de placer, que necesita cambiar frecuentemente de pareja sexual para asegurar su autoestima siempre al borde de debilitarse. O puede estar buscando aquel romanticismo que su pareja le ha negado desde la rutina y el aburrimiento. O puede que dicha persona esté sintiendo, con el paso de los años, que su juventud desaparece y que su potencia sexual disminuye, y quiera negar así este destino inexorable. O puede que pida a la vida algo de aventura y excitación después de años de vida tradicional.

En última instancia, lo que importa es no cegarse con la rabia y, mucho menos aún, sacar conclusiones apresuradas y erróneas. Lo importante es hablar. ¿Aquella persona —el intruso— es para nuestra pareja más importante que yo? ¿Vale tanto como para echar abajo lo nuestro? ¿Tiene para ofrecer más de lo que ofrezco yo? ¿Si yo se lo diera también, aceptaría mi entrega? No se trata de recriminar a nuestra pareja ni de hacernos la víctima: se trata de evaluar, juntos, el sentido último de tales hechos. Hay personas que prefieren no hablar de tales circunstancias por miedo a perder definitivamente a su pareja. Grave error. Justamente la prueba de dicho amor es el diálogo y, si es necesario, la discusión, porque el silencio es la prueba más clara de la fragilidad del vínculo. Transformarse en un avestruz, esconder la cabeza bajo tierra, tendrá consecuencias nefastas, porque siempre se pierde, en uno u otro sentido. Enfrentar el drama es ponerse a la altura de los acontecimientos y jugar nuestro destino amoroso en una partida más ecuánime. Claro que podemos perder, pero de la otra manera lo haremos con toda seguridad.

8. *Busque información objetiva.* En el momento que los celos atacan es fácil caer en la crispación histérica o en el arrebato colérico. Su descubrimiento (si los celos son fundados) o un brote celotípico (si no lo son) nos incapacita para leer las circunstancias de otra manera que no sea con el furor despechado o el desmadre emotivo. Estos sentimientos son lícitos, claro, pero ayudan poco o nada a la solución del conflicto. Lo importante es que podamos mantenernos serenos y realistas mientras tratamos de comprender lo sucedido. No debemos recabar una información objetiva si estamos bajo el imperio de una emoción compulsiva; es preferible esperar a habernos sobrepuesto del impacto primitivo y a haber digerido mejor la cuestión. Un viejo profesor —experimentado en lides de esta naturaleza— aconsejaba que la información se recabara en un sitio público, tranquilo y no demasiado alejado del personal; porque «la presencia de extraños —decía— reduce la probabilidad de perder el control».

Cuando consiga hablar de lo que está sucediendo —ya sea algo real o imaginario—, siga estos consejos:

a) No intente descubrir los detalles de una posible aventura con maniobras desleales ni con trampas furtivas. Averiguar es sólo buscar el diálogo, comunicarse de verdad, ver qué sucede realmente. Si usted denigra dicha posibilidad con falseamientos, todo será inútil.

b) Trate de saber qué consigue su pareja con la presencia del intruso o qué piensa su pareja de la llegada del intruso a su vida imaginaria. Puede ser que uno ratifique lo ya intuido y oiga frases como ésta: «Es una aventura sin importancia», o «No significa nada para mí» o «Fue una atracción pasajera». Muchas veces esto sucede porque está avalado por el miedo o la cobardía o, simplemente, porque es verdad; pero muchas otras la respuesta es distinta: «Volví a sentirme vivo», o «Sabía escucharme» o «Me hacía sentir importante».

c) Intente hablar con su pareja sobre el papel que usted tuvo en dicha aventura, qué parte de responsabilidad le corresponde o qué es lo que está haciendo surgir tales sentimientos imaginarios. La subestimación, la monotonía, la rutina diaria, el desamor, todo debe ser revisado. Muchas veces los celos son un mensaje, un grito de socorro o una rebeldía ante nosotros mismos. Tratemos de no negar estas posibilidades.

d) No utilice palabras definitivas, ni amenace estérilmente con decisiones súbitas ni dé ultimátums. No hay nada más pernicioso que aquellos insultos o aquellas calumnias que, aunque se solucione temporalmente el conflicto, nunca se olvidarán y dañarán para siempre la relación. Hay que darle tiempo al tiempo... y al diálogo.

e) No se refiera al tercero desvalorizándolo ni desacreditándolo ante los ojos de su pareja. Es comprensible el estado emocional que puede llevar a dicha descarga, pero es siempre inútil y se vuelve contra nosotros. Si nuestra pareja ha buscado crecer en su autoestima o compensar una ausencia de amor explícito, tales insultos no hacen más que reafirmarla en su búsqueda.

f) No hable como si fuera usted la única persona que sufre en estas circunstancias. Los sentimientos de desdicha son, en estos casos, universales. Nuestra pareja puede estar confusa, avergonzada, o rabiosa por las acusaciones, puede estar sufriendo porque debe decidir su futuro amoroso, puede sentirse culpable del sufrimiento de todos los protagonistas de esta historia, puede tener miedo. Aunque usted no comparta dichos sentimientos, como es natural, no ponga a nadie entre la espada y la pared porque es allí donde puede volverse un gato escaldado.

g) En fin, no abrume a su pareja, no la acorrale ni con promesas ni con actos demostrativos de su propio deseo de cambio. No comience a querer hacer el amor todas las noches, no. Cuanto más persiga transformar, más incómodo se sentirá el otro, porque es su propia respiración la que está en juego. Todos necesitamos un espacio de libertad, de oxígeno, de relajada autonomía. Hable, dialogue, busque razones y motivaciones, pero sepa esperar.

9. *Cuide su autoestima.* Autoestima no es sinónimo de omnipotencia, ni de sobrevaloración ni de narcisismo patológico. Si usted debe cuidar su autoestima –tan amenazada en el drama de los celos–, debe saber de qué va. Nadie puede, cuando la vida golpea nuestro ánimo, salir adelante siempre solo. Los más denodados esfuerzos en ese sentido están condenados a la esterilidad. Pero reconocer esta necesidad de ayuda no significa un gesto de debilidad, sino de capacidad de reacción y de entereza para afrontar de verdad los problemas. Recuperarse, coger el toro por las astas, comprometerse totalmente con uno mismo debe ser nuestra primera prioridad. Es importante tomar conciencia de ello: podemos emplear el tiempo en mantener nuestro sufrimiento inamovible y yermo o podemos hacer uso de él para intentar una conducta que se dirija a cambiarnos o a modificar una situación dolorosa e insostenible.

De la misma manera que el aprendizaje de un nuevo idioma requiere una exposición repetida de sonidos, significaciones y estructuras distintas que se contradicen con las formas ya conocidas de hablar y pensar, lo mismo sucede con la necesidad de una autoestima válida, de una nueva manera de hablar con nosotros mismos. La mayor parte de la angustia, y muchas veces de la desesperación que nos invade ante una situación de celos, es consecuencia de nuestro intento de querer contarlo todo, de querer manejarlo todo. Cuanto más fracasamos en esta actitud, más sufre nuestra autoestima y nos volvemos más impotentes y más furiosos. Enfrentar nuestros problemas con sinceridad es renunciar a aquella omnipotencia y a aquel control. Es el momento de mirarnos en profundidad, con la ayuda que sea necesaria; es el momento de la verdad, del examen riguroso, del espejo auténtico. No se trata de planchar arrugas, sino de cambiar de traje. El terrible vacío que nos invade cuando un tercero ataca nuestra autoestima es inevitable, pero no esquive, con mentiras y falsedades, ese vacío: abrácelo; no será más que un dolor pasajero frente a otros inútiles y prescindibles.

Si usted, golpeado por la realidad o por sus propios fantasmas, llega a ser todo lo que lúcidamente es capaz de ser, se sentirá más preparado para decidir y luchar. Somos responsables de nuestra conducta y nuestra vida. Debemos dejar de ser niños atemorizados y dependientes, porque tampoco se trata de culpa ni de justificaciones, sino de vivir de verdad, al margen de un pasado que quizá no nos sirva y de un miedo al futuro que quizá nos abrume. No sea víctima del amor con el corazón destrozado: trate de establecer una honda relación entre él y su propia autoestima. «Todo amor es amor propio», dijo alguna vez fray Luis de León. En el aspecto que le estoy señalando, tenía razón: no hay amor *sin* amor propio.

10. *Pida ayuda profesional si la necesita.* Decía en el apartado anterior que muchas veces somos hijos de nuestra propia omnipotencia y creemos que podemos salir adelante solos. Ésta es una de las más caras y siniestras torpezas que una sociedad extremadamente individualista ha forjado como norma vital. Si necesita ayuda, si alguien más entendido o más experimentado que usted puede echarle una mano, ¿a qué viene ese orgullo nefasto de sentirse un dios? Sólo el amor otorga esa condición y es justamente en el drama de los celos donde ésta se ve amenazada. Un buen psicoterapeuta puede ser la mejor autoayuda si comprueba que no puede afrontar estos pasos que he ido señalando y se siente desolado, confuso, dominado por la ira, arbitrario, con miedo a perder lo que más ama, quizá humillado. Acuda a un profesional, porque recomponer su relación consigo mismo y alcanzar una interpretación válida de los hechos es fundamental.

TRES REFLEXIONES ACERCA DE LA CELOTIPIA

Primera reflexión. Si usted quiere conocer sus resultados, su capacidad y sus posibilidades de recuperación, sepa cuáles son las características de una persona que ha vencido sus propias fantasías celotípicas o la intromisión de un tercero real en su vida:

1. Usted se ha aceptado a sí mismo tal como es, aunque desea cambiar algunos de sus sentimientos o conductas por considerarlos incorrectos o destructivos.
2. Acepta al otro tal como es y no espera cambios que sólo satisfagan sus propias necesidades.
3. No niega nada de lo que siente y reflexiona cotidianamente, buscando respuestas sobre su mundo interno.
4. Atesora de sí mismo todas aquellas cosas que lo hacen valioso y singular, incluyendo sus creencias, sus logros, sus intereses y su propio cuerpo.
5. Se siente bien consigo mismo aunque sufra por lo que sucede en su mundo afectivo. Es una buena compañía para sí mismo, aunque esté deseando la del ser amado. Entiende que su autoestima es imprescindible para amar verdaderamente.
6. Puede confiar y abrirse a personas concretas que merecen su cariño o su amistad, y no teme que éstas conozcan sus intimidades.
7. Profundamente, las preguntas deberán ser: ¿Esta relación es buena para mí? ¿Me permite vivir y sentir todo lo que soy capaz de vivir y sentir? ¿Soy amo y esclavo de mí mismo y de mi pareja?
8. No cae en la depresión estéril y quejica, sino en la evaluación ecuánime y constructiva, porque sabe que ambos son los protagonistas de la pareja y los responsables de su destino.
9. Valora, por sobre todas las cosas, su propia capacidad de pensar serenamente, protegiéndose y luchando por su salud y bienestar.
10. Sabe que para que el amor funcione creativamente debe construirse entre dos, en igualdad de derechos y obligaciones, de intereses y normas; ambos han de ser capaces de intimidad y entrega, cada uno digno del otro y de sí mismo.

Segunda reflexión. Algunas maneras de lograr una pareja a prueba de celos mórbidos:

1. Haga de la *sorpresa* un habitante cotidiano de su vida afectiva. No espere el santo de ella para hacerle un regalo ni el cumpleaños de él para aquella corbata. Trate de que el asombro sea un tercero del consola: haga cosas no esperadas, no sea demasiado previsible y no permita el tedio. Mantenga la vida viva.

2. No esquive el *romanticismo* por pueriles prejuicios o ideologías trasnochadas. Somos románticos por naturaleza y, en lugar de prohibirnos dicha fidelidad, debemos asumirla sin ambages. Cójale la mano, dígale cosas al oído, sedúzcalo con caricias y perfumes, abrácela en cualquier parte.

3. Déle al *sexo* lo que es del sexo. No relegue en ningún momento su deseo sexual: hacer el amor no es el penúltimo paso del día, antes de dormir a pierna suelta; necesita de inspiración y entrega, de entusiasmo e imaginería, y sólo un tiempo importante de cada semana para volverlo verdaderamente gratificante. No ponga como pretexto a los niños o a los vecinos: entréguese a la hermosa tarea con deseo y fantasía.

4. No convierta el *embarazo* de su mujer en una razón para la aventura extramatrimonial. El embarazo es un buen momento para profundizar en el diálogo, evaluar juntos las responsabilidades que una nueva vida les depara y seguir viendo a la hembra pese a que ha nacido la madre. No deje ninguna neblina en su pensamiento e intente aclararlo antes de que sea tarde. El conflicto no se oculta: se enfrenta.

5. No abandone a su *pareja* porque ha llegado un hijo. La atención que requiere la nueva vida no está reñida con seguir siendo la amante de su hombre ni la compañera de su esposo.

6. Recuerde —como ya he dicho— hablar de lo *bueno*. Señale lo que le gusta, haga cumplidos cuando las cosas le parezcan bien, admire en su pareja lo que tiene de admirable. Hablar sólo cuando hay problemas es nefasto para el diálogo amoroso. Sepa valorar lo que tiene.

7. Enfrente los *problemas* en cuanto surjan. Comente lo que teme o intuye. No es necesario que primero acuda a su mejor amigo: hable directamente con su pareja de sus perplejidades, del estado de la relación, chequee periódicamente cómo va dicha relación.

8. Cuide de *sí mismo*. Su autoestima evitará que sea estéticamente desagradable a los ojos de su pareja. Quizá el amor esté por encima de esta preocupación, pero por las dudas hágase cargo de su propia capacidad de seducción.

9. Celebre todo lo que es digno de una *fiesta:* aniversario, logros, décadas, premios, códigos de amor... Lo importante es no dejar que la ausencia o el olvido den al traste con alguna secreta ilusión.

10. Bríndele *apoyo* en sus inquietudes para su propia autonomía o para la propia libre expresión de su mundo interno. Potencie sus ansias de libertad. No se transforme en un gendarme del amor, porque éste vive mejor en el ancho aire y «en el viento que susurra al corazón».

Tercera reflexión. Si usted ha llegado hasta este párrafo es porque su interés en saber del mundo de los celos es grande. Por eso quiero reflexionar finalmente sobre ello. He tratado de poner mi experiencia profesional al servicio de esta búsqueda, pero debo insistir en la saludable legalidad de dichos sentimientos cuando se viven en dosis útiles y no en dosis tóxicas. Y no quiero darle a «utilidad» un sentido estrictamente utilitario: los celos no sirven a la funcionalidad de la existencia, sino a las plenitudes del amor. No facilitan la vida; por el contrario, la comprometen, la enriquecen de matices al precio de la perplejidad, la alimentan exigiendo una digestión lúcida. Quizá haya personas que prefieran no asomarse al abismo por miedo a padecer eternamente la tentación de regresar a ese vértigo que inspira, a esa emoción que esclaviza, a ese prestidigitador que potencia la ilusión a costa de una mirada inteligente.

A veces lo útil —afirman algunos— es no pensar. No es mi consejo en este caso. Saber encierra siempre un riesgo y una riqueza; no saber, una negación omnipotente y vacua. Saber de nuestros celos en dosis válidas es vivificante, un pilar —quizá el más paradójico pero el más incitante— de ese templo de los cuerpos donde mora el amor. Claro que en cuestión de sentimientos todo es subjetivo y, por más normas que uno ofrezca, en última instancia será cada uno quien dicte su auténtica verdad.

LOCURA DE AMOR
F. Alonso-Fernández

LA MELANCOLÍA DE AMOR

El tema de la pasión de amor ocupa la mente de muchos enfermos mentales, y su ejemplo más representativo es el delirio erótico descrito como la falsa creencia de sentirse amado por otra persona. También los individuos sanos pueden imaginarse que su amor unilateral es recíproco. El psiquiatra francés Clerambault (1872-1934) describe la erotomanía como una afección casi exclusiva de la mujer, centrada en la creencia delirante de tener un pretendiente –por lo general, de alta condición social– profundamente enamorado.

Pero aquí se trata de una cuestión distinta, la de estudiar cómo se puede caer en una depresión por amor, esto es, la relación de la enfermedad depresiva con la falta de correspondencia para ese complicado fenómeno afectivo humano que es el amor, concebido en la actualidad como una síntesis de ternura y neuroquímica, deseo y hormonas; es decir, sin duda, un fenómeno psicofísico, espiritual y orgánico, de una complejidad extraordinaria por su profundidad y magnitud. Ya Ovidio, en el *Arte de amar*, sostenía, anticipándose a la moderna ciencia, que «el amor es un océano tumultuoso», y los místicos siempre lo han representado como un misterio sacro.

La enfermedad de amor, es decir, el caso de la persona enferma a causa de un sentimiento amoroso no correspondido, se encuentra descrita como una forma de locura o perturbación mental entre diversos autores antiguos griegos y árabes.

El famoso médico Galeno (133-201) mantiene la opinión de catalogar la falta de moderación en el amor como una enfermedad del alma, al igual que ocurre con cualquier otra pasión desproporcionada. El amor considerado como un morbo es una fórmula que, a fuerza de repetirse con una intención poética, filosófica o meramente humanística, se ha convertido en un tópico exagerado en el que no vamos a entrar.

Así pues, el mismo Galeno tiene el gran acierto de estimar el amor no correspondido como una causa de enfermedad mental no específica.

A partir del gran médico árabe Avicena (980-1037), la enfermedad amorosa comienza a describirse como una forma de trastorno mental análogo a la melancolía: «Los signos son ojos hundidos y secos, sin humedad más que cuando lloran, continuo parpadear, sonrisas como si hubieran visto algo delicioso o hubieran oído algo agradable... Todas las partes del cuerpo aparecen secas, excepto los ojos hinchados debido a los muchos lloros y al insomnio.»

Los científicos medievales mantienen que la enfermedad de amor, polarizada en el estado de aflicción, se halla muy vinculada a la melancolía, y los renacentistas la consideran definitivamente como una modalidad especial de esta última. En esta misma época André du Laurens (1560-1609) se ocupa de la melancolía de amor para mostrar «cuán grandemente un amor extremado y violento puede tiranizar tanto la mente como el cuerpo» y precisa su modo de curarlo: «Hay dos formas de curar la melancolía amorosa: la una consiste en la unión con la cosa amada; la otra está en la habilidad y el trabajo de un buen médico.»

En el siglo XVII aparecen dos importantes contribuciones inglesas sobre este tema, la de Robert Burton y la de Jacques Ferrand. Por un lado, Burton (1577-1640) tiene el gran acierto de identificar la melancolía de amor *(love-melancoly)* como una enfermedad de la cabeza, profundamente perturbadora para el funcionamiento de la razón y la imaginación. Ya en el siglo XVI, Shakespeare se preguntaba en *El mercader de Venecia* si el amor residía en el corazón o en la cabeza. Cuando se iniciaron los trasplantes cardíacos, uno de los expertos cirujanos pioneros en la técnica sorprendió con su ignorancia al lamentar que con el nuevo corazón llegasen los sentimientos del donante al receptor.

Hoy nadie duda de la existencia del «cerebro del amor», porque este sentimiento, como todos los fenómenos afectivos, tiene un sustrato neurobioquímico y endocrino.

Volvamos a Burton para señalar que también acierta cuando considera los celos como una rama bastarda del amor, y no como un síntoma de la enfermedad amorosa, tal como se venía manteniendo. Entre los síntomas de esta melancolía Burton enumera los gemidos, la apatía, la tristeza, la falta de apetito y de sueño, la delgadez y el aspecto de la cara dominada por unos ojos muy hundidos.

Por su parte, Ferrand, también en la primera mitad del siglo XVII, dedica un libro completo al estudio de la melancolía del amor entendida como una afección hepática o hipocondríaca, especifica que las mujeres están todavía más sujetas a esta pasión y más cruelmente atormentadas por ella que los hombres e incluye la clorosis entre sus síntomas. Además, en contra de la opinión de la época, considera la satiriasis y la ninfomanía como versiones de la melancolía erótica.

Entre los escritos médicos literarios publicados desde el Renacimiento sobre el amor como causa de trastorno mental, existe una grave discrepancia a la hora de definir la *noxa* o *toxina psíquica amorosa* capaz de perturbar la mente, como puede apreciarse en la relación siguiente:
– Privación del deseo sexual.
– Excesiva actividad sexual.
– Pérdida del ser amado.
– Desengaño amoroso.
– Amor no correspondido.

Desde los textos de Freud se valoran la inhibición y la represión del deseo sexual como una de las grandes raíces de la angustia neurótica, y la hiperactividad sexual como un agente que puede conducir a cuadros neurasténicos. Por tanto, es evidente la vinculación de ambas noxas a la esfera de las neurosis.

La pérdida del ser amado y el desengaño amoroso se catalogan en los trabajos especializados actuales con una perspectiva ciertamente prosaica, como separación, divorcio y viudez. Habría que puntualizar aquí que el amor no correspondido, objeto de divorcio o de la separación, constituye el germen más importante de la depresión de amor en la sociedad actual.

LA FRUSTRACIÓN AMOROSA

En la etiología de las enfermedades depresivas figuran con frecuencia acontecimientos de vida traumatizantes que implican a pérdida temporal o definitiva del ser amado en forma de separación legal, divorcio, muerte, abandono y alejamiento temporal. La interrupción de una relación amorosa recíproca suele traumatizar más a la mujer, en la misma medida que su detonante suele estar más movido por la parte masculina.

En cambio, no recuerdo haber visto ninguna enferma afectada por una depresión secundaria a un amor que carecía de reciprocidad o era simulado. Aquí ya no se trata de la pérdida tremendamente traumatizante de un amor, sino de la frustración de un anhelo amoroso, esto es, del sentimiento de displacer ocasionado por interponerse un obstáculo entre un individuo concreto y su meta.

Las reacciones a la frustración pueden ser adecuadas o anómalas, y el modo adecuado de reaccionar a un amor no correspondido desde su origen, una vez comprobado que el obstáculo es infranqueable, radica en la renuncia o en la esperanza: con la primera se puede obtener un tremendo enriquecimiento espiritual, poético y existencial; y con la segunda se facilita el feliz encuentro con otro ser humano.

La frustración amorosa suscitada por un amor no correspondido desde sus orígenes representa para algunas mujeres (y hombres) de personalidad débil una situación profundamente estresante, que puede conducirlas a prodigar comportamientos infantiles o actos de violencia contra sí mismas o contra los demás, entregarse al consumo de drogas o cultivar otras formas de dependencia para cubrir su vacío existencial. Un gran sector de la psicopatología de la adolescente femenina, desde las tentativas de suicidio y los comportamientos de regresión infantil hasta el consumo de drogas y la entrega a la promiscuidad sexual, obedece con frecuencia a una frustración amorosa de este tipo que no puede ser asimilada por una personalidad débil e inmadura.

5
▼

El gran reto: salud y belleza

Capítulo 1. ▼ Saber comer

LA FIGURA COMO PROBLEMA
F. Alonso-Fernández

Vamos a reflexionar sobre la forma exterior del cuerpo, lo que llamamos *figura*. La figura que cada uno de nosotros tiene es el resultado de la interacción de diversos factores genéticos, biológicos, psíquicos y socioculturales.

Antes de referirnos someramente a estos factores, englobados en el comportamiento alimentario, es preciso apelar al sentido de la responsabilidad individual en este asunto y llamar la atención sobre el importante papel asumido por el sujeto en la construcción de su propia morfología externa. Todos somos, en mayor o menor medida, los escultores de nuestra figura. Hay quien se ha desentendido de esta labor en el curso de la vida, con un resultado desigual según los casos. Pero vivimos tiempos en los que cada vez es mayor la preocupación de la persona, al dictado de las normas socioculturales, por ofrecer a los demás una imagen física atractiva y agradable. Algunas veces se recurre para

ello a toda clase de sacrificios en relación con el modo de alimentarse y los hábitos de vida.

La figura delgada se ha impuesto como la moda regidora de las conductas alimentarias apoyada sobre todo por tres razones: porque prolonga la expectativa de vida; porque hace el acto amoroso más placentero para ambos participantes, y porque la estética ha elegido como modelo suyo la silueta estilizada. Nadie se atreve a discutir que el obeso tiene una edad media de vida más corta que la registrada hoy en la población general, debido a que se muestra particularmente vulnerable a las enfermedades cardiovasculares y metabólicas. La elección de compañeros delgados para las relaciones amorosas se encuentra en la voz popular y son muchas las mujeres que se lamentan de que a causa de la obesidad de sus compañeros tienen que tomar una iniciativa que se sale de lo común. Seguramente, la inclinación estética vigente obedece a las razones mencionadas, ya que muchas veces la moda posee razones ocultas que no esgrime para no aparecer como un culto más a la razón que a la estética.

Esta triple orientación, válida para ambos sexos, ha absorbido a la población femenina y ha dado origen al ideal de la nueva mujer, que combina cualidades personales de autocontrol alimentario y liberación sexual con un sello de imagen competitiva que a veces llega a los niveles masculinos proyectados sobre los intereses profesionales y el dominio físico.

La preocupación del siglo XVIII por comer suficiente, sobre todo pan (la clausura de las panaderías desempeñó un papel determinante en la eclosión de la Revolución Francesa), se ha transmutado en la preocupación por comer demasiado. Se trata de una preocupación muy fuerte, muchas veces obsesiva, que proviene del temor a ganar peso y se traduce en un comportamiento alimentario restrictivo y a menudo inadecuado.

El deseo de perder unos kilos –aun en ausencia de sobrepeso– o por lo menos de mantenerse sin aumentar un gramo, ocupa un interés general. La publicidad de métodos de adelgazamiento a través de la radio, la prensa y la televisión es atendida con especial cuidado por más de dos tercios de la población femenina y un tercio de la masculina. Entre los anuncios de mayor repercusión colectiva sobresalen los que promocionan la venta de alimentos hipocalóricos.

El clamor sociocultural por la delgadez ha penetrado como un ariete irresistible en las filas de la población femenina adolescente y joven de los países occidentales. Entre las chicas alrededor de los veinte años más del 80 por ciento ha hecho dieta para perder peso en alguna ocasión y un 30 por ciento recurre al ejercicio físico con el propósito de desprenderse de calorías. Sin embargo, el empleo de purgantes, vomitivos o píldoras adelgazantes con objeto de regular el peso se mantiene, afortunadamente, en una proporción bastante discreta.

El descontento con la imagen corporal de uno mismo afecta al 85 por ciento de la población joven femenina y al 40 por ciento de la masculina. Esta insatisfacción proviene en el 90 por ciento de los casos de exagerar o sobrestimar el tamaño corporal propio, elemento combustible que activa la llama angustiosa del miedo a engordar.

Las tres manifestaciones mencionadas, el temor fóbico a aumentar de peso, la imagen corporal propia agrandada y como resultado el sometimiento a una dieta severa, constituyen los síntomas de una especie de *anorexia mental suave o subclínica*. Nuestra población juvenil, sobre todo la femenina, está afectada por una auténtica epidemia de este tipo subclínico. Y como fenómeno de rebote ha sobrevenido una avalancha de *bulimias* (hambre aguda) y *obesidades*. Con este panorama nadie puede sentirse extrañado de que con mayor frecuencia que nunca aparezcan casos de patología alimentaria con necesidad de tratamiento en forma de anorexias, bulimias y trastorno de peso en ambos polos, con la proporción global en lo que se refiere a las anorexias y las bulimias de diez mujeres por un varón.

Conviene especificar bien el concepto de imagen corporal. Generalmente, se refiere al tamaño y la forma del cuerpo total y de sus distintos sectores. El análisis del fenómeno de la imagen corporal nos lleva a descomponerla en dos secuencias: primera, la autopercepción del cuerpo y segunda, su estimación en forma de sentimientos de satisfacción o de descontento.

Una de las técnicas más precisas para evaluar la autopercepción consiste en dibujar el propio cuerpo en tamaño natural sobre una hoja de papel pegada a la pared. La tendencia a sobrestimar la anchura de su cuerpo alcanza el mayor grado y frecuencia entre las chicas *anoréxicas restrictivas* y las *bulimaréxicas* (anorexia con bulimia), si bien en un grado mucho más ligero y con un porcentaje algo menor también está presente en el sector de la población femenina general que no padece ningún trastorno alimentario definido, seguramente por la inducción ejercida por el culto al cuerpo delgado. Por su parte, los adictos bulímicos e hiperfágicos al alimento, los primeros con un peso normal o superior a lo normal y los últimos generalmente obesos, se distribuyen de forma equilibrada en las tres categorías autoperceptivas: estimación corporal justa, sobrestimación o infraestimación.

A la luz de estos datos es muy difícil justificar la valoración del síntoma descrito como la sobrestimación del tamaño de la imagen corporal como si fuera el trastorno fundamental y específico de la anorexia mental en sus distintas modalidades.

Otro fenómeno que puede asociarse con la anorexia mental o aparecer de un modo independiente es la *dismorfofobia,* que consiste en el temor fóbico a sufrir una deformidad en alguna parte externa del cuerpo, generalmente la nariz y otras zonas de la cara de ambos sexos, las mamas en las mujeres y el pene en los hombres. Estas presuntas anomalías morfológicas se viven como fuentes de posible rechazo o desagrado para los demás. La dismorfofobia se encuentra a caballo entre la hipocondría y las fobias sociales. Por un lado, en cuanto preocupación propia es *hipocondría estética;* por el otro, en cuanto objeto de percepción para los demás, juega el mismo papel que una fobia social.

La revolución restrictiva de los hábitos alimentarios en el contexto de la cultura de la superdelgadez en la que nos encontramos se ha producido sin modificar la regulación de la ingesta ejercida por los mecanismos neurofisiológicos en conexión con las condiciones externas de vida. Los tres momentos básicos de la conducta alimentaria continúan estando representados por el hambre o el apetito, la ingestión de alimentos y la sensación de saciedad.

La fase apetitiva, en forma de una búsqueda de la alimentación, se pone en marcha a partir de las sensaciones de apetito o de hambre, más ligera y global la primera y con malestar general y dolor abdominal la última. La fase ejecutiva o ingestión alimentaria toma la forma de un comportamiento simple y estereotipado que, si no encuentra antes otras limitaciones, concluye con la aparición de la saciedad.

Del mismo modo que la temperatura de una habitación suele ser regulada por un termostato, el volumen de grasas acumuladas en el individuo es regulado por un *adipostato* o *ponderostato* situado en la base del cerebro. A medida que el adipostato alcanza una calibración más alta, se eleva la tendencia a almacenar grasa, con lo cual el hambre se despierta con mayor facilidad y la saciedad tarda más en llegar, combinación propicia para originar obesidad. Lo contrario sucede con una calibración baja.

El nivel de calibración del adipostato depende fundamentalmente de estos facto-res: el mapa genético, el estado de nutrición del sujeto, los mecanismos neurohormonales y el hábito alimentario. El denominador común conductual de muchos obesos es su hipersensibilidad para captar el mensaje del hambre y su torpeza para descifrar las señales de la saciedad.

PRINCIPIOS DE NUTRICIÓN Y ALIMENTACIÓN
F. Grande Covián

Es evidente que la sociedad contemporánea muestra un interés creciente por los problemas de la nutrición y la alimentación del hombre. Esto parece indicar que va haciéndose cargo de las estrechas relaciones entre nutrición y salud, puestas de relieve por el impresionante progreso que han experimentado los conocimientos científicos de la naturaleza de los procesos nutritivos en los últimos doscientos años.

Necesidades nutritivas del organismo humano. Necesidades de energía, materiales de construcción y reguladores metabólicos

Entendemos por nutrición el conjunto de procesos mediante los cuales nuestro organismo utiliza, transforma e incorpora en sus estructuras una serie de sustancias químicamente definidas que recibe del mundo exterior formando parte de los alimentos y elimina los productos de transformación de las mismas. Los procesos nutritivos tienen tres finalidades principales:

1. Suministrar la energía necesaria para el mantenimiento del organismo y sus funciones.
2. Suministrar los materiales necesarios para la edificación de las estructuras corporales, su renovación y reparación.
3. Suministrar las sustancias necesarias para la regulación de las numerosas reacciones químicas que en el organismo se verifican, y a cuyo conjunto denominamos metabolismo.

Podemos definir la alimentación como la parte externa del proceso nutritivo, es decir, el acto mediante el cual introducimos en nuestro organismo, normalmente por la boca, los distintos alimentos que nos sirven de sustento.

Pero los alimentos, como tales, no van a penetrar realmente en el interior de nuestro organismo, al que sólo llegan después de haber sido transformados en el aparato digestivo. La función del aparato digestivo consiste fundamentalmente en desintegrar los alimentos liberando las diversas sustancias que en ellos se encuentran, para que éstas puedan atravesar la pared intestinal y llegar a la sangre que va a transportarlas y distribuirlas a las células y tejidos que constituyen nuestro organismo.

Pero muchas de las sustancias nutritivas que componen los alimentos habituales son de gran tamaño molecular y no pueden ser absorbidas. Dichas sustancias deben ser degradadas durante la digestión, y transformadas en sustancias de pequeño tamaño molecular susceptibles de ser absorbidas. Los hidratos de carbono de gran tamaño molecular, como el almidón, que constituye la mayor parte de los hidratos de carbono contenidos en los alimentos, son degradados y absorbidos en forma de glucosa. Los disacáridos, como la sacarosa y la lactosa, son absorbidos después de haber sido desdoblados en los dos azúcares simples que los constituyen (glucosa y fructosa en el caso de la sacarosa y glucosa y galactosa en el de la lactosa). Las grasas neutras (o triglicéridos) son transformadas en dos moléculas de ácidos grasos y una de monoglicérido (una molécula de glicerina unida a una de ácido graso) y en esta forma van a ser absorbidas. Las proteínas están constituidas por la unión de unas moléculas orgánicas más pequeñas que llamamos aminoácidos. En el aparato digestivo, las proteínas son degradadas, los aminoácidos que las constituyen son liberados, y en esta forma van a ser absorbidas por el intestino.

Creo importante insistir en esto, no sólo para recordar al lector el papel de la digestión en el proceso nutritivo, sino también para ayudarle a comprender por qué los alimentos, como tales, no participan directamente en los procesos nutritivos. Son sus componentes liberados durante la digestión los que van a intervenir en dichos procesos. Desde el punto de vista de la nutrición, es el contenido de los alimentos en compuestos químicamente definidos, o nutrientes, capaces de ser absorbidos, lo que determina su valor nutritivo. Por otra parte, cuando una molécula de glucosa, por ejemplo, llega a la sangre, nuestro organismo no tiene manera de saber si procede del almidón o del azúcar del azucarero. Del mismo modo, cuando una molécula de vitamina C llega a la sangre, nuestro organismo es incapaz de saber si procede de una naranja, de una patata, de un pimiento, o de un comprimido adquirido en la farmacia.

Los alimentos contienen también sustancias que nuestro aparato digestivo no es capaz de digerir, y que no son absorbidas por el intestino. Estas sustancias constituyen lo que podríamos llamar el *residuo no digestible* de la dieta, que corresponde a lo que, con no mucha propiedad, llamamos habitualmente *fibra dietética*. Estas sustancias no participan en los procesos nutritivos, no pasan al interior del organismo y no llegan a las células que lo constituyen, en las que dichos procesos se verifican. Son importantes para regular los movimientos del intestino y quizá para proteger a la pared intestinal.

Son, pues, los nutrientes contenidos en los alimentos y liberados durante la digestión los que van a participar en los procesos nutritivos y los que, como ya se ha dicho, van a determinar el valor nutritivo de un alimento. Algunos nutrientes esenciales para nuestra nutrición se encuentran combinados con otros componentes de los alimentos. Esta combinación no se desdobla durante la digestión, por lo que el nutriente en cuestión no puede ser utilizado por nuestro organismo. Cada uno de los distintos nutrientes contenidos en los alimentos desempeña una función relacionada con una de las tres finalidades de los procesos nutritivos que han sido mencionadas, pero algunos de ellos pueden desempeñar varias funciones.

La dieta normal

Desde el punto de vista de la nutrición, el papel de la dieta consiste en satisfacer

Nombre	Alimentos de origen animal	Alimentos de origen vegetal
VITAMINAS LIPOSOLUBLES *Vitamina A* Axeroftol Retinol	Leche, mantequilla, queso. Aceite de pescado. Hígado.	Zanahorias, espinacas ([a]), berros, col, tomate, lechuga. Boniatos. Albaricoques secos.
Vitamina D Calciferol Colecalciferol	Mantequilla, huevos. Hígado. Pescados azules, frescos y en conserva. Aceite de hígado de bacalao.	
Vitamina E Tocoferol	Huevos, mantequilla.	Aceites vegetales (germen de trigo, girasol, oliva, etc.). Cereales enteros.
Vitamina K Menadiona Filoquinona Fitilmenoquinona	Hígado.	Brecolera, col, espinacas, lechuga.
VITAMINAS HIDROSOLUBLES *Vitamina B$_1$* Aneurina Tiamina	Carnes (en particular, carne de cerdo) Leche.	Cereales enteros, legumbres secas. Patatas, cacahuetes, pan.
Vitamina B$_2$ Riboflavina	Vísceras, carne, huevos. Leche, queso. pescados.	Harina integral de trigo, maíz, avena, etc. Verduras.
Vitamina B$_6$ Adermina Piridoxina	Carnes, hígado. Pescados blancos.	Cereales enteros. Coles de Bruselas. Patatas, judías. Plátanos.
Vitamina B$_{12}$ Cianocobalamina	Hígado, riñón, carne, huevos, pescados.	([b])
Vitamina antipelagrosa Vitamina PP Vitamina G Amina o ácido nicotínico Niacina	Hígado y riñón. Carnes, pescados. Leche, huevos.	Pan blanco ([c]). Legumbres secas. Cacahuetes.
Ácido fólico Factor citrovorum Vitamina M Folato Folacina	Hígado, riñón. Huevos, pescado.	Brecolera, espinacas, espárragos, col, lechuga, remolacha. Aguacate, cacahuetes. Pan (integral y blanco). Arroz, naranjas, plátanos.
Ácido pantoténico Factor filtrado	Vísceras y carne. Yema de huevo. Leche y productos lácteos.	Cereales y leguminosas ([d])

Tabla 38. *(Continuación)*

Nombre	Alimentos de origen animal	Alimentos de origen vegetal
Biotina Vitamina H	Vísceras. Pescados. Leche y productos lácteos.	Legumbres secas. Verduras, hortalizas.
Vitamina C Vitamina antiescorbútica Ácido ascórbico	Hígado.	Frutas en general, frutas cítricas. Pimientos verdes. Berros, perejil. Coliflor, brecolera, espinacas, lechuga. Espárragos, puerros. Patatas.

[a] Los alimentos de origen vegetal no contienen vitamina A, sino carotenos, que son transformados en vitamina A en el organismo.

[b] La vitamina B_{12} no existe en los vegetales.

[c] Los cereales, particularmente el maíz, contienen ácido nicotínico, que no es utilizado a menos de someter previamente al alimento a cierto tratamiento. Nuestro organismo forma ácido nicotínico a partir del triptófano de las proteínas del alimento.

[d] El ácido pantoténico está presente prácticamente en todos los alimentos.

las necesidades nutritivas de nuestro organismo. Esta afirmación puede parecer una perogrullada, o poco menos, pero creo que es importante repetirla, porque uno de los errores cometidos por los defensores de las dietas extremas consisten, precisamente, en atribuir a dichas dietas virtudes que poco tienen que ver con las necesidades nutritivas del organismo humano.

De acuerdo con lo dicho varias veces, el adulto normal es capaz de satisfacer sus necesidades nutritivas, de mantener un estado nutritivo satisfactorio y de gozar de buena salud, con dietas de muy diversa composición en términos de alimentos, siempre que cumplan las condiciones siguientes:

1. Que la cantidad total de alimentos, o más exactamente su contenido en energía, sea suficiente para mantener un peso corporal constante, dentro de los límites considerados normales para el sujeto.
2. Que la dieta diaria sea variada y estén presentes en ella alimentos representativos de cada uno de los seis grupos que luego describiré (tabla 39).

Numerosos estudios acerca del estado nutritivo de distintos grupos de población con distintos hábitos alimenticios, y los conocimientos científicos que acerca de la naturaleza de los procesos nutritivos poseemos, justifican plenamente lo que acabo de decir. A pesar de las notables diferencias individuales, es evidente que el hombre es capaz de satisfacer sus necesidades nutritivas con dietas muy diversas.

Las personas sanas cuya dieta habitual cumple las dos condiciones expuestas no deben necesitar suplementos de vitaminas o minerales, y mucho menos deben necesitar consumir alimentos esotéricos, cuyas virtudes sobrenaturales nunca han sido científicamente demostradas, ni están justificadas por cuanto sabemos de su composición.

El error de muchos de los sistemas dietéticos censurables con que nos vemos amenazados se debe a que dan preeminencia a un determinado alimento, eliminando de la dieta otros cuya contribución a la composición de la dieta total es necesaria.

En los países desarrollados, que disfrutan de abundancia y variedad de alimentos, existen, sin embargo, grupos de población cuyo estado nutritivo no es satisfactorio. Aun en los países más prósperos podemos encontrar que entre un 10 y un 12 por ciento de la población padece deficiencias nutritivas, que no se manifiestan por un cuadro clínico fácilmente identificables, pero que son demostrables por métodos bioquímicos. Estas personas no son enfermos en la acepción corriente de la palabra, pero su salud no es la salud óptima deseable.

Las causas de esta situación son múltiples: nivel económico que no permite adquirir todos los alimentos necesarios, despreocupación e ignorancia de los principios elementales de nutrición y alimentación, personas que viven solas y sienten poca inclinación por las labores culinarias, ancianos cuya dentición defectuosa les fuerza a elegir alimentos de fácil masticación, consumo de dietas monótonas y, en no pocos casos, personas que por su cuenta y riesgo deciden adoptar alguna de las dietas irracionales que a través de la propaganda llegan a su conocimiento.

Si cualquier dieta que cumpla las dos condiciones mencionadas es, en principio, satisfactoria, tendremos que concluir que en cualquier país que disfrute de abundancia y variedad de alimentos, como es el caso del nuestro, es posible seleccionar dietas muy diferentes en cuanto a los alimentos individuales que las integran, pero

capaces todas ellas de cumplir dichas condiciones.

Por esta razón, me resisto a formular una dieta «ideal» única. Hay en realidad muchas dietas posibles, capaces todas ellas de satisfacer las necesidades nutritivas de nuestro organismo. En este sentido no está justificado considerar a una de ellas como la dieta «ideal», con exclusión de todas las demás. Atribuir a una dieta dada, sea la que sea, la categoría de «ideal», sería caer en el mismo error que intentamos combatir.

La distribución de alimentos que aparece en la tabla 39 no es más que un ejemplo de una de las muchas combinaciones de alimentos comunes capaces de satisfacer las necesidades de energía y nutrientes. Por su contenido de grasa limitado (34 por ciento de la energía total) y su bajo contenido de colesterol, satisface también las recomendaciones actuales, en relación con la prevención de la ateroesclerosis. Pero, permítaseme que insista, no es más que un modelo para orientar al lector. No es, ni pretende ser la dieta «ideal».

En la tabla 41 se presenta la contribución de cada uno de los seis grupos de alimentos al contenido de energía y nutrientes del reparto de alimentos presentado en la tabla 39.

Puede verse en ella que el suministro total de energía depende, en primer lugar,

Tabla 39. **Modelo de reparto de alimentos en una dieta de 2.700 kilocalorías diarias, destinadas a un varón adulto normal, de actividad física moderada** •
(Todos los datos se refieren a peso de la porción comestible de los alimentos frescos)

Grupo	Cantidad por día
1. Leche y derivados Huevos	Leche, 250 g Huevos, media unidad Queso (contenido medio de grasa), 15 g
2. Carnes, aves [a] Pescado	Carne o pollo, 100 g O pescado, 150 g Jamón curado, 10 g
3. Grasas y aceites	Aceite, 60 g Mantequilla, 12 g
4. Cereales, leguminosas, patatas, azúcar	Pan, 250 g Arroz y pasta, 60 g

Tabla 39. *(Continuación)*

Grupo	Cantidad por día
	Legumbres secas, 50 g Patatas, 250 g Mermelada, 25 g Azúcar, 30 g
5. Hortalizas y verduras (ᵇ)	Hortalizas y verduras de distintas clases, 225 g
6. Frutas	Frutas frescas, 200 g

(ᵃ) Calculado suponiendo consumo de carne (100 g), tres veces por semana; pescado blanco (150 g), dos veces por semana; pescado azul (150 g), una vez por semana; vísceras (hígado o riñones, 100 g), una vez por semana.

(ᵇ) Calculado suponiendo que 125 g se emplean en preparar un plato caliente de acelgas, berenjenas, espinacas, col, coles de Bruselas, guisantes frescos, judías verdes..., o mezclas de dichos alimentos.
El resto deberá ser consumido en crudo, en forma de ensalada de tomates y lechuga, a la que puede añadirse pimiento, pepino, zanahoria cruda, etc.

Tabla 40. **Energía y nutrientes del modelo de distribución de alimentos descrito en la tabla 39. Cantidades por día**

Energía	2.720 kilocalorías
Proteínas totales	85 g (13 por ciento de la energía total)
Proteínas animales	37 g
Proteínas vegetales	48 g
Grasa total	104 g (34 por ciento de la energía total)
Grasa animal	39 g
Grasa vegetal	65 g
Hidratos de carbono	361 g (53 por ciento de la energía total)
Calcio	702 mg
Hierro	18 mg
Vitamina A	1.025 microgramos (equivalentes de retinol)
Tiamina	1, 5 mg
Riboflavina	1, 6 mg
Niacina	27 mg (equivalentes de niacina)
Vitamina C (ᵃ)	144 mg
Colesterol	305 mg

(ᵃ) La vitamina C (veáse tabla 38) procede principalmente de las patatas, las hortalizas y verduras y las frutas frescas. Las frutas frescas y las verduras consumidas en crudo suministran al menos unos 65 mg de ácido ascórbico. Por consiguiente, aunque buena parte del ácido ascórbico contenido en el resto de las hortalizas y verduras y las patatas sea destruido por la cocción, la cantidad de ácido ascórbico de la dieta satisface ampliamente las recomendaciones dietéticas más elevadas (60 mg por día para las recomendaciones americanas, 30 mg por día para las recomendaciones inglesas).

del grupo 4 (cereales, leguminosas, patatas, azúcar), seguido del grupo 3 (grasas y aceites). El contenido de proteínas depende también, en primer lugar, del grupo 4, seguido del grupo 2 (carnes, pescados, aves), y en tercer lugar, del grupo 1 (leche y derivados, huevos).

El contenido de grasa total depende en primer lugar del grupo 3 (grasas y aceites) y, en menor proporción, del grupo 1 (leche y derivados, huevos) y del grupo 2 (carnes, aves, pescado).

Cerca de un 90 por ciento de los hidratos de carbono son suministrados por el grupo 4 (cereales, leguminosas, patatas, azúcar). La cantidad total de azúcar (mermelada y azúcar) es de unos 46 g por día, que corresponden a un 7 por ciento del valor calórico total de la dieta. Esta cantidad es algo menos de la mitad de la consumida en Estados Unidos. Hace ya años que las autoridades norteamericanas incluyen el azúcar en las lista «GRAS» o lista de sustancias consideradas inofensivas. Dejando aparte el problema de la caries dental, no está demostrado que el azúcar tenga participación alguna en el desarrollo de las enfermedades degenerativas. A menos que el español tenga una especial sensibilidad para el azúcar, cosa que según creo nunca ha sido demostrada, no encuentro justificación alguna para preocuparse por el contenido de azúcar del modelo que estoy analizando.

El contenido en calcio depende en casi dos terceras partes del grupo 1 (leche y derivados) y, en segundo lugar, del grupo 4 (cereales, leguminosas, patatas...). El contenido de hierro depende en primer lugar del grupo 4 y en segundo lugar del grupo 5 (hortalizas y verduras). La contribución de las carnes no pasa de un 10 por ciento del contenido de hierro total.

El contenido de vitamina A (en forma de caroteno) depende en casi dos terceras partes del grupo 5 (hortalizas y verduras) y en bastante menor proporción de la leche y derivados y del grupo de grasas y aceites.

La mayor parte de la tiamina procede del grupo de los cereales y leguminosas, mientras que la riboflavina procede principalmente del grupo de la leche y huevos seguido del grupo de los cereales y leguminosas.

La niacina procede en primer lugar de los cereales y leguminosas (grupo 4) y en segundo lugar del grupo de carnes y pescados (grupo 2).

La vitamina C procede en una tercera parte del grupo 4 (específicamente de las patatas) y en una cantidad igual de las hor-

● ●

Tabla 41. **Contribución de los distintos grupos de alimentos al contenido de energía y nutrientes esenciales del modelo de distribución de alimentos descrito en la tabla 39. Cifras en porcentaje del total**

Grupo de alimentos	1	2	3	4	5	6
Energía	10	7	23	55	2	3
Proteínas	18	26	–	50	3	3
Grasas	16	12	67	5	—	–
Hidratos de carbono	4	–	–	88	2	6
Calcio	62	3	–	22	8	5
Hierro	7	9	–	69	11	4
Vitamina A	17	2	10	–	65	6
Tiamina	13	7	–	60	13	7
Riboflavina	43	16	–	24	13	4
Niacina	14	30	–	46	7	3
Vitamina C	3	–	–	35	35	27

Esta tabla muestra el papel de cada uno de los grupos de alimentos en el suministro diario de energía y nutrientes, expresado en tantos por ciento del suministro total correspondiente.

talizas y verduras, con una contribución ligeramente inferior de las frutas.

Los datos que acabo de exponer deben servir para que el lector pueda darse cuenta de que el ajuste de energía y nutrientes de una dieta es cuestión bastante engorrosa. Debido al diferente valor energético y al distinto contenido de nutrientes esenciales de los alimentos es necesario que la dieta, como tantas veces he dicho, contenga alimentos representativos de los distintos grupos de géneros alimenticios comúnmente consumidos. Basta con mirar atentamente a la tabla 41 para comprender que la eliminación de uno de los grupos de alimentos conduce a una pérdida importante de uno o más de los nutrientes esenciales.

Del mismo modo, un aumento desproporcionado de la cantidad de alimentos pertenecientes a uno de los grupos puede alterar significativamente la composición de la dieta total. Suponga el lector, como ejemplo, que queremos aumentar la cantidad de riboflavina. Esto puede hacerse fácilmente aumentando la cantidad de leche y de huevos, pero puede dar lugar a una elevación indebida del contenido total de grasa de la dieta. En el modelo de distribución de alimentos que aparece en la tabla 39 se ha introducido con este objeto una ración de hígado o riñones, que son una excelente fuente de esta vitamina, un día a la semana, en vez de una ración de carne o pescado.

La dieta normal y el placer de comer

La utilización de los alimentos mencionados en forma de platos diversos debe quedar al arbitrio del ama de casa, quien puede preparar comidas perfectamente satisfactorias desde el punto de vista de la nutrición y apreciadas por sus comensales.

La dieta mejor concebida y más cuidadosamente calculada no es de mucha utilidad si la persona a quien se destina la encuentra inaceptable. Porque comer no es sólo satisfacer las necesidades nutritivas del organismo, es también un placer. Brillat-Savarin ha descrito este aspecto de la alimentación del hombre diciendo que el Creador, al obligarnos a tener que comer

para vivir, nos recompensa con el placer que la comida nos produce. El placer de la mesa, según reza uno de sus más famosos aforismos, «es de todos los tiempos y todas las edades, y es el último que nos queda, cuando todos los demás nos han abandonado».

Alteraciones de los alimentos durante la cocción

La gran mayoría de los alimentos que componen nuestra dieta son consumidos después de haber sido sometidos a la cocción. En términos generales, la cocción de los alimentos contribuye a su mejor digestibilidad y los hace más atractivos al paladar, a la vez que destruye sustancias contenidas en algunos de ellos que pueden ejercer efectos perjudiciales para nuestra salud.

Pero la cocción ocasiona también algunos efectos desfavorables sobre las propiedades nutritivas de los alimentos, que debemos conocer a fin de tratar de evitarlos.

Los tres principios inmediatos (proteínas, grasas, hidratos de carbono) son afectados por el tratamiento térmico de los alimentos.

El sabor y el aroma de la carne asada y la apetitosa costra que se forma en su superficie se debe en parte a la llamada reacción de Maillard, que consiste en la formación de un compuesto entre los azúcares simples y los grupos amínicos libres de lisina, principalmente. Esta misma reacción tiene lugar durante la cocción del pan en el horno.

El compuesto formado por la lisina y el azúcar no es utilizable por nuestro intestino. La reacción de Maillard, por tanto, reduce la cantidad de lisina utilizable de los alimentos. La pérdida de lisina es poco importante cuando el tratamiento térmico no es muy intenso y poco prolongado.

Las grasas experimentan transformaciones que tampoco son muy importantes en las condiciones habituales, a menos que el aceite empleado en la fritura se utilice repetidamente. Los aceites monoinsaturados, como el aceite de oliva, son más resistentes al calor que los poliinsaturados.

El efecto del calor sobre los hidratos de carbono, aparte de la reacción de Maillard antes mencionada, es, en general, favorable. La cocción en agua de los cereales, por ejemplo, da lugar a que los granos de almidón aumenten de tamaño, rompiendo las paredes celulares y haciendo que el almidón se haga más soluble y de más fácil digestión.

Las vitaminas hidrosolubles son sensibles al calor y pueden perderse, cuando el alimento que las contiene es cocido en agua que es descartada después de la cocción. La vitamina C es la más sensible de ellas, seguida de la folacina y la tianina. La más estable es la niacina.

Los minerales, por supuesto, son resistentes al calor. Su pérdida durante las maniobras culinarias se debe a que pueden pasar al agua de cocción; pero las pérdidas no son en general de consideración. Una regla útil para conservar los minerales y las vitaminas hidrosolubles en general consiste en reducir en lo posible el volumen de agua empleado y utilizar el agua de cocción para la preparación de sopas o salsas. El caldo de cocido es un buen ejemplo de esta razonable práctica.

La cocción del arroz es otro buen ejemplo. Cuando el agua de cocción del arroz se desecha después de la cocción, la pérdida de tiamina es del orden de un 50 por ciento del contenido original y otro tanto ocurre con otras vitaminas hidrosolubles. Cuando el agua de cocción que no es retenida por el arroz se pierde por evaporación, la pérdida es mucho menor. Espero que esto sea del agrado de los aficionados a la paella.

Creo que no es necesario presentar más datos para que el lector tenga una idea de los efectos de la técnica culinaria sobre el valor nutritivo de la dieta. Las pérdidas de nutrientes producidas por las maniobras corrientes no son muy importantes en los países que disponen de dietas abundantes y variadas. En todo caso, el ama de casa y el cocinero deben tenerlas en cuenta, sobre todo cuando el aporte de un nutriente esencial procede principalmente de un alimento. En estas circunstancias, la cocción del alimento en cuestión puede poner en peligro el contenido de la dieta en dicho nutriente esencial.

Debo añadir, por último, que el efecto del calor depende de su intensidad y de la duración de la cocción. Los efectos del cocinado con microondas o radiación infrarroja no son distintos de los producidos por otras fuentes de calor. Cuando las microondas o la radiación infrarroja se emplean solamente para recalentar alimentos previamente cocinados, no suele producirse pérdida adicional de nutrientes.

MITOS, ERRORES Y DIETAS EXTREMAS
F. Grande Covián

Desgraciadamente, el plausible interés motivado sin duda por el legítimo deseo de disfrutar de una vida larga y sana se acompaña de la proliferación de toda suerte de recomendaciones dietéticas basadas en mitos y creencias irracionales, con completo olvido de los principios establecidos por el estudio científico de la nutrición y, en no pocos casos, en flagrante contradicción con los conocimientos generalmente aceptados y sólidamente documentados que actualmente poseemos.

El público se ve literalmente bombardeado por toda clase de opiniones infundadas y contradictorias, y se encuentra de hecho en un lamentable estado de confusión.

El mito de la alimentación «natural»

Para muchas personas, la adición del adjetivo *natural* al nombre de un producto alimenticio basta para convertirlo automáticamente en un alimento dotado de extraordinarias propiedades nutritivas, de las que el mismo producto carece cuando no es objeto de tal calificación.

La realidad enseña, sin embargo, que dichas propiedades sólo existen en la imaginación de los creyentes en la llamada alimentación natural. La supuesta superioridad de los denominados alimentos naturales nunca ha podido ser científicamente documentada, y las propiedades arbitrariamente atribuidas a los alimentos así llamados son, muy frecuentemente, incompatibles con los conocimientos científicos generalmente admitidos en el momento actual.

Paradójicamente, el mito de la alimentación natural consiste, a fin de cuentas, en atribuir a los llamados alimentos naturales propiedades que son de hecho sobrenaturales, sin posible explicación racional.

La primera dificultad con que nos hallamos al enfrentarnos con el mito de la alimentación natural consiste en que no es posible definir con precisión aceptable qué es lo que debemos entender por alimento natural. En un sentido estricto, el calificativo *natural* sólo es aplicable a aquello que se produce espontáneamente, sin intervención de la mano del hombre. Tendremos, pues, que concluir que es prácticamente imposible encontrar en el mundo actual alimentos que merezcan esta calificación.

La supuesta superioridad de los denominados alimentos naturales nunca ha podido ser científicamente documentada.

Pero, además, no todo lo que crece espontáneamente, sin intervención de la mano del hombre, es adecuado para nuestra alimentación. Las setas venenosas que crecen espontáneamente son, sin duda alguna, naturales en el más riguroso sentido de la palabra. Los ejemplos podrían multiplicarse. La cassava, yuca o mandioca, que es un alimento utilizado en las regiones tropicales, contiene una sustancia que produce ácido cianhídrico. Éste puede ser eliminado moliendo la raíz de la planta y dejándola secar al sol, o incubándola en agua antes de secarla. La cassava *natural* es tóxica; deja de serlo cuando deja de ser natural.

Cuando de alimentos se trata, el calificativo *natural* se emplea con frecuencia sin tener en cuenta el sujeto a quien el alimento se destina. La siguiente anécdota personal puede servir para poner de relieve este error, común entre los defensores de la alimentación natural. Un caballero de ochenta y seis años de edad informaba cortésmente que disfrutaba de una excelente salud, que él atribuía a su alimentación con productos *naturales,* tales como la leche de vaca y los huevos de gallina. Dejando aparte la cuestión de si estos alimentos, tal como son producidos y distribuidos en la actualidad, merecen o no el calificativo de naturales, la cuestión que se plantea es si son o no naturales para el hombre. No tengo inconveniente alguno en admitir que la leche de vaca es el alimento específicamente diseñado por la naturaleza para servir de alimento al ternero durante la primera época de su vida, y que el huevo de gallina es el alimento diseñado por la naturaleza para servir de alimento al embrión de pollo, hasta que éste alcanza el desarrollo necesario para poder salir del cascarón y alimentarse por su cuenta. Pero es más difícil admitir que la leche de vaca y el huevo de gallina hayan sido diseñados por la naturaleza para servir de alimento a una persona respetable, que, evidentemente, no es ni un ternero ni un embrión de pollo. Dudo, en consecuencia, que puedan ser calificados de alimentos naturales para el hombre. Lo que no quiere decir, por supuesto, que tanto la leche de vaca como el huevo de gallina no sean alimentos excelentes para el hombre. Quiere decir, simplemente, que un determinado producto puede ser un excelente alimento para el hombre, aunque no haya sido destinado originalmente por la naturaleza a servir de alimento para nuestra especie, y no merezca, en buena lógica, el título de alimento natural para ella. Con mucha razón, los pediatras hablan de lactancia *artificial* cuando el lactante es alimentado con un producto dietético elaborado con leche de vaca. Así pues, si aceptamos la opinión de mi atento comunicante, tendríamos que admitir que la leche de vaca es un alimento *artificial* para el lactante, pero *natural* para el hombre de edad avanzada.

LA COMPOSICIÓN QUÍMICA DE LOS ALIMENTOS

Si se exceptúa la leche materna, para los primeros cuatro a seis meses de la vida, ninguno de los alimentos que consumimos contiene la proporción adecuada de todas las sustancias nutritivas (o nutrientes) que son indispensables para nuestra nutrición. No hay, pues, razón alguna para creer que dichos alimentos hayan sido creados con la finalidad primaria de servir de alimento a nuestra especie. Debido a ello necesitamos incluir en la dieta diaria alimentos de distintas características, como repetiré varias veces.

Pero además, y esto es menos sabido, los alimentos que consumimos contienen numerosas sustancias perfectamente identificadas químicamente, que no son indispensables para nuestra nutrición. Una patata, por ejemplo, contiene unas ciento cincuenta sustancias químicas diferentes. Menos de una tercera parte de ellas desempeñan un papel conocido en la nutrición humana. Algunas de estas sustancias, que yo suelo denominar *componentes no nutritivos* de los alimentos, contribuyen al aroma, sabor, color..., del alimento; pero, como he dicho, no desempeñan papel conocido en los procesos nutritivos y nunca ha podido demostrarse que sean indispensables para nuestra nutrición.

Algunas de estas sustancias son potencialmente tóxicas, pero afortunadamente se encuentran en muy pequeña cantidad y nuestro organismo posee mecanismos que le permiten, en condiciones normales, neutralizar su toxicidad. Es sorprendente que la preocupación de la sociedad actual por los aditivos alimenticios no se acompañe de una preocupación semejante por estas sustancias que podríamos considerar como *aditivos naturales*. Quizá los partidarios de la alimentación natural creen que por tratarse de aditivos naturales no pueden ser perjudiciales.

Las especies vegetales y animales de las que obtenemos nuestros alimentos estaban en el mundo mucho antes de la llegada a él de nuestra especie. Cuesta trabajo creer que hayan sido creados por una naturaleza previsora, en espera de la llegada de una especie que habría de tardar aún millones de años en aparecer sobre la Tierra.

LOS HÁBITOS ALIMENTICIOS DEL HOMBRE

Los hábitos alimenticios de nuestros remotos antepasados han estado determinados en cada momento por los alimentos que encontraban a su alcance. Porque, como ha escrito Darwin, el hombre primitivo se vio forzado a alimentarse con todo aquello que era capaz de masticar y tragar.

Durante más de dos millones de años nuestros antepasados se vieron obligados a cambiar repetidamente de hábitos alimenticios. El hecho de que nuestra especie haya sobrevivido, a pesar de tales cambios, demuestra que el hombre es capaz de satisfacer adecuadamente sus necesidades nutritivas con las más diversas mezclas de géneros alimenticios a su disposición. Es ilusorio pensar que la dieta consumida por nuestros antepasados en un determinado momento pueda ser considerada como la dieta *natural* del hombre, con exclusión de todas las demás.

Hace cosa de medio millón de años el hombre aprendió a utilizar el fuego y, andando el tiempo, aprendió también a emplearlo para cocer los alimentos. Gracias a ello, pudo utilizar para su alimentación productos que antes era incapaz de masticar y tragar, así como productos que contenían sustancias nocivas que podían ser destruidas por la cocción. De este modo pudo introducir una mayor variedad en sus hábitos alimenticios. El antropólogo norteamericano Carleton Coon (1954) ha propuesto que la cocción de los alimentos puede haber sido un factor decisivo en el tránsito de una forma de vida primariamente animal a otra más propiamente humana.

Pero la cocción de los alimentos plantea a mi juicio un problema muy grave para los creyentes en la alimentación natural. En la medida que en la cocción interviene la mano del hombre, puede decirse, con toda lógica, que un alimento cocido ha dejado de ser un alimento natural. ¿Creen los entusiastas de la alimentación natural que debemos volver a alimentarnos exclusivamente de alimentos crudos?

Es bien sabido que los hábitos alimenticios difieren notablemente de unos grupos a otros en el momento actual. Es evidente, pues, que el hombre puede satisfacer sus necesidades nutritivas, no sólo con las más variadas mezclas de géneros alimenticios, sino también con muy distintas combinaciones de alimentos preparadas con las técnicas culinarias más diversas.

CONFUSIÓN, PELIGROS Y FRAUDES

El concepto de alimento, o dieta, *natural* contribuye sin duda a aumentar la confusión del público en cuanto a hábitos alimenticios se refiere. Los creyentes en la existencia de una dieta natural parecen estar en posesión de información de la que carecemos el resto de los mortales. Esto les permite clasificar los alimentos a su capricho, y es inútil buscar argumentos racionales que justifiquen tal clasificación. Algunos creyentes en la alimentación natural sostienen que un vegetal abonado con estiércol es un producto natural, mientras que el mismo vegetal abonado con un abono inorgánico no lo es. Esta sorprendente creencia, aparte de indicar una lamentable ignorancia de la nutrición de los vegetales, no encuentra apoyo alguno en los estudios realizados al efecto. Cuantos estudios conozco sobre la cuestión no encuentran diferencia significativa, en cuanto a valor nutritivo se refiere, entre los vegetales abonados con abonos orgánicos o inorgánicos.

Hay también quien cree que una vitamina, por ejemplo, que ha sido obtenida de una planta es superior a la misma vitamina obtenida en el laboratorio. Esta creencia indica una descomunal ignorancia de los conocimientos químicos más elementales y debe ser rechazada sin la menor contemplación. Cuando un químico establece la estructura de la molécula de una vitamina extraída de una planta, y la comprueba mediante la síntesis en el laboratorio, obtiene una vitamina cuya molécula es exactamente igual a la de la vitamina original y, por tanto, con las mismas propiedades físicas, químicas y biológicas. Nuestro organismo es incapaz de distinguir entre la vitamina que existe en el alimento y la que se encuentra en un comprimido adquirido en la farmacia.

Muchas personas, como decía al comienzo, creen que todo lo natural es beneficioso, sin pararse a pensar qué es lo que realmente se quiere decir con el calificativo. El problema, a mi juicio, no está tanto en debatir si existen o no alimentos que merezcan la calificación de naturales como en hacer ver que el calificativo no implica necesariamente la superioridad del alimento al que se aplica, desde el punto de vista de su valor nutritivo.

La creencia en la superioridad de todo lo natural, o de todo lo que pensamos que lo es, es a mi entender un reflejo de la creencia en el hombre como rey de la creación, a cuyo servicio está la naturaleza. Es una consecuencia de nuestra concepción antropocéntrica del universo.

Sería exagerado decir que la creencia en la alimentación natural constituye un peligro para la salud pública, pero puede serlo en ciertas circunstancias. Todos conocemos casos en los que el tratamiento de un paciente mediante una supuesta dieta natural impidió descubrir la enfermedad que le aquejaba y poner en práctica el tratamiento médico que quizá hubiera podido curarle.

El mayor peligro de la creencia en la alimentación natural se debe al empleo del calificativo con fines comerciales. Ocurre con frecuencia que el calificativo se aplica deliberadamente a géneros alimenticios de dudosa calidad, que no satisfacen en muchos casos las exigencias de la legislación vigente en la mayor parte de los países. Seducido por el calificativo, el público paga más por estos productos y pone en peligro su salud. La venta de tales productos alimenticios, calificados como naturales, sólo beneficia al vendedor y no al consumidor. Se trata, simplemente, de un fraude.

La dieta «separada» de Hay

La llamada dieta de Hay, o dieta separada, alcanzó popularidad en Estados Unidos durante los dos primeros decenios del presente siglo; pero se encuentra prácticamente olvidada en aquel país en la actualidad. No sería necesario ocuparnos de ella si no fuera porque, como el Ave Fénix, parece haber resurgido de sus cenizas, y es objeto de una activa propaganda que la presenta como una gran novedad dietética, sin reconocer abiertamente su procedencia, en algunos países euopeos, España entre ellos.

La dieta Hay es un buen ejemplo de sistema dietético en principio inofensivo, pero basado en conceptos completamente erróneos. Su aceptación por parte de algunas personas es una prueba más de la credulidad del público, dispuesto a aceptar cualquier dieta que considere nueva, por disparatados que sean los conceptos en que se basa. Por esta razón creo que es útil ocuparse brevemente de ella.

La dieta Hay se basa en suponer que las proteínas y los hidratos de carbono no pueden ser digeridos y asimilados cuando se encuentran juntos en una misma comida, porque las primeras requieren para su digestión un medio ácido, mientras que los segundos requieren un medio alcalino. Recomienda, en consecuencia, el consumo de estos dos principios inmediatos en comidas separadas.

Esta idea es contraria a cuanto sabemos de la fisiología de la digestión. La experiencia diaria demuestra que el hombre es capaz de digerir y asimilar perfectamente dietas con las más variadas proporciones de proteínas e hidratos de carbono. Los agentes responsables de la digestión (enzimas digestivos) son exquisitamente específicos, y nada prueba que la actividad de los enzimas encargados de la digestión de los hidratos de carbono se vea perturbada por la presencia de los encargados de la digestión de las proteínas, o viceversa. La digestión de las proteínas, por ejemplo, se inicia en el medio ácido del estómago, y se continúa en el medio alcalino del intestino. No hay, pues, razón alguna para pensar que nuestro aparato digestivo tenga la menor dificultad para digerir los hidratos de carbono y las proteínas que se encuentran juntos en las dietas habituales.

Afirma Hay que la naturaleza ha separado en los alimentos las proteínas de los hidratos de carbono, lo que tampoco es verdad. La leche materna, el único alimento que podemos considerar *natural* para el hombre, durante los primeros meses de su vida, contiene proteínas e hidratos de carbono, y lo mismo ocurre con otros muchos alimentos.

Hay resuelve esta dificultad clasificando los alimentos, de forma arbitraria, en alimentos hidrocarbonados y alimentos proteicos. El pan, por ejemplo, es considerado un alimento hidrocarbonado, olvidando que el pan blanco contiene entre un 7 y un 8 por ciento de proteínas. La leche de vaca es clasificada como alimento proteico, olvidando que contiene aproximadamente un 3,5 por ciento de proteínas y un 5 por ciento de hidratos de carbono (lactosa). Por tanto, después de invocar una inexistente *ley de la naturaleza*, Hay hace caso omiso de ella en su clasificación.

Hay supone, sin fundamento alguno, que muchas de las enfermedades del aparato digestivo y la nutrición son causadas por el consumo de dietas en las que las proteínas y los hidratos de carbono se encuentran juntos, cosa que en realidad ocurre en todas las dietas habitualmente consumidas por el hombre. Según Hay, muchas de las enfermedades que aquejan a la especie humana, incluso el cáncer, se deben a un *desequilibrio químico* ocasionado por el consumo de dietas en las que las proteínas y los hidratos de carbono se encuentran juntos. Todas estas enfermedades pueden curarse, según él, mediante su dieta *separada*.

Basta ver la lista de enfermedades cuya causa atribuye Hay al consumo de dietas en las que las proteínas y los hidratos de carbono están presentes al mismo tiempo, para comprender que sus ideas son insostenibles: anemia perniciosa, asma, enfermedades renales, diabetes, reumatismo, artritis, neuritis, úlceras de estómago y de intestino, toda clase de enfermedades digestivas, eczemas, bocio, toda clase de tumores y tuberculosis.

Los éxitos atribuidos a la dieta Hay son fáciles de comprender en personas habituadas a comer desordenadamente y en exceso y a consumir bebidas alcohólicas en cantidad. Estas personas, cuando son sometidas a una dieta regular, en cantidad adecuada a sus necesidades de energía y con abandono de las bebidas alcohólicas, experimentan una mejoría de su estado nutritivo. Pero esta mejoría no se debe en modo alguno al consumo de proteínas e hidratos de carbono en comidas separadas en el tiempo. Es seguro que la misma mejoría se habría obtenido sin necesidad de separar los alimentos clasificados por Hay como alimentos proteicos o alimentos hidrocarbonados.

El organismo humano posee una maravillosa capacidad de adaptación. Los resultados atribuidos a la dieta Hay muestran que el hombre puede satisfacer adecuadamente sus necesidades nutritivas con las dietas más variadas, siempre que el valor calórico de las mismas sea igual a las necesidades de energía del sujeto y que éstas estén compuestas por alimentos de distintas características, aunque no todos ellos estén presentes en la misma comida.

La dieta Hay, en resumen, puede considerarse inofensiva, pero es ilusorio esperar de ella la curación de enfermedades tan diversas como las incluidas en la lista que acabo de presentar.

La dieta vegetariana y el vegetarianismo

La dieta vegetariana merece especial atención porque, aparte de ser consumida voluntaria o involuntariamente por numerosas personas, es un buen ejemplo de la confusión que se crea cuando se mezclan conceptos que pertenecen específicamente al campo de la nutrición con ideas desprovistas de significado desde el punto de vista de las necesidades nutritivas reales del organismo humano.

Por razones repetidas varias veces a lo largo de estas páginas, es evidente que para satisfacer adecuadamente las necesidades nutritivas del hombre la dieta debe contener alimentos de distintas características, representativos de cada uno de los seis grupos principales de alimentos habituales. Por ello, toda dieta que prescinda de un grupo importante de alimentos, como son los alimentos de origen animal, debe ser considerada con justificada reserva.

Toda dieta que prescinda de un grupo importante de alimentos, como son los alimentos de origen animal, debe ser considerada con justificada reserva.

Muchas de las personas que se consideran a sí mismas vegetarianas consumen habitualmente, además de alimentos vegetales, leche y huevos; alimentos que son indudablemente de origen animal. La dieta lacto-ovo-vegetariana puede ser, de hecho, perfectamente satisfactoria desde el punto de vista nutritivo. El error consiste en llamarla dieta vegetariana, cuando en realidad no lo es. He aquí una evidente falta de lógica que no parece preocupar a muchos de los que se titulan vegetarianos, cuando son lacto-ovo-vegetarianos. Además, incluso la dieta vegetariana estricta (veganismo) puede ser adecuada para el adulto si se tienen en cuenta para corregirla sus evidentes limitaciones.

En mi opinión, los peores enemigos del vegetarianismo son los mismos vegetarianos, empeñados en atribuir a la dieta vegetariana virtudes imposibles de demostrar. Distingo dos clases de vegetarianos, a los que podríamos llamar, respectivamente, *apostólicos* y *heroicos.* En el primer grupo incluyo a aquellos vegetarianos cuyo entusiasmo por el vegetarianismo les lleva a dedicar su energía a hacer la apología y propaganda del mismo. Quizá se debe esto, en parte, al deseo de justificarse a sí mismos la adopción de este sistema dietético. Desgraciadamente, defienden el vegetarianismo con argumentos tan endebles, por no decir ridículos, que no deben extrañarse si no son tomados en serio. En el segundo grupo incluyo a aquellos que adoptan el vegetarianismo como forma de protesta contra la injusticia y la desigualdad social, olvidando que no hay nada heroico en ser vegetariano. Una buena parte de la humanidad está condenada, en el momento actual, al consumo de dietas prácticamente vegetarianas, y hace esfuerzos por disfrutar de una dieta omnívora.

LOS EFECTOS BENEFICIOSOS DE LA DIETA VEGETARIANA, SEGÚN LOS VEGETARIANOS

Es una creencia muy arraigada entre los vegetarianos que el consumo de alimentos de origen vegetal conduce a la virtud, la paciencia, la tolerancia, la bondad, la ecuanimidad y la vida contemplativa. El primer problema que esta creencia plantea es el saber si estas admirables virtudes son la consecuencia o la causa del vegetarianismo. Ya hemos visto que, en contra de lo mantenido por muchos vegetarianos, el vegetarianismo no se origina por un sentimiento de bondad y compasión hacia los animales. De hecho, algunos antropólogos modernos, como Marvin Harris, creen que el amor a las vacas de la India no estimula el amor del hombre. Es evidente, por otra parte, que muchos vegetarianos estrictos actuales adoptan el vegetarianismo como consecuencia de su oposición al sacrificio de animales. La realidad parece ser por tanto que es su bondad la que les lleva al vegetarianismo, y no a la inversa.

Conocemos, por otra parte, ejemplos de vegetarianos cuya conducta no parece haber sido favorablemente influida por la dieta vegetariana. Adolfo Hitler era un vegetariano convencido, que atribuía la decadencia de nuestra civilización al consumo de carne. Seguía una dieta preparada por una cocinera vegetariana (Fraülein Manzialy), y cuando se irritaba con sus colaboradores les insultaba llamándoles *comedores de cadáveres (kadaverfressern)*. Cualquiera que sea el juicio que merezca de la historia, es evidente que Hitler no puede ser considerado como un ejemplo de tolerancia, de ecuanimidad y de paciencia.

Las relaciones entre alimentación y conducta han sido objeto de mucha especulación por parte de personas no especialmente versadas en el conocimiento científico de la nutrición. El gran gastrónomo francés Brillat-Savarin decía en uno de sus aforismos más conocidos: «Dime lo que comes y te diré quien eres.» Creía que los hábitos alimenticios del hombre eran un reflejo de su personalidad.

Existe en la actualidad considerable interés por el estudio del posible papel de la dieta en el desarrollo de las funciones superiores del sistema nervioso. Algunos aminoácidos contenidos en las proteínas de los alimentos son precursores de ciertas sustancias (neurotransmisores) que intervienen en la transmisión de los impulsos nerviosos en el sistema nervioso central; pero los conocimientos que poseemos no son suficientes para explicar satisfactoriamente las relaciones que puedan existir entre la alimentación y la conducta humana. La realidad es que no conocemos ningún alimento, o combinación de alimentos, capaz de hacer virtuosas o sabias a las personas que no lo son.

Los defensores del vegetarianismo sostienen que la dieta vegetariana es capaz de curar todas las enfermedades que afligen a la especie humana. Huelga decir que tan extrema opinión es inadmisible. Quienes la sostienen deberían comprender las razones que asisten a quienes la ponen en duda. Deben comprender también la oposición que sus ideas encuentran en la clase médica. La adopción de la dieta vegetariana como medio de curar una enfermedad puede impedir que ésta sea tratada racionalmente, con los medios que la medicina moderna pone a nuestro alcance.

LA DIETA VEGETARIANA Y EL CONOCIMIENTO CIENTÍFICO DE LA NUTRICIÓN

Las limitaciones de la dieta vegetariana se deben principalmente a la inferior calidad nutritiva de las proteínas vegetales y a la ausencia de vitamina B_{12} en los alimentos vegetales.

Se sabe desde comienzos de siglo que las proteínas vegetales contienen en general una menor proporción de algunos de los aminoácidos indispensables para nuestra nutrición, que las proteínas animales. Gracias al fenómeno de la suplementación, hoy bien conocido, es posible obtener mezclas de proteínas distintas que se comportan como una proteína de buena calidad, desde el punto de vista nutritivo. La adición de proteínas de buena calidad, como las de la leche y el huevo, a una dieta vegetariana, transforma ésta en una dieta satisfactoria. Por esta razón, como ya se ha dicho, la dieta lacto-ovo-vegetariana es aceptable en principio.

La dieta vegetariana plantea problemas más difíciles en el caso del niño. Mientras que las recomendaciones dietéticas cifran en 0,8 g de proteínas por kilogramo de peso por día la cantidad de proteínas que debe contener la dieta del adulto, esta cifra se eleva 2,2 g en el caso del recién nacido. Pero, además, el recién nacido necesita proteínas de mejor calidad que el adulto, y es difícil obtener una mezcla de proteínas vegetales que contenga la proporción de aminoácidos indispensables adecuada para el niño en crecimiento, sin elevar indebidamente el consumo total de proteínas. No se olvide además que, aunque el suministro de proteínas sea adecuado, éstas no pueden ser eficazmente utilizadas para el crecimiento a menos que estén adecuadamente cubiertas las necesidades de energía.

El problema de la ausencia de vitamina B_{12} en la dieta vegetariana estricta no es menos importante. Esta vitamina es indispensable para el hombre; su carencia causa anemia perniciosa y graves alteraciones del sistema nervioso (degeneración subaguda combinada de la médula espinal, conocida también con el nombre de *síndrome neuroanémico*).

Esta vitamina no existe en los vegetales, aunque algunos vegetarianos sostengan lo contrario. No conocemos en los vegetales ninguna reacción en la que intervenga dicha vitamina o sus derivados. Las medidas de vitamina B_{12} en la sangre de vegetarianos estrictos han demostrado concentraciones de la misma inferiores a las encontradas en sujetos omnívoros, aunque no ausencia de la vitamina. Parece pues aconsejable que las personas sometidas a una dieta estrictamente vegetariana reciban un suplemento de vitamina B_{12}.

Otras limitaciones de la dieta vegetariana se refieren al suministro de minerales indispensables. La leche es la principal fuente de calcio en las dietas habituales. Una vez más, la dieta lacto-ovo-vegetariana tiene, en principio, resuelto este problema, que se plantea en los vegetarianos que prescinden de la leche. Las formas más extremas de vegetarianismo, en las que la alimentación se compone exclusivamente de granos de cereales groseramente triturados, difícilmente pueden satisfacer las necesidades de calcio.

La carencia de hierro produce anemia (anemia ferropénica), hecho bien conocido desde principios de siglo. La leche no resuelve este problema, porque su contenido de hierro es bajo. Además, el hierro contenido en los alimentos de origen vegetal es peor absorbido en el intestino que el hierro contenido en la carne y las vísceras. Los vegetarianos deben vigilar, por tanto, el contenido de glóbulos rojos y hemoglobina de su sangre, y tomar las medidas necesarias para evitar la producción de anemia ferropénica.

Muchos vegetarianos insisten en que el vegetarianismo contribuye a la prolongación de la vida; pero no ofrecen en general datos fehacientes capaces de documentar esta afirmación. Estudios recientes, sin embargo, indican que algunos vegetarianos muestran menor mortalidad por enfermedades cardiovasculares que las personas omnívoras. La dieta vegetariana parece conferir una cierta protección frente a la mortalidad coronaria en varones menores de sesenta y cinco años, pero no en varones de mayor edad o en mujeres. Esta protección no parece debida al mayor consumo de material no digestible (fibra) por los vegetarianos.

Otros factores, como el menor consumo de grasas saturadas y el mayor consumo de otros alimentos, pueden haber contribuido a estos resultados, aparte de otros factores no identificados, relacionados con el género de vida de las personas que adoptan la dieta vegetariana.

Los estudios realizados sobre grupos de población en los que se supone que existe una elevada proporción de centenarios han dado lugar a una voluminosa literatura y a numerosas especulaciones. La dificultad para interpretar los resultados de estos estudios se debe a la imposibilidad de establecer con exactitud la edad real de los supuestos centenarios. En todo caso, el estudio de los hábitos alimenticios de estos distintos grupos de supuestos centenarios no suministra información capaz de explicar la mayor longevidad que se les atribuye.

La propaganda en cuanto al pretendido papel de la dieta vegetariana como medio de prolongar la duración de la vida tendría mayor credibilidad si tuviese en cuenta la información objetiva, pero escasa, que poseemos, en vez de atribuir a la misma virtudes nunca demostradas de forma convincente.

Evidentemente, la carne no es indispensable para la nutrición del hombre, pero es un valioso componente de las dietas consumidas por muchas poblaciones que gozan de buena salud, y no ejerce en sujetos normales los efectos nocivos que el vegetarianismo le atribuye.

En resumen, pues, la dieta lacto-ovo-vegetariana es en principio aceptable, y puede ser beneficiosa para personas con alto riesgo de padecer enfermedad coronaria. Pero es preciso rechazar de plano las indocumentadas afirmaciones que sobre la dieta vegetariana se hacen, atribuyéndole virtudes nunca demostradas.

La dieta macrobiótica Zen

Se trata de una forma extrema de vegetarianismo, combinada con ideas derivadas de la filosofía Zen-budista, que ha encontrado aceptación entre los creyentes en la alimentación *natural* y los alimentos *biológicos*, así como entre muchos descontentos con el orden social establecido y la moderna industria de la alimentación.

Debo recordar que la palabra «macrobiótica» alude a la vida larga que seguramente esperan de su uso, equivocadamente como veremos, muchos de sus adeptos. La palabra fue usada por Pitágoras hace dos mil quinientos años y, a fines del siglo XVIII, fue utilizada por el autor alemán Hufeland como título de su famoso tratado sobre la prolongación de la vida.

No es, pues, una idea nueva, aunque muchos de sus defensores lo crean así. La novedad de la dieta macrobiótica actual consiste en la incorporación a los principios dietéticos de los conceptos de la filosofía Zen. De acuerdo con esta filosofía, los alimentos son clasificados en dos categorías: Yin y Yang. Los alimentos Yin son pasivos, mientras que los Yang son activos. La salud y el bienestar físico y mental dependen del equilibrio entre el Yin y el Yang, a cuyo mantenimiento contribuye la proporción adecuada entre las dos clases de alimentos. En este sentido, la macrobiótica es una forma simplificada de la idea hipocrática de los cuatro elementos.

El cocinado de los alimentos es Yin, pero el cocinado lento es Yang, por razones incomprensibles para el no iniciado. La carpa, las almejas, la sandía, las patatas, las ciruelas, el azúcar, la miel y el ajo, son Yin; la carne de caballo, los huevos de gallina y de pato, el cerdo y el caviar son Yang. Los granos de cereales y las hortalizas y verduras ofrecen el mejor equilibrio entre el Yin y el Yang. Incluso las vitaminas son clasificadas como Yin o Yang. La mayoría de las vitaminas del grupo B y la vitamina C son Yin, mientras que las liposolubles (A, D, E y K) y la B_6 son Yang.

El lector comprenderá que esta clasificación carece de sentido alguno desde el punto de vista del conocimiento científico de la nutrición. Quizá la tiene para los creyentes en la filosofía Zen, mas como yo no soy experto en los conceptos de esta filosofía, espero que el lector me perdone si no me ocupo de esta cuestión.

Según Oshawa, no hay enfermedad que no pueda curarse empleando alimentos *naturales* y restringiendo el agua de bebida. «Ninguna enfermedad es más fácil de curar que el cáncer, mediante el empleo de la dieta macrobiótica de grado 7», afirma. Oshawa dice también que ningún macrobiótico debe morir de apendicitis si emplea esta dieta. El lector habrá advertido que estas ideas de Oshawa hacen caso omiso de los conocimientos médicos actualmente vigentes.

Por si todo esto fuera poco, sostiene Oshawa que el organismo humano es capaz de llevar a cabo la transmutación de los elementos químicos. Así, por ejemplo, afirma que nuestro organismo puede producir potasio (peso atómico 39) a partir del sodio (peso atómico 23) y el oxígeno (peso atómico 16). Semejante desatino supone una increíble ignorancia de los conocimientos de la química, y una negación del sentido común. Es difícil comprender la aceptación que estas fantasías encuentran por parte de algunas personas.

CARACTERÍSTICAS DE LA DIETA MACROBIÓTICA Y CONSECUENCIAS DE SU EMPLEO

El sistema macrobiótico preconizado por Oshawa consiste en una serie de diez dietas, que van de menos tres a más siete. Las cinco primeras (-3 a +2) incluyen cantidades decrecientes de alimentos de origen animal. Las dietas restantes (+3 a +7) son exclusivamente vegetarianas y contienen cantidades crecientes de granos de cereales hasta llegar a la dieta siete. Ésta se compone exclusivamente de granos de cereales groseramente triturados. Se recomienda, además, una reducción del agua de bebida para todas las dietas.

No es, por tanto, sorprendente que se hayan descrito en la literatura médica repetidos casos de muerte en personas sometidas a la dieta macrobiótica. Las deficiencias nutritivas detectadas entre los consumidores habituales de la dieta macrobiótica son: anemia, escorbuto, hipocalcemia e hipoproteinemia, como cabía esperar, dada la composición de la dieta que acabo de reseñar.

La limitación de agua de bebida aconsejada por el sistema macrobiótico constituye otro peligro que se manifiesta por deshidratación e insuficiencia renal. Hace pocos años la prensa norteamericana dio a conocer el caso de una joven modelo neoyorquina que motivada por el deseo de perder peso adoptó la dieta macrobiótica. Esta desgraciada joven falleció con un cuadro de insuficiencia renal y la autopsia demostró la existencia de una grave lesión en el riñón. La dieta macrobiótica es, pues, peligrosa, y el lector puede cerciorarse de esta realidad consultando la literatura médica en la que, como ya he dicho, se describen repetidos casos de muerte en personas que consumían dicha dieta.

Un preparado macrobiótico destinado a la alimentación infantil ha causado grave retraso del crecimiento y malnutrición en niños.

Es preciso, pues, advertir el peligro que corren quienes deciden adoptar la dieta macrobiótica en sus formas más avanzadas.

DIETA Y SALUD EN EL MUNDO ACTUAL
F. Grande Covián

Aunque la producción mundial de alimentos es suficiente para proporcionar una dieta adecuada a cada una de los cinco mil millones de personas que viven en él, existe una notable diferencia entre los países desarrollados y los que llamamos países en vías de desarrollo en cuanto a su consumo alimenticio se refiere. Esto se traduce en una marcada diferencia en la patología prevalente en las poblaciones de los mismos.

Las principales causas de muerte y la patología dominante en los países en vías de desarrollo están directamente relacionadas con el consumo de dietas de insuficiente valor calórico y bajo contenido de nutrientes esenciales.

En los países más desarrollados, las principales causas de enfermedad y muerte están constituidas por las llamadas enfermedades degenerativas, cuyas principales características podemos resumir así:

1. Sus manifestaciones clínicas aparecen generalmente en la época media de la vida.
2. Tienen etiología múltiple.
3. Su desarrollo guarda alguna relación con el consumo de dietas de elevado valor calórico ricas en grasas procedentes de animales terrestres y alimentos de origen animal en general.

Nos encontramos al comienzo de una nueva era en el estudio de la nutrición humana, que arranca del reconocimiento del hecho de que la nutrición y la salud óptima están inextricablemente unidas. La nutrición es más que el suministro de los componentes de la dieta que conocemos. Es posible preparar dietas adecuadas con muy variadas mezclas de alimentos, pero parece evidente que cuando estas dietas son consumidas en cantidad superior a la necesaria, o contienen cantidades desproporcionadas de algunos de sus componentes, pueden tener un efecto desfavorable para la salud.

No es, pues, de extrañar que en los últimos decenios hayamos presenciado la aparición de numerosos estudios acerca del posible papel de distintos componentes de la dieta en el desarrollo de dichas enfermedades. Es difícil resumir esta información; por ello, debo limitarme a considerar brevemente tres grupos de enfermedades: las enfermedades cardiovasculares, la obesidad y la diabetes, y los datos que comienzan a aparecer acerca de la posible participación de la dieta en el desarrollo de las neoplasias malignas.

Dieta y enfermedades cardiovasculares

Denominamos ateroesclerosis a la forma de arterioesclerosis (endurecimiento de las arterias) caracterizada por el depósito de material graso (lípidos) en la pared vascular. Este depósito contiene colesterol, y la concentración de colesterol en el mismo aumenta con la gravedad de la lesión. Hace más de setenta años pudo demostrarse que los animales alimentados con dietas ricas en grasa y colesterol desarrollaban lesiones arteriales comparables a las observadas en la enfermedad humana.

El interés actual en el estudio del proceso ateroesclerótico se debe a que una de sus complicaciones clínicas, el infarto coronario, o cardiopatía isquémica coronaria, es una importante causa de muerte en los países desarrollados. En algunos de ellos, el infarto coronario es responsable de casi el 50 por ciento de las muertes que ocurren en varones de más de treinta y cinco años de edad.

Los estudios iniciados por Ancel Keys en el Laboratorio de Higiene Fisiológica de la Universidad de Minnesota y las contribuciones de otros autores han permitido establecer los hechos siguientes:

1. La lesión característica de la ateroesclerosis, la placa de ateroma, se desarrolla mucho más precozmente de lo que se pensaba tradicionalmente, según demostraron los patólogos americanos en los soldados muertos en acción en la Guerra de Corea (1950).
2. La incidencia de infarto muestra una elevada correlación estadística con el nivel del colesterol total del plasma sanguíneo. El nivel de colesterol del plasma es considerado un «factor de riesgo» en el desarrollo de la enfermedad.
3. Los niveles de colesterol son influidos por la cantidad y composición en ácidos grasos de las grasas de la dieta. Comparadas con los hidratos de carbono de la dieta mixta, las grasas saturadas elevan la concentración de colesterol, mientras que las poliinsaturadas la reducen.

La llamada hipótesis dietética de la ateroesclerosis postula que el papel de la dieta en el desarrollo de la enfermedad coronaria se debe principalmente al efecto de las grasas contenidas en la misma sobre los niveles de colesterol plasmático. Esta hipótesis, por supuesto, no excluye la posible participación de otros factores dietéticos, de factores relacionados con el género de vida, y de posibles factores genéticos. Recuerde el lector que el grupo de enfermedades que nos ocupa se caracteriza por la intervención de factores múltiples en la génesis de las mismas.

Más recientemente se ha observado que no todas las fracciones de colesterol plasmático guardan la misma relación con el desarrollo del proceso ateroesclerótico. El colesterol, como los demás lípidos, no es soluble en agua, y a fin de poder ser transportado en el medio acuoso que es la sangre, nuestro organismo dispone de un mecanismo que consiste en la asociación de los lípidos con proteínas. Estas asociaciones reciben el nombre de «lipoproteínas». Dos de ellas son de interés desde el punto de vista de la ateroesclerosis: la que llamamos lipoproteína de baja densidad (LDL) y la de alta densidad (HDL). La primera, que en el hombre transporta el 60 por ciento o más del colesterol total del plasma, es considerada un factor aterogénico (causante de ateroesclerosis), mientras que la de alta densidad, que transporta un 20 a 25 por ciento del colesterol total, ejerce un papel protector o antiaterogénico.

Es, pues, de interés conocer el papel que las grasas de la dieta ejercen sobre los niveles de estas lipoproteínas en el plasma circulante. Estudios realizados en los últimos años indican que las grasas poliinsaturadas, como los aceites vegetales ricos en ácido linoleico, rebajan ambas fracciones lipoproteicas, mientras que los aceites monoinsaturados, como el aceite de oliva, al ser introducidas en la dieta en lugar de grasas saturadas, rebajan la fracción de colesterol transportada por la lipoproteína de baja densidad (LDL-Colesterol), sin afectar, o elevando, la fracción transportada por la lipoproteína de alta densidad (HDL-Colesterol). Por esta razón, y debido a la baja mortalidad coronaria observada en los países habitualmente consumidores de aceite de oliva, existe gran interés actual por el papel de las grasas monoinsaturadas como las potencialmente más favorables para la prevención dietética de la ateroesclerosis y sus complicaciones.

Otro nuevo aspecto de la participación de las grasas de la dieta en el desarrollo de la ateroesclerosis y sus complicaciones se deriva de los resultados obtenidos con aceites de pescados marinos. Los aceites de pescado han vuelto a despertar nuevo interés, al descubrirse hace unos quince años que, además de reducir el nivel de colesterol, reducen también muy eficazmente el nivel de triglicéridos (grasa neutras) del plasma sanguíneo.

La configuración de los ácidos grasos que se encuentran en los aceites de pescado les confiere una serie de propiedades antiaterogénicas, aparte de su efecto sobre la concentración de colesterol total del plasma.

Es evidente que el papel de las grasas en la nutrición del hombre no se agota con su función tradicional como combustible, material de construcción, vehículo de vitaminas liposolubles y fuente de ácidos grasos indispensables. La participación de las grasas de la dieta en el desarrollo de la ateroesclerosis, y quizás en otras enfermedades, es mucho más compleja y más apasionante de lo que podíamos suponer hace treinta y cinco años, cuando comenzamos a interesarnos por esta cuestión.

Obesidad y diabetes

La asociación entre diabetes tipo II (no insulinodependiente) y obesidad es bien conocida. La mayoría de estos diabéticos son obesos. No todos los obesos son diabéticos, pero muchos de ellos muestran alteraciones metabólicas comparables a las observadas en los diabéticos de tipo II (resistencia a la insulina, concentración elevada de insulina en el plasma sanguíneo).

Los luchadores japoneses de *sumo*, que son sometidos a un régimen de cebamiento, desarrollan obesidad y padecen diabetes con frecuencia cinco veces mayor que la observada en la población japonesa general.

La obesidad, ya hemos hablado de ello, es el resultado del consumo habitual de dietas cuyo valor calórico es mayor que las necesidades de energía del sujeto. No hay ningún alimento que tenga propiedades especiales como causante de obesidad o delgadez. La capacidad de una dieta para producir obesidad se debe al exceso de energía que suministra y no a la naturaleza de los alimentos que la componen.

No es posible atribuir el desarrollo de la diabetes a ningún componente determinado de la dieta. En contra de una creencia muy extendida, los hidratos de carbono, incluyendo al azúcar, no son más «diabetógenos» que otro alimento suministrado en la dieta habitual.

La limitación de la cantidad de alimentos, aunque se acompañe de un aumento en la proporción de hidratos de carbono de la dieta consumida, tiende a mejorar las manifestaciones de la enfermedad y a disminuir la mortalidad atribuible a la diabetes.

Obesidad y diabetes, dos enfermedades frecuentes en las sociedades avanzadas, son, pues, un ejemplo de dolencias en cuyo desarrollo hay una evidente participación de la dieta, relacionada principalmente con el valor calórico de la misma, más que con su composición.

Neoplasias malignas

Son muchos los autores que piensan en la actualidad que la dieta ejerce alguna influencia sobre el desarrollo de las neoplasias malignas. Pero los datos que poseemos son aún limitados, deben ser tratados con gran prudencia. Creo justificado decir que no conocemos en la actualidad ningún alimento que sea cancerígeno *per se*, o capaz de curar el cáncer.

Me refiero, por supuesto, a alimentos que no han sido contaminados accidental o deliberadamente con sustancias cancerígenas.

Hace más de setenta años que algunos investigadores (Rous) observaron que la restricción alimenticia retrasaba el desarrollo de tumores implantados en los animales de experimentación. Casi cincuenta años más tarde se observó que en algunas formas de obesidad experimental los animales mostraban una elevada incidencia de tumores mamarios.

Los estudios epidemiológicos han demostrado notables diferencias entre distintas poblaciones en cuanto a la incidencia de ciertas enfermedades neoplásicas y la mortalidad por ellas producidas.

Varios autores han encontrado una correlación positiva entre el consumo de grasa y la incidencia de varios tumores, como los cánceres de mama, ovario y útero en la mujer, y el cáncer de próstata en el hombre. No se ha observado, en cambio, una relación evidente entre contenido proteico de la dieta y la incidencia de neoplasias malignas.

Es posible que algunos de los componentes no nutritivos de los alimentos sean importantes para explicar las relaciones entre alimentación y desarrollo de tumores malignos. El cáncer de colon, por ejemplo, es la forma más frecuente de cáncer de los órganos digestivos entre los varones norteamericanos, mientras que es muy poco frecuente en las poblaciones más primitivas. Algunos de los componentes no nutritivos de los alimentos pueden desempeñar un papel importante, favoreciendo la destrucción de posibles agentes cancerígenos por el organismo. El informe de la Academia Nacional de Ciencias de Estados Unidos concluye: «Hay suficiente evidencia para admitir que ciertos vegetales ricos en caroteno y las crucíferas son capaces de reducir la incidencia de cáncer de distintas localizaciones en la especie humana. Un número de nutrientes y de sustancias no nutritivas presentes en estos vegetales inhiben la carcinogénesis en los animales de laboratorio.» El informe advierte, sin embargo: «El hecho que un compuesto inhiba el efecto de ciertas sustancias cancerígenas en los animales de experimentación no prueba que el efecto se desarrolle en el hombre. Puede tener también efectos adversos.»

En busca de la dieta más conveniente

Espero que los datos que acabo de presentar puedan ayudar al lector a comprender algunos de los nuevos aspectos de las relaciones entre dieta y salud revelados por las recientes investigaciones. Algunos de estos resultados pueden servir para introducir nuevos criterios en la búsqueda de la dieta más conveniente para nuestra salud. Es posible que entre la multitud de dietas capaces de satisfacer las necesidades nutritivas de nuestro organismo haya algunas que puedan contribuir además a evitar algunas de las enfermedades degenerativas frecuentes en los países desarrollados. Ésta es la razón por la que se recomienda reducir la proporción de grasa en la dieta de dichos países. Estamos al comienzo de una nueva era, en la que, a la vez que consideramos la capacidad de la dieta para satisfacer las necesidades nutritivas de nuestro organismo, debemos tomar en cuenta las posibles relaciones de la misma con el desarrollo de las enfermedades degenerativas. El lector debe recordar, sin embargo, que cualquier modificación de la dieta aconsejada por los nuevos conocimientos debe hacerse conservando la capacidad de aquélla para satisfacer las necesidades de energía y nutrientes esenciales de nuestro organismo.

Conducta racional ante la confusión dietética

Espero que el lector cuya paciencia le haya ayudado a llegar hasta aquí habrá podido encontrar la información necesaria para hacer una crítica racional de cualquier dieta. No obstante, y aun a riesgo de incurrir en más repeticiones, creo que será útil recordar algunos de los criterios que deben ser tenidos en cuenta al emprender dicha tarea.

1. Lo primero que a mi juicio debe hacerse es estudiar la composición de la dieta para tratar de ver si su contenido de energía y nutrientes esenciales es adecuado para la persona a quien se destina. El análisis del modelo de distribución de alimentos presentado en las tablas 39, 40 y 41 puede servir de guía en esta empresa.

Muchas veces es difícil llevar a cabo este examen, porque las descripciones de muchas de las dietas hoy en circulación son, intencionadamente, tan imprecisas que no hay manera de saber cuáles son los alimentos recomendados ni las cantidades de los mismos. En tal caso, creo que lo mejor que puede decirse es que el proponente de la dieta no ha pensado bastante en las condiciones que la dieta debe satisfacer para ser aceptable desde el punto de vista del conocimiento científico de la nutrición.

Una dieta que prescinde de uno o más de los grupos de alimentos que hemos considerado corre el riesgo de proporcionar cantidades insuficientes de alguno o algunos de los nutrientes esenciales. Por otra parte, toda dieta que incluya alimentos desusados, a los que se atribuyen propiedades nunca justificadas racionalmente, es en principio inadmisible.

2. Son igualmente inadmisibles las dietas cuya propaganda afirma que pueden curar toda suerte de enfermedades, desde la apendicitis al cáncer, pasando por la tuberculosis, la gota, la diabetes, el reumatismo... No hay dieta capaz de curar toda una serie de enfermedades en cuya génesis intervienen causas muy diversas. Tal afirmación denota ignorancia de los conocimientos médicos elementales y es un insulto al sentido común. No recuerdo que ninguno de los sistemas dietéticos actualmente en circulación ofrezca pruebas fehacientes de la eficacia del mismo en el tratamiento de tan variadas dolencias.

3. Algunos sistemas dietéticos preconizan una limitación del agua de bebida. Por las razones expuestas al hablar de las

necesidades de agua, esta práctica es peligrosa. Es igualmente peligroso aconsejar la bebida de grandes cantidades de agua. En personas normales, que viven en un clima templado y no realizan trabajo físico de gran intensidad en un ambiente caluroso, la sed indica con bastante exactitud la cantidad de agua que debemos beber.

No conozco razón alguna que justifique la prohibición de beber agua durante la comida.

4. El título de algunas dietas debe bastar para ponernos en guardia. La propaganda de ciertos regímenes dietéticos utiliza como señuelo el nombre de instituciones prestigiosas, que nada tienen que ver con la dieta en cuestión.

Circulan en la actualidad tres dietas fraudulentamente atribuidas a la prestigiosa Clínica Mayo de Rochester, Minnesota: la dieta Mayo, la dieta de dos semanas en la Clínica Mayo y la dieta de huevos de la Clínica Mayo. En el prólogo del *Manual de dietética de la Clínica Mayo* (edición española de 1984) puede leerse, escrito con letras mayúsculas de gran tamaño: «Estas dietas no han sido elaboradas por la Clínica Mayo, ni han sido utilizadas o sancionadas por la Clínica o por sus hospitales asociados.»

Entre este grupo de dietas con nombres distinguidos ha llamado poderosamente mi atención la llamada *Dieta de los astronautas*. Se trata de una dieta de adelgazamiento de 1.000 kilocalorías diarias que nada tiene que ver con los astronautas.

Tango curiosidad por saber qué es lo que induce a una persona que no es un astronauta a someterse a tal dieta. Quizá piensa que puede alcanzar con ella el excelente estado físico que se supone deben tener los astronautas, porque no creo que nadie pueda adoptar esta dieta con la esperanza de pasearse un día por la Luna para perder peso. A este respecto me permitiría recordar que, efectivamente, una persona pesa en la Luna unas seis veces menos que en la Tierra. Un obeso de 120 kg no pesa en la Luna más de 20 kg; pero sigue tan obeso en ella como cuando estaba en la Tierra. Perdóneme el lector estas consideraciones humorísticas sobre la dieta de los astronautas.

5. Las dietas de adelgazamiento son las que ofrecen más amplio campo a la crítica racional, pero son tan numerosas, que sería necesario un volumen para ocuparse de todas ellas. Algunas, como la dieta macrobiótica en su forma extrema (grado 7) o las dietas ricas en grasa, son censurables por las razones mencionadas al hablar de ellas. Otras, como la dieta de Beverly Hills o la dieta de Cambridge, han sido consideradas impracticables y peligrosas en Estados Unidos.

En mi opinión, toda dieta de adelgazamiento cuya propaganda afirme que con ella es posible adelgazar *sin dejar de comer* no debe ser tomada en serio. Aparte de las razones expuestas en la sección sobre dietas de adelgazamiento, quiero reproducir aquí la opinión de uno de los autores que en estos momentos goza de mayor prestigio internacional en el campo de la obesidad, el doctor J. S. Garrow: «La obesidad es un estado en el cual las reservas de energía, principalmente grasa, son excesivas. Esta situación, en consecuencia, sólo puede producirse cuando la cantidad de energía ingresada (con la dieta) es mayor que el gasto de energía. Por tanto, la situación no puede corregirse a menos que el balance de energía se invierta, de modo que el gasto energético sea mayor que la cantidad de energía ingresada.»

La reducción del valor calórico de la dieta, respetando su contenido en nutrientes esenciales, es, pues, la única forma de tratar la obesidad por medios dietéticos. Nadie debe emprender una dieta de adelgazamiento sin contar con el consejo y la vigilancia del médico. Parodiando un proverbio americano, me atrevería a decir que la persona que pretende emprender una dieta de adelgazamiento por su cuenta, tiene por paciente a un necio.

La aceptación que encuentran algunas dietas inadmisibles desde el punto de vista de nuestros conocimientos científicos es quizá una manifestación de la hostilidad que hacia la ciencia sienten algunos miembros de nuestra sociedad. A estas personas sólo tengo que decirles que la magia y el milagro no son los medios más eficaces para resolver los problemas de la nutrición del hombre. Los conocimientos científicos no pueden resolver todos nuestros problemas, pero sólo ellos permiten la solución racional de los mismos.

Capítulo 2. ▼ **Guerra abierta a los kilos**

¿QUÉ HAGO CON ESTE CUERPO MÍO?
C. Sáez Buenaventura

La antropóloga británica Mary Douglas afirma con razón: «El cuerpo social condiciona el modo en que percibimos el cuerpo físico.» La experiencia física del cuerpo, modificada siempre por las categorías sociales por las que lo conocemos, mantiene, a su vez, una determinada visión de la sociedad.

Como resultado de esta interacción, el cuerpo en sí constituye un medio de expresión sujeto a muchas limitaciones, y las formas que adopta en movimiento y en reposo expresan en muchos aspectos la presión social. El cuidado que le otorgamos en lo que atañe al aseo, la alimentación o la terapia, las teorías sobre sus necesidades con respecto al sueño, al ejercicio o las distintas etapas por las que ha de pasar, el dolor que es capaz de resistir, su esperanza de vida..., es decir, todas las categorías culturales por medio de las cuales se percibe, deben estar de acuerdo con las categorías por medio de las cuales per-

cibimos la sociedad, ya que éstas se derivan de la idea que del cuerpo elabora la cultura.

Desde antes de la pubertad, es decir, desde la primera menstruación, el cuerpo de la niña va adquiriendo unas proporciones que le muestran a ojos vista que ya no es aquélla, pero el problema estriba en saber en qué «tipo de mujer» convertirse; incluso verbalmente se expresa así con frases como: «no me gusta mi tipo», «yo quisiera tener ese tipo»...

Añadido al cambio biofisiológico, que en la mayoría de las ocasiones proporciona el último estirón en estatura y el desarrollo completo de los caracteres sexuales secundarios (mamas, nalgas, vello pubiano y axilar y voz definida), los problemas adolescentes en torno al esquema corporal no cesan por ingresar en la veintena.

Si he de ser sincera, creo no haber escuchado nunca decir a ninguna joven, ni hace años ni hoy, «cuánto me gusto» o «qué buen tipo tengo» o «francamente me veo guapa». Y no creo que sea por falsa modestia, porque las que se sienten satisfechas consigo mismas no lo expresen, o porque me haya olvidado de la persona a quien pude oírselo decir. Simplemente creo que esa autosatisfacción es muy difícil, dadas las circunstancias psicobiofisiológicas de la chica a esta edad, así como de los factores psicosociales y culturales, todos ellos en íntima relación e interdependencia.

Una vez más y respecto al cuerpo —nuestra presentación visible y tangible en el medio en que nos desenvolvemos—, la joven se encuentra desde la pubertad en un mar de paradojas, desde el cual no es fácil arribar indemne a tierra firme y que no cejarán, aun cambiando de signo, hasta la ancianidad.

El cuerpo, eso que somos y a la vez nos alberga durante toda la vida, es una realidad anatómica y una elaboración simbólica, una concreción humana en carne y hueso, impensable, en tanto que humana,

El cuerpo, eso que somos y a la vez nos alberga durante toda la vida, es una realidad anatómica y una elaboración simbólica.

si la enajenamos o abstraemos de la percepción y el condicionamiento culturales. Y esto que afecta tanto a hombres como a mujeres, a la corporeidad masculina y la femenina, con peculiaridades diversas (caracteres sexuales secundarios adaptados para la procreación en los hombres y para la procreación y la lactancia en las mujeres), tiene además, en lo que a ellas se refiere, la particularidad de cambios y transformaciones numerosas a lo largo de sus vidas, más allá de los procesos evolutivos habituales, hasta la maduración, el envejecimiento y la muerte.

La corporeidad femenina cambia y las mujeres se notan y sienten cambiar, a veces, en los premenstruos y desde luego durante los embarazos, tras los partos y una vez transcurrida la menopausia; por lo que a lo largo de la vida, además de muchos otros cambios, han de realizar múltiples ajustes e intentos de reelaboración con esa realidad física, que a veces parece no querer obedecer los mandatos de los deseos o la voluntad de cada joven, cada mujer de mediana edad o anciana, que quisiera que su corporeidad fuera un trasunto fiel de su ideal de sí misma. Pero

además de todo ello, no podemos dejar de subrayar que, una vez más, gran parte de ese ideal está conformado a través de las ideas, los deseos y las necesidades del género masculino, de forma que lo que muchas mujeres desearían ser, en última instancia, es lo que la mayoría de los hombres desean que sean. Como no podía suceder de otra manera, la cultura del cuerpo femenino es masculina y la de los hombres también, de manera que cuando la joven se sitúa ante el espejo desearía ver la imagen «ideal», para los ojos de los hombres que a ella le interesan.

Al muchacho adolescente o veinteañero, lo que más suele preocuparle es no crecer bastante, no ser fuerte y, si aparece, el acné en la pubertad; el resto, incluida la idea de belleza, es algo más relativo o secundario. Al menos, estas aspiraciones son más fáciles de precisar mediante los centímetros y los kilogramos, cosa que si sucede con las adolescentes y las jóvenes, son medidas acuñadas para ellas a través de los gustos de ellos en cuanto mayoría. Por eso, las muchachas en general quisieran ser como algunas de las modelos publicitarias, las actrices o las cantantes de mayor popularidad y atractivo entre los chicos de su generación, si bien se trata de estereotipos físicos distintos y cambiantes según la velocidad con que ascienden o desaparecen de las cimas del éxito, asociado a su rentabilidad mercantil en cualquiera de aquellos ámbitos.

Lo que más claro suelen tener las jóvenes y la mayoría de las mujeres en general, también en todas las etapas posteriores, pero sobre todo en ésta, es el rechazo a la obesidad, el «no estar gorda», pero en relación a todo lo anterior tampoco está claro lo que eso es, sino que suele aproximarse a lo que más las asemeja al modelo o estereotipo físico ideal para ellas en cada momento.

Si también es cierto que los chicos rechazan la obesidad, entre otras cosas porque suelen ser el blanco de las bromas más o menos pesadas y descalificadoras de familiares, amigos, compañeros y también de las chicas, algunos kilos por encima del promedio de sus coetáneos suelen asociarse también a «fortaleza» o «corpulencia», lo que no deja de asimilarse como un atributo que refuerza, en lugar de desmerecer, la idea de virilidad; en cambio las muchachas en iguales circunstancias, no sólo se sienten «poco femeninas» por igual motivo, sino que si se encuentran sobrepasando el aspecto de la mayoría, por exceso, además de los comentarios desvalorizadores de las personas más próximas, suelen ser objeto de procacidades, piropos o exabruptos callejeros y obscenidades, aún más desagradables y frecuentes de los que suelen dedicar algunos «donjuanes transeúntes» a jóvenes y mujeres en general.

Todo esto no es extraño, sino perfectamente acorde, si retomamos las reflexiones de Mary Douglas con que iniciábamos este epígrafe y tenemos en cuenta que todavía nos encontramos en un tipo de sociedad donde la mujer no ha dejado de ser percibida como objeto físico y erótico-sexual ante todo y que uno entre los proyectos prioritarios, tanto de ellas como de ellos a lo largo de la veintena, es tener pareja estable o contraer matrimonio.

Es necesario gustar, atraer, ser querido. Si no se fue o, se cree no haber sido una «niña guapa», lo que se recuerda con malestar y con tristeza, si bien algunas tiran antes la toalla y aceptan mal que bien un físico que no concita parabienes, ni adhesiones, en la veintena, la mayoría trata de lograrlo a toda costa. Cómo cubrir, descubrir, aderezar, corregir, realzar esa corporeidad, que es lo que «entra por los ojos» y primero se percibe, es una de las grandes preocupaciones de esta etapa, heredada sin duda de la anterior y respecto a la cual se invierte tiempo cronológico, psíquico y el dinero más o menos escaso que se posea, o que la familia está dispuesta a gastar, sobre todo en el primer estadio de esta década, que podría llamarse «la de los espejos».

Esta preocupación por el aspecto físico de las jóvenes se ha visto influida además en los últimos años por dos fenómenos: uno consecutivo al hecho de que a lo largo de 1980, y hasta hoy, se ha multiplicado de forma acelerada, en el mundo occidental al menos, la importancia concedida a todos los aspectos relacionados con «la imagen» y cuya influencia también ha comenzado a incidir de forma clara en jóvenes y hombres, lo que comparativamente con las chicas parece equilibrar la balanza un poco en estas cuestiones entre sexos; y otro más preciso, y que les concierne sobre todo a ellas, consistente en el aumento de la propia estimación, no sólo basada en el mayor o menor atractivo físico, considerado por ellas mismas o los otros, sino en la valoración de capacidades de otra índole (sobre todo intelectuales y profesionales) y en el acceso y posibilidad de actuación en ámbitos diversos.

Ambos hechos dan que pensar un tanto: el primero por ser consecuencia de un reclamo general para hombres y mujeres desde la adolescencia, no ajeno sino estrechamente ligado al consumo y el mercado para jóvenes y que discrimina ostentosa y positivamente a los considerados «guapas» y «guapos» en detrimento de todos los demás, lo que tiene lugar en países pretendidamente democráticos, donde todavía se exige «buena presencia» para el desempeño de determinados cometidos; esto que se podría asimilar, sin demasiados miramientos, a una posible «femenización» en cuanto a lo estético, en mi opinión, viene a resultar más bien una cosificación progresiva de los individuos sin distinción de sexo. El segundo aspecto trae consigo la interrogante de si algunas jóvenes están dejando un tanto al margen los pruritos estéticos, al ir accediendo a la categoría de personas, mediante el aprecio de aquellos atributos que por lo general siempre poseyeron, pero no fueron aceptados o promovidos por ser considerados socialmente privativos de los hombres, ya que son los exigidos y auspiciados para el acceso al ámbito público, lo que si por un lado tiene como ventaja el desarrollo mayor de esas aptitudes, podría ser por otra parte una vuelta más en la espiral sexista, en tanto que los niños, jóvenes y hombres no se sientan urgidos socialmente a desarrollar aquellas capacidades y virtudes inhibidas, por considerarlas «de mujeres» y, por tanto, menos valiosas, en lugar de considerar unas y otras patrimonio común del género humano, sin discriminaciones genéricas de por medio. En este sentido, en una encuesta realizada en julio de 1992 por una revista mensual, de amplia aceptación entre mujeres de clase media y media alta, entre los dieciocho y treinta y cuatro años residentes en quince ciudades españolas, el 15 por ciento afirmaba que «la belleza es lo que más se sigue valorando en la mujer», en tanto el 47 por ciento afirmaban «estar convencidas de ser la inteligencia, el trabajo y la independencia lo que más se aprecia»; lástima no poder conocer, por tramos más reducidos de edad, unos y otros porcentajes al respecto. En lo que la mayoría de las encuestadas parecían coincidir era en la presión social existente para que las mujeres estuvieran guapas (37 por ciento mucho; 41 por ciento bastante), presión que sólo el 26 por ciento consideraba que también se ejercía sobre los hombres. Algunas encuestadas, que se consideraban guapas, decían sentirse con mayor poder gracias a ello e incluso esgrimirlo conscientemente en situaciones competitivas con hombres, a igualdad de otros méritos, para obtener los logros perseguidos con mayor facilidad.

Hombres entrevistados aleatoriamente y de edades similares coincidían en admitir: «lo primero que me impresiona de una mujer es la belleza», «el hecho de que una mujer sea guapa, incluso en el trabajo, es un punto a su favor; aunque suene a machista yo lo veo así», «claro que no la queremos demasiado guapa, pues siempre da miedo que nos la quite otro o nos engañe»… y así, más o menos, sucesivamente.

Todavía en la veintena y en tanto la joven no se ha emancipado de la familia de origen, las tensiones, los desacuerdos, e incluso muchas veces las disputas en la casa tienen como motivo no sólo el tipo de alimentación más o menos caprichosa que la joven, desde la adolescencia, viene realizando con el fin de eliminar algunos kilos por lo general, sino con el corte de pelo, la indumentaria o maquillaje con que sale a la calle. Que la presencia física continúa siendo una preocupación mucho mayor para las chicas que para los chicos, entre diecinueve-veinticuatro años, se pone una vez más de manifiesto a través del hecho de que, a pesar de su menor disponibilidad económica, tanto si están en familia como fuera de ella, tan sólo aventajan a los chicos, en cuanto a gastos se refiere, en los de perfumería (en un 140 por ciento) a edades similares para ambos.

Una vez más cabe subrayar la influencia de los medios de publicidad, en todos estos procesos, invitando a un consumo «sexualizado» de determinados productos, que si bien comienzan a alentar a los muchachos al cuidado y al adorno de su cuerpo, desde hace algunos años (vestuario, cosmética…), tienen, en las mujeres en general y las jóvenes en particular, su mejor clientela, que tratan de aumentar a toda costa. De esta manera nos encontramos con anuncios publicitarios de televisión y revistas ilustradas, muy numerosas y de grandes tiradas, que invitan a jóvenes, incluso quinceañeras, a prevenir las arrugas, la celulitis, la deshidratación, la obesidad, el colesterol, el afeamiento de los cabellos…, a la vez que les prometen una mejor silueta, una belleza facial y una mayor facilidad para atraer a los chicos, a cambio de utilizar los mil y un productos que el mercado necesita que consuman.

Todo ello crea un temor y un rechazo a la corporalidad característica de otras etapas del propio ciclo vital (por lo general, final de la edad madura y vejez), a la par que la propia juvenil aparece sembrada de peligros que no sólo es preciso sortear, sino incluso prevenir, como si de enfermedades se tratase, con lo cual el disfrute y la identificación con la corporalidad personal, sea la que fuere, no sólo resulta difícil sino a veces imposible, hasta el punto de sentir el propio cuerpo como extraño, ajeno, enemigo incluso, por lo antitético respecto al ideal que una u otra se fraguaron.

En resumen, en la veintena y sobre todo a sus comienzos, mientras ellos procuran hacer músculo, adquirir fuerza y no quedarse bajitos, ellas, que ya van de mujercitas o mujeres, suelen haber declinado casi por completo las prácticas deportivas del colegio y del instituto, salvo que vayan a profesionalizarse en alguna modalidad, han ido y continúan instalándose en un mayor sedentarismo y desde él analizan y contemplan durante largos ratos esos fragmentos más preocupantes de su anatomía, motivo de atención prioritaria para *ellos*: la cara, las piernas, los pechos y las nalgas son los grandes interrogantes del conjunto y nunca se sabe cuáles deben ser sus formas concretas, sus volúmenes, cuánto mostrar y cuánto ocultar. Es una batalla, un acertijo sin solución que tratan no obstante de descifrar; un día y otro; es un ten con ten entre deseos, proyectos, capacidades y temores, pudores e inseguridades, de los que el cuerpo es escenario y encarnadura visible y cuyo protagonismo más o menos evidente no va a cesar a lo largo de todo el ciclo vital de las mujeres, de la mano, en la mayor parte de las ocasiones, del erotismo y la sexualidad.

El cuerpo no deja de ser una preocupación

A lo largo de la treintena el cuerpo ya no es una incógnita. Para bien o para mal se ha convertido en una certeza, lo que no es sinónimo de que la encarnadura y osamenta que se ha llegado a ser satisfaga por completo.

Desde finales de los veinte, ya no hay duda de que el cuerpo tiene unas características y tendencias propias en cada mujer, en consonancia, claro está, con los caracteres hereditarios, el tipo de vida, la alimentación..., pero tozudamente personal y propio, un poco más acá o más allá tan sólo de las modificaciones que puedan proporcionarle regímenes dietéticos, ejercicio o sedentarismo, maquillajes, vestidos de uno u otro tipo, algún que otro cuidado especial y poco más: *se es como ya se es*, por lo general, en este aspecto.

Eso quiere decir que la treintañera que todavía no ha tenido hijos conoce sus «tendencias» físicas y sus características corporales, algunas de las cuales le agradan y considera satisfactorias, en tanto que otras, difíciles o imposibles de modificar, son fuente de incomodidades y disgusto cuando no causa de pequeñas o grandes preocupaciones, pues se les atribuye muchas veces excesiva y gratuitamente el origen de determinados fracasos y limitaciones. Muchas saben ya que.sólo un milagro divino o tecnológico cambiará en alguna medida esa realidad.

DIETAS DE ADELGAZAMIENTO
F. Grande Covián

El problema de la obesidad

La obesidad es la consecuencia inevitable del consumo habitual de dietas cuyo valor calórico es superior a las necesidades de energía del sujeto; es decir, lo que llamamos un balance positivo de energía. Cuando una persona consume habitualmente dietas cuyo contenido en energía (expresado como calorías o joules) es mayor que su gasto de energía, la energía en exceso sólo puede desaparecer en forma de calor o acumularse en el organismo en forma de grasa.

En el lenguaje común, la obesidad se identifica con el exceso de peso, es decir, con un peso superior al considerado normal para una persona de la misma talla, edad y sexo que el sujeto. Pero la obesidad debe definirse, más exactamente, como exceso de grasa corporal y no sólo como exceso de peso. En la práctica, el exceso de peso se acompaña generalmente de un exceso de grasa corporal, pero no siempre es así. Las personas con gran desarrollo esquelético y muscular, como los atletas profesionales o las que realizan habitualmente trabajo físico de gran intensidad, pueden tener peso más elevado que el considerado normal para ellas, pero no suelen tener exceso de grasa. No son por tanto obesos en un sentido estricto. Las personas de edad pueden tener un exceso de grasa corporal, aunque su peso se encuentre dentro de los límites considerados normales para ellas.

La preocupación de la sociedad contemporánea por la obesidad se debe a que ésta se asocia frecuentemente con enfermedades que constituyen las principales causas de muerte en los países desarrollados, cuyos habitantes disfrutan en general de alimentación abundante y realizan actividad física limitada. Pero esta asociación, estadísticamente bien documentada para ciertas enfermedades (diabetes e hipertensión, por ejemplo), no está tan bien documentada en otros casos.

Se ha dicho repetidamente que la obesidad constituye el principal problema médico de las sociedades de los países desarrollados; pero esta afirmación es probablemente exagerada. Es evidente que las personas cuyo peso corporal excede en un 20 por ciento o más del considerado normal para ellas experimentan un riesgo mayor de padecer ciertas enfermedades y muestran mayor mortalidad que las de peso normal. Pero la proporción de tales personas en los países desarrollados no es probablemente superior a un 10 por ciento de la población, según los datos más recientes a mi disposición.

Sin embargo, la preocupación de nuestra sociedad por el problema de la obesidad no se debe tanto a sus consecuencias desde el punto de vista médico como a razones estéticas. El ideal actual de belleza femenina favorece evidentemente la delgadez, y a ello se debe, sin duda, que el interés por las dietas de adelgazamiento haya alcanzado proporciones desmesuradas, dando lugar a la continua aparición de nuevos regímenes dietéticos destinados a tal finalidad. Desgraciadamente, muchos de ellos carecen de base racional y constituyen, de hecho, un peligro para la salud. Muchas personas parecen más preocupadas por su aspecto físico que por su salud, y es preciso recordarles que la delgadez extrema también se acompaña de un aumento de la mortalidad y que es peligroso adoptar un régimen de adelgazamiento sin la debida vigilancia médica.

Las preocupaciones de nuestra sociedad por el problema de la obesidad no se deben tanto a sus consecuencias médicas como a sus razones estéticas.

Es un hecho bien documentado, clínica y experimentalmente, que no todas las personas ganan peso con la misma facilidad, y que algunos obesos no comen más que personas de características somáticas y nivel de actividad semejantes que se mantienen delgadas.

La verdad es que no conocemos la causa de las diferencias que acabo de señalar, a pesar de la activa investigación que sobre ellas se realiza. Una explicación posible, que es objeto de gran atención en la actualidad, supone que la diferencia entre las personas obesas y las que no lo son estriba en una menor capacidad termogénica de las primeras. Tal diferencia significa que los obesos pueden almacenar como grasa la energía que no aparece en forma de calor, y se supone que esta diferencia está genéticamente determinada.

El tratamiento de la obesidad se basa en la reducción del valor calórico de la dieta, con aumento si es posible, del gasto de energía del sujeto, lo que supone un aumento de su actividad física.

Principios generales de las dietas de adelgazamiento

En contra de lo que a veces se afirma irresponsablemente, no hay alimento alguno capaz de producir adelgazamiento. Los únicos alimentos que adelgazan son los que se quedan en el plato sin ser consumidos. Las virtudes adelgazantes atribuidas a determinados alimentos no existen en realidad. Su promoción es simple charlatanería, motivada, en no pocos casos, por intereses comerciales.

El principio fundamental de las dietas de adelgazamiento consiste en la reducción de su valor calórico. Puesto que, como ya he señalado, las grasas poseen el valor calórico más elevado de los tres principios inmediatos, la reducción del contenido de grasa de la dieta es una medida necesaria. Lo es también la reducción de los hidratos de carbono, que en las dietas habitualmente consumidas en los países desarrollados aportan alrededor de un 50 por ciento del valor calórico de las mismas. Existe la creencia errónea de que los hidratos de carbono «engordan». La energía aportada por la grasa puede ser almacenada como grasas corporal en mayor proporción que la energía aportada por los hidratos de carbono. Para cantidades iguales de energía, las grasas son, pues, más eficaces que los hidratos de carbono, en cuanto a su capacidad para almacenar grasa corporal se refiere.

Las proteínas, o más exactamente los aminoácidos resultantes de su digestión, poseen el mismo valor calórico que los hidratos de carbono, pero su efecto termogénico es mayor.

Veamos ahora algunos de los problemas que es preciso resolver al diseñar una dieta destinada a la reducción de peso. Supongamos una dieta de valor calórico igual a 2.600 kilocalorías, compuesta aproximadamente por 325 g de hidratos de carbono, 110 g de grasa y 80 g de proteínas. Esta dieta es suficiente para satisfacer las necesidades diarias de energía de un varón de actividad física moderada y deriva, aproximadamente, un 50 por ciento de su energía de los hidratos de carbono, un 38 por ciento de las grasas y un 12 por ciento de las proteínas. Tal dieta no es muy diferente de la dieta media consumida por muchas personas de las mismas características en nuestro país.

Supongamos ahora una dieta de reducción de peso de unas 1.000 kilocalorías que contenga 120 g de hidratos de carbono, 31 g de grasa y 60 g de proteínas. Esta dieta deriva un 48 por ciento de su energía de los hidratos de carbono, un 28 por ciento de las grasas y un 24 por ciento de la proteínas. Como puede verse, la distribución calórica de esta dieta difiere de la distribución de la dieta anterior en la menor contribución de las grasas y la mayor de las proteínas. La cantidad absoluta de éstas, como puede verse, es la que experimenta una menor reducción, y corresponde aproximadamente a las recomendaciones actuales de consumo de proteínas. En consecuencia, al disminuir el valor calórico total de la dieta, aumenta la contribución proporcional de las proteínas al valor calórico total de la misma.

Es muy importante tener en cuenta que la dieta destinada a la reducción de peso debe satisfacer las necesidades de nutrientes indispensables (aminoácidos esenciales, ácidos grasos esenciales, vitaminas y minerales). Por tanto, como acabamos de ver con el caso de las proteínas, es menester que la reducción del valor calórico de la dieta no ocasione una reducción de los mencionados nutrientes esenciales. Éste es el problema más importante que plantea el diseño de una dieta de reducción de peso.

Numerosos estudios realizados en varios países, entre ellos España, muestran que una dieta de 2.500-2.600 kilocalorías, constituida por alimentos de distintas características, es capaz de satisfacer las necesidades de nutrientes esenciales y las necesidades de energía de un varón moderadamente activo, como ya se ha dicho. Pero una dieta de la misma composición, reducida 1.000 kilocalorías por día no satisface las necesidades de algunos de los nutrientes esenciales. Su empleo prolongado puede producir, en consecuencia, deficiencias nutritivas que es preciso evitar.

Al proyectar una dieta de adelgazamiento es necesario elegir los alimentos que van a entrar en ella, para evitar que la reducción en el consumo total de alimentos dé lugar a un aporte insuficiente de nutrientes esenciales. Las hortalizas, verduras y frutas son útiles en este sentido, debido a su bajo valor calórico, que permite incluir una cierta cantidad de las mismas, contribuyendo al aporte de algunas vitaminas y minerales sin elevar indebidamente el valor calórico de la dieta. La leche descremada se encuentra en la misma situación. Su inclusión en la dieta puede ser útil en relación con el aporte de proteínas, calcio y algunas vitaminas del grupo B.

En resumen, desde el punto de vista de su composición, en términos de los tres principios inmediatos, la dieta de adelgazamiento debe contener una cantidad suficiente de proteínas para satisfacer las necesidades proteicas del sujeto y una cantidad de hidratos de carbono que no debe ser menor de 100 g por día, a fin de evitar la producción de cetosis y de reducir las necesidades proteicas. La proporción de grasas debe ser suficiente para garantizar el aporte de ácidos grasos esenciales.

Es conveniente recordar ahora que la pérdida de peso obtenida con las dietas de reducción de peso suele ser rápida durante los primeros días, con gran regocijo por parte del paciente; pero va haciéndose más lenta al pasar los días, con la desilusión consiguiente. La pérdida inicial de peso se debe en su mayor parte a pérdida de agua corporal, principalmente a la pérdida de agua de hidratación del glucógeno del hígado y el músculo. Pero el objeto de la reducción de peso no es rebajar el contenido corporal de agua, lo que se persigue es la reducción del depósito de grasa. Se necesitan unas tres semanas para que el peso perdido esté compuesto en su mayor parte por grasa y en menor proporción por proteínas.

La práctica de restringir el agua de bebida recomendada en algunos regímenes de adelgazamiento es censurable y peligrosa. La combinación de una dieta de bajo valor calórico con restricción de agua de bebida sólo sirve para aumentar la pérdida de agua corporal, pero no aumenta la pérdida de grasa. El sujeto pierde peso con mayor rapidez, pero no pierde más grasa.

Esta combinación produce además una mayor pérdida de proteínas corporales, según se demostró en nuestro laboratorio, que debe ser evitada en lo posible. Se trata de un engaño que puede tener graves consecuencias para el paciente.

Es preciso que el paciente que trata de adelgazar reciba la cantidad de agua necesaria para mantener un volumen urinario que no debe ser menor de unos 750 a 800 ml por día. De hecho, la persona sometida a una dieta para la reducción de peso necesita beber más, porque en condiciones normales la mitad del agua que recibe nuestro organismo procede del agua contenida en los alimentos. Al reducir la cantidad de alimentos se reduce inevitablemente el ingreso de agua, lo que obliga a aumentar el agua de bebida si se desea mantener un adecuado balance acuoso. Ruego al lector que rechace la creencia que el agua *engorda*. Tal creencia no tiene justificación posible y es sólo una más de las ideas erróneas que acerca de las dietas de adelgazamiento circulan en la actualidad. Las personas con un riñón normal regulan admirablemente su contenido de agua corporal, ajustando el volumen urinario.

Las dietas de adelgazamiento deben ser variadas y ajustadas en lo posible al gusto del paciente.

Aparte de lo expuesto, es importante señalar que la dieta de adelgazamiento, sin dejar de reunir las condiciones señaladas en cuanto a distribución calórica y contenido de nutrientes esenciales, debe ser variada y ajustada en lo posible al gusto del paciente, a fin de conseguir su cooperación. El fracaso de las dietas de adelgazamiento es bien conocido. En un elevado número de casos el paciente vuelve a sus hábitos alimenticios anteriores y gana peso de nuevo. Ésta es sin duda una de las razones del éxito pasajero de tantas y tantas dietas de adelgazamiento.

Es preciso comprender que la dieta mejor concebida no resuelve todos los problemas del obeso. No basta con que la dieta sea adecuada; es preciso que el paciente modifique su género de vida, no sólo en cuanto a sus hábitos alimenticios, sino también en cuanto a su actividad física y sus hábitos en general.

El tratamiento de la obesidad es, en buena medida, un problema educativo. El paciente necesita reeducar sus hábitos alimenticios, su actividad y su género de vida en conjunto. Necesita la ayuda de profesionales competentes para comprender la razón de los cambios que debe introducir en sus costumbres y para desarrollar la fuerza de voluntad necesaria para mantenerlos. En este sentido, las dietas artificiales de bajo valor calórico existentes en el mercado, muchas de ellas excelentes en cuanto a su valor calórico y contenido de nutrientes esenciales se refiere, son de limitada utilidad; porque no contribuyen a la educación de los hábitos alimenticios que el paciente debe adquirir. En cierto modo constituyen una forma de evadirse del problema.

Casi no es necesario añadir que las medidas dietéticas deben ajustarse al caso individual en cuanto a la intensidad de la restricción calórica, duración, pérdida de peso que se desea obtener... Una razón más para aconsejar que nadie intente adelgazar por su cuenta.

No se debe olvidar que las bebidas alcohólicas contribuyen al suministro de energía. Una botella de cerveza de un tercio de litro proporciona unas 130 kilocalorías, y un vaso (125 ml) de vino de 12 por ciento de alcohol (en volumen) puede proporcionar 110 a 115 kilocalorías. Una dieta de adelgazamiento puede exigir la supresión del consumo de bebidas alcohólicas.

Dietas ricas en grasas

Pocas dietas de adelgazamiento han gozado mayor popularidad en los últimos decenios que la llamada dieta del doctor Atkins. Su libro, que lleva el modesto título *La revolución dietética del doctor Atkins,* ha sido traducido a varios idiomas, y ha alcanzado una difusión difícil de imaginar.

Pero la dieta de Atkins no es en realidad una dieta original; y hay en ella poco de revolucionario, si se exceptúa el completo olvido de las consideraciones más elementales de la bioenergética.

La esencia de la dieta de Atkins consiste en la casi total eliminación de los hidratos de carbono y el consumo ilimitado de proteínas grasas (carnes, pescados, quesos, huevos...).

El sistema dietético preconizado por Atkins consiste en el consumo prácticamente ilimitado de dietas en las que las proteínas suministran entre un 12 y un 33 por ciento de la energía total y las grasas entre un 63 y un 84 por ciento. La contribución de los hidratos de carbono es sólo de un 4 por ciento del valor calórico total de la dieta.

Se trata, pues, de una dieta extremadamente pobre en hidratos de carbono, desproporcionadamente rica en grasas animales y colesterol, deficiente en minerales y vitaminas, así como en residuo no digestible (fibra).

Atkins parece haberse dado cuenta de estos inconvenientes y aconseja a sus pacientes el uso de preparados vitamínicos, incluyendo las vitaminas E y C, y de suplementos de minerales (calcio, magnesio y potasio). Recomienda también el empleo de laxantes para combatir el estreñimiento.

Es evidente que esta dieta puede causar pérdida de peso. Pero la pérdida de peso corporal parece deberse a que la dieta se hace poco apetitosa al cabo de unos días. El paciente reduce su consumo de alimentos y el aporte calórico disminuye. Cabe preguntar si lo que en realidad ocurre es que el paciente ingiere una menor cantidad de energía y que esto, y no la desproporcionada composición de la dieta, es la verdadera causa de la pérdida de peso. Como dice la expresión castiza: «Para este viaje no necesitábamos alforjas.» Quizá la ventaja para el paciente consiste en que es él mismo quien reduce el consumo de alimentos, al parecer sin darse cuenta de ello.

La pérdida de peso producida por tales dietas, sobre todo durante los primeros días, cuando la pérdida de peso es mayor, se debe principalmente a pérdida de agua. En resumen, pues, la dieta rica en grasa no produce una mayor pérdida de grasa corporal que la dieta mixta; produce, en cambio, una mayor pérdida de agua y una mayor pérdida de proteínas corporales.

La dieta rica en grasa no tiene ventaja alguna sobre una dieta mixta del mismo valor calórico.

Debo añadir que la dieta rica en grasa da lugar a una elevación de la concentración de colesterol del plasma sanguíneo y a una elevación de la concentración de ácido úrico. El propio Atkins reconoce este último inconveniente y señala que aconseja a sus pacientes el empleo de un medicamento destinado a reducir la formación de ácido úrico en el organismo. El doctor Atkins no parece preocuparse de saber si la elevación de la concentración de ácido úrico se debe, como él supone al parecer, a un aumento en la formación de dicha sustancia en el organismo o a una alteración de la función renal.

Dietas ricas en proteínas

En otro lugar he mencionado las razones por las que las dietas de adelgazamiento tienden a ser dietas ricas en proteínas, aunque no se les dé este nombre. Puede ser útil recordar aquí dichas razones.

Las proteínas son indispensables para la nutrición del hombre, por lo tanto la reducción del valor calórico de la dieta no debe afectar a su contenido proteico. Por consiguiente, las dietas de adelgazamiento suelen contener, al menos, la cantidad de proteínas de la dieta habitual; pero como su valor calórico es menor, la contribución de las proteínas al valor calórico total de la dieta resulta automáticamente elevada.

Las proteínas poseen un efecto termogénico mayor que el de las grasas y los hidratos de carbono. Ésta es una de las razones por las que en la literatura alemana se llamó a este efecto *acción o efecto dinámico específico*. El adjetivo «específico» alude, precisamente, a esta característica de las proteínas. En consecuencia, se elevó el contenido proteico de las dietas de adelgazamiento, con la esperanza de contribuir a la pérdida de energía del organismo y, por tanto, a la pérdida de grasa corporal.

La tercera razón es que la disminución del valor calórico de la dieta da lugar a la pérdida de proteínas corporales. Una persona en ayuno absoluto (sin restricción de agua) puede perder diariamente unos 50 g de proteínas corporales. Las dietas de bajo valor calórico conducen inevitablemente a la pérdida de proteínas, con consecuencias adversas para la salud del sujeto.

Por esta razón, algunas de las dietas de adelgazamiento preconizadas en la actualidad aportan cantidades de proteínas superiores a las necesarias para una persona que consume una dieta de valor calórico adecuado, con el objeto de reducir la pérdida de proteínas corporales.

Un ejemplo de estas dietas es la llamada «Dieta de muy bajo valor calórico» *(Very Low Caloric Diet* o *VLCD)* o «Ayuno suplementado». Otras dietas basadas en el mismo principio son: la llamada «Dieta de Cambridge», la «Optifast», la «Modifast» y el «Ayuno Modificado Economizador de Proteínas (PSMF)». Varias de ellas (dieta de Cambridge, Optifast y Modifast) se venden en forma de líquido o polvo. Contienen proteínas, una pequeña cantidad de hidratos de carbono, ácidos grasos esenciales y minerales.

La dieta con alimentos habituales (PSMF) se compone de carne, pescado y aves, con pequeña cantidad de verduras. Se recomienda un suplemento de minerales y vitaminas y el consumo de abundante cantidad de agua de bebida.

El estudio de ocho publicaciones acerca de estas dietas, aparecidas en los últimos diez o doce años, que incluyen unos 1.300 sujetos obesos de uno y otro sexo, con peso inicial entre 94 y 138 kg, muestra pérdidas de peso considerables tanto con dietas que contenían solamente proteínas (1,5 g por kg de peso teórico por día) como con dietas que contenían proteínas e hidratos de carbono (por ejemplo: 45 g de proteínas y 30 g de glucosa). Estas últimas dietas suministran, por tanto, solamente 300 kilocalorías por día. Son, pues, dietas de muy bajo valor calórico, en las que las proteínas aportaban un 60 por ciento de su valor calórico total.

Los autores de las publicaciones opinan que los regímenes alimenticios que acabo de describir son bien tolerados por los pacientes y que la mayoría de ellos no se quejan de hambre.

Las pérdidas de peso obtenidas son del orden de 1,5 a 2,0 kg por semana para los hombres y de 1,0 a 2,0 kg por semana para las mujeres. La pérdida total de peso es proporcional a la duración del tratamiento, y los autores piensan que dicha pérdida se debe principalmente a pérdida de grasa corporal.

Los autores consideran que estas dietas no son peligrosas si los sujetos están sometidos a adecuada vigilancia médica y, en general, no parece que hayan dado lugar a complicaciones alarmantes en sujetos que, aparte de su obesidad, no padecían enfermedad conocida.

Sin embargo, algunos de ellos señalan prudentemente que dados los riesgos que inevitablemente pueden producirse como consecuencia de su bajo valor calórico, estas dietas deben emplearse solamente en casos de obesidad extremadamente grave. Los pacientes cuyo peso corporal no excede más de un 30 por ciento de su peso teórico deben someterse, en su opinión, a dietas de adelgazamiento de composición mixta, con valor calórico entre 800 y 1.500 kilocalorías por día. En estos casos, añaden, el problema es más cosmético y psicológico que médico, no está justificado someterles a una restricción calórica más intensa. Esta opinión de investigadores experimentados debe ser tenida en cuenta.

No hará falta añadir que esta clase de dietas sólo deben ser adoptadas por consejo de un médico experimentado, y que su puesta en práctica exige una vigilancia médica adecuada, que puede hacer necesaria la hospitalización del paciente. El que existan en el comercio preparados de muy bajo valor calórico y ricos en proteínas, como ya he señalado, no debe inducir a nadie a emplearlos por su propia iniciativa. Nadie debe adoptar por su cuenta una dieta de adelgazamiento, aunque se trate de un producto cuya venta esté oficialmente autorizada. Una vez más debo insistir en que el consejo y la vigilancia del médico son indispensables.

MÁS DIETAS TODAVÍA
J. L. Cidón Madrigal

La obesidad es una afección caracterizada por un sobrepeso debido a un exceso de grasa. Desde esta perspectiva, constituye una de las grandes preocupaciones en los países desarrollados que se cuestionan cómo resolver el problema. No ya sólo por sus consecuencias estéticas, en una sociedad en la que la imagen adquiere un protagonismo cada vez más evidente en el modo de vida, sino por los problemas de salud que esos kilos de más pueden acarrear en la persona.

El sobrepeso supone una ruptura de la armonía vital, tanto física como psíquica. ¿Cuántas obesidades originan depresiones?, ¿cuántas depresiones conducen a obesidades? Desde ese momento, el problema deja de ser puramente estético para colocar al paciente en una situación de riesgo frente a alteraciones metabólicas, cardiovasculares, psicológicas, mecánicas, de hipertensión y de cáncer.

La actitud terapéutica más eficaz no consigue sus objetivos por el hecho de realizar un régimen drástico que, casi siempre, se incumple, acompañado de fármacos anorexígenos, nunca carentes de efectos secundarios. Lo verdaderamente importante es saber cómo debemos alimentarnos.

La alimentación es el arma principal de la que dispone el médico para restituir el equilibrio perdido. Por esta razón, debe ser un especialista quien ajuste la disminución del contenido calórico de la dieta, así como el aporte necesario que debe hacerse en cuanto a hidratos de carbono, grasas y proteínas. No podemos olvidar tampoco que la dieta correcta es la que combina adecuadamente los alimentos y vigila las cantidades precisas de vitaminas y oligoelementos necesarios para el organismo.

Además de los factores mencionados, la dieta debe ser hipotóxica; es decir, que esté libre de pesticidas, hormonas, fertilizantes y, en lo posible, de aditivos. Por eso, debemos preocuparnos de seleccionar los alimentos que vamos a ingerir y que la cocción de los mismos sea la adecuada.

Las dietas vegetarianas

Se denomina *vegetariana* a la persona que basa su sistema dietético en alimentos procedentes de vegetales.

Uno de los autores que más ha preconizado las dietas vegetarianas ha sido el doctor Bircher-Benner.

Los vegetarianos deben equilibrar su dieta para evitar carencias alimentarias como las citadas a continuación:

– Las proteínas vegetales no tienen el mismo valor nutritivo que las de origen animal. Por eso, se deben combinar adecuadamente cereales y legumbres.

– Pueden originar carencias de vitamina B_{12} y D, ya que éstas no existen en los vegetales.

La dieta macrobiótica

Forma parte de una filosofía creada a principio de siglo por el japonés Sakurazawa, aplicando la filosofía yin-yang de los alimentos.

No proporciona los requisitos nutritivos adecuados, hasta el punto de que la Asociación Médica Americana la considera muy peligrosa.

El régimen Atkins

Dieta basada en el consumo exclusivo de proteínas y lípidos. Se fundamenta en la imposibilidad de que los lípidos alimentarios se transformen en grasas de reserva sin un aporte de glúcidos, hecho que teóricamente es correcto.

Sin embargo, presenta graves inconvenientes, ya que el consumo masivo de grasas produce un aumento importante del colesterol.

También, al ser un régimen cetogénico, puede provocar una mala excreción del ácido úrico, con el consiguiente riesgo de gota y litiasis.

La dieta de la clínica Mayo

Se basa en un régimen hipocalórico (600-800 calorías) sin imaginación que dura dos semanas, con un consumo de huevos importante (cuatro a seis al día) y se excluyen los productos lácteos (carencia cálcica).

Su mayor defecto es que no consigue estabilizar el peso perdido.

Los regímenes de las vecinas

Aunque momentáneamente suelen ser eficaces –lo que les proporciona cierto éxito–, son regímenes muy fantasiosos que no cumplen la mínima norma elemental de fisiología nutricional. Citaremos algunos:

– El régimen en que sólo se consumen pomelos.
– El régimen constituido sólo por pepinos.
– El régimen de Harrop, que se compone de un litro de leche y seis plátanos al día.

La dieta del doctor Cidón. (Un estudio de dieta disociada)

Por fin llega el momento en que debo aconsejar una dieta, que se basará no sólo en la experiencia nutricional, sino también en la formación homeopática.

Desayuno

Ha de ser la mejor comida del día y debe incluir fruta (a ser posible ácida, como la naranja o el pomelo, porque son muy depurativos y ponen en funcionamiento el hígado), proteínas (por ejemplo, jamón, queso) y una taza de café.

Almuerzo

Debe iniciarse con fruta, ya que ésta prepara los jugos gástricos del estómago para una mejor digestión. Por ejemplo, puede iniciarse con una ensalada de frutas.

La comida debe contener un plato de verduras solas o acompañando a carne o pescado, como segundo plato. Es fundamental no mezclar los hidratos de carbono (pan, patatas, espaguetis...) con las proteínas (carne, pescado).

La verdura, sin embargo, como es un elemento regulador, puede tomarse tanto en compañía de hidratos de carbono como de proteínas, pero nunca los tres grupos juntos.

Cena

Para la última comida del día se recomienda un menú constituido por verduras, pescado o huevos, un yogur o algo de queso.

En la cena no se incluye fruta con el fin de evitar los gases que se producen por la fermentación de los azúcares que contiene.

Es aconsejable no tomar nunca en la misma comida dos productos lácteos (leche, queso, yogur), ya que se producen interacciones entre ellos. Es más, lo ideal sería consumir a lo largo del día el mismo alimento lácteo.

Algunas recomendaciones higiénico-dietéticas son:

1. No picar entre horas.
2. Utilizar edulcorantes artificiales (aspartamo, sacarina).
3. No abusar del alcohol, el tabaco, el café y las sustancias excesivamente aromáticas, en especial la menta, ya que por su acción quelante pueden neutralizar la acción de determinados medicamentos homeopáticos.
4. Respetar los horarios de sueño.
5. Beber dos litros de agua al día.
6. Hacer ejercicio físico.

A pesar de considerar esta dieta excelente, a veces, el problema de la obesidad no se solucionará exclusivamente haciendo una dieta.

Se entiende así que haya personas que no comiendo demasiado y desarrollando una actividad física intensa, engordan desmesuradamente y de forma incontrolable. Esto sucede por la influencia que sobre la obesidad tiene el sistema nervioso central.

Por ello, no podemos hablar de obesidad como un problema meramente endocrino, sino más bien neuroendocrinólogico. Otras veces, un tránsito intestinal excesivamente lento es el que propicia la aparición de la obesidad.

CONSEJOS PARA MOVERSE POR EL MUNDO CON UNA DIETA A CUESTAS
J. L. Cidón Madrigal

¿A cuántas fiestas nos vemos obligados a asistir a lo largo del año? Depende de la actividad social, ya lo sé, pero de una u otra forma, entre estrenos, presentaciones, bodas y bautizos y comidas o cenas de negocios, cualquier profesional se ve involucrado en ágapes en los que todo atenta contra su peso.

Cuando asiste a una fiesta

- Procure comer algo de su programa dietético antes de salir, lo que le dará fuerza suficiente para negarse a la evidente tentación.
- Deje pasar las bebidas dulces y alcohólicas. Beba zumo de frutas, agua mineral o soda con hielo y limón.
- Rechace los canapés y opte por los quesos.
- Si sólo hay sandwiches, acepte una tapa que tenga jamón o queso y evite como al diablo cualquier cosa, sea lo que sea, que incluya mayonesa.
- No ingiera alcohol con el estómago vacío. Si tiene que tomar un whisky, agréguele bastante agua, hielo o soda. No permita que la alegría de una copita permita reconquistar a la obesidad el peso perdido, y ya sabe que después de la primera copa, pueden llegar otras, pues la primera inhibe la voluntad.

Cuando tiene que comer en un restaurante

- Haga retirar el pan, grisines y mantequilla, y pida unas tapitas de queso mientras espera la comida.
- Piense el menú adecuado a sus posibilidades, evitando mirar la carta.
- Pida antes que sus compañeros de mesa para no dejarse llevar por las apetencias ajenas.

Cuando se está de vacaciones

Es un error pensar que las vacaciones son también un descanso para la dieta o un respiro en la lucha contra la obesidad. No se le ocurra bajar la guardia durante las vacaciones, no se conceda ni un solo día, no vaya a caer en la terrible equivocación de dejar la dieta para el regreso pues retrocederá de forma lamentable.

- Tenga siempre presente que *vacaciones* no es sinónimo de *engordar*.
- Es fundamental no dejarse tentar por las bebidas de cola o tónicas. La sensación de frescura que produce al tomarlas se traduce después en muchas calorías.
- La bebida que más ayuda a quitar la sed

es el agua. Las bebidas alcohólicas añaden una cuota innecesaria de calor y transpiración a nuestro organismo. Por tanto, recomiendo agua mineral sin gas, agua con limón, café helado, té helado e incluso el helado especial para diabéticos.

Factores que condicionan el no hacer la dieta

La *negación* es una de las principales características psicológicas de la obesidad, podríamos decir que es una de las conductas adictivas.

Los obesos niegan siempre su obesidad. ¿Cuántos años lleva diciendo frases como «Tengo un ligero sobrepeso», «Soy corpulento, no gordo», «Un día de estos, cuando yo quiera, me quitaré esos kilos que me sobran»?

Tienen también una gran dependencia de la comida, algo similar a lo que sienten los drogadictos. Cuando dicen, por ejemplo: «Yo dejo de comer cuando quiera», están manifestando para los demás una fuerza de voluntad inexistente, pues, en realidad, nunca quieren dejar de comer.

Se niegan la imprescindible actividad física diciendo que no tienen tiempo. Y es que la negación es, en este caso, el autoengaño, la peor de las mentiras.

Además de las formas de negación, hay otra de posposición, y es cuando el obeso dice: «Mañana empiezo», «Después de las navidades»... En definitiva, está negando todas las veces que antes dijo que empezaría y jamás lo hizo.

Si analizamos las razones por las que existe la negación, nos encontramos fundamentalmente con dos:

1. Para proteger su conducta de engorde.
2. Como reacción a un rechazo.

Cómo vencer la negación

- Mirándose al espejo.
- Hágase una foto y póngala en el frigorífico.
- Pida a una amiga que la describa corporalmente.
- Anote con minuciosidad todo lo que come.

– Negar la propia obesidad es no aceptar la realidad.
– Pesarse regularmente y anotar la fecha y el peso.
– Pensar que cada día es un nuevo logro.

Un viejo proverbio chino nos dice que el mejor momento para plantar un árbol fue hace veinte años. El segundo mejor momento es hoy.

Tal vez usted debió ocuparse y preocuparse de su sobrepeso hace mucho tiempo, pero si no lo hizo cuando debió, ¿no cree que el segundo mejor momento es justamente éste?

Los alcohólicos que dejan la bebida, o los fumadores que dejan el cigarrillo, al cabo de unos días padecen una reacción especial. Ésta se produce porque cuando el organismo está acostumbrado al consumo regular de alguna droga, al verse privado de ella «protesta». Por eso, en la persona obesa, se puede producir una reacción parecida, según sea el grado de adicción o de dependencia que tenga con la comida.

Todo esto se logra con *motivación* (es la energía que nos impulsa hacia el logro de un objetivo). Es algo personal que no se puede dar en *cápsulas*.

Sugerencias generales

– Estudiar el valor nutricional y calórico de la comida.
– Prémiese por cada kilo perdido con autorregalos (ir al cine...).
– No discuta el programa dietético con los demás (pues todo el mundo le ofrecerá un plan que conlleve muchos menos sacrificios).
– Anote las razones para estar gordo y adelgazar.
– Procure distraerse.
– Haga deporte.
– Hay que saber decir *no* a determinados alimentos sin ofender a la persona que nos está ofreciendo algo. Recuerde su motivación.
– No suprima comidas ni pase hambre. Conviene levantarse de la mesa con un poquito de apetito, en ningún caso saciada.
– No solucione problemas comiendo.
– No busque apoyo en la comida. Adelgazar debe formar parte de un todo; es

decir, mejorar el estado de salud física, psíquica, social, intelectual, espiritual y también el aspecto estético. Por eso, adelgazar debe suponer un cambio de actitud y estilo de vida.
– Olvídese de las dietas milagrosas que matan de hambre. Cuando se trata de perder peso, las investigaciones demuestran que andando poco a poco se llega lejos.
– No se trata de renunciar a todo lo que le gusta, ni de hacer ejercicio hasta el agotamiento.
– La dieta lenta pero segura no es peligrosa; sin embargo, las de hambre pueden provocar hipoglucemias.
– Para bajar de peso, se deben combinar cuatro elementos clave:

1. Seguir un plan de alimentación equilibrado y saludable.
2. Modificar los hábitos que le incitan a comer en exceso.
3. Practicar algún tipo de actividad física.
4. A veces, es conveniente ponerse en manos de un especialista médico, que le orientará no sólo en el tratamiento medicamentoso, sino también en la dieta a seguir, en función de su tipo de obesidad, desequilibrio...

Rechace siempre las dietas de los compañeros de trabajo, los amigos o vecinos (la del pomelo, la de plátanos y leche...), ya que desde el punto de vista nutricional son poco serias y bastante peligrosas.
– Le recomendamos que siga el sistema «A-B-C»:

Día A: Dieta y ejercicio=Reducción progresiva.

Día B: Comer un poco más y hacer poco ejercicio=Día de mantenimiento.

Día C: En el que se permite toda clase de libertades.

Recomendamos que al final de cada día se marque en el calendario la nota adecuada, ¿qué letra nos merecemos?

La fórmula generadora es aquella en la que el número de días *A* supere al de días *B* y, por descontado, el número de días *B* al de *C*.

Pero, ¡mucho cuidado!, este sistema sólo debe seguirse cuando se ha llegado al estado de *mantenimiento*.

Tabla 42. **Gasto energético (calorías) de algunas actividades físicas para los dos sexos**
F. Grande Covián

	Tiempo en minutos						
Actividad física	10	20	30	45	60	90	120
Estar sentado	17	35	52	78	104	155	207
Conducir	23	47	70	105	141	211	281
Caminar lentamente	36	72	107	161	215	322	429
Caminar rápido (5 km/h)	53	106	159	239	318	477	636
Bajar escaleras	64	128	192	289	385	577	770
Subir escaleras	195	390	585	877	1.169	1.754	2.338
Bailar lento	43	86	130	194	259	389	518
Bailar movido	93	185	278	416	555	833	1.110
Ir en bicicleta	62	123	185	278	370	555	740
Escribir a máquina	25	49	74	111	148	222	296
Cuidar el jardín	62	123	185	278	370	555	740
Labores domésticas	32	64	96	144	192	289	385
Bowling	27	74	111	167	222	333	444
Golf	49	99	148	222	296	444	592
Ping pong	56	111	167	250	333	500	666
Vela	62	123	185	278	370	555	740
Tenis	93	185	278	416	555	833	1.110
Baloncesto	80	160	241	361	481	722	962
Fútbol	84	168	252	377	503	755	1.006
Equitación	68	136	204	305	407	611	814
Ciclismo (20 km/h)	105	210	315	472	629	944	1.258
Natación (100 m/min)	62	123	185	278	370	555	740
Piragüismo (100 m/min)	123	247	370	555	740	1.110	1.480
Correr (150 m/min)	148	296	444	666	888	1.332	1.776
Judo	136	271	407	611	814	1.221	1.628
Esquí de fondo (10 km/h)	173	345	518	777	1.036	1.554	2.072

• •

Otras sugerencias

En el trabajo

– No tenga comida a mano.
– Si hay autoservicio, pida a un compañero que le sirva su bandeja.

En restaurantes

– No mire el menú; sepa de antemano lo que pedirá.
– Pida antes que los demás y no se deje seducir por las ofertas del *maître*.
– Pida que le retiren el pan y la mantequilla.
– Si quiere picar algo, que sea queso blando.

En fiestas

– Coma algo antes de acudir.
– Tome poco o nada de alcohol.
– No mire la comida.

ALGUNOS MENÚS PARA ADELGAZAR
J. J. Aracama

Los menús tipo que siguen van de las 900 a las 1.500 calorías. Son regímenes completos que aportan los nutrientes y vitaminas necesarios para el organismo, y que hacen, de manera eficaz, perder peso a quien los sigue. Pero debe quedar bien entendido que únicamente los aconsejo, como cualquier dieta, en aquellos casos en los que el peso a perder no es excesivo y la salud es buena. En caso contrario es obligado visitar al endocrino.

En todos los menús que siguen, se utilizará, para los rehogados y aliños, una sola cucharada sopera de aceite de oliva virgen repartida como convenga entre las comidas del día. Podrán aderezarse los platos a voluntad, con especias o finas hierbas, como la albahaca o el perejil, y se podrá utilizar laurel o el apio en el agua de cocción, sin que ello suponga un aumento de calorías. Igualmente pueden emplearse edulcorantes o sacarinas.

Menús de 900 calorías

A
Desayuno
Café o té con 1 vasito de leche descremada, 150 cm^3.
2 rebanadas tostadas de pan integral.
Media mañana
Té o café.
50 g de queso de Burgos o requesón.
Comida
Sopa de verduras.
Brocheta de solomillo, 150 g.
Gelatina de frutas.
Una rebanada de pan tostado integral.
Merienda
Un batido de: 150 cm^3 de leche descremada, media fruta o varias fresas y esencia de vainilla.
Cena
Ensalada de 100 g de pollo cocido, 150 g de remolacha, berros, apio y zanahoria.
Tortilla de calabacín de un huevo y una clara.
Una rebanada de pan tostado integral.

B
Desayuno
Café o té con 150 cm^3 de leche descremada.
2 rebanadas de pan tostado integral.
5 g de margarina.
Media mañana
Té o café.
50 g de queso de Burgos o requesón.
Comida
Caldo de cocido.
Cocido de garbanzos, 50 g; patata, 100 g; y ternera, 100 g.

Una fruta.
Una rebanada de pan tostado integral.
Merienda
Té o café con un vasito de 150 cm^3 de leche.
Cena
150 g de espárragos.
150 g de besugo al horno.
Gelatina de frutas.
Una rebanada de pan integral.

Menús de 1.000 calorías

En los siguientes menús, las calorías han sido calculadas minuciosamente, por tanto, si se desea eficacia, deben seguirse al pie de la letra, sin cambiar ninguno de los platos ni tomar nada entre horas salvo agua o infusiones sacarinadas.

Lunes
Desayuno
Leche descremada, un vaso de 200 cm^3.
40 g de pan.
40 g de requesón, queso de Burgos o jamón de York.
Comida
200 g de judías verdes.
100 g de patata.
Ensalada de lechuga, tomate y cebolla.
120 g de ternera.
150 g de naranja.
Merienda
Un yogur descremado.
Cena
200 g de judías verdes.
200 g de merluza cocida.
150 g de naranja.
40 g de queso de Burgos o requesón.

Martes
Desayuno
Café o té con sacarina.
150 g de fruta fresca.
Comida
200 g de ensalada de lechuga, cebolla, pepino y tomate.
150 g de pollo asado.
1 fruta, 200 g.
1 rebanada de pan integral tostado.
Cena
150 g de sopa de fideos clarita.
200 g de merluza cocida.
150 g de panaché de verduras.
1 pieza de fruta.

Miércoles

Desayuno

Igual que en los días anteriores.

Comida

200 g de judías verdes rehogadas.

150 g de ternera a la plancha con 50 g de escarola.

Una pieza de fruta.

Cena

1 huevo pasado por agua.

200 g de pescadilla hervida.

125 g de arroz con leche.

Jueves

Desayuno

Como en los días anteriores.

Comida

200 g de menestra de verduras.

150 g de filete de vaca a la plancha, y 200 g de puré de patata y un tomate al horno o crudo.

1 yogur natural o 150 g de fruta fresca.

Cena

150 g de sopa de pasta clarita.

150 g de pescadilla en salsa verde y 150 g de tomate crudo aliñado.

150 g de fruta fresca.

Viernes

Desayuno

Café o té con sacarina.

150 g de fruta fresca.

Comida

150 g de macarrones con queso y tomate.

150 g de vaca asada, 100 g de escarola y 50 g de tomate.

150 g de fruta fresca.

Cena

1 huevo revuelto.

200 g de merluza rebozada acompañada de 150 g de tomate natural.

150 g de fruta fresca.

Sábado

Desayuno

Como el día anterior.

Comida

200 g de ensalada: lechuga, tomate, pepino, espárragos y cebolla, aliñada.

200 g de paella.

1 rebanada de pan de 25 g.

50 g de queso de Burgos o requesón.

Cena

150 g de alcachofas salteadas con 25 g de jamón.

150 g de mero a la parrilla.

150 g de fruta fresca.

Domingo

Desayuno

Como los días anteriores.

Comida

200 g de coliflor cocida y rehogada.

150 g de lengua de ternera estofada, con 100 g de patatas cocidas.

50 g de flan de huevo con sacarina.

Cena

200 g de melón con 50 g de jamón serrano magro.

100 g de salchichas de Frankfurt a la plancha, con 150 g de tomate crudo.

1 rebanada de pan de 25 g.

100 g de fruta fresca.

La dieta comodín de las 1.000 calorías

La hemos titulado así porque puede seguirse durante la semana entera, e incluso durante un mes o dos, gracias a la ductilidad de sus componentes, aunque deben respetarse escrupulosamente sus cantidades. Dos veces por semana puede sustituirse el plato de carne o pescado por una tortilla francesa de dos huevos. El plato de verdura también puede cambiarse alguna vez por sopa de pasta clarita. Puede beberse toda el agua que se desee, así como infusiones sacarinadas. De permitirse algún aperitivo, éste sería zumo de tomate, bebidas de cola *light*, o *bitter* sin alcohol.

Desayuno

200 g de leche descremada, sola o con café, malta o té.

Una tostada *manchada* de margarina.

Comida

200 g de verdura (judías verdes, repollo, acelgas, espinacas, cardos, coles de bruselas, lechuga, escarola, espárragos, pimientos, tomates) rehogada con una cucharada sopera de aceite y/o aliñada con vinagre o limón.

150 g de carne de cualquier clase (excepto las muy ricas en grasa).

100 g de patatas cocidas.

100 g de fruta fresca, pesada sin piel (albaricoques, cerezas, ciruelas, mandari-

nas, manzanas, melocotones, melón, naranjas, peras y sandía).

Merienda

Igual que el desayuno.

Cena

200 g de verdura, a elegir entre las citadas, rehogadas y aliñadas del mismo modo.

150 g de pescado fresco cocido o a la plancha, y de cualquier clase.

200 g de fruta, a elegir entre las mencionadas.

Menús de 1.500 calorías

Desayuno

1 vaso de leche semidescremada, con o sin café, y con o sin sacarina.

200 g de fruta fresca: albaricoques, cerezas, mandarinas, manzanas, melocotones, melón, ciruelas, naranjas, peras o sandía.

1 tostada de pan de 25 g.

Comida

200 g de verdura de cualquier clase, aliñada con dos cucharadas soperas de aceite de oliva virgen, limón o vinagre.

150 g de carne a la parrilla (a elegir entre cualquier carne poco grasa).

100 g de patata cocida.

1 rebanada de pan tostado de 25 g.

100 g de fruta fresca.

Merienda

Se tomará lo mismo que en el desayuno.

Cena

200 g de verdura cocida y aliñada.

150 g de pescado fresco cocido o a la plancha.

1 rebanada de pan de 25 g.

200 g de fruta fresca.

Dos veces por semana se puede sustituir la carne o el pescado por dos huevos, pasados por agua, o en tortilla francesa; también puede cambiarse dos días la verdura por una sopa clarita. Si se desea, el desayuno puede fraccionarse en dos, para consumir parte a media mañana.

La conveniencia del uso de las hierbas

En relación a los regímenes de adelgazamiento, las bondades de las hierbas las hacen casi insustituibles. Por una parte, si nos aficionamos a utilizarlas en la cocina, nuestra alimentación se volverá más natural, más sabrosa, más sana y menos grasa. Luego está el capítulo de las viejas infusiones, famosas por méritos propios. Incorporarlas a nuestra dieta es, además de un detalle de buen tono y de gran estilo, según especifican las corrientes más *chic*, casi una panacea. Entre comidas, como tentempié, ofrecen posibilidades y ventajas ilimitadas, a saber: calman el apetito, refrescan en verano, entonan en invierno, y ofrecen, además, bondades que, si bien no pueden garantizarse, son patrimonio del saber popular y constituyeron los mejores –y casi únicos– remedios de la Antigüedad. Si vamos un poco más allá de las clásicas manzanilla, poleo, tila y las mil y una variedades de té, comprobaremos que existen infusiones que mejoran la circulación, facilitan el sueño, y depuran la piel, entre un largo etcétera de cualidades, porque realmente existe una enormidad. Son muy fáciles de encontrar en herbolarios, establecimientos que han proliferado tanto que es raro no contar con alguno, por pequeña que sea una ciudad. Los pétalos de casi todas las flores, que habitualmente adornan nuestros floreros, se venden disecados en estas tiendas, listos para ser utilizados en tisanas verdaderamente deliciosas. Tales tisanas pueden prepararse a partir de hojas y semillas, frescas o secas. Una relación completa ocuparía todo un libro, por lo que yo aconsejo consultar en los buenos herbolarios. Merece la pena tomarse la molestia de hacer algunas pruebas.

Además del ya clásico ramillete de hierbas (compuesto por laurel, tomillo, perejil, y algunas veces perifollo), existen muchos posibles cócteles capaces de convertir en regio el caldo más aburrido, o de conferir un *bouquet* de lujo al guiso más magro. Familiarizarse con ellas es muy sencillo, y yo invito a todo cocinero, por bisoño que se considere en la materia, a experimentar sin miedo, pues se trata de un placer altamente creativo.

Sobre las hierbas que convienen a los distintos alimentos

Aunque la información especializada sobre el particular es competencia de recetarios y libros de cocina, sobre los que se editan cada vez más obras de excelente calidad, la que sigue es una pequeña relación que tal vez sea de alguna utilidad.

Para hacer más alegre una dieta, prácticamente valen todas las hierbas comestibles, pero no todas convienen a cada alimento por igual. Tampoco constituyen una excepción en cuanto que, como ocurre con los demás vegetales, la cocción destruye en gran medida sus propiedades. Por tanto, si se añaden en el último momento de la cocción o se utilizan simplemente crudas, para salsas y maceración, el resultado mejora.

Aves. Ajedrea, albahaca, comino, eneldo, estragón, laurel, mejorana, perejil, romero, salva, tomillo y toronjil.

●●

Tabla 43. **Aporte calórico de los alimentos**
J. J. Aracama

Alimentos	Kcal/100 g	Alimentos	Kcal/100 g	Alimentos	Kcal/100 g	Alimentos	Kcal/100 g
Aceite de cacahuete	925	Cebollas	45	Leche condensada	335	Plátano	90
de girasol	928	Cerdo	566	Leche en polvo	503	Pollo	144
de maíz	930	Cerezas	64	Lentejas	354	Pomelos	32
de oliva	927	Ciruelas	293	Lechuga	15	Puerros	38
Aceitunas verdes	146	Coca-cola	44	Limón	28	Queso crema	354
Aguacate	241	Coco	399	Lombarda	27	Camembert	328
Ajos	140	Coles de Bruselas	52	Lucio	89	de Brie	368
Albaricoque	54	Coliflor	28	Maíz (grano)	375	Emmental	417
Albaricoques secos	296	Conejo	167	Maicena	367	de bola	401
Albaricoques en almíbar	93	Cordero	428	Mandarina	48	Rabanitos	76
Alcachofas	61	Caldo de cubitos	188	Mantequilla	755	Remolacha	37
Almendras	651	Champiñón fresco	24	Manzana	52	Repollo	24
Anguilas	299	Chocolate	551	Margarina	733	Requesón	88
Añojo, graso	345	Endivias	17	Melocotón	46	Sandía	24
hígado	141	Espárragos	20	Melocotón en almíbar	79	Salchichas de cerdo	364
Apio	21	Espinacas	23	Merluza	77	de Frankfurt	256
Arenques	255	*Foie-gras* de cerdo	449	Mermeladas	269	Salchichón	550
Arroz	368	Frambuesa	40	Miel	305	Salmón	217
Arroz integral	371	Fresa	39	Moras	48	Sardinas en aceite	240
Atún	242	Gallina	274	Mortadela	367	Setas	34
Atún en aceite	304	Gallo (pescado)	79	Nabos	26	Tapioca	366
Avellanas	690	Garbanzos	370	Naranjas	54	Té negro	342
Avena en copos	402	Guisantes frescos	93	Nata	302	Ternera	207
Azúcar (remolacha)	382	Guisantes en lata	66	Ostras	71	Ternera sesos	128
Bacalao seco	372	Harina de maíz	376	Pan blanco	259	Ternera riñones	138
Bacon	658	de trigo	368	Pan integral	250	Tomate	19
Batata	124	Higos frescos	73	Pan tostado	403	Trucha	104
Berenjenas	25	Huevos	167	Pasta italiana	390	Vino blanco	70
Bonito	242	Huevo (yema)	377	Patata	85	rosado	66
Brécol	33	Huevo (clara)	54	Pato	243	tinto	78
Cacahuetes	631	Jamón serrano	395	Pavo	282	Whisky	250
Cacao en polvo	472	Jamón de York	282	Pepino	10	Yogur	74
Café tostado	371	Judías blancas	352	Peras	59	descremado	62
Calabaza	28	Judías verdes	33	Peras en almíbar	72	Zanahoria	35
Cangrejo de río	71	Langosta	89	Pescadilla	80	Zumo de naranja	47
Carpa	151	Langostinos	103	Piña natural	57	manzana	47
Castaña	211	Leche de vaca	67	Piña en almíbar	95	pomelo	28
Caviar	281	Leche descremada	61	Pistachos	642	limón	24
						tomate	21

Carnes. Ajedrea, ajo, albahaca, comino, cilantro, eneldo, estragón, hinojo, mejorana, menta, perejil, perifollo, romero, salvia y tomillo.

Dulces. Ajonjolí, angélica, anís, azahar, caléndula, cerifollo, culantor, hierba luisa, laurel, menta, perifollo dulce, romero, tanaceto, tomillo, toronjil y verbena.

Ensaladas. Ajo, acedera, albahaca, bergamota, borrajas, caléndula (se usa para dar color), capuchina (sustituye a las alcaparras que son más caras), cebolla cebollino, cerifollo, enebro, estragón, hierba luisa, hinojo, mejorana, menta y perifollo.

Huevos. Ajedrea, ajo, albahaca, caléndula (para tortillas), cebollino, eneldo, estragón, hinojo, laurel, mejorana, perejil, perifollo, romero y tomillo.

Mariscos. Ajedrea, albahaca, eneldo, estragón, laurel, mejorana, tomillo y toronjil.

Pescados. Ajedrea, albahaca, comino, eneldo, estragón, laurel, mejorana, romero, salvia, tomillo y toronjil.

Verduras y legumbres. Ajo, ajedrea, albahaca, cilantro, diente de león, eneldo, laurel, mejorana, menta, perejil, perifollo, romero, salvia y tomillo.

Sopas. Acedera, ajedrea, cebollino, cilantro, eneldo, estragón, hinojo, hisopo, laurel, ligústico, menta, perejil y perifollo.

• •

Tabla 44. **Aporte calórico de las bebidas**
F. J. Flórez Tascón y F. J. Flórez-Tascón Sixto

Bebidas	Cal/100 g
Anises, aguardientes y licores dulces	384
Cavas y champañas	42-50
Cerveza	32
Coñac, whisky, ginebra y ron	236
Gaseosas y bitter	39
Sidra	42
Vermú	132
Vinos dulces de Málaga y Oporto	157
Vinos de mesa	77
Vinos finos como jerez y manzanilla	124
Zumos de cítricos y otras frutas	40-45

• •

STOP A LA CELULITIS
J. L. Cidón Madrigal

¿Qué es la celulitis?

En principio, y para contestar a la pregunta del enunciado, la celulitis es una obsesión que puede convertirse en una auténtica acusación, según las normas y preceptos de nuestra sociedad. «Esa mujer es celulítica» puede decirse en tono peyorativo, como un insulto, utilizando la expresión como arma arrojadiza. Lo válido es la mujer joven y estilizada, sin que nadie se plantee los valores éticos o morales, intelectuales o espirituales. Es una concepción absolutamente machista, aunque el comentario brote alocadamente de los labios de otra mujer.

La obesidad y la celulitis ni significan lo mismo ni se combaten de la misma forma. Si bien es cierto que las personas obesas tienen mayor tendencia a la celulitis, también lo es que las personas delgadas pueden acumular igualmente grasa.

Mientras que en la obesidad las células grasas son libres y móviles, en la celulitis se fijan e incrustan en el tejido conjuntivo. Esto significa que hay que abarcar el problema bajo dos perspectivas diferentes:

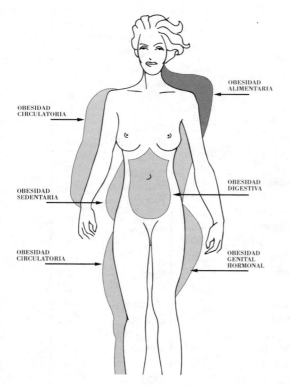

OBESIDAD ALIMENTARIA

OBESIDAD CIRCULATORIA

OBESIDAD SEDENTARIA

OBESIDAD DIGESTIVA

OBESIDAD CIRCULATORIA

OBESIDAD GENITAL HORMONAL

Fig. 18. Localización morfológica de las obesidades.

▼

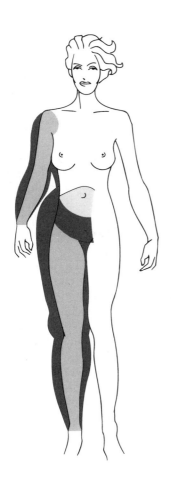

Fig. 19. Obesidad constitucional en la mujer.

▼

1. Esos kilos de más, que no son otra cosa que grasa acumulada y que se pueden eliminar con relativa facilidad mediante una dieta.
2. La celulitis, que puede tener su origen en una circulación sanguínea insuficiente, que a su vez provoca una disminución de intercambios entre la sangre y las células, que se sobrecargan de grasa, agua y toxinas, y forman el nódulo celulítico.

La celulitis puede aparecer en cualquier parte del cuerpo, aunque existen zonas preferentes como las caderas, los muslos y las rodillas. El diagnóstico se realiza por distintos métodos como la termografía, la ecografía, la exploración vascular..., y la solución que planteamos es la utilización de diferentes métodos combinados. El masaje, la aplicación de ultrasonidos, el láser, la presoterapia, la meso-

terapia, la ozonoterapia y la electrolipolisis son algunos de los remedios eficaces. Pero si éstos no logran el objetivo, sería necesario echar mano de la liposucción.

Para combatir la celulitis se aconseja como hábito diario el ejercicio físico. Gracias a una serie de movimientos reiterativos, ajustados a un número de repeticiones e intensidades, el individuo conseguirá una mayor irrigación y tonificación de la zona afectada.

¿Cómo se forma la celulitis?

Cuando se oye hablar de celulitis, la mayoría de la gente cree que se hace referencia a la acumulación de grasas en diversas zonas del organismo. Aunque sea un término utilizado alegremente por todo el mundo, incluso por algunos médicos, en realidad su uso no es correcto.

La celulitis se consideró primero, ya a principios de siglo, como una inflamación. De ahí el sufijo *itis*. En medicina, la terminación *itis* significa «inflamación»: bronquitis (inflamación de los bronquios), gastritis, apendicitis...

En aquellos tiempos sólo acudían a la consulta las mujeres que padecían celulitis dolorosa, por lo que se pensó que se trataba de una inflamación del tejido celular subcutáneo, pero luego se comprobó lo incierto de esta teoría. La verdad es que hay algunas celulitis dolorosas, pero desde el contexto estético la mayoría no lo son y de ahí que muchas pasen inadvertidas en sus fases iniciales.

Tras ese descubrimiento, la medicina le dio otro enfoque al problema y dijo que la celulitis era una *lipodistrofia*, o sea, una alteración de la distribución local de la grasa, pero hoy sabemos que tampoco eso es cierto. Es muy frecuente que la celulitis vaya acompañada de adiposidad, pero no es obligatorio y hay celulitis que no comportan adiposidad. No están estrictamente relacionadas.

Desde hace unos años la celulitis se considera un trastorno circulatorio a nivel local; para comprender mejor cómo se produce, vamos a imaginar que la zona subcutánea, o sea la situada bajo la piel, es como una piscina llena de agua y que en ella hay redes y peces.

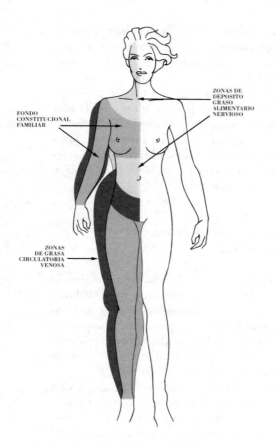

Fig. 20. Obesidad complicada en la mujer.

▼

Imaginemos que son las fibras fundamentales de las que disponemos en esa zona, es decir, el *colágeno* y la *reticulina*. Entre ellas hay unas células de las cuales nos interesa destacar el *fibroblasto* y el *adipocito*. El fibroblasto es la célula que va a producir el colágeno, y el adipocito, la célula grasa.

Por tanto, tenemos: las redes, las células y un líquido. ¿Qué es ese líquido? ¿De dónde procede?

Llega de la sangre, del plasma, tiene una entrada y quizá dos salidas. Es la parte arterial la entrada, las arteriolas, y la salida por las venas, las vénulas y los linfáticos, que lo van a llevar a los ganglios y va a desaguar. La piscina tiene un fondo, que son los músculos, cuyo interés es considerable en el terreno de la celulitis.

De todas las células de las que hemos hablado sólo puede enfermar una de ellas, los adipocitos (las células grasas).

Y el adipocito puede ser patológico por dos motivos: o porque hay demasiados o porque los que hay aumentan su contenido en grasa (adiposidad). Y aunque *adiposidad* y *celulitis* son cosas distintas, la verdad es que están muy relacionadas, y en muchos casos donde hay adiposidad, también hay celulitis.

Pero no olvidemos que lo fundamental en la celulitis, la clave del problema, es el trastorno del líquido porque la celulitis es, sobre todo, un trastorno circulatorio.

Fases de formación de la celulitis

Parece ser que, en cierto momento, el nivel del líquido celular empieza a aumentar en una zona determinada, porque la «piscina» no desagua bien, ya que las salidas (las vénulas) están ligeramente atascadas.

Y esto, ¿cómo ocurre?

Las vénulas, que son los vasos de retorno más diminutos, tienen unas pequeñas válvulas que ayudan al drenaje y parece ser que si éstas dejan de funcionar correctamente, comienza a acumularse agua en la zona correspondiente: en este caso en la zona de la celulitis.

Expondré a continuación las tres fases de desarrollo del problema, que son: el *edema*, la *formación de la piel de naranja* y la *esclerosis*.

El edema

En esta fase hay un encharcamiento evidente que empieza a presentar ciertas consecuencias, pues, al no existir drenaje, es decir, salida del líquido, los desechos de las células (anhídrido carbónico, agua, potasio, urea, ácido láctico y otras sustancias) se acumulan, haciendo que el líquido intracelular sea cada vez más denso.

El líquido, que al principio es de apariencia normal, de constitución parecida al plasma, se va espesando y decimos que se va transformando en gel.

Esta transformación del líquido intracelular provoca un efecto inmediato que es la irritación de otra de las células, el fibroblasto, que comienza a producir fibras de colágeno.

Esto nos lleva a la segunda fase: la formación de la piel de naranja.

La formación de la piel de naranja

La acumulación del líquido espeso y sobre todo la mayor producción de fibras por parte del fibroblasto, que se disponen vertical y horizontalmente, forma un espesamiento que va desde el tejido celular subcutáneo hasta la piel, produciéndose una tracción que nos lleva a una de las características típicas de la celulitis que es la *piel de naranja*. Y llegamos a la tercera fase: la *esclerosis*.

La esclerosis

Ya tenemos constituida la zona celulítica: el líquido cada vez es más viscoso y el número de fibras ha aumentado significativamente conformando la temible piel de naranja.

¿Qué está ocurriendo ahora?

Es fácil determinarlo. Cada vez predominan más las fibras, nos encontramos ante una masa compacta, dura, que da paso a la *esclerosis*, la tercera y más resistente de todas las fases.

En resumen: en la zona de la celulitis nos encontramos con:

– Acumulación de líquido (edema).
– El líquido se va espesando y se va aposentando.
– Las fibras colágenas se multiplican en sentido vertical y horizontal.
– Formación de la piel de naranja.
– Comienza la esclerosis.

Consejos para una prevención eficaz

–Huir de las prendas ajustadas, que dificultan enormemente la circulación y provocan la retención de líquidos. La clave: evitar la ropa ceñida, desde los pantalones, medias y calcetines hasta cinturones y sujetadores; se pueden utilizar de vez en cuando, pero no de forma sistemática.
–Evitar el exceso de calor, pues es uno de los mejores aliados de la mala circulación. Y, en consecuencia, también de la celulitis. Habrá que evitar a toda costa los baños muy calientes, las saunas y las largas exposiciones al sol.
–Estar muchas horas sentada, de pie o con las piernas cruzadas, también resulta muy perjudicial para la circulación. Lo mejor es levantarse aproximadamente cada hora y andar como mínimo un par de minutos. Será de gran ayuda, de vez en cuando, contraer y relajar los músculos de los glúteos y el abdomen sin levantarse de la silla.
–Los excitantes como el café, el tabaco, el alcohol y las especias demasiado picantes son grandes productores de toxinas, por lo que conviene desterrarlos por completo.
–El estrés mantiene los músculos en tensión y esto perjudica la circulación sanguínea. Más vale tomarse la vida con calma y hacer cada mañana ejercicios de estiramiento y relajación.
–Evitar el estreñimiento con una alimentación rica en fibras.
–Tener precauciones con las pastillas anticonceptivas, pues suelen facilitar los desequilibrios hormonales y, en algunos casos, son nefastas para la circulación sanguínea.
–La dieta debe adaptarse a las circunstancias. Lo primero que habrá que evitar a toda costa serán los alimentos con un gran aporte calórico: los que tienen exceso de grasa y los «malos glúcidos» (harinas refinadas, dulces...). La sal deberá reducirse al máximo, ya que favorece enormemente la retención de líquidos y también es un obstáculo para la buena circulación. En cuanto al alcohol, es mejor olvidarlo por completo, pues no sólo contiene un elevadísimo nivel de calorías, sino que, además, afecta al hígado (órgano encargado de expulsar las impurezas del organismo, entre otras cosas), y lo que es más importante: el alcohol tiene una acción muy directa sobre los vasos, dilatándolos, lo que debemos evitar decididamente.
–No tomar fritos, no son buenos para la prevención de la celulitis, ya que se acumulan en el organismo e impiden la correcta eliminación de las toxinas.

Y ahora pasemos a la parte positiva, a lo que se debe hacer para que la «temida enemiga» no aparezca. En cuanto a los alimentos, hay que consumir:

–Agua, es un depurativo natural y muy eficaz que ayuda a eliminar las toxinas acumuladas en los tejidos y que las arrastra hacia el exterior del cuerpo.

- Agua mineral sin gas (de litro y medio a dos litros diarios).
- Cítricos. La vitamina C mejora la asimilación del hierro y es antioxidante (elimina los temidos radicales libres).
- Productos ricos en fibra para favorecer el tránsito intestinal y evitar el estreñimiento.
- Alimentos ricos en yodo; por ejemplo, algas, rábanos, espárragos, zanahorias, espinacas, fresas. El yodo es un mineral que refuerza la glándula tiroides, encargada de regular el metabolismo.
- Verduras variadas, a poder ser crudas o cocidas al vapor.
- Cereales integrales.
- Alimentos ricos en hierro, muy importante para la oxigenación celular, como son berros, espinacas, lentejas, albaricoques...
- Productos ricos en calcio, pero pobres en grasas, como pescado blanco o lácteos (desnatados, semidesnatados), quesos frescos.
- Alimentos con un alto poder depurativo, como el ajo, el limón, la cebolla, la miel, el apio...
- Fruta fresca con efecto diurético, como el melón, la piña, el pomelo, la manzana o las fresas. Se recomienda siempre consumirla antes de las comidas o fuera de ellas.

Además de la alimentación, hay una serie de «trucos» muy eficaces. Son éstos:
- Dormir siempre que sea posible con los pies ligeramente levantados (la elevación adecuada es unos diez o quince centímetros) para beneficiar la circulación sanguínea. Hay camas graduables, pero basta con colocar una manta doblada o una almohada bajo el colchón. Es ideal para las celulitis de tipo edematoso.
- Hacer ejercicio siempre que sea posible. Los deportes más efectivos son natación, bicicleta y *aerobic*, ya que todas estas prácticas hacen trabajar intensamente la zona de los glúteos, piernas y caderas.
- Andar descalza por la arena de la playa estimula la circulación y es un perfecto aliado contra la celulitis. Igualmente resulta beneficioso caminar dentro del mar, con el agua a la altura de las caderas, porque las olas con la pequeña dificultad que entraña moverse dentro del agua, producen en las piernas un masaje muy estimulante.
- Oxigenarse al máximo será otra de las bazas para luchar contra la celulitis (cuando la sangre se oxigena, arrastra fácilmente todos los residuos). Para ello se pueden practicar respiraciones profundas, inspirando con fuerza y manteniendo el aire unos segundos. Técnicas como el yoga, la sofrología y el entrenamiento autógeno ayudan mucho en este caso.

Ejercicios gimnásticos recomendables para prevenir la celulitis

Es verdad que tenemos tendencia a no poner en práctica aquellas cosas que, por el esfuerzo físico que representan, podemos rechazar como inadecuadas para nuestra edad. En el caso de la gimnasia o el simple hecho de pasear, solemos escudarnos en la falta de tiempo o en lo ridículo que podría resultar si alguien nos viera.

Por el contrario, hay quien se viste con un chándal de colores violentos (incluso fosforito) sin pudor alguno y trota inmisericorde por parques y plazas, exponiéndose a la mordedura de los perros y a la burlona sonrisa de los, por otra parte, pacíficos viandantes.

Nuestra cultura, fruto de la civilización del ocio y la televisión como recurso lúdico, elude el esfuerzo, pues todo induce a la pasividad, desde los electrodomésticos a los automóviles, las escaleras mecánicas, los ascensores y todo un arsenal de artilugios que nos van petrificando.

Muchas enfermedades surgen de esa cultura de la comodidad extrema, pues nuestro organismo precisa de cierta actividad para mantener en buen uso los muchos mecanismos anatómicos que poseemos.

Por otra parte, la fisiología también requiere sus dosis de acción. Sabemos que la digestión se efectúa mejor si tras la ingesta paseamos con moderación. No olvidemos que el ejercicio físico es vital: quien mueve las piernas, refuerza el corazón. Ha llegado el momento de que hablemos de algunos ejercicios físicos, especialmente ideados para tonificar el cuerpo mientras

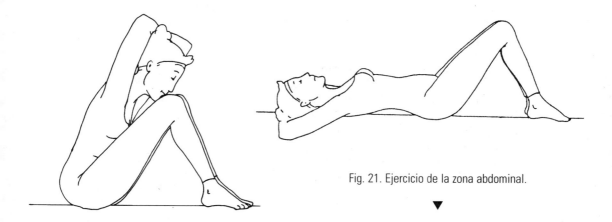

Fig. 21. Ejercicio de la zona abdominal.

▼

se lucha contra la celulitis traidora. Veremos que son posiciones que puedes poner en práctica en la soledad de la sala de estar, e incluso sobre la alfombra del dormitorio.

Nos basaremos en trece ejercicios principales; como en todo lo dicho, ha de tenerse la necesaria fuerza de voluntad para llevarlo a cabo cada día.

Ejercicio de la zona abdominal

– Posición de partida: tumbada en el suelo, piernas flexionadas todo lo posible, manos detrás de la nuca.
– El ejercicio consiste en llegar a tocar las rodillas con la frente.
– Repetición: diez veces. El ideal es llegar, poco a poco, hasta veinticinco.

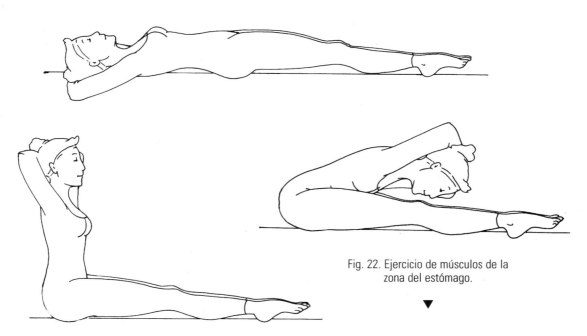

Fig. 22. Ejercicio de músculos de la zona del estómago.

▼

Ejercicio de músculos de la zona del estómago

– Posición de partida: tumbada en el suelo, piernas estiradas, puntas de los pies también estiradas. Manos detrás de la nuca.
– El ejercicio consiste en levantar el tronco. Al inicio procuraremos que el tronco se sitúe verticalmente, formando ángulo recto con las piernas. A medida que el ejercicio se repita, intentaremos tocar las rodillas con la barbilla, de forma que la espalda esté *siempre recta,* porque si no, no sirve de mucho.
– Repetición: quince veces.

451

Ejercicio para reducir la cintura.

– Posición de partida: de pie, las piernas
un poco separadas, brazos estirados por
encima de la cabeza, con las manos unidas. El ejercicio consiste en flexionar
lateralmente la cintura. Para la realización correcta, coger aire (inspiración) al
pasar por la posición de partida y expul-
sarlo al realizar la flexión lateral.
– Repetición: ocho veces a cada lado.

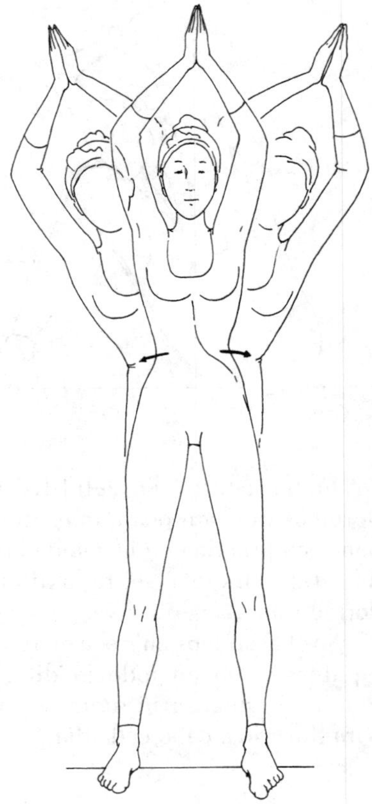

Fig. 23. Ejercicio para reducir la cintura.

▼

Fig. 24. Ejercicio para modelar las caderas.

▼

Ejercicio para modelar las caderas

– Posición de partida: de rodillas en el suelo, sentada encima de los talones, brazos a
la altura del pecho, doblados y separados
del cuerpo (como los bailarines rusos).

– El ejercicio consiste en tocar el suelo con
los glúteos sin mover las piernas ni los
brazos de la posición de partida.
– Repetición: diez veces, cinco a cada
lado.

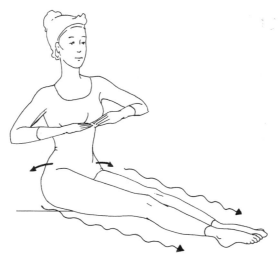

Fig. 25. Ejercicio para eliminar grasa.

▼

Ejercicio para eliminar grasa

–Posición de partida: sentada en el suelo, piernas estiradas, puntas de los pies
también, brazos doblados a la altura
del pecho y separados del cuerpo

(como en la posición anterior). El ejercicio consiste en andar por el suelo
meciendo las caderas, haciendo fuerza
con los glúteos. Repetición: veinticinco veces hacia delante, veinticinco
veces hacia atrás.

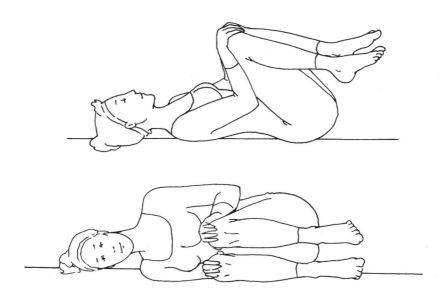

Fig. 26. Ejercicio para evitar las «pistoleras».

▼

Ejercicio para evitar las «pistoleras»

–Posición de partida: tumbada en el suelo,
piernas separadas flexionadas en dirección al pecho. Las manos colocadas
sobre las rodillas.

–El ejercicio consiste en balancear el
cuerpo hasta que la parte lateral de las
piernas toque el suelo.
–Repetición: diez veces, cinco a cada
lado.

Fig. 27. Ejercicio para trabajar caderas y cara interna de los muslos.

▼

Ejercicio para trabajar caderas y cara interna de los muslos

– Posición de partida: tumbada lateralmente, piernas estiradas. Un brazo se
apoyará sobre el codo en el suelo y el
contrario, flexionado, con la palma de la
mano sobre el suelo, cambiando de lado
para simultanear ambos costados, según
se explica en el dibujo.
– El ejercicio consiste en levantar la pierna lateralmente.
– Repetición: diez veces con cada pierna.

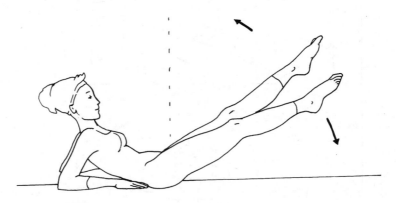

Fig. 28. Ejercicio para estilizar abductores (cara interna del muslo) y zona abdominal.

▼

Ejercicio para estilizar los abductores (cara interna del muslo) y zona abdominal

– Posición de partida: tumbada en el suelo,
piernas y puntas de los pies estirados, el
tronco ligeramente levantado, apoyándose en los codos.
– El ejercicio consiste en hacer la tijera
desde abajo hasta llegar a la vertical,
pero cuidando de que los pies no toquen
el suelo (que será la tentación más lógica), al ir hacia abajo.
– Repetición: diez veces. Para contar, lo
haremos de la siguiente forma: Uno...
subir. Dos... bajar. Tres... subir...

Fig. 29. Ejercicio para trabajar las piernas.

▼

Ejercicio para trabajar las piernas

– Posición de partida: de pie, pies juntos, brazos estirados a la altura del pecho.

– El ejercicio consiste en flexionar las rodillas, levantando los talones y manteniendo la espalda recta.
– Repetición: diez veces.

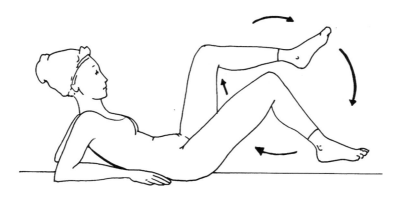

Fig. 30. Ejercicio para fortalecer las piernas y reducir volúmenes.

▼

Ejercicio para fortalecer las piernas y reducir volúmenes

– Posición de partida: tumbada, tronco ligeramente levantado, apoyándose en los codos, piernas flexionadas.
– El ejercicio consiste en hacer bicicleta.
– Duración: un minuto.

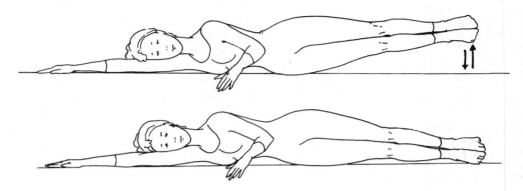

Fig. 31. Ejercicio para modelar caderas.

▼

Ejercicio para modelar caderas

– Posición de partida: tumbada en el suelo lateralmente, brazo estirado en contacto con el suelo y el otro flexionado, sirviendo de apoyo. Piernas y pies estirados y juntos.
– El ejercicio consiste en hacer fuerza hacia arriba, manteniendo las piernas juntas.
– Duración: se recomienda que al principio se intente mantener las piernas elevadas, sin tocar el suelo durante cinco segundos y después, poco a poco, ir aumentando hasta treinta segundos.

Fig. 32. Ejercicio para abdominales, glúteos y cuádriceps (parte superior del muslo).

▼

Ejercicio para abdominales, glúteos, cuádriceps (parte superior del muslo)

– Posición de partida: estirada en el suelo, brazos por encima de la cabeza también estirados.
– El ejercicio consiste en levantar las pier- nas y al tiempo hacerlo con el abdomen y los brazos juntos, en bloque, para llegar a tocar los pies con las manos.
– Este ejercicio puede resultar muy difícil al principio, pero no debéis desanimaros, pues se obtienen grandes beneficios. Lo importante es la constancia.

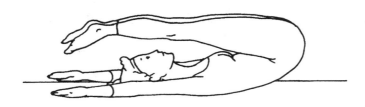

Fig. 33. Ejercicio para estirar piernas, tonificar abdomen y mejorar caderas.

▼

Ejercicio para estirar piernas, tonificar abdomen y mejorar caderas

– Posición de partida: tumbada en el suelo, estiradas las piernas y los brazos por encima de la cabeza.
– El ejercicio consiste en levantar las piernas, los glúteos y parte de la espalda hasta conseguir tocar con las manos la punta de los pies. No hay que olvidar que para que surta el efecto deseado las piernas han de mantenerse bien estiradas, rodilla contra rodilla, de manera que sintamos la fuerza en la zona lateral de las piernas. Hay que tirar hacia arriba y empujar, notando que las caderas quedan encajadas. Como siempre, ha de cuidarse la respiración:

1. Inspiración: se realiza hasta que las piernas llegan a la vertical.
2. Retener un instante el aire, mientras empujamos las piernas hacia las manos.
3. Expulsión del aire.

– Repetición: hay que tratar de hacerlo cinco veces.

Fig. 34. Tabla de ejercicios.

1. Tumbada de lado con un brazo estirado y el otro hacia adelante como punto de apoyo, flexiona ligeramente las piernas y mantén la cadera perpendicular al suelo. En esta posición, eleve la pierna superior sin girar la rodilla ni el pie. Repite el ejercicio con dos series de treinta y dos repeticiones.
2. Mantén la postura anterior. Ahora, desde una altura no por encima del eje de la cadera desplaza la rodilla de la pierna superior hasta encontrarse con la otra rodilla. El ejercicio consiste en descender con la pierna en esa posición, recordando que (como se señala en el dibujo), el pie no se mueve. Repite dos series de treinta y dos repeticiones con esa misma pierna.
3. Continúa tumbada hacia ese mismo lado; adelanta la pierna hasta que forme un ángulo de 90° con el tronco. Después eleva esa misma pierna, sin desplazar la cadera. Haz dos series de treinta y dos repeticiones.

Una vez realizado este grupo de tres ejercicios, realiza las mismas repeticiones con la otra pierna. Ten en cuenta que la agrupación de estos movimientos, donde trabajas «cartucheras» o «pistoleras», se debe a que interesa insistir en un grupo muscular concreto.

4. Ahora nuestro objetivo es realizar movimientos con la cara interna del muslo. Mantén la misma postura lateral descrita anteriormente, flexiona la pierna superior y gira la otra pierna hacia fuera, hasta que la cara interna del muslo se oriente al techo. Desde esa postura, eleva y desciende la pierna, sin desplazar la cadera. Haz dos series de treinta y dos repeticiones con cada pierna.
5. Continuemos con la reducción de grasa y el fortalecimiento de los glúteos.

Fig. 35. Dentro de la planificación para eliminar y quemar esa grasa que tanto molesta es fundamental dedicar a diario un mínimo de veinte minutos a la carrera continua, la marcha rápida, la natación o la bicicleta, lo que te sea más sencillo.

▼

6. Tumbada boca arriba, con las piernas flexionadas y los pies bien apoyados en el suelo, realiza elevaciones y descensos de la pelvis. Los glúteos se contraen y la espalda no se despega del suelo. Realiza tres series de treinta y dos repeticiones.

Dentro de la planificación para eliminar y quemar esa grasa que tanto te molesta, es fundamental dedicar a diario un mínimo de veinte minutos a la carrera continua, marcha rápida, natación, o bien bicicleta; lo que te sea más sencillo.

Ya, ya sé que no es fácil, comprendo que no se puede pasar de la pasividad a la acción pura, que hay que ir poco a poco hasta hacer comprender al cuerpo que la gimnasia, el ejercicio es vital.

Pero irás comprobando cómo el cuerpo advierte enseguida los beneficios que recibe. Tampoco te plantees hacer completa esta tabla de ejercicios desde el primer día. He procurado explicarlo de manera que entiendas qué efectos causa cada uno de ellos para que puedas elegir los que más te convengan en cada momento.

Disraeli decía que «no siempre la acción tiene felicidad, pero no hay felicidad sin acción». La acción, el ejercicio, es fundamental para la vida e incluso en lo que a las leyes naturales se refiere, mucho más importante que el pensamiento

6

▼

La mujer en un mundo de hombres

Capítulo 1.
▼

Ganarás el pan con el sudor de tu frente

M. D. Vallejo y J. L. de Micheo

PROFESIÓN: AMA DE CASA

En la actualidad, es la mujer la que escoge su futuro y la forma de integrarse en la sociedad: no se ve extraño que una mujer con estudios superiores decida organizar su vida en torno a su casa, su esposo y sus hijos. En este momento sí es vocación lo que mueve a la mujer a desarrollarse como persona dentro de su hogar; nadie se lo impone, ella decide. Pero no es obligatorio hacer ningún tipo de renuncia dolorosa al tipo de vida que supone ejercer un trabajo en una empresa. El abandono del mundo laboral no es necesario ni tiene que ser definitivo. El hecho de que una mujer decida retirarse de su profesión para criar a sus hijos no significa que renuncie a su carrera para siempre: supone simplemente que, transitoriamente, ella estará alejada de ese mundo, pero en un determinado momento puede tomar la decisión de reincorporarse, por supuesto sabiendo que, en ese caso, necesitará actualizar su carrera con el fin de adaptarla a las necesidades que para entonces el mercado reclame.

También existe el caso de otras muchas mujeres que deciden trabajar fuera de casa para sentirse –digamos– en forma, o porque simplemente es necesaria su aportación económica al mantenimiento del hogar. Surge así una nueva generación de mujeres «todo terreno»: aquellas que se ven inmersas en ese ritmo trepidante de vida que supone tener una casa y un trabajo, pero que a pesar de lo acelerado que puede resultar en ocasiones, consiguen armonizar, coordinar y hacer funcionar ambas actividades en todo momento y «a toda máquina».

Esto no quiere decir que unas, por estar más tiempo en casa, sean mejores esposas y madres, y que las otras, por tener su tiempo más dividido entre distintas actividades, sean mejores fuera de casa. No es así: en esta materia que nos ocupa, la cantidad de tiempo no ha de ser siempre directamente proporcional a su calidad.

Planificación

Quizá el término clave a la hora de afrontar cualquier empresa en nuestra época sea el de *planificación*. Planificar es una estrategia fundamental para evitar, en la medida de lo posible, los efectos de la aparición de cualquier contingencia ajena al desarrollo normal de la actividad en cuestión.

Entendemos que la organización de una casa, y más concretamente de sus finanzas, no es ajena a esta necesidad de establecer un marco a partir del cual sea posible conocer qué ingresos reales se aportan y cuáles son los capítulos de gastos, fijos o variables, que hay que cubrir. Quizá la idea de realizar un plan de acción económico responda a algo semejante a la elaboración de los presupuestos generales para un determinado período de una institución. En estos presupuestos no se pueden prever a ciencia cierta todas y cada una de las necesidades que van a surgir, pero sí las habituales; para las inesperadas, siempre deberá haber una partida presupuestaria que responda al epígrafe «otros gastos» o «imprevistos».

Algunas ideas útiles sobre economía doméstica

No queremos quedarnos con las ganas de aportar algunas ideas que pudieran ser útiles dentro de este tema de la economía doméstica. Naturalmente, nos damos cuenta de que pisamos terreno pantanoso, de que existen muchas otras que son, tal vez, de mejor resultado. Las que aquí ofrecemos sólo tienen como garantía que se apoyan en opiniones de muchas personas acostumbradas a «pelear estas batallas».

Decálogo sobre economía del hogar

1. Realicemos una o dos compras grandes al mes: ahorraremos tiempo y dinero, y podremos cubrir imprevistos.
2. Acostumbrémonos a los productos de temporada; la exquisitez cuesta cara.
3. Acumulemos una despensa, será una reserva permanente.
4. Domiciliemos nóminas y recibos, nos evitará quebraderos de cabeza.
5. No abusemos de las tarjetas de crédito, antes o después terminaremos pagando más.
6. Busquemos una relación calidad-precio que nos satisfaga, evitaremos sorpresas.
7. Programemos nuestras vacaciones, serán más tranquilas y baratas.
8. Contratemos tarifas nocturnas para nuestros electrodomésticos y usemos el teléfono, en lo posible, por las noches. Se notará en los recibos.
9. Complazcamos nuestros caprichos de vez en cuando, si no, la vida es muy sosa.
10. Quejémonos públicamente cuando no recibamos lo que contratemos, acudamos a las oficinas de defensa del consumidor.

LOS DERECHOS DE LA MUJER TRABAJADORA

Ya desde los comienzos de la Revolución Industrial las distintas legislaciones sociales se fijaron en la mujer como uno de los grupos de trabajadores necesitados de una regulación específica. En un principio, estas leyes tendían a suavizar el rigor de las durísimas condiciones laborales en las que se llevaba a cabo el trabajo fabril: establecían una serie de tareas vedadas a las mujeres y normalizaban las horas de prestación permitidas.

Con el paso del tiempo, las normas que se refieren al trabajo femenino han evolucionado, pasando de ser normas destinadas a individuos que, por su naturaleza más débil, necesitan de una protección suplementaria —y que entrañaban, en realidad, una discriminación— a leyes que regulan simplemente aspectos biológicos para los que sólo la mujer está dotada, como son la maternidad o la lactancia. Es decir, en los países civilizados y, naturalmente, en España, la razón de estas disposiciones hay que buscarla no en el sexo o en la condición femenina, sino en *la condición física de la madre,* con lo que se abandonan las tesis paternalistas en favor de las igualitarias entre sexos.

Esta tendencia se recoge ya desde la Constitución de 1978, que establece en el artículo 14 el *principio general de no discriminación,* entre otras causas, por razón de sexo; en el artículo 9.2, que encomienda a los poderes públicos «promover las condiciones para que la (...) igualdad del individuo» sea real y efectiva; y en el artículo 35, que reconoce el derecho al trabajo, a su libre elección y a su remuneración «sin que en ningún caso pueda hacerse discriminación por razón de sexo». Al mismo tiempo, la Constitución garantiza «la protección integral de las madres, cualquiera que sea el estado civil».

En este marco legal, pues, debemos encuadrar las normas que, referentes al trabajo por cuenta ajena de la mujer, se contienen en la Ley del Estatuto de los Trabajadores (ET) de 10 de marzo de 1980.

El principio general de no discriminación

La Ley del Estatuto de los Trabajadores supone una quiebra decidida con la anterior legislación en materia de trabajo femenino, siendo ésta, como indica acertadamente el catedrático de Derecho del Trabajo, Manuel Alonso Olea, «una de sus novedades más importantes, si no la más importante de todas».

Pero conviene tener en cuenta que, como reza el epígrafe de este apartado, el principio es general. Queremos decir que se prohíben *todas* las discriminaciones, las que favorecen a la mujer y las que la perjudican. A partir de la promulgación de la ley quedaron suprimidas todas las normas protectoras, como no podía ser menos tras la consagración del principio de igualdad. Este rechazo de la discriminación se extiende: a la obtención y mantenimiento del puesto de trabajo, que deberá acomodarse a reglas comunes para el hombre y la mujer; al salario, punto importantísimo en el que se ordena la retribución por el trabajo efectuado, y no por quien lo realice; e incluso se extiende a la maternidad, puesto que, como veremos, a excepción de los días concedidos a la mujer para el parto, todos los demás derechos que la ley establece en relación a la maternidad se conceden con carácter facultativo al padre o a la madre.

A pesar de esta regulación legal, existen en la práctica muchas transgresiones a esta norma. ¿Qué se debe hacer entonces? Si una mujer se siente discriminada en su trabajo por razón de sexo, tendrá que conseguir pruebas que acrediten dicha actitud hacia ella, lo cual suele ser difícil. Los pasos a seguir cuando ya se hayan obtenido suficientes medios para la demostración serán:
– Informar al Comité de empresa.
– Si la intervención de éste fuera insuficiente, o no existiera Comité de empresa, se debe acudir al inspector de trabajo.
– Y como última posibilidad cabe acudir directamente a los tribunales.

En el caso de que la interesada sea funcionaria, la reclamación puede hacerse:
– Ante el director del organismo público del que dependa.
– Ante los tribunales.

Y, en cualquier caso, se puede:
– Pedir la intervención del Defensor del Pueblo.
– Pedir la intervención del Instituto de la Mujer.

Discriminación por embarazo

Uno de los motivos por los que, con más frecuencia, la mujer es rechazada en un empleo o se le rescinde el contrato de trabajo es el embarazo. La ley, si la mujer denuncia el caso ante los tribunales, ofrece a ésta una protección especial, que se concreta en la llamada «inversión de la carga de la prueba».

Esta medida consiste en lo siguiente: es al empleador a quien se le obliga a probar que existe una razón distinta al embarazo por la que no se emplea o se rescinde el contrato a la mujer. Si la empresa no es capaz de aportar pruebas, se considerará despido improcedente, por entender que la mujer ha sido, en efecto, discriminada.

La consecuencia de todo despido improcedente es conceder al trabajador derecho de ser indemnizado o readmitido en las mismas condiciones de antes del despido.

Este mecanismo legal, que facilita la prueba de la discriminación, es aplicable en cualquier otro supuesto en que la mujer pueda aportar indicios de que la decisión de la empresa de despedirla se basa sólo en su condición de mujer. En todos los casos de discriminación, ésta puede conseguir la protección legal de su derecho, presentando demanda ante los Juzgados de lo Social.

Las acciones positivas

Pero la discriminación no sólo puede ser negativa, sino también favorable para la mujer en determinadas circunstancias. No quiere decir esto que se autorice dicha discriminación de forma generalizada, sino que la ley establece medidas en favor de determinados grupos, como las mujeres, los jóvenes, o los desempleados, con el fin de favorecer su integración en el mundo laboral y su pleno desarrollo en la sociedad. Es decir, hay acciones discriminatorias que se admiten cuando, en realidad, de algún modo promueven la igualdad. Reciben el nombre de acciones positivas, y se adoptan por lo general por la Administración Pública, por empresas o sindicatos, o directamente por los particulares.

Intromisión en la vida privada de la mujer

No es extraño que, de cara al acceso a un puesto de trabajo, se le hagan a la mujer preguntas que afectan a su intimidad, preguntas que, naturalmente, no se le hacen a un varón en la misma situación. La mujer sólo está obligada a informar de su estado civil y del número de hijos que tiene. Al resto de las preguntas que se le formulen sobre su vida familiar o privada *no está obligada a responder*.

Acoso sexual

Si hay un aspecto especialmente doloroso y que, por desgracia, se produce cada vez con más frecuencia, es el de los abusos sexuales. Cuando una mujer sufra una situación de extralimitación sexual, más o menos descarada, nunca deberá dejar por propia voluntad su empleo, porque perdería sus derechos laborales. Al contrario, aconsejamos buscar testigos, o poner en conocimiento de sus compañeros y de los delegados de personal la situación, para así poder demandar y reclamar ante los organismos competentes. El respeto a la intimidad, a la estimación debida a su dignidad, en el que se incluye la protección frente a ofensas verbales o físicas de carácter sexual, es uno de los derechos básicos de la mujer trabajadora.

Otras consideraciones

Hasta aquí hemos tratado de analizar todas aquellas circunstancias que suponen una discriminación de la mujer en lo más intrínseco de su condición, su intimidad y su dignidad. Por supuesto, estas conductas por parte del empresario, ya se trate de una empresa privada o pública, acarrearán, si se prueba su existencia, la imposición de la sanción correspondiente.

Pero existen en el mundo del trabajo otras formas de discriminación hacia la mujer que están, por así decirlo, «institucionalizadas». Son aquellas que, lamentablemente, sólo aportan números a las encuestas. Nos referimos entre otras, a las siguientes:
- *La discriminación salarial.* En la empresa privada, la mujer percibe salarios inferiores hasta en un 25 por ciento con relación a sus compañeros varones en el mismo puesto. Esto ocurre a pesar de que está absolutamente prohibido por la Ley del Estatuto de los Trabajadores.
- En el mismo sentido, es habitual considerar el salario de la mujer como un *segundo sueldo*. Esto quiere decir ni más ni menos, que el de la mujer es algo así como un complemento del sueldo de su pareja, no, como es en realidad, una fuente de ingresos de igual «calidad». Ésta es, precisamente, la excusa que se da para justificar la diferencia de salario en relación al mismo puesto de trabajo, a la que acabamos de hacer mención.
- Las mujeres ocupan el 16,5 por ciento de los puestos directivos en la Administración Pública, y el 6,5 por ciento en la empresa privada.

El hecho de que, a pesar de la igualdad proclamada por la ley, existe discriminación de muy distintos tipos hacia la mujer, es algo evidente. Que buena parte de nuestra sociedad —y dentro de ella, muchas mujeres— sigue considerando estas situaciones como normales, está claro.

Tendremos que esperar a que las nuevas generaciones –que ya ven con naturalidad que desde el colegio ambos sexos se desarrollen y se integren en la sociedad de forma indiferenciada– lleguen a puestos de responsabilidad para, desde ellos, promover un cambio profundo que nos parece imprescindible.

MATERNIDAD Y TRABAJO

Vamos a aproximarnos a la mujer-madre-trabajadora. Nuestra intención es exponer cuáles son los derechos que nuestro ordenamiento jurídico reconoce a la mujer que desempeña una actividad laboral fuera del hogar:

1. A raíz del hecho de la maternidad (en el tiempo inmediatamente posterior al parto).
2. Por la circunstancia de ser madre (cualquiera que sea la edad de los hijos).
3. En caso de constitución legal de adopción.

La maternidad sólo debería afectar a las mujeres en cuanto a los derechos que por esa causa les reconoce la ley. Pero esto no es así: en muchas ocasiones las empresas utilizan la excusa de la maternidad para reducir personal. La alegría que produce en una mujer la maternidad puede verse, entonces, inquietada por la incertidumbre de mantener su puesto de trabajo. La causa que alegará la empresa para no renovar el contrato a una embarazada es lo que menos importa: el desencadenante real será el embarazo. Nunca reconocerá la empresa que la relación laboral habría continuado de no surgir esta contingencia.

Derechos de la maternidad

Como ya ha quedado dicho, nuestra legislación reconoce el reparto de funciones surgidas a consecuencia de la maternidad entre los miembros de la pareja cuando los dos tengan un trabajo por cuenta ajena.

Esto quiere decir que, a excepción de los días concedidos en exclusiva a la mujer para su recuperación posparto, los demás permisos, licencias o excedencias se otorgan por igual al padre y a la madre. Desde luego, estos derechos se conceden tanto en la empresa privada como en la Administración. Estos derechos son:

1. *Licencia por parto.* La duración total de la misma es de dieciséis semanas, que se amplían a dieciocho si el parto es múltiple. La madre puede distribuir este período como mejor le parezca, pero siempre con la obligación de que seis semanas sean inmediatamente posteriores al parto.

Cuando trabajen el padre y la madre, esta última puede decidir, al comienzo del período, que el padre disfrute de hasta cuatro de las últimas semanas de licencia, pero en todo caso respetando que éstas sean ininterrumpidas y al final del período. Esta posibilidad no puede, sin embargo, utilizarse si volver al trabajo implica un riesgo para la salud de la madre.

2. *Permiso diario por lactancia.* Durante los primeros nueve meses posteriores al parto, la madre tiene derecho a ausentarse del trabajo durante una hora por lactancia de su hijo. Este permiso se puede dividir en dos fracciones, o, si lo prefiere, sustituirlo por una reducción de media hora en la jornada laboral diaria.

Si trabajan el padre y la madre, el permiso puede disfrutarlo cualquiera de los dos.

3. *Excedencia para el cuidado de los hijos.* Cuando nazca el hijo, la madre o el padre tienen derecho a un período de excedencia, nunca superior a tres años, que comenzará a contar a partir de la fecha del nacimiento. Si en este tiempo naciera otro hijo, se iniciará otro período de excedencia, que pone fin al que se estuviera gozando.

Además, el padre o la madre que disfruten de una excedencia tienen derecho a que la empresa les reserve su puesto de trabajo durante el primer año, a contar desde que se inicie el período. Y si la persona que estuviera disfrutando de la excedencia desempeña su actividad en la empresa privada, tiene derecho a que ese año de reserva se le compute a efectos de antigüedad; si trabaja en la Administración, se le computará a efectos de trienios, de consolidación de grado y de derechos pasivos. Por supuesto, durante este primer año no se interrumpe la cotización a la Seguridad Social.

Derechos por la circunstancia de ser madre

Aparte de los derechos que se obtienen durante la maternidad, la mujer trabajadora tiene otros derechos que le acompañan durante toda su vida laboral, como consecuencia de su condición de madre.

Estos derechos no son privilegio exclusivo de la madre, sino que pueden compartirse con el padre, y, como siempre, se reconocen por igual a quienes trabajen en la empresa privada o en la Administración. Son los siguientes:

1. *Permiso para el cuidado de hijos menores.* Si una mujer tiene a su cargo hijos menores de seis años o un minusválido psíquico o físico, aunque sea mayor de edad, puede reducir su jornada de trabajo.

Esta reducción puede oscilar entre un mínimo de un tercio y un máximo de la mitad de su duración. Y lleva aparejada una disminución proporcional de las retribuciones.

2. *Ausencia del trabajo por enfermedad de un hijo.* Si un hijo cae enfermo, la madre tiene derecho a dos días de ausencia de trabajo. Pero sólo podrá disponer de este permiso si:
– Un médico califica la enfermedad como grave.
– Presenta el correspondiente certificado médico.

Si no se cumplen estos dos requisitos, la inasistencia puede considerarse falta sin justificar, y podrá dar lugar a las sanciones oportunas.

En caso de que la enfermedad no sea grave, sólo se puede dejar de asistir al trabajo con autorización de la empresa o superior correspondiente. Y si la gravedad de la enfermedad requiere un tiempo mayor de ausencia del trabajo, el permiso sólo será posible con autorización expresa de la empresa u organismo del que se dependa.

3. *Vacaciones.* La mujer sólo tendrá preferencia sobre sus compañeros a la hora de elegir la fecha de sus vacaciones si sus hijos están en edad escolar, con el fin de poderlas disfrutar durante el período de vacaciones escolares. El padre podrá escoger también sus vacaciones dentro de ese período.

En caso de que no coincidan los períodos de vacaciones de ambos, sólo tienen preferencia sobre sus compañeros si tienen hijos comunes en edad escolar.

Derechos por constitución legal de la adopción

Incluimos este apartado porque cada día es más corriente la adopción, y porque la filiación adoptiva está ya jurídicamente equiparada a la biológica.

Estos derechos, al igual que los anteriores, pueden disfrutarse de forma indistinta por el padre o la madre, y son tan válidos para los trabajadores de la empresa privada como para los de la Administración.

LICENCIA POR CONSTITUCIÓN LEGAL DE LA ADOPCIÓN

La duración de esta licencia dependerá de la edad del hijo adoptado:
– Si es menor de nueve meses, se conceden ocho semanas, desde la resolución judicial que constituye la adopción.
– Si es mayor de nueve meses, y menor de cinco años, se conceden seis semanas, contadas también desde la constitución legal de la adopción.

Este derecho, similar al que gozan los padres biológicos en caso de nacimiento –lo que antes hemos llamado «licencia por parto»– difiere de aquél sólo en su duración. Los demás derechos recogidos con anterioridad son de aplicación en ambas situaciones indistintamente, pero teniendo en cuenta que los períodos comienzan a contarse desde el momento en que la adopción se constituya de forma legal.

Para terminar, nos queda decir únicamente que los derechos señalados son los «mínimos» legales, los de obligado cumplimiento. A partir del respeto a ellos, los convenios colectivos o las empresas en particular pueden mejorar las condiciones de sus «empleadas-madres».

LA REALIDAD DE LA MUJER TRABAJADORA

El hecho de que la mujer no goza de igualdad de oportunidades para acceder a un puesto o para promocionarse dentro de una empresa es indiscutible. Esto responde al recelo con que se mira a una mujer candidata a un puesto de trabajo de responsabilidad, considerando su condición femenina como una circunstancia más importante que la cualificación profesional que pueda tener.

Este problema se refleja, por ejemplo, en el hecho de que el hombre siempre tiene un sueldo superior al de la mujer en un puesto semejante; en que a la mujer le cuesta más ascender a puestos de mayor responsabilidad; y en que la mujer ha de estar demostrando permanentemente lo que vale cuando comienza a desempeñar cargos de importancia. Por otra parte, resulta bastante doloroso apreciar que la diferencia, de cara a un puesto de trabajo, no se mide por las cualidades, sino que se concede, en el caso de la mujer, una importancia superlativa a su condición, esto es, a su estado civil, o a que tenga hijos, entre otras muchas cuestiones.

Si a todo esto añadimos el dato de que en la empresa privada las mujeres ocupan, en cifras globales, sólo el 6,45 por ciento de los puestos directivos, se puede concluir que, pese a todo, en la actualidad, la mujer en la empresa se ve obligada a fijar su meta en los puestos medios, y no en la alta dirección.

A continuación vamos a analizar, desde dos puntos de vista, cómo ha de llevarse a cabo el «asalto», por parte de la mujer, a los niveles de responsabilidad de la empresa:

– En primer lugar explicaremos las que, a nuestro entender, han de ser las directrices básicas del correcto *posicionamiento en el mercado*.
– A continuación analizaremos la necesidad de un profundo conocimiento de su carrera profesional, a través de la realización de un *autodiagnóstico* de la misma.

Posicionamiento

Para comenzar es necesaria una aclaración sobre este vocablo: *posicionamiento*, no es un término español; es un anglicismo que se utiliza para englobar todas aquellas acciones que ha de llevar a cabo una persona que quiera estar presente en el mercado de trabajo en las mejores condiciones.

Pues bien, esa necesidad de posicionarse en el mercado de trabajo ha llevado a las mujeres a aguzar sus estrategias para situarse lo mejor posible; sabiendo y destacando cuáles son sus aptitudes, y conociendo y disimulando sus puntos menos favorables. Porque, en todo caso, depende de la propia trabajadora adquirir una buena posición.

A título meramente indicativo, enumeramos a continuación algunas de esas estrategias básicas a seguir por la mujer dentro de la empresa:

1. *Conocimiento personal profundo:* es importante identificar claramente qué es lo que se quiere y de lo que se puede prescindir, así como determinar lo que se ofrece.

2. *Información:* conviene conocer lo que precisa exactamente la empresa para estar en condiciones de responder a ello de la mejor forma posible.

3. *Estudio exhaustivo del mercado de trabajo:* es útil hacer un estudio, para conocer los sectores y las empresas en las que se puede tener más posibilidades de cara a su acceso.

4. *Actualización continua de la formación:* hay que actualizar la formación propia, de manera que, a base de complementarla, adquiera solidez y nunca se pueda achacar escasez de conocimientos.

5. *Adquisición de la capacidad de hablar de una misma convenciendo:* para lo cual es necesario tener plena confianza en las propias posibilidades. Se debe ofrecer siempre una *imagen profesional*.

6. *Disponibilidad:* es importante no sólo para el trabajo, sino para las relaciones con

las demás personas que forman nuestro entorno empresarial (puesto que la mujer, además de ser «buena» debe estar demostrándolo continuamente).

7. *Hay que esforzarse por no resaltar los aspectos particularmente femeninos.*

Pero, además de estas estrategias en el interior de la empresa, es fundamental tener una estrategia en la familia, para que el desempeño de la profesión armonice con la buena marcha de la familia, y no haya que dejar el trabajo como consecuencia de la incompatibilidad entre ambas.

La carrera profesional

Es fundamental analizar y conocer perfectamente la propia carrera profesional. Pero, para ello, conviene establecer cuáles son los aspectos básicos a tener en cuenta:

1. *Saber hasta dónde queremos llegar:* hay que conocer el valor de nuestros logros y escoger el camino que nos conduce a la meta.
2 *Determinar claramente nuestras debilidades:* hay que saber dónde fallamos, para enmendarlo.
3. *Identificar y desarrollar las habilidades que favorecen el crecimiento de nuestra posición profesional.*
4. *Conocer el momento actual de nuestra carrera y cómo hemos llegado hasta él,* y si se corresponde con lo previsto o debemos seguir un determinado plan para conseguirlo.

Remuneración: valoración y planificación

Es curioso darse cuenta de que la pregunta más capciosa que se le puede hacer a una persona que acude a una entrevista de trabajo siempre versa sobre lo que se quiere ganar. Esta pregunta descoloca, porque, en principio, lo que se suele contestar es «lo habitual en el mercado para el puesto que se va a desempeñar»; entonces, cuando ya parece que se ha superado el trago de manera más o menos airosa, el entrevistador vuelve a la carga e insiste en la cantidad,

aunque sólo sea de forma aproximada. Ahora ya no hay escapatoria, hay que dar una cifra, y después, quedarse con la duda de «¿Me habré pasado?», «¿Habrán pensado que quién me creo?», o «¿Me habré quedado corta?», en cuyo caso el empleador debió decir «¡Qué poco se valora!».

Situaciones como ésta, causadas por inseguridad ante un tema delicado, son habituales al comienzo de la carrera profesional. Cuando hayamos superado el rodaje y estemos metidos de lleno en la mecánica empresarial, ya no nos sorprenderá la pregunta sobre nuestras aspiraciones económicas, porque habremos aprendido a valorar nuestra propia remuneración y seguiremos una planificación de nuestra carrera profesional desde la perspectiva de las remuneraciones.

Para valorar la propia remuneración es necesario: conocer el estado del mercado en este aspecto, por medio de contactos dentro y fuera de la propia empresa; conocer la situación de la misma y estar pendiente de lo que se ofrece en los anuncios que salen en la prensa para puestos similares.

Además, hay que tener en cuenta que la remuneración no es sólo el dinero que recibimos por nómina a fin de mes, sino un conjunto integrado por una serie de factores:
– El nivel social.
– La posibilidad de promoción.
– La satisfacción personal con el trabajo.
– La revalorización que ha de tener este «paquete salarial», si se atiende a la inversión de tiempo, funciones que se desempeñen y responsabilidades que se vayan asumiendo.

La remuneración será satisfactoria siempre que uno de estos factores esté en auge y haga que la mujer se sienta satisfecha.

Si hay un desequilibrio entre lo que el mercado paga a personas con la misma responsabilidad y el salario que se percibe en una empresa, el puesto deja de ser satisfactorio. Las soluciones entre las que puede elegir son:
– Hacérselo ver al responsable de la empresa exponiéndole razones o presentándole la oferta de otra empresa que la quiere contratar.
– Dejar la empresa por otra que pague más (estudiando en este caso las posibilida-

des de desarrollo a largo plazo, el tipo de empresa...).

Como ya hemos dicho al hablar de la discriminación de la mujer en el trabajo, es habitual que el sueldo de una mujer en la empresa privada, en un puesto de la misma categoría y responsabilidad que el de un hombre, sea inferior entre un 20 y un 25 por ciento.

Si lo que ocurre es que el sueldo de la mujer está por encima del mercado, será difícil llevar a cabo un cambio cuantitativo, aunque cualitativamente pueda interesar; sin embargo, lo corriente es que el cambio lleve aparejado el incremento salarial. En todo caso, queremos insistir en que el sueldo no ha de ser el condicionante exclusivo a la hora de elegir o cambiar de trabajo. Hay que valorar también otros aspectos como la formación, la promoción, el prestigio...

Cuando la mujer ya conoce su posición y la marcha del mercado, debe llevar a cabo la planificación de su carrera desde el punto de vista de la remuneración, siempre a partir de aquello a lo que aspire. Es difícil situarse sin una estrategia previa. Este plan de gestión puede suponer, en muchos casos, el cambio de sector en el que se ha de desarrollar la carrera, incluso en condiciones desfavorables, pero aspirando a conseguir una mayor rentabilidad a largo plazo.

Capítulo 2.
▼
Contigo, pan y cebolla… y algo más

M. D. Vallejo y J. L. de Micheo

LEGALIDAD, PERMANENCIA Y VIDA EN COMÚN

No es necesario acudir a complicadas definiciones legales o sociológicas para entender que el matrimonio se compone de tres elementos: *legalidad,* puesto que no existe matrimonio si no se celebra con determinadas formas legales; *permanencia,* o, al menos, tendencia a la perdurabilidad; y un último factor, más etéreo que los anteriores, que engloba todo el conjunto de experiencias, objetivos y anhelos que forman la vida en común de la pareja.

Son estas tres notas las que hacen posible que se puedan clasificar sus efectos en dos grupos: los puramente personales y los económicos. Efectivamente, al tratarse de una unión legal, duradera y plena, el matrimonio implica, por una parte, unas obligaciones que competen a cada uno de los cónyuges con respecto al otro (fidelidad, ayuda y socorro mutuos, deber de respeto...); y, por otra, la vida en común de los casados trae como consecuencia que se creen entre los cónyuges (y entre los cón-

yuges y los terceros) una serie de relaciones e intereses de contenido marcadamente patrimonial.

En todo caso, unos y otros efectos se contemplan siempre desde un mismo punto de partida: la igualdad de derechos entre marido y mujer; y tiene, del mismo modo, una referencia similar: *el interés de la familia,* por encima del particular de los cónyuges.

ASPECTOS ECONÓMICOS DEL MATRIMONIO. ¿QUÉ ES UN RÉGIMEN ECONÓMICO MATRIMONIAL?

Un régimen económico matrimonial es *el conjunto de normas que regulan las relaciones patrimoniales que surgen entre los cónyuges y, en ocasiones, entre éstos y terceras personas.* Mediante estas normas se regulan los aspectos económicos del matrimonio, aspectos que pueden ir desde la compra o alquiler de nuestra vivienda, hasta el pago de las deudas del matrimonio, de las nuestras propias, o de la administración de los negocios. Claramente se ve, pues, la enorme importancia que tiene para el matrimonio una correcta elección del régimen económico, ya que, una vez elegido, y otorgadas las capitulaciones matrimoniales, todos los bienes que en adelante obtengamos estarán sujetos al mismo, creándose una serie de relaciones que varían enormemente dependiendo de cuál sea la sociedad conyugal vigente.

Capitulaciones matrimoniales

Las capitulaciones matrimoniales son un documento que, *obligatoriamente* (en caso contrario son nulas) *los cónyuges otorgan ante notario, y en el que voluntariamente se someten a un régimen económico matrimonial determinado.* No siempre son necesarias: en ocasiones, es la propia ley la que establece qué régimen económico rige entre los esposos. Así, si éstos contraen matrimonio sin establecer de forma expresa por qué tipo de sociedad conyugal optan, regirá automáticamente la de gananciales, sin necesidad de otorgamiento. Asimismo, en caso de separación conyugal, el régimen establecido se sustituye por el de separación de bienes, de forma obligatoria y también sin capitulaciones. Estos dos son los ejemplos más comunes de establecimiento automático de un régimen conyugal, aunque el Código Civil prevé algún supuesto más.

Las capitulaciones matrimoniales podemos otorgarlas antes o después del matrimonio. Es decir, podemos sustituir el régimen económico cuando lo deseemos sin más trámites que el otorgamiento de nuevas capitulaciones, lo que permite adaptarlo a las nuevas circunstancias del matrimonio, aunque, y esto es importante, *el nuevo régimen no afecta a los bienes ya adquiridos;* por ejemplo, adquirimos bajo sociedad de gananciales un inmueble como vivienda habitual. Este inmueble es, lógicamente, ganancial. Después, otorgamos ante notario capitulaciones matrimoniales acogiéndonos al régimen de separación de bienes. Estas capitulaciones no afectan al carácter del inmueble adquirido con anterioridad, que se rige por las normas de la sociedad de gananciales, por lo que, una vez se liquide ésta, nos corresponderá la mitad de su valor.

En cuanto a la posibilidad de hacer las capitulaciones antes del matrimonio, hay que tener en cuenta que lo que en ellas se establezca quedará sin valor si al final el matrimonio no llegara a celebrarse, o transcurriera un año desde el otorgamiento sin haberlo contraído. Esta nulidad es, además, absoluta, es decir, no hay posibilidad de «resucitar» las capitulaciones caducadas celebrando un matrimonio posterior, sino que habría que otorgarlas de nuevo.

Sistemas matrimoniales vigentes en España

Visto lo anterior, abordar ya la cuestión de cuál es el sistema acogido en el Código Civil vigente en España en la actualidad. Esa materia fue objeto de una importantísima reforma legislativa, hecha por la ley de 13 de mayo de 1981, que eliminó el antiguo sistema de la dote e introdujo como gran novedad el régimen de cuentas en participación.

A lo primero que hay que hacer referencia es a algo que no todo el mundo conoce, y que, sin embargo, en determinados casos, nos puede reportar una enorme utilidad: nos referimos a la posibilidad de ser nosotros mismos quienes en capitulaciones acordemos nuestro propio régimen económico matrimonial. En efecto, el artículo 1.315 del Código Civil establece expresamente: «El régimen económico del matrimonio será el que los cónyuges estipulen en capitulaciones matrimoniales.»

Éste es uno de los casos en los que el matrimonio recuerda poderosamente a un contrato. Sin embargo, esta facultad parece restringida en la práctica a aquellos casos en los que, por concurrir circunstancias especiales que atañan a los propios cónyuges o a sus patrimonios, los regímenes legales alternativos previstos por la ley no alcanzarían a regular con la precisión necesaria. Creemos que el régimen matrimonial elegido debe ser simple, debiéndose evitar en lo posible complicaciones innecesarias. La sociedad conyugal tiene una función fundamental: facilitar nuestra vida matrimonial. Hay que tener presente que ni el más perfecto régimen económico prevé todas las posibles circunstancias que pueden darse a lo largo de los años. Conviene, pues, alejarse de complicadas estipulaciones que, casi con toda certeza, sólo nos ocasionarán a la larga problemas de difícil solución. En todo caso, y cuando las circunstancias así lo aconsejen, puede considerarse la posibilidad de «fabricarnos» un régimen económico a la medida, siempre que nos asesoremos debidamente con un experto, naturalmente antes de acudir al notario para la firma.

Sociedad de gananciales

El paso siguiente en nuestro recorrido por el sistema económico matrimonial nos lleva al caso más frecuente: se contrae matrimonio sin estipular régimen alguno. En este caso, como se apuntó antes, *la ley prevé que rija entre los cónyuges, automáticamente, la sociedad de gananciales.*

Como sin duda sabrá el lector, en este régimen económico *se hacen comunes para el marido y para la mujer las ganancias obtenidas constante la sociedad, independientemente de quién las aporte.* Cada uno de ellos tiene derecho a que, una vez finalizada la sociedad, se le atribuyan la mitad de esas ganancias[1]. Claro que en la práctica las cosas no son así de sencillas, como veremos. Por lo demás, es un sistema enormemente racional y dotado de grandes dosis de realismo. Sólo nos queda añadir que se pueden también pactar en capitulaciones el régimen de gananciales. Ello sería posible cuando un matrimonio esté acogido previamente a otro régimen distinto y desee sustituirlo por éste. El trámite, como sabemos, consistirá en manifestarlo ante notario mediante nuevas capitulaciones.

Separación de bienes

El *régimen de gananciales* ha sido, sin duda alguna, el más utilizado por los matrimonios españoles hasta el momento. Sin embargo, en los últimos tiempos empieza a gozar de gran popularidad el de *separación de bienes,* que se caracteriza fundamentalmente por mantener independientes nuestros respectivos patrimonios, sin que en ningún caso exista, como así ocurre en el de gananciales, comunicación alguna de beneficios. Este sistema puede regir la economía del matrimonio por tres caminos:

– Porque así lo pactemos en capitulaciones.
– Porque pactemos en capitulaciones que no regirá entre nosotros la sociedad de gananciales, pero no pactemos un régimen alternativo (supuesto realmente insólito, dicho sea de paso).
– Porque se extinga, constante el matrimonio, la sociedad de gananciales o el régimen de participación, salvo que por propia voluntad lo sustituyamos por otro distinto.

Este último supuesto hace referencia a aquellas situaciones, cada vez más frecuentes en la práctica, en las que judicialmente se decreta la extinción de la sociedad de gananciales, que se sustituye de forma automática por la separación. El caso típico es el del matrimonio acogido a gananciales que decide la separación conyugal. La sentencia de separación lleva consigo automáticamente la sustitución del régimen económico, pasando a regir el de la separación de bienes. Este supuesto, sin embargo, no es el único, como veremos en su momento.

Cuentas en participación

Se completa el sistema con el régimen denominado *cuentas en participación.* Es la gran novedad de la reforma de 13 de mayo de 1981, a partir de la cual se introdujo este régimen en nuestro Derecho. Aunque ofrece grandes posibilidades, ya que combina las ventajas de los gananciales con las de la separación de bienes, su repercusión ha sido escasísima, sobre todo porque carece de la más mínima tradición en el

---

1: Cf. art. 1.344. Código Civil.

Derecho Civil de España. Se trata, en resumen, de que cada cónyuge adquiere el derecho de tomar parte en las ganancias del otro; pero *ese derecho «no surge hasta...» el momento en que la sociedad conyugal deja de existir.* Mientras tanto, los patrimonios de cada uno permanecen absolutamente separados.

Como se ve, este régimen, por una parte, permite una amplísima libertad de movimientos a los cónyuges, que pueden administrar su patrimonio sin comprometer el del otro —ésta es la idea esencial de la separación de bienes—; y, a la vez, queda asegurada la posición del cónyuge menos favorecido —como sucede, *grosso modo,* en el de gananciales—. Este régimen es exclusivamente convencional, es decir, sólo rige cuando se pacta de forma expresa en capitulaciones matrimoniales.

EL RÉGIMEN PRIMARIO DEL MATRIMONIO

Hemos visto ya qué es un régimen económico matrimonial, cuándo se hace, cómo, y cuáles son las posibilidades existentes, que son en realidad todas, ya que los cónyuges tienen plenas facultades para hacer y deshacer a su antojo, adecuando el régimen a sus particulares circunstancias y necesidades. Sin embargo, esto último hay que matizarlo. Hablábamos al principio de este capítulo de un interés superior —lo llamábamos «interés familiar»— que trasciende el puramente particular de los cónyuges. Este interés familiar se recoge en unas normas del Código Civil que son comunes a cualquier régimen económico matrimonial que se establezca, ya sea convencional o legal. Son el «pie forzado» que da la ley para evitar que la sociedad conyugal se pueda convertir en una trampa para no informados. Por ello, estas reglas son de obligado cumplimiento, y rigen cualquiera que sea el régimen elegido sin posibilidad de eludirlas de ninguna manera.

Se denominan en Derecho *régimen primario del matrimonio,* y abarcan los aspectos que explicamos en los apartados siguientes.

Las cargas del matrimonio

Con esta expresión tan poco tranquilizadora denomina el Código Civil a la obligación que tienen los cónyuges de sostener económicamente a la familia, sobre todo a los hijos del matrimonio y, atención, también a los hijos no comunes que convivan en el hogar familiar. Este supuesto es importantísimo en la actualidad, ya que cada vez se da con más frecuencia el caso de un segundo o ulterior matrimonio en el que los cónyuges aportan hijos de otro anterior o, simplemente, extramatrimoniales. En la práctica, además, será la mujer la que aporte hijos de otros matrimonios, ya que las sentencias de divorcio, por lo general, conceden la guarda y custodia de los menores a la madre, y en caso de posteriores nupcias continuarán con ella en el domicilio del nuevo matrimonio. Nos limitaremos a aclarar algunos puntos:

1. *¿Qué son, exactamente, las cargas del matrimonio?* Las cargas del matrimonio son todas aquellas obligaciones dirigidas a sostener la vida familiar, englobándose bajo este concepto cuestiones tan diversas como el pago de nuestra vivienda habitual, la alimentación y educación de nuestros hijos, y, en general, todas aquellas atenciones que contribuyan a que la vida de la familia se desarrolle de un modo acorde con nuestras posibilidades y situación social.

2. *¿Hasta dónde alcanza esta obligación?* Debemos hacer aquí una separación y distinguir, por una parte, qué bienes están sujetos a esta responsabilidad, y, por otra, dónde está el límite de la misma. La primera parte tiene una respuesta fácil: *todos nuestros bienes están, en principio, sujetos al levantamiento de las cargas familiares, por aplicación del principio de interés familiar.* La segunda parte es más confusa, como todas las que se refieren a límites. El Código Civil habla de educación, alimentación y atenciones de previsión, «acomodadas a los usos y circunstancias de familia», expresión que parece dar una solución basada en la normalidad y el sentido común, que será lo que establezca el límite en cada caso. No puede ser de otra manera, puesto que las circunstancias son distintas en cada familia,

y es la propia vida la que marcará el grado de intensidad en cada caso.

3. *¿Cómo se reparte esta responsabilidad?* Siempre que se cumpla con ella, de la forma en que los cónyuges acuerden. Si no han acordado nada, el criterio será el de *proporcionalidad,* de forma que aporte más el que más tenga. Pero teniendo en cuenta que el trabajo del hogar se considera como una aportación más al levantamiento de las cargas familiares.

4. *¿Qué ocurre en caso de incumplimiento?* El incumplimiento por parte de uno de los cónyuges de contribuir al levantamiento de estas cargas, faculta al otro para solicitar del juez que se dicten las medidas necesarias para asegurar su cumplimiento, y éstas pueden llegar incluso a la retención de las ganancias del cónyuge que incumpla. Además, entendemos que es causa de separación o de divorcio, y también, en supuestos realmente graves, podría acarrear la pérdida de la patria potestad.

Necesidades ordinarias de la familia

En principio, los gastos familiares deben decidirse de común acuerdo entre los esposos. Pero la vida diaria obliga a realizar innumerables gastos, y sería descabellado pedir acuerdo para todos y cada uno de ellos. Pensando en esta circunstancia, el Código nos permite, a cualquiera, realizar los actos encaminados a atender estas necesidades de todos los días –«ordinarias», las llama–; nos permite ejercitar lo que se denomina *potestad doméstica.* Y de las deudas contraídas en el ejercicio de tal potestad, responden *solidariamente,* es decir, de forma indistinta, los bienes comunes y los propios del cónyuge que las contraiga; y si no fueran bastantes éstos, responderán los bienes del otro cónyuge.

Los gastos judiciales o litis expensas

No todo el mundo sabe que el Código Civil establece que en los pleitos que uno de los cónyuges mantenga contra otras personas en interés de la familia, o incluso contra el otro cónyuge –por separación o divorcio–, si este cónyuge no tiene dinero para los gastos judiciales, estos gastos corren a cargo del caudal común. Y si el caudal común no fuera suficiente para cubrirlos, será el otro cónyuge el que los sufrague, siempre que la posición económica de éste impida al otro beneficiarse de la justicia gratuita.

Esta posibilidad es de gran importancia para la mujer, puesto que, en la práctica, todavía es el varón quien en muchas ocasiones administra el dinero del matrimonio. Llegado el momento de una separación o un divorcio, la mujer tiene el derecho de solicitar en la demanda las *litis expensas,* es decir, que el pleito emprendido se pague del caudal común, o, en su defecto, del caudal propio del marido cuando éste tiene una posición económica lo suficientemente desahogada como para no gozar del beneficio de justicia gratuita.

Vivienda habitual

El Código Civil concede gran protección a la vivienda conyugal. Por ello, establece la regla general de que para disponer de la misma, es decir, para cederla, alquilarla, venderla..., es preciso el consentimiento de ambos cónyuges, y esto rige incluso para el caso, bastante frecuente, de que la vivienda sea propiedad de uno de los esposos. Este precepto incluye también, además, los muebles de uso ordinario de la familia, que no pueden, por ejemplo, empeñarse o venderse sin consentimiento de ambos.

Puede ocurrir, sin embargo, que este consentimiento sea imposible obtenerlo, por ejemplo, si se da el caso de la desaparición del cónyuge que debiera darlo. En estos casos, puede acudirse al juez para que determine si se puede o no disponer de la vivienda habitual. Obsérvese, por último, que decimos *vivienda habitual:* la regla que acabamos de exponer no incluye ni la segunda vivienda ni, por ejemplo, una plaza de garaje; se refiere, exclusivamente, a aquélla en la que desarrollamos nuestra vida en común. El régimen de estas segundas viviendas, a la hora de disponer de ellas, dependerá del régimen económico matrimonial que hayamos elegido.

Consentimiento del otro cónyuge

En la línea de lo anterior, puede suceder que uno de los cónyuges disponga de bienes que precisen, para su enajenación, consentimiento del otro. ¿Qué ocurre en estos casos? La ley concede a éste el derecho de anular esta enajenación, naturalmente acudiendo a los tribunales, no por sí mismo, estableciendo una regla particular para cuando el acto unilateral de uno de los esposos afecta a un bien común, y se dispone de él por un acto a título gratuito, por ejemplo, una donación. En este caso, *el acto es nulo de pleno derecho,* es decir, esta donación no existe para el Derecho, y, por tanto, el bien donado es como si nunca hubiera salido del patrimonio conyugal.

Prueba de la propiedad de un bien

¿Cómo probar que un determinado bien es de uno u otro cónyuge? El Código Civil no establece normas expresas para ello, siendo de aplicación las generales. Pero sí hace una salvedad al respecto de la confesión, con el fin de evitar fraudes que pudieran perjudicar los derechos de terceras personas. Así, establece que para probar que determinado bien es de uno de los esposos, basta con la confesión del otro, pero esta confesión no será suficiente prueba para perjudicar los derechos de los herederos forzosos del confesante, ni de los acreedores de uno o de los dos esposos, sino que harán falta más medios de prueba, por ejemplo, testifical, documental...

Hasta aquí nos hemos centrado en las normas obligatorias del régimen primario del matrimonio, que constituyen, como vemos, el mínimo común a cualquier régimen económico matrimonial, y –debemos tenerlo muy en cuenta– son imperativas, es decir, no podemos eludirlas, tanto si

otorgamos capítulos matrimoniales dándonos un régimen propio, como si nos acogemos a cualquiera de los regímenes que la ley, común o foral, ofrece, y que pasamos a examinar brevemente a continuación.

LA SOCIEDAD DE GANANCIALES

Como ya dijimos antes, el régimen denominado sociedad de gananciales es el que rige para un gran número de matrimonios españoles, debido a su carácter supletorio de primer grado, es decir, *que se impone por ley cuando los esposos no especifican lo contrario en capítulos matrimoniales;* y, hoy por hoy, son relativamente escasos los matrimonios que acuden a una notaría para regular su economía conyugal. Por ello, creemos interesante examinar su normativa con detalle.

Qué es la sociedad de gananciales

El Código Civil, dice:
«Mediante la sociedad de gananciales se hacen comunes para el marido y la mujer las ganancias o beneficios obtenidas indistintamente por cualquiera de ellos, que les serán atribuidos por mitad al disolverse aquélla.»

Esta definición, muy clara, es, sin embargo, incompleta, puesto que no todo lo obtenido durante la sociedad de gananciales se hace común. La característica fundamental de este régimen es la coexistencia de dos masas de bienes, una, de propiedad exclusiva, y otra, efectivamente, común a ambos cónyuges. Los primeros, se llaman bienes *privativos* y los segundos, *gananciales.*

En este punto hay que hacer una aclaración adicional: todos los bienes, sean privativos o gananciales, están sujetos al levantamiento de las cargas familiares, como dijimos antes de hablar del llamado *régimen primario.*

Parece entonces que debemos empezar por distinguir qué son bienes privativos y qué bienes son gananciales.

Bienes gananciales

El Código Civil nos ofrece una serie de reglas particulares para determinar qué bienes tienen el carácter de gananciales y cuáles el de privativos. Los gananciales son los que detallamos a continuación:

1. *Los que obtengamos por medio de nuestro trabajo o industria.* Ésta es la vía por donde más bienes entrarán en la sociedad. Incluye todas nuestras rentas de trabajo, incluso lo obtenido por el desarrollo de una actividad liberal (abogacía, medicina libre...). Pero atención, porque es más amplia de lo que parece, pues el Código habla de *industria*, término que engloba cualquier actividad, incluso extralaboral, que nos produzca un resultado económico, por ejemplo, lo obtenido por un derecho de patente.

2. *Las rentas e intereses que se obtengan, vigente la sociedad, ya provengan de bienes gananciales como de privativos.* Importantísima regla, que convierte en ganancial los rendimientos de cualquier bien, sea privativo nuestro o de nuestro cónyuge. Así, supongamos que somos propietarios exclusivos de un inmueble, y que éste está en alquiler: esas rentas procedentes del inquilinato entrarán a formar parte de la masa de bienes gananciales.

3. *También es ganancial lo que se adquiere en rifas, tómbolas, lotería...,* es decir, lo que los antiguos tratadistas llamaban *dones de fortuna.*

4. Es muy frecuente también en la práctica que uno de los esposos adquiera para su uso personal, con dinero común, cualquier bien, por ejemplo, un coche. Si eso sucede ¿a quién pertenece este vehículo? El Código Civil establece tajantemente que lo que se adquiere a título oneroso —es decir, a cambio de algo, dinero u otra cosa— a causa del caudal común, es ganancial, ya se haga la adquisición para uno o para los dos esposos. Es decir, el elemento clave no es quién o para quién se adquiere algo, sino *con qué se adquiere.*

Pero puede ocurrir que la adquisición se haga en parte con dinero ganancial y en parte con dinero privativo. Supongamos que a la hora de pagar un piso, aportamos dinero procedente de nuestros ahorros personales, acumulados del trabajo anterior al matrimonio. En estos casos, el piso será en parte nuestro y en parte común. Esta circunstancia conviene dejarla muy clara en el documento de compra, puesto que existe la llamada *presunción de gananciabilidad,* por la que se da este carácter a todo lo adquirido durante la sociedad, salvo que se establezca o se pruebe lo contrario.

Pero puede darse otra circunstancia también común en la vida diaria. Vayamos al coche que poníamos antes de ejemplo. Lo compramos a plazos y pagamos con dinero privativo el primero de ellos; resultado: el coche es privativo. Es decir, para los bienes comprados a plazos durante la vigencia de la sociedad, que sean privativos o gananciales depende de la naturaleza del dinero entregado como primer plazo: si es de los dos, el bien será ganancial; si es de uno de los esposos, privativo. Esta norma convienen tenerla en cuenta, puesto que puede dar lugar a graves injusticias.

5. *Tienen carácter también de gananciales aquellos bienes que se adquieren por medio de un derecho de adquisición preferente, de carácter ganancial.* Un derecho de adquisición preferente es aquel que, en ciertos casos, obliga a quien quiera vender un bien de su propiedad, a ofrecérselo a otro con carácter preferente. Por ejemplo, el inquilino de un piso tiene derecho a que, si el propietario lo quiere vender, se lo ofrezca antes a él por si le interesa comprarlo. Si este derecho es ganancial (en nuestro ejemplo, el piso lo arrendamos después del matrimonio) el bien adquirido a consecuencia de aquél será ganancial, aunque se pagara con dinero privativo, circunstancialmente.

6. *También son bienes gananciales las empresas o negocios puestos en marcha por cualquiera de los esposos con bienes gananciales.* Y si concurrieran tanto bienes gananciales como privativos, la empresa sería en parte ganancial y en parte del cónyuge o cónyuges que hubieran aportado capital privativo.

7. Por último, haremos referencia a otro problema frecuente. ¿De quién son los bienes recibidos por testamento? Éstos, y también *los adquiridos por donación, pertenecerán a ambos cónyuges cuando se donen conjuntamente y sin especificar cuál de los esposos es el beneficiario* (por ejemplo, se deja en testamento una casa a una hija y a

su esposo; la herencia es conjunta, porque se deja a los dos, y sin especificación de partes. En caso contrario, habría que aclarar qué proporción se deja a cada uno).

Todos los bienes aquí citados integran, pues, la masa de los bienes gananciales, y los esposos tienen sobre ellos un derecho que harán efectivo al disolverse la sociedad. Este derecho supone la mitad del valor de los gananciales, una vez evaluados y descontadas las deudas, tanto las que tenga la sociedad con terceros como las que tenga la sociedad con uno de los esposos si éste pagó de su bolsillo cosas de las que responde la sociedad de gananciales, como hemos visto, por ejemplo, al referirnos a los bienes adquiridos mediante un derecho de adquisición preferente.

Bienes privativos

Son bienes privativos los siguientes:

1. *Los que nos pertenecían antes de comenzar la sociedad de gananciales.* Pero a esta regla tan clara hay que hacerle dos precisiones importantes:
– Hay que saber que los bienes comprados a plazos antes de comenzar a regir la sociedad de gananciales tienen siempre carácter privativo, aunque algún plazo se pague con dinero ganancial.
– Pero si se trata de la vivienda habitual o de los objetos que componen el ajuar doméstico, y en el pago hay dinero ganancial, aunque también lo haya privativo, existirá una copropiedad de las que serán titulares, por una parte la sociedad, y por otra, el cónyuge que haya aportado dinero propio. Por ejemplo: supongamos que adquirimos, antes de regir la sociedad de gananciales, un piso a plazos, del que pagamos la mitad del precio, y vigente ya la sociedad, pagamos el resto con dinero ganancial. El resultado es que del piso somos copropietarios, de una mitad la sociedad, y de la otra nosotros, por haber pagado la mitad con nuestro dinero.
2. *También*, como sucede en los bienes gananciales, *son privativos los que se adquieren por medio de un derecho de adquisición preferente de carácter privativo.*

3. Del mismo modo, *son privativas las ropas y objetos de nuestro uso personal*, siempre que no sean de extraordinario valor.

4. Por último, *los objetos necesarios para ejercer la profesión u oficio*, excepto cuando éstos sean parte integrante de una explotación de carácter ganancial. Sirvan como ejemplo los elementos de una consulta médica o de un despacho profesional de cualquier tipo. Lo que influye para darle uno u otro carácter es que el negocio sea ganancial o privativo, y que, por supuesto, su uso sea inequívocamente necesario para el ejercicio profesional o el desarrollo del oficio en cuestión.

Hasta aquí nos hemos ocupado de los criterios de diferenciación que presenta el Código Civil. Sin embargo, estas normas legales pueden alterarse, puesto que el mismo Código nos ofrece la posibilidad de atribuir carácter ganancial o privativo a cualquier bien o beneficio que obtengamos.

EL RÉGIMEN DE SEPARACIÓN DE BIENES

Se ha dicho, y no sin cierta razón, que el régimen de separación de bienes supone, en realidad, la ausencia de régimen económico; la definición que de este sistema da el Código Civil avala esta teoría. En efecto, según el artículo 1.437: «En el régimen de separación pertenecerán a cada cónyuge los bienes que tuviese en el momento inicial del mismo y los que después adquiera por cualquier título. Asimismo corresponderá a cada uno la administración, goce y libre disposición de tales bienes.»

Por si hubiera dudas, además, se establece que en caso de no quedar claro cuál de los esposos es el propietario de un bien, *este bien será de los dos por mitad.*

En cualquier caso, es importante resaltar que el régimen primario al que hacíamos referencia al principio de este capítulo es también aplicable al régimen de separación, por lo que todos los bienes del matrimonio siguen sujetos al levantamiento de las cargas familiares. Dentro de este apartado, el trabajo en casa: «Será computado como contribución a las cargas y dará derecho a obtener una compensación que el juez señalará, a falta de común acuerdo, a la extinción del régimen de separación.»

Por lo que respecta a las deudas, cada cónyuge responde de las suyas, dado que permanecen bien diferenciadas no sólo las propiedades de cada uno, sino también las facultades de administración, gestión y disposición. En cuanto a las contraídas en el ámbito de la administración doméstica, rige lo establecido para la sociedad de gananciales, por lo que responderá, en principio, el cónyuge que las hubiera contraído, y subsidiariamente el otro.

Para terminar, llamamos la atención sobre el hecho de que las obligaciones derivadas del impuesto sobre la renta responden solidariamente los bienes de ambos, es decir, la Hacienda Pública puede reclamar por este concepto, indistintamente, a uno o a ambos cónyuges.

ELEGIR UN RÉGIMEN ECONÓMICO MATRIMONIAL

A la hora de elegir un régimen económico matrimonial, nuestro primer criterio ha de ser el realismo. Debemos analizar con todo detalle cuáles son nuestras necesidades, y cuáles nuestras expectativas.

Ya dijimos con anterioridad que establecer un régimen económico particular está justificado siempre y cuando ello responde también a una situación particular; si esta situación no se da, cualquiera de los otros cumplirá perfectamente su cometido, sin necesidad de complicaciones.

En cualquier caso, si optamos por un régimen a medida, reiteramos nuestro parecer de que las estipulaciones sean las menos y lo más sencillas posible. Quizá puedan resolverse las particularidades estableciendo «apostillas» a cualquiera de los regímenes regulados por ley. Por ejemplo, se puede contemplar un caso particular, y, en el resto, remitirse a la normativa de la sociedad de gananciales, o del régimen de separación. Hay que tener en cuenta que nuestro régimen económico va a influir en nuestra declaración del IRPF, y que en este punto, cuanto más divididos

tengamos los bienes, más favorable será el resultado.

Pactar un régimen de separación de bienes es, desde el punto de vista teórico, aconsejable cuando ambos cónyuges gestionen su propio patrimonio. Por ejemplo, en el caso de que ambos sean empresarios autónomos, este régimen les permite emprender cualquier negocio con la tranquilidad de que un paso en falso sólo tendrá trascendencia para uno, quedando a salvo el otro. Por ello, cabe aconsejarlo también si es uno de los cónyuges quien asume riesgos importantes en la gestión de su patrimonio.

Fiscalmente, el régimen de separación deberá implicar —siempre en la teoría— un *plus* a pagar, ya que lo obtenido por cualquiera de los cónyuges no estará dividido entre los dos. Sin embargo, puede paliarse este efecto adquiriendo a nombre de los dos: aunque las rentas de trabajo serán personales, las de capital serán conjuntas. Y si uno de ellos tiene un importante capital inmobiliario, y la relación personal lo permite, es posible también acudir a una donación, aunque habrá que tener en cuenta el alto tipo de impuesto que regula esta figura jurídica. En general, cuanto más equilibrio haya entre los dos patrimonios separados, menos tributará cada uno por el IRPF.

La sociedad de gananciales es, sin duda, el régimen ideal para aquellos matrimonios con un patrimonio medio que incluya, por ejemplo, dos sueldos y algún bien inmueble, como es habitual en la gran mayoría de las parejas españolas. Por ello, es el más empleado, y no sólo en derecho común, sino también en los territorios acogidos a alguno de los derechos forales.

Es, desde luego, el único régimen concebible cuando sólo uno de los cónyuges aporta rentas de trabajo, puesto que, en este caso, el otro también participará de las ganancias. Fiscalmente, es también el más equilibrado, al estar repartidos entre ambos el patrimonio. A este respecto, sería intere-

> *L*a sociedad de gananciales es el régimen ideal para aquellos matrimonios con un patrimonio medio, que incluya, por ejemplo, dos sueldos y algún bien inmueble.

sante –repetimos, si la situación personal lo permite–, en el caso de que sólo uno fuera propietario de la vivienda, donarla o aportarla a la sociedad de gananciales, por la misma razón que exponíamos al hablar del régimen de separación de bienes.

Por último, el régimen de gananciales es el que más protección ofrece en el caso de fallecimiento del cónyuge, puesto que otorga el derecho a la mitad de los bienes del matrimonio en concepto de gananciales.

Capítulo 3. La maldición del gitano: tengas pleitos y los ganes

M. D. Vallejo y J. L. de Micheo

SE ACABÓ EL PASTEL

NULIDAD, SEPARACIÓN Y DIVORCIO

*N**ulidad, separación y divorcio* designan tres aspectos distintos de una situación que los juristas han denominado *crisis del matrimonio*. Como casi todas las expresiones científicas o técnicas, ésta de *crisis del matrimonio* apenas alcanza a reflejar la realidad que esconde tras de sí.

Nuestra experiencia dentro del campo del Derecho matrimonial nos ha enseñado que en pocas ocasiones es tan delicada la labor de un letrado como cuando tiene sobre la mesa el expediente de una de estas crisis matrimoniales, para buscar —si cabe— una conciliación; en caso contrario, debe pelear por el interés exclusivo de una de las partes enfrentadas, pero siempre con la inquietante sensación de tener entre las manos algo muy delicado. Hay pleitos que pueden vivirse desde fuera, con la neutralidad del

investigador que coloca un insecto en el portaobjetos y lo mira por el microscopio, pero una nulidad, una separación o un divorcio no permiten quedarse en tierra de nadie.

Nulidad, separación y divorcio se diferencian, sobre todo, en las consecuencias que tienen respecto al vínculo matrimonial existente entre los cónyuges:

– La *nulidad matrimonial* es cuando la ley declara este vínculo inexistente, es decir, cuando establece que nunca existió tal matrimonio porque en el momento de celebrarse se daban una serie de circunstancias que lo hacían imposible. Por ejemplo, si uno de los contrayentes ya estaba casado en ese momento, su segundo matrimonio no existe, es nulo de pleno derecho. La ley, entonces, prevé una serie de medidas para regular las consecuencias posteriores que un matrimonio nulo pudiera acarrear. Así, los hijos, o los bienes adquiridos por quienes sólo en apariencia están casados, o los derechos del cónyuge que contrajo matrimonio sin saber que concurría una causa de nulidad, están contemplados en la ley.

—La *separación conyugal* no afecta al vínculo matrimonial, que subsiste, si bien supone el cese de una serie de obligaciones para los casados, como la de vivir juntos o guardarse fidelidad. Precisamente por esa subsistencia del vínculo, los separados no pueden contraer nuevo matrimonio, a menos que accedan a la tercera de las situaciones: el divorcio.

—El *divorcio* sí supone la disolución del vínculo matrimonial, que no debe confundirse con la inexistencia que veíamos antes. En el divorcio, las causas que lo motivan sobrevienen tras la celebración del matrimonio; en la nulidad, las causas que la producen existen en el momento de la celebración, y por ello el matrimonio no es válido desde el principio.

Con mucha frecuencia, los esposos en situación de separación se interesan por la posibilidad de acceder directamente al divorcio. En general, es posible el divorcio sin separación previa, aunque la mayor parte de estas causas surgen de una situación antecedente de separación conyugal, sea judicial o de hecho.

Los efectos de la separación y del divorcio (salvando la diferencia arriba mencionada respecto al vínculo matrimonial) son muy parejos. Por ello, en lo que sigue, nos referiremos a ambas situaciones indistintamente, y sólo cuando algún matiz sea exclusivo de una de ellas lo haremos constar así.

LA NULIDAD MATRIMONIAL

¿Qué sucede con los hijos?

El Código Civil establece que los hijos de un matrimonio nulo se consideren como nacidos dentro de una unión legal, es decir, se les considera *matrimoniales* a todos los efectos.

Además, los padres tienen las mismas obligaciones respecto a ellos que las que tendrían si el matrimonio hubiera existido, y, por ello, ejercen la patria potestad, y están obligados a cuidarlos y alimentarlos, ya que estas obligaciones, en realidad, no surgen del hecho del matrimonio, sino del acto biológico de la procreación.

¿Qué sucede con los bienes del matrimonio?

La nulidad matrimonial trae consigo la disolución de cualquier régimen económico matrimonial, que habrá de liquidarse según las normas de cada caso. Pero el Código Civil, en nulidades en las que uno de los cónyuges obró de mala fe —es decir, contrajo ese matrimonio nulo conociendo la causa de nulidad y sus efectos— permite que el cónyuge de buena fe *aplique en la liquidación las normas del régimen de cuentas en participación, con el fin de que pueda tomar una parte de las ganancias del cónyuge que obró de mala fe*.

E, igualmente, según establece el artículo 98 del Código Civil: «El cónyuge de buena fe tiene derecho a una indemnización, cuando hubiera existido convivencia conyugal.»

Esta indemnización sustituye en la nulidad a la pensión compensatoria que se prevé para casos de separación y divorcio, y que comentaremos con detalle en su momento.

La nulidad decretada por la Iglesia católica, ¿es suficiente para que el matrimonio sea nulo en la legislación civil?

La ley admite la validez civil de las sentencias canónicas de nulidad, por lo que, en principio, no es necesario instar la nulidad dos veces. Pero esta validez del tribunal eclesiástico está supeditada a que el juez civil homologue la resolución de la Iglesia, declarándola ajustada al Derecho Civil español, lo que ocurrirá cuando la sentencia canónica considere nulo el matrimonio por alguna causa reconocida también por la ley española.

SEPARACIÓN CONYUGAL Y DIVORCIO

¿De qué forma se puede obtener la separación?

Podemos hablar de dos maneras de acceder a la separación: una *judicial*, es decir, acudiendo a los tribunales para que sea el juez quien la decrete; y otra *extrajudicial*, en la que los cónyuges deciden poner fin a su vida en común sin manifestarlo ante la autoridad. Esta última variante, denominada *separación de hecho*, puede imponerse también de forma unilateral, como sucede en el caso de que se produzca un abandono de hogar. Veamos más detalladamente cada una de ellas:

– *Separación judicial*. En estos casos, los cónyuges piden la separación por medio de una demanda presentada ante un Juzgado de familia, en virtud de algunas de las causas de separación previstas en el Código Civil. Este tipo de separación admite dos variantes: la denominada *contenciosa*, en la que uno de los esposos demanda al otro por alguno de los motivos de separación; y otra denominada *de común acuerdo*, en la que son ambos cónyuges quienes la piden. En este último caso no es necesario aducir causa de separación, sino sólo probar que ha pasado, al menos, un año desde que se contrajo matrimonio, y aportar un documento, denominado *convenio regulador,* en el que los esposos establecen las normas que regirán sus relaciones en lo sucesivo: cuantía de las aportaciones económicas de cada cual, régimen de visitas a los hijos comunes, uso de la vivienda habitual del matrimonio...

– *Separación extrajudicial o de hecho*. Esta situación, como ya apuntamos antes, puede darse a través de dos vías: bien cuando uno de los esposos abandona el hogar, situación que faculta al otro para adoptar una serie de medidas que veremos en su momento; o bien porque ambos cónyuges deciden poner fin a la convivencia voluntariamente, un supuesto cada vez más frecuente en la práctica.

En caso de separación de hecho pactada, ¿cuál es el procedimiento a seguir?

Lo que se hace generalmente es plasmar en un documento una serie de acuerdos, en los que los esposos establecen su propia regulación sobre varias cuestiones: quién se queda con la guarda y custodia de los hijos menores (obsérvese que decimos *guarda y custodia,* y no patria potestad, puesto que ésta seguirá siendo compartida), derecho de visitas del progenitor que no tenga a los menores en su compañía, uso y disfrute de la vivienda habitual, pensiones y aportaciones al levantamiento de las cargas familiares...

Este documento puede ser público, es decir, otorgado ante notario, o privado. Sin embargo, recomendamos lo primero: la intervención del fedatario público dota a este contrato de una seguridad jurídica de la que carece el simple acuerdo privado, susceptible de pérdida o manipulación. Además, respecto a los terceros, la firma de un notario despeja muchas posibles dudas.

También es necesario, o, al menos, recomendable, otorgar capitulaciones matrimoniales y acogerse a la separación de bienes en el caso de que el régimen económico vigente sea el de gananciales, puesto que de no hacerlo así continuarán rigiendo los gananciales, y se producirá la comunicación de bienes, ya sin sentido en un matrimonio separado.

En cualquier caso, sí nos parece indispensable que en la redacción del acuerdo regulador tome parte un letrado experto en estas cuestiones, con el fin de que el documento sea verdaderamente útil, es decir, que contenga todo lo necesario, y de la forma más precisa posible.

Desde la separación de hecho puede accederse a la separación judicial, tanto si es de común acuerdo como si es contenciosa, y el documento regulador dará fe del cese de la convivencia y de la fecha en la que comenzó.

La separación judicial de mutuo acuerdo, ¿precisa abogado?

Efectivamente, la demanda de separación judicial de mutuo acuerdo ha de estar firmada por el abogado y el procurador, aunque se permite que sean los mismos para ambos esposos. Esta posibilidad es muy interesante, sobre todo económicamente, pero exige absoluta confianza en el letrado asesor que se elija, con el fin de poder poner sobre la mesa todas las cuestiones con absoluta franqueza. En cualquier caso, es sólo eso, una posibilidad. También es viable una demanda firmada por los respectivos letrados de cada parte, que es lo que recomendamos si no existe total confianza en el abogado propuesto por uno de los esposos.

¿Qué es el convenio regulador?

Cuando se acude a una separación (o a un divorcio) de mutuo acuerdo, el Código Civil exige como requisito que se presente junto a la demanda un documento en el que los cónyuges establezcan por escrito una serie de acuerdos que regulen sus relaciones futuras en, al menos, los siguientes aspectos:
– Guarda y custodia de los hijos comunes y derecho de visitas.
– Aportaciones respectivas al levantamiento de las cargas familiares.
– Liquidación, si procede, del régimen económico matrimonial. Decimos *si procede* porque puede darse el caso de que ya esté liquidado con anterioridad; o que sencillamente no existan bienes que liquidar.
– Pensión compensatoria. De esta pensión hablaremos con detalle más adelante.

Este documento se denomina *convenio regulador* y ha de aprobarse por el juez, previo dictamen del Ministerio Fiscal si existen hijos menores. Si no se aprobara, por contener disposiciones gravosas para alguno de los cónyuges, o no ajustadas a Derecho, se devuelve a los esposos para que éstos hagan las correcciones necesarias.

¿Cuál es el procedimiento a seguir en una separación judicial de mutuo acuerdo y cuánto cuesta?

El proceso es relativamente sencillo. Una vez presentada la demanda junto con el convenio regulador, el juez cita a los esposos para que –por separado– se ratifiquen en su pretensión. Una vez hecha esta ratificación, y suponiendo que se acepte tal convenio, se dicta sentencia y se libra oficio al Registro civil para su anotación; si no se acepta se traslada el convenio a los esposos para que en el plazo de diez días se corrija en lo necesario. Una vez corregido, se dicta sentencia. En condiciones normales, este trámite puede durar entre dos o tres meses.

El coste no se puede indicar con absoluta precisión, puesto que cada caso es distinto y depende de su dificultad. Además, los abogados y procuradores españoles tienen libertad para fijar la cuantía de sus honorarios. A efectos orientativos, podemos decir que una separación de mutuo acuerdo puede costar entre ciento treinta y doscientas mil pesetas, dependiendo de la complejidad del convenio regulador y de las prestaciones económicas que en él se establezcan.

¿Cuáles son las causas de la separación contenciosa?

Las causas de este tipo de separación se recogen en el artículo 82 del Código Civil y en el 86, apartado 3, 4 y 5, relativos estos últimos al divorcio.

Para abreviar, y no resultar en exceso prolijos, diremos que estas causas de separación pueden agruparse del siguiente modo:
– Las que se refieren al incumplimiento de los deberes conyugales o paterno-filiales (infidelidad, abandono, malos tratos...).
– Pérdida de libertad, es decir, cuando un cónyuge ha sido condenado a pena de privación de libertad por más de seis años en un proceso penal.
– Enfermedad, en el caso de las toxicomanías o la embriaguez.
– Cese de la convivencia conyugal durante seis meses libremente consentido, o durante tres años sin consentimiento.
– Las recogidas en el artículo 86, números 3, 4 y 5, que se refieren a causas comunes de separación y divorcio.

En caso de separación contenciosa, ¿qué ocurre entre la presentación de la demanda y la sentencia?

Con mucha frecuencia, el cónyuge que pretende presentar demanda de separación conyugal (o de divorcio) se enfrenta al temor de que transcurra mucho tiempo entre la demanda y la sentencia. Este temor se acentúa si se trata de una mujer que reclama pensión de alimentos y una compensación del marido (casi todos los casos, todos, prácticamente), y se enfrenta a la perspectiva de pasar unos meses, en ocasiones años, sin cobrar de su marido ni una peseta.

Para evitar esto, la ley establece dos posibilidades: las *medidas provisionales* y las *medidas provisionalísimas*. ¿En qué consisten?

1. Las *medidas provisionales* consisten en una demanda que acompaña a la de separación, divorcio, o nulidad, en la que se pide al juez que conceda una serie de medidas de carácter económico (las pensiones) o personal (la custodia de los hijos), para que entren en vigor desde el momento en que se presenta la solicitud de separación. Estas medidas son provisionales porque sólo valen hasta que se dicte la sentencia definitiva.

2. Las *medidas provisionalísimas* se diferencian de las provisionales en que se presentan antes, incluso, que la demanda de separación, aunque ambas tienen la misma finalidad. Estas medidas quedan sin efecto si transcurren cuarenta días sin presentarse demanda de separación o divorcio ante el Juzgado.

¿Es posible la separación con abogado de oficio?

Es posible, por supuesto. Pero debemos hacer una precisión: *abogado y procurador de oficio, no llevan a cabo su actuación profesional de balde*. La gratuidad del servicio se puede conseguir mediante el *beneficio de justicia gratuita*, que se tramita al mis-

mo tiempo que la demanda de separación, divorcio o nulidad. Para obtener este beneficio se exige tener una renta mensual menor que el doble del salario mínimo interprofesional, salvo que el juez entienda que concurre alguna circunstancia especial que permita soslayar esta condición. En caso de no obtenerse dicho beneficio, el abogado o el procurador, tendrán derecho a sus honorarios, aunque sean del turno de oficio.

Para acceder a la separación judicial, ¿es necesario vivir separados previamente?

No es necesario, aunque es normal, que los esposos se hayan separado previamente, pero nada se opone a presentar demanda contra el cónyuge cuando todavía se convive en el hogar.

De hecho, el Código Civil considera en ocasiones que no es incompatible el cese de la convivencia (que exige como causa de separación o divorcio) con el mantenimiento de la vida de ambos esposos bajo el mismo techo si es por causa justificada, como pueden serlo el interés de los hijos, razones económicas...

¿Cuáles son los pasos de una separación contenciosa?

El procedimiento de separación conyugal por la vía contenciosa es, como cualquier pleito, largo y costoso, además de psicológicamente duro, puesto que obliga a poner sobre la mesa cuestiones personales e íntimas. Pero sobre todo si existen hijos menores de edad y ambos cónyuges litigan por su custodia. Por ello, es conveniente intentar, como primera medida, conducir la separación hacia el mutuo acuerdo.

El pleito comienza con una demanda, a la que ha podido preceder la interposición de medidas *provisionalísimas*, como ya sabemos. Junto a la principal se presenta la de medidas provisionales. Una vez admitida a trámite, se traslada a la otra parte para que conteste; una vez contestada, se practica la prueba, con el fin de que cada uno de los esposos acredite la veracidad de sus respectivas afirmaciones. Se admite cualquier prueba (confesión, testigos, documental...), e incluso se prevé la inspección judicial de los menores cuando ambos esposos pretendan su custodia. A este respecto, hay que decir que el testimonio de los hijos no vincula al juez para decidir esta cuestión, sino que es sólo orientativo (cosa lógica, puesto que sería descabellado dejar una cuestión de tanta trascendencia al arbitrio de un menor de edad, sobre todo cuando existen tantos casos de presión psicológica sobre el menor por parte de los esposos, tratando de convencerle con regalos o promesas de que con él estará mejor. En esta cuestión, el juez decide teniendo en cuenta exclusivamente el interés del menor, y ese interés no siempre está donde se halla la mejor fortuna). Mientras tanto, se tramita la pieza de medidas provisionales, que, en condiciones normales, se resolverá por auto judicial antes de la sentencia del pleito principal.

Finalizada la fase de prueba, y tras la de alegaciones, donde los letrados de cada parte se ratifican en sus peticiones, se dicta sentencia, contra la que cabe recurso de apelación ante la Audiencia Provincial.

En caso de apelación es posible pedir por la otra parte la ejecución provisional, es decir, que la sentencia del juzgado tenga aplicación inmediata, pero ésta está subordinada al fallo definitivo de la Audiencia. El problema que se presenta es que para admitir esta ejecución provisional se exige fianza por parte de quien la pide, la mayoría de las veces excesiva para sus posibilidades, por lo que este derecho es de complicado ejercicio.

Todo este trámite puede durar muchos meses, incluso años. Por eso, es interesante saber que, *en cualquier momento puede reconducirse el proceso por la vía del mutuo acuerdo*. Para ello, basta con comunicarlo al juzgado y aportar el convenio regulador.

¿Cabe la reconciliación en la separación o el divorcio?

En la separación sí, bastando para ello ponerlo en conocimiento del juez que se ocupó, o que se estuviera ocupando del

procedimiento. En el divorcio, por el contrario, no existe esta posibilidad, por lo que los cónyuges habrán de contraer nuevo matrimonio.

En la separación contenciosa, o en el divorcio, ¿los hijos permanecen en todo caso con la madre?

No necesariamente; antiguamente, el artículo 159 del Código establecía que los menores de siete años tenían que quedar al cuidado de la madre, salvo que el juez, por motivos especiales, dispusiera lo contrario. Este artículo ha sido reformado por una ley del 15 de octubre de 1990, que establece la no discriminación por razón de sexo, y en la actualidad es el juez el que decide a quién se atribuye la custodia de los hijos.

La decisión del juez se fundamenta, en todo caso, en el interés superior de los menores, y no sólo en lo económico, sino en las condiciones que concurran en los progenitores. La tendencia es atribuir, por motivos de estabilidad psíquica, la custodia a la madre, al considerarse que está más preparada por naturaleza para atenderlos. Es posible que el juez dictamine la necesidad de oír a los menores e indague cuáles son sus preferencias, pero esta audiencia en ningún caso lo vincula a la hora de tomar una decisión, como ya dijimos con anterioridad.

La vivienda habitual

Lo normal es que la vivienda habitual constituya uno de los focos de discordia, tanto a la hora de plantear una separación o un divorcio de mutuo acuerdo, como cuando se acuda a la vía contenciosa.

Hay que hacer referencia a una cuestión previa al respecto de la vivienda, aunque quizá no sea éste el mejor momento para abordarla, pero conviene dejarla clara cuanto antes: muchas mujeres de las que conocemos en trance de separación o divorcio que han sufrido malos tratos, a la pregunta de por qué no habían abandonado la vivienda han respondido que para no perder los derechos sobre ella. Esto no es así de ninguna manera: ni se pierden los derechos ni hay ley alguna que obligue a nadie a soportar palizas bajo pena de quedar desposeído. La atribución del domicilio a uno de los cónyuges se hace en todo caso por causa del interés más necesitado de protección. La pregunta es, naturalmente, cómo se mide este interés.

En principio, el uso de la vivienda no se atribuye tanto a los esposos como a los hijos. Quiere decirse que allí donde éstos estén, allí estará el interés más digno de protección. Lo normal, lo habitual, es que se atribuya a la madre, puesto que es a quien generalmente se atribuye la guarda de los menores.

Si no hay hijos, o cuando éstos quedan repartidos (supuesto poco frecuente, puesto que el propio Código Civil recomienda que no se separe a los hermanos), se acude a otros parámetros: renta personal, estado de salud o disponibilidad de segunda vivienda, son los más significativos.

¿Y si la casa es de alquiler? En este caso debemos distinguir si el alquiler se hizo al cónyuge a quien se le atribuye o no. En el primer caso, no hay ningún problema. En el segundo, es conveniente comunicar al arrendador la situación, mediante notificación fehaciente (por ejemplo, mediante una carta notarial) y evitarse así problemas posteriores. Hay que tener muy en cuenta que dicha notificación deberá producirse *dentro de los dos meses siguientes a la atribución,* puesto que de lo contrario podría darse una causa de resolución del contrato, conforme al artículo 42 de la vigente Ley de Arrendamientos Urbanos.

Todos los gastos de la vivienda, incluidos los provenientes de alguna hipoteca que se pudiera tener, entran en el capítulo de cargas familiares, por lo que es responsabilidad de ambos su levantamiento, y se tendrá que considerar, tanto a la hora de pedir ante el juzgado la pensión correspondiente, como cuando se pacte un acuerdo. No hay que olvidar que el trabajo doméstico se considera aportación al levantamiento de las cargas familiares.

¿Qué extingue el derecho a la vivienda? Lo extingue no sólo el posterior matrimonio, sino vivir maritalmente con otra persona, o si el interés más necesitado de protección se desplaza al otro cónyuge. En todo caso, esta privación se acordará por el juez a instancia de parte.

Las pensiones

El «caballo de batalla» de cualquier procedimiento matrimonial es, qué duda cabe, la pensión. Raro es el procedimiento donde no se escuchan expresiones del tono: «No pienso pasarte ni una peseta», o similares.

Se habla coloquialmente de *pensión,* y, sin embargo, esta expresión no es del todo correcta, o, por lo menos, es imprecisa. En efecto, a la hora de hablar de pensión, es conveniente distinguir dos tipos de aportación económica: una, encaminada al *levantamiento de las cargas familiares;* y otra, que denominaremos *compensatoria,* cuya finalidad es paliar el desequilibrio que la separación produzca en cualquiera de los esposos. Veamos cada una de ellas por separado:

– La primera de las pensiones a las que nos referimos es la que corresponde al levantamiento de las cargas del matrimonio. Recordemos que con esta expresión nos referimos a todos aquellos gastos producidos por la vida en común, como pueden ser los de educación, vestido y alimentación de los hijos (lo que se denomina *prestación de alimentos*), lo relativo a los gastos de la vivienda, incluidos los que se producen por causa de alguna hipoteca que pudiera gravarla, etc. Recordemos, además, que al levantamiento de estas cargas familiares están sujetos todos los bienes del matrimonio, cualquiera que sea el régimen económico matrimonial que rija entre los esposos. De todas formas el grueso de esta aportación lo constituye, indiscutiblemente, la obligación de alimentos a los hijos (decimos a los hijos, sin añadir el calificativo de *menores*).

Quiere decirse que esta pensión o aportación es común a ambos cónyuges, y, por tanto, a ambos corresponde contribuir. El criterio legal es que se contribuya en proporción a las respectivas fortunas, pero teniendo en cuenta que el trabajo de la casa y el cuidado de los hijos se computa a estos efectos como contribución. Por eso, en la práctica, suele ser el marido el que contribuye con una cantidad de dinero, mientras que la mujer lo hace con su trabajo. Hay que hacer la advertencia de que este dinero que se entrega por este concepto no es para la mujer, sino para el mantenimiento de los hijos o de los bienes comunes. (Tantas veces se oye decir injustamente: «Yo manteniéndote y tú sin hacer nada.» No es cierto. El trabajo en casa es una aportación tan real como una nómina, y por eso el Código Civil la cuantifica.)

– La pensión que hemos llamado *compensatoria* trata de paliar la situación del cónyuge a quien la separación o el divorcio produzca desequilibrio. Nos explicamos: imaginemos una familia media con dos hijos menores de edad, en la que sólo el marido aporta dinero. Imaginemos también que rige el régimen de gananciales. En este ejemplo, la esposa ha adquirido por matrimonio un estatus social y económico que desaparecerá en caso de separación o divorcio; además, no tiene ingresos puesto que trabaja en su hogar. Procede, entonces, que el esposo equilibre la situación mediante una aportación monetaria que es, propiamente dicha, la pensión compensatoria.

Ahora bien, ¿qué factores se tienen en cuenta para fijarla? Por ejemplo, la edad, el estado de salud, la dedicación presente y futura a la familia (de nuevo el trabajo doméstico), las posibilidades de acceso a un empleo... Ha de quedar claro que no siempre habrá lugar a esta pensión. Si la separación no produce desequilibrio, como cada vez es más frecuente dado el acceso paulatino y constante de la mujer al mundo laboral, el juez la denegará.

La pensión compensatoria ha de especificarse también en la redacción del convenio regulador cuando se acuda a una separación o divorcio de mutuo acuerdo, haciendo constar con claridad su carácter, separándola de la aportación para el levantamiento de cargas.

Tanto la pensión compensatoria como la aportación en concepto de levantamiento de cargas son revisables, y se debe establecer en la sentencia la base de actualización, que acostumbra a ser el Índice de Precios al Consumo emitido por el Instituto Nacional de Estadística.

Lógicamente, al hablar de las pensiones de separación o divorcio y su tratamiento fiscal debemos referirnos tanto a quien las paga como a quien las recibe. En principio, hay que poner de relieve que la nueva ley del IRPF da un tratamiento fiscal distinto a estas pensiones, variando el régimen seguido hasta entonces. Así:

– Las pensiones se consideran ahora, para el que las recibe, *rentas de trabajo*, y, por lo tanto, sujetas al régimen fiscal aplicable a dichas rentas.

– *Se han equiparado las pensiones y las cantidades con que los padres voluntariamente mantengan a sus hijos*, por lo que ya no es posible, al que las satisfaga, beneficiarse fiscalmente de ellas.

– *Se ha separado, a efectos fiscales también, las pensiones compensatorias para el cónyuge y las de alimentos que reciban los hijos.* Esto es interesante, puesto que quizá sea conveniente presentar una declaración conjunta –la de la madre y los hijos, por ejemplo– y beneficiarse así de las ventajas que pueda suponer.

En resumen, las pensiones ofrecen un lado positivo para quien las percibe; y otro negativo para quien está obligado a pasarlas.

¿Qué ocurre cuando los hijos alcanzan la mayoría de edad?

En principio, el Código Civil no dice en ningún momento que la cuantía de las obligaciones de contribuir al levantamiento de las cargas familiares se modifique por el hecho de alcanzar los menores la plena capacidad. Por nuestra parte, entendemos que los alimentos se deben proveer siempre que se dé la situación de necesidad, como por otra parte confirma el artículo 142 del Código Civil, que establece: «Los alimentos se extienden mientras el que tenga derecho a ellos sea menor de edad y aún después cuando no haya terminado su formación por causa que no le sea imputable.»

Además, hoy, la mayoría de edad no garantiza que los hijos sean independientes económicamente.

Por todo ello, nuestra opinión es que el criterio ha de ser, no la mayoría de edad, sino *la capacidad del hijo de valerse por sí mismo*.

¿Se pierde el derecho a las prestaciones sociales de la Seguridad Social por causa de separación o divorcio?

Rotundamente no. Según la Disposición Adicional Décima de la Ley del Divorcio, que copiamos literalmente: «A las prestaciones de la Seguridad Social tendrán derecho el cónyuge y los descendientes que hubieran sido beneficiarios por razón de matrimonio (...), con independencia de que sobrevenga separación judicial o divorcio.»

¿Y si sobreviene un nuevo matrimonio? En este caso hay dos posibilidades:
– El beneficiario contrae matrimonio con un tercero no acogido al régimen de la Seguridad Social; en este supuesto, se extingue su derecho.
– El beneficiario contrae matrimonio con un tercero acogido al régimen de la Seguridad Social; en este caso, lo que se produce es una renovación del derecho a las prestaciones, es decir: el beneficiario se «meterá» en la cartilla del nuevo cónyuge, titular de las prestaciones.

¿Y en caso de unión de hecho? Si el cónyuge separado o divorciado convive maritalmente con un tercero, se extingue el derecho a percibir prestaciones sociales de la Seguridad Social, con el mismo régimen que ya conocemos respecto a las pensiones.

¿Qué ocurre con los derechos pasivos?

A este respecto, lo primero que hay que dejar claro es que el cónyuge separado o divorciado, así como el que haya sufrido la anulación de su matrimonio, tiene derecho a percibir una pensión en caso de fallecimiento del otro, según se establece de forma expresa en la Disposición Adicional Cuarta de la Ley del Divorcio.

La cuestión es si, en caso de divorcio con matrimonio posterior, el primero de los cónyuges mantiene este derecho. *La respuesta es afirmativa,* si bien en este supuesto, la pensión se reparte entre ambos cónyuges en proporción al tiempo que ambos hubieran convivido con el fallecido. Y si el matrimonio hubiera sido anulado, o exis-

tiera divorcio, y el fallecido no contrajo posterior matrimonio, igualmente la cuantía de la pensión se reduce en proporción al tiempo de convivencia del matrimonio.

ALGUNAS CUESTIONES HEREDITARIAS

DERECHOS DE LA VIUDA EN EL DERECHO COMÚN ESPAÑOL Y EN EL FORAL O ESPECIAL

No deja de producir cierta satisfacción constatar que, como veíamos que ocurre en la legislación matrimonial, y, con muchos matices, en la laboral, también en el Derecho hereditario se van cerrando las diferencias entre el hombre y la mujer. Hoy ya no tiene mucho sentido hablar de los derechos de la mujer viuda sino simplemente de los derechos del cónyuge viudo, hombre o mujer. Además este avance está presente no sólo en el Derecho común general español, sino también y, si cabe, con más fuerza, en el llamado *Derecho foral o especial.*

Clases de sucesión

Cuando hablamos de sucesión, debemos distinguir entre la sucesión *testada,* que es la ordenada por testamento, y la sucesión *intestada,* que tiene lugar cuando un individuo fallece sin testamento, o con testamento nulo, es decir, con uno que se haya otorgado sin observar requisitos legales establecidos. En estos casos de sucesión *intestada,* es preciso instar la llamada *declaración de herederos,* que no es más que una resolución judicial o notarial mediante la que se declara a determinadas personas como herederos del fallecido, en razón de su parentesco y conforme al orden que para estos casos dicta el Código Civil.

La sucesión en el Derecho común

1. *Sucesión testada.* Como sabemos, en el Derecho español existe la figura de la

legítima. Por *legítima* entendemos *aquella parte de la herencia que el testador ha de reservar, obligatoriamente, para determinados parientes.* Su cuantía varía, según quienes concurran a la herencia.

¿Quiénes son los parientes legitimarios? Según el Código Civil son legitimarios, es decir, tienen derecho a la *legítima:*
– Los hijos y descendientes, que tienen prioridad sobre los padres y ascendientes;
– En defecto de los anteriores, los padres y ascendientes;
– Por último, el cónyuge viudo, que tiene siempre derecho a la *legítima,* aunque la cuantía que recibe es variable, como veremos.

Así pues, en primer lugar tienen derecho a la *legítima* los hijos y descendientes (nietos, etc.) del fallecido; si no tuviera, serían legitimarios los padres o abuelos, si vivieran en el momento del fallecimiento; y, en cualquier caso, el cónyuge viudo.

Cuantía de la legítima. La cuantía de la *legítima* depende de cuáles sean los parientes que concurran a la herencia. Debemos distinguir la *legítima de hijos y descendientes.* Cuando el fallecido deja hijos o descendientes, la herencia se divide entres partes: un tercio, llamado de *legítima corta* se reparte obligatoriamente entre los hijos, a partes iguales; otra tercera parte, denominada *de mejora,* se defiere a los hijos en la proporción que quiera el testador; el último tercio es *de libre disposición,* y el testador puede dejarlo a quien quiera.

Cuando se da este caso, ¿qué parte corresponde al cónyuge viudo?

Cuando la sucesión es *testada,* los derechos del cónyuge viudo, en Derecho común, están constituidos únicamente por una serie de usufructos viudales en diversa cuantía, dependiendo de con quién concurra a la herencia. Así:
– *Si concurre con hijos o descendientes,* usufructo del tercio de mejora.
– *Si concurre con padres o ascendientes,* usufructo de la mitad de la herencia.
– *Si concurre sólo el cónyuge,* usufructo de dos terceras partes de la herencia.

Desde luego, nada se opone a que el cónyuge viudo, además del usufructo legal, pueda recibir bienes hereditarios en otro concepto, que serán a cargo del tercio de *libre disposición.*

2. *Sucesión intestada.* En caso de que la sucesión sea *intestada,* es decir, en caso de que el causante –aquél por quien se produce la sucesión– muera sin testamento, la ley establece quién y en qué orden ha de sucederle:
a) Sus hijos y descendientes a partes iguales.
b) A falta de hijos o descendientes, los padres y ascendientes.
c) A falta de los anteriores, la herencia pasa, en propiedad, al cónyuge viudo –salvo que los esposos estuvieran separados o divorciados– incluso si se hubiese producido una separación simplemente de hecho, aunque en este caso deberá constar fehacientemente, por ejemplo, en un convenio firmado por los esposos en documento privado o público.
d) Si no existen hijos o descendientes, ni padres o ascendientes, ni cónyuge viudo, suceden los parientes colaterales, es decir, los hermanos e hijos de hermanos en primer lugar, y, en su defecto, los demás colaterales hasta el cuarto grado.
e) Por último, si no se encuentra sucesor, la herencia pasa al Estado.

Hay que tener en cuenta que, cuando heredan hijos o descendientes, o padres o ascendientes, *el cónyuge viudo continúa ostentando los mismos derechos que hemos visto para la sucesión testada.*

CÓMO HACER UN TESTAMENTO ÚTIL

Hacer el testamento, una exigencia

Si hay algo que todo el mundo debería hacer en la vida, es un testamento. Dicho así puede parecer exagerado; cuántas veces hemos escuchado o hemos dicho: «Si yo no tengo nada, ¿para qué voy a hacer testamento?» Sin embargo, es un documento de primera importancia, con bienes o sin ellos, porque a nuestra muerte no sólo dejamos bienes, sino también derechos y obligaciones; es decir, todos formamos parte de una cadena sucesoria, y lo más probable es que en algún momento nuestras relaciones familiares nos obliguen a ser parte de una sucesión, activa o pasivamente. Tener o no tener testamento puede suponer para nuestros hijos, o, en general, para nuestros herederos, una dilatación del proceso y un gasto considerable de dinero.

Morir sin testamento implica, como ya se apuntó, la obligación para nuestros herederos de instar una Declaración de herederos ante notario o —lo que es peor— ante un juzgado. La Declaración de herederos es un trámite relativamente sencillo, pero que puede complicarse en el caso de que los herederos no sean descendientes o ascendientes directos; y que, por regla general, obliga a contratar los servicios de un abogado. Implica, o puede implicar, que nuestros bienes vayan a parar, a la postre, a personas a las que nunca hubiéramos deseado que pasaran; y puede implicar graves disputas o, incluso, pleitos entre los herederos. En suma: no hacer testamento es dejar a nuestros allegados un problema muy importante. Sólo los que se han visto en la obligación de bregar con una sucesión *intestada* saben la cantidad de problemas que se hubieran evitado de haber sido el causante un poco más previsor.

Por el contrario, dejar testamento a nuestro fallecimiento supone facilitarles el camino extraordinariamente, un ahorro considerable de tiempo y dinero, y, sobre todo, *implica la seguridad y tranquilidad de que nuestros bienes irán a quienes nosotros queremos que vayan, y en la proporción deseada.*

Nuestro primer consejo es, por tanto, hacer testamento. A continuación vamos a referirnos a los tipos que nos ofrece el ordenamiento jurídico de España.

Clases de testamentos

- El testamento *ológrafo*, que es el que redacta y firma el testador de su propia mano, expresando, además de su voluntad, el lugar, el día, el mes y el año de su otorgamiento.
- El testamento *cerrado* es el que el testador presenta ya redactado y firmado al notario, que se limita a introducirlo en un sobre, cerrado y extender en él una diligencia en la que expresa que en dicho sobre se contiene la última voluntad del otorgante.

- El testamento *abierto,* en el que el testador manifiesta su voluntad ante el notario, que lo redacta según sus instrucciones, lo lee en alta voz en su presencia y, tras la firma de ambos, lo archiva en su protocolo, entregando una copia al testador.

EL VIEJO TRUCO DE LA *CAUTELA SOCINIANA*

El problema que puede plantearse en una sucesión es que, por causa del reparto de los bienes entre los herederos, se «atomice» la fortuna de la familia; para el cónyuge viudo esta situación podría tornarse dramática en algún caso, al perder su estatus familiar y la capacidad de administración de los bienes, desde entonces en muchas manos.

El testamento es un documento de primera importancia porque a nuestra muerte no sólo dejamos bienes, sino también derechos y obligaciones.

La *cautela sociniana* o *Cautela Socini* consiste en establecer unas ciertas condiciones sobre la *legítima,* cuyo cumplimiento depende de la exclusiva voluntad de los legitimarios, de tal forma que al ser aceptadas estas condiciones, se consigue un efecto favorable para un tercero.

La *Cautela Socini* es francamente recomendable cuando no se quiera repartir, de hecho, el patrimonio familiar hasta después del fallecimiento de ambos progenitores. El cónyuge viudo queda así en la misma posición económica que tenía, y se evitan dilapidaciones irreflexivas o despojos a priori impensables. Una regla de oro es *no perder nunca la posesión de lo que se tiene,* o, al menos, «dejar un pie dentro», porque, tal y como escribió Juan Ramón Jiménez, *nunca se sabe el revés de cada hora.* Asegurarnos el usufructo —al menos— de lo que hemos conseguido a lo largo de toda la vida no es ya una cuestión jurídica: es una exigencia del sentido común.

¿CONVIENE REPARTIR EN VIDA?

Con mucha frecuencia, en el momento de fallecer el causante de la herencia, sus bienes se encuentran ya repartidos entre los herederos porque se ha hecho una partición en vida. Esto, que es perfectamente legal, entraña algunos riesgos:

El principal, es obvio: los beneficiarios son ya dueños de la herencia, y, por lo tanto, queda en sus manos la gestión del patrimonio. Tenemos alguna experiencia sobre las lamentables consecuencias, personales y económicas, a que puede conducir esto. Por supuesto que no ocurren percances en todos los casos, pero se crea un peligro que hay que tener en cuenta. Antes de dar ese paso, pensemos sobre todo en nosotros mismos, y si realmente repartir en vida nos produce algún tipo de beneficio. En cualquier caso, es imprescindible reservar algo, en propiedad o en usufructo (mejor en propiedad), hasta nuestro fallecimiento.

Una cuestión ligada a este tema es su vertiente fiscal. Repartir en vida supone necesariamente hacer una donación (a menos que se disfrace bajo una compraventa encubierta, pero entonces hablamos ya en términos de ilegalidad). Toda donación exige escritura pública —es decir, intervención de notario— y pago posterior del impuesto de donaciones, que presenta un tipo altísimo. Lo decimos porque, en casi todas las ocasiones, esta entrega en vida pretende evitar el pago posterior de los Derechos Reales, el impuesto de sucesiones. Sin embargo, una sucesión es mucho más barata —fiscalmente hablando— que una donación, ya que cada heredero paga sólo su parte de herencia, una buena parte está exenta de pago en el caso de transmisión a descendientes, y el tipo impositivo es mucho más bajo, por lo que el pretendido ahorro se convierte, en realidad, en un gasto mayor.

ALBACEAS

Nombrar uno o varios albaceas en nuestro testamento, otorgándoles las más amplias facultades para contar y partir el caudal hereditario es una de las decisiones saludables a la hora de otorgar testamento.

La presencia en la partición hereditaria de un elemento neutral puede resolver muchísimas cuestiones que, de no figurar albacea, culminarían, quizá, en un inquietante juicio de testamentaría, en el que lo único seguro es su desmesurada duración y su altísimo coste en minutas de abogados. Busquemos, entonces, una o, mejor, varias personas de confianza que sean nuestros albaceas, y nos aseguraremos, en lo razonable, de que nuestra voluntad será respetada por nuestros herederos, a quienes, de paso, les evitaremos situaciones desagradables y gastos inútiles.

En resumen, *un testamento útil debe:*

1. Otorgarse ante notario.
2. Ser claro, conciso y lo menos casuístico posible.
3. Incorporar, si procede, algún tipo de *cautela sociniana.*
4. Designar albacea o albaceas, con las más amplias facultades para contar y partir el caudal hereditario.
5. Estar actualizado.

Capítulo 4. La civilización adicta

F. Alonso-Fernández

EL PROCESO ADICTIVO

*A*dicción y *dependencia* son términos concurrentes que expresan la pérdida de libertad interior ante un deseo, reflejada, como decía Kant, no en la incapacidad de eliminar el deseo sino en la de resistirse a él y controlarlo. A partir de este momento, la dinámica de libre elección del sujeto experimenta una quiebra importante. Un deseo que se agiganta y se vuelve incontrolable e incontenible para la voluntad y la libre elección es la matriz patológica del grupo de enfermedades que llamamos *adicciones* o *dependencias*.

Entre ambos términos el gusto popular y científico ha optado por el primero de ellos. Se podría apoyar esta preferencia intuitiva con tres consideraciones:

1. La palabra *adicción* (proveniente del término inglés *addiction*, que significa «sumisión de alguien a un dueño o amo») resulta apropiada para denominar una agrupación de trastornos psíquicos en gran parte nuevos, al menos como conocimiento científico.

2. Su tonalidad significante concentrada y rotunda produce un impacto sonoro mayor que su oponente.

3. El apelativo *adicto* encierra mayor contundencia semántica que su adversario *dependiente*, impregnado de una ambigüedad polisémica poco recomendable, con similitud léxica con los empleados de comercio, que eran los clásicos dependientes.

Últimamente se está extendiendo, además, un matiz diferencial importante entre *adicción* y *dependencia*. La adicción está integrada básicamente por un impulso que no se puede autocontrolar, una tendencia a la reiteración y una implicación nociva para el sujeto. Toda actividad que cumpla estas tres condiciones es una adicción. Como vemos, la adicción se refiere a una forma de comportamiento mórbido o patológico que el sujeto vive como una experiencia propia que no domina.

Cuando se acompaña de otras implicaciones biológicas, perceptibles en forma de reacciones de tolerancia (necesidad de incrementar progresivamente la dosis del objeto adictivo, químico o no químico, para obtener el mismo efecto) y abstinencia (se confunde con facilidad con la reacción psicovegetativa de protesta cuando el sujeto trata de contener su impulso, lo cual sucede en todas las adicciones), podríamos hablar preferentemente de dependencia. Hay, pues, dos clases de adicciones: las adicciones puras o simples y las que se acompañan de dependencia.

El adicto no llega fácilmente a la convicción de estar embargado por un problema de salud. Por eso, las adicciones han recibido la denominación de «enfermedades de la negación». Esto se traduce en la práctica en que el sujeto con un grave problema de juego o de alcohol, por ejemplo, es el último en llegar a reconocer su patología y la necesidad de cambiar mediante el adecuado tratamiento.

También se les ha denominado «enfermedades invisibles», por su propensión a pasar totalmente inadvertidas durante una larga temporada. En cambio, las adicciones no encajan en el cuadro de las enfermedades secretas y los procesos ocultos.

Tipos básicos de adicciones

Si bien las adicciones más genuinas y conocidas son las relacionadas con las drogas, hay otro grupo de adicciones a objetos y actividades no químicas. Ambas series de adicciones se subdividen en dos subgrupos, atendiendo a la legalidad o a la ilegalidad de su elemento de «enganche» (véase tabla 45).

En cualquier caso, el elemento adictivo y las experiencias en torno a él absorben la personalidad del adicto, convirtiéndose en el centro de sus preocupaciones, ideas y fantasías y en el eje de la organización de su intimidad y sus vivencias. Esta absorción toma su expresión máxima en el mundo de las drogas, debido a que la sustancia química es el objeto autoritario por excelencia, que monopoliza todas las relaciones, las experiencias y las acciones.

El mundo de todos los adictos se centra en un elemento adictivo convertido en un déspota totalitario, un tirano de la voluntad. La innovación más reciente en el campo de esos cuatro grupos de adicciones consiste en la proliferación de las adicciones a actividades legales y normativas. También las adicciones a drogas ilegales registradas en forma de epidemia entre la gente joven constituyen un acontecimiento próximo.

Es interesante el contraste que existe entre los objetos y actividades legales e ilegales relacionados con la adicción (véase tabla 46). En esta clasificación se han incluido los pasteles y el chocolate entre las drogas, porque actúan sobre el sistema nervioso provocando un inmediato efecto neuroquímico como si fueran una droga común.

En el proceso de la adicción lo más asombroso es que el deseo o preferencia independiente del control de la voluntad y transformado en una necesidad incontenible siga siendo vivido por el sujeto como una autorrealización al menos al principio. Por eso, se le cataloga como una experiencia *egosintónica,* es decir, que sintoniza o pertenece al yo o ego.

El poder de seducción ejercido por el impulso adictivo sobre el yo radica en la recompensa o ganancia que implica su eje-

Tabla 45. **Clasificación básica de las adicciones**

A. Adicciones con droga (toxicomanías)	Drogas legales: tabaco, alcohol, café, fármacos. Drogas ilegales: opiáceos, cannábico, cocaína y otras.
B. Adicciones sin droga (toxicomanías sin tóxico)	Actividades legales: alimentación, sexo, televisión, compra, juego y trabajo. Actividades ilegales: robo, incendio, estupro.

Tabla 46. **Clasificación legal de las adicciones**

A.	Adicciones sociales o legales	Objetos o drogas: tabaco, café, alcohol, fármacos, pasteles, chocolate. Actividades: comer, practicar sexo, ver televisión, comprar, jugar, trabajar.
B.	Adicciones antisociales o ilegales	Objetos o drogas: opiáceos, cannábicos, cocaína, etc. Actividades: robar, incendiar, estuprar o violar.

cución en forma de una aportación de placer o una evitación de *displacer* (véase tabla 47).

La gratificación placentera puede ser producida directamente por la acción impulsiva o aparecer después como una elaboración de su efecto. Muchas veces se combinan ambas fuentes de placer o satisfacción, la primaria y la secundaria. La gratificación aportada por el alivio del displacer suele producirse al cabo de cierto tiempo de evolución, en forma de la sedación de un afecto negativo o mediante la supresión de los síntomas de abstinencia o de la protesta personal.

El proceso adictivo suele atenerse al ciclo de secuencias siguiente:

1. La transformación de un deseo consentido en un impulso incontrolable e irresistible que no se deja rechazar.
2. La realización del impulso incontrolado acompañado de autoestimulación placentera primaria o secundaria, que suele sustituirse al cabo de cierto tiempo de evolución, es decir, después de múltiples repeticiones de impulso, por la recompensa negativa en forma de una autosedación o autorrelajación con dispersión de los sentimientos negativos.
3. La acción impulsiva deja tras sí el freno de un sentimiento de vergüenza o culpa al sentirse el adicto impotente para contener y dominar su acción adictiva, derrotado por el objeto de la adicción.
4. La repetición del acto adictivo se produce al cabo de cierto tiempo, que varía según los sujetos, las circunstancias y la naturaleza del proceso adictivo.

A lo largo del ciclo adictivo se imponen dos notas negativas casi infranqueables: la resistencia al cambio como un eje diacrónico o longitudinal y el frecuente fracaso sincrónico al intentar mantener la renuncia al impulso en un momento determinado.

Las causas de todos los estados adictivos, con droga y sin droga, sociales y antisociales, se distribuyen en factores ambientales y factores individuales.

Tabla 47. **Sistema de recompensas o ganancias adictivas**

A.	Recompensas positivas	Recompensa primaria: el efecto de placer producido directamente por la acción impulsiva. Recompensa secundaria: el placer producido indirectamente a través de la acción impulsiva.
B.	Recompensas negativas	Alivio del displacer.

Factores generales

– Las sobreexigencias provienen, como iremos viendo, de la aleación de la tecnocracia y la sociedad de control.
– Disponibilidad del objeto: los ejemplos más lamentables de cómo la oferta crea y agiganta la demanda los encontramos en el alcohol y el juego.
– Hábito de recompensas: el hábito general de deleitarse con recompensas y dejarse llevar por la necesidad de ellas mediante el correspondiente aprendizaje social, conducta que bordea el precipicio de la adicción, es el patrón conductual que caracteriza precisamente a la civilización adicta.

Factores individuales

– Débil soporte familiar: se halla en las familias ácratas (sin normas), las autoritarias, las conflictivas y las que cuentan en sus filas con sujetos adictos.
– Personalidad vulnerable, sobre todo cuentan aquí estos dos rasgos: el índice de autoestima bajo o la inseguridad y la tendencia a la conducta impulsiva; particularmente, la asociación de ambos multiplica el riesgo de caer en una adicción, por lo que podría hablarse en tal caso de una personalidad preadictiva.

ADICCIONES SIN DROGA, SOCIALES Y ANTISOCIALES

El espectro adictivo se caracteriza hoy por abarcar las adicciones sin droga comportamentales, que se distribuyen en adicciones a actividades legales y a actividades ilegales. Mientras que las primeras son el resultado del enganche adictivo a objetos o cuestiones permitidas por la ley, en las otras se produce el encadenamiento del sujeto a un acto prohibido por la ley, es decir, un comportamiento transgresor y antisocial. Por tanto, hay adicciones sin droga a lo permitido y a lo prohibido. La diferencia que existe entre ellas es, en principio, análoga.

La frontera entre las formas sociales o legales y las formas antisociales o ilegales de la adicción sin droga no sólo están marcadas por la justicia y la ley como ocurre en el límite entre lo permitido y lo prohibido, sino por la ética, la razón y la sociedad. Así, todas las actividades legales adictivas son al mismo tiempo lícitas y normativas, mientras que las ilegales adictivas son ilícitas, es decir, proscritas por la ley y la moral.

El patrón de conducta de los adictos a actividades legales y sociales se distribuye en las siguientes fases o secuencias:

1. La *fase apetitiva o preparatoria,* en la que el adicto, presionado ya por el impulso incontrolado, se preocupa de ir configurando la situación propicia para convertirlo en conducta.

2. La *fase ejecutiva,* traducida en un comportamiento social desviado o excesivo que constituye una necesidad placentera y se repite periódicamente del mismo modo. Su figura más puntual y breve dentro de las adicciones sociales corresponde a los episodios bulímicos y la más prolongada y ambigua a la laborodependencia o adicción al trabajo. Ésta es la secuencia que refleja con mayor evidencia la falta de control del impulso.

3. La *fase de saciedad,* tal vez la más polimorfa de todas. Para unos representa un momento de relajación y calma, para otros un motivo de mortificación mediante la activación del sentimiento de culpa y su cortejo de autorreproches, y para los más encrespados una coyuntura de desafío y excitación que puede servir de marco a una conducta infantil o regresiva, un acto de violencia o una evasión a la promiscuidad sexual, la borrachera televisiva, la compra desorbitada o algún otro comportamiento abusivo análogo.

4. La *fase de abstinencia,* en la que el adicto presenta un estado de ánimo irritable o ansioso acompañado de astenia o de inquietud psicomotora e incapacidad de pensar con orden y claridad, además de un cortejo de signos vegetativos tales como escalofríos, anorexia, náuseas, palpitaciones, micciones frecuentes e insomnio. La abstinencia puede confundirse con una reacción personal de protesta que se manifiesta en forma de malestar psicofísico cuando el sujeto trata de contener su impulso anómalo.

5. La *fase de adaptación* a la vida comunitaria, más o menos menoscabada por las experiencias residuales de las otras cuatro fases. Las adicciones alimentarias son las que se muestran más compatibles con la integración social completa. La laborodependencia implica casi desde el principio la quiebra de la vida familiar. La teleadicción infantil suele imponer el fracaso escolar. Y la ludoadicción comporta la mayor parte de las veces una profunda crisis familiar y profesional e incluso la caída en actos antisociales como el robo y la estafa.

LA BULIMIA ADICTIVA

La *bulimia* abarca toda clase de ataques de hambre y crisis paroxísticas de necesidad de alimento o voracidad que se producen de forma repetida, por lo menos dos veces por mes. La palabra *bulimia* proviene del griego *boulimos* (*bous*, «buey», *limo*, «hambre»), que significa «hambre bovina» (*fames bouina*), sinónimo de «hambre canina» (*fames canina*). Su significado etimológico es, por tanto, «hambre de buey o de perros».

Entre los múltiples trastornos del apetito, el género de las bulimias se define por representar su forma de incremento agudo (véase tabla 48).

La conducta bulímica es una agrupación o complejo sintomático que forma parte de diversas enfermedades. Por su tendencia a aparecer en el seno de cuadros clínicos antagónicos como la delgadez anoréxica y la obesidad hiperfágica, además de integrar en otras ocasiones una entidad separada, está catalogada como el trastorno alimentario de origen psíquico más desconcertante (véase tabla 49).

Los trastornos alimentarios de las anorexias y las bulimias de la tabla 49 afectan

• •

Tabla 48. **Trastornos del apetito**

Disorexia* (distorsión del apetito)
  • Anorexia (disminución del apetito)
  • Hiperorexia (aumento del apetito)
    – Bulimia (acceso de hambre aguda)
    – Hiperfagia (exceso de hambre persistente, durante las comidas o en sus intervalos)

Orexis significa «apetito o deseo vital».

• •

• •

Tabla 49. **Trastornos alimentarios de origen psíquico**

1. Anorexia mental o nerviosa (con delgadez)	Anorexia mental restrictiva o famélica (anorexia simple)
	Anorexia mental bulímica o vomitadora (bulimarexia)
2. Bulimia adictiva o pura (con peso normal o sobrepeso)	
3. Hiperfagia adictiva neurótica o psicosomática (con obesidad)	Hiperfagia pura
	Hiperfagia con bulimia
4. Hiperfagia adictiva monoalimentaria, sobre todo de chocolate (con peso variable)	Hiperfagia pura
	Hiperfagia con bulimia

• •

en conjunto al 15 por ciento de las mujeres jóvenes, entre quince y veinte años, en las sociedades occidentales y al 3 por ciento de los jóvenes masculinos, una proporción cinco veces menor. Su perfil alimentario disfuncional se reparte al 50 por ciento entre cuadros anoréxicos y bulímicos (7,5 por ciento femeninos y 1,5 por ciento masculinos de ambos trastornos). Mientras que la bulimia anoréxica afecta al 5 por ciento de las jóvenes, la bulimia adictiva (2 por ciento en las jóvenes) tiende a instaurarse más tarde y llega a afectar al 3 por ciento de la población femenina general y al 1 por ciento de la masculina (proporción tres veces menor).

Los trastornos psicoalimentarios anoréxicos y bulímicos se extienden progresivamente por todas las edades y también han invadido las filas de la población masculina, cuando en principio estaban localizados casi con exclusividad en la adolescencia femenina.

En Canadá un 8 por ciento de la población femenina presenta una conducta bulímica. En las culturas donde hay menos abundancia de alimento y se valora menos la delgadez, la presentación de la patología alimentaria se mantiene en unas proporciones mucho más discretas.

El acceso de bulimia se inicia de un modo rápido con una sensación de hambre voraz incontenible que impone la ingestión muy rápida de una gran cantidad de alimentos, con preferencia dulces u otros productos de alto valor calórico, en un corto espacio de tiempo.

LA ADICCIÓN AL CHOCOLATE

Entre los alimentos capaces de provocar adicción como objeto único sobresale a todas luces el chocolate, cuya adicción constituye la modalidad de dependencia monoalimentaria más extendida y mejor estudiada.

El chocolate se ha entronizado por «méritos propios» como el alimento que ejerce individualmente mayor acción

Tabla 50. **Rasgos diferenciales entre la bulimia adictiva y la bulimia anoréxica**

	BAD	BAN
Psicopatología	Impulsos bulímicos	Conducta fobo-obsesional anoréxica
Asociación con anorexia mental	Ausente	Presente
Peso	Normal o excesivo	Delgadez
Dieta restrictiva	Ausente	Presente
Alimentos preferidos	Dulces	Salados
Vómitos autoinducidos	Ausentes	Frecuentes
Abusos de laxantes o diuréticos	Casi nunca	Casi siempre
Preocupación excesiva por el peso y las formas corporales	Ausente	Presente
Conducta sexual	Madura	Inhibida
Antecedente de abuso sexual	Frecuente	Raro
Comorbilidad con depresión	Muy frecuente	Moderada
Abuso de alcohol	A veces	Rara
Abuso de cocaína	A veces	Rara
Otras conductas adictivas	A veces	Ausentes
Fármaco selectivo	Desipramina o maprotilina	Clomipramina

BAD: bulimia adictiva; BAN: bulimia anoréxica.

dependígena. La poderosa fuerza adictiva del chocolate se despliega en dos vertientes: por un lado, actúan sus gratas cualidades sensoriales, tales como el sabor dulce, el olor aromático fuerte y la textura entre pastosa y cremosa; y por otro, los efectos psicofarmacológicos producidos por algunas de sus sustancias psicoactivas, particularmente la cafeína, respaldada por la teobromina y los productos siguientes: una sustancia anfetamínica (feniletilamina), dos precursores de la noradrenalina y la dopamina (fenilalanina y tirosina) y un precursor de la serotonina (triptófano). Como vemos, el chocolate contiene una amplia serie de elementos activos sobre la vida psíquica, en su mayor parte descubiertos recientemente[1].

El chocolate encierra, por tanto, dos clases de enganches adictivos: el que obedece al deseo incontrolado de obtener una gratificación oral y el motivado por el logro de una estimulación psíquica. Muchas veces se mezclan ambos. Por esta tendencia a combinarse las dos fuerzas de atracción adictiva es por lo que las podemos considerar como las dos dimensiones dependígenas del chocolate, aunque no debemos renunciar por ello a distribuir los adictos al chocolate según la prevalencia de una u otra en dos grandes agrupaciones tipológicas: los adictos al chocolate alimento y los adictos al chocolate droga.

Como vemos, los adictos al chocolate droga pueden buscar una acción psicoestimulante (cafeína, teobromina, feniletilamina), una acción psicosedativa (triptófano) o el placer producido por la exaltación dopaminérgica o endorfínica. Cada tableta (60 g) o cada onza (28,7 g) de chocolate cocido contiene de 25 a 35 mg de cafeína. El chocolate no sólo dispone del efecto psicoactivador de la cafeína que existe en una forma natural en el cacao, su producto básico, y las demás acciones señaladas, sino que posee una acción *endorfínica* compartida por los pasteles, los helados y otros alimentos de cuya composición forman parte la leche, el trigo o los carbohidratos dulces. El sistema nervioso utiliza las *exorfinas* de estos alimentos para fabricar *endorfinas*, uno de los principios químicos del cerebro más destacados en la estimulación del hambre. Recordemos a este respecto cómo los obesos hiperfágicos neuróticos y psicosomáticos satisfacen su hiperfagia preferentemente con comida de este tipo.

Conviene distinguir entre el consumo abusivo del chocolate y la adicción al mismo. Aunque con frecuencia se mezclan ambos procesos, también pueden acontecer de forma aislada. Lo que puede producir alguna extrañeza en este sentido es la existencia de adictos al chocolate, que a lo largo del mes no ingieren más cantidad de este producto que el término medio de la población. Esta afirmación puede extenderse a toda clase de adicciones. El hecho de no haber tenido en cuenta la existencia de una proporción de alcoholdependientes que ingieren menos cantidad de alcohol al mes o al año que otros bebedores sin adicción, ha conducido a algunos planteamientos diagnósticos y preventivos disparatados. La adicción, hay que repetirlo una y mil veces, es más un fenómeno cualitativo que cuantitativo.

Lo que define la adicción al chocolate es la presencia periódica en el interior del sujeto de una ansia por ingerirlo que él no puede dominar o frenar, pues cuando trata de hacerlo experimenta sentimientos negativos, sobre todo ansiedad o irritabilidad. Si algunos adictos al chocolate no han tenido esta experiencia de displacer se debe a que nunca han tratado de suprimir su impulso adictivo.

La incapacidad para resistirse a la ingestión de chocolate se refleja inicialmente en un sentimiento de atracción irresistible y se confirma después con la sensación de no poder parar una vez que se ha iniciado el consumo. Por ello, estos adictos suelen terminar el envase de una sola vez.

1: Para mayor información véanse los artículos de A. J. Hill, C. L. Weaver y J. E. Blundell, «Food Craving, Dietary Restraint and Mood», *Appetite,* vol. 17, 1991, pp. 187-197; de F. Schifano y G. Magni, «MDHA ("Ecstase") Abuse: Psychopathological Features and Craving for Chocolate. A Case Series», *Biol Psychiatry,* vol. 36, 1994, pp. 763-767, y el de P. Rozin, E. Levine y C. Stoess, «Chocolate Craving and Liking», *Appetite,* vol. 17, 1991, pp. 199-212.

Es muy raro que lo dejen a medias o empezado. Ocurre igual con el tipo más frecuente de alcohólico, los *alcoholómanos*. Primero están poseídos por un impulso a beber para desinhibirse y una vez que comienzan a hacerlo les resulta imposible parar.

El ansia incontrolable por el chocolate –como también suele ocurrir en otras adicciones, sobre todo en la fase de comienzo– está dirigida más por el deseo de obtener una gratificación que por la tendencia a evitar las experiencias negativas propias de la abstinencia o del intento de frenar el impulso adictivo. Entre los síntomas de abstinencia originada por el corte del consumo de chocolate sobresalen los dolores de cabeza de tipo migrañosos, algunas veces acompañados de sensación de enfermedad general, fatiga y somnolencia. Esta sintomatología coincide en líneas generales con el síndrome de abstinencia (cefalea, fatiga y somnolencia) propio de los adictos al café, con lo cual se aporta un dato a favor de que el adicto al chocolate suele serlo realmente a la cafeína. De hecho, la mayor parte de los adictos al chocolate se siente muy satisfecha cuando realiza su impulso, aunque algunos comienzan a sentirse en conflicto consigo mismos a medida que el volumen de chocolate devorado va aumentando y resulta excesivo. El 50 por ciento de los casos reconoce que el consumo de chocolate puede interferir en su vida de alguna manera.

LA ADICCIÓN AL CAFÉ

Dado el parentesco existente entre la composición del chocolate y el café resulta pertinente hacer una puesta al día rápida sobre algunos aspectos del café. Tanto más pertinente resulta este recordatorio cuanto que muchos apasionados por el consumo de chocolate, adictos o no, son también muy aficionados al café.

La cafeína es una *xantina trimetilada* que se encuentra en forma natural en las semillas de café, las hojas de té, los árboles de cacao, las nueces de cola y las plantas de mate. Representa el principal principio activo del café, el té, el chocolate, las bebidas a base de cola y además forma parte de numerosos medicamentos. El contenido de cafeína varía mucho de unos productos a otros, tal como vemos en la tabla 51.

El café es la droga más comúnmente usada en los países occidentales. Hay un 10 por ciento de consumidores adultos que ingieren más de 1.000 mg de cafeína por día y entre un 20 y un 30 por ciento que

Tabla 51. **Tasas de cafeína en sustancias susceptibles de crear adicción**

Taza de café: 70 a 100 mg de cafeína.
Taza de café descafeinado: 2 a 4 mg.
Taza de té: 30 a 60 mg.
Botella con cola: 40 a 60 mg.
Tableta de chocolate (60 g): 25 a 35 mg.
Onza de chocolate cocido (29 g): 25 a 35 mg.

consumen de 500 a 1.000 mg diarios. Se dispone de una amplia casuística de cafeinómanos que ilustra acerca de cómo la adicción puede afectar a consumidores de una cantidad baja o moderada y respetar a algunos consumidores fuertes. Por otra parte, el 80 por ciento de los adultos occidentales consume con regularidad algún producto rico en cafeína.

Uno de los efectos más nocivos de la cafeína, todavía poco conocido, es el de que acelera el curso progresivo de la osteoporosis, como consecuencia de la elevación producida en la excreción de calcio por la orina y la disminución de la tasa de *estradiol* (hormona femenina) en la mujer. Por ello, se ha comenzado a recomendar a los individuos con riesgo de padecer osteoporosis, sobre todo mujeres postmenopáusicas, la restricción de la cafeína a una o dos tazas diarias de café como mucho.

Otro aspecto del café poco difundido y sin embargo de alto interés para la información pública es que el descafeinado representa en cierto sentido un producto nuevo de alto riesgo por dos razones: su fabricación con grano duro en una proporción mucho más elevada que el café cafeinado y, sobre todo, por no haberse liberado del todo de los solventes clorados (particularmente el *tricloroetileno*) utilizados para descafeinar el café, a los que se atribuye una acción cancerígena. Algunos autores llegan a afirmar que el café descafeinado multiplica por dos o por tres el riesgo de padecer cáncer de páncreas.

El café es el producto psicoestimulante más consumido en el mundo y su acción es debida casi totalmente a la cafeína, molécula psicoactiva que alcanza su nivel máximo en la sangre entre los treinta y los cuarenta y cinco minutos después de su ingestión, con un nivel de vida media de alrededor de dos horas. Ello no obsta para que haya consumidores habituales en los que la presencia plasmática de cafeína pueda prolongarse durante varias horas.

El efecto nervioso más nocivo del café es la producción de un cuadro de ansiedad aguda acompañado de irritabilidad, inquietud, palpitaciones, micciones frecuentes, diarrea e insomnio. Realmente, un cuadro de estas características suele aparecer sólo en personas afectadas previamente por ansiedad neurótica o por un desequilibrio vegetativo de tipo *simpaticotónico*. A las personas que sufren de ansiedad neurótica o con tendencia a palpitaciones, aceleración del ritmo cardíaco o hipertensión arterial, los médicos solemos indicarles la conveniencia de que se abstengan totalmente de administrarse cafeína en cualquiera de sus formas. Además, la combinación de cafeína y estrés en la vida diaria es un factor de riesgo para la incidencia de enfermedades cardiovasculares.

La cafeína puede producir también adicción y tolerancia. A la tolerancia se debe que el consumidor tienda a incrementar su ración de té o de café durante la primera temporada para conseguir los mismos efectos que al principio. El síndrome de abstinencia producido por la supresión del café puede prolongarse durante algunas semanas en forma de somnolencia, astenia y dolores de cabeza.

La cafeína, como todas las demás metilxantinas, es una sustancia antagonista de los receptores de la *adenosina*, que es el principio neuromodulador encargado de inhibir la liberación de la dopamina y la noradrenalina. A esta acción debe la cafeína en gran parte su efecto estimulador sobre el sistema dopaminérgico. Hoy es muy conocido el dato de que los síntomas psicóticos obedecen comúnmente a una hiperdopaminergia. Pues bien, la activación dopaminérgica producida por la cafeína no es suficiente para hacer caer a nadie en un estado psicótico pero sí para exacerbar los síntomas psicóticos previos, por cuyo motivo estos enfermos deberían abstenerse de ingerir toda clase de productos compuestos de cafeína.

LA ADICCIÓN A LA TELEVISIÓN

Los dos propósitos básicos de la televisión son los de informar y entretener o divertir. Aunque hay en potencia otra actividad básica, la de estimular la educación permanente, pocas veces es atendida como tal, ni por parte de la audiencia ni por los responsables de la programación. Esta omisión es tanto más dolorosa cuanto que la potencialidad pedagógica de la televisión es inmensa, comprendiendo operaciones tan diversas como la formación del gusto y de la sensibilidad, la socialización de las actitudes y las conductas y la estimulación del sentido crítico y de la creatividad.

La opción operativa se mantiene, pues, entre informar y entretener. La mayor parte de la gente ve televisión motivada por la búsqueda de algo vagamente referido al entretenimiento, la diversión o la distracción. Resulta sorprendente el escaso influjo motivador ejercido en el conjunto de la población por el deseo de obtener información.

El problema surge al observar que hay muchos modos de entretenerse y que por ello la función de entretenimiento puede ser atendida con arreglo a vías muy diversas, que pueden sistematizarse en las tres tendencias siguientes:

1. Complacer el rebuscado gusto de una minoría oligárquica culta o intelectual, sin posibilidad de llegar a sectores de población más amplios (cultura *elitista*).
2. Buscar con resolución el mayor volumen de telespectadores posibles dirigiéndose a la mentalidad del hombre masa (cultura de la *insignificancia*).
3. Suscitar el interés en personas de sensibilidad y respetuosas con la cultura –aunque no necesariamente cultas–,

distribuidas en distintos estratos de la población mediante una orientación polivalente (cultura *socializada*).

El debate queda reducido a la confrontación entre las orientaciones de la cultura masificada y la cultura socializada, ya que el elitismo es demasiado ambicioso para que quepa en las reducidas dimensiones de la pequeña pantalla. Hay abundantes razones de todo tipo para abogar por una televisión interesada en el proceso de socialización de la cultura, en la que se le diese al hombre masa la oportunidad de superar su limitada condición mediante el ejercicio del proceso cognoscitivo y el pensamiento razonado.

Pero ha sucedido lo contrario. La organización industrial de la televisión –en su doble vertiente, pública y oligopolio privado–, obsesionada por el afán de multiplicar la publicidad y elevar el índice de la audiencia, ha optado por complacer a la mayoría con programas organizados desde la cultura de la insignificancia. Es la organización industrial de la televisión la que ha conseguido hacerse dueña del ente televisivo en casi todos los países y la responsable en la más amplia medida del tipo, el formato, la temática y las metas de la programación.

Casi se desconoce el recurso de presentar la cultura creativa como si fuera recreo y evasión, tendencia que podría alcanzar gran éxito hasta en países como el nuestro, regidos por la pantalla del espectáculo divertido y vacío de elementos válidos para pensar y cultivarse. Incluso el entretenimiento intrascendente, que constituye el modelo predilecto e indiscutible de la programación, podría beneficiarse con una mirada de soslayo al mundo de la cultura y del pensamiento.

Dentro de los efectos alcanzados por la televisión sobre la organización mental individual, hay que distinguir los momentáneos y los persistentes:

1. *Efectos momentáneos:* pasividad e inhibición.
2. *Efectos persistentes:* pensamiento de estilo condensado.

McLuhan, en su obra *La galaxia Gutenberg,* considera la televisión, basándose en el menor grado de precisión y matización inmanente a sus informaciones, como un medio de información frío, contrapuesto a los medios calientes que se caracterizan, como el libro y la radio, por darnos datos mucho más precisos; sin embargo, la información monosensorial propia de la lectura y de la audición es mucho más respetuosa para la crítica del sujeto, hasta el punto de que sus contenidos no pueden penetrar en él si no interviene su propia participación activa, y, en cambio, la llegada de los espacios televisivos simultáneamente por dos vías sensoriales, supone un avasallamiento absorbente que se posesiona de las capacidades mentales, imponiendo una actitud pasiva al televidente, a no ser que éste haga un esfuerzo para conservar la capacidad crítica. Estas consideraciones conducen a catalogar a la televisión como el más caliente de todos los medios informativos, el que abrasa y devora las voluntades mediante una especie de alucinación plurisensorial masiva y gigantesca que penetra desde el exterior en nuestro recinto mental para fascinarnos y convertirnos en sujetos inhibidos y medio hipnotizados.

El germen televisivo de la violencia

Un asunto especialmente importante es el de indagar hasta qué punto la televisión ejerce una acción activadora sobre los comportamientos agresivos y violentos, en particular sobre aquéllos producidos por los adolescentes masculinos tardíos, por ser ésta la época de la vida que alcanza la densidad más alta en criminalidad dentro de los distintos países adscritos a la cultura occidental.

Consabido es que la violencia criminal se concentra entre los adolescentes masculinos incluidos en el estrato socioeconómico insuficiente, residentes en guetos o viviendas hacinadas, sin escolaridad suficiente, subempleados o en paro, con un cociente intelectual bajo y criados en el seno de familias desorganizadas. Pues bien, el hallazgo registrado en el sector de adolescentes de estas características –que ha sorprendido a los propios observadores– consiste en que los más ostensiblemente

Tabla 52. **Factores televisivos de violencia**

Factores directos	Niños y adolescentes (masculinos)	Factor principal: violencia de la imagen. Factor complementario: cantidad total de televisión percibida.
	Adultos	Factor principal: manipulación de informaciones. Factor complementario: violencia de la imagen.
Factores indirectos (para todas las edades)	Teleadicción: pasividad con erupciones de violencia. Impulsividad inmanente a la mentalidad de la imagen.	

criminales y violentos sobresalen también, desde la edad escolar, por su gran afición a la televisión, sobre todo a sus secuencias agresivas y violentas. Resulta obvio que en estos jóvenes la atracción por la televisión de la violencia está condicionada por su propensión a la criminalidad, y después entre ambos factores se forma un circuito cerrado interaccional de refuerzo recíproco. Además, la televisión puede ser un generador de violencia, como vamos a ver a continuación (véase tabla 52).

LA ADICCIÓN A LA COMPRA

El afán por adquirir artículos superfluos o innecesarios es compartido por los pobres y los ricos que forman parte de la sociedad de consumo, sociedad opulenta o sociedad de abundancia. La diferencia está en que los de economía suficiente pueden satisfacer su afán, mientras que los infortunados luchan por ascender peldaños económicos –desatendiendo algunas veces lo perentorio– para soñar con poder complacer algún día sus deseos consumistas. Ello no significa que se haya abandonado por parte de unos y otros la pretensión de atender como es debido las necesidades naturales del ser humano, ya que son necesidades absolutas. Lo que ocurre es que mientras éstas son muy limitadas en su número y en su cantidad, las necesidades artificiales y facultativas, creadas por la era del consumo, son infinitas e ilimitadas. Este sistema social organizado en torno al consumo de bienes artificiales constituye el rango esencial de las sociedades consumistas y opulentas. Se consumen bienes artificiales para sentirse mejor y situarse por encima de los demás, con una raíz bicorne enclavada en el hedonismo individual y en la competencia con los otros.

La compra de cosas innecesarias obedece a una motivación diversa, algunas veces entroncada en la autoafirmación del individuo como el refuerzo de la imagen, la comodidad, el capricho personal o la fidelidad a un comportamiento coleccionista. En otras ocasiones, la selección de artículos depende de la influencia proveniente de los demás en forma del sometimiento al dictado de la moda o a la presión de la rivalidad para no ser menos que los otros.

Como factor general de fondo intervienen los mensajes publicitarios en estrecha alianza con el *show* de las grandes y pequeñas superficies de venta. Más tarde nos referiremos también a la cleptomanía al estudiar la relación entre el moderno gran almacén y el visitante o el comprador.

La *psicopatología del consumo* o *síndrome de la compra* muestra trastornos a menudo incapacitantes y todavía no suficientemente reconocidos[1]. La moderna proliferación de esta psicopatología en el campo de los abusos y las dependencias cabe atribuirla a la poderosa propulsión de la sociedad moderna, saturada de incitaciones al consumo y con una alta valoración cultural de este tipo de patrones de comportamiento.

El denominador común de las compras patológicas, *consumopatías* según mi propuesta terminológica, consiste en la tendencia repetida a la adquisición de objetos superfluos, o incluso inútiles, que muchas veces no guardan una relación de congruencia con el gusto habitual del comprador ni con sus posibilidades económicas, hasta el punto de poder llevar sus recursos financieros a cifras rojas.

Con arreglo a la experiencia personal, vengo distinguiendo dos formas fundamentales de consumo patológico o consumopatía (véase tabla 53).

La consumopatía abusiva es un elemento sintomático de un trastorno psíquico de carácter patológico que puede corresponder a una *hipertimia*, a una depresión, a un delirio esquizofrénico o a una demencia orgánica.

Uno de los rasgos más destacados por los psiquiatras clásicos en la descripción del estado hipertímico o maníaco, como parte de la exaltación de movimientos e ideas, es la prodigalidad en el gasto en forma de tremendos derroches de dinero, muchas veces con el propósito de adquirir productos inútiles o superfluos.

Un contingente bastante alto de enfermos depresivos de grado medio o ligero se dejan llevar de forma exagerada por la tendencia a la compra como un intento para compensar sus grandes sufrimientos interiores, sentirse más fuertes o vencer su soledad creando vínculos con el exterior. Estos enfermos depresivos que muestran una consumopatía entre sus síntomas coinciden en señalar que cuando entran en una tienda y compran un artículo se sienten menos depresivos momentáneamente, aunque al cabo de un breve tiempo de relativa euforia vuelven a hundirse presionados por el sentimiento de culpa.

La consumopatía adictiva o adicción al consumo comparte su radical básico con las demás adicciones en forma del desgobierno de la impulsividad, desdoblado en estas dos secuencias: en primer lugar, la necesidad irresistible de adquirir algún objeto, acompañada de un fuerte sentimiento de ansiedad o irritabilidad o un estado de nerviosismo cuya tensión emocional de displacer se incrementa si no se cumple el acto, y, por el contrario, al haber dado rienda suelta al frenesí de la compra, se entra en un estado de relajación placentera, después ensombrecido con mucha frecuencia por un sentimiento de culpa; en segundo lugar, la reaparición de la necesidad de comprar algo, sobrecargada de tensión sufridora, al cabo de un tiempo que puede variar entre algunas horas y varias semanas o meses.

Mientras realiza la compra, el consumópata suele experimentar sensaciones placenteras agudas, en cierto sentido análogas a las producidas por la administra-

Tabla 53. **Formas fundamentales del consumo patológico**

| 1. | Consumopatía abusiva | Entrega exagerada a las compras como síntoma de un trastorno psicopatológico. |
| 2. | Consumopatía adictiva | Entrega exagerada a las compras impuesta por un impulso incontrolado. |

1: S. L. McElroy, P. E. Keck, H. G. Pope, J. M. Smith y S. M. Strakowski, «Compulsive Buying: A Report of 20 Cases», *Journal Clin. Psychiatry,* vol. 55, núm. 6, 1994, pp. 242-247.

ción de cocaína o un narcótico a un drogadicto.

La adicción a la compra afecta mucho más a las mujeres que a los hombres. En una casuística de veinte casos había dieciséis mujeres y cuatro hombres[1]. El predominio femenino se produce a instancia de estos dos factores: primero, el mayor hábito de compra por parte de las mujeres, expuesto al fuerte influjo de la moda, el capricho del momento, la imitación de los demás y la ganancia de imagen, es decir, más o menos los factores que han disparado el consumo en la sociedad actual; segundo, la mayor incidencia en la población femenina de los factores consumistas de personalidad, como el sentimiento de soledad y el nivel bajo de autoestima, factores que pueden intervenir en el origen de esta adicción.

Las causas de la adicción a la compra son múltiples. Entre ellas sobresalen la situación de soledad o de vacío existencial y los tipos de personalidad impulsiva, narcisista o insegura. Su asociación o comorbilidad es frecuente con el estado depresivo y con otras adicciones con o sin droga, de modo que el papel de causa primera alterna entre ellas. Muchas veces es la depresión o el alcoholismo el terreno sobre el que se constituye la adicción a la compra y en otras ocasiones ocurre al revés.

La adicción a la compra afecta mucho más a las mujeres que a los hombres.

Últimamente se ha desvelado la frecuente asociación de la adicción a la compra y la cleptomanía[2]. Algunos adictos al consumo incurren en conducta cleptómana y un alto porcentaje de cleptómanos muestra en sus abundantes correrías por las tiendas momentos dominados por el impulso adictivo a la compra. La consumopatía adictiva tiende a asociarse no sólo con actos de cleptomanía, sino con la entrega resignada a la compra barata y hasta con comportamientos de hurto y ratería (en inglés, *shoplifting*).

Por otra parte, entre los consumópatas adictos y los cleptómanos existen muchas similitudes, puesto que la propia conducta cleptómana genuina está determinada por un impulso incontrolado de tipo adictivo. Ambas adicciones integran las dos vertientes de la apropiación adictiva: la legal, en forma de compras, y la ilegal, mediante el hurto y la ratería.

LA CLEPTOMANÍA

La palabra *cleptomanía* significa, etimológicamente, «manía o locura de robar».

La cleptomanía es el impulso incontrolable o irrefrenable de robar un objeto no necesitado para el uso personal o familiar ni deseado por su valor monetario. El impulso cleptómano tiene la particularidad, frente a otros impulsos adictivos, de acompañarse de una fuerte tensión emocional de ansiedad o temor, suscitada por la conciencia del riesgo que se corre durante su ejecución. Una vez concluida la acción, la tensión se transforma en profunda satisfacción por haber superado el riesgo y burlado la ley. «El momento en que yo más gozo es cuando saco los objetos del bolsillo y los pongo ante mí», afirmaba un cleptómano.

La sobretensión emocional asociada del principio al fin en el comportamiento cleptómano se tiñe algunas veces de erotismo o de agresividad. Hay cleptómanos que realizan su acción con una fuerte excitación sexual, concluida en ocasiones con un orgasmo. Otros emprenden su aventura impulsados por el deseo de vengarse del gran almacén o del propietario del local. Algunos cleptómanos actúan alentados por la búsqueda de nuevas experiencias y a los de personalidad más desviada les mueve, a veces, la búsqueda del castigo o el placer obtenido por la infracción de la norma o la transgresión de lo prohibido.

Como denominador común puede aceptarse la intervención de unas ganas desorbitadas de adquirir algo sin dar nada a cambio.

Al cabo de un breve tiempo de haber realizado su acción muchos cleptómanos

1: Ibíd.
2: S. L. McElroy, H. G Pope y otros «Kleptomania: A Report of 20 Cases», *American Journal Psyquiatry,* vol. 148, 1991, pp. 652-657.

son invadidos por autorreproches. El sentimiento de culpa adquiere en algunos de ellos tanta solidez que les lleva a buscar alguna forma de castigo compensatorio. Por esta presión de la autoculpabilidad se produce, en algunas ocasiones, el caso del cleptómano que busca ser capturado por la justicia o se entrega a ella.

El cleptómano se siente como una persona con anomalías que no puede controlarse o incluso como un enfermo, pero no como un ladrón o un delincuente. Le asiste plena razón para orientar así su autoconocimiento. Sobre todo existen dos jalones diferenciales entre el cleptómano y el delincuente del robo: por un lado, el comportamiento involuntario en el primer caso y voluntario en el segundo; por otro, que frente al utilitarismo del robo, el cleptómano no actúa movido por el ánimo de lucro, por lo que se apropia de objetos de escaso valor material y sin uso práctico, oscilantes entre algo totalmente inútil como una pieza mecánica aislada o una chuchería, o alcanzar una modesta aplicación personal, como ocurre con los libros, los guantes, las latas de conserva, las baratijas y los artículos de mercería.

> **C**on mucha frecuencia, la cleptomanía coincide en la misma persona con otras adicciones sin droga, sobre todo la bulimia, la ludopatía y la consumopatía.

Por regla general, el cleptómano actúa solo, sin el apoyo de nadie. No le gusta tener cómplices; pero ello no significa que tenga un yo sólido, ya que cuando es descubierto se muestra avergonzado y arrepentido, y algunas veces se desmorona en una crisis de llanto y se deshace en excusas, atribuyendo su acción a algo incomprensible que le ocurre o a que se encuentra enfermo. Sólo los más firmes sacan fuerzas de flaqueza para recurrir en esa apurada situación a la amenaza de armar un escándalo o suicidarse. El asunto suele arreglarse de momento fácilmente por la buena disposición de los servicios de seguridad del comercio, siempre que lo sustraído no sobrepase las treinta mil pesetas, que es el límite establecido por el Código Penal español entre la falta y el delito.

La conducta cleptómana se repite con intervalos extremadamente variables de unos casos a otros y aun dentro de la misma persona. Mientras que algunas veces sólo se cae en la sustracción de objetos de vez en cuando, hay cleptómanos que necesitan apropiarse de algo casi todos los días.

Algunos cleptómanos operan de improviso, sin premeditación, cuando se sienten arrebatados por la tentación durante la visita a una tienda o a un almacén, realizada con el propósito de comprar. En el otro polo se hallan los cleptómanos que acuden al lugar de la acción debidamente preparados con un abrigo amplio, ropa provista de falsos bolsillos o una faltriquera especial. Con el tiempo, los cleptómanos sustituyen cada vez más la improvisación por el acompañamiento de recursos de apoyo. Pero nunca llega su premeditación a cuidar tanto los pormenores y organizar su acción con el detenimiento que es habitual en el profesional del robo.

La cleptomanía es un trastorno propio de individuos afectados por los traumas psíquicos o las anomalías de la personalidad que se citan a continuación: niño víctima de abusos sexuales o de malos tratos; privación afectiva infantil; violencia familiar; vida marcada por las frustraciones, el estrés, los desengaños, los fracasos o la soledad; personalidad inmadura afectivo-emocional (hiperemotiva) o con un trastorno definido (personalidad neurótica, psicopática, histriónica, narcisista o límite).

La combinación de la cleptomanía con una depresión monopolar o bipolar es bastante frecuente. La fuerte tendencia de los depresivos a la sustracción de objetos persigue compensar sus fuertes sufrimientos mediante el reforzamiento de su yo con la nueva propiedad o el establecimiento de vínculos con el exterior. La gama de sustracciones realizada por los depresivos se distribuye entre la cleptomanía y el robo patológico.

Con mucha frecuencia la cleptomanía coincide en la misma persona con otras adicciones sin droga, sobre todo la bulimia, la ludopatía y la consumopatía. Hay cleptómanos que se llevan a casa objetos de mucho menos valor que el importe de su compra abusiva o adictiva. La asociación con la piromanía y las adicciones a la droga es rara. La mayor parte de los cleptómanos no beben ni se drogan.

La cleptomanía, lo mismo que la adicción a la compra, suele iniciarse en la adolescencia, y es mucho más frecuente en mujeres que en hombres. Sus manifestaciones se activan alrededor de la menstruación.

LA LUDOPATÍA ADICTIVA

La adicción al juego es la forma de adicción sin droga que ha sido objeto de mayor número de publicaciones, si bien englobada bajo la denominación de *juego patológico* con otras formas de juego anómalas.

La situación de paro laboral es particularmente propicia para generar las dos clases de ludopatía: el mero abuso del juego como conducta de evasión de una situación profundamente mortificante y la caída en la adicción motivada por la necesidad de buscar dinero a toda costa.

La base biológica de la ludoadicción se despliega entre la *hiposerotoninergia*, índice de falta de control en el comportamiento, y la *hipernoradrenergia*, participante a la vez en el frenesí placentero y en el síndrome de abstinencia o de protesta personal.

No existe un perfil de personalidad específico particularmente predispuesto a la ludoadicción, sino distintos rasgos predisponentes que coinciden más o menos con los registrados en otras adicciones, sobre todo la falta de capacidad para el autocontrol, fuente de comportamientos impetuosos e impulsivos, la baja autoestima y los ingredientes que constituyen la personalidad límite, la personalidad narcisista y la personalidad psicopática o antisocial. La sobrecarga de estrés, la sensación de soledad y la dificultad para la concentración de la atención (*aprosexia*) son factores de carácter o de situación que, al menoscabar la capacidad de autocontrol, facilitan la instauración de la ludodependencia. El origen de esta adicción resulta muchas veces condicionado por un estado de alcoholismo o de dependencia frente a otras drogas o por un cuadro depresivo.

El 75 por ciento de los ludópatas adictos ha tenido una infancia infeliz o desgarrada. Abundan los antecedentes de padre alcohólico y de madre ausente o sobreprotectora. En cuanto a la educación recibida, el interés económico suele ocupar en ella una posición prevalente.

El índice de prevalencia de la ludoadicción en las sociedades occidentales alcanza el 1,5 por ciento de la población adulta. La detección es muy indeterminada, dada la proliferación de un gran número de casos ocultos. En España existen alrededor de cuatrocientos mil ludoadictos. En tanto la adicción femenina suele satisfacerse con el bingo, apodado el «casino de los pobres», las máquinas tragaperras y la lotería, la masculina es un desenfreno ocupado por los casinos, el envite, la bolsa y las apuestas sobre las carreras y cualquier otro tipo de competición.

El mayor porcentaje de los ludoadictos se recluta entre los trabajadores autónomos y las amas de casa.

Los juegos que originan más adicción son los que permiten la mayor proximidad espacial y temporal entre la apuesta y el premio, tal como ocurre, en primer término, en las máquinas tragaperras y, a continuación, en los diversos juegos practicados en el casino, sobre todo la ruleta.

La época de mayor riesgo para el inicio de esta patología adictiva en la mujer se extiende entre los cuarenta y cincuenta años, en tanto que la curva del hombre ofrece un gran pico en la edad juvenil y otro análogo alrededor de los cuarenta años. Aunque el nivel intelectual del ludópata suele ser medio o alto, la mayor parte de las veces sus estudios no pasan de ser elementales o primarios.

El mayor porcentaje de los ludoadictos se recluta entre los trabajadores autónomos y las amas de casas. Los trabajos relacionados con el manejo de dinero o con la venta comercial, tipo viajantes de comercio o corredores de bolsa y agentes de seguros, son los más invadidos por esta moderna plaga. En los estados civiles son el divorcio y la separación, mucho más que la viudez y, naturalmente, que el emparejamiento, los que alcanzan la cuota epidemiológica más alta de esta dependencia, distribución compartida de modo idéntico por la incidencia de los estados depresivos.

La presentación como «una enfermedad invisible» es compartida por la ludopatía con otras adicciones, pero tal vez este radical de invisibilidad alcance en el caso que nos ocupa un auge mayor, motivado por una falta de comprensión generalizada sobre el problema y, sobre todo, por una actitud de negación por parte del jugador y de su familia, muchas veces alentada por un sentimiento de vergüenza.

En cuanto al objetivo terapéutico primordial, representa una meta mucho más segura y accesible el apartamiento total del juego que la práctica del juego controlado, pretensión que en todo caso debería reservarse exclusivamente para enfermos instalados en circunstancias en extremo favorables. Los resultados obtenidos por diversos autores coinciden en mostrar que la mayoría de los pacientes logran abandonar el juego para siempre, pero después de haber tenido por regla general varias recaídas. Conviene subrayar que en las curas adictivas, y mucho más en la del juego, las recaídas en el descontrol son la regla.

Se ha solicitado una orientación más estricta en la regulación del juego en nuestro país. Entre las nuevas normas proyectadas figura la de manejar con mayor amplitud el registro de personas con acceso prohibido a las salas de juego, de modo que además de los incluidos por iniciativa propia pudiesen figurar en esa relación otras personas a instancia de la familia o del juez.

LA LABORODEPENDENCIA

La *laborodependencia* o adicción al trabajo constituye una de las formas de adicción legal sin droga primeramente establecidas. Sin embargo, ha pasado casi inadvertida hasta una época reciente.

Pero una vez que el cuadro clínico de la adicción al trabajo se ha vuelto ostensible con el acompañamiento del agotamiento emocional, con sus derivaciones hacia el abuso de café, alcohol u otras drogas o con sus complicaciones, ejemplificadas por la enfermedad coronaria, resulta fácil constatar mediante una ojeada retrospectiva su presentación masiva desde mediados de

siglo. Una vez producida la dignificación y la extensión universal del trabajo, la fijación adictiva al mismo ha comenzado a presentarse como una forma común de la patología de los impulsos adictivos. La novedad traída por los últimos tiempos es que de ser una forma de adicción exclusivamente masculina ha pasado a afectar también con alguna frecuencia a la mujer.

La nota específica de la laborodependencia, con relación a las otras adicciones sin droga, es la de no referirse a un objeto habitual de gratificación *directa* e inmediata, como ocurre con el alimento, el sexo, la televisión, el consumo y el juego, todos ellos objetos placenteros, sino una actividad que exige la aportación de un esfuerzo para el logro de un producto o la prestación de un servicio, a cambio de lo cual se recibe una remuneración económica u otro tipo de gratificación.

La ejecución del trabajo regular se muestra hoy en todo Occidente como una gestión imprescindible para integrarse en el medio sociocultural, ser aceptado por los demás como un sujeto de pleno derecho, conquistar la libertad personal a través de la independencia económica y elaborar un caudal de experiencias interpersonales válidas para progresar en el proceso de la maduración de la personalidad. Todos estos elementos pueden convertir al trabajo en sí mismo en una fuente de placer *indirecto*. El trabajo se transforma así en una actividad que si bien no resulta gratificante por sí misma, sí lo es por sus implicaciones psicosociales y su resultado. Los elementos del trabajo más embriagadores de frenesí y placer son la aportación de éxitos y poder.

Al reflejarse la adicción al trabajo en una entrega laboral incondicional, porque el sujeto adicto lo necesita para llenar su vida, puede confundirse con otras formas de trabajo excesivo no adictivo. Desde Japón se está llamando la atención últimamente con una gran alarma sobre el grave problema social del *Karoshi*, que es la muerte ocasionada por un exceso de trabajo vivido como una imposición y no como un proceso adictivo.

En la amplia galería de perfiles psicodinámicos de adictos al trabajo distinguidos por el psiquiatra norteamericano Rohrlich, sobresalen como los más representativos y frecuentes los cinco siguientes[1]:

1. El del trabajador *hiperambicioso*, habituado a la lucha despiadada para promocionarse e imponer sus proyectos en el medio profesional.
2. El del trabajador *competitivo*, necesitado de obtener supremacía sobre los demás mediante los rendimientos o el esfuerzo.
3. El del trabajador *culpabilizado*, que con una mentalidad masoquista vive la sobrecarga del trabajo suplementario como una gratificación para aliviar su necesidad de revivir castigos y refuerzos negativos.
4. El del trabajador *inseguro*, que busca en la aprobación de los jefes la ascensión en los niveles de autoestima y autoafirmación.
5. El del trabajador *aislado* y solitario, desprovisto de vínculos de amistad y de familia de cierta solidez, que encuentra en el entorno profesional, a través de las relaciones profesionales y las jornadas de trabajo, la experiencia de interacción en una comunidad abierta y responsable.

Como puede apreciarse, el sentido motivador de esta adicción es muy variable: oscila entre el afán de autoafirmarse con la aprobación de la jerarquía o la complacencia masoquista en asumir sacrificios, más o menos inútiles, y, en el otro extremo, las motivaciones más frecuentes, que se hallan integradas por la necesidad de superar a los demás o la pretensión de alcanzar una meta profesional dictada por una ambición excesiva.

La mayor parte de los adictos al trabajo tiene una personalidad en cuyo primer plano se encuentran la hiperambición y la hipercompetitividad.

1: J. B. Rohrlich, «The Dynamics of Work Addiction», *Journal Psychiatry Relat Sci.,* vol. 18, núm. 2, 1992, pp. 147-156.

La difícil tarea de ser mujer

Capítulo 1. ▼ De la liberación de las mujeres como tema de irrisión

F. Giroud y B.-H. Lévy

Françoise Giroud: −¿Le gustan las mujeres, Bernard?

Bernard-Henri Lévy: −¿Y a usted, Françoise, le gustan los hombres?

F. G.: −Los adoro, con sus grandes pies y sus pequeñas cobardías...

B.-H. L.: −Y yo también a ellas, con sus grandes ideales y sus encantadoras comedias.

F. G.: −Bueno, pero ¿hablando en serio?

B.-H. L.: −Hablando en serio me parece que hay una parte muy estúpida en la forma en que algunos dicen: «Me gustan las mujeres...»

F. G.: −¿Eso cree? A mí me parece más bien la señal de una naturaleza feliz. Amar a las mujeres es una disposición rara entre los hombres. Las usan, que no es lo mismo.

B.-H. L.: −Lo desagradable es esa forma de considerar a «las mujeres» como una masa indefinible, ofrecida a la codicia de los hombres. Los «amadores» profesionales siempre me han parecido no sólo ridículos, sino sospechosos. Una vez precisado esto, es cierto que formo parte de los hombres que se muestran, ¿cómo decirlo?, atentos con las mujeres...

F. G.: −En cuanto a mí, me gustan, aunque puedan ser duras y frías como piedras, con espinas en el corazón. Las contemplo, y observo que en veinte años han desencadenado una revolución que está afectando profundamente a sus relaciones con los hombres.

B.-H. L.: −También yo las observo. Y no estoy demasiado convencido de la «profundidad» de esa «revolución».

F. G.: −A decir verdad, yo ya no soy operativa. Sólo vivo de las dulzuras de la amistad. Pero veo, escucho, constato y observo un cambio inaudito. Es como si, por primera vez en la historia, tal vez desde los egipcios, las mujeres hubieran decidido que tienen derecho a la felicidad. François Mauriac, a quien no le gustaban las mujeres, decía: «... De todos modos, son desgraciadas. En su vocación.» Pues bien, me parece que han cambiado de vocación. Y que todo ha salido de ahí.

B.-H. L.: −No conocía esa frase de Mauriac. Es hermosa. Terrible, pero hermosa.

F. G.: −Sobre todo es espantosa.

B.-H. L.: −Así es toda la historia de la literatura, como usted sabe. El otro día releía yo (¡las ventajas del verano!) *Le Lys dans la vallée*. Esa pobre Henriette de Mortsauf, enamorada de su Félix, pero forzada a esconder ese amor, a soñarlo en secreto, para luego confesarlo, demasiado tarde, en una carta turbadora y, también hay que decirlo, lamentable; para ella, el deseo es algo horrible, culposo, vagamente vergonzoso.

F. G.: –¡De un deseo del que apenas sabe otra cosa, y eso es lo más increíble, que lo que ha leído en los libros! De hecho, una especie de ignorancia, de «prohibición» sobre la propia idea de felicidad.

B.-H. L.: –Sí. Además, tendríamos que saber lo que *realmente* piensa Madame de Mortsauf.

F. G.: –Creo que se sabe bastante bien.

B.-H. L.: –¿Y si fuera algo más complicado? ¿Más perverso? ¿Y si ella sacara un placer malsano –de todos modos un placer– de embarullar las pistas, de jugar a la víctima?

F. G.: –Ella no juega. *Es* víctima. Es lo que ha ocurrido desde la noche de los tiempos. Vea los discursos de los griegos, de Aristóteles, de Platón, etc. En ellos la mujer es considerada «malvada» y «peligrosa» para el hombre.

B.-H. L.: –Ese es el mito de Pandora. No sólo entre los griegos, sino en la Edad Moderna. Esa mujer, con frecuencia muy hermosa, que derrama vicios y enfermedades sobre nuestra pobre tierra.

F. G.: –Hay otra cosa además. En primer lugar, el hombre nunca puede estar seguro de su paternidad, cosa que bastaría para ponerle nervioso. Por tanto, hay que encerrar a las mujeres en casa, cosa que se ha hecho. En segundo lugar, se sospecha de ellas que, si se las dejara hacer, agotarían la energía del hombre...

B.-H. L.: –Cosa que, por una vez, no es falsa. Desde luego, ésa no es una razón para «encerrarlas en casa»; pero es cierto que las mujeres son seres temibles, que son únicas para burlarse de los hombres, deslumbrarlos, fascinarlos... y, a veces, perderlos. Me gusta la idea de un poder desmesurado de las mujeres...

F. G.: –Pero también sucede al contrario, aunque al hombre no se le acusa nunca. Mientras que la devoradora de hombres es una figura eterna, la mujer con capacidad inagotable de goce que sigue pidiendo más a un desventurado, avergonzado de quedar sin fuerzas. Todo esto puede encontrarse en las imprecaciones contra las mujeres. Es decir, contenerlas, frenarlas.

B.-H. L.: –Ahí radica el error, porque le repito que es bastante hermosa la forma que los hombres tienen de dejarse extraviar, de perder la cabeza por las mujeres. Todos esos llenos de poder..., esos fatuos..., esos hombres gloriosos e influyentes... Aparece una mujer, y ¡hop!, todo el edificio se agrieta, el sabio equilibrio se tambalea...

F. G.: –Todavía en el siglo XIX los maridos se jactaban de no despertar los sentidos de la esposa para estar tranquilos. Hasta ahí ha llegado el peso de veinte siglos de cultura cristiana en los que el masoquismo femenino ha sido valorado socialmente, y en los que se les ha enseñado que el sacrificio de una misma era admirable y el sufrimiento más respetable que el placer.

B.-H. L.: –Querida Françoise, usted confunde en su razonamiento dos cosas. El espíritu burgués por un lado, con los mariditos de goce miserable, algo sórdidos, que hacen cuanto pueden para «no despertar los sentidos de su compañera» –la famosa frase de Cocteau, que siempre me ha parecido tan rara, y tan exacta: «Todos los maridos son feos»... Y, por otro, la cultura cristiana, que plantea, en efecto, que no hay placer sin una forma de sufrimiento pero que, convénzase, es de un alcance completamente distinto.

F. G.: –¿Eso cree?

B.-H. L.: –¡Por supuesto! Coja cualquier vida de santa, la que quiera... Cualquier enamorada cristiana, aunque esté transida de dolor... Sacrificio o no, ¡es algo muy distinto de Ivana Trump! Pero de cualquier modo, más excitante, ¡eróticamente más excitante!

F. G.: –Lo admito. Pero ésa no es la cuestión. Ese masoquismo, ese gusto por sufrir no es una maldición femenina, incluso aunque pueda observarse entre mujeres con mayor frecuencia que entre hombres. Pero ese masoquismo ha sido hipertrofiado completamente, generalizado por el peso de las estructuras culturales y sociales: «¡Sufrid, y conseguiréis un alma noble!»

B.-H. L.: –Las «estructuras culturales y sociales» no tienen nada que ver. El vínculo entre el placer y cierto sufrimiento, entre la voluptuosidad y una forma de trance, o de mortificación, es algo muy antiguo, que atraviesa los siglos, y que, perdóneme, me parece carente de fundamento. El éxtasis, por ejemplo, ¿qué es el éxtasis sino un dolor? ¿Qué es sino una desposesión? ¿Qué es sino una aniquilación de sí mismo en el dolor?

F. G.: —Dejemos a un lado el éxtasis. Durante mucho tiempo, Mauriac ha tenido razón. A las mujeres les ha gustado ser desgraciadas. Que las viejas estructuras se han desintegrado, lo mantengo. Sigue habiendo, por supuesto, verdaderas masoquistas; y cuando lo son, lo son sin fondo. Pero, para la mayoría, se ha fundido una capa de plomo. Simplemente están buscando la felicidad. Son más capaces que antes de tener reacciones simples y sienten gusto por la vida.

B.-H. L.: —¿A quién se refiere cuando habla de verdaderas masoquistas? Quizá le sorprenda lo que voy a decirle, pero, una vez admitido lo que podía haber de insoportable en esa negativa milenaria del derecho al amor para las mujeres, de su derecho al deseo, al placer, etc., estoy personalmente convencido de que no hay erotismo femenino sin una parte, por lo menos, de eso. Y a la inversa, que un mundo en el que ellas estuvieran consagradas a esas «reacciones simples» de que usted habla sería mucho más triste. Incluso, por supuesto, para las propias mujeres.

F. G.: —¡Esa sí que es una idea de hombre! Un mundo en el que, por hipótesis, las mujeres fueran felices, sería un mundo triste. Tengo ganas de preguntarle una cosa: triste, ¿para quién? Incluso Freud, bien sabe Dios que no era feminista, nunca escribió que el masoquismo fuera una dimensión de la sensualidad femenina. Estos veinte siglos nos han dejado, en mi opinión, herencias más preciosas que la «vergüenza cristiana», la permanente, la asoladora culpabilidad de las mujeres. Además, de gustar, la encontraríamos llena de encantos; pero el hecho es que, lentamente, va liberándose y hay que aprender a vivir con mujeres disipadas, me refiero a disipadas en su cabeza. No digo que sea fácil. Tampoco es fácil para ellas.

B.-H. L.: —La cuestión no consiste en saber si es fácil, sino si es posible. Usted habla de la «vergüenza cristiana». Yo prefiero hablar del pecado. O del mal. Y pienso, y espero que no le moleste, que ese sentimiento del pecado es algo indispensable, completamente vinculado al deseo y al placer. Dado que usted lo cita, ésa es la convicción de Freud. Y no veo realmente cómo se puede llegar a un punto muerto en esta parte negra, o culpable, de las relaciones amorosas...

F. G.: —¿Quién pretende llegar a un punto muerto?

B.-H. L.: —Es usted quien ha dicho que, en la cabeza de las mujeres, «se libera» toda una negatividad mala, legada por el judeo-cristianismo.

F. G.: —¿Es la palabra liberar la que le molesta?

B.-H. L.: —Sí. Porque eso está enterrado en los entresijos del alma. Le haré una confesión: no creo haber encontrado nunca una mujer —ni tampoco un hombre— realmente «¡liberada!».

F. G.: —Le presentaré alguna.

B.-H. L.: —No, porque no existe.

F. G.: —De cualquier forma, ha evadido usted la cuestión. Yo le hablaba del masoquismo, y mantengo que, para la mayoría, es un carácter adquirido del que cuesta mucho desprenderse... Usted me responde: pecado, crimen, mal... ¡Las grandes palabras! Por ese lado estamos tranquilos. Ni las mujeres ni los hombres corren el riesgo de verse «liberados» tan pronto. A propósito, ¿sabe usted que los chinos y las chinas ignoran incluso la noción de pecado? Sin embargo, tienen una vida erótica bastante intensa y, según se dice, bastante refinada.

B.-H. L.: —Tampoco los esquimales conocen los celos, y por lo visto, en los iglús, cuando llega un extraño, lo más fino de la hospitalidad consiste en prestarle la mujer. Es raro. Sin duda divertido. Pero no veo qué cambia todo eso.

F. G.: —Para ellos, eso cambia mucho las cosas. No meten al diablo en su cama.

B.-H. L.: —Sí, pero ¿para nosotros?

F. G.: —Para nosotros eso significa que hay una parte de seres humanos que mantiene con el acto del amor una relación diferente a la nuestra. Pero ésa es otra historia. Conservemos el pecado, el crimen y el mal de los que no podríamos deshacernos. Todavía hay que saber dónde poner el mal y dónde lo sagrado. Digo, y es muy sencillo, que haciendo un esfuerzo inmenso las mujeres están liberándose de ellas mismas. ¿De qué no se libera uno nunca? De una buena parte, por lo menos, de la culpabilidad que se adjudica desde hace siglos no sólo a sus relaciones amorosas sino a todos sus comportamientos.

B.-H. L.: —Bueno, yo digo —y también es muy sencillo— que uno no se libera así como así de la culpabilidad. La especie humana es culpable. Lo es originariamente. Las mujeres también lo son...

F. G.: —Por favor, no cometa usted la vulgaridad de creer que una mujer liberada de ella misma se pone a correr inmediatamente como una perra, como los hombres corren tras las mujeres.

B.-H. L.: —¿Quién habla de correr como una perra?

F. G.: —Rara vez son coleccionistas, aunque las hay. Por otra parte, todas las investigaciones muestran, en la medida en que podemos fiarnos de ellas, que contrariamente a una idea tópica, las costumbres amorosas han evolucionado muy poco.

B.-H. L.: —¡Ya lo ve!

F. G.: —Pero hay algo muy importante: el lenguaje se ha liberado y, con él, el acercamiento de las mujeres a su sexualidad, que tienen la inmensa pretensión de querer que sea feliz, no atrofiada. ¡Qué escándalo!

B.-H. L.: —Repito: ¿quién habla de «sensualidad atrofiada»? ¿Quién habla de «coleccionistas»? ¿Quién está hablando de mujeres que corren «como perras»? Si hay cosas de perros en alguna parte —ha sido usted la que ha hablado de eso—, es en el deseo en general, en su desencadenamiento, en sus juegos. Entendiendo que hombres y mujeres —tranquilícese— están en la misma barca. ¡Exactamente la misma!

F. G.: —Es un asunto de comerciantes. Ha sido la explotación mercantil de las pulsiones sexuales en la publicidad, la música y las canciones la que ha creado este clima a veces sofocante. Por desgracia, el sida podría introducir en esta cuestión una severa corrección. Cuando se juega con la muerte, se juega de otro modo.

B.-H. L.: —Ya hablaremos sobre el sida. Lo que por el momento no marcha es esa «sensualidad feliz» de que usted habla. La sensualidad nunca es «feliz». Nunca es «inocente». No escapa —al menos ésa es mi opinión— a un universo tan antiguo, tan arraigado en nuestro interior y que es el de lo prohibido, el de la falta y, por tanto, obligatoriamente, el de cierta relación con la animalidad. No veo en qué afecta todo esto a la publicidad y a los comerciantes.

F. G.: —Quería decir que son los comerciantes los que hacen del sexo un producto de consumo, de excitación al consumo. No pueden vender una marca de café sin la imagen de una mujer desnuda en éxtasis.

B.-H. L.: —¡Vivan las mujeres desnudas en éxtasis! Incluso cuando tienen la cara de «liberadas»...

F. G.: —No es sólo el sexo lo que se exalta; es, se quiera o no, la droga, ese puro objeto de goce. El «gozar sin obstáculos» del 68 se ha convertido en una especie de programa común...

B.-H. L.: —Al que, dicho sea de paso, usted se suma... Ese es el fondo de lo que usted dice sobre las mujeres «liberadas».

F. G.: —¡Nada de eso! El obstáculo lo llevamos en nosotros, y es indisociable del placer. Pero de ahí a decir que la carne nunca es feliz... No estoy de acuerdo con su frase, sea cual sea la melancolía con que la tiña. Y conozco a muchas mujeres que nunca han conocido de la sensualidad más que una turbación amarga, nunca realizada, provocada por un hombre indiferente o torpe que las deja enfermas por un deseo que no se ha cumplido.

B.-H. L.: —Por mi parte le diría —les diría—: yo le presentaré hombres más hábiles, o menos indiferentes.

F. G.: —Relea a Stendhal, el primer escritor que lanzó sobre las mujeres una mirada tierna y desprovista de misoginia: «Algunas mujeres virtuosas apenas tienen la idea de los placeres físicos; raramente han sido expuestas a ellos, si es que puede hablarse así...» Digo, y mantengo, que la sensualidad es una dimensión del amor que no se puede cercar con palabras, como tampoco se puede hacer con la muerte; digo que es un componente esencial de la felicidad de ser...

B.-H. L.: —¿Quién pretende lo contrario?

F. G.: —Cada cual es muy libre de buscar su felicidad en la abstinencia, y puedo concebir que pueda encontrarse así. Pero la felicidad en la sensualidad fracasada, castrada, ¡imposible!

B.-H. L.: –¡Decididamente estamos haciendo un diálogo de sordos! Yo no predico, como podrá imaginar, ni la sensualidad castrada ni la abstinencia. Digo –y no tiene nada que ver con eso– que todas esas historias de deseo son mucho más inmutables de lo que se cree y que no estamos muy lejos de lo que Stendhal describía.

F. G.: –Afortunadamente, no.

B.-H. L.: –Por desgracia, sí. Si usted supiera el número de mujeres que, en la actualidad, «apenas conoce los placeres físicos...». Además, ésa es la oportunidad de los seductores... Su filón... Volveremos a hablar de ello; porque, si los seductores tienen algún poder, es ése: detectar, bajo la máscara de la mujer pretendidamente «liberada», o «desarrollada», el rostro de la mal amada que, por regla general, no espera más que ser reconocida como tal...

F. G.: –¿Conoce usted el texto de Baudrillard sobre la sexualidad femenina? La historia de lo femenino no sería en modo alguno la historia de una servidumbre.

B.-H. L.: –Es defendible.

F. G.: –Lejos de ser expoliadas, las mujeres habrían lanzado desde siempre un desafío desde el fondo de su no-goce, habrían desafiado al goce de los hombres a no ser lo que es. Esa es una parte de su estrategia de seducción, y hoy estarían a punto de perder en todos los terrenos al reclamar el derecho al goce, etc.

B.-H. L.: –No es forzosamente falso. Yo también pienso que hay una parte de desafío en la aparente sumisión de las mujeres; y, en el ejercicio de la seducción, un poder simbólico igual por lo menos al que se presta a los hombres. Es lo que yo le decía a propósito de Madame de Mortsauf.

F. G.: –Me parece inútil precisar que no entro en esa dialéctica y que, por regla general, nada me parece más sospechoso que la palabra masculina cuando pretende glosar la sensualidad femenina. Incluida la de Freud, con su famosa frase «la anatomía es el destino».

B.-H. L.: –La ventaja de Freud es que nos permitió retorcer el cuello, de una vez por todas, a esas historias de liberación sexual o de cualquier otro tipo. Perdóneme, Françoise, pero no concibo más allá y nada de lo que veo y oigo, incluido hoy, me disuade de seguir siendo freudiano.

F. G.: –¡Vaya interpretación de Freud!

B.-H. L.: –En los años sesenta y setenta se hizo mucho caso a esa «liberación». Se nos dijo que todo iba a cambiar, que todo iba a tambalearse. Nos prometieron días nuevos, mañanas radiantes, cuerpos por fin gloriosos, la desaparición de los tabúes y las prohibiciones. Nos dijeron que sería una revolución, la más grande de todos los tiempos. Nos contaron, cuando se vio que eso no funcionaba y que el mundo no temblaba sobre sus bases, que por lo menos eso modificaría en profundidad los imaginarios y las palabras de las propias mujeres. Pues bien, no lo creo. Nunca he creído en ello. Y ahora menos que nunca. Si tuviera que analizar en este asunto lo que dura y lo que cambia, el elemento fatal, oscuro, eterno –y lo que la historia de las mentalidades ha transformado–, insistiría sin la menor vacilación en el primer aspecto.

F. G.: –«Se» han dicho muchas tonterías, pero nunca hay que creer lo que «se» dice.

B.-H. L.: –Evidentemente. Pero «se» es un movimiento histórico que ha movilizado a gentes, que ha hecho nacer esperanzas y que en lo esencial ha fracasado, según mis apreciaciones. ¿Es que puede hacerse este libro, es que puede hacerlo *usted*, sin plantearse la cuestión de lo que ha sido el feminismo, de los sueños que ha suscitado –y luego de sus fracasos, de su callejón sin salida?

F. G.: –Un tratado sobre el feminismo, sus alegrías y sus penas, ¡qué aburrimiento!

B.-H. L.: –¡Y me lo dice a mí!

F. G.: –En resumen, no me parece que el feminismo haya «fracasado». En relación a los sueños, tal vez. Pero dejando a un lado que yo no he soñado nunca, ¿qué sueños no fracasan? ¿Qué diría usted del sueño democrático, por ejemplo? Constato que las mujeres han salido de su torpeza, que una parte de ellas se ha vuelto conquistadora, dinámica, jovial, llena de humor, mientras que antes las mujeres eran tristes. Ellas lo quieren –como suele decirse–, y ellas lo conseguirán. Incluso aunque ahora se trate de un movimiento cuyos objetivos parecen a veces confusos, incluso aunque el feminismo americano haya resbalado hacia una especie de delirio odioso.

B.-H. L.: —Habla usted del pasado, pero ahora vuelve ese «feminismo odioso». Y es ese feminismo incluso el que está en la base del *politically correct* de hoy.

F. G.: —Lo que a mí me interesa no es el futuro del feminismo, sino el de la pareja en la sociedad y en su vida íntima.

B.-H. L.: —También a mí. Por eso tengo prisa —en interés no sólo de la pareja sino también de las mujeres— por liberarnos de la ideología llamada «feminista».

F. G.: —Son las relaciones de los hombres y las mujeres, y cómo se ven afectadas, para lo mejor o para lo peor, por el nacimiento de las mujeres habitadas por una nueva conciencia de sí mismas lo que nada hará que vuelvan al pasado. Son, si usted quiere, las relaciones de poder las que se cuestionan, en el sentido más amplio del término. Le concedo de buena gana que cierto desenfreno y su exhibicionismo son simplemente obscenos, y que es injuriar a la palabra libertad emplearlo respecto a ella.

B.-H. L.: —No me conceda usted eso. No es, para nada, lo que yo he dicho.

F. G.: —Sí.

B.-H. L.: —No. No detesto necesariamente el exhibicionismo. Ni lo que usted denomina «desenfreno».

F. G.: —Ser libre respecto a la sexualidad propia no significa ni que perdamos el respeto de nosotros mismos ni que lo llevemos en bandolera. Eso significa, por tomar un solo ejemplo, y no el menor, que se la disocia de la procreación. ¿Sabe usted cuántas mujeres han sido mutiladas por el miedo a «quedar encinta», como se decía? ¿Y cree realmente que no ha cambiado nada en la historia de los hombres y las mujeres desde que esa decisión principal entre todas, tener o no tener un hijo, ha pasado a manos de las mujeres? ¿Desde que los hombres han sido en cierto modo desposeídos de esa decisión?

B.-H. L.: —Eso es hablar de otra cosa.

F. G.: —No. Porque es precisamente lo que usted llama lo fatal, lo oscuro, lo eterno, lo que ahí se discute. En el verdadero sentido del término, se trata de una revolución. Y no hemos terminado de ver sus efectos.

B.-H. L.: —Escuche. Estoy completamente de acuerdo con lo que ha podido representar para las mujeres la disociación del placer y del deber de procrear. Pero, dejando a un lado que estaría más de acuerdo todavía si los hombres no hubieran sido, como usted dice, completamente «desposeídos», sigue planteada la otra pregunta, a la que el combate llamado «feminista» no ha respondido, como usted sabe de sobra: ¿qué es lo que pasa por la cabeza de las mujeres? ¿De qué forma se representan su propio cuerpo y el de los otros? ¿Cuál es su relación con su propio placer? ¿Y con su propio deseo?

F. G.: —¡Pregunta muy amplia!

B.-H. L.: —¿Ha cambiado realmente todo eso? La revolución de que usted me habla, ¿ha conquistado, en profundidad, esas regiones de la sensibilidad?

F. G.: —Desde luego.

B.-H. L.: —Pues bien, ahí radica nuestro primer desacuerdo verdadero. Usted dice que las «costumbres amorosas» han evolucionado muy poco, que lo que ha cambiado es el lenguaje de las mujeres, su acercamiento a su propia sexualidad. Yo pienso lo contrario: evolución de las costumbres; modificación en los comportamientos; posturas, estrategias de amor o de seducción que, evidentemente, ya no son las mismas; pero formidable permanencia, en cambio, de la representación que las mujeres tienen de todo eso. Si lo prefiere, las mujeres actúan de otro modo. Representan de distinta manera. Pero su monólogo interior y, se lo repito, su representación de ellas mismas y de los demás han permanecido sin cambios en lo esencial.

F. G.: —En este punto, resulta muy difícil hablar de las mujeres en plural. ¿Cómo puedo saber lo que es el soliloquio interior de las mujeres? ¿Quién lo sabe? Nunca han hablado de ellas. O muy raras veces, o muy poco. Todo lo que se sabe de sus sentimientos, de sus pensamientos, de su mecánica para emplear una palabra que no me gusta, es lo que los hombres les han prestado. A veces con genio, lo admito. A Ana Karenina es un hombre quien la cuenta, y lo mismo a Mathilde de la Mole, y a Emma Bovary. Más tarde está Colette, cierto, con «esos placeres que se llaman a la ligera físicos», pero es la única...

B.-H. L.: —Sí y no. Porque de cualquier modo hay cosas. Cosas pequeñas y que no tienen, y ahí está el problema, ni el talento ni la inteligencia de esos libros de que usted habla. Por lo demás, habrá que plantearse un día la cuestión: ¿por qué, en efecto, ha recaído en hombres el cuidado o el privilegio de contar la sexualidad femenina? ¿Por qué ese silencio de las mujeres, ese pudor, esa dimisión? ¿En virtud de qué prudencia o, ¡vaya a saber!, de qué cálculo, han encargado a otros esa tarea evidentemente estratégica?

F. G.: —Perversidad, dimisión... No veo nada de eso. ¿Dónde habrían hablado las mujeres? ¿A quién? ¿Se imagina usted a una mujer atreviéndose, antes de nuestro siglo, a dedicarse a semejante tema? ¿Atreviéndose incluso a hacerlo consigo misma? ¿Aventurándose a escribirlo? Realmente hubiera sido inconcebible. Tratándose de ellas mismas, nunca han hablado de nada. A lo largo de toda la historia las mujeres son mudas. ¡Sobre todo ante la sexualidad!

B.-H. L.: —Cojamos a alguna como Anaïs Nin. Su *Diario*, por supuesto. Pero también esa rara novela erótica suya que leí hace mucho tiempo y que se titulaba algo así como *La maison de l'inceste*.

F. G.: —Con Anaïs Nin nos encontramos ya en pleno siglo XX.

B.-H. L.: —Por eso precisamente. Y leyéndola, uno cree estar en pleno siglo XIX. Cojamos también a Colette Peignot[1], que fue la amante de Souvarine, la de Jean Bernier, después la de Bataille. Cojamos a esa mujer sorprendente que sirve de musa a Georges Bataille para *Madame Edwarda* antes de morir, joven además, y exangüe en sus brazos. Ahí tiene el prototipo de la mujer liberada. La revolucionaria por excelencia. Ésa es una mujer moderna que se mete en todos los combates, en todos realmente, de su época. Y bien, escribe un libro. O mejor dicho, tras su muerte se publican sus famosos *Ecrits de Laure*. Y he ahí un texto, muy hermoso

a fin de cuentas, pero que narra las emociones de la carne femenina en términos que apenas se salen del repertorio tradicional. Dolorismo. Masoquismo. Goce con el sacrificio. Proximidad, vivida, del goce y de la muerte. Todo está ahí. Todos los estereotipos de lo que usted llama la herencia cristiana. Y hay que volverse a hacer la misma pregunta: ¿retraso de la literatura? ¿Impotencia de las palabras para captar una realidad cambiante? ¿Influencia del imaginario masculino (en este caso el de Bataille) hasta la puesta en escena, por una mujer libre, de su propia sensualidad? O bien, ¿permanencia por el contrario (que es más bien mi opinión) de los grandes motivos simbólicos que estructuran el discurso femenino?

F. G.: —Colette Peignot es un personaje interesante. Depravada, mancillada, golpeada por uno de sus amantes que le hacía llevar un collar de perro, fascinada por la muerte, descendiendo al fondo del infierno donde ella buscaba el cielo... Con ella es cierto que se trata del erotismo dolorista. Podríamos oponerle, en este juego, a Colette, tan lejos del dolor. En cuanto al dolor de Anaïs Nin, no me parece que exista. Pero dejemos la literatura.

B.-H. L.: —La literatura no hay que dejarla nunca.

F. G.: —No durará. Por el momento, trato de decirle lo siguiente: lo que ha cambiado, precisamente, es la representación que las mujeres hacen de sí mismas. Esa confianza temblorosa que *tienen en ellas*...

B.-H. L.: —Por eso le hablaba yo de Anaïs Nin: sus textos son de un conformismo que confunde.

F. G.: —¿Entonces? Las mujeres tienen tan poca seguridad que están dispuestas a refugiarse detrás de los artificios de la seducción, porque saben que ése es su terreno desde siempre. No creo que estén dispuestas a renunciar a él, sino que cada

---

1: Más conocida por su nombre de Laure, había nacido en París en 1903. Llevó una vida que el propio Georges Bataille califica de «carácter disoluto, pero al principio no del todo». Hacia 1926-1927 conoció a los surrealistas –Crevel, Aragon, Picasso, Luis Buñuel–. La primera relación seria fue con Paul Rendier, que se rompió ya en 1928 o 1929. Durante un viaje a Rusia, donde fue amante del novelista Boris Pilniak, se casó con León Bourénine, uno de los fundadores del Partido Comunista Francés, y que fue para ella más un padre que un amante, según testimonio de Bataille. Con éste se relacionó los últimos años, hasta que Laure muere el 7 de noviembre de 1938. Todos sus textos, desde novelas cortas a poemas y cartas, fueron reunidos por Jerôme Peignot, en 1977 (Ediciones Pauvert), bajo el título de *Ecrits de Laure. (N. del T.)*

vez están más decididas a afirmarse con elementos distintos al arco de sus labios o la insolencia de sus senos. De hecho, las mujeres quieren todo, lo cual las vuelve perfectamente ambiguas.

B.-H. L.: –Y atractivas.

F. G.: –Desde luego. Queda un porcentaje no definible de jóvenes que funcionan según el antiguo esquema: *to catch a man,* cazar a un hombre, al más afortunado a ser posible, incluso aunque a cambio haya que soportar algunas humillaciones que nadie les ahorra. Pero en mi opinión ése no es ya el objetivo de la mayoría, como lo fue durante tanto tiempo bajo diversos disfraces. Incluso las más «putas» de ellas sueñan... tener un negocio propio, ser actrices, escribir un libro, ¡qué sé yo!... Existir. Expresarse, como se dice ahora. Afirmarse de una manera distinta que a través de un hombre.

B.-H. L.: –Eso tampoco es nada nuevo. Hace un momento hablaba usted de *Madame Bovary.* Hay una carta bastante graciosa de Flaubert sobre lo que él llama también la doble postulación de las mujeres: su lado de soñadoras y calculadoras, de apasionadas que no pierden el norte. Y dice exactamente: por un lado, la «buena cajera»; por el otro, el «cuchitril para el sueño»...

F. G.: –Desde luego. Pero lo que ha cambiado ha sido la naturaleza de los sueños. Madame Bovary no sueña con crear su pequeña empresa... Además, el tipo de mujeres de las que hablo es en realidad el que menos ha cambiado. Todavía hay futuro para los amadores. En cuanto a la relación que las mujeres tienen con su sensualidad, lo que desaparece es la resignación, la paciencia en la resignación, la tolerancia de la vida común cuando las ha dejado frustradas. ¿Sabe que, en su mayoría, son las mujeres las que piden el divorcio?

B.-H. L.: –Sé una cosa: fue porque lo pidieron ellas, y en beneficio de ellas también, por lo que a finales del siglo pasado la Ley Naquet restableció el divorcio. En este momento el divorcio es de modo irrefutable cosa de mujeres. Por otro lado, sobre ese punto hay toda la literatura que se quiera. Toda una literatura *Belle Époque* que embellece invariablemente el mismo tema: la esposa que se va dando un portazo.

F. G.: –Y que se encuentra en la calle porque carece de recursos.

B.-H. L.: –Por supuesto.

F. G.: –En la actualidad las estadísticas son implacables. Y elocuentes. Pero las cosas no van seguidas... El tiempo pasa. Pero creo que una mujer cuya carne se siente feliz no se separa deliberadamente de su compañero. A veces se encuentran solas... Pero son mucho más difíciles que los hombres. Un hombre solo, viudo o abandonado, no para hasta que encuentra mujer y, a menudo, la primera que aparece. Las mujeres prefieren todavía la soledad «al primero que aparece...». Para soportar a un hombre, necesitan sentir hacia él un mínimo de consideración. Y observo que no es eso lo que ocurre con los hombres.

B.-H. L.: –¿Ha tenido usted que elegir la soledad?

F. G.: –A decir verdad, esa triste alternativa no se me ha presentado nunca. Digamos que he tenido suerte. Pero, en fin, a veces he estado sola. En mis años de juventud fui muy solitaria, salvaje como un oso. La soledad es algo pesado de vivir que no implica forzosamente abdicar de un mínimo de exigencias, sino que incluso pide un máximo.

B.-H. L.: –Está bien. Pero no estoy muy seguro de que ésa sea la regla general.

F. G.: –Claro que sí.

B.-H. L.: –Usted me dirá que mis contactos son malos y que tiene que presentarme usted mujeres realmente liberadas. Pero yo me he quedado sorprendido por la terrible capacidad de las mujeres para aceptar lo que es preciso llamar una forma de apuro sexual. Por supuesto que no lo dicen. Es un secreto. Es su secreto. Tratan de poner buena cara y por nada del mundo confesarían que, en el fondo, siguen siendo unas Bovary.

F. G.: –Eso es otra cosa.

B.-H. L.: –No. Es la *misma.* Porque son mujeres modernas. Dinámicas. Liberadas. Son esas mujeres desarrolladas, que parecen no haber roto un plato nunca, de las que hablábamos hace un momento. Pero cuando se rasca un poco, cuando se adentra uno por el terreno de la confidencia, por ejemplo, se oyen cosas tan raras y tan alejadas del cuadro feliz y halagüeño que usted pinta... Mujeres humilladas. Mujeres mal amadas. Mujeres –jóvenes, bonitas– que fríamente te confiesan que pasan semanas, a veces meses, sin la sombra de una relación sexual. En ese caso, ponen buena cara. O se buscan un amante. O, como se decía antiguamente, subliman y sueñan en secreto. Pero lo que quiero decir es que consienten, y que la revolución feminista tampoco ha cambiado gran cosa en ese punto. ¡Todo lo contrario!

F. G.: –¿Por qué «todo lo contrario»?

B.-H. L.: –Porque carburan en otra cosa. Es lo que usted dice, ¿no es cierto? ¿Que tienen otros motores ahora? ¿Otros móviles? Pues bien, eso es precisamente lo que les ayuda a no ver. Y, por consiguiente, a resignarse.

F. G.: –Hemos llegado al meollo de nuestro debate. Le repito que la resignación femenina se halla, en mi opinión, en vías de regresión galopante; lo cual no significa, naturalmente, que todas las mujeres humilladas o mal amadas se separen de su compañero. No todas. Pero las suficientes para que se esboce un nuevo rostro de las mujeres, intolerantes con la vida en común cuando ésta se halla llena de heridas.

B.-H. L.: –Tanto mejor. Sí, si tiene usted razón, mucho mejor. Pero, francamente, no me convence.

F. G.: –Y no hablo sólo de las mujeres casadas. Hablo también de todas las que rompen su relación, para asombro de su compañero, y que se van llevándose a sus hijos en brazos. Aunque ése es un problema distinto. ¿Sabe lo que me inspira nuestra conversación? Lo que dice mi querido Stendhal: «Un hombre no puede decir casi nada sensato sobre lo que pasa en el fondo del corazón de una mujer tierna.» Pero usted podría fácilmente, sin duda, decirme lo mismo sobre lo que pasa en el corazón de un hombre tierno.

B.-H. L.: –No sé...

F. G.: –De cualquier modo, le diré, tímidamente, qué es lo que pasa por la cabeza de los jóvenes tiernos y que supone un cambio importante.

B.-H. L.: –¿Sí?

F. G.: –En otro tiempo, para tener todas las noches una mujer en la cama como desean a esa edad, debían contar con una situación. «Joven, se casará usted con mi hija cuando tenga usted una situación.» Y no sucedía sólo en la burguesía. ¡Qué formidable estímulo para el trabajo! En la actualidad, los chicos tienen o no tienen chica en su cama todas las noches, pero eso no tiene nada que ver con su «situación». Digo que la más fuerte de las motivaciones para el trabajo entre los jóvenes ha desaparecido.

B.-H. L.: –Lo cierto es que, respecto a estos temas, ambos tenemos opiniones que no me imaginaba tan opuestas. Su optimismo me deja estupefacto. Mi pesimismo le molesta a usted. En principio, no debería impedir la continuación de nuestra charla.

F. G.: –¿Mi optimismo? ¿Quién le ha dicho que yo soy optimista? Cambio no siempre es sinónimo de progreso, y todo progreso tiene su cara negra. Pero hay algo en movimiento. Y es eso lo que me cautiva y en cierto modo me emociona. Hasta mañana.

Capítulo 2.   **Las etapas de la vida**

C. Sáez Buenaventura

LA DÉCADA DE LOS TREINTA

La etapa de los treinta años es la década en que, con variaciones, suele tener lugar el desmantelamiento más o menos definitivo de los mitos de la niñez (omnipotencia y posesión de la *verdad* por parte de madres y padres, por ejemplo), y ello en virtud sobre todo de los compromisos más consolidados de tipo laboral, conyugal y parental preferentemente, lo que no es obstáculo para que bastantes mujeres durante un cierto tiempo se sientan en una etapa de plenitud, con una familia recién constituida o con la emoción de los primeros logros profesionales como tarea única (sin matrimonio e hijos por el momento), y con un padre y una madre sanos y activos, lo que como apunta N. J. Smelser, puede significar una nueva sensación de poder, más satisfactoria incluso que el mero atractivo físico, por muy significativo que éste hubiera podido ser a lo largo de la etapa de los veinte años.

El abandono del hogar de origen se prolonga otras muchas veces a lo largo de la década de los treinta años, incluso aunque posean una capacidad económica suficiente para emanciparse, sobre todo si otros hermanos/as se emanciparon y la madre viuda y/o enferma precisa cuidados que suele brindarle la hija más dependiente afectivamente. En vez de aventurarse «fuera» suelen comprarse y volcar su entusiasmo en el primer automóvil. Salen y frecuentan espectáculos o lugares públicos, ya con libertad de horarios y proyectos más o menos indefinidos, pero entre los que aparece con más claridad el establecimiento de relaciones amorosas y/o sexuales fijas o esporádicas. De una u otra forma, esta década es característica como etapa de consolidación o asentamiento de lo que para algunos/as es la adultez temprana que, en general, viene a prolongarse hasta los cuarenta años, a partir de los cuales cabría hablar del inicio de la adultez intermedia.

Si bien la vida es azarosa para todas las personas, en el caso de las mujeres del período a que ahora nos referimos o en cualquier otro de sus vidas, parece existir un plus de azarosidad en el sentido de un «doble riesgo», ante la posibilidad de lo que suele vivirse muchas veces como «doble elección», o abandono acertado o no de una de las dos posibilidades, que ya se observan como disyuntivas o difícilmente conjugables y a las que nos referíamos en la década de los veinte años: el trabajo y el amor.

Para otras, que trabajan desde hace años fuera del hogar, en plenitud de facultades por lo general, con más experiencia de vida acumulada y también mayores conocimientos no sólo profesionales sino vitales y más ricas relaciones interpersonales, a la vez que inician con paso firme su jornada laboral en la oficina, el ambulatorio, el centro escolar, o el gran almacén, muchas mañanas se preguntan «si no será hora ya de casarse, porque José parece un poco harto, después de cuatro años de relación, casi tres de convivencia y otros tantos de turismo veraniego».

El tiempo empieza a contar

Generalmente, durante la treintena, antes o después, va tocando a su fin la cualidad exploratoria de la etapa precedente. Se tiende a buscar una posición más firme, tanto en el terreno afectivo como en el laboral, incluyendo el lugar donde vivir y los vínculos de relación interpersonales.

Es un momento de la vida en que las personas, y por tanto también las mujeres, empiezan a encontrarse «en sazón», no sólo biológicamente, sino experiencial y quizá por ello todo parece vivirse con gran intensidad. Tanto los reveses como las compensaciones se perciben muy agudamente y es que los costos y las gratificaciones de esta década suelen ser enormes.

Quienes más quienes menos, perciben una cierta urgencia en llevar a cabo opciones «definitivas», que en realidad suelen ser más bien «definitorias» de una misma, en relación al sentimiento subjetivo de identidad, las expectativas del entorno y los papeles genéricos sancionados positivamente.

El «reloj interno» que marca el tiempo de la adultez se ha puesto en marcha y su tic-tac persistente no pasa desapercibido, ni se puede acallar por parte de la mayoría. El «ya va siendo hora de...» ya no es el latiguillo de la madre o el padre, en uno u otro momento, sino que ahora resuena internamente como propio y exigente.

La que optó por una carrera universitaria y después de presentarse a todas las convocatorias para conseguir un puesto fijo tras estar de residente, ayudante sin sueldo, becaria eventual o «mirona» con licenciatura, logra por fin la plaza, si lleva tiempo de emparejamiento, con o sin convivencia, es raro que tarde más de un año en comprometerse de lleno, bien convirtiéndose en madre, bien casándose con su compañero o iniciando la convivencia permanente.

A quien estuvo entrando, saliendo, estudiando idiomas, realizando cursos o cursillos y quizá algún máster, incluso aunque la familia no le meta prisa, comienza a sentir que aquello «tampoco es plan para una chica de mi edad».

La que ha estado trabajando y ahorrando, a la vez que su pareja hacía lo propio y gracias a la ayuda de una o ambas familias se ha metido en el alquiler o la compra de un piso, cuyas letras les comprometerán durante más o menos tiempo, empieza a pensar en la boda.

Otras que compartieron casa con amigas/os, después de desajustes, ajustes, cambios de compañeros/as de vivienda más o menos problemáticos, si el trabajo es medianamente estable, empiezan a desear un lugar para ellas solas.

Y así, de una u otra manera, se dan pasos que van significando la siembra de semillas propias, que, antes o después, darán lugar al inicio de arraigamientos más o menos perdurables en los años posteriores y que si por una parte proporcionan la sensación de mayor seguridad y estabilidad, por otra, e inevitablemente, provocan una cierta tristeza ante libertades que se acortan o la pérdida de proyectos que quedan pospuestos o imposibilitados, mediante la concreción de los que se ponen en pie. Hace poco, la hija de una buena amiga, emparejada de manera estable desde hace tres o cuatro años y habiendo resuelto con su compañero la compra de un piso, el préstamo correspondiente, etc., me decía por teléfono: «Tienes que venir a verlo, es pequeñito y está vacío todavía, pero es precioso, estamos locos de contentos, pero a la vez me da una cosa..., una sensación de que ya no es como antes, como si hubiéramos echado el ancla o nos hubiésemos hecho mayores y más serios de repente; no sé, es algo muy raro.»

Es la década en que el tiempo, esa realidad que en la veintena no se consideró como algo estimable porque parecía eterno, comienza a hacerse tangible y digno de consideración, porque a veces parecerá que una empieza a «quedarse atrás»; es el compás del tiempo generacional con sus servidumbres y sus estímulos correspondientes, que desde ahora acompañará con un ritmo más o menos acelerado a lo largo de toda la vida.

El final de la treintena suele ser un período de necesidad, ya intensa, de fortalecimiento de estos intentos de cimentación y arraigo. Se desea con cierta ansiedad, si no se tiene, o se aprecia por lo general como importante si se posee ya, algo más sólido, como pueden ser una familia propia o un trabajo en el que se es considerada o estimada profesionalmente; aunque a veces, siendo mujer, también ha habido ya que renunciar a lo uno en virtud de lo otro y, si no ha sucedido así, las dificultades se presentan numerosas y muy duras, por lo general, cuando se trata de evitar la exclusión de una de ambas opciones.

En resumen, para muchas personas, el transcurso de la treintena y sobre todo desde la etapa posterior, es sentido como el ascenso de una cuesta más o menos escarpada, en la búsqueda de una supuesta cima deseable, que parece existir en realidad y donde se cree situados definitivamente a las y los cuarentañeros.

Matrimonio o pareja estable: construyendo el nido

Si bien muchas treintañeras estrenan esta década con marido o pareja estable e independiente, otras se decidirán a dar ese paso durante ella.

Comoquiera que sea y en cuanto a las que llevan a cabo un trabajo asalariado, los porcentajes que las estadísticas arrojan parecen mantenerse bastante estabilizados referidos a tramos de edad comprendidos entre los 20-24 años, los 25-29 y los 30-34 años, que corresponden al 50,27 por ciento, 50,55 por ciento y 50,53 por ciento respectivamente, en cuanto a mujeres casadas que trabajan en el mercado laboral. Estos porcentajes comienzan a descender paulatina e imparablemente a partir del tramo de edad entre los 35-39 años (46,1 por ciento), hasta significar sólo el 12,95 por ciento para las incluidas entre los 60-64 años en la actualidad.

Con anterioridad nos hemos referido, repetidamente, al proyecto vital expresado por las mujeres en general y en particular por aquellas que aún no se encuentran en la adultez intermedia de lograr compaginar trabajo y amor, como sinónimo de las grandes aspiraciones, unido al deseo de tener descendencia. Pues bien, parece que al intentar cumplir estos deseos, lo que ocurre por lo general a lo largo de la treintena, respecto al trabajo asalariado y que también dejan traslucir las estadísticas, es que comienza a producirse el abandono temporal o definitivo por parte de un número significativo de ellas.

Entre las mujeres que se casan o emparejan de manera estable, el amor tiene fuertes connotaciones heredadas de la ideología del «amor de mujer» del pasado siglo (amor-cuidado del otro, amor-autosacrificio, amor-autorrenuncia, amor-culminación de vida, por ejemplo) a la vez que participa ya de otro tipo de ideología, que se aleja del amor-fusión en pos del amor-autorrealización, amor-mutualidad, amor-comunicación.

Esta transición está relacionada con cambios en el significado cultural del amor, que se basan tanto en las definiciones cambiantes de la identidad o del *yo* de las mujeres, como en las exigencias socio-estructurales, cambiantes también, e impuestas al ciclo vital. Pero como tal transición, su fragilidad es tanto mayor cuanto menor es el número de valedores ya inmediatos (familia, amistades), como mediatos (modelos encarnados en mujeres concretas de carne y hueso). Una vez más, van abandonando pautas tradicionales heredadas, mientras van creando otras algo diferentes, arriesgadas y sin sanciones positivas externas suficientes, un tanto «a pelo» y sin mentores o apoyaturas necesarias; faltas, por tanto, de una legitimación mayoritaria que permita hacerlas propias sin conflictos y contradicciones internas demasiado intensas.

En la mitología propia de nuestra cultura sobre el amor, este sentimiento aparece todavía como capacitador para conquistarlo todo, así como de impulsar a los individuos para hacer valer su voluntad venciendo todos los obstáculos, permitiendo a la vez encontrar el «verdadero yo», conocer el de la persona amada y medir el valor propio, a la vez que recompensar el mérito auténtico de cada cual. Estos elementos de tal mitología, que conservan cierto perfume romántico y abundan en las creencias de las parejas, están más arraigados aún entre las mujeres. Pero lo que surge también, a través de la convivencia continuada, a pesar del amor, y a través del mejor conocimiento de la otra persona, es precisamente saber de ella con mayor amplitud y profundidad, de manera que andando el tiempo, muchos de los autocontroles y maquillajes anteriores se van desmoronando e incluso se hacen manifiestos muchos elementos inconscientes hasta entonces, lo que viene a ser motivo habitual de frustraciones, desajustes, reajustes, minicrisis y renegociaciones más o menos conscientes, o, por el contrario, de crisis francas, ante las que algunas y algunos optan por la ruptura transitoria o definitiva.

No obstante y en contrapartida, también se da el caso más frecuente de que comoquiera que tanto el mito amoroso como el conyugal son instituciones tan profundamente arraigadas en la conciencia de las personas, éstas suelen cuestionarse la propia valía y capacidad personales antes que poner en tela de juicio cualquiera de aquéllas, cuando las tensiones se extreman y las soluciones no se logran fácilmente.

En este sentido, las mujeres españolas, a que nos referimos, no suelen ser una excepción respecto a las de otros países semejantes al nuestro, y a la hora de culpabilizarse lo hacen en mayor medida que los hombres, que al igual que la ideología dominante, todavía les atribuyen a ellas las mayores cuotas de responsabilidad en la buena marcha del matrimonio.

Hoy por hoy, ellos tienen unas ideas más tradicionales que sus coetáneas sobre el hecho conyugal en sí y de la relación amorosa dentro de él. En los hombres permanece más la idea del matrimonio como «logro» personal y social, pero con un sentido de complemento de aquellas capacidades y habilidades desarrolladas en el espacio público, estructurado y valorado como *el importante,* con lo que ambas cuestiones poseen para ellos un cierto valor instrumental y quizá por eso parezcan menos atentos y preocupados por la dinámica de la relación a través del tiempo, habida cuenta, por añadidura, de la característica rigidez emocional de la mayoría, consecutiva al tipo de socialización genérica masculina.

Mientras, las mujeres a lo largo de la década de los veinte años y también en ésta, aunque suelen apreciar el matrimonio como factor de consolidación de su estatus social e identidad personal, lo perciben a la vez como cuestión fundamentalísima, en tanto vínculo necesitado de vida y de progreso, que transcurre y cambia como creación interna de cada uno en la pareja y de las circunstancias en que están inmersos, que precisa de diálogo, discusiones y puestas en común desde dos subjetividades, lo que revela una concepción de la vida y las personas más expresiva y relacional.

La mística de la maternidad

A lo largo de mi experiencia he venido constatando lo que ya Markan observó en 1965 y es que, en una medida u otra, todas las mujeres que devienen madres experimentan con intensidad variable sentimientos y emociones de tipo depresivo, ansioso y/o pesimista, que también suelen afectar con gran frecuencia a las madres adoptivas. Su intensidad y duración dependen en gran parte del arsenal defensivo –sea interior o exterior– con que pueden contar para vadear este estadio, que se asemeja mucho al «duelo» por la mujer que fueron antes del mismo, pues la identidad elaborada hasta entonces sufre una verdadera revolución de nuevas identificaciones (con la propia madre, el hijo/a y el esposo sobre todo) y de redefinición en la relación con todos ellos y consigo misma, a la vez que todos los demás se encuentran sometidos a procesos bastante semejantes, todo lo cual conlleva una difusión de identidades, durante más o menos tiempo, con la confusión subjetiva consiguiente, los reajustes y las reelaboraciones de cada cual, según las posibilidades internas y externas de que dispone cada uno.

La mística de la maternidad da por *hecho* y *real* la existencia de la *madre ideal*, de carne y hueso, lo que no deja de ser una paradoja que se acepta social e individualmente, como si no lo fuese. Esta creencia convertida en dogma que se profesa y con que se catequiza de generación en generación y por vía matriarcal, crea una genealogía de la maternidad, alusiva del genérico femenino, reforzada y auspiciada consciente e inconscientemente por el genérico masculino y sus individuos particulares en concreto y mayoritariamente.

En infinidad de ocasiones muchas nuevas madres, ante sistema tan cerrado y sólido, terminan haciendo de necesidad virtud, lo que contribuye a la «naturalización» que ha adquirido este proceso, compuesto como explicábamos anteriormente por infinidad de «anomalías», consideradas «normales» para las mujeres. Ellas *deben* metabolizar este sinnúmero de variables y contradicciones conscientes e inconscientes, sin mostrar más afección que la felicidad, pasando por «extrañas» o «anómalas» aquellas que se atreven a manifestar el otro lado de la realidad.

Como no podía menos de suceder, después de siglos de incomprensión y de costumbre de creer aquello que se les dice que deben creer, callan, tratan de disimular, de no hacer ostensible la crisis mientras pueden, pero en su interior se sienten *malas, enfermas, incapaces,* culpándose a sí mismas y asumiendo todas las responsabilidades delegadas por tantas y tantos otros sobre sus personas.

Las que renuncian a trabajar fuera de casa

En los últimos años en nuestro país, a partir del nacimiento de la descendencia y, en general, hacia la mitad de la década de los treinta años, es cuando desciende más intensamente la tasa de actividad (empleo) en las mujeres casadas españolas, que si desde el inicio es más baja que la de las solteras, viudas y separadas-divorciadas, a partir de ese momento sufre un declive manifiesto, comparativamente con aquéllas.

Si las cifras de actividad para las mujeres casadas se mantienen bastante constantes a lo largo de la veintena y mitad de los treinta, comparados estos datos con las tasas de actividad, que para los hombres casados experimentan un importante ascenso en la segunda mitad de los veinte, ascenso que continúa creciendo hasta la segunda mitad de los cuarenta, cabe suponer que como a otras europeas, a las españolas de las capas medias las hijas o hijos «las retiran» del trabajo por un tiempo o definitivamente.

Aunque hayan aumentado en número en los últimos diez años, la insuficiencia de casas de infancia o guarderías públicas es todavía considerable en nuestro país e incluso en países con mayor renta *per capita* que el nuestro; los cuidados a cargo de centros privados vienen a resultar caros o prohibitivos (a veces más de la mitad del sueldo de la neomadre) y en cuanto a la atención de una persona a domicilio, amén de carecer de experiencia o cualificación alguna, en un alto porcentaje de casos, trae consigo que, aun llevando a cabo el sacrificio económico correspondiente, lo más común durante los dos primeros años sea que las enfermedades infantiles más habituales retengan al bebé en su domicilio, en múltiples ocasiones y en circunstancias lo bastante delicadas, como para que la responsabilidad de su cuidado sólo sea ejercida por la familia en términos generales, o sea, por la madre en términos concretos.

Además, para las mujeres que trabajan asalariadamente, pero que no han renunciado a la idea de tener descendencia, hay muchas veces un cierto «estar en vilo», no queriéndose dejar atrapar demasiado por la dinámica laboral profesional, hecho no compartido por los hombres, socializados para la profesión a ser posible continua y exitosa en ese aspecto y que jamás se plantearían, hoy por hoy, la renuncia a ese papel a consecuencia de la paternidad, pues incluso, aunque de hecho no sea necesario por cómo suelen ir desarrollándose las cosas «en familia», socialmente paternidad y aumento de empeño y rendimiento laborales se suponen sinónimos y/o consecuencias lo uno de lo otro.

No es extraño, por tanto, que, a consecuencia de todos estos factores, un número importante de mujeres permanezca en su hogar dedicándose al cuidado de éste, el marido y la primera o primer recién nacido, al que al cabo de dos o tres años, más o menos, vendrá a unírsele otra u otro y rara vez un tercero/a, lo que puede significar fácilmente unos diez años de nueva «domesticación» o «reciclaje hogareño», tras los cuales la familia suele ser el ámbito donde se acumulan experiencias y sabidurías, no sólo desde el punto de vista empático y emocional, sino también organizativo y relacional que, sin embargo, por ser «de mujeres» y provenir de lo privado se devalúan, no se aprecian ni se perciben de utilidad en el mundo «exterior». Incluso en el caso de mujeres con una trayectoria profesional previa, estos años vienen a significar la clásica «laguna» en el currículum, donde lógicamente deberían constar las innumerables tareas realizadas, no sólo en beneficio de la familia (esposo e hijas/os), sino socialmente entendidas, ya que abaratan costes a las instituciones públicas sobre todo en cuanto a aspectos de salud, educación y facilitación de circuitos mal estructurados, que sólo parecen adecuarse si las mujeres los sintonizan a expensas de su dedicación, su tiempo y sus realizaciones invisibles: jardines de infancia, colegios y otros centros escolares tienen horarios y períodos vacacionales diferentes a los laborales; la asistencia sanitaria no considera más horarios que los propios, incompatibles con los de la enseñanza o con los de trabajo de padres y madres de los niños o de los adultos, y así un amplio «sucesivamente», de manera que las mujeres-madres-esposas, laboralmente retiradas, son las «reparadoras» indispensables para que todo este desorden no lo parezca tanto, además de ser insustituidas en la atención de los miembros de la familia, cualquiera sea su edad, pero en situaciones nada despreciables por su frecuencia y número, como bajas por enfermedad, convalecencias, rehabilitaciones, disvalías o minusvalías y accidentes de índole diversa.

Como certeramente apuntó R. G. Gould, «el sitio de trabajo no está organizado con miras al desarrollo humano» y de ahí que, en lugar de favorecer, inevitablemente entre en conflicto con el proceso de transformación o evolución vital. En una empresa de cierta magnitud, los obstáculos de la subcultura en ella existentes se superponen, confrontan o entremezclan con los internos de las personas, lo que resulta un elemento mayor de confusión en las etapas de crisis o transformación más claras. La dinámica habitual de estas organizaciones pivota sobre el eje éxito-promoción-mayor remuneración, en un sentido vertical y rápido donde, por lo general, cada persona o estamento posee un valor o estimación en función de la utilidad que ofrecen para las personas o los estamentos inmediatamente superiores, desde el punto de vista jerárquico. Es muy frecuente, tanto que viene a constituir la norma, que atrapados por esta dinámica, los hombres identifiquen al trabajo, una vez iniciada esta carrera laboral, no con una parte de la vida, sino «con la vida misma», y acaben dedicándole todas las horas posibles del tiempo de vigilia, por lo que la familia acaba siendo un anexo de su existencia.

Las mujeres, que se vinculan fuertemente y proporcionan una gran dedicación a los hijos o las hijas, viven también este quehacer como una carrera indudable, carente eso sí de títulos valorativos, aprecio y visibilidad, y quienes se sumergen en ella a comienzos o mediados de los treinta es muy fácil que no vuelvan a emerger. Por otra parte, así como cuando se inicia la experiencia laboral en la veintena se hace con una gran idealización al respecto, idealización originada en la infancia y que refleja tanto los valores parentales como las propias fantasías de la adultez, a mediados de la treintena y cuando el trabajo no está organizado como una sucesión de papeles que se desea encarnar (lo que suele ser la norma), el optimismo del inicio no sólo se ha amortiguado, sino que resulta bastante clara la necesidad de la aceptación de un sistema de valores (laborales), tanto implícitos como explícitos, de la profesión o carrera de cada cual, en colisión muchas veces con los valores personales, si bien en otros casos la adaptación a la dinámica laboral, «la entrega» total a ella, produce una identificación relativamente exitosa y más o menos duradera.

Desde mi punto de vista, en este período es posible que se produzca una especie de «fuga» hacia la maternidad, como regreso o reunión con «la parte» o el mundo de lo afectivo, lo íntimo, lo interno, el núcleo de lo individual, o también como rechazo a las exigencias descarnadas, funcionales, prácticas y deshumanizadas, por lo común, del quehacer en el ámbito público y/o el mercado laboral.

Por otra parte, en las parejas en que ella «regresa al hogar», él retoma una imagen más masculina-tradicional de cabeza de familia, padre y esposo, que si sigue una ruta ascendente profesional, aunque dura y exigente, no deja de ser gratificada y gratificante. Se da por tanto un reajuste al modo «convencional», que aunque puede arrojar un cierto sabor amargo en los comienzos, transita por derroteros aparentemente más seguros por lo conocidos, pero, conscientemente o no, va descubriendo parcelas de cada uno, inadvertidas o temidas, así como deseadas o esperadas, que indudablemente van cambiando la imagen del otro, un tanto mitificada o romántica, dando paso a la visión de seres más complejos, más personas que personajes, con la dificultad de reacoplamiento que ello entraña. A la vez, el hijo/a o las hijas/os continuamente remiten a reviviscencias de la propia infancia, en lo mejor y lo peor que de ella se recuerda, en virtud de todo lo cual se hacen proyectos y proyecciones que se cifran en lo que se desea para los descendientes en un futuro, y se inicia la ruta de un período del ciclo evolutivo en que ya se vuelve la mirada hacia el pasado, desde un presente que no deja de ser proyectarse hacia adelante.

Para las mujeres que regresan otra vez a casa, suele darse, antes o después, una confusión entre los proyectos propios y los de sus hijos, hijas y marido, así como un peligroso solapamiento entre todos ellos, si no son conscientes de estas realidades.

Las que continúan siendo polifacéticas

Con la palabra «polifacetismo» me refiero al estilo de las que no renuncian ni al trabajo remunerado, ni a la maternidad y el matrimonio, bastantes dosis de quehaceres domésticos, ni tampoco a la supervivencia.

Suele tratarse con mayor frecuencia, aunque no exclusivamente, de mujeres que accedieron a estudios de titulación media y superior y comenzaron a trabajar en su profesión a raíz de terminarlos, ejerciendo durante varios años antes del nacimiento de la prole.

Este decenio de los treinta, con un par de hijos/as por lo general y con un trabajo que viene a ocupar media jornada cumplida o mañana y tarde, más el marido y las relaciones familiares propias o «políticas», significan años muy arduos para estas mujeres, de batallar continuo y escasas gratificaciones, sobre todo para las muy exigentes y perfeccionistas, que suelen ver más a menudo los inconvenientes que las ventajas de cada situación, aunque éstas no sean precisamente lo que más abunda.

Dan por hecho que el desarrollo de los niños/as es saludable *per se* y el devenir de la familia algo sin problemas en general, así como que el trabajo es un lugar donde «realizarse» como si cada uno de estos sectores fueran *a priori* a la carta, que de no cumplirse así, es a causa de la mala suerte, la mala organización o incapacidad personales, la falta de ayuda y comprensión de los demás, la injusticia social o todo ello compendiado. Y es cierto que algunos, muchos o la totalidad de estos elementos pueden ser reales, pero lo que está lejos de serlo es la perspectiva inicial, que todavía conserva mucho de idealización adolescente o juvenil y que puede hallarse en estrecha relación con los deseos parentales, sobre sí mismos o con respecto a la propia vida de la hija, para la que se espera un porvenir capaz de aunar «normal», «feliz» y «sencillamente» todos estos complejos menesteres.

Incluso siendo capaces de percibir con frecuencia la fortuna que representan los ratos o momentos de alegría con el marido y los hijos generalmente sanos, ciertas satisfacciones del trabajo en que se continúa y que era el que se deseaba y tener una remuneración más o menos pasable, además de la tranquilidad de ver a la madre y al padre todavía en plenitud, son años en los que parece que las dificultades son muchas más que las gratificaciones. Las insatisfacciones que suelen crear los dobles o triples sentimientos de culpabilidad respecto a la familia propia, la de origen y el desarrollo profesional, a pesar de sacrificar en aras de una y otro el tiempo personal, antiguas amistades y relaciones con colegas, suelen hacer referir a las mujeres en esta época de su vida, que «se sienten como un burro atado a una noria», como «huncida a un yugo del que, si te sueltas, se derrumba todo a tu alrededor», «donde no puedes permitirte ni enfermar», expresiones con las que, claramente, nos remiten a una especie de camino empedrado de obligaciones y responsabilidades continuadas, sin resquicio para la distensión, los aspectos lúdicos o la alegría.

Las que optan por el éxito profesional

No son muchas, pero cada vez conocemos más mujeres que, a lo largo de los treinta lo que las caracteriza de manera más continuada es su trayectoria profesional. Lo cual no significa que no hayan mantenido relaciones erótico-sexuales y sentimentales durante más o menos tiempo, que no hayan dedicado atención y afecto a sus familiares y amistades e incluso hayan estado a punto de casarse... Pero no lo hicieron, al menos antes de llegar a los cuarenta.

Lo cierto es que todavía no suelen contar con el beneplácito social, resultan «sospechosas», aunque no se concrete exactamente de qué. Lo más frecuente es que se las presuma homosexuales encubiertas, «acomplejadas» frente a los hombres, «acomplejadoras» de éstos o una mezcla de todo ello, aderezada con la posibilidad de que sean ambiciosas, mandonas y egoístas; en resumen, la antítesis del antiguo ideal femenino y la imagen de la posible supermujer del 2000 y pico, pero sin familia, lo que deviene en definitiva en un «engendro» extraño y en consecuencia preocupante o despreciable.

El hecho es que el porcentaje de mujeres solteras suele ser más alto que el de hombres en igual situación y al parecer alrededor de un 10 por ciento nunca se casa, extremo que curiosamente se repite, poco más o menos, entre países del área a la que pertenecemos.

La mayor parte de mujeres de estas características, pero no todas, de las que he conocido hasta hoy, permaneció, en etapas más o menos largas de su vida, militando expresamente o sintiéndose feministas desde el punto de vista subjetivo; otras, por el contrario, cuando fueron o son objeto de este adjetivo en alguna ocasión, se sintieron o se sienten ofendidas. De cualquier forma, en las capas medias a que venimos haciendo referencia, nos encontramos al menos con dos sectores bien diferenciados: el constituido por las que, gracias o a pesar de las circunstancias, cursaron estudios cuya salida se encontraba en profesiones técnicas, trabajos administrativos y similares, que entre el mercado laboral privado y público agrupan a más de la mitad de ellas; y otro conformado por quienes accedieron a titulaciones superiores.

Aunque desconozco estadística española alguna donde se cuantifique el total de las que forman el primer grupo, desde mi punto de vista, el paradigma de este colectivo en la treintena puede cifrarse en «la administrativa» en general, y la «secretaria» en particular, que continúan solteras y, en el mejor de los casos, devienen jefas de servicio, con el tiempo, o secretarias de dirección de mayor o menor rango.

Matrimonio con un repetidor y padre de dos hijos/as

Este tipo de pareja es mucho más común en otros países, que desde hace tiempo nos precedieron en la aceptación del divorcio en su normativa legal.

En el nuestro, donde esta posibilidad se inicia en el sistema democrático actual en 1981, a pesar del corto espacio de tiempo transcurrido, se evidencian sus consecuencias en todos los aspectos. Todos nosotros conocemos alguna mujer que no sólo en la treintena, pero sobre todo en ésta, se casa con un divorciado diez o doce años mayor que ella, padre de una hija o hijo, pero que más corrientemente tiene dos.

La mayor parte de estas mujeres ha logrado un bagaje profesional previo considerable en las administraciones, en las empresas públicas o privadas, los medios de comunicación, la enseñanza, la judicatura, la salud..., suelen ser autónomas desde el punto de vista económico y a veces viven independientemente de sus familias de origen, aunque en otras ocasiones todavía habitan con ellas.

Las modalidades de este tipo de matrimonio son diversas. Así como existen parejas que después de una convivencia mantenida estando él casado, ella plantea el «último ultimátum», para que rompa con su cónyuge, y antes o después esto sucede, también ocurre que el divorciado y padre, tras un corto tiempo de vivir en solitario o de regresar a la familia parental, quedando por lo general la descendencia habida en el matrimonio con la ex esposa, comienza a relacionarse nuevamente y entonces encuentra a una treintañera.

LA DÉCADA DE LOS CUARENTA

Hacia el término de los treinta y casi sin excepción, el día en que se cumplen los cuarenta años se experimenta la vivencia de que se ha pasado una etapa o momento del ciclo vital especialísimo, donde el denominador común suele ser la forma de sentir el tiempo, la sensación de haber llegado a la cima de una escalera, escarpadura o montaña, por la que parece haberse estado ascendiendo, sobre todo a lo largo de la década anterior, la certeza de que la muerte es un hecho incuestionable y constitutivo de la propia realidad y la observación de la vida, no sólo prospectiva sino retrospectivamente, mucho más a menudo que hasta entonces.

Pero en cuanto a hombres y mujeres se refiere, por ser las cosas como son en nuestra sociedad y en cuanto a la mayoría, las disparidades continúan siendo considerables en todos y cada uno de los aspectos que se consideran fundamentales en la existencia, aunque ciertamente ambos colectivos en esta segunda etapa de la adultez son, lo perciban o no, «quienes mantienen el mundo» de manera más real y consistente, y que también en este mantenimiento las parcelas son, además de desiguales, ostentosamente visibles unas e injustamente visibles otras. El eje común para ambos cuya validez sigue vigente en mi opinión, es el formado por aquel que descansa sobre los procesos de *generatividad* versus *autoabsorción* y *estancamiento*.

Según formularon E. y J. Erikson hace unas cuantas décadas, la generatividad abarcaba la *procreatividad* y la *creatividad* y por tanto *la generación* de nuevos seres y también de nuevas producciones e ideas, incluido un tipo de autogeneración, que tiene que ver con un mayor desarrollo de la identidad personal. La nueva «cualidad» emergente de esta antítesis suele ser el *cuidado,* compromiso que incluye la ocupación y la preocupación por las personas, las producciones y las ideas generadas.

Comoquiera que en las capas medias a que nos referimos, los papeles masculinos han experimentado menos cambios cualitativos que los de las mujeres, si bien en el caso de *ellos* podemos afirmar que las exigencias de siempre, o tradicionales en general, se hallan sometidas a mayores urgencias y competitividades (logros económicos, profesionales, formación de una familia...), en lo que a *ellas* se refiere, las complejidades y las «variaciones vitales» son más numerosas y diversas en los tiempos que corren.

Para unos y para otras, cada cual según su estilo y sus circunstancias, esta década es tiempo de balances en profundidad, de realizar arqueo entre lo que se proyectó y lo que se ha logrado, lo que se fue entre las manos o ni siquiera llegó a rozarse con la punta de los dedos. Por todo ello, muchos la denominan desde hace algún tiempo «crisis de la edad media de la vida».

El tiempo adquiere un peso específico

En esta década, sobre todo en su primera mitad, aunque se hable del «peso de los años», lo que suelen pesar son las serias responsabilidades contraídas y mantenidas desde la década anterior, pues éste es el grupo de población del que dependen las generaciones jóvenes y comienzan, o se encuentran ya haciéndolo, quienes inician o se hallan claramente en la vejez.

Lo que son los «años» o la parte más biológica y la corporalidad, es cierto que comienzan un discreto pero ininterrumpido y progresivo declinar desde la década anterior, que afecta, aunque bastante imperceptiblemente todavía, a las funciones motoras e intelectuales. Se observa por lo general la aparición de los primeros cabellos blancos y se ahonda el trazado de las arrugas que acompañan a otras nuevas y consecutivas, y, además, las etapas futuras se adivinan como una prolongación un tanto rutinaria y escasamente atractiva de las tareas iniciadas en los treinta, o como proyectos, que si difieren mucho de todo lo anterior, a veces se enjuician e invalidan, adjetivándolos de fantasías absurdas e inalcanzables o sueños sin sentido.

Por lo común, es la etapa en que se acaban de desmantelar, si todavía no había sucedido, los grandes mitos profesados en décadas anteriores: la realización plena a través del trabajo, la familia, los hijos, el dinero y se relativizan los logros que ya se escriben con minúsculas. Junto a ello, comienza a experimentarse que la seguridad, la estabilidad, los conocimientos definitivos y acertados, que se presumieron en quienes tenían los cuarenta, cuando se les veía desde la adolescencia, los veinte o treinta años, dista mucho de ser algo absoluto y permanente, comenzando a intuirse algunas veces, con un punto de desasosiego y de cansancio, que·la vida es eso: lograr unas certidumbres relativas, que alumbran nuevas dudas, y resolver problemas, hasta cierto punto, que a continuación engendran otros problemas.

Ello no quiere decir que no sea motivo de disfrute una cierta estabilidad económica y emocional, en solitario o en pareja, un cierto mayor ajuste conyugal, si se ha logrado, y el hecho de tener descendencia adolescente y saludable y unos ascendientes activos y capaces. Pero todas estas circunstancias y responsabilidades cuentan con la muerte cierta, al fondo del escenario o entre bastidores, manifiesta en seres queridos que ya desaparecen o ídolos admirados en la juventud que dejan este mundo, sancionando con su ausencia la finitud de quienes se creyeron infinitos. Es un latido preocupante y sordo, que con mayor o menor frecuencia vuelve a recordar que media vida, o más, ya se consumió, casi sin notarlo, que el tiempo cuenta, pasa y se termina de verdad. Sin saber muy bien por qué ni cómo, se intuyen capacidades o quizá tareas sin desarrollar, que piden insistentemente ser atendidas, aunque resulten intuiciones vagas o confusas, si bien algún significado deberán tener, ya que son capaces de distraer y descolocar los intereses rutinarios.

Hay a quienes esta década, sobre todo vista retrospectivamente, les parece una especie de meseta y hay quien ya en ella o *a posteriori*, la perciben como el comienzo del descenso rápido e imparable por la otra cara de la montaña o la cima que con tanto esfuerzo se escaló. De una y otra forma, lo que a su inicio es apenas perceptible, en las postrimerías se convierte en la «cuestión palpitante» que es: cómo emplear el resto de la vida.

Entre lo que se perdió y lo que se desea alcanzar

Es, por tanto, tiempo de balances, como decíamos, y ya sabemos que éstos no dependen sólo de restar el «debe» del «haber». En lo que a las cuestiones vitales se refiere, la mayor parte de sus componentes y elementos atienden mayoritariamente, aunque no sólo, a «cuentas» de tipo subjetivo, condicionadas como hemos venido repitiendo, por factores biológicos, psicosociales e históricos incluso.

Es también cierto, por otra parte, que entre las características de nuestra especie, en la cultura actual, se encuentra la del escaso aprecio por aquello que tenemos y la añoranza o el ansia, a veces con escaso fundamento, de algo, por el hecho de carecer de ello y poseerlo otros.

Cuando las mujeres en los cuarenta, a través del diálogo interior, iniciado en años precedentes, se plantean el retorno al trabajo o la profesión pospuesta hasta ver el hogar encarrilado y también la descendencia, o cuando lo conseguido en la profesión, e incluso la figura del jefe o el maestro toman dimensiones menos excepcionales y se cuentan los años invertidos en conseguir aquello que una vez logrado parece tan sencillo, la exclamación no exenta de perplejidades, viene a ser: «¿pero será posible que hayan pasado todos estos años?», como si alguien hubiese escamoteado subrepticiamente unos cuantos de los vividos y las polifacéticas que continuaron aunando los múltiples quehaceres del trabajo, los hijos, el hogar y el conyugalato, lejos de tener «todo resuelto», como creyeron antes, aún se encuentran con conflictos, insólitos para ellas, por lo inesperados o tenaces.

Las dificultades radican muchas veces en la creencia generalizada de que lo que en momentos anteriores no se desarrolló, o se cercenó en una etapa dada, ya no puede tener lugar o no volverá a crecer; en que continúan careciendo de modelos o mentoras y mentores próximos y asequibles, que apoyen u orienten sus pasos o sus trompicones; que, en ocasiones, de quien o quienes esperan sean sus aliados resultan ser enemigos; de que a veces los enemigos no son aquellos con quienes se relacionan cada día, sino cuentas internas aún pendientes con ellas mismas, en virtud de relaciones conflictivas y antañonas y que, en general, los cambios en las vidas femeninas, y más si se ha cruzado su ecuador, cuentan con muy escasos plácemes y en cambio muchas y muchos detractores todavía.

Parece como si las mujeres actuales, y más en los cuarenta, siempre tuvieran que justificar aquello que hacen, o pretenden hacer, ante unas y ante otros: la que continúa en el hogar con el marido y los hijos, siempre encuentra quien le diga: «¿y tú cómo sigues metida en casa?»; la que pretende reincorporarse al mercado de trabajo: «¿y tú que necesidad tienes de meterte en ese berenjenal a estas alturas?»; la que decide romper su matrimonio: «¿pero tú has pensado bien la locura que vas a hacer?»; la profesional que no se casó: «y tú con lo que vales, ¿cómo sigues tan sola?» y así un larguísimo etcétera, tan largo como la variedad de vidas de mujeres existente actualmente.

Las que se deciden por la cirugía estética

A lo largo de los cuarenta, puede que se superpongan determinadas fobias o «manías» por detalles físicos personales, en los que se cifra el fracaso, o la causa de determinadas frustraciones, o de proyectos no logrados y que permanezcan en años posteriores, junto con el hecho del declive más o menos acentuado de la corporalidad en general, sobre todo si se toma como prototipo de los cuarenta años, el de los treinta, o los veintitantos. Sin embargo, el aspecto no deja de preocupar, en mayor o menor medida, a las mujeres de las capas medias,

máxime si en el ámbito profesional en que trabajan la corporalidad es un factor muy valorado y las interesadas entran en esta dinámica más o menos consolidada y tan frecuente en determinadas profesiones; por ejemplo, del mundo del espectáculo, las modelos, etc.

También se da el caso de las mujeres que fueron estimadas sobre todo por sus caracteres físicos en la juventud por muchos, e incluso por quienes se convirtieron en maridos y que pasaron diez, quince o más años de matrimonio, cuando el amor-pasión-sexualidad exaltada hace tiempo que derivó por otros derroteros, sintiéndose menos halagadas también por los amigos y nuevos conocidos, perciben como una tragedia este declinar de lo que corporalmente fueron, en aquella etapa de mayor éxito, en cuanto a admiradores se refiere.

Suele ser muy común en bastantes de estos casos (el de la actriz, la modelo, «la más guapa de todas»...) en los que se recurre a la ayuda que estas técnicas propician, que, por motivos diferentes, no se percibe la vida como un transcurso, con un comienzo y un fin, lo que implica evoluciones de todo tipo y también en lo corporal, considerando necesario o preferible estacionarse en la edad aparente y el aspecto con ella concordante en que fueron más estimadas, más «queridas» y se sintieron más satisfechas o exitosas, a través del interés, el deseo y/o el aplauso de aquellas otras, quienes a su vez, tan satisfechas y colmadas percibían sus necesidades, fantasías o inhibiciones, identificándose con el estereotipo de mujer que ellas encarnaban desde la pantalla de cine o de la televisión, la comedia, la moda, las revistas «del corazón» o las calles de la ciudad por donde se las encontraba.

Es curioso y bastante paradójico que todas estas ansiedades, frustraciones y sacrificios se desarrollen en torno a algo que, por lo común, no es un mérito personal, sino una circunstancia producto del azar, de los genes y de los gustos de la mayoría tales como la «belleza» y que, sin embargo, puede llegar a adquirir la categoría dramática de «absoluto», como en el caso de las actrices conocidas o mujeres comunes. También me viene a la memoria una prestigiosa y excelente escritora brasileña contemporánea, cuyo éxito literario y el reconocimiento mundial a su original y personalísima obra de creación no lograron compensar el sufrimiento insoportable que le ocasionaba el deterioro progresivo de su gran belleza física, imparable a pesar de numerosas intervenciones quirúrgicas y que sólo cesó cuando decidió poner fin a su vida. Sin llegar a estos extremos, ciertos «arreglitos», como eufemísticamente suelen denominarse este tipo de intervenciones, se hallan en consonancia en otras ocasiones con un intento desesperado de retener un marido cuyos devaneos con alguna jovencita hacen que la esposa, comparándose con ella, se sienta de improviso mucho mayor que antes de conocer la aventura e intenta aproximarse, cuanto puede, a la «quinta» de la rival, lo que, por lo general, no suele detener el vuelo del galán u otros posteriores o definitivos.

El dulce hogar comienza a saber amargo

Con distintos puntos de partida, en esta década nos encontramos con mujeres en situaciones un tanto similares: aquellas que no trabajan fuera del hogar bien por haber renunciado definitivamente a un empleo asalariado previo, bien por haber decidido interrumpir esta tarea el tiempo necesario para la crianza de la descendencia y el cuidado familiar, con lo cual suelen haberse dedicado intensamente a la domesticidad de diez o doce años como promedio.

Ellas son de quienes suele decirse todavía y cada vez con más despego: «no hace nada, dejó el trabajo y está en casa» o «mi mujer no trabaja, está en casa», cuando resulta que realiza una serie de prestaciones y servicios que abarcan áreas de salud, educación, alimentación, aprovisionamiento, administración, relaciones domésticas y públicas, conservación, restauración y decoración, amén de las auxiliares de todo tipo, cuyos costes físicos, emocionales, intelectivos, etc., no son calculables, pero los económicos vienen a resultar un millón de dólares largos anuales, según cálculos del Chase Manhattan Bank hace diez años aproximadamente.

Sin embargo, en este estadio al que nos referimos, aun en situaciones y desempeño de tareas similares a las de aquellas que son amas de casa «de toda la vida», es decir, que no tuvieron un puesto de trabajo remunerado previo al matrimonio, desde el punto de vista psicológico sus circunstancias no son del todo homologables, ni tampoco con las de aquellas que estuvieron empleadas en el mercado laboral, pero cuyas pretensiones son intentar acceder a él, una vez que los hijos precisan menos atención continuada para su evolución.

En las mujeres a que nos referimos ahora existe una experiencia común y es el sentimiento, más o menos intenso, de haber renunciado a algo en virtud de otras cosas, como es al empleo, en función de la familia; es decir, existe la vivencia, más o menos mitificada, de que se sacrificó algo propio y personal para alcanzar algo que también llevaba una dosis importante de lo mismo, pero que se extiende, abarca y se ejerce a beneficio y como cobertura de necesidades perentorias de unos (hijas o hijos), no tan perentorias de otros (cónyuges) y en detrimento de bastantes propias.

Como las personas no somos ángeles buenos, y además pertenecemos a un tipo de cultura en la que el poso cristiano insiste, desde hace casi veinte siglos, en que nos perdonemos las deudas los unos a los otros, pero promete el castigo eterno como colofón de las muy grandes, dentro de este contexto las mujeres terrenales de hoy se encuentran con más de un dilema como eje conformador de sus vidas, de manera que, a lo largo de los años de domesticidad, aparecen los deseos de pasar factura con más o menos frecuencia, intensidad y despecho acumulado, según los casos y las personas de que se trate.

Con esto no pretendo afirmar que todas las mujeres que tomaron la opción de lo doméstico y la crianza, como definitiva o temporal, realizaron un sacrificio doloroso o dramático en sus vidas, pues todas/os sabemos y conocemos a muchas que tomaron esta alternativa midiendo sus energías, la economía existente, las ayudas disponibles y su propia tranquilidad personal, pero incluso en el caso de las que más reflexionaron sobre su realidad en ese momento y actuaron en consecuencia más sopesadamente, llevaron a cabo una cierta renuncia a partir de sí mismas, no proporcional ni mancomunadamente con su cónyuge o pareja.

La cuestión de la descendencia todavía se vive por parte de la sociedad en general, y de los hombres en particular, como «asunto de mujeres» y su sensibilidad hacia ellos se encuentra en razón directa al tipo de socialización de que han sido subsidiarios al respecto, los requerimientos directos e indirectos de sus cónyuges para que se resocialicen en estas cuestiones y las resistencias que ellos oponen, consciente e inconscientemente, también exigidos y condicionados por los papeles y cometidos que de ellos se esperan y que internalizan a través de sus propias vidas, además de las mayores o menores dosis de egoísmo personales.

Además, como al tratar de la maternidad y la crianza nos referíamos a la mística social vigente todavía y comoquiera que en la década en que se suelen llevar a cabo estas opciones disyuntivas por parte de las mujeres (finales de los veinte años, a lo largo de la treintena) también coincide con una visión del trabajo o desarrollo de la profesión como sinónimo de realización plena, hay que considerar que, junto a la pérdida real de lo que se pospuso, o a lo que se renunció definitivamente, se una la vivencia de la pérdida de un hecho o posibilidades un tanto mitificadas o idealizadas también. Ignorando o eludiendo la parte que conllevan de frustraciones, fracasos, desasosiegos y sinsabores, que en realidad las convierten en realizaciones parciales, como todas las humanas, son percibidas, por las mujeres que las iniciaron, como la amputación o atrofia de un miembro, posibilidad o capacidad que habían comenzado a desarrollar y saber utilizar, a través de esfuerzos considerables, y de un batallar entre contradicciones y ambigüedades tanto exteriores como internas, lo que contemplado *a posteriori* las convierte en más deseables o añoradas.

Tras la vuelta al hogar, con la llegada de los hijos/as y a través de los primeros años de cuidados constantes y el desarrollo paulatino de cuantas tareas mencionábamos al comienzo de este epígrafe, no valoradas socialmente ni remuneradas económicamente y tan «normalizadas» históricamente que devienen invisibles para todos menos para ellas, estas mujeres acaban dándose cuenta, antes o después, de que fueron perdiendo amistades y relaciones propias a veces por completo, que fueron adoptando las de su marido abandonando el interés o la puesta al día de lo que fue su cometido laboral, profesión, o incluso sus aficiones o distracciones preferidas, porque fueron invirtiendo todo su tiempo en la familia, pasando a ser incluso hijas más solícitas que nunca de padres, de madres, y hasta, en ocasiones, de suegros y suegras que envejecen.

Otras se convirtieron en la abogada, la enseñante, la aparejadora, la ejecutiva, la escritora o la médica consorte, sin que ese consorcio significase nada para sí misma de cara al exterior, en tanto que en lo doméstico trajo consigo mecanografiar, ayudar a corregir exámenes o cuadrar balances, fotocopiar y pulir trabajos o aprender a utilizar el ordenador, «porque le hace mucha falta a José y él no tiene tiempo para eso», abrir y cerrar la puerta y atender el teléfono de la consulta del marido, a la vez que van percibiendo cómo en las reuniones o cenas de matrimonios, sus temas de conversación giran en torno a todo ello, los hijos y el hogar, temas y preocupaciones que comparten, entre las esposas de colegas de profesión, al llegar la sobremesa, al otro extremo del salón donde los hombres se reúnen.

En la mayoría de ellas va tomando cuerpo, poco a poco, a partir de momentos, detalles, tensiones y desencuentros repetidos, un malestar mezcla de nostalgia, atonía, rachas de mal humor, tristeza, crispación o resentimiento que, como un duende interior vagabundo y revoltoso, va ocupando espacio de manera informe, pero amenazando con llenarlo todo, sin que le sirvan como paliativos una descendencia y un marido sanos, un hogar cómodo, una economía estable y suficiente e imágenes de mujeres similares en edad y ocupaciones a las suyas, como protagonistas felices de películas, vídeos o anuncios publicitarios donde se las alaba por su sensatez y resis-

> *La cuestión de la descendencia todavía se vive, por parte de la sociedad en general y de los hombres en particular, como «asunto de mujeres».*

tencia, acomodándose a y cubriendo las necesidades o caprichos, veleidades e insensateces de otros miembros del conjunto familiar, además de tener el buen gusto y el acierto de consumir los productos para el hogar de un ama de casa, que sabe lo que hay que hacer para conservar, mejorar, embellecer y hacer grata la existencia de cuantos la rodean.

Los costes del polifacetismo continuado

Hay mujeres que en la cuarentena y a medida que ésta se prolonga se encuentran de repente con que los hijos ya son adolescentes más o menos maduros, el marido es mucho menos joven e interesante que cuando se casaron, ella ya no sabe muy bien ni cómo es a estas alturas, al tiempo que en su trabajo ha adquirido una cierta o real veteranía.

Aunque ellas no lo crean, muchos de quienes las conocen, o saben de su vida, piensan que ésas son las *supermujeres.* Simplemente este criterio no cuenta con su asentimiento, porque piensan que las *superwomen* deben ser *superfelices* también, y ellas no han alcanzado semejante estadio, ni estiman con buen criterio que exista por ninguna parte. Han coleccionado alegrías, frustraciones, cansancio, desespero, dedicación amorosa y rencores hacia los hijos/as y el marido, o hacia unos y unas y hacia otro por turnos sucesivos o al mismo tiempo; se han prometido mil veces dejar que la casa se hundiera y no limpiar ni guisar durante un mes; se han echado a llorar, más de una vez, cuando la asistenta por horas las plantó definitivamente; han amenazado en mil ocasiones y no lo han hecho nunca con marcharse de casa, del trabajo y abandonar todo de repente; han envidiado a la amiga que se divorció, porque por lo menos se quitó de delante al marido, como ella está deseando hacer con Paco tantas veces; se cambiaría por su cuñada, que se dedica sólo a la profesión para ser una lumbrera, gracias a no meter la pata casándose y trayendo hijos al mundo, o por aquella prima que vive en el pueblo, soltera y cuidando tan a gusto a su madre, e incluso le parece que la suya fue mucho más sensata y razonable, quedándose en

casa, cuidando de ésta y de todos ellos, sin pretensiones de mujer moderna como ella, que es una chapuza de madre, esposa y secretaria, enfermera, maestra, auxiliar o funcionaria, siempre con la sensación de los deberes (hogareños, conyugales, maternales o administrativos) medio hechos.

Habitualmente suelen creer que a ellas les faltan muchas cosas, cuando a la vez se quejan de que les sobran un montón de las que tienen, además de unos cuantos kilos, y quizá de lo que más carecen, como tantas otras, es de mayor estimación por lo que hacen, tanto en el ámbito doméstico como en el público y dentro de sí mismas, como consecuencia.

Nadie reconoce para ellas, como tampoco para las trabajadoras solteras con hijos a su cargo, o las divorciadas en circunstancias similares, el valor que todo ello encierra individual, social y económicamente entendido, lo que se convierte en motivo de desasosiego, de ausencia de autovaloración, cuando tantos valores demuestran, pero se juzgan siempre por lo que les falta para la perfección, para el *ideal,* y el de hoy sería el compendio de lo antiguo, lo actual y lo futuro: el desiderátum en resumen. Muchas han tenido que escuchar en sus casas, y/o en el trabajo, cómo es que se le ha olvidado aquello, o no estaba a punto esto otro y entonces sí, entonces han explotado en denuestos como una olla a presión que hace saltar la válvula de seguridad y esparce su contenido hasta el último rincón, pero en esas ocasiones siempre hay alguien que opina que están histéricas sin que se entienda por qué, descontentas sin que les falte de nada, o insoportables cuando deberían considerarse verdaderamente afortunadas.

Muchas de ellas, a estas alturas, han ido sumando papeles de manera no muy consciente, sino en un proceso acumulativo y obligado por unas y otras circunstancias, poco discriminador por lo general, hasta encontrarse con un cúmulo de responsabilidades que exceden sus capacidades interiores y que las privan de libertad de acción externa, de ir al propio paso, sino al que le marcan los unos y los otros, cada cual a tenor de sus expectativas, sus necesidades y de la relación que con ella les vincula, lo que suele significar un cúmulo de contradicciones, imposibles de coordinar de manera medianamente razonable, por mucha lucidez mental que se posea.

Por lo general, suelen perder los nervios muchas veces, se echan a llorar de pronto, gritan en ocasiones o se quedan mirando a la pared o al techo enmudecidas muchas noches, como esperando que de allí les venga la luz que ilumine sus ideas, sosiegue sus corazones o renueve las energías desaparecidas para poder con el día siguiente.

Algunas pasan de los cincuenta años en estas tesituras; otras rompen con el marido como comentamos, siendo escasas las que dejan con él a los hijos; otras hacen crisis creyendo que padecen alguna enfermedad que los médicos no logran diagnosticar y que las hacen permanecer de baja laboral más o menos tiempo.

¡Son las verdaderas *superwomen* y ellas, en cambio, tan desesperadas y sin saberlo!

Las profesionales a tope: el deseo y el temor del éxito

Cuando nos referíamos a la década de los treinta años, mencionábamos a mujeres que desde distintos sectores de las capas medias, por unas u otras razones, y dedicadas a distintos cometidos, llegaban a los cuarenta manteniendo su trayectoria laboral como lo más permanente de sus vidas, aparte del hecho de encontrarse más o menos ligadas a los miembros de su familia de origen, amistades, colegas...

En esta década algunas mujeres se sienten urgidas a llevar a cabo aquello que no consideraron fundamental o prioritario en la anterior, y, sobre todo en la primera mitad, se casan y tienen algún hijo, pues gracias a los ejemplos de actrices mundialmente famosas que se convierten en madres cuarentañeras de hijos sanos, la mayor flexibilidad y avances de la ginecología y de la sociedad en general, temerosa de que en países como el nuestro se llegue a un nivel cero de natalidad, parece que el veto a las madres «añosas» y la descendencia deficitaria va cediendo poco a poco.

Sin embargo, las hay también que continúan su trayecto profesional, después de alguna que otra relación amorosa-sexual más o menos larga y seria, y a veces tras algún aborto, sin cejar en sus esfuerzos por alcanzar determinadas metas dentro de su trabajo a lo largo de esta década, y siguen estimando todo ello como lo más importante en sus vidas, aunque no dejan de considerar el amor y el emparejamiento, ocasional o no, como deseables.

A PARTIR DE LOS CINCUENTA

En una sociedad como la nuestra, tan dada a valorar a las mujeres por su corporeidad o su belleza, en tanto que objetos sexuales sobre todo y encontrándose ambos elementos tan ligados al patrón juvenil por excelencia, hasta la más despistada comienza a percibir en esta década, si no cayó en la cuenta antes, que lo que no van a sobrarle precisamente son admiradores prendados de sus características físicas actuales.

Si se olvidaron, después de gestaciones, partos, puerperios ya un poco lejanos, y gracias a una buena salud en general, de que también eran biología, ésta se impone una vez más con la terquedad que la caracteriza, no sólo mediante las transformaciones corporales paulatinas pero incuestionables, sino a través de alguna primera «goterilla» o «achaque», como la artrosis que molesta a veces en el codo o la rodilla, los alimentos grasos que le chiflan desde siempre pero que ahora le hacen recordar que existe la vesícula o quizá la tensión arterial que sube por encima de la rayita pertinente, sin saber por qué, de cuando en cuando.

Aun sin estos signos de que el organismo ya no se encuentra en su mejor etapa de funcionamiento, sino que da señales de venir haciéndolo durante medio siglo y casi siempre sin gozar de los cuidados y atenciones básicas, que hubiera agradecido muchas veces, tanto desde el punto de vista individual como social, estos cambios requieren de reacomodaciones psicológicas consecutivas y dan lugar a otras, por parte de los demás, que aunque no precisamente alentadoras, no dejan por ello de ser las que son, en un sistema sexista como el nuestro y tantos otros.

Ya en 1975 S. Sontang utilizó el término de «doble estándar de medida para las personas mayores», refiriéndose a las diferencias que la sociedad continúa estableciendo según un sexo u otro, antes, durante o después de la juventud y que se cifran, en resumen, en una «doble estética» o en un «doble concepto respecto al atractivo», según se trate de hombres o mujeres y que sigue vigente hasta la muerte.

Así como la infertilidad para las mujeres, si no se ha producido a finales de la cuarentena, tiene lugar en la primera mitad de los cincuenta, como lo más común, y la del hombre parece producirse algunos años después (aunque ya sabemos que Ch. Chaplin y algún otro presumieron de paternidad a los ochenta años), y a la par o algo antes se encuentran con disminución de potencia genital, mantenimiento de la erección, etc., el atractivo físico del cincuentañero, «la masculinidad», parece hallarse al margen de estos avatares y también de que su figura acuse más o menos intensamente el paso de medio siglo. Muchas y muchos insisten en que ello radica en el poder, el prestigio, o ambos, adquirido por los hombres; pero se da la circunstancia de que, en líneas generales, aunque quizá la mayoría no haya conseguido semejantes «éxitos», resulta que todavía cuentan más que las mujeres de su misma edad, con la posibilidad de encandilar a algunas e incluso más jóvenes que ellos, lo que sin duda no deja de ser gratificante y factor que mejora o apoya su autoestima personal en general, también a estas alturas de sus vidas.

Por el contrario, incluso las que fueron bellas, y a lo mejor han adquirido cierto estatus económico-profesional o ambos y todavía retienen rasgos físicos agradables, conservando una corporeidad no precisamente devastada, suelen dejar de resultar atractivas o «femeninas», socialmente, con el paso de los años y, por supuesto, en la cincuentena.

Una vez más parece imposible romper el círculo vicioso entre dominadores y subordinados, en un sistema ya constituido y en el que resulta difícil, si no imposible, intercambiar los términos en tanto se respeten siempre las mismas reglas.

No es que no existan enamoramientos intensos a cualquier edad, o que no se con-

sideren adecuados en ésta genéricamente hablando, sino que bastantes de los que suelen producirse parecen no ser más que otra vuelta de tuerca sobre el mismo eje, con apariencias de cambio sin serlo.

Una conocida mía venía insistiendo, durante muchos años ya, en que no podía soportar más las exigencias de un marido tan buen trabajador, fiel y honrado como tacaño y desagradable de carácter, un hijo y una hija que se demoraron siete y ocho años en carreras de tres o cuatro respectivamente y una amplia casa que atender, donde acudían con frecuencia parientes y amigos, que la apreciaban mucho por sus dotes de anfitriona generosa y simpática. Fueron años de deshojar la margarita: «¿me separo?, ¿no me separo? ¿me separo?...».

Hasta que un día apareció un amigo de un amigo, que le presentó a otro, del que al parecer se enamoró perdidamente en dos semanas. Según decía, él estaba todavía más interesado que ella en la relación y después que el romance se prolongó por espacio de casi un año y se encontraba dispuesta a abandonar marido, hijos, casa y hasta el país, él echó marcha atrás y tuvo que reconocer que en el suyo tenía esposa y dos hijos muy parecidos a los de nuestra amiga, que había sido, como de costumbre, enormemente dadivosa con aquel novio al que agasajaba con cualquier motivo y que cuando desapareció decía «haberla estafado en su buena fe, como siempre le ocurría con todo el mundo» y evidentemente no le faltaba razón cuando así opinaba.

Muchos de los «ya no puedo más», llevan muchas veces años de vigencia; algunas han pasado por crisis que se atendieron haciendo desaparecer los síntomas de las mismas cuanto antes, de modo que al poco tiempo se encontraban igual, pero mientras tanto, el malestar agudo y repetido de la desesperada cincuentañera se convirtió en: «las histerias de Matilde», «la depresión que le da a Mercedes cada dos o tres años» o «las manías de Carmela, que nunca está satisfecha con nada».

Las mujeres entre los cuarenta y cinco y sesenta años, más o menos, de las capas medias e incluso más pudientes o modestas, forman el grueso fundamental de quienes demandan atención psicológica y/o psiquiátrica, tanto en el sector público como privado, no sólo en nuestro país, sino en otros de características similares al nuestro.

De manera un tanto vaga se las viene homologando, sin demasiado rigor, bajo epígrafes distintos, pero que se han popularizado mucho, como el «síndrome del ama de casa», «el síndrome del nido vacío», «depresiones del climaterio o involutivas»..., que si bien aluden de forma sintetizada a alguno de los factores que afectan más o menos intensamente a estas mujeres, no deben entenderse en el sentido de que todas las que se dedican fundamentalmente o exclusivamente al hogar y su familia estén destinadas a entrar en crisis, pues hay formas muy diversas de ocuparse de los hijos, la casa, el marido y una misma; ni tampoco es sinónimo de crisis inevitable el hecho de que los vástagos se independicen, antes o después, ya que muchas lo que experimentan como insoportable es precisamente lo contrario: «un nido abarrotado» durante demasiado tiempo. Tampoco es razonable etiquetar de la misma forma a mujeres procedentes de estamentos socioeconómicos muy diversos, pues la pertenencia a uno u otro condiciona en gran medida la calidad de vida cotidiana y el tipo de ejercicio de un mismo papel, tarea o el transcurso de una fase del ciclo vital, como puede ser el matrimonio, la crianza de los hijos o el paso a la vejez, así como la ausencia o la abundancia de recursos, de diversa índole, para poder sortear las etapas críticas, más allá o más acá del estilo o del carácter personal de cada una.

En este sentido el «¡ya no puedo más!» de muchas que llevan en sus casas quizá más de veinte años, se resuelve de muy distinta forma: si la relación conyugal fue madurando en el correr del tiempo y otra serie de responsabilidades contraídas van cediendo, de una forma y otra, de manera que esa mujer, que no creía ver solución a su vida, tras cierta etapa de la misma, se siente mucho más a gusto que años atrás, saturada de presiones; si llevan reflexionando e intentando mejorar con todos los medios a su alcance la relación conyugal que parece ser la atascada sin remedio y optan finalmente por la separación con todas sus consecuencias; si no saben lo que sucede y para tratar de esclarecerlo

se toman un tiempo de distanciamiento y reflexión, con o sin ayuda ajena; o sin apenas advertirlo, poco a poco, han ido aumentando sus relaciones y ocupaciones extradomésticas y el hogar viene a convertirse, con el correr del tiempo, en un lugar gratificante y tranquilizador como nunca lo fue, para sorpresa de la interesada.

No obstante, suele ser común que parte del «¡ya no puedo más!» esté relacionado con un sentir muy extendido y que podría traducirse como: «no poder seguir dando continuamente a todos los de alrededor y recibir tan poco o nada; porque, o bien no me acuerdo de que existo, o los demás no lo perciben y yo no me atrevo o no sé ponerlo de manifiesto».

Entre hijas e hijos veinteañeros y las madres y los padres que envejecen

Ésta es una situación enormemente común en esta década de los cincuenta.

Hay un número muy considerable de mujeres en los estratos medios que conservan sus ascendientes, cuya edad ronda o excede con bastante los setenta y cinco años, de los cuales, por lo menos uno, cuando no ambos, han ido necesitando de ayuda más pormenorizada o mantenida a consecuencia del deterioro lógico de la vejez o incluso de alguna enfermedad típica de ella, o sobreañadida por diferentes causas, lo que los sitúa en un grado de dependencia extrema de los hijos y en el caso de las hijas mucho más frecuentemente, a medida que el tiempo se prolonga.

La socialización desde el nacimiento de las niñas, para que sean mujeres capacitadas en la adultez en los cometidos de cuidado, ayuda, apoyo, comprensión de los demás, tanto en los aspectos materiales como emocionales, alcanza su máxima expresión, aunque no se acompaña de premio, validación ni contrapartida socialmente reconocida, cuando vienen a significar el eslabón de enganche en medio de la cadena formada por sus ascendientes (a veces no sólo consanguíneos sino políticos) y sus descendientes, e incluso, a finales de los cincuenta en muchas ocasiones, también los descendientes de sus descendientes.

Los ejemplos que más abundan a nuestro alrededor son las mujeres soportes, paño de lágrimas o *sparrings* de tres generaciones, cuando menos, y de un marido que por esas fechas está próximo a la jubilación o acaba de jubilarse ya, y anda como un personaje en busca de autor, deambulando por la casa a unos horarios desacostumbrados, que a él le extrañan y a ella le estorban, pero que a pesar de ello suele andar pensando: «¿qué podría sugerirle a Pepe que hiciera para entretenerse un poco y se le quitara esa pinta de fantasma?». Tras regresar de acompañar a rehabilitación a su madre de ochenta y tres años, «que salvo lo de la cadera está hecha una rosa y mejor que yo de la cabeza», conduce por la ciudad en pleno atasco de circulación, continúa maquinando: «que no se me olvide comprar los dodotis por si mi nuera trae esta tarde a la niña, creo que no me quedan ya y a lo mejor a ellos se les olvidan, con lo agobiados que andan siempre; ahora, que ocurrírseles ir a por el segundo, eso ya es para matarlos; a ver si puedo girar aquí y me paro un momento en esa pescadería porque ya está bien de congelados y a la niña le gustará más la pescadilla fresca. Ya me ha quitado el sitio. También mis hijas podían hacer la compra alguna vez a la semana, pero mejor olvídate; a ver si a Cristina le dura ese trabajo por fin y Sonia que se case de una vez o que se vaya con David a China, pero lejos, lejos de casa por una temporada».

La mayor parte de los cambios e hitos biofisiológicos que caracterizan a las mujeres de cincuenta años han sufrido un grado de medicalización tan considerable (y psicologización y psiquiatrización secundarios en consecuencia), que muchas veces son contemplados como si de enfermedades se tratase; y en segundo término, en determinadas ocasiones y según unos u otros intereses, dichas supuestas enfermedades se pretende que lleguen a tener el carácter de enajenantes[1]. Con ello se intenta eximir a algunas mujeres de responsabilidades desde un sistema sexista, que en estas ocasiones ejerce de paternalista, autocráticos,

excusando, protegiendo e invisibilizando el delito de la hija, la esposa u otra que, por ser mujer, es tonta en general, y por encontrarse en un determinado estadio biofisiológico, absolutamente incompetente o loca.

Como en tantas ocasiones, en ésta, las polarizaciones extremas son odiosas, desvirtuadoras de la diversidad del fenómeno, según las personas, así como contraproducentes para la mayoría de ellas. Se comete un gran error de bulto, tanto si se niega totalmente las posibles repercusiones de los cambios fisiológicos de la menopausia, «porque al ser un proceso *natural*, como tal hay que tomarlo sin darle mayor importancia mientras dure», y allá se las compongan todas las mujeres, como si sobre él se lanzan campañas que pretenden la caza y captura de la menopáusica, a la que hacen sentirse como un edificio en ruinas sobre el que se avecina el desplome inminente, si no se le apuntala gracias a las mil y una técnicas de última hora, que suelen presentarse como la panacea y, una vez más, como el elixir de la nueva belleza y eterna juventud. Se omiten así los posibles efectos adversos futuros, que a más corto o largo plazo todo remedio tiene como contrapartida, a la vez que se utiliza a las mujeres, una vez más, como sujeto consumista y de negocio de la industria farmacéutica y de algunos/as profesionales de la salud, más o menos ingenuos y bienintencionados, o más bien interesados en la rentabilidad económica que suelen proporcionar las técnicas muy sofisticadas y de última hora. Por añadidura, se las induce a vivir una etapa determinada de sus vidas con aprensión y temor, como si algo amenazador, ajeno a ellas, se las viniera encima y respecto a lo que se creen inermes y desde luego vencidas «si alguien no acude en su ayuda».

Siempre, cualquiera que sea la edad que tengan, el cuento o la leyenda de la incapaz que se perderá en el bosque; de la pobre y desgraciada aunque sea hermosa; de la que resultará devorada por el lobo, si príncipes azules, o al menos algún hombre, no viene a sacarla del atolladero.

1: De hecho se ha propuesto más de una vez, y rechazado, por el momento, la aceptación, en determinados manuales diagnósticos y en aun más numerosas causas legales, el premenstruo o la menopausia como causas eximentes de imputabilidad en la comisión de delitos de rango diverso.

De mayores encarnan en estos relatos o al «hada madrina», símbolo de la madre ideal, medio santa o santa entera, toda generosidad y amor, capaz de obrar milagros en la vida de la hija buena, o la «madrastra», mala madre, despiadada, medio bruja o bruja por completo, rival de la joven y envidiosa de sus pocos años y belleza, que en ella (la madrastra) ve desaparecer a pesar de estar en posesión de la riqueza y el poder, ya que suelen ser reinas o mujeres poderosas (recordemos las madrastras-reinas de *Blancanieves*, *La Bella Durmiente* o el personaje de Cruela d'Evil de *101 dálmatas*), capaces de recurrir al asesinato de la joven con tal de prolongar su protagonismo.

Estas mujeres poderosas e inteligentes, que lo tienen todo salvo la juventud y la belleza son el estereotipo que se sigue ofreciendo a las niñas y a los niños desde gran parte del cine y la literatura infantiles todavía, como ejemplo de la mujer desgraciada, cruel y vengativa, «la mala» de la película o el cuento.

Capítulo 3. ▼ Ayudarse a sí misma

AFRONTAR LOS RETOS
C. Sáez Buenaventura

Las mujeres, como colectivo, suelen ser socializadas hacia una ética o unos valores del cuidado y de la ocupación, preocupación o reflexión respecto de los demás, antes que respecto a sí mismas. Por ello encuentran importantes trabas y dificultades como sujetos de interés primordial ante sus propios ojos con respecto a quienes la rodean, sintiendo excesivamente con mucha frecuencia que su propia satisfacción suele estar reñida o deja de serlo, si supone insatisfacciones para sus prójimos, sobre todo en el ámbito privado y familiar, aunque una extensión de este sentir también influye negativamente en la aceptación del propio éxito como valor estimable si conlleva la derrota o el sufrimiento (supuesto o real) de sus contrincantes en diversas lides.

Así, una adolescente o una joven, en líneas generales, más difícilmente va a poder considerarse a sí misma sujeto protagónico de su existencia subjetiva, cuando precisamente transita por este período vital, y lo conforma, sobre todo, abierta al exterior, y absorbiendo mal que bien, y rechazando, bien que mal, las pautas que desde los demás tratan de imponerse para que devenga una futura adulta «normal»; es decir, más o menos de acuerdo a la norma mayoritaria o hegemónica para sus diversas circunstancias (edad, estatus socioeconómico...).

Sin embargo, la edad por sí misma no es incapacitante para esta tarea, pues si así fuese, la vejez sería sinónimo incuestionable de total autoconocimiento, hecho que si bien suele ser más frecuente comparativamente, dista de ser cierto en un sinnúmero de ocasiones. Con las mayores o menores dificultades que, conocerse un poco, implica para todas las personas, existen, sin embargo, fenómenos o reacciones muy comunes, a la mayoría, cuando situaciones como las de crisis tienen lugar.

Entre las más frecuentes suelen aparecer: estimar determinada situación sin sentido alguno, como un «accidente», lo que conlleva una elusión total de implicación y participación en la misma, o como «castigo». En este segundo caso, puede considerarse dicho castigo como «merecido» por algo mal hecho o por algo no hecho, a consecuencia de defectos o incapacidades personales, etc., interpretación muy en consonancia con la temática cristiana del castigo como pauta para expiar la culpa tras la transgresión de la norma (lo que suele denotar maldad y/o culpa por parte del individuo transgresor), más que del perdón o la tolerancia ante los errores más o menos conscientes o inconscientes y la enmienda de los mismos, o su intento a través de enseñar a corregirlos. Pero también puede vivirse como un castigo «inmerecido»; en esta situación el sujeto se exime a sí mismo de toda responsabilidad o corresponsabilidad en lo que le acaece, siendo *los otros*, todos menos él o ella, los que castigan a un sujeto no sólo inmaculado, sino libre de cualquier error o posibilidad del mismo.

La interpretación de las crisis como «faltas» o «culpas castigadas», tanto si se cree merecer la penitencia como si no, casi siempre suele hablarnos de un tipo de socialización poco flexible, de pocas licencias para ser diversamente como humano, sino de *un modo, una manera,* que se consideró la *única* o *mejor* entre las restantes, lo que imprime a la persona una expectativa o meta singular como la *sola, deseable* y/o *posible* para ella. Es la estrechez de miras, que en algunos casos acaban incorporándose y conformando la propia identidad personal y que traen consigo fácilmente, ante la crisis, el sentimiento de: «lo he hecho todo como debía, no he cometido ningún fallo, esto que me ocurre es un castigo injusto porque los demás me envidian o son malos o me odian»; o bien: «no sirvo, no valgo, lo he hecho mal; no sé qué, pero soy yo quien tiene la culpa y por eso me siento así».

Sin duda hemos venido a citar mecanismos individuales un tanto extremados, pero que enajenan al sujeto, de una u otra forma, para poder «hacerse consigo», pues bien el azar, o los poderes exteriores absolutos, o la incapacidad personal extrema le impiden pensar siquiera en poseer recursos propios que movilizar para contrapesar las fuerzas más o menos «mágicas» que actúan sobre él o ella, coartando, por diferentes medios, sus posibilidades de actuación. Sin embargo, tampoco es menos cierto que en las crisis comunes, éste no suele ser el comienzo más frecuente, sino más bien la consecuencia del abandono o elusión de hacerles frente, cuando se trata de las más habituales del ciclo vital de las personas, cuyos condicionantes biográficos no han transcurrido por derroteros tan excesivos en general como los descritos.

Lo más corriente entre todas las personas y por lo tanto entre las mujeres de las capas medias a que venimos refiriéndonos, más en unas edades u otras y según las circunstancias más concretas individuales, es que todas posean capacidad y posibilidades de ser quienes pongan en marcha los primeros mecanismos para afrontar la crisis, entre otras cuestiones porque más allá o más acá de la capacidad de autoconocimiento y autocontrol o estima de sí mismas, no debemos olvidar nunca, aunque apenas contemos con ello, o lo recordemos raras veces, que, a nuestra especie como a otras le caracteriza sobre todo el *afán* y la *necesidad de supervivencia,* como motor oculto, pero real, para el mantenimiento de la vida, incluso en las más adversas circunstancias.

La crisis no es el fin del mundo

Ciertamente las crisis no son el fin del mundo, pero la mayoría de las veces lo parecen.

En ellas sucede como si todos los parámetros habituales o puntos de referencia cotidianos se hubieran desvanecido o transmutado. La cualidad del tiempo interno cambia, cualquiera que sea la pauta más característica del momento vital de que se trate, y hasta la percepción del espacio y la atmósfera en torno parecen diferentes. «Parecía imposible que fuera primavera: yo veía en mi ventana los geranios ya floridos y, al salir a la calle, el ciruelo del jardín de atrás con sus brotes sonrosados y eso me decía que sí, que realmente estábamos en primavera; pero yo no la sentía dentro de mí como otros años, sino como una fotografía que miras distraídamente, pensando en otra cosa, o sin pensar en nada; hasta caminar era distinto: como una autómata; hasta sonreír, cuando conversaba con alguien y trataba de disimular mi situación, me resultaba una proeza: la cara como de madera, los ojos fijos, sólo aquella sensación insoportable de sufrimiento atroz me permitía saber que seguía viva», comentaba una conocida, rememorando una crisis ya pretérita.

Las expresiones «pienso que puedo morirme de un momento a otro» (o desear que esto ocurra), así como creer que se va a perder la cordura en cualquier instante, son los temores más frecuentes y pavorosos, si bien también ocurre en otras ocasiones, pero menos frecuentes, el sentir un estallido de felicidad inexplicable, ver la vida de color de rosa, a la vez que se sufre intensamente. Además de todo ello, suelen aparecer las emociones o los deseos antitéticos a los más característicos de la persona: «Era espantoso; yo que siempre he sido pacífica y tranquila —mi madre me decía que la más dócil y complaciente de sus hijos—, no cesaba de herir, de provocar a los demás continuamente, una agresividad nacida de no sé dónde, parecía ser una válvula de escape brutal, que podría arrastrarme del todo o arrollar a quien más había querido antes, como mi hijo o mi marido, y luego, cuando me calmaba, me sentía la peor de las mujeres, tenía que acostarme y llorar; llorar hasta rendirme y quedar dormida por fin.»

Las secuencias que han ido formando el transcurso de la vida, parecen haberse traspapelado por entero: «Tengo cincuenta y cinco años, he luchado toda mi vida, mantengo a mi familia sola, desde hace casi treinta, y ahora necesitaría que alguien me llevase de la mano como a una criatura; un padre o una madre que cuidasen de mí, que me quisieran mucho sin pedirme nada a cambio; sin obligaciones, sin más obligaciones. Ya no puedo seguir adelante sola.»

La sensación de reconocerse a sí misma como alguien concreto, más o menos definido, desde un pasado y hasta un presente en el que se proyecta un cierto futuro, parecen disolverse como un terrón de azúcar en el agua o ser trozos inconexos, irreconocibles, como si un explosivo, al estallar, hubiera convertido en fragmentos informes lo que se fue hasta entonces: «parecía que me había explotado una bomba de relojería» es lo que decía Nuria, cumplidos los cincuenta, y ni siquiera era capaz de razonar en principio, ella que tan razonable había sido siempre y que tanto valor había dado a la lógica y el razonamiento sobre todo.

No es el fin del mundo aunque lo parezca. Lo que sí suele ser más bien, es el fin de una etapa que ya no resiste más la continuidad por iguales derroteros que hasta entonces, o bien las consecuencias de los cambios realizados para transformar una forma de vivir que se hacía insoportable en otra que se vislumbra más acorde con una serie de necesidades, ayuna todavía de posibilidad de expresión y desarrollo, pero hacia donde apuntan ilusiones y esperanzas. Aunque ocurre también, a veces, que el cambio se instaura sin proyectos de futuro, impelido por la necesidad apremiante ya de romper circunstancias insufribles para el sujeto.

Pero, como hemos insistido tantas veces, y en tanto que individuos, a la vez que la organización social a la que pertenecemos es motivo de la mayor parte de las tensiones y las contradicciones vitales que padecen las personas, también es fuente de recursos a utilizar, mediante los que aliviarlas o resolverlas, dentro de los límites que caracterizan a todo lo humano. Unos son los propios con que cuenta cada una como autocuidadora de sí misma, y entre ellos los fundamentales vienen a ser la *consideración* o *estimación de sí*, como alguien de importancia, por lo menos tan relevante como cualquier otra a quien se considere sujeto de derechos y necesidades y, al mismo tiempo, la posibilidad de *autodominio* o autocontrol que, en definitiva, es la mayor o menor capacidad o ejercicio de autogobierno que todos poseemos.

En virtud de ellos no es extraño, sino comprensible, que la idea de acabar con la propia vida o el intento de ponerlo en práctica sean más frecuentes tanto en la adolescencia, o comienzo de la juventud, como al final de la adultez e incluso en la ancianidad.

En la primera etapa, las contradicciones entre las disciplinas, las exigencias y las expectativas sociales, unidas al vigor y la pujanza biofisiológicas, más las prohibiciones, censuras o falta de recursos de la propia sociedad para permitir un desarrollo paulatino a todo ese caudal de potencialidades, contribuyen a que ciertas jóvenes vivan como un dilema insuperable el propio en que se hallan. En sentido un tanto inverso, al final de la madurez, en tránsito hacia el último tercio de la vida, después de todo el batallar, del gasto de energías y retomar o no haber abandonado, a pesar de todo, las responsabilidades adquiridas, desde el punto de vista histórico-social, en que durante los últimos lustros la vida se ha ido alargando en años, esa etapa final aparece como un tramo vacío de contenidos, de expectativas sociales respecto a esas personas merecedoras, por el contrario, de una consideración, de un aprecio que generalmente han ganado con creces, por haber sido cuidadoras y mantenedoras no sólo de sí mismas, sino de generaciones precedentes y descendentes. En contrapartida, la idea cada vez más extendida en una sociedad monetarista es la de «retiro», postergación, estorbo, «carga inútil», al hallarse faltas, o parecerlo, de cometidos reconocidos y apreciados.

Sin embargo la mayoría sigue realizándolos, contribuyendo a que la vida propia y ajena continúe, aunque no se quiera ver, ni tampoco tener en cuenta. Es como una segunda adolescencia pero al revés; un período donde echar mano de todo aquello que también fuimos en potencia, pero que se mantuvo oculto, obturado por las exigencias estructuradas, ritualizadas y esperadas socialmente, como conformadoras y mantenedoras del orden y el sistema en que vivimos, y en el que darse a sí misma la licencia de tantear nuevas rutas, de transgredir quizá la norma que siempre se respetó, de atreverse a ser, por entero, de una vez por fin.

En resumen, al comienzo de la juventud es un temor a «no dar la talla», con todas las miradas puestas sobre sí y un sinfín de proyectos e ilusiones. Al declinar la vida, pero lejos aún de su final, es un: «no hay talla para mí o a nadie le importa la que tenga, o sea cual sea la que tengo nadie la ve», a pesar de tratarse, por lo común, de un sujeto enriquecido por las más variadas vivencias y experiencias en sortear dificultades y encontrar remedios a las mismas, entre los que el fundamental, a estas alturas, es darse cuenta y admitir que, libre de otros compromisos, ya sonó la hora de dedicarse a una misma sobre todo.

Pero en tanto que la vida continúa y la crisis no acaba con quien la padece, aunque se lo haga presumir, para salir de ella cuanto antes y en la mejor disposición posible merece la pena dedicarle atención, tiempo y todas las estrategias al alcance de cada persona.

La veracidad de cuanto decimos la podemos observar en tantas mujeres que, en situación crítica, creyeron llegado su final y hoy siguen ahí, entre nuestras conocidas, amigas, familiares o allegadas, más conscientes de sí mismas y, en general, más atentas también a su derecho a escoger, decidir o negarse en determinadas ocasiones a requerimientos ajenos distintos de los propios.

Mirar la crisis de frente

La táctica del avestruz de esconder la cabeza bajo el ala mientras la tormenta pasa, parece buena para el avestruz, aunque también puede perecer asfixiado por la arena, pero no parece la mejor para las personas en plena tormenta interior, si además afuera también arrecia con inusitada fuerza.

Lo primero que se suele hacer, incluso sin proponérselo de forma consciente, es pensar o decir: «Bueno, ¿pero qué me pasa, qué está pasando aquí? Yo me estoy desmoronando o me he venido abajo, pero en realidad lo que me ocurre son cosas comunes en la vida de todas las personas. Tener que intentar pasar una prueba para conseguir trabajo; decidirme a casarme el mes que viene o aplazarlo un poco; haber tenido un hijo y tener que incorporarme dentro de dos meses al trabajo; haber logrado el puesto con el que soñaba; haberme divorciado después de tanto tiempo de sentir el matrimonio como una cárcel en lugar de una compañía para vivir compartiendo las dificultades y las alegrías...»

Estos mecanismos son los primeros que las personas usan inconscientemente en busca de auxilio propio, mediante el esclarecimiento o la revisión de las circunstancias nuevas en que se encuentran (internas, externas o ambas) y que para ellas han adquirido las dimensiones de catástrofe absoluta, si bien por otra parte entienden o sospechan, subjetivamente y objetivamente también, que no es para tanto, aunque de hecho lo está siendo y todo ello suele ser motivo de reflexiones y búsqueda de alternativas posibles.

Éste es el primer paso para «afrontar» la crisis: mirarla cara a cara, no negarla.

Estos tres mecanismos elementales son los más frecuentes y útiles para empezar: 1. «¿Qué pasa o qué me pasa?»; 2. «¿Qué puedo hacer por mí, en virtud de esto que creo que me pasa?»; 3. «¿A quién puedo pedir ayuda, porque creo que yo sola no soy capaz de remediarlo?»

Aunque todos ellos parezcan simplezas, no suelen serlo tanto. La primera actuación denota el intento de analizar la situación, delimitar el caos, o al menos intentarlo, para que se concrete en algo comprensible o con una forma al menos, desagradable o no, pero reconocible y más concreta. La segunda, significa un intento de hacerse cargo de esa situación con los recursos propios que quizá se han utilizado en ocasiones anteriores, ante las adversidades de características diversas y que lograron transitarse con mayores o menores dificultades, pero gracias a los cuales forman parte del pasado. En tercer lugar, parece que la persona hace un recuento de sus efectivos y pertrechos y considerada la magnitud de los mismos, los resultados de su utilización durante un cierto tiempo tolerable, considera que no cuenta con las reservas suficientes y decide buscar a otras personas para que le presten parte de las suyas.

Claro que cuando me refiero al hecho de mirar la crisis de frente o a las cuestiones «¿qué me pasa?, ¿esto qué es?», sé que casi todo el mundo suele referirse al malestar, al sufrimiento, a los signos mediante los que las crisis hacen acto de presencia, pero en estas circunstancias, por muy agudamente que aparezcan, si se intenta auto-ayudarse, es decir, entender más y mejor, es necesario abrir «el diafragma de nuestra cámara fotográfica» o intentar alejarse un poco de lo más inmediato, como pueden ser la angustia, el temor o la furia devoradora (los árboles que no dejan ver el bosque), para no perderse o quedarse anclada en el detalle, por mucho que con su presencia dolorosa reclame casi toda la atención, sino tratar de resituar la circunstancia nueva en que la mujer se encuentra (acceso al primer trabajo, nacimiento de la primera hija o hijo, situación de separación, muerte de la madre que significó la otra-yo, etc.) y a la que hay que atribuir los signos o síntomas en primera instancia, porque si no, se corre el riesgo de tomar la parte por el todo. Un ejemplo podría ser pensar: «tengo palpitaciones: eso es que el corazón me falla» (cuando se tienen treinta y tantos años, buena salud en general, y no hay antecedente alguno en tal sentido), en vez de pensar que siempre que tenemos miedo o nos asustamos notamos los latidos de nuestro corazón; que la ansiedad es odiosa y desagradable pero lógica, porque expresa el temor y la inseguridad cuando se han roto los lazos con la persona con quien se convivió tanto tiempo o se está en proceso no sólo de retomarse a cargo en solitario, sino de tener que hacer frente también a una serie de responsabilidades, incertidumbres, e incluso nuevas alternativas.

El primer paso para afrontar la crisis es mirarla cara a cara, no negarla.

Todo ello no suele alcanzarse sin pena ni gloria, ni en un abrir y cerrar de ojos. Se trata por el contrario de un proceso costoso y, más o menos lento, de aprender a caminar de manera distinta hasta entonces y que precisa de una serie de ensayos y tiempo suficiente, entre aciertos y equivocaciones, para su automatización más o menos plena, según el ritmo personal de cada una y los recursos internos y externos con que se cuente.

Comenzar a hablarse y escucharse

Una de las grandes dificultades que atenazan a las mujeres en estos momentos límite de sus vidas, es precisamente reconocer qué desean en primer lugar y después pedirlo hasta lograrlo, o intentar alcanzarlo.

Evidentemente ni lo uno ni lo otro suelen ser cometidos sencillos para nadie, pero en cuanto a las mujeres se refiere, un factor fundamental que internalizan, como conformador de su *identidad de mujeres* y que la sociedad les transmite sin cesar a lo largo de la vida, es el de «mujer en tanto que donadora, protectora, facilitadora, vicaria de los demás...», ya que es de un valor extraordinario en todos los aspectos que pudiésemos citar sin olvidar ninguno, pero socialmente carece de importancia o mérito a la vista de cualquiera y, por tanto, también de ellas, que si piden exigen, insisten en necesitar y recibir, son tildadas y se tildan de «egoístas», entendiendo el término como el peor adjetivo que, sin embargo, aplicado a los hombres en general, no es ni mucho menos peyorativo, sino connotador de masculinidad. Frases como «no sirvo para nada», «no soy una mujer normal», «no sé cuidar de un hijo precioso»..., son típicas de las mujeres y sinónimo de: «*no sirvo* para seguir sirviendo a los demás, para cubrir sus necesidades, sus carencias; eso quiere decir que no soy una mujer normal, que *no sirvo para nada*». La trampa está cebada con el queso y la ratita incauta atrapada y bien atrapada y sin poder comérselo.

La lectura al revés resulta dificilísima, cuando no imposible. Porque todo lo que les leyeron y lo que les contaron fue en versión de un duende patriarcal que se convirtió, como tantos, en «traidor», en lugar de traductor del significado llano de las cosas para todas las personas, sin poderes hegemónicos de por medio.

Una vez se van delimitando o entendiendo los deseos, tampoco es «dicho o entendido y hecho», sino el comienzo de la puesta en marcha de lo que parece ser más favorable para conseguirlo y empeñarse lo bastante para lograrlo, contando con que la torpeza es la característica que nos acompaña cuando iniciamos nuevas rutas, por falta de conocimiento de las mismas, que sólo se logra transitándolas tanto como sea necesario.

A la vez, cuando la transición se realiza junto a las personas con quienes se convive, éstas, consciente y/o inconscientemente, suelen temer que sus intereses o estabilidad se vean lesionados con el cambio y la formulación de deseos o vindicaciones nuevas de quien afronta la crisis, intentando superarla; les alarma en muchas ocasiones, y en otras puede obstaculizar o impedir el cambio por completo.

La utilidad de las alianzas con otras semejantes

Parte importante de la transición que muchas españolas de las capas medias, desde la concepción de éstas como colectivo, ha experimentado en los últimos quince años, aproximadamente, procede en mi opinión de la *conciencia de valor* que el feminismo o movimiento de liberación de la mujer les ha proporcionado en mayor o menor medida y, en consecuencia, la adquisición del sentimiento y de la consideración de sí mismas como sujetos de derechos y de libertades, *además* de servidumbres y responsabilidades. Así, las típicas, tópicas y seculares «ayudas entre mujeres» han devenido, en parte, en alianzas conscientes de la fuerza mayor que el unirse proporciona para un fin determinado (como puede ser «poner en crisis» y/o someter a «crítica» determinados aspectos o el sistema patriarcal en general), en lugar de ser sólo consecuencia de la propia necesidad de sobrevivir «de cualquier modo» a la situación de subordinación, explotación o negación, como miembro de un genérico infravalorado socialmente.

A pequeña, mediana o más amplia escala, se ha ido produciendo una cierta confianza mayor, o preferencia de unas mujeres por otras, reconociéndose como mejores sabedoras, entendedoras y aliadas en momentos de crisis o sin ellas.

Poco a poco, de manera fragmentaria e incompleta, pero mantenida, muchas no sólo confían más en otras que antaño, y desde luego más que en los hombres en numerosas ocasiones, sino que eligen a algunas entre las personas de su entorno prefiriéndolas para unir fuerzas o solicitarlas, cuando tienen conciencia de sus necesidades. Es verdad también, que parece faltar todavía mucho para compartir con alegría los éxitos de las que los obtienen, o considerar como éxitos los propios, porque todas albergan muchos más de los que creen pero sin percibirlos todavía, a consecuencia de esa perversión de valores tan característica del sistema en que vivimos y que devalúa todo lo que realizan o rodea a las mujeres.

Así, ellas han comenzado a *percibir, apreciar* o *considerar relevantes* la estima, el aprecio y la valoración de sí mismas, en la medida en que van adquiriendo la conciencia de ser personas y viceversa.

No es lo mismo ser persona simplemente, que tener conciencia de ello o sentir íntimamente que se es. Lo primero significa *ser*, sin más, y lo segundo revela la consideración de un valor, una dignidad, una entidad sólo posibles mediante el reconocimiento de uno mismo como trascendente, a través de la capacidad de desear y caminar en pos del deseo concebido. En resumidas cuentas, *poder ser*, como algo facultativo, inherente a cada uno. «¿Qué desear, qué ser, qué hacer?», es un juego entre opciones, libertades, alternativas, elecciones que obturan o posponen otras, por incompatibles entre sí, ya sea momentánea o permanentemente. Es, en definitiva, ser sujeto histórico y humano en un mundo problemático y sin garantías ni seguridades absolutas. Es arrostrar la aventura de vivir.

Por tanto, las alianzas entre mujeres, en la actualidad, en gran medida no se establecen sólo sobre la base de llorar o quejarse juntas como colectivo de víctimas irredentas, sino porque generalmente acuden las unas en busca de las otras como portadoras de soluciones válidas, para emerger de las situaciones críticas que denuncian cambios evolutivos y pueden significar progresos y desarrollos en la andadura cotidiana.

La búsqueda de alternativas entre mujeres que han experimentado circunstancias similares (intentos de suicidio, crisis posparto, crisis en torno a los cuarenta, crisis ante el éxito, la crisis del divorcio...) permite entre otras cosas: proporcionar una visión de que la situación particular y exclusiva, según se presumió, es muy frecuente y afecta a gran número de otras. Esto no es sinónimo de «mal de muchas consuelo de tontas», sino que forma parte de los primeros pasos esenciales para percibir que, ante una circunstancia vital, más o menos frecuente en la cotidianidad, la crisis y su cortejo de sufrimiento y confusión no tiene lugar porque la mujer sea la no válida, anómala o disfuncionante por esencia, sino que otras, en circunstancias similares, precisan de elementos parecidos a ella para poder llevar a cabo la transición en ciernes, de forma que los síntomas adquieran un sentido, un significado positivo ante sus ojos, transformándose en nueva herramienta auxiliar en el proceso de acceder a otra etapa vital, una vez metabolizada la crítica.

Así y aunque parezca nimio, forma la parte inicial de un aprendizaje necesario el hecho de que, aunque las mujeres son dadoras y servidoras por cultura, tampoco en estos menesteres son infalibles y omnipotentes como inconscientemente creen tantas veces. Muchas, cuando se hallan en una etapa crítica se sienten incapaces de pedir, aunque cuando «se escuchan» es lo primero que desean y saben que necesitan: ayuda, compañía y/o afecto. Se sienten avergonzadas, se les hace un mundo acudir a alguien solicitando cariño, amparo, protección y auxilio, aunque sepan que es lo esencial y básico entonces.

De momento, en lo primero que suelen pensar es en la «molestia» o el «perjuicio» que van a causar a la persona a quien acudirían, tanto más si es otra tan poco sobrada de facilidades y sobrecargada de responsabilidades como suele ocurrir, sobre todo si se ha traspasado la veintena y es de las polifacéticas o eslabón logístico entre tres generaciones, cabeza de familia y trabajadora asalariada, o en vías de divorcio o recién parida, etc. La que está en crisis, lo primero que suele decirse: «¿cómo voy a agobiarla más de lo que ya está?», o «bastante tiene la pobre con lo suyo como para irle yo ahora con mis penas». Siempre anteponiendo los otros o las otras a una misma, aunque aquéllos naveguen en un barco más o menos sólido, por el momento, y la necesitada esté a punto de perder el salvavidas en plena marejada. Y, sin embargo, ellas, cuando estuvieron transitando otros recorridos no críticos, fueron ayuda, compañía y consuelo de quienes se lo pidieron e, incluso eso, les sirvió para superar algún mal momento personal.

También bajo la vergüenza de pedir, puede esconderse la envidia u hostilidad ante la situación que se supone idealmente buena o perfecta de aquella en quien se piensa como posible valedora en ese trance, y son frecuentes frases como «pensará que soy tonta, va a reírse de mí; a ella le ha pasado lo mismo y está feliz porque es más inteligente que yo», aunque nunca sucede así, pues nadie vadea los conflictos sin arrastrar secuelas, ni vive sin tener que vadear conflictos.

Es la batalla entre la omnipotencia-impotencia que no cesa y que en lenguaje coloquial viene a resumirse en la frase del soldadito resentido: «Para que se fastidie el capitán, no como rancho.»

A pesar de todos estos avatares y otros muchos, lo que es incuestionable es que casi todas las personas confían más en aquellas que han atravesado similares experiencias a las propias y parecen haberlas afrontado positivamente a fin de cuentas. Son el ejemplo vivo de que la circunstancia que parece inabarcable, sin embargo puede serlo para ellas, porque otras semejantes también pudieron. Pero para ello es fundamental considerar a las otras precisamente eso, *semejantes*, no superlativas, ideales (lo que ellas quizá desearían ser en esos momentos), ni inferiores, medio personas o un desastre (como seguramente se sienten ellas por entonces), sino seres humanos en transición a lo largo de sus vidas, que transcurren dentro de un estatus socioeconómico determinado y un género en mutación, aunque firmemente acuñado desde una socialización peculiar, lo que significa deficiencias y/o pluses muy similares, que unas u otras perciben o aportan en circunstancias parecidas de su andadura humana, además de los estilos y caracteres personales.

La experiencia, desde el renacimiento feminista de los años setenta en nuestro país, viene demostrando la importancia y la utilidad insustituible para una serie de cometidos de los grupos y las asociaciones de mujeres, en general, como espacios de diálogo, reflexión, apoyo, así como redefinición de sí mismas como sujetos de deseos y derechos, además de obligaciones. En sentido similar actúa la ayuda más específica que propician otras, como las formadas y dedicadas a atender circunstancias difíciles sobreañadidas a madres solteras, mujeres cabezas de familia monoparentales, viudas, mujeres maltratadas, separadas y divorciadas en situaciones especialmente críticas y que aunque no abunden todavía lo bastante comienzan a menudear y ser reconocidas, en virtud de la labor que desarrollan.

Concederse el tiempo necesario para vadear la crisis

Parece un contrasentido pronunciarse por, o sugerir, que una situación de sufrimiento deba prolongarse lo bastante en lugar de acabar con ella cuanto antes. De cualquier manera, es una forma de opinar y actuar que no invalida en absoluto las restantes, pero que también tiene su razón de ser.

Nuestra especie, como muchas otras, aprende fundamentalmente de lo experimentado y lo vivido, aunque no sea ajena, en contrapartida, a lo que sucede a su alrededor, de donde consciente o inconscientemente recibe continuas emisiones de diversos modos de experiencias y comportamientos. Sólo contamos con los otros y nosotros mismos en tanto que existimos. Pero la cualidad o la particularidad de lo vivido personalmente es la de arrojar para bien o para mal la percepción objetiva y subjetiva de sí para cada uno, ya que la experiencia es lo sentido y lo vivido por sí mismo y en sí mismo, hechos únicos e intransmisibles a otro, dada la singularidad absoluta de cada ser humano.

El sufrimiento también forma parte de la vida, y hurtarlo a quienes tratan de encontrar un sentido a toda ella significaría mutilar una parte de su significado. A través del sufrimiento y la lucha contra él o la adversidad, cada sujeto prueba sus propias fuerzas, se cerciora de su valor, capacidades y habilidades para combatirlos y adquiere una visión más certera de quién es, ante sus propios ojos, además de cuantos puntos de vista existan sobre sí y le sean transmitidos por los demás.

Es cierto que vivimos en una sociedad cada vez más proclive a negar la miseria, el dolor, el hambre, la injusticia y la desgracia, aunque en demasiados lugares estas realidades crecen y se multiplican ante nosotros, y que también cifra la eficacia y el éxito, sobre todo, en la rapidez con que se realiza un determinado cometido o encomienda, sin reparar apenas en los resultados o la calidad de lo llevado a cabo tan apresuradamente.

A la par, la técnica, elemento fundamental acuñado por el ser humano a través de su andadura histórica como signo de progreso y medio para intentar mejorar la vida humana a lo largo de la misma, ha devenido en «la magia» de los tiempos modernos o sinónimo de panacea universal.

En consecuencia, el sufrimiento como factor que suele dificultar el desenvolvimiento fácil e incluso impide la realización de las tareas o los trabajos por los que rígidamente se mide cada vez más la valía de cualquier individuo, a través de la medicalización creciente y excesiva que coadyuva también a reglamentar y jerarquizar la existencia humana, suele contemplarse como un hecho que, además de doloroso y no grato para quien lo padece, resulta molesto e inoportuno para quienes suelen interaccionar con la persona en crisis, pues ésta, dada su situación distinta y menos comprensible, dificulta las relaciones habituales hasta entonces, no rinde con iguales resultados en su actividad, o incluso la encuentra imposibilitada por más o menos tiempo, perturbando la vida de los otros.

Todo lo anterior está relacionado desde mi punto de vista, y hasta cierto punto, con el auge mayor de una serie de remedios, «borradores» más o menos rápidos y eficaces, de los signos y las vivencias de confusión y sufrimiento de las crisis que, al desaparecer antes o después, hacen pensar, *grosso modo* que desaparecido el humo, el fuego se extinguió, lo cual propicia, además de sosiego a la persona su reincorporación al circuito productivo y de valores y exigencias del que formaba parte «normalmente».

Sin embargo, y sin negar su utilidad relativa, como la de cualquier otro remedio que los humanos producimos, si entendemos que las crisis y su cortejo de signos y vivencias tienen el sentido de una manifestación, al menos de malestar individual, es pertinente la consideración de que el sujeto mujer precise de un tiempo suficiente y necesario de atención y ocupación, ante todo de sí misma, a través del cual ir poniendo los medios a su alcance para comprenderla y, en consecuencia, *adueñarse* de ella, es decir, retomarse y reconocerse otra vez, durante y después de finalizado el acontecimiento crítico vital o, si es preciso, recurrir a otros mediante los que ayudarse a transitar o vadear a veces tan intrincado recorrido.

Nuestra especie es un tanto lenta en su discurrir vital, en comparación con otras mamíferas del reino animal. El cachorro humano es el más indefenso al venir al mundo y tarda más o menos años, según las características de unas culturas u otras, en aprender a cuidar de sí mismo y autogobernarse. Las situaciones de crisis sumen a las personas, por lo general y durante más o menos tiempo, en una sensación de indefensión, fragilidad e incapacidad aparentes, pero tan intensas como si se tratase de casi recién nacidas, con el sufrimiento añadido de que, al no serlo, aún es mayor su perplejidad o su angustia si no encuentran medios precisos e inmediatos con que remediarlas.

Sin embargo, es fundamental entender que reconstruir una realidad a partir de elementos viejos, otros nuevos y suturar fracturas hasta lograr edificar o reedificar la propia identidad y el sentimiento de seguridad y suficiencia personales, lleva su tiempo y su trabajo, y que muchas veces no contar con ello, o pretender negarlo, es la primera barrera que se opone, como dique de contención, a la posibilidad de progreso en circunstancias especialmente complejas.

Así, y en cuanto a las mujeres transeúntes desde un modelo o estereotipo muy concreto y «cerrado» de identificaciones, hacia otro «abierto» y mucho más rico y múltiple de posibilidades, a lo largo de la centuria que someramente hemos evocado, podemos observar que, con respecto a las crisis, nos hallamos muchas veces con fisuras, fracturas y derrumbes «internos» o subjetivos, que muestran un fiel parangón o interrelación entre el propio estadio histórico-biográfico y el histórico-social del momento en que vivimos, es decir, la circunstancia histórica en que está inmerso este colectivo.

En este sentido, cuando nos referíamos a las jóvenes, a la vez que van identificándose y aspirando a ser personas de derechos y responsabilidades lo más plenas posibles, más allá de lo doméstico y de la rigidez genérica masculino/femenino, todavía ven cercenadas estas aspiraciones, en gran medida, al carecer de los mismos recursos para tal fin (acceso al ámbito público), además de las identificaciones más intensas desde la infancia con una madre y un padre aún muy estereotipados genéricamente hablando, y en situaciones asimétricas de poder o de poderes.

Cuando nos dedicábamos a las crisis más comunes de las mujeres de treinta años, podíamos observar también que, a mayor número de papeles a desempeñar y proyectos que construir, o bien tenían que renunciar a algunos o casi todos de los fundamentales, en cuanto elementos que dan lugar a una identidad más plena y deseable, o de no posponer ninguno, muchas, según sus características individuales y la carencia de apoyos y soportes necesarios tanto materiales y tangibles, como ideológicos, afectivos y «morales», se encontraban sin puntos de soporte, no sólo subjetivos y más o menos inconscientes, sino concretos y reales, institucionales o no.

Asimismo, cuando dedicábamos nuestro interés a las cuarentañeras, en unas y otras situaciones con respecto al quehacer en lo público y/o privado, volvíamos a observar, más allá y más acá de la personalidad de cada cual y junto con ella, las carencias o la ausencia de modelos en el desarrollo de estos cometidos, así como las fragmentaciones y las contradicciones en el ideario social español vigente, en cuanto a las mujeres en general y, más concretamente, a este grupo de edad en dicha etapa de sus vidas.

Por último, respecto a las de la década de los cincuenta años, he intentado poner de manifiesto que la falta de consideración social que repercute en detrimento de las personas que se acercan más a la vejez, en tanto que mujeres, éstas ven incrementada la desconsideración o al menos la falta de estima como tales, a pesar de que su productividad y sus logros personales (profesionales, económicos y/o familiares) pudieran ser excelentes, convirtiéndose sin embargo en sujetos casi neutros, asexuados y más invisibles aun que en etapas anteriores de sus vidas a ojos de la mayoría. Así, en tanto personas que se alejan cada vez más de la pujanza vital de los años jóvenes, tampoco les son fáciles ni habituales las apoyaturas necesarias para vadear, sin demasiadas, y a veces, irreparables conmociones el tránsito hacia la senectud.

Sin embargo, nada más lejos de mi intención que pintar un panorama sombrío o catastrófico.

Más bien, sin desterrar la preocupación y la seriedad en la reflexión que estos fenómenos merecen, subrayar con un trazo grueso y firme la importancia de que también a estas alturas debemos ser conscientes, analizar e ir sabiendo más sin duda, a la par que intentar hallar mejores soluciones, a la vez que somos nosotras mismas las protagonistas de estos acontecimientos, de estos cambios y caminos nuevos que son, a fin de cuentas, cambios históricos y caminos diferentes que, como sujetos también, estamos propiciando al tiempo que sin duda nos afectan.

Dada la magnitud de todo ello, no es extraño que requiera y exija un cierto tiempo llevarlo a cabo debidamente.

Lo que el cuerpo se merece

Cuerpo oprimido, cuerpo rechazado; cuerpo vestido, perfumado, maquillado; cuerpo mal nutrido, empachado; cuerpo más o menos torturado y a veces violado; cuerpo que propició o rechazó el placer de las caricias y la sexualidad total; cuerpo del que quizá nacieron otras vidas y se sometió a infinidad de trabajos, tareas y fatigas, y que gozó de bienestar muchas otras veces pero que casi nunca, hasta bien cumplida media vida, suele considerarse no «parte de», sino *una misma* y que aun así, continúa siendo caballo de batalla cotidiano para las más propensas a enjuiciarse, sobre todo o exclusivamente a través suyo.

Nuestro cuerpo, es decir nosotras, debemos ir aprendiendo ese autogobierno, esa autoría sobre lo que queremos ser, no *en contra de*, sino *de acuerdo con* ese físico que poseemos y que es la encarnadura de quienes somos y tenemos derecho a ser como cualquiera, como personas, sean los que sean nuestros kilos, centímetros, hechuras y volúmenes, aunque por supuesto es razonable la aspiración a ser lo mejor posible, pero no *lo mejor*, que siempre suele ser enemigo de lo bueno y menos a costa de todo o casi todo lo demás.

A pesar de la medicalización de los hitos biofisiológicos habituales de las mujeres, una vez pasada la etapa escolar y los exámenes físicos rutinarios, en nuestro país, y hasta el momento, solemos ocuparnos muy poco de mantener adecuadamente el estado de nuestro organismo en etapas de salud, y sólo se acude a las/los profesionales de la enfermedad cuando se sospechan u observan averías de la misma y, aun así, muy frecuentemente, cuando son ya antiguas o muy repetidas.

A la vez que no se ha propiciado nunca y tan sólo en los últimos años se habla de «hábitos de vida saludable» desde los organismos oficiales, no suele existir un interés específico por el cuidado y conservación en el mejor estado posible de esta estructura nuestra, de donde, al fin y al cabo, precede todo cuanto somos.

En otros países de desarrollo similar al que habitamos, existe un mayor rigor y continuidad en los reconocimientos periódicos de la salud de los/las trabajadores/as de cualquier sector (menos las amas de casa, claro está), así como revisiones temporales, por aparatos, según la salubridad o falta de ella de determinados cometidos y las condiciones en que se realizan.

Dado que entre nosotros todavía no es así, una alimentación equilibrada a tenor del gasto de energías que suele producirse según la etapa del ciclo vital de cada una, además de las empleadas en el tipo de tareas cotidianas, y ejercicio físico adecuado, aparte del que la vida de cada una exige, nunca vienen mal, junto a una revisión más espaciada, pero regular según indique el estado de salud, después que se deja de acudir a los circuitos sanitarios «porque ya los hijos crecieron y no lo necesitan de momento» (la década de los cuarenta por lo general), o aprovechando que se acompaña a los padres a atender algún «achaque». A la vez, durante las crisis, tanto si coinciden con cambios biofisiológicos (embarazo, parto, puerperio, menopausia) como si no, y en tanto que los signos de la misma expresados o sentidos a través del cuerpo (dolores de cabeza u otros, palpitaciones pertinaces, vómitos, diarreas, sensación de mareo o inestabilidad al caminar, oleadas de calor o frío intenso, picores o alteraciones en la movilidad o utilización de algún miembro, etc.), sean pertinaces y preocupen, es preferible pasarse de precavidas, llevando a cabo las consultas oportunas, que lamentarlo después.

Sin duda, un buen estado físico predispone a un bienestar integral en todos los aspectos, como también puede venirse abajo un organismo saludable y fuerte, si las circunstancias psicosociales le son completamente adversas durante largo tiempo.

De cualquier manera, y como todo tiene su contrapartida positiva, si se trata de encontrarla, hay muchas mujeres que finalizando e incluso gastada ya la etapa de los cincuenta años, gracias también a la contundencia con que la corporalidad se expresa como una entidad con signos de maduración, experiencia y un largo recorrido realizado, con éxitos y con fracasos de por medio, pero con el mérito y el valor que sin duda entraña haber sorteado tantos obstáculos a lo largo de él, enfrentadas al espejo, suelen percibirse a través de una mirada amable y comprensiva, que les hace sonreír con una cierta ternura y complacencia ante la mujer que han logrado ser hasta el momento, para sí mismas y consigo mismas.

Capítulo 4. ¿La liberación era esto?

▼

C. Sáez Buenaventura

Evidentemente *la liberación* no es una *cosa* u objeto de consumo que puede adquirirse en el supermercado, sino que es un proceso, una transición, un cambio. Un proceso en el que se involucran las personas concretas y cuya onda expansiva adquirirá mayor o menor amplitud, según las corrientes favorecedoras o los obstáculos que vaya encontrando en su movimiento, previsibles unos e insospechados otros. Un proceso secular, que, en otros tramos históricos anteriores, se caracterizó por reivindicaciones más precisas (como el derecho al sufragio para las mujeres de principios de siglo, por ejemplo) o más amplias, como las proclamas de hace más de veinte años respecto al derecho al trabajo, a la sexualidad y al placer sexuales ajenos a la procreación si no se deseaba, la maternidad libremente decidida, el acceso a cualquier lugar y a cualquier tarea, el ser persona en suma, en pie de igualdad con el resto de la humanidad.

No pretendo afirmar que sólo la influencia del Movimiento Feminista Internacional y el de nuestro país haya sido la impulsadora de los nuevos proyectos y esperanzas que han ido alumbrando las mujeres a lo largo de este siglo. Es indudable que su influjo se verá favorecido, como lo fue su pujanza a principios de este siglo y su renacer en los años sesenta, por políticas orientadas sobre las bases de la defensa de las libertades y la igualdad de derechos y deberes entre todas las personas, más allá de características parciales o particulares desde el punto de vista individual y colectivo, y que la equiparación entre los más debilitados históricamente y los más favorecidos exige dedicar mayor atención a los más injustamente tratados, a la par que un esfuerzo por parte de quienes pretendan emerger de estas situaciones de inferiorización. Asimismo hay que señalar el reforzamiento que, en este sentido, ejercen instituciones existentes al efecto y surgidas al hacerse eco de las reivindicaciones de las mujeres y grupos militantes, y cuya finalidad y razón de ser es respaldar y defender las mismas en regímenes políticos que se proclaman democráticos, aunque también hay que subrayar las limitaciones que caracterizan a todo cuanto viene a institucionalizarse, desde que nace y crece en el vivir de cada día, hasta que se consolida como «organismo» y que, si se aleja de la cotidianidad de que procede, puede incluso devenir en obstáculo o enemigo de la misma.

En el transcurso de estos últimos años, que nos sitúan en las postrimerías del presente siglo y concretamente en nuestro país, con las circunstancias de cambio político también a partir de 1975, hemos asistido a todo este discurrir en pos del logro de esas libertades mayores para todos y específicas para las mujeres, amparadas al menos legalmente por nuestra Carta Magna.

La liberación, entendida como proceso, no es caminar por una ruta siempre llana, conocida, fácil, segura y cómoda, sino más bien adentrarse y arriesgarse a transitar en la búsqueda de aquello que se vive y se siente como necesidad, aunque no cuente con el refrendo de la mayoría o de los más próximos para realizarlo, pero que, en lo más íntimo, late como una exigencia difícil o imposible de acallar.

En casi toda charla o conferencia sobre estas cuestiones, suelen surgir durante el debate voces con diversas demandas e interrogantes al respecto, como por ejemplo: «¿y yo cómo puedo liberarme?» (mujer que según refiere es ama de casa, de unos cuarenta y tantos o cincuenta y tantos años, con esposo e hijos y se encuentra fatigada del quehacer de cada día, o al parecer en una situación crítica que le han dicho que es una depresión). Ella espera seguramente de la conferenciante, feminista por más señas, que en medio del público que llena el auditorio sea el hada madrina, o la madre sabia, buena y milagrera que con una frase (la varita mágica de marras) la saque de su confusión, su angustia y su revolución interna, en un abrir y cerrar de ojos, y la conferenciante, aunque trata de dar una respuesta comprensiva y cálida, piensa para sus adentros: «¿de qué querrá liberarse en realidad; lo tendría ya claro o no?».

Otras veces no es pregunta, sino imprecación más o menos hostil como: «eso de la liberación es una tontería y además un cuento, ¿dónde están las guarderías que yo necesito para poder volver a mi trabajo y que mis hijos estén atendidos mientras tanto?», o «¿y qué conseguimos con tanta liberación habiendo cargado con hijos, casa, marido y trabajo fuera, mientras que los hombres siguen tan ricamente con lo de siempre y encima los domingos dicen que no pueden con su alma y no hay quien los saque de casa ni a empujones?», o «las únicas que se liberan son las ricas, porque tienen a otras que les hacen lo que yo hago a diario, y así ya pueden dedicarse a pintar la mona o a ser ministras o banqueras o lo que se les ocurra».

Preguntas, afirmaciones, quejas, explicitación de contradicciones, frustraciones y esperanzas. Pero, como casi siempre, en el subtexto o entre líneas del discurso, más o menos fragmentado o coherente, se halla la creencia de que «la liberación» es algo que puede llover del cielo y tocarle o no tocarle a una, como el maná de las escrituras, sin recordar además que este capítulo, como todos ellos, era una pura parábola o simbolismo dentro de un modo de propuestas para vivir la vida. En resumen: la liberación como algo que se recibe como donación concreta y culminada, mediante la que cubrir y satisfacer todas las necesidades y las carencias que cada una siente dentro de sí, sin tener que hacer nada más que pedir, para recibir *la felicidad* a fin de cuentas. Pero incluso el «pedid y se os dará» de la fe cristiana, que todavía impregna la cultura a la que pertenecemos, no es más que un eslogan, una simplificación que sintetiza un modo de luchar, para lograr algo de lo que se pretende, a lo largo de generaciones.

El logro de una serie de derechos individuales reconocidos legalmente en nuestras sociedades modernas, a partir de la explicitación constante, pacífica o turbulenta de necesidades reales individuales y más o menos acuciantes para unos y para otras, no cuenta con recetas magistrales e infalibles, como ocurre en todo lo que es la aventura humana.

Por ello «la liberación de las mujeres» comprende, en mi opinión, la larga e incesante marcha o transición que muchas, antes que nosotras, emprendieron y gracias a las cuales hemos logrado hoy una serie de libertades impensables en otras etapas de la historia, pero que de no continuar en ella permanentemente, con esfuerzo, con fatigas, pero con éxitos y alegrías también, y ojo avizor de los sistemas políticos y patriarcales, que más puedan favorecerla o menos vayan a estorbarla, puede perderse o cesar en poco tiempo, como se borran los caminos trazados en la selva, que de no seguirse cuidando y vigilando día a día, vienen a hacerse invisibles de nuevo, cubiertos por la fronda y la maleza que no respetan nada que no sea su propio crecimiento.

La liberación se hace, no nace como fruta madura que tomar del árbol y con la que disfrutar golosa y pasivamente sin ofrecer algo a cambio. Y ese *hacer* es la *esencia del propio devenir, de la propia redefinición como personas más completas y más complejas también, más sabias,* pero no por ello exentas de sufrir confusiones y crisis que, como aparentes barreras insalvables muchas veces, una vez vencidas, permiten un sentimiento y una visión de sí mismas más clara, más esperanzada y confortable.

PROCEDENCIA
DE LOS TEXTOS[1]

ALONSO-FERNÁNDEZ, FRANCISCO, *Vencer la depresión*, 1994.

–*Las otras drogas*, 1994.

ARACAMA, JUAN JOSÉ, *Cómo adelgazar*, 1994.

BEATTIE, MELODY, *Co-dependencia, ¡nunca más!*, 1990 (en la actualidad, (c) Editorial Sirio, S.A.).

BERTOMEU, OLGA, *La conquista de la felicidad*, 1992.

–*Guía práctica de la sexualidad femenina*, 1996.

CALVO ARTÉS, MONTSERRAT, *La satisfacción sexual y el juego erótico*, 1995.

CIDÓN MADRIGAL, JOSÉ LUIS, *El libro de oro de las dietas*, 1992.

–*Stop a la celulitis*, 1995.

CRUZ JENTOFT, ALFONSO J., *La vida empieza a los cincuenta*, 1994.

DEXEUS, SANTIAGO, Y FARRÉ, JOSÉ Mª, *La mujer, su cuerpo y su mente*, 1994.

DIO BLEICHMAR, EMILCE, *La depresión en la mujer*, 1991.

DUEÑAS, MARÍA (cordinadora), HERAS, JAVIER DE LAS, POLAINO-LORENTE, AQUILINO, Y ROJAS, ENRIQUE, *El libro de los tests*, 1993.

FLÓREZ TASCÓN, FRANCISCO JOSÉ, Y LÓPEZ-IBOR, JOSÉ MIGUEL, *Saber envejecer*, 1990.

––, Y FLÓREZ-TASCÓN SIXTO, FRANCISCO JOSÉ, *La fatiga crónica*, 1993.

GIROUD, FRANÇOISE, Y LÉVY, BERNARD-HENRI, *Hombres y mujeres*, 1993. (Título original: *Les hommes et les femmes*, Olivier Orban, 1993. Capítulo: De la liberation des femmes comme sujet d'irision.)

GRANDE COVIÁN, FRANCISCO, *Nutrición y salud*, 1988.

LABRADOR, FRANCISCO JAVIER, *El estrés*, 1992.

LIBERMAN, ARNOLDO, *Los celos y el amor*, 1991.

LLEWELLYN-JONES, DEREK, *Ser mujer*, 1988.

MARTÍN PERPIÑÁN, CONCEPCIÓN, *Ir al ginecólogo*, 1994.

MICHEO, JOSÉ LUIS DE, Y VALLEJO, MARÍA DOLORES, *Tus derechos como mujer*, 1994.

PÉREZ LÓPEZ, FAUSTINO R., *La menopausia*, 1992.

PUERTO PASCUAL, COSME, *El sexo no tiene edad*, 1995.

ROJAS, ENRIQUE, *La ansiedad*, 1989.

–*Remedios para el desamor*, 1991.

SÁEZ BUENAVENTURA, CARMEN, *¿La liberación era esto?*, 1993.

1: Todas las obras citadas han sido publicadas por Temas de Hoy.

A U T O R E S

DIRECTORA

ELENA ARNEDO es licenciada en Medicina y Cirugía, especializada en Ginecología y Patología
Mamaria. Impulsora de los primeros centros de Planificación Familiar que se crearon en
España, fue presidenta de la Asociación Española de Planificación Familiar. Es socio fun-
dador de la Sociedad Española de Senología y Patología Mamaria y vicepresidenta de la
Fundación de la Cruz Roja para la Atención a las Toxicomanías, con la que colabora desde
su creación.

Directora de la edición española del libro *Cuestiones de mujeres*, ha desarrollado una intensa
labor divulgativa sobre salud en destacados medios de comunicación.

Ha militado en política, ha participado en la lucha de las organizaciones feministas, se ha casado dos veces y ejerce activamente de esposa, de madre de dos hijos y de abuela de dos nietos. De ella se puede decir que es un típico ejemplo de la generación de mujeres que iniciaron el cambio en nuestro país.

C O L A B O R A D O R E S

FRANCISCO ALONSO-FERNÁNDEZ es catedrático
emérito de Psiquiatría y Psicología Médica
por la Universidad Complutense de
Madrid y académico numerario de la Real
Academia Nacional de Medicina.

JUAN JOSÉ ARACAMA, licenciado en Medicina
por la Universidad Complutense de
Madrid, fue jefe de la Sección de
Endocrinología y Nutrición en el Hospital
Central de la Cruz Roja.

MELODY BEATTIE ha trabajado durante muchos
años como consejera en el campo de las
dependencias químicas y ha difundido su
experiencia y su programa de Doce Pasos
a lo largo de Estados Unidos.

OLGA BERTOMEU, licenciada en Filosofía y
Ciencias de la Educación por la
Universidad de Sevilla y experta en
Educación para la Salud, trabaja desde
1980 como psicóloga y sexóloga.

MONTSERRAT CALVO ARTÉS es licenciada en Psicología y Ciencias de la Información por la Universidad Autónoma de Barcelona y miembro de la junta directiva de la Sociedad Catalana de Sexología Clínica.

JOSÉ LUIS CIDÓN MADRIGAL estudió Medicina y Cirugía en la Universidad de Salamanca. Está especializado en Dietética y Nutrición y en Homeopatía por la Confederación Internacional de Sociedades de Homeopatía y Bioterapia.

ALFONSO J. CRUZ JENTOFT, licenciado en Medicina por la Universidad Complutense de Madrid, es jefe del Equipo de Valoración y Cuidados Geriátricos del Hospital Ramón y Cajal y secretario general de la Sociedad Española de Geriatría y Gerontología.

SANTIAGO DEXEUS es director del Departamento de Obstetricia y Ginecología del Instituto Universitario Dexeus y profesor asociado de la Facultad de Medicina de la Universidad Autónoma de Barcelona.

EMILCE DIO BLEICHMAR, psiquiatra y psicoanalista, es directora del Departamento de Estudios de la Mujer de ELIPSIS y profesora de la Universidad Pontificia de Comillas (Madrid).

MARÍA DUEÑAS es médico, psiquiatra y profesora de Psicopatología en la Universidad Complutense de Madrid. Formó parte del equipo terapéutico del doctor J. A. Vallejo-Nágera.

JOSÉ Mª FARRÉ es jefe del Servicio de Medicina Psicosomática y coordinador del Departamento de Neurociencias del Instituto Universitario Dexeus, y profesor asociado de Psicología Médica en la Facultad de Medicina de la Universidad de Barcelona.

FRANCISCO JOSÉ FLÓREZ TASCÓN es jefe del Servicio de Endocrinología Geriátrica del Hospital Clínico San Carlos, donde ejerce como internista y geriatra.

FRANCISCO JOSÉ FLÓREZ-TASCÓN SIXTO es licenciado en Medicina y está especializado en Medicina Psicosomática y Biología Molecular.

FRANÇOISE GIROUD desempeñó en Francia los cargos de ministra de Condición de la Mujer y secretaria de Estado de Cultura. Fundadora del semanario *L'Express*, actualmente se dedica al periodismo.

FRANCISCO GRANDE COVIÁN, doctor en Medicina y especialista en Nutrición, fue miembro de numerosos consejos, comités y sociedades internacionales, y autor de más de trescientas publicaciones.

JAVIER DE LAS HERAS, especialista en Psiquiatría, es doctor en Medicina por la Universidad Complutense de Madrid y profesor de Psicopatología en dicha universidad.

FRANCISCO JAVIER LABRADOR, doctor en Psicología por la Universidad Complutense de Madrid y Catedrático de Técnicas de Modificación de Conducta en dicha universidad, es director del Master de Modificación de Conducta.

BERNARD-HENRI LÉVY, escritor y filósofo, fue fundador y director de la revista *Régle du jeu* y, desde 1973, es consejero literario de Ediciones Grasset.

ARNOLDO LIBERMAN, médico psicoanalista, es profesor invitado al Master en Teoría Psicoanalítica de la Universidad Complutense de Madrid y al Instituto de Estética y Teoría de las Artes.

DEREK LLEWELLYN-JONES, ginecólogo, ha trabajado durante muchos años como profesor asociado de Obstetricia y Ginecología en la Universidad de Sidney (Australia).

JOSÉ MIGUEL LÓPEZ-IBOR, especialista en Psiquiatría y Neurología, es profesor de la Universidad Complutense de Madrid (Escuela de Psiquiatría), asociado en el hospital 12 de Octubre.

CONCEPCIÓN MARTÍN PERPIÑÁN, doctora en Medicina y Cirugía por la Universidad Complutense de Madrid, está especializada en Ginecología y Obstetricia. En la actualidad ejerce como tocoginecóloga titular del Ayuntamiento de Madrid.

JOSÉ LUIS DE MICHEO, MBA y licenciado en

Derecho por la Universidad Complutense de Madrid, dirige el Departamento de Derecho y Estudios Europeos de la Universidad Antonio de Nebrija.

Faustino R. Pérez López, doctor en Medicina por la Universidad de Barcelona, es jefe de Servicio del Hospital Clínico de Zaragoza y profesor titular de Obstetricia y Ginecología de la Universidad de esta misma ciudad.

Aquilino Polaino-Lorente, doctor en Medicina, es catedrático de Psicopatología en la Universidad Complutense de Madrid y presidente de la Sección de Educación Especial de la Sociedad Española de Pedagogía.

Cosme Puerto Pascual, licenciado en Teología y Master en Sexología por la UNED, es profesor del ICE y de la Facultad de Psicología de la Universidad Pontificia de Salamanca.

Enrique Rojas es Catedrático de Psiquiatría en Madrid y director del Instituto Español de Investigaciones Psiquiátricas.

Carmen Sáez Buenaventura, licenciada en Medicina y Cirugía, y especializada en Psiquiatría, es médico especialista del Servicio de Psiquiatría II en el hospital Gregorio Marañón.

María Dolores Vallejo, MBA y licenciada en Derecho por la Universidad Complutense de Madrid, es profesora de Derecho Constitucional en la Universidad Antonio de Nebrija.

ÍNDICE DE TABLAS

567

ÍNDICE TEMÁTICO

Colposcopia: 77-79, 162, 163
Competitividad: 24, 45, 274, 358
Complejos: 55, 132, 319, 531
Compromiso: 164, 225, 333, 345, 360, 383, 394, 525, 533, 548
Compulsión: 282
Comunicación: 41, 85, 106, 116, 164, 210, 213, 215-217, 229, 234, 252, 259, 273, 274, 307, 319, 324, 329, 334, 336, 346, 367, 369, 377, 384-387, 393, 475, 485, 527, 532
Condilomas: 148, 172
Condón: 97, 183
Continencia periódica: 86, 87
Contracciones del parto: 63
Contracepción: 84, 85, 96, 98, 105, 124
Contracepción hormonal: 92, 94, 95
Contraceptivo (método): 84-86, 90, 93, 105, 238
Controles ginecológicos: 93-95
Convenio regulador: 485, 486, 488, 490
Cordón umbilical: 118
Creatividad: 52, 242, 335, 358, 503, 533
Crioterapia: 148
Cromosomas: 38, 41, 63, 139, 307, 308, 367
Cuello uterino: 62, 63, 89, 90, 92, 99, 117, 127, 138, 142, 163, 184
Cuerpo lúteo: 65, 184
Cunnilingus: 328, 329, 338

D

Delirio hipocondríaco: 247
Delirio puerperal: 109
Dependencia afectiva: 226
Depresión: 42, 50-55, 94, 109, 177, 192, 195, 207, 209-217, 237-240, 242, 245, 246, 248-258, 263, 346, 347, 358, 396, 398, 399, 506-508, 540, 558
Depresión de la menopausia: 211
Depresión endógena: 246
Depresión posnatal: 213
Depresión posparto: 211, 213-215, 238, 249
Depresión puerperal: 107, 109, 128
Depresión vital: 246
Depresiones bipolares: 249
Depresógeno: 212
Derechos de la viuda: 491
Derechos pasivos: 468, 491
Deseo sexual inhibido: 341
Diabetes: 94, 194, 197, 242, 259, 417, 422, 424, 425, 431
Diafragma: 87, 89, 90, 96, 98, 103, 112, 114, 183, 267, 365, 549

Diagnóstico prenatal: 116, 120, 132
Dietética: 187, 189, 406, 413, 416, 419, 423, 425, 426, 434
Dimorfismo sexual: 37, 38
Dinero: 51, 199, 313, 429, 464, 470, 477, 479, 480, 490, 493, 506, 509, 534
Disacáridos: 406
Discomunicación: 246, 247
Discriminación salarial: 466
Disfunciones gonadales: 68
Disfunciones sexuales: 190, 191, 239, 247, 360
Dismenorrea: 68, 140-142, 146, 280
Dispareunia: 190, 280, 341
Displasia: 141, 162, 172
Displasias mamarias: 153
Dispositivos intrauterinos: 90
DIU: 87, 89-92, 98, 171, 183
Divorcio: 249, 399, 476, 477, 483-488, 490, 491, 509, 522, 532, 551
Donación de embriones: 130
Droga: 170, 180, 240, 252, 260, 348, 350, 440, 496-498, 501, 502, 507-510, 518
Drogodependencia: 105, 106, 241

E

Ecografía: 41, 76, 78, 91, 92, 102, 103, 118, 120, 129, 130, 143, 154-156, 158, 171, 182, 184, 447
Economía doméstica: 464
Edema: 197, 448, 449
Embarazo: 63, 65, 66, 75, 76, 78, 84-86, 90, 92, 94, 96, 98-107, 109, 110, 113, 114, 116-118, 120-122, 125-133, 138, 142, 151, 157, 167, 169, 170, 172, 176, 183, 184, 186, 192, 197, 212, 215, 259, 315, 324, 329, 332-334, 397, 428, 465, 467, 555
Embarazo ectópico: 170
Embarazo no deseado: 98
Embarazo y sexualidad: 106
Embarazo, discriminación por: 465
Embrión: 38, 39, 63, 99, 126, 130, 142, 167-170, 186, 308, 414
Endometrio: 63, 65, 78, 93, 94, 138, 139, 142, 143, 163, 168, 171, 172, 180, 184, 189
Endometriosis: 68, 76, 140-143, 155, 163, 171, 172
Endorfinas: 238, 501
Eneuresis: 280
Envejecimiento: 29, 176, 177, 180, 181, 183, 188, 189, 193-199, 238, 239, 319, 320, 428

Envejecimiento ovárico: 175, 178, 181, 182, 184, 199
Enzimas: 417
Epidural, anestesia: 111, 113, 115
Episotomía: 128, 129
Escepticismo: 340
Espermatozoide: 38, 39, 63, 86-91, 93, 103, 129-131, 168, 169, 181, 308, 309
Espermicidas locales: 90
Espiritualidad: 362, 376
Esponjas vaginales: 89
Esquizofrenia: 109, 256
Estatuto de los Trabajadores: 465, 466
Esterilidad: 129, 132, 307, 395
Estreñimiento: 102, 103, 197, 239, 247, 435, 449, 450
Estrés: 37, 42, 44, 88, 105-107, 120, 154, 164, 165, 194, 216, 239, 240, 255, 256, 258, 261-264, 269, 273, 346, 359, 449, 503, 508, 509
Estrés crónico: 216
Estrógenos: 39, 65, 92-95, 143, 154, 157, 159, 169, 170, 181, 184, 185, 188-191, 213, 238, 240, 248, 308
Ética: 498, 545
Excedencia: 467
Excitación sexual: 62, 313, 327, 338, 371, 507
Éxito: 363, 417, 428, 434, 437, 504, 510, 530, 532, 535, 539, 540, 545, 550, 551, 552, 555, 558
Eyaculación precoz: 183, 191

F

Falta de alegría: 246
Familia: 27, 29, 35, 45, 49, 55, 69, 85, 109, 151, 164, 210, 216, 226, 227, 239, 248, 314, 324, 334-336, 343, 351, 352, 359, 379, 384, 429, 430, 470, 473, 476, 477, 485, 490, 493, 498, 504, 510, 511, 525-527, 529-534, 536, 537, 539, 547, 551, 552
Fantasías sexuales: 335
Fatiga crónica: 37, 255, 256, 258, 260
Fatiga física: 195, 256, 263
Fatiga psíquica: 156
Fecundación: 38, 86, 88, 102, 130, 131, 168, 181, 183
Fecundación in vitro: 130, 132
Felicidad: 47, 132, 235, 288, 317, 318, 345, 359, 361, 391, 460, 515-518, 529, 547, 558
Fetichismo: 337
Feto: 36, 62, 63, 78, 96, 99, 103, 104, 106, 107, 114-118, 120, 122, 126, 127, 142, 148, 172, 177, 182

Fetoscopia: 118, 120
Fibroadenomas mamarios: 155
Fibroma: 143, 144, 184
Fibromas uterinos: 143, 184
Fibromioma: 143, 144
Flujo vaginal: 77, 147
Fobias: 42, 105, 281, 282, 405, 535
Folículos: 62, 64, 66, 93, 130, 131, 181, 184
Fracaso: 88, 105, 130, 132, 145, 180, 191, 226, 228, 132, 251, 252, 258, 270, 274, 314, 342, 345, 358, 431, 434, 497, 499, 508, 519, 535, 537, 555
Frigidez: 87, 100, 247, 252, 315
Frustración: 30, 87, 132, 178, 274, 306, 343, 361, 390, 399

G

Gametos: 63, 131
Gardnerella: 148
Gasto energético: 263, 426
Genitales externos: 35, 39, 61, 62, 76, 93
Genitales internos: 39
Glande: 39, 62, 233, 234
Glucosa: 406, 436
Gónadas: 38, 195, 308, 309
Gonadotrofinas: 168, 169
Gonorrea: 148, 150
Guarda y custodia: 476, 485, 486

H

Hedonismo: 206, 242, 273, 505
Hemorragia: 68, 90, 91, 92, 104, 107, 109, 138, 141, 143, 156, 170-172, 176, 179, 180, 195, 196
Hemorroides: 104
Hepatitis: 194, 256
Hepatitis B: 149
Herpes genital: 150
Herpes vaginal: 148
Hígado: 25, 93, 95, 110, 120, 148, 412, 433, 438, 449
Himen: 62, 70, 139
Hiperplasia: 184
Hipocondría: 107, 151, 246, 258, 405
Hipófisis: 39, 64, 67, 93, 139, 168, 169, 180
Hipotálamo: 39, 64, 67, 139, 168, 212
Histerectomía: 144, 171, 172, 185, 186, 335, 346
Histeria: 510
Homosexualidad: 191, 333, 334
Hongos: 147, 148, 156
Hormonas: 39, 63-66, 70, 91-94, 117, 139, 140, 142, 153-155, 157, 168, 175, 178,